中国少数民族语言话语材料丛书
ZHONGGUO SHAOSHU MINZU YUYAN HUAYU CAILIAO CONGSHU

布依语长篇话语材料集
BUYIYU CHANGPIAN HUAYU CAILIAOJI

主编◎周国炎

副主编◎黄荣昌 黄镇邦

中央民族大学出版社
China Minzu University Press

图书在版编目（CIP）数据

布依语长篇话语材料集/周国炎主编．—北京：中央民族大学出版社，2009.11
ISBN 978-7-81108-732-1

Ⅰ．布… Ⅱ．周… Ⅲ．布依语－语言学－研究 Ⅳ．H268

中国版本图书馆 CIP 数据核字（2009）第 137126 号

布依语长篇话语材料集

主　　编	周国炎
责任编辑	戴佩丽
封面设计	汤建军
出 版 者	中央民族大学出版社
	北京市海淀区中关村南大街27号　邮编:100081
	电话:68472815(发行部)　传真:68932751(发行部)
	68932218(总编室)　　68932447(办公室)
发 行 者	全国各地新华书店
印 刷 者	北京骏驰印刷有限公司
开　　本	787×1092(毫米)　1/16　印张:40
字　　数	580千字
印　　数	1000册
版　　次	2010年1月第1版　2010年1月第1次印刷
书　　号	ISBN 978-7-81108-732-1
定　　价	120.00元

版权所有　翻印必究

内容简介

《布依语长篇话语材料集》是中央民族大学国家"211工程"二级子项目"中国少数民族口头与非物质文化"的课题之一。本书包括三个方面的内容。第一部分是自然话语，是在实地调查录音的基础上整理而成的，包括用布依语讲述的民间故事和布依族民歌访谈对话两个部分。属于真实语境中布依语自然话语。第二部分为民间故事，共包括布依族地区广泛流传的民间故事17则。其中14则是本书编者从刊载于一些民间文学资料集中众多布依族民间故事里筛选出来并翻译成布依语的。由于译自汉语，属非自然话语，因此，比较接近书面语，从文体和语言风格上与第一部分有明显的区别。另外3则故事是本书编者根据流传于黔西南地区的布依族宗教经文和民间故事改编而成的。第三部分为"民间歌谣"，属韵文体，是布依族民间常见的一种文学体裁。本书所收录的民歌是流行于贵州省黔西南地区的《布依族十二部主歌》，其中包括爱情、婚姻、习俗等方面的内容。

编 者
2009年4月30日

前　　言

　　布依族历史上没有全民通用的文字，只有少数宗教职业者曾经采用汉字以及其他一些文字作为记音符号来记录布依族宗教经文。目前，布依族地区还广泛流传着用这些记音符号记录抄写的布依族经文抄本，这类文字符号在布依族宗教文化的传承过程中发挥了一定的作用，但由于缺乏系统性和规范性，并且存在难写、难认以及读音和字形不稳定等缺陷，无法在广大的布依族群众中普及。20世纪50年代初期，为了尽快地提高布依族群众的文化教育水平，在党和政府的帮助下，创制了以拉丁字母为基础的布依族新文字，并在部分布依族聚居地区试行推广。这套文字后来经过几次修订，一段时间内在布依族地区小学低年级教育和双语教育过程中发挥了一定的作用，但直到目前，其地位还没有得到最终确定，仍然处于试行阶段，在布依族群众当中的影响较小。因此，可以说，布依族历史上没有出现过一套广为大众接受，并在布依族文化教育中发挥重要作用的真正意义上的文字。这一状况不仅影响了布依族经济、文化、教育等的发展，也对布依族语言，尤其是书面语言的发展产生了严重的影响。20世纪中期以来，在布依语语言材料的挖掘和整理方面取得了丰硕的成果，但大多局限于语音和词汇材料的记录和整理，长篇话语材料较少。50年代虽然重视对布依族民间故事的调查，但与读者见面的作品大多都直接翻译成了汉语，用布依语原文出版的资料几乎未见。80年代以后，布依族语言文化工作的重点是对布依族宗教文献进行挖掘和整理，出版了《布依族古谢经》、《安王与祖王》、《布依族古歌》等一批重要的布依族文献古籍，虽然强调布依语原文与汉语对照翻译，但由于经文主要是韵文体，尽管与口语比较接近，但终究体裁单一，不能反映布依族语言的全貌。

　　《布依语长篇话语材料集》是中央民族大学国家"211工程"二

级子项目"中国少数民族口头与非物质文化"之下一个小课题的成果。本书包括三个方面的内容。第一部分是自然话语，即对故事讲述和访谈对话进行实录。故事讲述部分收录了两段话语材料，共计45分钟，系本书主编2005年暑期田野调查时录制的，发音人为望谟县油迈乡打寒村黄永站老人。访谈录音5段，共计50余分钟，系本书编者之一黄镇邦2008年在望谟县就布依族民歌作访谈时所录。在翻译整理这些语言材料时，除对其中有明显逻辑错误的话语进行适当调整，对一些不合时宜的话语作了适当处理以外，大部分内容都保持了讲述者的原话。第二部分为民间故事，共包括布依族地区广泛流传的民间故事17则。其中14则是本书编者从刊载于一些民间文学资料集子的众多布依族民间故事中筛选出来并翻译成布依语的，中央民族大学布依族学者王伟副教授也参与了一些翻译工作。由于是从汉语翻译过来，而不是用布依语讲述的，因此，在文体上比较接近书面语，从文体上和语言风格上与第一部分的两则故事有明显的区别。有3则故事是本书编者根据流传于黔西南地区的布依族宗教经文和民间故事改编而成的。第三部分为"民间歌谣"，系本书编辑之一，望谟县民委原副主任黄荣昌同志搜集、翻译整理的《布依族十二部主歌》，本书主编周国炎对国际音标和译文进行了修订，黄镇邦校正了对照翻译的汉文部分。黄荣昌同志整理的稿子包括新创布依文、国际音标注音、直译和意译四个部分，收入本书后只用了其中的三行，即国际音标注音、直译和意译。

中央民族大学语言学及应用语言学专业05级硕士研究生苏霖伶、连玉慧、法丽娜和段海凤4位同学参与了二、三两个部分的资料录入以及意译部分的编辑工作。

周国炎
2009年元月20日

目　录

上编　自然话语实录

布依族民间故事讲述实录（二则）…………………………（3）
望谟县原县长王建文访谈实录………………………………（62）
布依族民歌访谈实录…………………………………………（81）
关于民间叙事长诗《王玉莲》访谈实录……………………（93）
布依族民歌"十二部主歌"访谈实录（节选）……………（104）
望谟县大观乡布依族民歌访谈实录（节选）………………（112）

中编　民间故事翻译

太阳和月亮是怎样来的………………………………………（159）
洪水朝天………………………………………………………（166）
兄妹造人烟……………………………………………………（170）
芒耶寻谷种……………………………………………………（180）
争爹……………………………………………………………（198）
穷姑娘和富小伙………………………………………………（215）
三个女婿………………………………………………………（223）
小娃娃和魔石的故事…………………………………………（227）
瞎子的遭遇……………………………………………………（231）
兄弟关系故事六则……………………………………………（237）
老变婆…………………………………………………………（283）
阿三打井………………………………………………………（292）

下编　民间歌谣翻译

赞声歌…………………………………………………………（301）

问候歌 ………………………………………………… (311)
赞房屋歌 ……………………………………………… (332)
美的颂歌 ……………………………………………… (344)
问姓名歌 ……………………………………………… (352)
放信物歌 ……………………………………………… (362)
相约歌 ………………………………………………… (396)
连心歌 ………………………………………………… (440)
相思歌 ………………………………………………… (447)
恋情歌 ………………………………………………… (462)
安家歌 ………………………………………………… (482)
闹婚歌 ………………………………………………… (516)
思亲歌 ………………………………………………… (545)
告状歌 ………………………………………………… (558)
逃婚歌 ………………………………………………… (597)
探病歌 ………………………………………………… (616)

后记 ………………………………………………… (630)

上　编

自然话语实录

上 篇

自然哲學泉

布依族民间故事讲述实录(二则)[*]

(1)

……

θui²⁴ ni³⁵ ɕi³³：
叙述 MP①

ʔet³⁵ tem²⁴ nau¹¹, jaŋ²⁴ pu³¹ nau¹¹, ɕeu³³ mɯən³³ʔdu³¹ te²⁴, khai³³
那么　说　据　人　说　世　　从前　　那　开
thian³³ phi³¹ ti²⁴, ɕi³³ lɯk³³ʔbɯk³⁵　ɕo³³　lɯk³³θa:i²⁴ ne³¹, teu³⁵ ni³¹.
天　辟　地　就　女孩　追求② 男孩　MP　段　这
la⁵³, lɯk³³ʔbɯk³⁵　ɕo³³　lɯk³³θa:i²⁴ ni⁰, paŋ¹¹ taŋ³⁵ ni³¹, ɕi³³ mai³¹
SP③ 女孩　追求　男孩　MP　成　　这样　 SP 女子
ʔdeu²⁴ ni³⁵ ɕi³³ kuə³³ na:ŋ¹¹ ɕin³¹ tɕa³³, lə³⁵, na:ŋ¹¹ ɕin³¹ tɕa³³ ɕi³⁵ ha¹¹ ʔau²⁴
一　　MP　做　小姐④　行　佳　SP　小姐　行　佳　就　想　拿
ɕen¹¹ pai²⁴ ɕo³³ waŋ³¹ tɕa:ŋ³³ yan³¹ ʔau²⁴ ɕen¹¹ pai²⁴ ɕo³⁵ waŋ³¹ tɕa:ŋ³³ yan³¹
钱　去　追求　王　江　元⑤　拿　钱　去　放　王　江　元

---

[*] 这两则故事是根据编者2005年暑期在望谟县录音材料整理而成的。为了保持话语材料的真实性，除个别地方稍加删节和调整以外，其余部分基本保持了讲述者的原话。故事文体叙述部分为散文体，对白部分有韵文也有散文。韵、散结合是贵州省黔西南布依族地区常见的一种故事叙述方式。

① MP，Modal Particle 的缩略形式，即语气词。

② ɕo³³，直译为"走向"，这里指"追求"。

③ SP，Starting Particle 的缩略形式，即发语词，指位于句首的没有具体词汇意义的音节，表示正式叙述的内容即将开始。其主要功能为调整语速、转变语气、理顺思路等。布依语中常见的发语词有 la⁰，声调不固定，根据讲述者的情绪和故事情节的需要进行调整，有时为53，有时为35，也有时为214。

④ na:ŋ¹¹，布依族对女性的尊称。

⑤ 人名，疑为"状元"的误读。

pai⁰ la³¹ , ɕo³³ ne³⁵ ɕi³³ hau⁵³ ji²⁴ la:ŋ³¹ wa³³ ka³³ pai²⁴ ɕo³⁵ ʔdai³³ , te²⁴ mi¹¹
　MP　追求　MP　让　玉　兰　花　自　去　放　MP　她　不
ka³³ ɕo³⁵ ʔdi³¹ , hau³⁵ ji²⁴ la:ŋ³¹ wa²⁴ pai²⁴ ɕo³⁵ . ji²⁴ la:ŋ³¹ wa³³ pai²⁴ ne³⁵ ɕi³³
　自　放　MP　让　玉　兰　花　去　放　玉　兰　花　去　MP
lum⁵³ tɕa:ŋ²⁴ ka:i²⁴ taŋ³⁵ ni³¹ , lə⁵³ , lum⁵³ kə¹¹ taŋ⁵³ （ni³¹） la⁵³ . pai²⁴ puŋ¹¹
　像　街　上　这　样　SP　像　处　如此　MP　去　逢
ne³⁵ , puŋ¹¹ kə³⁵ ma¹¹ , puŋ¹¹ li⁵³ waŋ³¹ pau⁵³ . puŋ¹¹ li⁵³ waŋ³¹ pau⁵³ ne³⁵ ɕi³³
　MP　逢　什么　逢　李　黄　保　逢　李　黄　保　MP
taŋ³⁵ ni³¹ , ɕi³³ puŋ¹¹ ji²⁴ la:ŋ³¹ wa³³ , ɕi³³ ham³⁵ nau¹¹ :
　如此　就　逢　玉　兰　花　就　问　说

"muɯ¹¹ ha¹¹ pai²⁴ kə¹¹ lau¹¹ mə³⁵ ?" ni¹¹ .
　你　要　去　哪儿　MP　如此说

"taŋ⁵³ ʔde³⁵ ɣa⁵³ , na:ŋ¹¹ ɕin³¹ tɕa³³ nau¹¹ hau⁵³ ʔet³⁵ ɕen¹¹ ʔdeu²⁴ pai²⁴
　这样　MP　MP　小姐　行　佳　说　给　少许　钱　一　去
ɕo³⁵ waŋ³¹ tɕa:ŋ³³ yan³¹ . "
　放　王　江　元

la⁵³ , ɕi³³ pai¹¹ laŋ²⁴ ni⁰ , ɕi³³ pai²⁴ ðan²⁴ li⁵³ waŋ³¹ pau⁵³ nau¹¹ pai⁰ .
　SP　于是　后来MP　就　去　见　李　黄　保　说　MP

"ʔai³¹ ja³¹ ! waŋ³¹ tɕa:ŋ³³ yan³¹ ɕi³³ li³¹ ja³³ pai⁰ le⁰ , muɯ¹¹ ho³¹ pi³¹ ɕo³⁵
　EP①　王　江　元　就　有　妻　MP　你　何必　放
pai⁰ , kə³⁵ ku²⁴ fi³³ li³¹ ja³³ lə³³ me⁵³ , muɯ¹¹ ɕo³⁵ ku²⁴ jau¹¹ nei⁰ ke⁰ ." li⁵³
　MP　我　未　有　妻　MP　你　放　我　MP　MP　李
waŋ³¹ pau⁵³ nau¹¹ taŋ³⁵ te²⁴ .
　黄　保　说　那样

lə³³ , pai³¹ laŋ²⁴ ɕi³³ ʔau²⁴ ɕen¹¹ pai²⁴ te²⁴ li⁵³ waŋ³¹ pau⁵³ ða:i³¹ pai⁰ .
　SP　后来　就　拿　钱　去　塞给　李　黄　保　真　MP
ɕen¹¹ te²⁴ li⁵³ waŋ³¹ pau⁵³ ʔjə³⁵ ni³⁵ ɕi³³ ʔdai³¹ ʔdian²⁴ la:i²⁴ , li⁵³ waŋ³¹ pau⁵³
　钱　塞给李　黄　保　过　MP　得　月　多　李　黄　保
ma²⁴ ɕun¹¹ mai³¹ ni³¹ pə³⁵ , ma²⁴ ɕun¹¹ na:ŋ¹¹ ɕin³¹ tɕa³³ , ma²⁴ ɕun¹¹ na:ŋ¹¹
　来　找　女子　这　MP　来　找　小姐　行　佳　来　找　小姐
ɕin³¹ tɕa³³ ʔiə³⁵ lo⁵³ , ma²⁴ taŋ¹¹ ɕi³³ te²⁴ kuə³⁵ taŋ³⁵ lau¹¹ nau¹¹ mu³⁵ .
　行　佳　过　MP　来　到　就　他　做　如何　说　MP

---

① EP, Excleimation Particle 的缩略形式, 即感叹词.

……
kuŋ³¹ keu³¹ teu³⁵, ɕoŋ¹¹ tɕeu³⁵ pa:i¹¹,
情貌词　滚　桌子　藤子　摆

ŋa:i¹¹ lau¹¹ kɯn²⁴ pai²⁴ ði³³?
早饭　或者　吃　下　地

tɯn²⁴ lau¹¹ ta:u¹¹ pai²⁴ ði³³?"
顿　哪　逃　去　地

ʔdai³⁵ ni³¹ lo⁰.
如此　MP

la⁰ ɕi³³! "je³⁵, mɯŋ¹¹ taŋ¹¹ pai⁰ ma⁰?"
SP　EP　你　到　MP

"taŋ¹¹ pai²⁴ la⁰!"
到　MP

lo⁰ na⁰. ɕi³³ ðua:t³⁵ pai²⁴ ða:n¹¹. ðua:t³⁵ pai²⁴ ða:n¹¹ fɯə³¹ mu⁰,
SP　于是　急忙　去　家　急忙　去　家　别人　MP

θa:u¹¹ ða:n¹¹ ðau¹¹ taŋ³⁵ ni³¹, li³¹ ʔdak³⁵ taŋ³⁵ ðai¹¹ ʔdeu²⁴ ʔju³⁵ ja:ŋ²⁴
种　家　我们　这样　有　张　凳　长　一　在　中间

ða:n¹¹. pai²⁴ lo³⁵, ɕi³³ pau³⁵ ʔba:u³⁵ te²⁴ ma²⁴ mə³⁵ ɕi³³ ku³⁵ ma¹¹ mə³⁵, ɕi³³
屋　去　MP　然后　情人　那　来　MP　就　怎么样　MP　就

pai²⁴ puŋ¹¹, pai²⁴ poi³³ ʔdan²⁴ taŋ³⁵ ðai¹¹ pai²⁴ mə⁵³, nei⁰. "ke³³ leŋ³³,
去　逢　去　碰　张　凳子　长　MP　MP　EP　咚隆

kem³³", ɕo³⁵, poi³³ taŋ³⁵ ðai¹¹ pai²⁴ pa³⁵ na:m³³. poi³³ taŋ³⁵ ðai¹¹ pai²⁴
咣　MP　碰　凳子　长　去　地上　碰　凳子　长　去

pa³⁵ na:m³³ ne³⁵ ɕi³³, pau³⁵ po³³ te²⁴ je⁵³ hou²⁴ tau²⁴, nau¹¹ pai⁰. pau³⁵ po³³
地上　MP　父亲　她　也　厚道　说　MP　父亲

te²⁴ nau¹¹：
她　说

"ji⁵³, lɯk²⁴ ɣei³⁵ lɯk³³ ne³¹ hɯ³³,
EP　儿　MP　儿　MP

pan¹¹ ma¹¹ ʔdan²⁴ taŋ³⁵ poi³³ ʔdan²⁴ ɕoŋ¹¹, hoŋ¹¹ pan¹¹ tian²⁴ te²⁴ lo³³
成　啥　个　凳　碰　个　桌　响　成　天　那　了

mə³³ le⁰",
MP

nei³¹ la⁰！
这（样）MP

la³⁵，ɕi³³ ɕoi³¹ luɯk³³ ʔbɯk³⁵ te²⁴ haːn²⁴ nei⁵³，haːn²⁴ po³³ te²⁴．haːn²⁴
SP 然后 个　　女孩　　那 答应 MP 答应 父 她 答应

po³³ te²⁴ nau¹¹，nau¹¹ taŋ³⁵ lau¹¹ mə³⁵，te²⁴ nau¹¹：
父 她 说　　说 什么 MP 她 说

"ji³⁵，te³³ ɤə³⁵，te³³ nei³¹ ɤə³³，
EP 爹 MP 爹 MP

ham³³ lian¹¹ ðau¹¹ ka⁵³ pit³⁵，te³³，ɤə³⁵！
昨晚 我们 杀 鸭 爹 MP

ham³³ lian¹¹ ðau¹¹ ka⁵³ kai³⁵，kə³⁵，
昨晚 我们 杀 鸡 MP

na⁵³ ŋuaːi³¹ kuai³³ no³³ kɯn²⁴，
脸 花① 找 肉 吃

ʔdan²⁴ taŋ³⁵ poi³³ ʔdan²⁴ ɕoŋ¹¹，
个 凳 碰 个 桌

ɤoŋ¹¹ pai²⁴ kɯn¹¹ te³³ ðo³¹。"
响 去 上 他 知

nei³¹ la⁰！
这样 MP

la³⁵！ɕi³³ pai¹¹ laŋ²⁴ ni³⁵ ɕi³³ pau³⁵ po³³ te²⁴ mi¹¹ nau¹¹ pai⁰，ʔdam³¹
SP 然后 后来 MP 父亲 她 不 说 MP 沉默

pai⁰．
MP

ɕi³³ pau³⁵ nei³¹ na⁵³ ðaːi¹¹ je⁵³ teu¹¹ pai⁰．teu¹¹ pai²⁴ la³⁵，ɕi³³
后来 男人 这 害羞 也 逃 MP 逃 去 MP 于是

pai¹¹ laŋ²⁴ ni³⁵ ɕi³³ ʔdai³¹ ʔdian²⁴ laːi²⁴ taŋ³⁵ ni³¹，taːu³⁵ ma²⁴ juam³³ mo³⁵
后来 MP 得 月 多 如此 回来 窥探 又

pə³⁵，li⁵³ waŋ³¹ pau⁵³ taːu³⁵ ma²⁴ juam³³．juam³³ ma²⁴ taŋ¹¹ ne³⁵ ɕi³³，θaːu¹¹
MP 李 黄 保 回来 窥探 窥探 来 到 MP 种

ɕoŋ³³ ʔboŋ³¹ te²⁴ laº．ɕoŋ³³ ʔboŋ³¹ fai³¹，ku³⁵ te²⁴ ɕi³³ fai³¹ ʔdai³³ lə³⁵ na⁰！ɕi³³
窗户 那 MP 窗户 木 那时就 木 MP MP 就

———

① na⁵³ ŋuaːi³¹，直译为"脸花"，指"野猫"。

ʔdot³⁵ fuɯŋ¹¹ ta¹¹ʔdoi³⁵ wa²⁴tu²⁴, "kek³³, kek³³, kek³³", ɕi³³ ɕoi³¹
指头弯　手　敲　　门板　　咔　　咔　　咔　　于是　个
luɯk³³ʔbuɯk³⁵ te²⁴ nau¹¹ :
女孩　　　那　说

"je³⁵, ko³³ ɤe³⁵, taŋ¹¹ pai²⁴ na⁰?"
　EP　哥　MP　到　了　MP

taŋ¹¹ pai²⁴ la⁰. nei³¹ kei³⁵.
到　了　MP 如此说 MP

"me⁵³!"
　EP

la³⁵, ɕi³³ pai¹¹laŋ²⁴ ne⁰ɕi⁰, ɕoi¹¹ luɯk³³ʔbuɯk³⁵ ni³¹ ha:i²⁴ tu²⁴ pai²⁴
SP 于是　后来　　MP 个　女孩　这 开 门 去
ɕai¹¹. ɕe³³ pu³¹ tɕe³⁵ mi¹¹ ðo³¹ pai⁰, ma³³ te²⁴ ha:i²⁴ ɕoŋ³⁵ʔboŋ³¹ pai⁰la⁰, mi¹¹
一起　丢　老人　不　知　MP　母　她　开　　窗户　　MP 不
ðo³¹ pai⁰la⁰, ɕi³³ pai¹¹ taŋ¹¹ʔdau²⁴ te²⁴ naŋ³³, naŋ³³ he³³ te²⁴ ɕuə³¹ kə³⁵ ma¹¹
知　MP 于是 去 到 里面 那 坐 坐 不知 聊 什么
ðau³³ pai⁰la⁰! ɕuə³¹ kə³⁵ ma¹¹ ðau³³ taŋ³⁵ te³³ ni³⁵, ɕi³³ pai¹¹laŋ²⁴ ni³⁵ ɕuə³¹
此 MP 聊 什么 些 那样 MP 于是 后来 MP 聊
ðom³³ ʔdiŋ³³ ʔdiŋ³³, kai³⁵ han²⁴ ʔjua:u²⁴ʔjua:u²⁴ pe⁰, ha¹¹ teu¹¹, ha¹¹ teu¹¹
天亮　情貌词　鸡 叫　情貌词① 　MP 要 逃 要 逃
pai²⁴la⁰, ɕi³³ mai³¹ ni³⁵ kuə³³ taŋ³⁵ lauɯ¹¹ nau¹¹ hauɯ³⁵ ɕoi³³ te²⁴ mə⁰, nau¹¹
MP 于是女孩这 做　怎样 说 给 个 那 MP 说
hauɯ³⁵ pau³⁵ ʔba:u³⁵ te²⁴, te²⁴ nau¹¹ :
给　情人　她　她　说

"ji³⁵, pi³¹ ɤe³⁵, pi³¹ lei²⁴, kua:ŋ²⁴ ɤe³⁵ kua:ŋ²⁴.
　EP 哥 MP 哥 MP 情哥 MP 情哥

tak³⁵ tai³⁵ to³³ li³¹ pja:i³⁵, pi¹¹ ɤe²⁴,
蟋蟀　还　走 哥 MP

ʔba:ŋ³⁵ wa:i¹¹ to³³ li³¹ ɕun¹¹,
大飞虎　　还　玩

ɕi³³ ta:u³⁵ ma²⁴ nin¹¹ ʔdeu²⁴ liaŋ²⁴, pi³¹ ɤe⁵³",
那么　回来　睡　觉　另外　哥 MP

---

① han²⁴ ʔjua:u²⁴ ʔjua:u²⁴ 指鸡叫的样子。

nau¹¹ ni³¹ la⁰.
说 如此 MP

ɕi³³ pau³⁵ ni³¹ pai¹¹ so³¹ tɕo³¹, ɕi³³ ta:u³⁵ pai²⁴ nin¹¹ ta¹¹ ða:i³¹. pai²⁴
于是 男人 这 次 缩脚 就 回去 睡 真的 去
ma²⁴ lo³¹, nei²⁴! la³⁵, ɕi³³ pai¹¹ laŋ²⁴ ni³⁵, ɕiu³³ ɕi³¹ pai²⁴ ɕiu³³ ɕi³¹ ma²⁴,
来 MP EP SP 于是 后来 MP 休息 去 休息 来
ðoŋ³³ mi³¹ ðo³¹, ja³³ me³³ te²⁴ ji²⁴ tɕo³¹ ðun³⁵ kɔn³⁵. ðun³⁵ ni³⁵, ɕi³³ ta¹¹ ðun³⁵
亮 不 知 母亲 她 警觉 起 先 起 MP 就 起
ma²⁴ ni³⁵ tɕa³¹ tɕa³¹ ðan²⁴ θoŋ²⁴ pu³¹ ʔju³⁵ ðuk³³ ta¹¹ ða:i³¹ pai⁰ la⁰. ja³³ me³³
来 MP 恰恰 见 两人 在 卧室 真正的 MP 母亲
te²⁴ kuə³³ taŋ³⁵ lau¹¹ nau¹¹ mə³⁵, ja³³ me³³ te²⁴ nau¹¹:
她 做 怎样 说 MP MP 母亲 她 说

"ʔji³⁵, luuk³³ ɣə³⁵, luuk³³ ne³¹ ɣə²⁴,
EP 儿 MP 儿 MP
ham³³ ni³¹ mok³³ ma¹¹ θa:ŋ²⁴,
今晚 被子 怎么 高
ham³³ ni³¹ ma:n²⁴ ma¹¹ la:u³¹ mə³⁵ lə⁰?"
今晚 床单 怎么 大 MP

te²⁴ la⁰! la³⁵ ɕi³³, pau³⁵ ʔba:u³⁵ ðo³¹ nia²⁴ pe⁰, tɕoŋ³³ ɕoŋ²⁴ ʔboŋ³¹ teu²⁴
那样 MP SP 后来 情人 听见 MP 跳 窗户 逃
pai²⁴ la⁵³, pai²⁴ pai⁰, teu¹¹ pai²⁴ la³⁵. teu¹¹ pai²⁴ ʔjə³⁵ ɕai¹¹ ne³⁵, ɕi³³ ɕoi³¹
去 MP 走 MP 逃 去 MP 逃 去 以后 齐 MP 后来 个
luuk³³ te²⁴ ha:n²⁴ me³³ te²⁴:
儿 那 答应 母亲 她

"ʔi³⁵, me³³ ɣə³⁵, me³³ ne³¹ ɣə²⁴,
EP 母亲 MP 母亲 MP
mok³³ mo³⁵ mok³³ ɕi³³ θa:ŋ²⁴, me³³ ɣə³⁵,
被子 新 被子 就 高 母亲 MP
ma:n²⁴ mo³⁵ ma:n²⁴ ɕi³³ la:u³¹,
床单 新 床单 就 大
mi¹¹ ʔdai³¹ tɕa:u³⁵ pu¹¹ lau¹¹ ma²⁴ nun¹¹ kə³⁵,
不 得 招 谁 来 睡 MP
ʔda:ŋ²⁴ ɕi³¹ ʔda:ŋ²⁴ ɕin³¹ ka:i²⁴。"
身体 是 身体 我 自己

te^{24} la^0!
那样 MP

ma^{24}lo^0, ɕi^{33} me^{33} te^{24} mi^{11} kuə^{33} lauɯ^{11} pan^{11}. ɕi^{33} ʔdian^{24} it^{35}
SP 于是 母亲 她 不 做 怎么 成 于是 月 十一
ʔdian^{24} la:p^{33} taŋ^{35} pai^0, je^{53} wu^{31}fa^{31} pai^0, ɕi^{33} ðiaŋ^{11} pau^{35}tɕe^{35} te^{24}
月 腊 到 MP 也 无法 MP 就 跟 老人 她
saŋ^{33}liaŋ^{31}, "taŋ^{53} pai^0, ðau^{11} pan^{11} ʔau^{24} tuə^{11}koi^{11} ʔdeu^{24} ma^{24} ɕiaŋ^{31}
商量 这样 MP 我们 成 要 女婿 一 来 养
pə^{11}le^{11}, mi^{11}ɕi^{33} mi^{11} pan^{11} pai^0. ʔa^0! luɯk^{33}ʔbɯk^{35} ðau^{11} kuə^{33} θa:u^{11}
MP 不然 不 成 MP EP 女儿 我们 做 种
taŋ^{35}nei^{31} pai^{0}le^0", nau^{11} ni^{31} la^{35}na^0.
如此 MP 说 这样 MP

la^{35}, ɕi^{33} pai^{24} ʔau^{24} tuə^{11}koi^{11} ʔdeu^{24} ma^{24} ɕiaŋ^{31}. ta:u^{35} pai^{24} ta:u^{35}
SP 就 去 要 女婿 一 来 养 回 去 回
ma^{24} ɕi^{33} ʔdai^{31} tuə^{11}koi^{11} ʔdeu^{24} ma^{24} ɕiaŋ^{53} pai^0, ɕiaŋ^{31} pai^{24} ɕiaŋ^{31} ma^{24},
来 就 得 女婿 一 来 养 MP 养 去 养 来
tɕia^{31} tɕiau^{53} kun^{24} lau^{53} ʔjə^{35}, la^{35}, ɕi^{33} pau^{35}ʔba:u^{35} ʔdu^{11} te^{24} ma^{24} juam^{33}
恰巧 吃 酒 过 SP 于是 情人 先 他 来 窥探
mo^{35} pə^0. li^{53} waŋ^{31} pau^{53} ta:u^{35}ma^{24} juam^{33} jian^{33}kau^{35}, ma^{24} ðo^{35}
又 MP 李 黄 保 回来 窥探 依旧 来 敲
ɕoŋ^{33}ʔboŋ^{31} "kek^{33}, kek^{33}". ɕi^{33}, ɕoi^{31} luɯk^{33}ʔbɯk^{35} te^{24} ni^{35} ŋa:u^{53} ha:i^{24}
窗口 咔 咔 然后 个 女孩 那 MP 拟声词 开
tu^{24}, ɕi^{33} ha:i^{24} tu^{24}ʔboŋ^{31}.
门 就 开 窗户

"he^{35}, ko^{33} ɣe^{35}, muɯŋ^{11} ma^{24} taŋ^{31} mə^0?" ne^0.
EP 哥 MP 你 来 到 啦 如此说
"taŋ^{11} pai^0 la^0!", ne^0,
到 MP 如此说
ɕoi^{31} luɯk^{33}ʔbɯk^{35} te^{24} nau^{11} taŋ^{35} ne^{31}:
个 女孩 那 说 这样
"ʔai^{31}ja^{31}, ku^{24} pun^{35} nau^{11} hau^{53} muɯŋ^{11} ma^{24} ɕau^{31}, muɯŋ^{11} je^{31} mi^{11}
EP 我 本 说 给 你 来 早 你 又 不
ma^{24} mə^{35}. te^{24} ku^{24} ʔdai^{31} koi^{31} ma^{24} ɕiaŋ^{31} pai^0 la^0", nau^{11} taŋ^{35}te^{24}. la^{35},
来 MP 爹 我 得 女婿 来 养 MP 说 那样 SP

te²⁴ ku²⁴ ʔdai³¹ koi³¹ ma²⁴ ɕiaŋ³¹ pai⁰, pai¹¹ ni³¹ mɯŋ¹¹ ɕi³³ taŋ³⁵ lau¹¹ tu³⁵
爹 我 得 女婿 来 养 MP 现在 你 就 如何 都
ma²⁴ mi¹¹ pan¹¹ pai⁰!"
来 不 成 MP

"ʔai¹¹ ja¹¹, ma²⁴ mi¹¹ ʔdai³¹ ɕi³³ ʔjə³⁵, ku²⁴ ða²⁴ mo³⁵ ɕi³⁵ pan¹¹."
　EP 来 不 得 就 罢 我 找 另外 就 成
ma⁰ la⁰, ɕi³³ pai¹¹ laŋ²⁴ ni³⁵, ɕi³³ ɕoi³¹ lɯk³³ θa:i²⁴ ni³¹ nau¹¹:
　SP 于是 后来 MP 于是 个 男孩 这 说

"ja³¹, mɯŋ¹¹ mjau³⁵ ku²⁴, ku²⁴ ʔdai³¹ mɯŋ¹¹ ɕi³³ ʔjə³⁵, tam³¹ ku²⁴,
　EP 你 不给 我 我 得 你 就 罢 但是 我
ku²⁴ tɕai¹¹ ðan²⁴ ɕoi³¹ ða:n¹¹ mɯŋ¹¹ te²⁴ to³³ to³³."
我 想 见 个 家 你 那 而已

"me¹¹! ɕoi³¹ ða:n¹¹ ku²⁴ ne³⁵ ham³³ nei³¹ kɯn²⁴ lau⁵³ tɕam³¹ pai⁰! ɕi³³
　EP 个 家 我 MP 今晚 吃 酒 醉 MP 就
nin¹¹ ŋɯɯ³³ pai⁰." ne⁰!
睡 着 MP 如此说

pai⁰ la⁰, ɕi³³ nin¹¹ ŋɯɯ³³ pai⁰. ɕi³³ pau³⁵ ni³¹ ɕi³³ sai²⁴ sa:n³³ sai²⁴ sɿ²⁴
　SP 就 睡 着 MP 于是男人 这 就 再 三 再 四
tu³⁵ tɕai¹¹ ðan²⁴ ɕoi³¹ kua:n²⁴ te²⁴. lə⁵³, li⁵³ waŋ³¹ pau⁵³ nau¹¹ θa:u¹¹ ni³¹
都 想 见 个 夫 她 MP 李 黄 保 说 这种
ɕi³³, "ʔai¹¹ ja³¹, ŋɔn¹¹ ɕo³³ ŋɔn¹¹ ðɯ¹¹, ʔo³⁵ tɕa:ŋ³¹ pjaŋ³⁵ mɯŋ¹¹ ðo³¹ ðan²⁴
就 EP 明天 后天 出 中间 坪地 你 会 见
ɣa³⁵! ɕi³³ mɯŋ¹¹ kuə³³ taŋ³⁵ lau¹¹ ho¹¹ pi³¹ tɕai¹¹ ðan²⁴ ham³³ ni³¹ ma⁰!"
MP SP 你 做 怎样 何必 想 见 今晚 MP

"ku²⁴ tɕai³¹ ðan²⁴ ham³³ ni³¹ kei³⁵", nei³¹ la⁰.
我 想 见 今晚 MP 这样(说) MP

ɕi³³ ha:i²⁴ tu²⁴ ɕoŋ³³ ʔboŋ³¹ θat³⁵ ma²⁴ pai⁰, θat³⁵ ma²⁴ ɕoŋ³³ ʔboŋ³¹,
于是 开 门 窗户 跳 来 MP 跳 来 窗户
ɕi³³ pau³⁵ kua:n²⁴ te²⁴ nin¹¹ ŋɯɯ³³, pə³³ lo³⁵, nin¹¹ ŋɯɯ³³ ɕai¹¹ ɕai¹¹ ɕi³³
于是 个 丈夫 她 睡 着 SP 睡 着 完全 于是
pau³⁵ ni³¹ θat³⁵ ma²⁴, θat³⁵ ma²⁴ taŋ¹¹ ni³⁵ ɕi³³, "ʔai¹¹ ja³¹! kua:n²⁴ mɯŋ¹¹
男人 这 跳 来 跳 来 到 MP EP 丈夫 你
ʔju³⁵ kə¹¹ lau¹¹ ma⁰?"
在 哪儿 MP

"nin¹¹ ŋaɯ³³ pai⁰!"
　睡　　着　MP

"ku²⁴ tɕai¹¹ ɕim²⁴ pai¹¹ ta³³ ʔdeu³³ to³³ to³³."
　我　想　　看　次　眼　一　　而已

"ma³¹!" nei¹¹ ke³⁵.
　EP　　这样（MP）

la³⁵, ɕi³³ pai¹¹ laŋ²⁴ ni³⁵ ɕi³³ ta¹¹ ŋaːu⁵³ haːi²⁴ ðiap³⁵, haɯ³⁵ pau³⁵ ni³¹
SP 于是　后来　MP 就 拟声词　开　蚊帐　给　男人 这
ɕim²⁴, haɯ³⁵ pau³⁵ ʔbaːu⁴³⁵ te²⁴ ɕim²⁴. ta¹¹ fa³³ mit³³ tɕau⁵³ hɯət³⁵ nuaːt³³
看　给　　情人　　她　看　掏出　刀　　腰间　抹
taːu³⁵ to³³, nuaːt³³ ho¹¹ pai²⁴ ʔdeu²⁴ pai⁰ lei¹ la³⁵, fa³³ mit³³ te²⁴ ni³⁵ ɕi³³ li³¹
立刻　　抹　脖子次　一　　MP SP 刀　那　MP 有
θoŋ³³ paːi³³, tam³¹ pan¹¹ ʔban³⁵ pan¹¹ ʔban³⁵ ʔde³⁵ ke³⁵, nei⁰, pan¹¹ ʔban³⁵
两边　　　但是　成　印子　成　印子　那样 MP　如此　成　印子
pan¹¹ ʔban³⁵ fɯŋ¹¹, lum⁵³ pu³¹ ðip³³ fɯŋ³³ niu⁵³ le⁰ ka⁰. la⁵³, ɕi³³ pai¹¹ laŋ²⁴
成　印子　手　像　　指甲　掐　MP SP 于是　后来
ni³⁵, ɕoi³¹ lɯk³³ ʔbɯk³⁵ ni³¹ tai⁵³ pai⁰ la⁰, tai⁵³ pai⁰! tai⁵³ ɕi³³ ham³⁵ po³³
MP 个　女孩　这　哭　MP　哭　MP 哭就　问　父亲
te²⁴. ɕɔn¹¹ haːu³⁵ ham³⁵ po³³ te²⁴ kuə³⁵ taŋ³⁵ laɯ¹¹ nau¹¹ mə³⁵, nau¹¹
她　句　话　问　父亲　她　做　如何　说　MP 说
nau¹¹:
道

"ʔji³⁵! te³³ ɤə³⁵, te³³ ne³¹ ɤə⁰!
　EP 爹 MP 爹 MP

mɯŋ¹¹ pan¹¹ ni³⁵ pu³¹ laɯ¹¹ ɕeu³³ ʔdu³¹ leu³¹ mu⁰,
你　成　债　谁　前世　　MP

mɯŋ¹¹ pan¹¹ ni³⁵ pu³¹ laɯ¹¹ ɕeu³³ naːn¹¹ mu⁰,
你　成　债　谁　世　久　MP

pan¹¹ ma¹¹ ka⁵³ tuə¹¹ kuaːn²⁴ naːŋ¹¹ ɕin²⁴ taŋ¹¹ ten³³, mə³⁵（0）!"
成　什么 杀　丈夫　小姐　行　到　如此地步 MP
nei¹¹ la⁰!
如此 MP

pau³⁵ po³³ te²⁴ ɕi³³ ʔju³⁵ hɔŋ⁵³ ðuk³⁵ ðo³¹ n̩iə²⁴ pai¹! "me³³ ɤɯ⁰!
父亲　她　就　在　卧室　　听见　MP 妈　EP

luɯk³³ ʔbuɯk³³ kuə³³ ma¹¹ pan¹¹ taŋ³⁵ ni³¹ mə³³ le⁰ ?" ne¹¹ la⁰ !
女儿 做 什么 成 这样 MP 如此说MP

ɕi³³ pau³⁵ po³³ te²⁴ ha:n²⁴ pai⁰. ha:n²⁴ ɕoi³¹ luɯk³³ ʔbuɯk³⁵ te²⁴ nau¹¹:
于是 父亲 她 答应 MP 答应 个 女孩 那 说

"ʔji³⁵ ! luɯk³³ ɤə³⁵ luɯk³³ ne³¹ ɤə⁰ !
EP 儿 MP 儿 MP

kua:n²⁴ muɯŋ¹¹ pu³¹ lauɯ³¹ ʔdu³¹ leuɯ³¹ mə⁰ ,
丈夫 你 哪个 前 MP

ju³¹ muɯŋ¹¹ pu³¹ lauɯ³¹ na:n¹¹ mə¹¹ le⁰ !"
情人 你 哪个 久 MP

nau¹¹ kai³⁵ hiŋ²⁴ θan³⁵ leu³¹. ɕi³³ ɕoi³¹ luɯk³³ ʔbuɯk³⁵ te²⁴ tai³¹
说 个 音 颤抖 完 于是 个 女儿 那 哭

θep³⁵ θep³⁵ pai⁰. ɕi³³ pai¹¹ laŋ²⁴ ha:n²⁴ po³³ te²⁴, pai⁰ la⁰ ! ha:n²⁴ po³³ te²⁴
情貌 MP 于是 后来 回答 父 她 EP 回答 父亲 她

nau¹¹ nau¹¹:
说 道

"ʔji³⁵ ! te³³ hə³⁵ te³³ ne³¹ hə⁰ !
EP 爹 MP 爹 MP

kua:n²⁴ ku²⁴ pu³¹ ni³¹ ʔdu³¹ leuɯ³¹ ɤa³⁵ , ju³¹ ku²⁴ pu³¹ ni³¹ na:n¹¹ kə³⁵ ,
丈夫 我 人 这 初 MP 情人 我 人 这 久 MP

waŋ³¹ tɕa:ŋ²⁴ yan³¹ ʔju³⁵ jian³³ ."
王 江 元 就是

ɕi³³ nau¹¹ te²⁴ tɕai³¹ ma:i⁵³ waŋ³¹ tɕa:ŋ²⁴ yan³¹ pai⁰ la⁰ .
于是 说 她 想 喜欢 王 江 元 MP

ɕi³³ hat³⁵ laŋ²⁴ ni³¹ tian³³ fa³¹ fuɯn⁵³ , kho⁵³ nuɯn³¹ lu³¹ tian⁵³ ko²⁴ tsuŋ³³
于是 早晨 后 MP 天 麻麻亮 可能 六点 过 钟

tso⁵³ jou²⁴ , ma⁵³ ɕa:ŋ²⁴ θin³⁵ tiau²⁴ waŋ³¹ tɕa:ŋ²⁴ yan³¹ ma²⁴ pai⁰ , ta⁵³ fuŋ²⁴
左右 马上 信 调 王 江 元 来 MP 打封

θin³⁵ pai²⁴ , la²⁵ , pai²⁴ nau¹¹ waŋ³¹ tɕa:ŋ²⁴ yan³¹ ma²⁴ pai⁰ . ɕi³³ waŋ³¹
信 去 SP 去 叫 王 江 元 来 MP 于是 王

tɕa:ŋ²⁴ yan³¹ tɕe³¹ ʔdai³¹ ʔbauɯ²⁴ θin³⁵ : "ʔji⁵¹ ! ku³¹ mi⁷¹ peu²⁴ kə³⁵ ma¹¹ na:¹¹
江 元 接 得 张 信 EP 我 不 得罪 什么 小姐

ɕin¹¹ tɕa³³ le⁰ , wei²¹ kə³⁵ ma¹¹ θin³⁵ teu³⁵ ku²⁴ hat³⁵ ni³¹ ni³⁵ ?" lo³⁵ na⁰ .
行 佳 MP 为 什么 信 调 我 今早 MP MP

lo⁰, ɕi³³ pau³⁵ ni³¹ mi¹¹ pai²⁴, tsai²⁴ sa:n³³ tsai²⁴ sɿ¹¹ tu³⁵ mi¹¹ pai²⁴,
SP 于是 男人 这 不 去 再 三 再 四 都 不 去
fuŋ²⁴ mo³⁵ taŋ²⁴ mo³⁵ pai⁰. ma⁵³ ɕa:ŋ²⁴ hau³⁵ pai²⁴. je⁵³ mi¹¹ pai²⁴.
封 新 到 又 MP 马上 让 去 也 不 去
pai²⁴ laŋ²⁴ mai³¹ ja³³ waŋ³¹ tɕa:ŋ³³ yan³¹ ɕi³³ nau¹¹ :
后来 妻子 王 江 元 就 说
"kə³⁵ muɯŋ¹¹ ɕi³³ kuo³³ wei²⁴ kə³⁵ ma¹¹ tai⁵³ ʔbak³⁵ lai²⁴ kə³⁵ ni³⁵, ne⁰,
你 到底 做 为 什么 哭 台阶 这里 EP
hat³⁵ ni³¹ pan¹¹ ma¹¹ tai⁵³ kə³⁵ ma¹¹ le⁰ ?"
今早 成 啥 哭 什么 MP
"ɕem⁵³ muɯŋ¹¹ ja:ŋ³³ to³¹ ni³⁵ ku²⁴ kə¹¹ ni³¹." wa¹¹ soŋ²⁴ fuŋ³³ θin³⁵
试 你 看 这样 我 这儿 抓 两 封 信
hau⁵³ ja:ŋ³³. mai³¹ ja³³ te²⁴ ðo³¹ θɯ²⁴ ɕai¹¹, ja:ŋ³³ pai⁰ la⁰. ja:ŋ³³ ʔjə³⁵ ɕai¹¹
给 看 妻子 他 识字 一样 看 MP 看 过 齐
ni⁰.
MP

"jaɯ¹¹ pai⁰, jaɯ¹¹ pai⁰, muɯŋ¹¹ teu¹¹ ða:n¹¹. ma⁵³ ɕa:ŋ²⁴, fɯə³¹ ha¹¹
算 MP 算 MP 你 逃 家 马上 人家 要
ma²⁴ ʔau²⁴ pai⁰", nau¹¹ taŋ³⁵ te²⁴. "pa³¹ tian⁵³ tsuŋ³³ ɕi³³ taŋ²⁴ pai⁰." ne⁰ !
来 要 MP 说 那样 八 点 钟 就 到 语气 MP
lo⁰, ɕi³³ ɕau³⁵ kua:n²⁴ te²⁴ teu¹¹ pai⁰.
SP 就 劝 丈夫 她 逃 MP
kua:n²⁴ te²⁴ teu¹¹ ʔo³⁵ pai²⁴ tɕa:ŋ²⁴ ka:i²⁴, θa:u¹¹ taŋ³⁵ la⁰ ʔo³⁵ pai²⁴
丈夫 她 逃 出 去 街上 像 这样 MP 出 去
tɕa:ŋ²⁴ ka:i²⁴ ɕi³³, ma⁵³ ɕa:ŋ²⁴ fɯə³¹ taŋ¹¹ pai⁰ la⁰. taŋ¹¹ ɕi³³ mai³¹ ni³¹ ka³³
街上 MP 马上 别人 到 MP 到 以后 女子 这 自
ʔju³⁵ ða:n¹¹.
在 家

"pu³¹ ða:n¹¹ muɯŋ¹¹ ke³¹?" ne⁰ !
家里的 你 MP 问道
"pu³¹ ða:n¹¹ ku²⁴ pai³³ ɕian³³ ka:i²⁴."
家里的 我 去 逛 街
"ʔji⁰ ! kə³⁵ muɯŋ³¹ ðiu⁵³ kua:n²⁴ pai²⁴ ʔdiə³¹ ɣa⁰ !" ne⁰ ke⁰ !
EP 你 拿 丈夫 去 藏 MP 说道

"ʔai⁰ ja⁰! mi¹¹ je⁰! kua:n²⁴ ku²⁴ pai²⁴ ɕɯ³¹ pjak³⁵ ŋa:i¹¹ lau¹¹ liaŋ³³ ʔo³⁵
　EP　不 MP 丈夫　我　去　买　菜　早饭　什么的　出
pai²⁴ tɕa:ŋ²⁴ ka:i²⁴ kə¹¹ te²⁴ ʔde⁰ ɣa⁰, pai²⁴ kə¹¹ lau¹¹ pai²⁴ ʔdiə⁵³ ka⁰! ða:n²⁴
去　街上　那里　MP　去　哪里　去　藏　MP　家
ku²⁴ tu³³ ʔju³⁵ ða:n¹¹ lə⁰ ma⁰! ham³³ lian¹¹ mi¹¹ pai²⁴ kə¹¹ lau¹¹ ɣa⁰." "na⁵³
我　都　在　家　MP　昨晚　不　去　哪里　MP　哪
jou⁵³ tʂhɿ⁵³ li⁵³, kə³⁵ tuə¹¹ muŋ¹¹ taŋ³⁵ lau¹¹ ɕeŋ²⁴ ʔdaŋ³⁵ taŋ³⁵ ni³¹?" ɕa³³
有　此　理　个　你　怎么　推脱　厉害　如此　绳子
ta⁵³ mai³¹ te²⁴ pai⁰, ɕa³³ ɕo³⁵ pai²⁴ la⁰.
捆　女子　那　MP　绳　放　MP

　　ɕa³³ ɕo³⁵ mai³¹ te²⁴ ni⁰ ɕi³³, pai¹¹ laŋ²⁴ ni⁰ mai³¹ te²⁴ nau¹¹ taŋ³⁵ lau¹¹
　绳子　放　女子　那　MP　　后来　MP 女子　那　说　怎么
mə³⁵, nau¹¹:
MP　说
　　"ɕa³³ ta³¹ to³³ ta:u³⁵ laŋ²⁴,
　　绳子　捆　反过来　后面
　　pa:i³⁵ pu³¹ kam²⁴ taŋ³⁵ naŋ³³."
　　犹如　握　凳　坐
ɕi³³ ho⁵³ pai²⁴ ɕuk³³ ni³¹ nau¹¹: "ji⁰! mai³¹ ni³¹ ma¹¹ ja³¹ taŋ⁵³ la:i²⁴
于是 群　去　捆　这　说　EP 女子　这　怎么 厉害　如此
le⁰? pa:i³⁵ pu³¹ kam²⁴ taŋ³⁵ naŋ³³ ʔdei³³ mu⁰ ɕi³³ na⁰!" teu²⁴ ɕa³³ ʔdeu²⁴ ta³¹
MP　好像　握　凳　坐　MP　　EP　根 绳　一　捆
ɕo³⁵ θa:i²⁴ ho¹¹ tem²⁴, ðeu⁵³ pa:i³³ laŋ²⁴ ta²⁴ tɕa²⁴ ɕo³⁵ mo⁵³ tuan³³. lo⁵³, ɕi³³
放　脖子　再　绕　　后边　交叉　放　最终　SP 于是
mai³¹ θai²⁴ nau¹¹ mo⁵³ tuan³³:
女子　再　说　最终
　　"ʔji³⁵! teu¹¹ ɕa³³ ɕo³⁵ θa:i²⁴ ho⁰ ða:i³¹ kɯ⁰,
　　 EP 根 绳 放　脖子　真的 MP
　　pa:i³⁵ pu³¹ po³⁵ nau¹¹ ko¹¹ je⁵³ ʔbə³³ ða:i³¹ ɣa⁰."
　　好像　吹　唢呐　弯　MP　真的 MP
po¹¹ ma²⁴ kap³³ te²⁴ nau¹¹: "ðiu⁵³ pai²⁴ ja³¹ mun³³ kə¹¹ te²⁴!" ku³⁵ te²⁴
群 来　抓　那　说　拿　去　衙门　那儿　那时
tsɯn²⁴ fu⁵³ jeu³³ kuə³³ ja³¹ mun³³ ʔdai³³ ke³⁵. lo⁰, ɕi³³　ðiu³⁵ pai²⁴ ja³¹ mun³³
政府　叫　做　衙门　MP　SP 于是　拿　去　衙门

pai⁰. ɕi³³ mai³¹ lɯk³³ ʔbɯk³⁵ te²⁴ nau¹¹ ɕɔn¹¹ ha:u³⁵ ʔdeu²⁴ nau¹¹:
　MP 于是 个　 女子　 那 说 句 话 　 一　 说

　　"ʔji³⁵! θai³⁵ kɯn¹¹ θai³⁵ luŋ¹¹ na³¹ leu³¹ ɣa⁰, θai³⁵ la⁵³ θai³⁵ pau³⁵ ʔa:u²⁴,
　　　EP 官　 上　 官　 伯舅　 MP　 官 下 官 家族兄弟
woi³⁵ tam³¹ la:u²⁴ θai³⁵ ðam³⁵,
我　 只　 怕　 官 泗城府

　　θai³⁵ ðam³⁵ ɕa:ŋ³³ ka⁵³ wən¹¹,
　　官 泗城府 擅长 杀　 人

　　woi³⁵ ɕi³³ kun¹¹ θai³⁵ ðam³⁵ te²⁴ le⁰!"
　　我　 就 怕 官 泗城府　 MP

nau¹¹ ni³¹ la⁰!
 说 如此 MP

　　"ɕa:u³¹ nau¹¹ kuŋ³¹ ne³³ ʔdai⁰ mə⁰, kai³⁵ ðau¹¹ tɯ¹¹ pai²⁴ θai³⁵ ðam³⁵
　　 假如　 怕 少 MP　 我们 带 去 官 泗城府
jau¹¹." lo⁰! ɕi³³ pai¹¹ laŋ²⁴ lo⁵³ ɕi³³ tɯ¹¹ pai²⁴ θai³⁵ ðam³⁵ pai⁰ lo⁰.
　MP　 SP 于是 后来 MP 就 带 去 官 泗城府 MP

　　tɯ¹¹ ða:i³¹ leu³¹, jaŋ²⁴ pu³¹ lau¹¹ tsɯn³¹ fu⁵³ ʔju³⁵ taŋ³⁵ te²⁴ ɕi³³ jeu³³
　　带 真正的 MP　 就像　 政府 在 那儿 就 叫
kuə³³ ja²⁴ mɯn³¹ leu⁰ na⁰, ɕi³³ pai²⁴ taŋ¹¹ pa³⁵ tu²⁴ ja³¹ mɯn³¹ pai⁰. tɕa:ŋ³³
做　 衙　 门　 MP 于是 去 到 门口 衙门 MP 中间
pjaŋ³³ la:u³¹ kua:ŋ³⁵ taŋ³⁵ ni³¹, loŋ³¹ mai³¹ te²⁴ taŋ¹¹ ni⁰ ɕi⁰. θi³⁵ kuan²⁴
坪地 大 宽　 如此 牵 女人 那 到 MP 四 面
ka:i²⁴ lum⁵³ waŋ²⁴ mo³¹ kə¹¹ ðau¹¹ taŋ³⁵ ni³¹ ɕi³³, to³⁵ pai²⁴ ja:ŋ³³ pai⁰. ta:u⁵³
街　 像 望谟 处 我们 如此 MP 都 去 瞧 MP 涌
pai²⁴ ja:ŋ³³.
去 瞧

　　"ʔju⁰! mai³¹ te²⁴ fa:n²⁴ kə²⁴ ma¹¹ pai²⁴ ke³⁵ ʔtɯk³⁵ ɕuk³⁵ ma²⁴ le⁰".
　　 EP 女子 那 犯　 什么　 MP　 被 捆 来 MP
lo⁵³ ɕi³³ pu³¹ lau¹¹ tu³⁵ pai²⁴ ja:ŋ³³ pai⁰. ja:ŋ³³ pai²⁴ ja:ŋ³³ ma⁰ ni⁰,
　SP 于是 谁 都 去 瞧 MP 瞧 去 瞧 MP
ɕi³³ pai¹¹ laŋ²⁴ ni⁰ ta²⁴ kuan³³ ɕiau⁵³ je³¹ ɕi³⁵, kai³⁵ kun⁷⁴ θai³⁵ ðam³⁵ ɕi³³
于是 后来 MP 大 官 小 爷 MP 些 兵 官 泗城府 就
ma²⁴ pau³³ wei³¹ leu³¹ pai⁰ lə⁰ ma⁰. ɕi³³ ɕa:ŋ⁵³ ni³⁵ lum⁵³ ðau¹¹
来　 包围　 全部 MP　 MP 于是 那样 MP 像 我们

taŋ³⁵ ni³¹, ɕit²⁴ ðum³⁵ ɕa³³ fa¹¹ ʔdeu²⁴ pai²⁴ tok³⁵ tɕa:ŋ³³ pjaŋ³³ kə¹¹ te²⁴
这样 扔 串 链 铁 一 去 落 中间 坪地 那里
"ðua:ŋ³³" ɕo³⁵ pai⁰ lo⁰. kai³⁵ te²⁴ tɕo³¹ liau³¹ sou⁵³ liau³¹ ɕiŋ³³ pai⁰ lo⁰, na⁰!
拟声词 体貌 MP 那个 脚镣 手镣 全部 MP SP
ta⁵³ pai²⁴ tɕa:ŋ³³ pjaŋ³³ "ðua:ŋ³³" ɕo³⁵. θa:m²⁴ θi³⁵ tuə¹¹ loŋ³¹ ma²⁴ te²⁴
扔 去 中间 坪地 拟声词 体貌词 三 四 个 牵 来 那
to³⁵ mau³¹ leu³¹ ta:u³⁵ to³³. loŋ³¹ mai³¹ te²⁴ ma²⁴ to³⁵ mau³¹ leu³¹. lo³⁵ ɕi³³
都 害怕 非常 立刻 牵 女子 那 来 都 害怕 非常 SP 于是
ɕa:ŋ³⁵ kun²⁴ ni³¹ ma²⁴ pau³³ wei³¹ ɕai¹¹ ɕuə¹¹ ni³⁵ ɕi³³ ma²⁴ ham³⁵:
群 兵 这 来 包围 全部 MP 来 问
"ho⁵³ θu²⁴ wei²⁴ kə³⁵ ma¹¹ ɕi³³ loŋ³¹ mai³¹ ni³¹ ma²⁴ le⁰?"
你们 为 什么 就 拉 女子 这 来 MP
"mi¹¹ ke⁰, kua:n²⁴ te²⁴ pai²⁴ ka³⁵ kua:n²⁴ na:ŋ⁰ ɕin³¹ tɕa³³ hat³⁵ lian¹¹,
不 MP 丈夫 她 去 杀 丈夫 小姐 行 佳 昨天早上
ho⁵³ tu²⁴ luɯ⁵³ tɯ¹¹ te²⁴ ma²⁴ ni³¹."
我们 才 带 她 来 这
"ɕi³³ ʔau²⁴ kua:n²⁴ te²⁴ ni⁰ le⁰! ho⁵³ θu²⁴ wei²⁴ taŋ³⁵ lauɯ¹¹ ʔau²⁴
那就 拿 丈夫 她 MP 你们 为 什么 那
luk³³ ʔbuk²⁴ ma²⁴?" ho⁵³ te²⁴ to³³ pai²⁴ tu²⁴ kun¹¹ mo⁵³ lo⁵³ ne⁰.
女人 来 他们 拖 去 门 上 MP MP
lo⁵³ ɕi³³ pai¹¹ laŋ²⁴ ni⁰, ɕi³³ mai³¹ te²⁴ ni⁰ɕi³³ nau¹¹ taŋ⁵³ ni³¹, ɕi³³
SP 于是 后来 MP 于是 女子 那 MP 说 这样 于是
ho⁵³ te²⁴ liam¹¹ liam¹¹ ʔdam³¹ ʔdi⁵³. lo⁵³, ɕi³³, pai¹¹ laŋ²⁴ pau³⁵ θai³⁵ ðam³⁵
他们 急忙 急忙 沉默 SP 于是 后来 官 泗城府
ʔju³⁵ pa:ɕi³³ kun¹¹ lau¹¹ nau¹¹: "ʔau²⁴ tɕi³¹ sɿ³¹ tʂhu⁵³ li⁵³ te²⁴, mi¹¹ ɕi³³ mai³¹
在 上边 楼 说 要 及时 处理 她 不然 女子
ni³¹ ŋai²⁴ kai³⁵ ɕa³³ te²⁴ mi¹¹ ʔdai³¹." θai³⁵ ðam³⁵ teŋ²⁴ po³³ ɕoi³¹
这 挨 个 绳子 那 不 得 官 泗城府 是 父亲 个
luk³³ ʔbuk²⁴ ni³¹ pai¹¹ ʔdeu²⁴ lə⁰ ma⁰. tam³¹ kuan⁵³ ho⁵³ pai²⁴ tʂhu⁵³ li³¹ ni³¹
女子 这 正好 MP 但是 群 去 处理 这
mi¹¹ ʔdo³¹ ɣe³³ ɕoi³¹ luk³³ ʔbuk²⁴ ni³¹ teŋ³¹ luk³³ pau³⁵ te²⁴, mi¹¹ ʔdo³¹ ɣe³³
不 知道 个 女子 这 是 女儿 男子 那 不 知道
mo⁵³ tuan³³ ɕai¹¹. la³⁵, ɕi³³ pai¹¹ laŋ²⁴ ni⁰, ɕi³³ kuə³³ pai²⁴ kuə³³ ma²⁴, ɕi³³
终究 同样 SP 于是 后来 MP 就 做 去 做 来 就

上编　自然话语实录　17

ma²⁴ ja:ŋ²⁴ pu³¹ lau³¹ lum⁵³ pu³¹ kai³³ tin³¹ ni³¹ lə⁰ ma⁰. taŋ⁵³ pai⁰ ɕi³³ pa:i¹¹
来　像　谁　像　开庭　这 MP 如此 MP 就　摆
ɕoŋ¹¹ ɕo³⁵ taŋ³⁵ ni³¹, ɕa:n³¹ ɕa¹¹ ɕo³⁵ ɕai¹¹, ɕi³³ ho⁵³ ta²⁴ kuan³³ ɕiau⁵³ je³¹
桌　放　这样　杯　茶　放　齐　于是 群　大　官　小　爷
te²⁴ naŋ³³.
那　坐

"ho⁵³ θu²⁴ ɕuk³⁵ mai³¹ ni³¹ ma²⁴ ni³⁵ ɕi³³ hau⁵³ mai³¹ ni³¹ nau¹¹ kən³⁵.
你们　捆　女子　这　来 MP　就　给　女子　这　说　先
te²⁴ mi¹¹ kə³⁵ ma¹¹ loŋ²⁴, hau⁵³ te²⁴ tan⁵³ pe³¹ tsuŋ³¹ kuan³³, kaŋ²⁴ tɕi²⁴
她　没　什么　错　给　她　坦白　从　宽　抗拒
tsuŋ³¹ nian³¹, taŋ³⁵ jiaŋ²⁴ lə⁰ ma⁰."
从严　如此如此　MP

hau⁵³ mai³¹ te²⁴ nau¹¹ ɕoŋ¹¹ ha:u⁵³ ʔdu⁵³. ɕi³³ mai³¹ te²⁴ nau¹¹
给　女子　那　说　句　话　头　于是 女子　那　说
pai⁰ la⁰, te²⁴ nau¹¹:
MP　她　说

"ji⁰! θai³⁵ hə⁰ θai³⁵ nei³¹ ɣə⁰,
EP 官 MP 官　MP
kok³⁵ woi³⁵ kok³⁵ na:ŋ¹¹ ʔdu³¹, ʔda:ŋ²⁴ ʔdu³¹ leu³¹ ɣa⁰,
根　我　根　小姐　初　身体　初　MP
ko³³ ɕau³¹ ɕu³¹ ʔdian²⁴ ŋi³³,
哥　才　接　二月
fi³³ ʔdai³¹ θi³⁵ ʔdian²⁴ tiŋ³³,
未　得　四　月　整整
lap³⁵ ham³³ to³⁵ tuŋ³¹ nin¹¹ ða:i³¹ kə⁰,
夜晚　都　相互　睡　真的 MP
mi¹¹ ðan²⁴ ŋən¹¹ lau¹¹ pja³³,
不　见　天　哪　分离
pai¹¹ ni³¹ luk³⁵ ʔbɯk³⁵ ða:n¹¹ waŋ³¹ tɕa³³ ma²⁴ ða²⁴ ʔbə⁰ le⁰,
这回　女子　家　王　家　来　找　MP
le¹¹ ma²⁴ tɕa³⁵ kua:n²⁴ woi³⁵ lə⁰ ka⁰,
跑　来　诬告　丈夫　我　MP
ka⁵³ kua:n²⁴ woi³⁵ ɕi³³ ta:i²⁴,
杀　丈夫　我　就　死

ko³³ ɕi³³ ɕaːi²⁴ ʔdaːŋ²⁴ ʔdi²⁴ luɑ:u³⁵ ɕeu³³."
哥 就 斋 身体 好 耽误 辈

po¹¹ ɕaːŋ⁵³ ta²⁴ kuan³³ ɕiau⁵³ je³¹ te²⁴ so³³to⁵³ taŋ³¹ leu³¹
群 群 大 官 小 爷 那 直接 目瞪口呆 全部

taːu³⁵ to³³. piu³⁵ pai⁰ la⁰, mi¹¹ ɕɔn¹¹ lɑɯ¹¹ nɑu¹¹ pai⁰. ɕi³³ ma²⁴ ho⁵³ te²⁴
马上 空 MP 不 句 哪 说 MP 于是 来 他们

ham³⁵ li³¹ ɕɔn¹¹ liaŋ³³ tem²⁴ mi¹¹ li³¹ ne¹¹, "li³¹." ɕi³³ mai³¹ te²⁴ nɑu¹¹ ɕɔn¹¹
问 有 句 另外 再 不 有 MP 有 于是 女子 那 说 句

taˡˡ θoŋ²⁴.
第二

"ji⁰ ! θai³⁵ hə⁰ θai³⁵ nei³¹ ɣə⁰,
EP 官 MP 官 MP

kuaːi³⁵ ɕi³³ kuaːi³⁵ kai³⁵ pu³¹ ðak³³ ɕiə¹¹ toŋ³³ la⁵³,
怪 就 怪 个 人 偷 黄牛 下坝

kuaːi³⁵ ɕi³³ kuaːi³⁵ kai³⁵ pu³¹ ðak³³ ma³¹ toŋ³³ kɯn¹¹.
怪 就 怪 个 人 偷 马 上坝

mɯŋ¹¹ kə¹¹ lɑɯ¹¹ kuaːi³⁵ kai³⁵ pu³¹ waːn¹¹ fat³³,
你 怎么 怪 个 人 还 腰带

mɯŋ¹¹ kə¹¹ lɑɯ¹¹ kuaːi³⁵ kai³⁵ pu³¹ waːn¹¹ kan²⁴.
你 怎么 怪 个 人 还 巾

ji²⁴ mɯŋ¹¹ kuaːi³⁵ kai²⁴ pu³¹ waːn¹¹ fat³³,
如果 你 怪 个 人 还 腰带

mɯŋ¹¹ taˡˡ kuaːi³⁵ kai³⁵ pu³¹ waːn¹¹ kan²⁴.
你 怪 个 人 还 巾

la⁵³ ʔbɯn²⁴ la⁵³ ʔdan²⁴ mi¹¹ li³¹ wən²⁴ ɕaːŋ³³ ðum³³ ni⁰ la⁰".
天下 地下 没有 人 善于 摸 MP

la³⁵⁽⁰⁾, ɕi³³ tai⁵³ pai²⁴ ju³¹ pai²⁴ jai¹¹ mi¹¹ kuaːi³⁵ te²⁴ kei³⁵⁽⁰⁾ ! jin⁵³ ɕi⁵³
SP 就 哭 去 朋友 去 朋友 不 怪 她 MP 允许

pai²⁴ ju³¹ pai²⁴ jai¹¹ jian³³ kau³⁵ ʔdai⁰ ni⁰. la³⁵, ɕi³³ mai³¹ ni³¹ nɑu¹¹ θoŋ²⁴
去 朋友 去 朋友 照旧 MP SP 于是 女子 这 说 两

ɕɔn¹¹ haːu³⁵ ni³¹ ʔje³⁵, ɕi³³ pau³⁵ po³³ te²⁴ ʔju³⁵ kɯn¹¹ lɑɯ¹¹ do³¹ ȵiə²⁴ θoŋ²⁴
句 话 这 结束 于是 父亲 她 在 楼上 听见 两

ɕɔn¹¹ haːu³⁵ ni³¹, ɕi³³ ðɔŋ¹¹ ma²⁴ pai⁰ la⁰. tan⁵³ ku³³ haːi¹¹ θeŋ²⁴ lə⁰ mə⁰,
句 话 这 就 下 来 MP 穿 对 鞋 布 MP

ðɔŋ¹¹ tai³⁵ ʔbak³⁵ tɕiu¹¹ te²⁴ ma²⁴, "ta³³, ta³³…" ma²⁴ tiə⁵³ pai⁰. la⁰, ɕi³³
下　从　楼梯　那　来　哒　哒　　来　底下 MP SP 就
ma²⁴ taŋ¹¹ tiə⁵³ tɕa:i³¹.
来　到　底下真正的

"ho⁵³ θu²⁴ nau¹¹ ɕuk³³ ɕoi³¹ lɯk³³ ʔbɯk³⁵ ni³¹ ma²⁴, ho⁵³ θu²⁴ pai²⁴
你们　说　捆　个　女孩　这 来　你们　去
kuan³³ tsha³¹ kai³⁵ θian³⁵ ni³¹ ɕi³³ tɕiu²⁴ tɕin⁵³ li³¹ mi³¹ li³¹?"
观察　　个　事情 这 MP 究竟　有　不 有

"na:ŋ¹¹ ɕin³¹ tɕa³³ nau¹¹ pai⁰." nei³¹!
小姐　行　佳　说　MP　如此说

"ɕi³³ mɯŋ¹¹ ʔau²⁴ kua:n²⁴ te²⁴ ma²⁴ pan¹¹ mi¹¹ pan¹¹? wei²⁴ kə³⁵
那么　你　拿　丈夫　她　来　成　不　成　为啥
ho⁵³ θu²⁴ ɕuk³³ lɯk³³ ʔbɯk³⁵?" ðok³⁵ tuə¹¹ ɕuk³³ te²⁴ ɕi³³ ma:u³¹ pai⁰.
你们　捆　女孩　　六　个　捆　那 就　怕　MP
ma:u³¹ pai⁰ la⁰, ma:u³¹ pai²⁴ ni³⁵ ɕi³³ pau³⁵ θai³⁵ ðam³³ te²⁴ nau¹¹ ne¹¹:
怕　MP 怕　MP 于是　官　泗城府 那　说　MP

"pai²⁴ tiau²⁴ na:ŋ¹¹ ɕin³¹ tɕa³³ ma²⁴ ne³⁵ ke³⁵."
去　调　小姐　行　佳　来　MP
pai¹¹ laŋ²⁴ ɕi³³ lɯŋ⁵³ pai²⁴ tiau²⁴ na:ŋ¹¹ ɕin³¹ tɕa³³ ma²⁴, la³⁵, ɕi³³ tiau²⁴
后来　就　才 去　调　小姐　行　佳　来　SP 于是　调
na:ŋ¹¹ ɕin³¹ tɕa³³ ma²⁴ taŋ¹¹ ɕai¹¹.
小姐　行　佳　来　到　也

"taŋ³⁵ lau¹¹, ða:n¹¹ mɯŋ¹¹ ʔo³⁵ θian³⁵ ɕi³³ tɕiu²⁴ tɕin⁵³ teŋ²⁴ kə³⁵ ma¹¹?"
怎么　家　你　出　事情 MP　究竟　是　什么
taŋ⁵³ pai⁰, "ɕi³³ mɯŋ¹¹ nau¹¹ θo³³ pə³⁵." "ne⁰! "ða:¹³¹, kə³⁵ woi³⁵ ni³⁵ ɕo³⁵
这样 MP 那么　你　说　直　MP 如此　真的　我　MP 放
ɕi³³ ɕo³⁵ ni³⁵ ɕo³⁵ waŋ³¹ tɕa:ŋ³³ yan³¹."
就　放 MP 放　王　江　元

"mɯŋ¹¹ ʔau²⁴ ɕen¹¹ ɕo³⁵ waŋ³¹ tɕa:ŋ³³ yan³¹ na⁰?" ne⁰,
你　拿　钱　放　王　江　元　MP 如此

"ʔaɯ³¹!" ne⁰!
是的　如此

"ɕi³³ mɯŋ¹¹ ka³³ pai²⁴ ɕo³⁵ mə³⁵ lau³¹ haɯ⁵³ pu³¹ ʔɯn³⁵ pai²⁴ ɕo³⁵?"
那么　你　自己 去 放　还是　给　别人　去 放

"kai³⁵ ku²⁴ ɕi³³ hauɯ⁵³ ji²⁴ lan³¹ wa³³ pai²⁴ ɕo³⁵, ʔau²⁴ ji²⁴ lan³¹ wa³³ pai²⁴
　　我　是　给　玉　兰　花　去　放　拿给　玉　兰　花　去
ɕo³⁵."ne⁰. la²⁵,"ɕi³³ pai²⁴ tiau²⁴ ji²⁴ lan³¹ wa³³ ma²⁴!"nau¹¹ ni³¹ ke³⁵.
放　如此 SP 那么　去　调　玉　兰　花　来　说　这 MP
　　pai²⁴ tiau²⁴ ji²⁴ lan³¹ wa³³, ji²⁴ lan³¹ wa³³ ma²⁴ taŋ¹¹. ɕi³³ ho⁵³ ta²⁴
　　去　调　玉　兰　花　玉　兰　花　来　到　于是　群　大
kuan³³ ɕiau²⁴ je²⁴ te²⁴ ʔju³⁵ ʔdau²⁴ ɕoŋ²⁴ te²⁴ nan³³ ɕa⁵³. kua³⁵ lan²⁴
官　小　爷　那　在　里面　桌子　那　坐　等　过后
ʔbuɯ¹¹ ʔbaːi¹¹ leu³¹.
黑压压一片　MP

"taŋ⁵³ pai⁰, ɕa⁵³ muɯŋ¹¹ taŋ¹¹ to³³ to³³! muɯŋ¹¹ kuə⁵³ kə³⁵ ma¹¹ θian³⁵
这样 MP　等　你　到　唯一　你　做　什么　事情
ham³³ te²⁴ ho⁵³ tu²⁴ to⁵³　liau⁵³ kai⁵³ tɕhin³³ tʂhu⁵³ ʔjə³⁵ ɕai¹¹ ɕuə¹¹ pai⁰,
那晚　我们　都　了解　清楚　过　全部 MP
tɕiu²⁴ tɕin⁵³ muɯŋ¹¹ nau³¹ θo³³ mi¹¹ θo³³?"ni³¹ ne⁰.
究竟　你　说　直　不　直　如此 MP

"taŋ⁵³ te²⁴ ma⁰. ɕi³³ nau¹¹ θo³³ ʔdai³⁵, ʔa⁰! naːŋ¹¹ ɕin³¹ tɕa¹¹ hauɯ⁵³ ɕen¹¹
那样 MP 就　说　直 MP EP 小姐　行　佳　给　钱
hauɯ⁵³ woi³⁵ pai²⁴ ɕo³⁵ waŋ³¹ tɕaːŋ²⁴ yan³¹, tam³¹ kuan⁵³ ni⁰ɕi⁰ woi³⁵ pai²⁴
给　我　去　放　王　江　元　但是　MP　我　去
puŋ¹¹ li⁵³ waŋ³¹ pau⁵³, ʔdai³¹ ɕo³³ li³¹ waŋ³¹ pau⁵³ ʔdai³⁵."ne⁰!
逢　李　黄　保　得　放李　黄　保　而已 MP

　　pau³⁵ po³³ θai³⁵　ðam³⁵　faːtɕhi²⁴ pai⁰ la⁰! pian²⁴ faːt⁷³ ho⁵³ loŋ³¹ ma²⁴
父亲　官　泗城府　生气　MP　鞭　抽打 群 拉　来
te²⁴ pai⁰ la⁰, ta⁵³ tuə¹¹ ʔdeu²⁴ θoŋ²⁴ pai¹¹ pi¹¹ tai²⁴ pai⁰. la³⁵, ɕi³³ pai¹¹ laŋ²⁴
那 MP　打 个　一　两　下　皮带　MP SP　于是　后来
ni³⁵ ɕi³³, kuə⁵³ pai²⁴ kuə³³ ma²⁴, ɕi³³ ham³⁵ ja³³ ji²⁴ lan³¹ wa³³ ni³¹. ʔdi²⁴ ði¹¹
MP　做　去 做　来　就　问　女 玉　兰　花　这　确切
pai⁰, ɕi³³.
MP 于是

"ðaːi¹¹ pai⁰, ʔdai³¹ ɕo³⁵ li³¹ waŋ³¹ pau⁵³ ʔdai³⁵." ne¹¹.
真的 MP　得　放　李　黄　保　而已　如此说
　　ɕi³³ pau³⁵ θai³⁵　ðam³⁵ ni³¹ fa³¹ wən²⁴ pai²⁴ ʔau²⁴ li⁵³ waŋ³¹ pau⁵³.
于是　官　泗城府 这 打发　人　去　拿　李　黄　保

pai²⁴ θi³⁵ pu³¹ wən¹¹ , θi³⁵ pu³¹ wən¹¹ pu³¹ kuan⁵³ ɕi³³ wa²⁴ tsuaŋ³³ pai²⁴ ʔdai³⁵.
去　四个　人　　四个　人　　但是　　就　化装　　去　而已
wa²⁴ tsuaŋ³³ tan⁵³ pɯə³³ nuŋ³¹ min³¹ , ʔak³⁵ ðɔŋ¹¹ la⁰. ɕi³³ ti³⁵ ðu²⁴ ðɔŋ¹¹
化装　　穿　衣　　农民　　对襟衣　MP　就　纽扣　向下
lə⁰ ma⁰. pai²⁴ la⁰, pai²⁴, pai²⁴ taŋ¹¹ ni³⁵ ɕi³³ ða:n¹¹ te²⁴ ʔju³⁵ θa:u³⁵ ɕu²⁴ ðau¹¹
MP　　去　MP　去　去　到　MP　　家　他　在　类似　城　我们
taŋ⁵³ ɕai¹¹ ʔdai³⁵. ʔju³⁵ tɕa:ŋ²⁴ ka:i²⁴ waŋ³¹ mu⁵³ θa:u¹¹ taŋ³⁵ ɕai¹¹. ɕi³³ pai²⁴
这样　　MP　　在　街上　　望谟　　类似　这样　全部　就　去
ham³⁵ pau³⁵ tɕe³⁵ te²⁴. ho⁵³ te²⁴ jeu³³ nau¹¹ :
问　老头　他　他们　喊　说
"kuŋ³³ ɤa⁰! li³⁵ waŋ³¹ pau³⁵ ʔju³⁵ ða:n¹¹ mi¹¹ ʔju³⁵ le⁰?"
公　MP 李　黄　保　在　家　不　在　MP
"ʔju³⁵ ʔdia³³, tau³⁵ kuə³³ kə³⁵ ma¹¹ mə⁰ ?"
在　MP　找　做　什么　MP
"ʔai¹¹ ja³¹, ho⁵³ woi³⁵ teŋ²⁴ ho⁵³ tɕi³⁵ te²⁴, tɕai¹¹ ma²⁴ ða²⁴ te²⁴
EP　　我们　是　朋友　他　想　来　找　他
ʔdai³⁵ kə⁰!"
MP
"me⁰! te²⁴ lɯŋ⁵³ li³¹ nin¹¹." ne⁰ lə⁰.
EP　他　还在　睡　　如此说 MP
tɕa¹¹ tɕa¹¹ ʔdak³⁵ ni³¹ ʔju³⁵ ðuk³³ ða:i³¹. θi³⁵ pu³¹ te²⁴ foŋ³³ pai²⁴ ðuk³³,
恰恰　家伙　这　在　卧室　真的　四人　那　冲　去　卧室
kan³¹ ta:u³⁵ to³³ ɕa³³ tɕot³⁵ pai⁰ la⁰. ɕa³³ te²⁴ ma²⁴, ʔdai³¹ ma²⁴ to³³ na⁵³
按　立刻　绳子　捆　MP　绳　捆　来　得　来　面前
pau³⁵ θai³⁵ ðam³⁵.
官　泗城府
"la⁰, kai³⁵ mɯŋ¹¹ kuə³³ kai³⁵ θian³⁵ wa:i³³ te²⁴ tɕiu²⁴ tɕin⁵³ ɕi³³
SP　你　做　个　事情　坏　那　究竟　MP
mɯŋ¹¹...."
你
ho⁵³ te²⁴ pai²⁴ ɕa:ŋ³⁵ tɕau³⁵ θui¹¹ te²⁴ ʔdai³¹ fa³³ mit³³ te²⁴ ɕai¹¹, fa³³ mit³³
他们　去　搜　枕头　他　得　刀　他　齐　刀
te²⁴ tuŋ³³ ko²⁴ pai³¹ ða³⁵, ða³⁵ ɕi³³ ʔau²⁴ paŋ¹¹ ma²⁴ ʔot³⁵ ɕai¹¹ ʔdi³¹,
他　通过　去　洗　洗　以后　拿　布　来　擦　齐　MP

tam³¹ ɕi³³, kai³⁵ liat³³ te²⁴ ni³⁵ ɕi³³, ʔa¹¹! jin³³ wei²⁴ kai³⁵ ðip³³ fɯŋ¹¹ te²⁴,
　不过　个　血　那　MP　EP　因为　个　指甲　他
jin³³ wei²⁴ kai³⁵ mit³³ te²⁴ kə⁰, li³¹ pan¹¹ lu³³ pan¹¹ lu³³, liat³³ θa:m⁵³ pe⁰.
　因为　个　刀　他　MP　有　成　凹　成　凹　血　梁　MP
"kə³⁵ ni³¹ tu³⁵ mɯŋ¹¹ ja:ŋ³³ ni⁰, mɯŋ¹¹ ka³³ ja:ŋ³³ jaɯ¹¹ pai⁰, mɯŋ¹¹
　这个　赌　你　看　MP　你　自己　看　MP　你
ham³³ te²⁴ kuə³³ kə³⁵ ma¹¹ θian³⁵ ne⁰."
晚上　那　做　什么　事情　MP
　　　tɕhɯn³¹ tsun²⁴ pai⁰ la⁰. "ða:i³¹ lo³¹, woi³⁵ loŋ²⁴ pai⁰!"
　　　　承认　　　MP　真的　MP　我　错　MP
"loŋ²⁴ pai⁰ la⁰, ɕi³³ pai¹¹ ni³¹ ɕi³³ mɯŋ³¹ ku³⁵ laɯ¹¹ kuə³³?"
　错　MP　那么　现在　MP　你　怎么　做
"mi¹¹ ðo³¹ taŋ³⁵ laɯ³¹ kuə³³, ɕa:ŋ³³ʔi³⁵ θai³⁵ kuə³³ taŋ³⁵ laɯ¹¹
　不　知　怎么　做　　随便　官　做　怎样
tɕhu⁵³ li⁵³."
　处理
"me³¹!" pau³⁵ θai³⁵ ðam³⁵ nau¹¹:
　EP　官　泗城府　说
"taŋ⁵³ pai⁰! la:i²⁴ mi¹¹ nau¹¹ noi³⁵ mi¹¹ nau¹¹ pai⁰, ɕa³¹ nau¹¹ mi¹¹ ʔau²⁴
　这样　MP　多　不　说　少　不　说　MP　假如　不　抓
θa:u¹¹ wən¹¹ ni³¹ ɕi³³ ʔdaɯ²⁴ pɯəŋ¹¹ ni³¹ wa:i³³ pai⁰! θa:u¹¹ wən¹¹ ni³¹
　类　人　这　MP　里面　天下　这　坏　MP　类　人　这
jin³³ kai³³, jin³³ kai³³." pai⁰ ne⁰.
　应该　应该　MP
　　　lo⁵³, ta²⁴ kai²⁴ 11 tian⁵³ tsuŋ³³ tso⁵³ jəu²⁴, ho¹¹ kuə³³ ŋa:i¹¹ pai⁰. haɯ⁵³
　　　SP　大概　11　点　钟　左右　合　做　午饭　MP　让
li³¹ waŋ³¹ pau⁵³ ni⁵³ koi³³ ma³¹ luaŋ¹¹, la⁰! haɯ⁵³ koi³³ ʔdak³⁵ ma³¹ luaŋ¹¹
李　黄　保　MP　骑　马　铜　SP　给　骑　个　马　铜
te²⁴.
那
　　　la⁰! ɕi³³ pai¹¹ laŋ²⁴ li⁵³ waŋ³¹ pau⁵³ nau¹¹:
　　　SP 于是　后来　李　黄　保　说
"θa:ŋ²⁴ la:i³⁵, koi³³ mi¹¹ ʔdai³¹ le⁰."
　高　多　骑　不　得　MP

leu³¹ po¹¹ tuŋ³¹ ðua:m²⁴ ɕo³⁵，tui³³ tuə¹¹ ma³¹ luan¹¹ te²⁴ pai²⁴ tɕa:ŋ³³
大家　一起　抬　　体貌词　推　匹　马　铜　那　去　中间
pjaŋ³³，kai³⁵ tie⁵³ te²⁴ pan¹¹ tai¹¹ ma³¹，tam³¹ kuan⁵³ ɕi³³ pan¹¹ luɯk⁵³ ðai³¹.
坪地　个　底　那　有　蹄　马　　但是　　就　有　轮子
la⁰，tuə¹¹ ma³¹ luaŋ¹¹ ʔdoŋ³⁵ ʔdoŋ³⁵，ɕa³³ luɯ⁵³ ɕuk⁵³ li⁵³ waŋ³¹ pau⁵³ pə⁰.
SP　匹　马　铜　闪闪发光　　绳子　才　捆　李　黄　保　MP
ɕi³³ koi³³ mi¹¹ ʔdai³¹ ɕi³³ ho⁵³ te²⁴ ʔum³¹ ɕo³⁵．tam³¹ kuan⁵³ kai³⁵ ka²⁴ te²⁴
于是　骑　不　得　于是　他们　抱　体貌词　但是　　个　腿　他
ʔju³⁵ kə¹¹ laɯ¹¹ tu³⁵ ʔau²⁴ sua⁵³ ɕo³⁵ kuə⁵³ leu³¹．la⁰！ɕi³³ pai¹¹ laŋ²⁴ ni⁰，
在　哪儿　都　拿　锁　放　全部　SP 于是　后来　MP
ɕi³³ kai³⁵ tɕen²⁴ te²⁴ na:i³³ na:i³³ ɕuaŋ³⁵ ɕa³³，ɕi³³ jəu²⁴ ʔau²⁴ kai³⁵ tɕen²⁴ te²⁴
于是　个　胳膊　他　慢慢　　放绳子就　又　拿　个　胳膊　他
ma²⁴ kot³⁵ ʔba³⁵ tuə¹¹ ma³¹，jəu²⁴ li³¹ kai³⁵ ma²⁴ ha:p³³ tɕen²⁴ te²⁴ ɕai¹¹ ɕuə¹¹，
来　抱　肩膀　匹　马　又　有　东西　来　合拢　胳膊　他　全部
hau⁵³ te²⁴ kot³⁵ ɕo³⁵　tuə¹¹ ma³¹．
让　他　抱　体貌词　匹　马

　　la⁰！ɕi³³ wən¹¹ puɯan¹¹ te²⁴ θi³⁵ puɯan²⁴ lum⁵³ waŋ²⁴ mo³¹ ðau¹¹
　　SP 后来　人　地方　那　四　方向　像　望漠　我们
taŋ³⁵ ni³¹，ma²⁴ ɕim²⁴ pai⁰ lə⁰！ʔda⁵³！ma²⁴ ɕim²⁴ pa⁵³ lian³¹ ʔbuɯn³³ ʔba:i³¹
这样　来　看　MP　EP 来　看　全部　黑压压一片
leu³¹，θi³⁵ puɯan²⁴ pjaŋ³⁵ ɕi³³．me³³ ɤe⁵³！kə³⁵ te²⁴ leu³¹ wən¹¹ ða:i³¹，kə³⁵ te²⁴
MP　四　方向　场地　MP　马　MP　那个　全部　人　真的　那个
ɕim²⁴ ɕot³³ wən¹¹ pai⁰．ɕi³³　pai¹¹ laŋ²⁴ ni³⁵，ho⁵³ te²⁴ ni³⁵，tuə¹¹ ma³¹ te²⁴，
看　极点　人　MP 于是　后来　MP　他们　MP　马　那
ʔdaɯ²⁴ te²⁴ pan¹¹ tuŋ³¹ tuŋ³³ ʔdai³⁵，ʔau²⁴ ta:n³⁵ ɕo³⁵，pai¹¹ laŋ²⁴ ni³⁵，ɕi³³
里面　那　有　筒　筒　MP　拿　木炭　放　后来　MP　就
hau⁵³ wən¹¹ ʔau²⁴ tɕo³⁵ fi¹¹ pai²⁴ let³⁵ ʔdaɯ²⁴ te²⁴．la⁰！kai³⁵ pa³⁵ ta:i³¹
给　人　拿　火子　去　点　里面　那　SP　个　屁股
tuə¹¹ ma³¹ te²⁴ luam⁵³ leu³¹，ta¹¹ ŋa:u⁵³ ha:i²⁴ ɕi³³ pan¹¹ tuŋ³¹ tuŋ³³
马　那　光滑　非常　一　掰　开　就　有　筒　筒
ʔde³³ ka¹¹，pai¹¹ laŋ²⁴ ɕo³⁵ fi¹¹ ʔjə³⁵ ta⁵³ hap³⁵，pai¹¹ laŋ²⁴ ni³⁵ ɕi³³ na:i³³ haŋ²⁴
MP　后来　放火　完　关　后来　MP　就　慢　热
na:i³³ haŋ²⁴，ɕi³³ kai³⁵ ka²⁴ te²⁴ ni³⁵ ɕi³³ ʔju³⁵ θoŋ³³ pa:i³³ tuə¹¹ ma³¹，
慢　热　于是　个　腿　他　MP　就　在　两　边　　马

teŋ⁵³ peu³³ ma²⁴ kun¹¹ ɕaːu³¹ li³¹ kam²⁴ θaːŋ²⁴ ʔdeu²⁴ taŋ³⁵ ʔde³⁵, ko⁵³ nən¹¹
蹦   起来 大约 有 拳头 高   一   那样 MP 可能
θaːm²⁴ ɕon³⁵ tso⁵³ jəu²⁴. laº, kua⁵³ laŋ²⁴ ni³⁵ ɕi³³ naːi³³ haŋ³⁵ naːi³³ haŋ³⁵ ɕi³³
三   寸   左 右   SP 过后 MP 就 慢   热   慢   热 就
naːi³³ ja¹¹ jeu²⁴ pai⁰ ləº maº. pai¹¹ laŋ²⁴ taːn³⁵ ʔdin²⁴ luan³¹ ʔdin²⁴ pai⁰ laº,
慢   叫 喊   MP   MP   后来   火 炭   红   铜   红   MP
ja¹¹ jeu²⁴ ja¹¹ jit³⁵, ɕi³³ pu³¹ ʔbɯt³⁵ ɕɯ²⁴ je⁵³ li³¹, pu³¹ mi¹¹ ʔbɯt³⁵ ɕɯ²⁴ je⁵³
鬼哭 狼   嚎   于是 人   可怜   也 有 人 不   可怜   也
li³¹. ɕi³³ pu³¹ mi¹¹ ʔbɯt³⁵ ɕɯ²⁴ te²⁴ nau¹¹:
有   于是 人 不   可怜   那 说

"ja¹¹! kai³⁵ θaːu¹¹ tuə¹¹ ni³¹ pai²⁴ ka⁵³ fɯə³¹, ɕi³³ fɯə³¹ sɯn⁵³
 EP   个   种   家伙 这 去   杀 别人   那么 别人   惩罚
ʔde³³ laº."
MP

ɕi³³ ho⁵³ ʔju³⁵ hen¹¹ nau¹¹:
于是 群 在 边上   说

"ju¹¹! ko⁵³ ɕi¹¹ ɕau¹¹ pai⁰! na⁵³ ʔdai³¹ ʔau²⁴ ɕuŋ³⁵ haːi³¹ ləº maº, kai³⁵
 EP 可惜 非常 MP   不如 拿   枪   打   MP   个
ni⁵³ ðan²⁴ ʔbɯt³⁵ ɕɯ²⁴ ɕaɯ¹¹ ɣaº, naº!"
这   见   可怜   非常 MP EP

pai¹¹ laŋ²⁴ ðem⁵³ ja³¹ jeu²⁴ hɯk³⁵ po²⁴ ne¹¹ ləº maº! ja³¹ jeu²⁴ ja³¹ jit³⁵,
后来 烧   叫喊   震   山   一样   MP   鬼哭 狼 嚎
pai⁰ laº! ɕi³³ pai¹¹ laŋ²⁴ ni³⁵, ɕi³³ ðem⁵³ leu³¹ pai⁰. ðem⁵³ leu³¹ naº ɕi³³
MP 于是 后来   MP 就   烧   完   MP   烧   完 MP 于是
pau³⁵ θai³⁵ ðam³⁵ nau¹¹ pai⁰ laº.
官   泗城府   说   MP

"taŋ⁵³ te²⁴ pai⁰, kuaŋ⁵³ po²⁴ heŋ⁵³ pai²⁴ tɕaːŋ²⁴ kaːi²⁴. taŋ⁵³ pai⁰,
那样   MP   广播   响   去   街上   这样 MP
ɕo³³ ðɯ¹¹ ɕɯ¹¹ na⁵³, mo³⁵ ðɯ¹¹ ho⁵³ θɯ²⁴, pai¹¹ ni³¹ luk⁵³ ʔbuk³⁵ ni³¹ ɕi³³
从今 以后   以后   你们   现在   姑娘   这   就
ta²⁴ laːu³¹ ta²⁴ paːm³⁵ mi¹¹ ðo³¹ na⁵³ pu³¹ θaːi²⁴, pu³¹ laɯ¹¹ ma²⁴ ɕun¹¹ tu³⁵
有眼无珠   不 认识   小伙子   谁   来   玩耍 都
mi³¹ ðo³¹. pai¹¹ ni³¹ ni³⁵ ɕi³³ ʔau²⁴ wan²⁴ kai²⁴ pai⁰, ʔau²⁴ luk⁵³ θaːi²⁴ ɕo³⁵
不 知   现在   MP 就   要   换届 MP 拿 小伙 放

luɯk³³ ʔbɯk³⁵ jaɯ¹¹ nei¹¹ lə⁰, ʔa³¹! ʔau²⁴ luɯk³³ θaːi²⁴ ɕo³⁵ luɯk³³ ʔbɯk³⁵
姑娘　　　　　　MP　　EP　拿　小伙　　放　姑娘
jaɯ¹¹. lo³⁵! ɕi³³, luɯk³³ θaːi²⁴ lɯŋ⁵³ ðo³¹ na⁵³ luɯk³³ ʔbɯk³⁵, lɯŋ⁵³ nen²⁴
　　　MP　SP　于是　小伙　才　认识　姑娘　　才　记
ʔdai³¹. kai³⁵ ho⁵³ θu²⁴ mi¹¹ pan¹¹ kə¹¹ laɯ¹¹ nei³¹ lo⁵³, ɕi³³ waːn³³ kə¹¹ ni³¹
得　个　你们　不　成　哪里　MP　就　换　这里
kə¹¹ ʔdeu²⁴."
处　一

mɯən³³ ʔdu³¹ kaːŋ³⁵ haːu³⁵ ni³⁵ ɕi³³ ɕon¹¹ ðiaŋ¹¹ ɕon¹¹ te²⁴ taˈjin²⁴.
起初　　讲话　　MP　句　跟　句　那　拖音
ɕi³³ pau³⁵ θai³⁵ ðam³⁵ nau¹¹ mo³⁵ pai⁰.
于是　官　泗城府　说　新　MP

"taŋ⁵³ pai⁰, ɕo³³ ðu¹¹ kɯn²⁴ lau⁵³ kɯn²⁴ ɕa¹¹ lɯŋ⁵³ ta¹¹ jin²⁴ laɯ¹¹ pai⁰,
这样　MP　以后　吃　酒　吃　茶　才　拖音　什么　MP
pai¹¹ ni³¹ pai ði³³ pai²⁴ na¹¹ ni³⁵, ʔau²⁴ tuŋ⁵³ kaːŋ⁵³ ʔda¹¹ ja¹¹ pai⁰."
现在　去　地　去　田　MP　要　　讲话　直白　MP
lɯŋ⁵³ ɕi³³ pai¹¹ ni³¹ kɯn²⁴ lau⁵³ kɯn²⁴ ɕa¹¹ lɯŋ⁵³ ta¹¹ jin²⁴, lɯŋ⁵³ hoŋ¹¹
于是　现在　吃　酒　吃　茶　才　拖音　才　吟唱
wɯən²⁴ mo³⁵ ʔdai³³ ne³¹ ke³⁵.
歌　　新　如此而已　MP

意译：

布依族民间故事讲述实录（二则）

这么说吧！

据说以前都是女孩去追求男孩。

以前有一个姑娘叫行佳小姐，她看中了一个小伙子，名叫王江元，于是她拿钱托一个叫玉兰花的人去给她做中间人。玉兰花拿着钱就去了。去到街上，遇到一个名叫李黄保的男人，李黄保问她：

"你要去哪里？"

她说："行佳小姐要追求王江元，拿钱让我替她去做中间人。"

"王江元有妻室了，你何必还要去找他，我还没有妻子，你就让她来追求我吧!"李黄保这样说。

于是她就把钱给了李黄保,作为定情的钱。

李黄保拿到钱一个多月以后,就来找行佳小姐,见到行佳小姐以后,他说:

"……

藤桌摆当间,

吃饭要下地?

这算哪顿饭?"

他这样跟行佳小姐打招呼。

"你来啦?"行佳小姐说。

"来啦!"李黄保说。

于是两人急急忙忙进屋,把摆在屋子中央的长凳子碰得"叮咣"作响。她父亲在屋里听见了就说:

"孩子啊!孩子!

什么碰了桌,什么碰了凳。

碰得叮咣响,让人不安宁。"

那女孩答应她父亲说:

"爹呀!爹!

昨夜你杀鸭,昨夜你杀鸡,

野猫找肉吃,碰桌又碰凳,

碰得叮咣响,让您不安宁。"

于是,她爹就不再说话了。

那男的(指李黄保)怕被人发现,不好意思,就赶紧走了。

一个多月以后,李黄保又来了,他偷偷地来到行佳小姐的窗前,用手敲窗户发出"咔咔"的声音。姑娘在屋里说:

"哥呀!你来啦!"

"来啦!"

姑娘开门让李黄保进屋。两人到屋里面聊天,不知道聊什么,一直聊到鸡叫,天麻麻亮,男的想走,姑娘再三挽留,说:

"哥呀!哥!情郎呀情郎!

蟋蟀还在走,飞虎还在耍,

情郎为何走得如此急?"

于是,李黄保留下,与行佳小姐同宿,天亮了都不知道。行佳的母亲起床,看见他们两人在床上,就问:

"儿呀!儿!

今晚你被子,为何这么高?

今晚你床单,为何这么宽?"

李黄保听见了,打开窗户,跳窗而逃。行佳小姐回答她母亲说:

"娘呀!娘!

今晚换新被,被子新就高。

换了新床单,床单新就宽。

没有谁来跟我住,

整晚只有我自己。"

她母亲没说什么。到了腊月间,她跟老伴说:"这样吧,咱们招个女婿上门吧,要不然让女儿这么胡来怎么行。"

于是,招了一个上门女婿。一天,女婿喝了点酒,有些醉意,早早地就睡了。行佳小姐的旧情人李黄保又来了。他跟以前一样,偷偷地来到窗前,用手轻轻地敲窗户。

行佳小姐在屋里说:"哥,是你到了吗?"

李黄保说:"是的,我到了。"

行佳小姐说:"哥呀!我叫你早些过来,你又不来,现在我爹给我找了一个女婿,咱俩成不了啦!"

李黄保说:"成不了没关系,我另外找一个。不过我想看看你丈夫什么样子。"

行佳小姐说:"我丈夫已经睡觉了,他今晚上酒喝多了。明天他醒来的时候你再来看也不晚嘛!"

李黄保无论如何坚持要看行佳小姐的丈夫一眼,于是强行推开窗户,跳进屋去。问道:"你丈夫在哪里?让我看他一眼。"行佳小姐指着床说:"在那儿呢。"于是掀开蚊帐让李黄保看她的丈夫。没想到李黄保从腰间掏出一把匕首,飞快地在那人的脖子上抹了一刀。那人当时就死了。

行佳小姐顿时号啕大哭起来,边哭边说:

"爹呀！爹！
你前世欠下什么债，
你前世作了什么孽，
让行佳的丈夫遭此灾，
让行佳的丈夫遭此难。"
她父亲在卧室里听见了，说："天呀！我的女儿怎么哭成这样？"
"儿呀！儿！
你的前夫是哪个？
你的情人是哪个？"
老人说话的声音都有些发抖。
他女儿不停地哭泣，边哭边回答他父亲说：
"爹呀！爹！
我的前夫是这个人，
我的情人是这一位，
他的名字叫王江元。"
于是就说她喜欢王江元啦！

第二天早上天刚蒙蒙亮，大约六点多钟，（县衙）马上派人送信给王江元，让他到县衙来。王江元接到信，心里纳闷："我没得罪什么行佳小姐呀，怎么派人送信来叫我去呢？"于是坚持不去，县衙又派人再送信来让他马上到县衙去，他还是不去。后来他妻子见他坐在台阶上哭，就上前问他："你为什么在这儿哭成这个样子？"王江元说："你看看这个。"于是他把先后收到的两封信递给妻子看。他妻子看罢说："好啦，你赶紧逃吧，抓你的人马上就要来了。"于是劝自己的丈夫赶紧离家出走。

她丈夫刚逃走，差役马上就到了，但只有那女子一人在家。
"你家里的呢？"来人问道。
"我家里的逛街去了。"
"好哇，你竟然敢把你丈夫藏起来！"
"哎呀！不是这样的，我丈夫到街上去买菜了，我哪里把他藏起来了？昨晚上他都在家，哪儿也没有去。"
"岂有此理，你这刁蛮的女子竟敢如此抵赖！"于是就用绳子将那女子捆了起来。

那女子说：

"绳索倒背捆，

犹如凳上坐。"

差役们说："这女子竟敢如此嘴硬，绳索倒背捆竟然说是坐在凳子上呢。"于是再拿一根绳子套住她的脖子，再绕到后面交叉起来。

那女子又说了，她说：

"绳索勒脖颈，

好比把那拐弯的唢呐吹。"

差役们说："送到衙门去。"

正准备送到衙门，那女子又说话了，她说道：

"州官是我娘家舅，

县官是我亲叔伯，

听说泗城府的官最毒，

杀人就像捻蚂蚁。

求求各位官差爷，

千万不要往那儿送。"

差役们说："既然她那么怕泗城府的官，那咱们就把她往那儿送吧！"于是后来就把她送到了泗城府。

衙门是当时地方最高的政府机关，衙门口有一块宽大的平地，那女人被带到那里。人们从四面八方涌过来看热闹。"哟！这女人犯什么法了？还被捆起来了嘞！"大家都争先恐后地朝前拥，后来府里的官员们也来了，泗城府的官兵前来把场地围得水泄不通。手铐脚镣扔在地上发出"当当"的响声，连押送过来的那三四个差役都感到有些害怕。

官兵们问差役："你们为什么把这个女的拉到这儿来？"

差役们说："今天早上她丈夫把行佳小姐的丈夫杀了，我们才把她带到这儿来的。"

"那应该抓她丈夫呀！怎么抓她呢？"问得差役们无言以对。

这时，泗城府府尹出现在府衙的楼上，他说："赶紧处理吧，不然那女的快挺不住了。"

府尹正好是那女人的父亲，但差役们并不知道。官差们在平地上摆上桌椅，桌子上摆上茶点，官员们陆续就座，准备开始审案。

"既然你们把这女人捆绑过来了，就让她先说吧！"府尹说。

于是让那女人先说，她说道：

"官爷呀！官爷！
我本出自官府家，
今年二月才出嫁，
嫁给我夫四月整，
早晚相伴在一起，
未有一刻分离别。
不料出个王家女，
告我丈夫伤人命，
我愿替夫来申冤，
还我丈夫身清白。"

在场的人听了都哑口无言，没话可说。于是，他们又问那女子还有什么要说的没有。那女子说："有！"于是接着说：

"官爷呀！官爷！
下坝有人偷牛你不管，
上坝有人偷马你不抓，
捡腰带的你却管，
拾头巾的你来抓。
偷牛盗马得逍遥，
路边拾遗把命丢。
天地之间哪讲理？"

那女人说完这些话，她父亲穿着布鞋从楼上走下来，楼板发出"哒哒"声响。

"你们把这女人抓来，你们调查过了吗？"

"我们是听行佳小姐说的。"

"那你们应该抓她的丈夫，怎么把这女人抓来了呢？"

那六名差役都害怕了。府尹立刻派人去把行佳小姐带来。不久，行佳小姐带到。

"你们家究竟出了什么事,从实招来。"

行佳小姐说:"我拿钱去放的王江元。"

"你是自己去放的还是让别人去的?"

"我是让玉兰花去放的,我把钱拿给了玉兰花。"

于是又派人去带玉兰花,众官员在现场等候。玉兰花带到。

"你做的事情我们都了解清楚了,你现在从实招来。"

玉兰花说:"是这样的,行佳小姐拿钱给我去放王江元,但是,我在路上碰到了李黄保,我就把钱给了李黄保了。"

府尹听了气不打一处来,狠狠地责罚了那些差役,同时派四个人去抓李黄保。那四个人是化装成农民去的,穿着一身土布对襟衣,在街上逛。来到李黄保家门口,见一个老头便问:

"公啊!李黄保在家吗?"

"在呀,你们找他做什么?"

"我们是他的朋友,有点事找他。"

老头说:"他在家里睡觉。"

进屋一看,那家伙果然在家睡觉。四人立刻冲进卧室,用绳子将他五花大绑,还在他的枕头底下搜出了他杀人时用的那把匕首,虽然用水冲洗过,并用布擦干,但匕首凹陷的地方仍能看出血迹。

"你那天晚上干什么坏事你自己知道吗?"

在证据面前,李黄保只好承认了:"是的,我认罪。"

"认罪,你打算怎么认法?"

"我也不知怎么认法。随便你们怎么处置都行。"

府尹说:"没什么好讲的,像你这样的败类不除,天下哪有安宁之日,你是罪有应得!"中午时分,差役们给李黄保用一种叫做"骑铜马"的刑罚,让他骑上一匹用铜铸成的马。李黄保说:"太高了,我骑不上去。"于是众人一起把他抬上铜马,铜马的马蹄上安装有四个轮子,众人把闪闪发光的铜马推到了平地上。李黄保的两只胳膊抱住马的肩膀,然后被绳子捆绑着,脚上戴上了脚镣。平地上是黑压压的一片看热闹的人群。

铜马的腹部是空的,差役们把木炭放进铜马腹中,并点燃。从马屁股上添炭火,然后关上。火点着了,铜马也慢慢地烫起来了。

李黄保的双腿在铜马的两侧拼命挣扎,离开马身子有一个拳头那么远的距离,大约三寸左右吧。后来,铜马越来越烫,李黄保的叫喊声也越来越大。铜马里的炭火把马身都烧红了,李黄保的叫声跟鬼哭狼嚎似的。在一旁围观的人有怜悯的,也有不怜悯的。

不怜悯的人说:"活该!这种杀人恶魔就应该受到这样的惩罚。"

怜悯的人则说:"哎呀!造孽呀!不如一枪打死算了吧,实在可怜呀!"

李黄保在铜马上被烤得鬼哭狼嚎一般,就这样被活活烧死了。

府尹说:"大家听着,你们这些姑娘真是有眼无珠,谁来跟你们玩耍你们都不知道,从今以后要换过来,由小伙子去追求姑娘,这样小伙子才能认识姑娘。还有,以前大家讲话每一句都要拖音,从今以后,喝茶喝酒的时候,讲话才能拖音,平时下地干活讲话要直白,不许拖音。"

于是,现在大家只有在喝酒喝茶的时候,讲话才拖音,像唱歌一样。

(2)

ku²⁴ ʔdeu²⁴ ni³⁵ ɕi³³
段　一　　MP

mɯən³³ ʔdu³¹ te²⁴, ʔə⁰ ! li³¹ θaːm³³ pa⁵³leɯ¹¹. θaːm³³ pa⁵³leɯ¹¹
从前　那　EP 有　三　　妯娌　　三　　妯娌

ni³⁵ɕi³³, pu³¹tɕe³⁵ piu³⁵ pai⁰, pu³¹tɕe³⁵ taːu³⁵ laŋ²⁴ leu³¹, θaːm³³ pa⁵³leɯ¹¹
EP 老人　空　MP 老人　回　后　了　三　　妯娌

ʔju³⁵ laŋ²⁴, ʔa⁵³ ! ɕi³³ mei³³ mi¹¹ luk³³ liŋ³³ kei³⁵, luk³³ mi¹¹. ɕu⁵³ jə³³ mi¹¹
在　后　EP 也　没有　儿子 全部 MP 儿子 没有　接　也　不

nau¹¹ tuŋ³¹ ɕam²⁴ pi²⁴ ʔdai³⁵ kə¹¹ lau¹¹, taːŋ³⁵ pi²⁴ ʔdai³⁵, tam³¹ kuan⁵³ ɕi³³,
说　相　共　年　得　哪里　各　年　MP　不过　MP

pu³¹ ʔdu³¹ ʔdai³¹ ha⁵³ ðok³⁵ pi²⁴, ho⁵³ laŋ²⁴ ni⁵³ θaːm²⁴ θi³⁵ pi²⁴, to⁵³ ɕi³³ mi¹¹
个　前　得　五　六　岁　群　后　MP 三　四　岁　都 MP 不

sɯn³³ wun¹¹.
生　人

la³⁵ ɕi³³ θaːm³³ pa⁵³ leu¹¹ ni³¹ ɕi³³ ȵi²⁴, tuŋ³¹ tɕai¹¹ tɕa¹¹ ɕi¹¹.
　　SP 于是　三　　妯娌　这　就　商量 相互关心　非常

"taŋ³⁵ lau¹¹ le¹¹, ma²⁴ ðau¹¹ pai²⁴ θuan³⁵ miŋ³³ pa⁰." nei¹¹ kə³⁵.
　怎样　　MP　来 我们 去　算　命　 MP 如此说 MP

la³⁵, ɕi³³ pai¹¹ laŋ²⁴ ni³⁵ θaːm²⁴ pa⁵³ leu¹¹ ni³⁵ ɕi³³ ȵi²⁴ pan¹¹, pai²⁴
　SP 于是　后来 MP　三　　妯娌　 MP 就 商量　成　去

ko³⁵ pai²⁴ la³⁵, ma²⁴ ðau¹¹ pai²⁴ ðiaŋ¹¹ pau³⁵ luɯk³³ to¹¹ θuan³⁵ miŋ³³, la⁵³.
　就　去　MP 来 我们　去　跟　报　陆夺　算　命　SP

pai²⁴ ðiaŋ¹¹ pau³⁵ luɯk³³ to¹¹ θuan³⁵ miŋ³³, pai²⁴ ɕi³⁵. ʔbaːt³³ te²⁴ ʔo³⁵ pai²⁴
　去　跟　报　陆夺　算　命　去　MP 那时　出　去

pai²⁴ la⁵³, ʔo³⁵ pai²⁴ ni³⁵, ɕi³³ ha¹¹ lap³⁵, ʔbaːn³¹ pau³⁵ luɯk³³ to¹¹ te²⁴ ɕi³³
　去　下　出　去　MP　就　要　黑　村　　报　陆夺　那 就

luɯm⁵³ kə¹¹ taŋ⁵³ ȵi³¹, te²⁴ ɕi³³ taŋ¹¹ paːi³³ la⁵³ʔbaːn³¹ ʔdai³⁵, tɕa³¹ tɕa³¹ li³¹
　像　　处　这样　　他们 就　到　边　寨脚　　MP 恰恰 有

pau³⁵ ʔdeu²⁴ tau¹¹ pit³⁵. ma²⁴ la³⁵, nei³¹! kap³³ ɕo³⁵ ðoŋ³⁵ mai³¹ leu⁴²,
　老头　一　　守　鸭子 如此 MP　MP　抓　放　笼　女　全部

liam¹¹ liam¹¹ tuɯ¹¹ ma²⁴ tɕi³⁵ ʔjaːm³⁵. ɕi³³ θaːm²⁴ mai³¹ luɯk³³ ʔbuɯk³⁵ ni³¹
　急急忙忙　　带　来　几　步　　于是　三　　个　　女人　　这

taŋ¹¹ pai¹¹ʔdeu²⁴. ɕi³³ mai³¹ laːu³¹ te²⁴ ku³⁵ lau¹¹ nau¹¹ mə³⁵, mai³¹ laːu³¹
　到　　立刻　　于是 女人 大　那　 怎么　说　MP 女人 大

te²⁴ nau¹¹,
那　说

"ji³⁵! pau³⁵ ʁei⁵³! muɯŋ¹¹ kua³³ taŋ³⁵ lau¹¹ ʔau²⁴ ðoŋ³⁵ ka¹¹ tɕaːŋ²⁴
　EP 老头　MP　你　　做　　怎么　拿 笼子　塞 中间

ðon²⁴, ʔau²⁴ pit³⁵ tɕit³⁵ tɕaːŋ²⁴ ðon²⁴, hau⁵³ ku²⁴ kua³⁵ mi¹¹ ʔdai³¹, hau⁵³
　路　　拿　鸭子　挡　　中间　路　让　我　过　　不　得　　让

ku²⁴ pjaːi⁵³ mi¹¹ pan¹¹ le⁰." nau¹¹ ni³¹ ka⁰.
我　走　　不　成　　MP　说　如此 MP

la³⁵, pau³⁵ ni³¹ ʔwa³⁵ pai²⁴ la⁵³ ðon²⁴ pai¹¹ ʔdeu²⁴ nei³¹ lei³⁵. ʔwa³⁵ pai²⁴
SP 老头 这　让　去　下　路　　立刻　　MP　让　去

la⁵³ ðon²⁴, ʔjə³⁵ taŋ¹¹ mai³¹ te²⁴ ta¹¹ kua³⁵ ʔjə³⁵ ɕi³³ lek³⁵ ma²⁴ kuɯn¹¹ ðon²⁴.
　下　路　 过后 到 女子 那　过去　过后 就　窜　来　上　路

ɕi³³ mai³¹ taːŋ²⁴ θoŋ²⁴ sai²⁴ nau¹¹ θaːu¹¹ ni³¹ jiaŋ³³ kau³⁵. lo⁵³, ɕi³³ pau³⁵
于是 女子　第二　再　说　如此　　依旧　SP 于是 老头

ni³¹ jəu²⁴ nau¹¹ ʔwa³⁵ pai²⁴ la⁵³ ðon²⁴. ɕi³³ mai³¹ te²⁴ kua³⁵ ʔjə³⁵ ɕai¹¹ jəu²⁴
这 又   说   让   去 下   路   于是 女子 那   过   过后 一样 又
lek³⁵ ma²⁴ ðon²⁴.
窜   来   路

  ɕi³³ mai³¹ ta¹¹ θa:m²⁴ ðua:t³⁵ taŋ¹¹. "ʔja⁵³! kuŋ³³ ʁei⁵³! kuŋ³³ ʁei⁵³!
 于是 女子 第三   来   到   EP   公   MP   公   MP
ma²⁴ woi³⁵ tɯ¹¹ ða:p³⁵." ma³³ la⁰! ɕu¹¹ ða:p³⁵ tai³⁵ pa:ŋ¹¹ ʔba³⁵ pai²⁴.
让   我   挑   担   如此 MP   接   担子   从   肩膀   来
pau³⁵ tɕe³⁵ nau¹¹: "ʔai¹¹ ja³¹, pit³⁵ hau²⁴ n̥it³³, kai³⁵ hau²⁴ ha:u¹¹.
老人   说   EP   鸭子 臭   膻味   鸡   臭   腥味
ho⁵³ θu²⁴ mi¹¹ tɯ¹¹ ʔdai³¹, pai²⁴ kɔn³⁵, pai²⁴ kɔn³⁵. ha⁵³ ʔwa³⁵. mi¹¹ ʔji²⁴,
你们 不   挑   得   走   先   走   先   要   让   不   依从
mai³¹ te²⁴ ji³¹ tin²⁴ ʔau²⁴ tɯ¹¹. ma³³ la⁵³, tɯ¹¹ pai²⁴ tɯ¹¹ ma²⁴ ni³⁵, tɯ¹¹ taŋ²⁴
女子 那 一定 要 挑   如此 挑   去   挑   来 MP   挑   到
hen¹¹ ʔba:n³¹. pau³⁵ tɕe³⁵ te²⁴ nau¹¹:
边   寨子   老人   那   说

"mɯŋ¹¹ hau⁵³ ku²⁴ tɯ¹¹ jau¹¹ pai³⁵, mɯŋ¹¹ pu³¹ ɕo¹¹ ni³⁵ ða:p³⁵
你   让   我   挑   可以 MP   你   年轻人   MP   挑
kai³⁵ ni³¹ kua³⁵ ʔba:n³¹, mi¹¹ luam⁵³ tɕɯ¹¹ lau¹¹, ma²⁴ ku²⁴ tɯ¹¹, ma²⁴ ku²⁴
这个   过   寨子   不   好看   怎样   来   我   挑   来   我
tɯ¹¹."
挑

  ɕi³³ ɕoi³¹ te²⁴ nau¹¹: "ʔai¹¹ ja¹¹! taŋ⁵³ pai³⁵, kuŋ³³ ʁei³¹! pai¹¹ ni³¹
  于是 个   那 说   EP   这样 MP   公   MP   现在
woi³⁵ nau¹¹ θo³³ pai⁰, tɕɔŋ³³ woi³⁵ θa:m²⁴ pa⁵³ leu¹¹ ni³⁵, ha¹¹ ma²⁴ ða²⁴ pau³⁵
我   说   直   MP   群   我   三   妯娌   MP   要   来   找   报
lɯk³³ to¹¹, ham³³ ni¹¹ θuan³⁵ miŋ³³ ʔdai³¹, hau⁵³ kuŋ³³ vi³¹ ða:n¹¹ pau³⁵
陆夺   今晚   算   命   MP   让   公   指   家   报
lɯk³³ to¹¹ ʔju²⁵ kə¹¹ lau¹¹ ðo³¹ le³⁵ na³³."
陆夺   在   哪里   知   MP

  "ʔi³⁵ nau¹¹ taŋ³⁵ te²⁴ lo³⁵ ɕi³³, ho⁵³ θu²⁴ ha¹¹ ðan²⁴ pau³⁵ lɯk³³ to¹¹ lo³⁵ ɕi³³
  若   说   那样   MP   你们   要   见   报   陆夺   MP
ko³⁵ ðiaŋ¹¹ lan²⁴ ku²⁴ ʔdai³¹ la⁰ ka⁰." nau¹¹ taŋ⁵³ te²⁴ la⁰!
就   跟   后   我   MP   MP   说   那样   MP

hau⁵³ ðiaŋ¹¹ laŋ²⁴ pai²⁴. lo³⁵ ɕi³³ ðiaŋ¹¹ laŋ²⁴ pai²⁴ ðaɯ³¹ ðaɯ³¹. ɕi³³ sai²⁴
让　　跟　后　去　SP　就　跟　后　去　直　直　就　再
pai²⁴ taŋ¹¹ tɕaːŋ²⁴ ʔbaːn³¹, ham³⁵ pai⁰, "ja³⁵ kuŋ³³ ʁei⁵³! ða:n¹¹ pau³⁵
去　到　中间　寨子　问　MP　公　MP　家　报
lɯk³³ to¹¹ ʔju³⁵ kə¹¹ laɯ¹¹ le¹¹ na⁰?"
陆　夺　在　哪里　MP

"ðiaŋ¹¹ laŋ²⁴ ma²⁴ ðaɯ³¹ lə⁰ ka⁰!"
跟　　后　来　继续　MP

pai¹¹ laŋ²⁴ pau³⁵ te²⁴ jin⁵³ pai²⁴ ða:n¹¹ te²⁴ pai¹¹ ʔdeu²⁴ taːu³⁵ to³³, teŋ²⁴
后来　老头　那　引　去　家　他　立刻　马上　是
pau³⁵ lɯk³³ to¹¹ pai¹¹ ʔdeu²⁴.
报　陆　夺　正好

ɕi³³ θoŋ³³ mai³¹ laːu³¹ ni³¹ ni³⁵, na⁵³ fɯt³³ hɯ³⁵ pai⁰. "me³³ ʁɯ⁰!
于是　两　女人　大　这　MP　脸　紫　干　MP　妈　MP
tɯk³³ pau³⁵ lɯk³³ to¹¹ ʔdai³³ mə⁰ na⁰, ðaɯ¹¹ tu³⁵ mi¹¹ ðo³¹ ʁe³³ ʁa⁵³." nei³¹
是　报　陆　夺　MP　MP　我们　都　不　知道　MP　如此说
la⁰.
MP

la³⁵, ɕi³³ pai¹¹ laŋ²⁴ ni³⁵ ɕi³³ pai²⁴ ða:n¹¹ pau³⁵ lɯk³³ to¹¹ taːu³⁵ to³³.
SP 于是　后来　MP　去　家　报　陆　夺　马上
pai²⁴ pai⁰ la⁰. pai²⁴ ða:n¹¹ pau³⁵ lɯk³³ to¹¹. ɕi³³ ham³³ te²⁴ ni³⁵, kɯn²⁴
去　MP　去　家　报　陆　夺　于是　晚上　那　MP　吃
ɕau¹¹ ʔjə⁰ ni³⁵, ɕi³³ θa:m²⁴ pa⁵³ leu³¹ te²⁴ ni³⁵. ɕi³³ pau³⁵ ni³¹ ham³⁵ ni³¹,
晚饭过后 MP 于是　三　妯娌　那　MP 于是 老头　这　问　如此
"ho³¹ θu²⁴ ma²⁴ kuə³⁵ kə³⁵ ma¹¹ le¹¹ mu³⁵?"
你们　来　什么　MP

"tɕoŋ³⁵ woi³⁵ ni³⁵, taŋ⁵³ pai⁰, miŋ³³ peŋ¹¹ mu⁰, tɕai¹¹ ha¹¹ ma²⁴ ðiaŋ¹¹
我们　MP 这样 MP　命　贵　MP　想　要　来　跟
pau³⁵ lɯk³³ to¹¹ θuan³⁵ miŋ³³ kə³³."
报　陆　夺　算　命　MP

"me⁵³!"
EP

θuan³⁵ mai³¹ laːu³¹ kon³⁵. θuan³⁵ ʔjə³⁵, tiə³⁵ ʔdam³¹ ðik³³, mi¹¹ nau¹¹
算　女人　大　先　算　过后　放下　默默地　不　说

ɕɔn¹¹ kə³⁵ ma¹¹ liŋ¹¹. θuan³⁵ mai³¹ ta¹¹ ŋi³³, je⁵³ mi¹¹ nau¹¹ kə³⁵ ma¹¹ liŋ³³,
句　什么　完全　算　女人　第二　也　不　说　什么　全部
tiə³⁵ ʔdam³¹ ðik³³ ðaɯ³⁵ ðaɯ³⁵. θuan³⁵ taŋ¹¹ mai³¹ ta¹¹ θa:m²⁴, je³¹ tiə³⁵
放下　默默地　仍然　　算　到　女子　第三　也　放下
ʔdam³¹ ðik³³ jiaŋ³³ kau³⁵ le⁰. la⁵³, tiə³⁵ ʔdam³¹ ðik³³ jiaŋ³³ kau³⁵ ni⁰,
默默地　依旧　　MP SP 放下　默默地　　依旧　　MP
kai¹¹ laŋ²⁴ ɕi³³ nau¹¹ pai⁰.
后来　就　说　MP

"taŋ⁵³ na:i³³ ho⁵³ θu²⁴ θa:m²⁴ pa⁵³ leu³¹ ni⁰, ma²⁴ θuan³⁵ miŋ³³
　如此　　你们　　三　　姆娌　MP 来　算　命
ta¹¹ ða:i³¹, tam³¹ kuan⁵³ ho⁵³ θu²⁴ miŋ³³ peŋ¹¹ ða:i³¹ pai⁰, miŋ³³ peŋ¹¹.
真的　　不过　　你们　　命　贵　真的　MP　命　贵
tam³¹ kuan⁵³ ni³⁵ ho⁵³ θu²⁴ pai²⁴ ða:n¹¹, θa:n²⁴ pu³¹ ʔdan²⁴ pu³¹ ʔdan²⁴
不过　　MP 你们　去　家　编　人　个　人　个
ʔbak³⁵, ŋɔn¹¹ lau¹¹ ða³⁵ ðoŋ¹¹ ʔdu³¹ te²⁴, kua²⁴ ða³⁵ te³⁵." nau¹¹ ni³¹ la⁰.
鱼扒　天　哪　潮水　下　第一　那　刮　潮水　那　说　如此 MP
la⁵³, "ʔdai³¹ tuə¹¹ kə³⁵ ma¹¹ ɕi³³ ʔau²⁴ tuə¹¹ te²⁴ kuə³³ lɯk³³." ma²⁴ la⁵³,
SP　得　只　什么　就　拿　只　那　做　儿子　如此 说 MP
ɕi³³ pau³⁵ lɯk³³ to¹¹ ni³¹ taŋ³³ te¹¹.
SP 报　陆夺　这　那样

ɕi³³ pai¹¹ laŋ²⁴ ni³⁵ ɕi³³ ʔji²⁴ ta¹¹ ða:i³¹, θa:m²⁴ mai³¹ ni³¹ ɕi³⁵ ta:u³⁵
于是　后来　MP 依从　真正　三　女人　这 就　回
ma²⁴, ta:u³⁵ ma²⁴ ða:n¹¹ pai⁰. ta:u³⁵ ma²⁴ ða:n¹¹ ɕi³³ pu³¹ pu³¹ θa:n²⁴
来　回　来　家　MP　回　来　家　就　人　人　编
ʔbak³⁵. θa:n²⁴ ʔbak³⁵ pan¹¹ ɕai¹¹, ða²⁴ ðoŋ¹¹ ʔdu³¹ taŋ¹¹ pai²⁴ ni⁰ la⁰,
鱼扒　编　鱼扒　成　齐　潮水　涨　第一　到　MP MP
pi¹¹ ta:i²⁴ tem²⁴ ɕo³⁵ kɯn¹¹, nuaŋ⁴¹ lun¹¹ ta:m²⁴ θo³⁵ la⁵³, pai²⁴ ma²⁴ la⁵³,
大姐　接　放　上　小妹　接　河口　下　去　来 MP
hau⁵³ ja³³ la:u³¹ kua²⁴ kən³⁵, ja³³ la:u³¹ ta¹¹ kua¹¹ ɕo³⁵! ʔdai³¹ ʔdak³⁵
让　女人　大　刮　先　女人　大　便刮　体貌　得　条
non²⁴ n̥a:ŋ³⁵ pa:i³³ ʔdeu²⁴. la:u³¹ θa:u³³ ta:m²⁴ tɕiŋ²⁴ ne³¹,
虫　怪模　怪样　一　　大　如　把儿　锄头　这样
ʔdak³⁵ ʔdua:i⁵³ ʔdak³⁵ ʔdua:i⁵³.
张牙舞爪

"pau³⁵ lɯk³³ to¹¹ nau¹¹ ʔdai³¹ tuə¹¹ kə³⁵ ma¹¹ ɕi³³ ʔau²⁴ tuə¹¹ te²⁴ kua³³
　　报　陆夺　说　得　只　什么　就　拿　只　那　做
lɯk³³ ta:u³⁵ ʔdu³¹ to³³ lə³³ mə⁰, ta:u³⁵ θoŋ²⁴ je³¹ mi¹¹ hau⁵³ kua²⁴ mə³⁵, je⁵³
儿　次　一　唯　MP　次　二　也　不　让　刮　MP　也
ʔau²⁴ lo³⁵" nei¹¹ la⁰! "non²⁴ je³¹ ʔau²⁴ lo⁵³" nei¹¹ la⁰!
要　MP　如此 MP　虫　也　要　MP　如此 MP
　　　mai³¹ ta¹¹ ŋi³³ ma²⁴ kua²⁴ kə¹¹ lau¹¹, mai³¹ ta¹¹ ŋi³³ ta¹¹ θoi²¹ pai²⁴, tak³⁵
　　　女人　第二　来　刮　什么　女人　第二　一　刮　去　舀
ʔdai³¹ me³³ non²⁴ ta:p³⁵ ʔdeu²⁴, pɯn²⁴ mi⁶¹ lum⁵³ jiaŋ³³ liŋ³³ ta:u³⁵ to³³.
得　母　虫　贴　一　毛　不　像　样　别的　一样
non²⁴ ta:p³⁵ la³⁵! "me³³ ɣa³⁵, ʔdai³¹ non²⁴ ta:p³⁵ ʔdoi³³ mo³⁵ le⁰!" je⁵³ ʔau²⁴
虫　贴　MP　妈　MP　得　虫　贴　而已　MP　也　要
mo³⁵ lei⁰, ʔau²⁴ ma²⁴ ða:i³¹ pə³⁵, ʔau²⁴ ma²⁴ ða:n¹¹ ɕai¹¹.
MP　要　来　真的 MP　拿　来　家　全部
　　　ja:ŋ³³ mai³¹ ta¹¹ θa:m²⁴ mo³⁵, mai³¹ ta¹¹ θa:m²⁴ te²⁴ pai²⁴ ʔdai³¹ ʔdak³⁵
　　　看　女人　第三　又　女子　第三　那　去　得　个
vɯə²⁴ ʔdeu²⁴, li³¹ pan¹¹ θa:m²⁴ kan²⁴ lau¹¹ taŋ³⁵ te²⁴, mai³¹ ni³¹ hiŋ¹¹ to²⁴
乌龟　一　有　成　三　斤　约　那样　女子　这　赢　多
la⁰, mai³¹ ni³¹ hiŋ¹¹ to²⁴, mai³¹ ni³¹ mai³¹ tuu¹¹ ða:p³⁵ nei⁰ pə³⁵! ʔu⁰! mai³¹
MP 女子　这　赢　多　女子　这　女子　挑担　MP　EP　女子
ni³¹ hiŋ¹¹ to²⁴ pai⁰ la⁰, ɕi³³ ma²⁴ ða:n¹¹. ma²⁴ ða:n¹¹ ni³⁵ ɕi³³, tuə¹¹ vɯə²⁴ te²⁴
这　赢　多　MP　就　来　家　来　家　MP　乌龟　那
ɕi³³ ɕo³⁵ ka:ŋ²⁴ ðam³¹, tuə¹¹ non²⁴ ta:p³⁵ te²⁴ ɕi³³ ɕo³⁵ ka:ŋ²⁴ ɕo³⁵ ʔeŋ²⁴ ɕai¹¹
就　放　缸　水　只　虫　贴　那　就　放　坛　放　瓮　全部
ʔdai³¹, tam³¹ kuan⁵³ mi¹¹ ʔau²⁴ ðam³¹ ɕo³⁵, tuə¹¹ non²⁴ na:ŋ³⁵ pa:i³³ mai³¹
MP　不过　不　拿　水　放　只　虫　怪模怪样　女人
la:u³¹ te²⁴ ni³⁵ ɕi³³, ja³³ te²⁴ ðiu³⁵ pai²⁴ ɕo³⁵ kui³³. ɕo³⁵ kui³¹ pai⁰ la⁰, ɕo³⁵
大　那　MP　女人　那　拿　去　放　柜子　放　柜子　MP　放
kui³³ sua⁵³ tap³⁵.
柜子　锁　扣
　　　pai¹¹ laŋ²⁴ ni³⁵, ʔdian²⁴ la:i²⁴, pau³⁵ te²⁴ ha¹¹ pai²⁴ ðon²⁴ kə¹¹ lau¹¹,
　　　后来　MP　月　多　男人　她　要　出门　哪儿
ʔau²⁴ hun³³ kai³⁵ wa³⁵ pɯə³³ te²⁴ ma²⁴ tan⁵³. me³³ jo⁵³, tuə¹¹ te²⁴ pai²⁴ kat³⁵
要　翻　个　裤　衣服　他　来　穿　妈　MP　动物　那　去　啃

kai³⁵ wa³⁵ puɯə³³ te²⁴ ðoi³¹ leu³¹ ta:u³⁵to³³. me³³ ʁa⁵³! pau³⁵ te²⁴
个 裤 衣 那 烂 全部 立刻 妈 MP 男人 那
ho¹¹ ȵa:p³⁵, ʔdaɯ²⁴ ni¹¹ tuə¹¹ kə³⁵ma¹¹ ni³⁵, pan¹¹ ma¹¹ la:u³¹ θa:u³³
冒火 里面 这 动物 什么 MP 有 什么 大 如
ta:m²⁴ tɕim²⁴ taŋ⁵³ ni³¹ le⁰? ʔdak³³ ʔdut³⁵ ʔdak³³ ʔdut³⁵ ʔdaɯ²⁴ ni³¹ mə³⁵ le⁰.
把儿 锄头 这样 MP 幼虫蠕动状 里面 这 MP
ðiu³³ fa³³ tɕim¹¹ fa¹¹ ji¹¹ tau³³ pai¹¹ huɯ¹¹, ta:i²⁴ pai⁰, ðiu⁵³ ʔa:u³⁵ ɕe²⁴. ɕot³³
拿 火钳 铁 火塘 去 打 死 MP 拿 扔 丢 结束
pau³⁵ la:u³¹ pai⁰, pau³⁵ la:u³¹ ɕot³³ pai⁰ la⁰, ɕot³³ ta:ŋ³³ ʔdeu²⁴ pai⁰la⁰!
个 大 MP 个 大 结束 MP 结束 段 一 MP
ɕi³³ taŋ¹¹ pau³⁵ ta¹¹ ŋi³³. pau³⁵ ta¹¹ ŋi³³ ðiu⁵³ ɕo³⁵ ʔen²⁴, ʔdai³¹ θi³⁵ ha⁵³
就 到 个 第二 个 第二 拿 放 瓮 得 四五
ʔdian²⁴ pai⁰ nei⁰ pə³⁵. θi³⁵ ha⁵³ ʔdian²⁴ ni³⁵ ɕi³³, me³³ non²⁴ ta:p³⁵ ni³¹ ɕi³³ pa³⁵
月 MP MP 四五 月 MP 母 虫 贴 这 就 嘴
ʔdiŋ²⁴ ma³¹ ðo⁰, mai³¹ ni³¹ me⁵³ pai⁰ nei¹¹ pə³⁵. pa³⁵ non³³ ʔdiŋ²⁴ ma³¹ ðo⁰,
红 MP 女人 这 喂奶 MP MP 嘴 虫 红 MP
ɕi³³ ha¹¹ ðoŋ³³ ha¹¹ ðoŋ³³ ɕi³³ pai²⁴ me⁵³ taŋ³⁵ ni³¹, pɔm⁵³ pa³⁵ ʔen²⁴, ɕi³³ tuə²⁴
就 要 亮 要 亮 就 去 喂奶 这样 伏 瓮边 SP 动物
te²⁴ ʔɯ³⁵ jɔm³³ ma²⁴ kɯn¹¹ nei¹¹ kə³⁵.
那 跳跃 来 吃 MP
lo³⁵! ɕi³³, pai¹¹ laŋ²⁴ ni³⁵ ɕi³³, pau³⁵ te²⁴ nau¹¹: "je³⁵! mai³¹ ni³¹." je⁵³
SP 于是 后来 MP 男人 她 说 EP 女人 这 也
mi¹¹ haɯ⁵³ pu³⁵ θa:i²⁴ ðo¹¹ ʁe³⁵. "hat³⁵ hat³⁵ pai²⁴ pɔm⁵³ pa³⁵ ʔen²⁴, mai³¹ ni³¹
不 给 男人 知道 每天早晨 去 伏 瓮边 女人 这
kuə³³ taŋ⁵³ laɯ¹¹ kuə³³ ni³⁵?"
做 什么 做 MP
la⁵³! ɕi³³ mai³¹ te²⁴ ɕiə¹¹ pau³⁵ te²⁴ pai³³ ði³³, pau³⁵ te²⁴ je³¹ pai²⁴ leu⁰.
SP 于是 女人 那 约 男人 她 去 地 男人 她 也 去 MP
pai²⁴ taŋ¹¹ tɕa:ŋ²⁴ ðon²⁴. "mai³¹ ni³¹ ɕi³³ ðan²⁴ tɕi⁵³ ta:u³⁵ pai²⁴ pɔm⁵³
去 到 中间 路 女人 这 MP 见 几 回 去 伏
pa³⁵ ʔen²⁴, ku²⁴ je³¹ mi¹¹ ʔdai³¹ ja:ŋ³³ liŋ³³, ŋon¹¹ nei¹¹ ku²⁴ kuə³³ toi²⁴ tuŋ³¹
瓮边 我 也 不 得 见 全部 今天 我 借 故 肚子
tɕet³⁵ pai²⁴ ja:ŋ³³ ɕi³³ ka¹¹." kuə³³ toi²⁴ tuŋ³¹ tɕet³⁵ koŋ⁸¹ taŋ⁵³ ni³¹:
痛 去 看 MP 借 故 肚子 痛 呻吟 这样

"ʔai¹¹ja³¹！ʔai¹¹ja³¹！tuŋ³¹tɕet³⁵ɕau¹¹pai⁰."
　EP　　EP　　肚子　痛　很　MP
　　ɕi³³ ja³³ te²⁴ nau¹¹："ʔai¹¹ja³¹！tuŋ³¹tɕet³⁵ mɯŋ¹¹ ɕi³³ ta:u³⁵pai²⁴
　　于是妻子他 说　　EP　　肚子　痛　你　就　回去
ða:n¹¹ʔdei³³la⁰." nei⁰ kei³⁵！
家　　MP　如此说 MP
　　　ta:u³⁵ma²⁴ ta¹¹ða:n³¹. ma²⁴taŋ¹¹ ɤa⁵³. mai³¹ ni³¹ kuə³⁵taŋ³⁵lau¹¹pai²⁴
　　　回来　　　真的　　　来到 MP 女人这 做　什么　　去
liə⁵³pa³⁵ʔeŋ²⁴, teŋ⁵³kɯət³⁵, ʔɯ³⁵joŋ³³ma²⁴, kai³⁵pa³⁵ʔdiŋ³¹ma³¹ðo²⁴ni³¹
看　口　瓮　掀开　　跃　起来　个　嘴　红　MP　这
ha¹¹kɯn²⁴me⁵³, ʔɯ³⁵joŋ³³ma²⁴,"me³³jo⁵³！ja³³ni³¹ ma¹¹ʔdai³¹kai³⁵
要　吃　奶　跃　起来　妈 MP 女人这 怎么 得　个
ʔdak³⁵non²⁴ta:p³⁵ni³¹ma²⁴ɕo³⁵, ʔdau²⁴ni³¹pan¹¹taŋ⁵³ni³¹mo³⁵le⁰."
只　虫　贴　这　来　放　里面　这　有　这样　MP
ma²⁴ɕɯ⁵³ɕa:u³⁵ðam³¹θe³⁵ʔdeu²⁴, ɕɯ⁵³ɕa:u³⁵ðam³¹θe³⁵ʔdeu²⁴, kam²⁴
来　烧　锅　热水　　一　烧　锅　热水　一　拿
ʔdak³⁵ʔeŋ²⁴ʔdeu²⁴ta¹¹pok³³pai²⁴. lot³⁵fɯŋ¹¹pan¹¹ɕoi³¹lɯk³³ʔbɯk³⁵
个　瓮　一　泼　去　变化　成　个　姑娘
ʔdeu²⁴ɕau³³ɕau³³. pau³⁵ni³¹nau¹¹:"me³³ɤɯ⁵³！pan¹¹ma¹¹pan¹¹taŋ³¹ni³¹
一　漂亮　　男人这 说　妈 MP　怎么　成　这样
mə³⁵！"na⁵³fɯt³¹hɯ³⁵pai⁰.
MP　脸　紫　干　MP
　　　pai²⁴la⁵³, ɕi³³ pai¹¹laŋ²⁴ni³⁵, ɕi³³ ja³³ te²⁴ ta:u³⁵ði³³ma²⁴taŋ³⁵
　　　EP　于是　后来　MP MP 妻子 他 回　地　来　到
ða:n¹¹. ɕi³³pau³⁵te²⁴sɯn³¹zɯn²⁴pai⁰ni⁰."taŋ⁵³pai⁰, ŋon³¹ni³¹ku²⁴jiə³³
家　于是 男人 她　承认　　MP 这样 MP 今天 我　也
pan¹¹tuŋ³¹tɕet³⁵ta¹¹ða:i³¹, jiə³¹pan¹¹wa:u¹¹pan¹¹wi³¹, ɕi³³lum⁵³pu³¹
有　肚子　痛　真的　　　也 有　鬼　有　怪　就　像　人
pan¹¹pa³³ni³¹. ʔdak³⁵ʔeŋ²⁴kə¹¹te²⁴ku²⁴ta:u⁵³pai²⁴ɕa:u³⁵θau³⁵, ku²⁴ɕɯ⁵³
成　疯　这样　个　瓮　那里　我　倒　去　锅　灶　我　烧
ðam³¹θe³⁵ma²⁴, lo³⁵pai²⁴pan¹¹tɯ¹¹wɯn¹¹, pan¹¹ɕoi¹¹lɯk³³ʔbɯk³⁵
热水　来　滑 下 去 成　　人　　成　个　姑娘
ʔdeu²⁴ɕau³³."
一　漂亮

ja³³ ni³¹ ŋo³³ ŋo³³ tai⁵³ pai⁰ la⁰. tai⁵³ te²⁴ nau¹¹ taŋ⁵³ lauɯ¹¹ mə³⁵, te²⁴
女人 这 嗷嗷地 哭 MP 哭 她 说 怎样 MP 她
nau¹¹: "ʔji³⁵! luɯk³³ ɤei³⁵ luɯk³³ ɤa¹¹ ɤɯɯ⁵³!
说 EP 儿 MP 儿 MP

muɯŋ¹¹ ta¹¹ ʔju³⁵ ʔdaɯ²⁴ ʔeŋ²⁴, ða:i³¹ kə³⁵,
你 就 在 里面 瓮 真的 MP
liə⁵³ lum⁵³ luɯk³³ peŋ¹¹ me³³,
看 像 儿子 贵 母亲

muɯŋ¹¹ ta¹¹ ʔju³⁵ ʔdaɯ²⁴ ka:ŋ²⁴, ða:i³¹ kə³⁵,
你 确 在 里面 缸 真的 MP
liə⁵³ lum⁵³ luɯk³³ na:ŋ¹¹ me³³."
看 像 儿子 尊贵 母亲

ɤa³⁵ nei¹¹ ka⁰. tai⁵³ to³³ tem²⁴ nei¹¹ la⁰.
如此 MP 哭 接着 如此 MP

"ʔji³⁵! non²⁴ ta:p³⁵ me³³, non²⁴ toŋ¹¹ me³³,
EP 虫 贴 母亲 虫 同伴 母亲
kuə³³ ðoŋ¹¹ la⁵³ ʔji³⁵ me³³."
做 窝 腋下 母亲

nau¹¹ ni³¹ ɤa⁰.
说 如此 MP

naŋ⁵³ ɕi³³ pai¹¹ ni³¹ ɕeu³³ ðen³³ ni³¹, non²⁴ na:i³⁵ tai⁵³ tuŋ³¹, kuə³³ ðoŋ¹¹
于是 现在 世 现在 蛔虫 哭 肚 做 窝
ɕo³⁵ la⁵³ ʔji³⁵ ne⁰, li³¹ kai³⁵ ʔjiŋ³¹ te²⁴ ma²⁴ laŋ²⁴ pan¹¹ taŋ³⁵ ni³¹ nei⁰ kei³⁵!
放 腋下 MP 有 个 样子 那 后来 成 这样 MP
la³⁵, ɕi³³ pai¹¹ laŋ²⁴ ni³⁵ ɕi³³, ɕot³³ ni³¹ ɕot³³ taŋ³³ ta¹¹ θoŋ²⁴ mo³⁵ pai⁰.
SP 于是 后来 MP 结束 这 结束 段 第二 又 MP

taŋ³³ ta¹¹ θa:m²⁴ tuə¹¹ wɯə²⁴. lo³⁵, taŋ³³ tuə¹¹ wɯə²⁴ ʔdai³¹ ɕat³⁵ pet³⁵
段 第三 乌龟 SP 段 乌龟 得 七 八
ʔdian²⁴, li³¹ ða:n¹¹ ʔdeu²⁴ ma²⁴ ɕa:m²⁴ ða:n¹¹ te²⁴, ɕa:m²⁴ pau³⁵ po³³ te²⁴,
月 有 家 一 来 求 家 他 求 男人 父亲 他
pai²⁴ tai²³ θa:n²⁴ ða:n¹¹ nei⁰ kə³⁵, lo³⁵! pai²⁴ tai³³ θau²⁴ ða:n¹¹, ɕi³³
去 搬运 房柱 MP SP 去 搬运 房柱 于是
tuə¹¹ wɯə²⁴ ʔju³⁵ ʔdaɯ²⁴ ka:ŋ²⁴ ha:n²⁴ pə⁰: "te³³ ɤei⁵³, li³¹ wɯɯn¹¹ ma²⁴
乌龟 在 里面 缸子 答应 MP 爹 MP 有人 来

nau¹¹ mɯŋ¹¹ pai²⁴ tai³³ θau³³ ða:n¹¹ , ʔau²⁴ woi³⁵ pai²⁴ jaɯ³¹ , nei⁰ . "
叫　你　去　搬运　房柱　让　我　去　可以　MP

ɕi³³ pau³⁵ te²⁴ nau¹¹ : "ʔai¹¹ ja¹¹ , lɯk³³ ɣa⁰ , mɯŋ¹¹ to³⁵ lɯŋ³⁵ li³¹ ʔju³⁵
于是 男人 那　说　　EP 儿　MP 你 都　还在　在

ʔdaɯ²⁴ ka:ŋ²⁴ ɕi³³ , mɯŋ¹¹ pai²⁴ tai³³ kə³⁵ ma¹¹ θau²⁴ ʔdai³¹ ma⁰ ! ma²⁴ kɯ²⁴
里面　缸　MP 你 去 搬运 什么 柱 得　MP　让 我

pai²⁴ jaɯ¹¹ lɯ⁰ lɯk³³ , ma²⁴ kɯ²⁴ pai²⁴ jaɯ¹¹ lɯ⁰ lɯk³³ . "
去　行　MP 儿　让　我 去　行　MP 儿

"mi¹¹ pan¹¹ , ji³¹ tin²⁴ kɯ²⁴ pai²⁴ , mi¹¹ mɯŋ¹¹ pai²⁴ tɯ¹¹ mi¹¹ ʔdai³¹ .
不　成　一定 我 去 不然 你 去 带 不 得

ɕi³³ pau³⁵ po³³ te²⁴ nau¹¹ : "ji⁰ ! ɕi³³ pai²⁴ kuə³³ taŋ³⁵ laɯ¹¹ kuə³³ mə³⁵
于是 父亲 他 说 EP 那么 去 做　怎么 做 MP

lɯk³³ ?"
儿

"ɕam⁵³ mɯŋ¹¹ ðiu⁵³ ɕo³⁵ ɕoŋ²⁴ pai²⁴ pan¹¹ ʔdai³⁵ . "nei⁰ .
只要　你　拿 放 口袋 去 成　得　如此

"ɕi³³ haɯ⁵³ fɯə³¹ heu³³ mɯŋ¹¹ kuə³³ pu³¹ laɯ¹¹ pan¹¹ nei⁰ ?"
那么　让 别人叫 你 做 什么 人 成 MP

"heu³³ kuə³³ kua:ŋ²⁴ wwə²⁴ ʔdai³¹ la⁰ . " nau¹¹ taŋ⁵³ ʔdi³¹ pə³⁵ , haɯ⁵³
叫　做　相公　乌龟 得　MP 说 如此 MP 让

fɯə³¹ heu³³ kuə³³ kua:ŋ²⁴ wwə²⁴ ʔdai³¹ la⁰ ne⁰ .
别人 叫 做　相公　乌龟 行　MP

la³⁵ , ɕi³³ pai¹¹ laŋ²⁴ tai³³ fai³¹ , "ɕi³³ tai³³ kuə³³ taŋ⁵³ laɯ¹¹ kuə³³ mə³⁵
SP 于是 后来 搬运 木头 那么 搬运 做　怎么 做 MP

lɯk³³ ?" ne⁰ .
儿子 如此

"ɕi³³ ho⁵³ te²⁴ tɯ¹¹ ɕi³³ mɯŋ¹¹ ðiu⁵³ tiə³⁵ kɯn¹¹ pan¹¹ ʔdai³⁵ . "nei⁰ .
那 他们 拿 就 你 拿 搁 上面 成 MP MP

lo³⁵ , ɕi³³ ðiu⁵³ ma²⁴ , wɯn¹¹ la:i²⁴ ta¹¹ ðua:m²⁴ . ʔdak³⁵ θau²⁴ me³³
SP 于是 拿 来 大家　抬　根 大柱

la³⁵ na⁰ , nak²⁴ pə⁰ leu¹¹ , te²⁴ pai²⁴ ʔju³⁵ kɯn¹¹ , pai²⁴ tɕau⁵³ laɯ¹¹ tɕau⁵³ laɯ¹¹
MP　重　非常 它 去 在 上面 去 头 哪 头 哪

ʔbau²⁴ , ɕi³³ fɯə³¹ nau¹¹ : "ʔje³⁵ ! kua:ŋ²⁴ wwə²⁴ ɣə⁵³ ! ha¹¹ ka:n³³ pai⁰ la⁰ ,
轻　于是 别人 说　　EP 相公 乌龟 MP 要 顶不住 MP

ma²⁴ ni³¹." ta¹¹ pa:n³³ ma²⁴ taŋ¹¹ tɕau⁵³ pa:i³³ ni³¹ ɕi³³ ʔbau²⁴. pa:i³³ kwn¹¹
来   这   爬   来 到 头 这边   就 轻   上边   MP
te²⁴ je⁵³ nau¹¹: "me³³ ɣei⁵³! kua:ŋ²⁴ wɯə²⁴ ɣə⁵³! ha¹¹ ka:n³³ pai⁰ kei⁰."
那   也   说   妈 MP   相公   乌龟 MP 要 顶不住 MP
pai²⁴ taŋ¹¹ tɕau⁵³ pa:i³³ kwn¹¹ ʔbau²⁴.
去   到   头   边   上   轻

　　la⁵³, ʔba:t³¹ ni³¹ la⁰! ɕi³³ wɯn¹¹ la:i²⁴ tu³⁵ ɕiaŋ³³ ɕin²⁴ te²⁴ kuə³³
　　SP   现在   MP 于是 大家   都   相信 他 做
kua:ŋ²⁴ wɯə²⁴ ɕai¹¹ pai⁰.
相公   乌龟   全部 MP

　　　ɕi³³ pai²⁴ laŋ²⁴ ku⁵³ ʔdian²⁴ lɯŋ⁵³ pian³⁵ pan¹¹ wɯn¹¹, pian³⁵ pan¹¹
　　　于是 后来   九   月   才   变   成   人   ,变   成
wɯn¹¹ ne³⁵ ʔdai³¹ θi³⁵ ha⁵³ pi²⁴ ni³⁵ ɕi³³ to³³ θɯ²⁴, kə³⁵ ma¹¹ tu³³ ka³³ ðo³¹
人 MP 得   四   五   年 MP 就   读书 什么 都   自 知道
ðaɯ³¹ ðaɯ³¹, lau³¹ sɿ³¹ tu³⁵ mi¹¹ ʔdai³¹ nau¹¹ ɕi³³ ðo⁵³ pai⁰, ku³⁵ te²⁴ heu³³
总是   老师   都 没有   说 就 懂 MP 那时 叫
kuə³³ θian³³ sɯn³³ ʔdai³³ kei⁵³, θian³³ sɯn³³ heu³³ kuə³³ pu³¹ θai²⁴ ʔdai³⁵.
做   先生   MP   先   生   叫   做   师傅   MP
la³⁵, ɕi³³ ðo³¹ ða:i³¹ pai⁰. ɕi³³ pai¹¹ laŋ²⁴ ni³⁵, ɕi³³ pet³⁵ pi²⁴ kau⁵³ ʔdai³¹
SP 就 懂 真的 MP 于是 后来 MP SP 八 岁 考   得
ta²⁴ ɕio³⁵, ʔjə³⁵ ɕi³³ ðo³¹ ɣe³³ ɕai¹¹ ɕuə¹¹.
大学 过后就 知道   全部

　　lo³⁵ ɕi³¹, jin³³ wei²⁴ pau³⁵ ni³¹ ðian¹¹ je³¹ te²⁴, je³¹ la:u³¹ je³¹ ŋi³³, θoŋ²⁴
　　SP   因为   男人 这 跟   爷 他 大爷   二爷   二
pu³¹ tu³⁵ piu³⁵ ɕin³³ ɕai¹¹ la³⁵, ka³³ li³¹ ɕoi³¹ ni³¹ to³³. taŋ³¹ ni³¹.
人 都   空   全部 MP 只有 个 这 唯一 这样

　　"ja⁰! ho⁵³ tu²⁴ θa:m²⁴ tuə³³ po³³, ɕa:u³¹ li³¹ mɯn¹¹ ni³¹ ɕi³⁵, mɯn¹¹
　　EP 我们   三   个   父辈   仅仅 有   你 这 MP 你
mi¹¹ ho⁵³ pai²⁴ kau⁵³ tɕa:ŋ²⁴ yan³¹ pai⁰, mi¹¹ kau⁵³ θai³⁵ pai⁰. ɕa:m²⁴ mɯn¹¹
用不着 去 考   状元   MP   不 考 官 MP 求 你
ʔju³⁵ ða:n³¹ ɕiaŋ³¹ ku²⁴ jau³¹ pai⁰ lɯ³⁵ lɯk³³, la⁵³. ɕa:m²⁴ mɯn¹¹ ʔju³⁵
在   家   养   我 行   MP 儿 SP   求   你 在
ða:n³¹ ɕiaŋ³¹ ku²⁴ jau³¹ pai⁰."
家   养   我 行   MP

"ʔai¹¹ ja¹¹ ! nɯ³³ ha¹¹ pai²⁴ kau⁵³ θai³⁵ pə⁰ le⁰ , te³³ le⁰.
　EP　想要　去　考　官　MP　爹 MP
"mi¹¹ pai²⁴ , mi¹¹ pai²⁴ . kai³⁵ po¹¹ ho⁵³ tu²⁴ nɯ¹¹ θan³³ lau¹¹ , θaːm²⁴ tuə¹¹ po³³ nu¹¹ muŋ¹¹ kun²⁴ ʔdai³³ lei⁰ !"
个　父辈　想　你　吃　MP
"taŋ⁵³ ʔde³³ ma⁰ na⁰ !" ni⁰.
　那样　MP　MP
"muŋ¹¹ ʔju³⁵ ða:n¹¹ ʔau²⁴ wun¹¹ jau¹¹ pai⁰ ." ne⁰.
　你　在　家　娶　人　行　MP　如此说
po³³ pai²⁴ ʔau²⁴ pu³¹ lau¹¹ ma²⁴ tu³⁵ mi¹¹ ʔau²⁴ ɕai¹¹ ɕai¹¹ , ʔau²⁴ mai³¹ lau¹¹ ma²⁴ ɕim²⁴ te²⁴ tu³⁵ mi¹¹ ʔau²⁴.
父亲 去 要 谁 来 都 不 要 全部 要 女人
哪 来 看 他 都 不 要
"ɕi³⁵ muŋ¹¹ ka³³ pai²⁴ ða²⁴ la³⁵ luk³³ ɣa³⁵ ."
　那么 你 自己 去 找 MP儿子 MP
nau¹¹ ni³¹ lo⁵³ ! te²⁴ ka³³ pai²⁴ ða²⁴ ða:i³⁵ . ʔo³⁵ pai²⁴ taŋ¹¹ tɕaːŋ³³ tɕin²⁴
　说 这 MP 他 自 去 找 真的 出 去 到 中间 城
ni⁰ pə³⁵ . ɕim²⁴ pai²⁴ ɕim²⁴ ma²⁴ ðan²⁴ luk³³ ʔbuk³⁵ pu³¹ wuəŋ¹¹ ho¹¹ θam²⁴
　MP 看 去 看 来 见 姑娘 皇帝 合意
te²⁴ pai⁰ leu⁰ , la⁵³ , ðan²⁴ luk³³ ʔbuk³⁵ pu³¹ wuəŋ¹¹ ho¹¹ θam²⁴ . taːu³⁵ ma²⁴
　他 MP SP 见 姑娘 皇帝 合意 回 来
ða:n¹¹ , ka⁵³ kai³⁵ , ɕi³³ pai²⁴ ɕin⁵³ je¹¹ laːu³¹ je³¹ ŋi³³ te²⁴ ma²⁴.
　家 杀 鸡 就 去 请 大爷 二爷 他 来
"ʔa⁰ ! taŋ⁵³ lau¹¹ mə⁰ , kuaːŋ²⁴ wuə²⁴ mə⁰ , muŋ¹¹ ɕin⁵³ ma²⁴ ho⁵³ tu²⁴
　EP 怎样 MP 相公 乌龟 MP 你 请 来 我们
je⁵³ ʔdai³¹ kun²⁴ ʔdi³¹ ʔdai³⁵ , ka⁵³ pit³⁵ ka⁵³ kai³⁵ ho⁵³ tu²⁴ ʔdai³¹ kun²⁴
也 得 吃 MP MP 杀 鸭子 杀 鸡 我们 得 吃
ʔdai³¹ leu³¹ , tam³¹ ham³³ ni³¹ li³¹ ku³⁵ ma¹¹ θian³⁵ ɕi³³ heu⁵³ ho⁵³ tu²⁴ ka⁰ ,
　MP 不过 晚上 这 有 什么 事情 就 叫 我们 MP
luk³³ ka⁰ ?"
　儿 MP
"taŋ⁵³ ni³¹ , je³¹ . kai³⁵ ku²⁴ pai²⁴ θoŋ¹¹ ŋon¹¹ kon³⁵ , ɕi³³ , ku²⁴ nu¹¹ ha¹¹
　这样 爷 我 去 两 天 前 SP 我 想 要

ʔau²⁴ ja³³ pai⁰, ku²⁴ nɯ¹¹ ha¹¹ pai²⁴ kau⁵³ θai³⁵, tam³¹ maːi³³ ho⁵³ θu²⁴ nau¹¹
娶　妻　MP　我　想　要　去　考　官　但是　既然　你们　说
ʔju³⁵ ðaːn¹¹ ɕiaŋ³¹ θu²⁴ mə³⁵, ɕi³³ pai¹¹ ni³¹, kai³⁵ ku²⁴ ðan²⁴ lɯk³³ ʔbɯk³⁵
在　家　养　你们　MP　那么　现在　我　见　姑娘
pu³¹ wuəŋ¹¹ ho¹¹ θam²⁴."ni³¹ le⁰.
皇帝　　合意　　MP

ɕi³³ je³¹ laːu¹¹ te²⁴ nau¹¹: "jaɯ³¹ pai⁰ lə⁰, jaɯ³¹ pai⁰ lə⁰, pu³¹ wuəŋ¹¹
　　　于是　大爷　他　说　得　MP　得　MP　皇帝
pai⁰ leu³¹, haɯ⁵³ ku²⁴ kuə³³ taŋ³⁵ laɯ¹¹ nau¹¹ ka⁰." ni³¹ ne⁰. "mi¹¹ kuə³³
MP　让　我　做　怎样　说　MP　如此 MP 不知　做
taŋ⁵³ laɯ¹¹ hɯn¹¹ pa³⁵ tu²⁴ ðaːn¹¹ pu³¹ wuəŋ¹¹ pan¹¹?"
怎样　登　门槛　家　皇帝　成

"ʔai⁰ ja⁰! nau¹¹ ɕi³³ ŋaːi³³ ʔdai³³ kei⁵³. mɯŋ¹¹ pai²⁴ taŋ¹¹ taːi¹¹ ɕaːm²⁴
　　　EP　说　MP　容易　MP　你　去　到　就　求
te²⁴ θoŋ²⁴ ɕon¹¹ haːu³⁵ niº ɕi¹, lie⁵³ te²⁴ haɯ⁵³ mi¹¹ haɯ⁵³ ne⁰, je¹¹ le³³."
他　两　句　话　MP　看　他　给　不　给　MP 爷 MP

"me³³ ɤə⁵³! taːu³⁵ ni³¹ taːi²⁴ lə⁰, pu³¹ wuəŋ¹¹ ha¹¹ ka⁵³ pai⁰, ʔja³³
　　　妈　MP　回　这　死　MP　皇帝　要　杀　MP　难
kaːŋ⁵³ taːi²⁴ pai⁰. kuaːŋ²⁴ wuə²⁴ ma¹¹ nau¹¹ kai³⁵ ni³¹ mə³⁵ le¹¹."
讲　死　MP　相公　乌龟　怎么　说　这个　　MP

la³⁵! ɕi³³ pai²⁴ taːi¹¹ ðaːi³¹. pai²⁴ taŋ¹¹ pa³⁵ tu²⁴ ðaːn¹¹ pu³¹ wuəŋ¹¹ te²⁴
　　　SP　就　去　真正　去　到　门口　家　皇帝　那
ɕi³³ nɯ¹¹ tai³⁵ tɕaːŋ²⁴ ðon²⁴ pai²⁴ pai⁰. nɯ¹¹ pai²⁴ ðaɯ³¹ ðaɯ³¹. pai²⁴ taŋ¹¹
就　想　从　中间　路　去　MP　想　去　一直　去　到
hɯn⁵³ ʔbak³⁵ lai²⁴ pu³¹ wuəŋ¹¹ ni⁰, ɕi³³, pau³⁵ te²⁴ naŋ³³ taŋ³⁵ ɕaː³³ fa³¹ kuə³³
登　台阶　皇　帝　MP SP　男人　那　坐　凳　沙发　作
ʔen³¹ mau²¹ ʔe³¹ mau³¹ te²⁴ nei⁰, pau³⁵ wuəŋ¹¹ te²⁴. ɕi³³ hɯn⁵³ taŋ³⁵ ni³⁵
斜靠 且 不屑一顾 状　那　MP　皇帝　那　于是　登　到　MP
to³⁵ fi³³ naŋ³³. nau¹¹ pai⁰ nei⁰:
都　没　坐　说　MP

"taŋ⁵³ ni³¹ lei³⁵, tsu⁵³ ɕaːŋ²⁴ lei³⁵!" nei⁰, heu³³ kuə³³ tsu⁵³ ɕaːŋ²⁴.
　　　这样　MP　主　上　MP　MP　叫　做　主　上

"taŋ⁵³ ni³¹ nei⁰, ʔet³⁵ kuaːŋ²⁴ wuə²⁴ nei³⁵, ɕi³³ ma²⁴ tam⁵³ ma²⁴ to³⁵
　　　这样　MP　小事　相公　乌龟　MP　就　来　碰　来　面对

luɯk³³ ʔbɯk³⁵ pu³¹ laːu³¹ ni³¹ le⁰."
姑娘　大人　这　MP

　　ta¹¹ lap³⁵ ta²⁴ teɯ¹¹ pai⁰, mi¹¹ haːn²⁴, ɕɔn¹¹ haːu³⁵ ʔdeu²⁴ to³⁵ mi¹¹
　　闭　眼睛　离开　MP　不　答应　句　话　一　都　不
haːn²⁴. pai²⁴ ɕi³³ pai²⁴ lɔ⁰, ɕi³³ θoŋ³³ pu³¹ mi¹¹ kuə³³ laɯ¹¹ pan¹¹, mi¹¹ li³¹
答应　去　MP　MP　SP　两　人　不　怎样　成　没有
kai³⁵ θaːu¹¹ ðaːn¹¹ ðau¹¹ taŋ³⁵ ni³¹, mi¹¹ li³¹ pu³¹ laɯ¹¹ naŋ³³ liŋ³³, te²⁴ mi¹¹
个　类似　家　我们　这样　没有　谁　坐　全部　他　不
kaːm⁵³ naŋ³³ pai⁰ lə⁰ ma⁰, ðaːn¹¹ pu³¹ wɯə¹¹ pai⁰ lə⁰ ma⁰. teu¹¹ pa⁰, taːu³⁵
敢　坐　MP　MP　家　皇帝　MP　MP　离开　MP　回
ma²⁴ pai⁰. ma²⁴ taŋ¹¹ pai⁰ lɔ⁰, taːu³⁵ ma²⁴ ðaːn¹¹, ɕi³³ kuaːŋ¹¹ wɯə²⁴ ni⁰,
来　MP　来到　MP　回来　家　于是　相公　乌龟　MP
ka⁵³ kai³⁵ ɕa⁵³, kam³³ te²⁴ kɯn²⁴ ɕau¹¹.
杀　鸡　等待　劝　他　吃　饭

　　"je³¹ ɣa⁰!" nei³¹, ŋɔn¹¹ ni³¹ pai²⁴ li³¹ ku³⁵ ma¹¹ θian²⁴ ʔet³⁵ liaŋ³³
　　爷　MP　如此说　今天　去　有　什么　事情　一些
mi¹¹ li³¹ ma⁰?"
没有　MP

　　"jaɯ³¹! jaɯ³¹! jaɯ³¹! mi¹¹ ho⁵³ ðet³³, lɯk³³ ʔbɯk³⁵ pu³¹ wɯəŋ¹¹,
　　算啦　算啦　算啦　不用　碰　姑娘　皇帝
ðaːn¹¹ ðau¹¹ ɕi³³ kɯn²⁴ kai³⁵ te²⁴ mi¹¹ ʔdai³¹."
家　我们MP　吃　那个　不　得

　　"te²⁴ kuə³³ taŋ³⁵ laɯ¹¹ ðau¹¹ mə³⁵ je³¹?" ni⁰.
　　他　做　怎么　些　MP　爷　如此说

　　"kai³⁵ ku²⁴ ho⁵³ tu²⁴ liam¹¹ taŋ¹¹ ta¹¹ hun⁵³ ʔbak³⁵ lai²⁴ ta¹¹ pai²⁴ ðaːn¹¹
　　我　我们　正好　到　正要　登　台阶　就　去　家
ma⁰, te²⁴ lap³⁵ ta²⁴ teɯ¹¹ taːu³⁵ to³³."
MP　他　闭　眼睛　离开　马上

　　kuaːŋ²⁴ wɯə²⁴ haːn²⁴ nau¹¹: "ʔai¹¹ ja¹¹! je³¹ ja¹¹, pu³¹ laːu³¹
　　相公　乌龟　答应　说　　　EP　爷　MP　大人
kuə³³ laːu³¹ lap³⁵ ta²⁴ ɕi³³ pan¹¹ pai⁰ lɔ⁰. "nau¹¹ ni¹¹ kə³⁵. "lap³⁵ ta²⁴ ɕi³³
那样　闭　眼睛　就　成　MP　说　如此　MP　闭　眼睛　就
pan¹¹ pai⁰. ʔei⁰! taŋ⁵³ te²⁴ la⁵³, pu³¹ laːu³¹ te²⁴ haːn²⁴ mɯn¹¹ mu⁵³!" nau¹¹
成　MP　MP　那样　MP　大人　那　答应　你　MP　说

ni³¹ la⁰!
如此 MP

　　hat³⁵ laŋ²⁴ ka⁵³ kai³⁵ hau̯⁵³ je³¹ ŋi³³ je³¹ la꞉u³¹ te²⁴ pai²⁴ mo⁵³ tuan³³.
　　早晨　后　杀　鸡　给　二爷　　大爷　他　去　又
　　"ho⁵³θu²⁴ ta꞉u²⁴ pai²⁴. taŋ⁵³ni³¹ ɕi³³ pan¹¹ pai⁰la⁰, pu³¹la꞉u³¹
　　你们　　　回　去　　这样　　就　成　 MP　　大人
pu³¹la꞉u³¹ɕi³³ θa꞉u¹¹ te²⁴ ʔdai³³ ke³⁵."
大人　　　就　　那样　　　　 MP

　　"me³³ ɣəi⁰! ta꞉u³⁵ ni³¹ ɕi³³ ðo³¹ ɣe²⁴ ta꞉i²⁴ pai⁰, kua꞉ŋ²⁴ wɯə²⁴ ma¹¹
　　妈　 MP　回　这　就　知道　　死　MP　相公　　乌龟　　怎么
nau¹¹ taŋ³⁵ ni³¹ mə³⁵ le⁰, ta꞉u³⁵ ni³¹ ta꞉i²⁴ ða꞉i³¹ pai⁰lo⁰." ne⁰ kei³⁵!
说　　这样　　MP　　回　这　死　真正　　 MP　　如此 MP

　　ɕi³³　kuə³³ tɕa꞉ŋ²⁴ kua꞉ŋ²⁴ wɯə²⁴ mi⁵³ ʔdai³¹, pu³¹ te¹¹ pu³¹ ɕi³³ pai²⁴,
　　于是　推脱　　相公　　乌龟　不　　得　　不得　不　就　去
pai²⁴ taŋ¹¹ ni³⁵ ɕi³³ nau¹¹ θa꞉u¹¹ ha꞉u³⁵ ni³¹ jian³³ kau³⁵.
去　到　　 MP　说　　种　话　　　这　 依旧

　　"taŋ⁵³ lau¹¹ ju⁵³ θa꞉m²⁴ ma²⁴ to³⁵ θi³⁵ ma²⁴ to³⁵ luk³³ʔbuk³⁵
　　怎样　 MP　三　　　来　面对　四　来　面对　　姑娘
pu³¹la꞉u³¹ ni³¹ le⁰, ʔet³⁵ kua꞉ŋ²⁴ wɯə²⁴ ni³¹ nau¹¹ luk³³ʔbuk³⁵ pu³¹la꞉u³¹
大人　　　这　 MP 小事　相公　　乌龟　　这　说　　姑娘　　　大人
ho¹¹θam²⁴ mə⁰, ɕi³³ taŋ³⁵ ni³¹." pau³⁵ ni³¹ ʔjo³⁵ʔjwa²⁴ ðun³⁵, pi³⁵ na꞉i¹¹
合意　 MP　就　这样　　　 男人　这　突然　　　　 起身　吐　痰
θa꞉t³⁵ pai²⁴ ta²⁴ θoŋ²⁴ pau³⁵θa꞉ŋ⁰, pu³¹ʔdeu²⁴ pa²⁴ na꞉i¹¹ noŋ¹¹ʔdeu²⁴, ɕo³⁵
喷　　　去　眼睛　二　　 媒人　　 人　一　口　痰　　　浓　一　　放
ta²⁴ pai¹¹ʔdeu²⁴. lo³⁵ɕi³³ teu¹¹ pai⁰, mi¹¹ ha꞉n²⁴ ɕɔn¹¹ lau¹¹ liŋ³³.
眼睛　正好　　 SP　就　离开　 MP　不　答应　句　哪　都

　　ɕi³³ θoŋ²⁴ pau³⁵θɯ³⁵ te²⁴ nau¹¹, "ʔba꞉t³⁵ ni³¹ mi¹¹ ta꞉i²⁴ ʔban³¹
　　于是　二　 媒人　　　那　说　　　回　　这　不　死　　可能
pai⁰leu³¹ na⁰." ta꞉u³⁵ ma²⁴, ʔuət³⁵ ta²⁴ miam³³ miam³³ pai⁰la⁰.
MP　 MP　　 回　来　　挦　眼睛　情貌词　　 MP
lo³⁵! ɕi³³ ma²⁴ taŋ¹¹ tɕa꞉ŋ²⁴ ðon²⁴. "ta꞉u³⁵ ni³¹ mi¹¹ ta꞉i²⁴ pai⁰,
EP　　就　来　到　　中间　　路　　　回　　这　不　死　 MP
ham³³ ni³¹ kua꞉ŋ²⁴ wɯə²⁴, te²⁴ ʔan³⁵ mi¹¹ hau̯⁵³ ðau¹¹ ma²⁴ mo³⁵ pai⁰."
今晚　　相公　　乌龟　　　 他　大概　不　　让　　我们　来　又　 MP

ham³³ te²⁴ kua:ŋ²⁴ wɯə²⁴ ka⁵³ tuə¹¹ kai³⁵ ʔdeu²⁴ kuə³³ ɕau¹¹
晚上 那 相公 乌龟 杀 只 鸡 一 做 晚饭
mo⁵³ tuan³³.
又

"taŋ³⁵ laɯ¹¹ mə⁰, je³¹ la:u³¹ mə⁰, je³¹ ŋi³³ mə⁰?"
怎么样 MP 大爷 MP 二爷 MP

"ʔai¹¹ ja¹¹! nau¹¹ mi¹¹ pan¹¹ pai⁰ ləu⁰! ta:u³⁵ ni³¹ ðau¹¹ ɕi³³ mjo³⁵ pai²⁴
　　EP　说　不　成　MP　回　这 我们 就 不用 去
pai⁰!"
MP

"taŋ³⁵ laɯ¹¹ ka⁰?"
怎么 MP

"me³³ ɤəi⁵³! liam¹¹ nau¹¹ θoŋ²⁴ ɕon¹¹ ha:u³⁵, tɕo¹¹ pu³¹ ʔdeu²⁴ pa²⁴
妈 MP 刚刚 说 两 句 话 着 人 一 口
na:i¹¹ noŋ¹¹ ʔdeu²⁴, ta:t³⁵ ɕo³⁵ ta²⁴ pai⁵³ ʔdeu²⁴, tɕo¹¹ lɯk³³ lai³⁵ pai¹¹ ʔdeu²⁴
痰 浓 一 喷 放 眼睛 正好 着 眼珠 正好
lei⁰ nei⁰."
MP

"ʔai¹¹ ja¹¹! je³¹ la:u³¹ je³¹ ŋi³³ ja⁰! kai³⁵ te²⁴ fɯə³¹ ha:i²⁴ pa³⁵ hauɯ⁵³ ðau¹¹
　　EP　大爷 二爷 MP 那个 别人 开 口 给 我们
pai⁰ la⁰, hauɯ⁵³ ðau¹¹ pai⁰ la⁰, je³¹ ja⁰!"
MP 给 我们 MP 爷 MP

pau³⁵ ni³¹ nau¹¹, "ta:i²⁴ pai⁰ la⁰, me³³ ɤəi⁵³! pan¹¹ ma¹¹ taŋ³⁵ te²⁴ mə³⁵
男人 这 说 死 MP 妈 MP 成 什么 那样 MP
le⁰, kuə³³ θa:u¹¹ θian³⁵ ni³¹ nei⁰ mə⁰! na⁰!" je³¹ la:u³¹ je³¹ ŋi³³ tu³⁵ ka²⁴ θan²⁴
MP 做 种 事情 这 MP MP MP 大爷 二爷 都 腿 发抖
leɯ³¹ pai²⁴ la⁰.
非常 MP

"ŋɔn¹¹ ɕo³³ ji¹¹ tin²⁴ ta:u³⁵ pai²⁴."
明天 一定 回 去

la³⁵, ŋɔn¹¹ ta¹¹ θa:m²⁴ ɕi³³ ta:u³⁵ pai²⁴ jiaŋ³³ kau³⁵. pai²⁴ taŋ¹¹ θa:i²⁴
SP 天 第三 就 回 去 依旧 去 到 再
nau¹¹ ɕon¹¹ ha:u³⁵ te²⁴ mo⁵³ tuan³³. ɕi³³ pau³⁵ te²⁴ ha:n²⁴ ʔdi⁵³ pə⁰. ta:u³⁵
说 句 话 那 又 于是 男人 那 回答 MP 回

θa:m²⁴, wei²⁴ naŋ⁵³ kə¹¹ pu³¹ ʔjai³¹ ðau¹¹ kuə³³ θɯ³⁵ θoŋ²⁴ θa:m²⁴ ta:u³⁵
三　　所以　　地方　布依族　我们　做　媒　二　三　　次
pai⁰ ni⁰ kei⁰. ka:ŋ³⁵ ʔjai³¹ ma²⁴ ɕi³³ nau¹¹ pan¹¹ taŋ³⁵ te²⁴.
MP　MP　讲　布依语　来　就　说　成　那样

ɕi³³ pai¹¹ laŋ²⁴ ni³⁵ ɕi³³, ŋon¹¹ ta¹¹ θa:m²⁴, pau³⁵ te²⁴ nau¹¹ pai⁰, "taŋ⁵³
于是　后来　MP　天　第三　男人　那　说　MP　这样
pai⁰, haɯ⁵³ ɕi³³ haɯ⁵³ pai⁰, ku²⁴ haɯ⁵³ pai⁰. tam³¹ mi¹¹ kuan²⁴ ni³⁵ ða:n¹¹
MP　给　就　给　MP　我　给　MP　但　不　管　MP　家
ku²⁴ li³¹ θa:m²⁴ ɕip³³ ʔdan²⁴ ðuk³³, θa:m²⁴ ɕip³³ ʔdan²⁴ tɕeu³³, te²⁴ tuan³⁵
我　有　三十　　个　卧室　　三十　　个　　轿　他　猜
teŋ²⁴ ɕi³³ teŋ²⁴ ja³³ te²⁴, lau⁵³ no³³ ku²⁴ mi¹¹ kɯn²⁴. ɕa³¹ tuan³⁵ mi¹¹ teŋ²⁴,
中　就　是　妻　他　酒　肉　我　不　吃　如果　猜　不　中
ka⁵³!"
杀

la⁵³ɕi³³! θoŋ²⁴ pau³⁵ θɯ³⁵ ni³¹ ta:u³⁵ ma²⁴ taŋ¹¹, na⁵³ hɯ³⁵ θa¹¹ miak³³,
EP　两　媒人　这　回　来　到　脸　阴沉　状态词
pai⁰ lo⁰, ɕi³³ ham³³ te²⁴ kɯn²⁴ ɕau¹¹ ʔjə³⁵, "ham³³ ni³¹ ho³³ θɯ²⁴ kuə³³
MP　然后　晚上　那　吃　晚饭　过后　今晚　你们　做
taŋ⁵³ lau¹¹ hɯ³⁵ ɕai³³ mu³⁵, je³¹ mə³⁵?"
怎么　阴沉全部　MP　爷　MP

"taŋ⁵³ pai⁰ lo⁰, ʔde³⁵ mɯŋ¹¹ kuə³³ ʔdai³¹ mi¹¹ ʔdai³¹ lo⁰, fɯə³¹ haɯ⁵³
这样　MP　不知　你　做　得　不　得　MP　别人　给
ða:i³¹ pai⁰. pu³¹ wɯən¹¹ ɕi³³ haɯ⁵³ mɯŋ¹¹ pai¹¹ ʔdeu²⁴ pai³⁵, haɯ⁵³
真的　MP　　皇帝　MP　给　你　就　MP　给
lɯk³³ ʔbɯk³⁵ haɯ⁵³ mɯŋ¹¹, tam³¹ mi¹¹ kuan²⁴ ni⁰, te²⁴ nau¹¹, li³¹
姑娘　给　你　但　不　管　MP　他　说　有
θa:m²⁴ ɕip³³ ðuk³³, θa:m²⁴ ɕip³³ ʔdan²⁴ tɕeu³³, haɯ⁵³ mɯŋ¹¹ tuan³⁵ teŋ²⁴ ɕi³³
三十　卧室　三十　个　轿　给　你　猜　中　就
teŋ²⁴ ja³³ mɯŋ¹¹, ɕa³¹ tuan³⁵ mi¹¹ teŋ²⁴ ɕi³³ fɯə³¹ ka⁵³ mɯŋ¹¹."
是　妻　你　如果　猜　不　中　就　别人　杀　你

kua:ŋ²⁴ wɯə²⁴ tai⁵³ pai⁰ ni⁰ la⁰! kua:ŋ²⁴ wɯə²⁴ te²⁴ nau¹¹:
相公　乌龟　哭　MP　MP　相公　乌龟　他　说
"me³³ ɤə⁵³! kuə³³ taŋ⁵³ lau¹¹ ʔdi²⁴ ni³⁵?"
妈　MP　做　怎样　好　MP

la⁵³ ! hat³⁵ laŋ²⁴ pai²⁴ ʔju³⁵ ʔbak³⁵ lai²⁴ tai⁵³ ŋeŋ³³ ŋeŋ³³ ! tai⁵³ mi¹¹ la:u³¹
EP 早晨 后 去 在 台阶 哭 哭泣状 哭 不 大
mi¹¹ ni³⁵, ɕi³³ θoŋ²⁴ θa:m²⁴ tuə¹¹ tiaŋ¹¹ ma²⁴ pɯa³¹ ne⁰, ŋam³¹ wa¹¹ θoŋ²⁴
不 小 MP 两 三 只 蜜蜂 来 纠缠 MP 突然 抓 两
θa:m²⁴ tuə¹¹ tiaŋ¹¹ ɕo³⁵ ʔbu³¹. ðam¹¹ ʔda:t³⁵ ha¹¹ θeŋ²⁴, ku³⁵ te²⁴ khai³³
三 只 蜜蜂 放 葫芦 水 烫 要 放 那时 开
tian³³ pi³¹ ti²⁴, tuə¹¹ kə³⁵ ma¹¹ tu³⁵ ðo³¹ ka:ŋ⁵³ ne⁰ kə⁰.
天 劈 地 动物 什么 都 会 讲话 MP

"ʔai¹¹ ja¹¹ ! kua:ŋ²⁴ wɯə²⁴ ɣei⁵³, ɕa:m²⁴ mɯŋ¹¹ lo³⁵, mɯŋ¹¹ li³¹
EP 相公 乌龟 MP 求 你 MP 你 有
kə³⁵ ma¹¹ θian³⁵ ma¹¹ ?"
什么 事情 MP

"taŋ⁵³ ʔdai³⁵, kə³⁵ ku²⁴ ha¹¹ pai²⁴ ʔau²⁴ lɯk³³ ʔbɯk³⁵ pu³¹ wɯəŋ¹¹,
这样 MP 我 要 去 娶 姑娘 皇帝
pu³¹ wɯəŋ¹¹ nau¹¹ taŋ⁵³ ni³¹ haɯ⁵³ ku²⁴, ða:n¹¹ te²⁴ li³¹ θa:m²⁴ ɕip³⁵ ʔdan²⁴
皇帝 说 这样 给 我 家 他 有 三十 个
ðuk³³, θa:m²⁴ ɕip³³ ʔdan²⁴ tɕeu³³, tuan³⁵ teŋ²⁴ ɕi³³ teŋ²⁴ ja³³ ku²⁴, tuan³⁵
卧室三十 个 轿子 猜 中 就 是 妻子 我 猜
mi¹¹ teŋ²⁴ ɕi³³ fɯə¹¹ ka³⁵ ku²⁴."
不 中 就 别人 杀 我

"ʔa:i²¹ ! kai³⁵ te²⁴ ʔdi²⁴ nau¹¹ ʔdai³³ ma⁰ !" ni³¹ la⁰.
EP 那个 好 说 MP 如此 MP

tuə¹¹ tiaŋ ɕi³³ nau¹¹: "ma²⁴ ku²⁴ ʔdon³¹ pai²⁴ ʔdaɯ²⁴ te²⁴, ðo³¹ te²⁴
蜜蜂 就 说 来 我 钻 去 里面 那 知道 她
ʔju³⁵ ʔdaɯ²⁴ te²⁴, ma²⁴ ku²⁴ pɯə¹¹ pa³⁵ tu²⁴ ðuk³³, kua³⁵ ta:u³⁵ ʔdeu²⁴ θoŋ²⁴
在 里面 那 来 我 纠缠 门口 卧室 过 回 一 两
ta:u³⁵ ʔdai³³ pə³⁵, mjaɯ³⁵ ðan²⁴ la:i²⁴ pə³⁵." nei⁰.
回 MP MP 不要 见 多 MP 如此

"taŋ⁵³ te²⁴ ma⁰ ! kua:ŋ²⁴ wɯə²⁴ ðeu²⁴ pai⁰ ni⁰ la⁰ ! kua:ŋ²⁴ wɯə²⁴ ðeu²⁴
那样 MP 相公 乌龟 笑 MP MP 相公 乌龟 笑
pai⁰ la⁰, hat³⁵ te²⁴ kɯn²⁴ ŋa:i¹¹ ɕiŋ³⁵ je³¹ te²⁴ laɯ¹¹ liaŋ³³. ŋa:i¹¹ ɕai¹¹ ɕuə¹¹."
MP 早晨那 吃 早饭 请 爷 他 等等 早饭 结束

taŋ⁵³ pai⁰, mi¹¹ la:u²⁴ pai⁰, li³¹ pu³¹ pa:u³⁵ hiŋ²⁴ taŋ⁵³ ni³¹ taŋ⁵³ ni³¹. ho⁵³ te²⁴
这样 MP 不 怕 MP 有人 报信 这样 这样 他们

nau¹¹ taŋ⁵³ ðau³³ mə³⁵ je³¹."
　说　这样　些　MP　爷

"ʔm¹¹! ʔdian²⁴ ni¹¹ to³⁵ ʔdian²⁴ ni³¹, hauɯ⁵³ ku²⁴ pai²⁴ ɕu³¹ pai⁰, kua³⁵
　　EP　月　这　对　月　这　给　我　去　迎娶　MP　过
ŋɔn¹¹ jə³³ mi¹¹ pan¹¹."
天　就　不　成

lo⁵³! ɕi³³ taŋ¹¹ ʔdian²⁴ la:p³³ taŋ⁵³ ni³¹, taŋ¹¹ ŋɔn¹¹ ʔdi²⁴ pai⁰, hauɯ⁵³
　SP　就　到　腊月　这样　到　吉日　MP　让
pai²⁴ pai¹¹ ʔdeu²⁴ ta:u³⁵ to³³, mjauɯ⁵³ tuɯ¹¹ ɕa:ŋ¹¹ lauɯ⁵³ ɕa:ŋ¹¹ no³³, naŋ⁵³ na
去　马　上　立刻　不给　带　两　酒　两　肉　只要
tuan⁵³ teŋ²⁴ to³³ to³³.
猜　中　而已

pai²⁴ la⁵³, ɕi³³ pai²⁴ ða:i³¹ leu³¹, taŋ¹¹ ʔdian²⁴ la:p³³ ɕi³⁵ pai²⁴ pai⁰. pai²⁴
去　MP　就　去　真的　MP　到　腊月　就　去　MP　去
ni³⁵ ɕi³³ kua³⁵ pa³⁵ tu²⁴ ða:n¹¹ yan³¹ wai²⁴. kua³⁵ pa³⁵ tu²⁴ ða:n²⁴ yan³¹ wai²⁴
MP就　过　门口　家　员外　过　门口　家　员外
ni³⁵, yan³¹ wai²⁴ ðo⁵³ ʁe²⁴ kua:ŋ²⁴ wɯə²⁴ pai⁰:
MP　员外　认识　相公　乌龟　MP

"kua:ŋ²⁴ wɯə²⁴ ʁei⁵³, muɯŋ¹¹ ha¹¹ pai²⁴ kə¹¹ lauɯ¹¹ mə³⁵?"
　相公　乌龟　MP　你　要　去　哪里　MP

"ha¹¹ pai²⁴ ɕu³¹ ja³³ le⁰!" ne⁰.
　要　去　迎娶　妻子　MP　如此说

"ja³³ muɯŋ¹¹ ʔju³⁵ kə¹¹ lauɯ¹¹ mu³⁵?" ne⁰.
　妻子　你　在　哪里　MP　如此说

"ʔju³⁵ tɕa:ŋ²⁴ tɕiŋ²⁴ kə¹¹ te²⁴."
　在　中间　城　那里

"tɕa:ŋ²⁴ tɕiŋ²⁴ luɯk³³ ʔbuɯk³⁵ pu³¹ lauɯ⁵³ ʔdi²⁴ ði¹¹ ma⁰?"
　中间　城　姑娘　谁　具体　MP

"luɯk³³ ʔbuɯk³⁵ pu³¹ wuəŋ¹¹ pə⁰ le⁰."
　姑娘　皇帝　MP

"hau³⁵ jiaŋ³³ muɯŋ¹¹ taŋ³⁵ ni³¹, pai²⁴ tam⁵³ luɯk³³ ʔbuɯk³⁵ pu³¹ wuəŋ¹¹
　种类　样子　你　这样　去　碰　姑娘　皇帝
ʔdai³¹ ma⁰? kai³⁵ ku²⁴ li³¹ ɕoi³¹ luɯk³³ θa:i²⁴ to³³ pai²⁴ tam⁵³ tu³⁵ mi¹¹ ʔdai³¹
得　MP　我　有　个　儿子　唯一　去　碰　都　不　得

lə⁰ma⁰. kai³⁵ ku²⁴ li³¹ θan³³ taŋ⁵³ ɕen¹¹ ŋan¹¹, kai³⁵ mɯŋ¹¹ ɕi³³ θuan³⁵
MP　　我　有　这么　多　钱　银　你　MP　算
kə³⁵ma¹¹ wɯn¹¹ ka⁰ʔkai³⁵ mɯŋ¹¹ ɕi³³ ʔau²⁴ mi¹¹ ʔdai³¹."
什么　人　MP　你　MP　要　不　得

"mɯŋ¹¹ nau¹¹ ða:i³¹ lau¹¹ fi³³, ku²⁴ ʔdai³¹ taŋ¹¹ mɯŋ¹¹ kuə³³ lau¹¹
　　你　说　真的　或　没有　我　得　到　你　怎么
kuə³³?"
做

"ɕa³¹ mɯŋ¹¹ ʔdai³¹ taŋ¹¹ ku²⁴ yan²⁴ ʔwa³⁵ tu²⁴ ða:n¹¹ hau⁵³ mɯŋ¹¹
　如果　你　得　到　我　愿　让　门　家　给　你
leu³¹." yan³¹ wai²⁴ ta¹¹ fu³¹ taŋ⁵³ te²⁴ pə⁰.
全部　员　外　答复　这样　MP

"ɕam⁵³ mɯŋ¹¹ ða:i¹¹ θɯ²⁴ ta³¹ ɕie³¹ ma²⁴." kua:ŋ²⁴ wwə²⁴ nau¹¹
　赌　你　写　字　达　协议　MP　相公　乌龟　说
taŋ³⁵ ni³¹ pə⁰ lei⁰.
这样　MP

θoŋ²⁴ pa:i³³ ða:i¹¹ θɯ²⁴ ta³¹ ɕie³¹ ɕai¹¹, "ɕa³¹ ku²⁴ mi¹¹ ʔdai³¹
　两　边　写　字　达　协议　全部　如果　我　不　得
lɯk³³ ʔbɯk³⁵ pu³¹ wwəŋ¹¹ ma²⁴, mɯŋ¹¹ ka⁵³ ku²⁴ ma⁰. ɕa³¹ ku²⁴ ʔdai³¹
姑娘　皇　帝　来　你　杀　我　MP　如果　我　得
taŋ¹¹ ta¹¹ ða:i³¹ mɯŋ¹¹ kuə³³ taŋ⁵³ lau¹¹ kuə³³ ma⁰?"
到　真正　你　做　怎样　做　MP

"ku²⁴ yan²⁴ ʔwa³⁵ ma⁰!"
我　愿意　让开　MP

pai²⁴ la⁰! ʔba:t³⁵ te²⁴ pai²⁴ tɕa:ŋ³³ tɕiŋ²⁴ pai²⁴ la⁰, pai²⁴ taŋ¹¹ ða:n¹¹
SP　那时　去　中间　城　去　MP　去到　家
pu³¹ wwəŋ¹¹, ta¹¹ hau⁵³ pai²⁴ ða:n¹¹, kɯn²⁴ ŋa:i¹¹ ʔjə³⁵, hau⁵³ tuan³⁵,
皇帝　就　进　去　家　吃　早饭　过后　给　猜
hau⁵³ tuan³⁵ ʔdau³³ ðuk³³. ʔju³⁵ ðuk³³ lau¹¹ lə⁰ na⁰, ða:m²⁴ ɕip³³ ʔdan²⁴
给　猜　里面　卧室　在　卧室　哪个　MP　三十　个
lə⁰ma⁰.
MP

"ʔdan²⁴ ni³¹ teŋ²⁴ mi¹¹ teŋ²⁴?"
个　这　是　不　是

"mi¹¹ teŋ²⁴."
　　不　是

tuan³⁵ pai²⁴ tuan³⁵ ma²⁴, ha¹¹ ɕot³³ ta¹¹ ða:i³¹ pai⁰. luɯ³⁵ li³¹ θoŋ²⁴
　猜　去　猜　来　快要结束　真的　MP　才　有　两
θa:m²⁴ ʔdan²⁴ mə⁵³ ɕot³³ pai⁰. li³¹ tuə¹¹ tiaŋ¹¹ ta¹¹ kweu³⁵ ʔbin²⁴ teu¹¹
　三　个　MP　结束　MP　有　蜜蜂　转　飞　离开
ta:u³⁵ to³³, liam¹¹ ðan²⁴ ʔet³⁵ ʔdeu²⁴ ʔdai³³ ni⁰ lei⁰.
　马上　刚刚　见　一　点　而已　MP

"ʔdan²⁴ ni³¹ la⁰!" ne⁰. ta:i¹¹ teŋ⁵³ kɯt³⁵ wa²⁴ tu²⁴ ðuk³³, ʔju³⁵ ʔdaɯ²⁴
　个　这　MP　如此　就　掀开　扇　门　卧室　在　里面
te²⁴, fon³¹ ɕi³³ pjom²⁴, ha:u²⁴ ɕi³³ no³³ ʔdai³³ la³⁵, lɯk³³ ʔbɯk³⁵
　那　黑　就是　头发　白　就是　肉　MP　姑娘
pu³¹ wɯəŋ¹¹ lə⁰ ma⁰."
　皇帝　MP

"kai³⁵ ni³¹ teŋ²⁴ pa¹¹ ja³³ ku²⁴ pai¹¹ ʔdeu²⁴." nau¹¹ taŋ⁵³ pai¹¹ ʔdeu²⁴
　这个　是　妻子　我　直接　说　这样　直接
ni³¹ la⁰.
MP

pau³⁵ wɯəŋ¹¹ to³⁵ nau¹¹, "jaɯ³¹ pai⁰, pei²⁴ fu³¹, pei²⁴ fu³¹." wa:t³³
　皇帝　都　说　得　MP　佩服　佩服　挥
wa³⁵ fɯŋ¹¹ pai³³ ni³¹ pei²⁴ fu³¹ pai⁰.
　手掌　现在　佩服　MP

"ɕiŋ⁵³ mɯŋ¹¹ pai²⁴ pa³⁵ tu²⁴!" ne¹¹.
　请　你　去　门口　如此说
ɕa:ŋ⁵³ min³¹ tɕin⁵³ te²⁴ ni³⁵, pu³¹ pu³¹ ka²⁴ ja:ŋ³¹ ha:i³³ taŋ³⁵ ni³¹, ɕa³¹
　群　民警　那　MP　个　大马刀　横着　这样　如果
nau¹¹ mi²¹ teŋ²⁴ ɕi³³ fak³³ pai¹¹ ʔdeu²⁴ pai⁰ lə⁰ pə⁰, fak³³ kua:ŋ²⁴ wɯa²⁴
　说　不　中　就　砍　直接　MP　MP　砍　相公　乌龟
pai¹¹ ʔdeu²⁴.
　直接

la³⁵! ɕi³³ ðua:m²⁴ kai³⁵ tɕeu³³ te²⁴ ʔo³⁵ pa³⁵ tu²⁴. ðua:m²⁴ pai²⁴,
　SP　就　抬　个　轿子　那　出　门口　抬　去
ðua:m²⁴ pai²⁴,
　抬　去

"ʔdan²⁴ lau¹¹ teŋ²⁴ ɕi³³ muɯ¹¹ nau¹¹ pə³⁵!"
　个　　哪　　是　　就　　你　　说　　MP

li³¹ ʔdan²⁴ ʔdeu²⁴, tuə¹¹ tian¹¹ ta¹¹ kweu⁵³ kɯn¹¹ lau¹¹ teu¹¹.
有　个　一　　　蜜蜂　　绕　　上　然后　离开

"ʔdan²⁴ ni³¹ la⁰!" teŋ⁵³ kɯt³⁵ teŋ²⁴ pan¹¹.
　个　这 MP 掀开　　中　成

"jaɯ³¹ pai⁰, pei²⁴ fu³¹ pai⁰, ʔau²⁴ hau⁵³ kua:ŋ²⁴ wɯə²⁴ pai⁰!"
　得　MP 佩服 MP 拿　给　相公　乌龟　MP

laŋ⁵³ ɕi³³ θuaŋ³⁵ ma²⁴, taŋ¹¹ kun²⁴ taŋ¹¹ lau¹¹ te²⁴ θuaŋ³⁵ ma²⁴. θuaŋ³⁵
于是　　送　　来　连同　兵　连同　什么　那　送　　来　　送

ma²⁴ taŋ¹¹ ni³⁵ ɕi³³, kua²⁴ pa³⁵ tu²⁴ ða:n¹¹ yan³¹ wai²⁴.
来　到　　 MP　　过　门口　家　　　员外

"taŋ⁵³ lau¹¹ mə⁰ yan³¹ wai²⁴?"
怎样　MP　　 员外

tian³³ ti³⁵ te²⁴ kɯn²⁴ jaŋ³¹ jan³³. pai¹¹ ni³¹ mo⁵³ lo⁵³. wa¹¹ ʔdai³¹ pen³⁵
正好　他　吃　洋烟　　现在　　MP　　抓　得　块

ɕian²⁴, pɯɯ³⁵ pai²⁴, pian³⁵ pan¹¹ ðok³³ pɯɯt³³ ɕiə¹¹, pian³⁵ pan¹¹ ðok³³
毯子　冲　去　　变成　　鸟　　鹁鹆　　　变成　　鸟

pə⁰ ne⁰, te²⁴ mi¹¹ yan ʔju³⁵ ɕu²⁴ ða:n²⁴ te²⁴ pai⁰. ja³³ tɕe³⁵ ʔju³⁵ θian⁵³ toi³³
MP　他 不 愿　在 地方　家　他 MP 老太太 在　尾部　碓

wi³⁵ hau³¹ wɯəŋ⁵³, naŋ⁵³ ɕi³³ ʔdai³¹ ʔdan²⁴ ʔdoŋ⁵³ wi³⁵ pai²⁴ paŋ³¹ ði⁵³,
簸　小米　　　　才　得　　个　　簸箕　　去　沟边

kup³³, kup³³.
拟声词

"kɯn²⁴ lɯ³⁵ lɯk³³! kɯn²⁴ lɯ³⁵ lɯk³³!" ni³¹ la⁰.
　吃　 MP 儿子　吃　 MP 儿子　如此 MP

ɕi³³ li³¹ ɕoi³¹ lɯk³³ ʔbɯk³⁵, ɕoi³¹ lɯk³³ θa:i²⁴ ʔdeu²⁴ ʔdian³¹ θa³⁵
就　有　个　　姑娘　　　个　男孩　　一　　春　　碓

pian³⁵ pan¹¹ ðok³³ pa¹¹ kak³⁵, laŋ⁵³ ɕi³³ pan¹¹ toi³⁵ fu¹¹ θi³³ pan¹¹ ni³¹ la⁰.
变成　　鸟　鸽子　　　才　　成　对　夫妻　成　这 MP

laŋ⁵³ ɕi³³ tuə¹¹ wɯn¹¹ ma²⁴ ɕiaŋ³¹, ðok³³ pa¹¹ kak³⁵ mo⁵³ tuan³³ nei¹¹ kei⁰.
才　人　　来　养　　　鸟　鸽子　　最终　　MP

laŋ⁵³ ɕi³³ nau¹¹, yan³¹ wai²⁴ kuan⁵³ taŋ³³ ɕap³³ lau¹¹ ne⁰ ɕi⁰, kua:ŋ²⁴ wɯə²⁴
才　说　　员外　　管　到　范围　哪　MP　相公　乌龟

kuan⁵³ taŋ¹¹ ɕap³³ te²⁴ ɕai¹¹ ɕuə¹¹ jiaŋ³³ kau³⁵ ni⁰ la⁰. laŋ⁵³ ɕi³³ kuan⁵³ ʔdai³¹
管　　到　范围　那　全部　　依旧　　MP　　才　　管　得
ɕai¹¹, laŋ⁵³ ɕi³³ jeu³³ kə³⁵ ma¹¹, jeu³³ je³¹ laːu³¹ je³¹ ŋi³³ te²⁴, pai²⁴ ʔdau²⁴
全部　　才　　叫　什么　叫　　大爷　　二爷　他　去　里面
ɕai¹¹ mo⁵³ tuan³³, tɕo²⁴ ɕoi³¹ ni³¹ ɕiaŋ³¹ leu³¹ mo⁵³ tuan³³.
全部　最终　　幸亏　个　这　　养　完全　最终
　　ɕi³³ taŋ¹¹ kə¹¹ ni³¹ ɕot³³ ʔdi³¹ pai⁰！
　　就　　到　　这里　结束　MP　MP

意译：

　　从前有一家有三妯娌，家里老人都去世了，就剩下三兄弟、三妯娌一起过日子，也都没有子女。三妯娌年龄相当，相差只有几岁。她们相互关心，情同姐妹。

　　一天，三妯娌相约着要去找报陆夺算命。快要到报陆夺的村子的时候，天快要黑了，碰到一位老者在村口放鸭子，正要把鸭子往笼子里面装。这时，三妯娌陆续到来。大姐先到，见状就说："老头呀！你瞧你把鸭子赶在这路上，唧唧咋咋的，我们怎么走路呀！"老头听了赶忙让到路坎下，等她过去后才回到路上。这时，二姐来了，也说了同样的一番话，老头又赶忙让到路坎下，等她过去以后才回来。鸭子装好以后，老头挑着鸭笼朝前走，这时，三妹来了，说："阿公，让我来替你挑吧！"说着，从老头肩膀上接过鸭笼担子。老头说："不用了，不用了，鸭子味道很腥，不用你挑，你先走吧。"三妹从他肩上抢过担子，帮他挑到村里。老人说："还是让我自己来挑吧，你一个姑娘家，挑鸭笼从寨子里面过不好看。还是我自己来挑吧。"三妹说："阿公，不瞒您说，我们三妯娌是来找报陆夺给算命的，不知道他家在哪里，麻烦您给指一下路。"老头说："哦！原来是这样呀，那你们跟我来吧。"

　　她们跟着来到寨子中间，又问报陆夺家在哪里，老头还是说，"跟我来！"到了一间房子前面，老人说，"我就是报陆夺！"大姐和二姐听说他就是报陆夺，脸色显得很难看，后悔自己刚才说过的那些话。

　　晚饭后，三妯娌跟报陆夺说："我们三姊妹命很苦，没有子女，想来请您老人家给算一下。"

报陆夺于是先给大姐算，算了以后，默默地不说话。又给二姐算，算完了还是不说话。接着又给三妹算，还是不说话。最后才说："你们三妯娌的命确实很苦，命中注定没有子息。不过，你们回家后，每人去编一只鱼扒，等涨水的时候，到河边去捞。第一扒捞去，捞到什么就拿什么当子女来养。"

三妯娌回到家，果然听从报陆夺的话，每人编了一只鱼扒，等第一次涨水的时候，她们来到河边，大姐在上游，二姐在中游，三妹在下游。大姐先捞，一扒捞去，捞上一只张牙舞爪、怪模怪样的大虫子，足足有锄头把儿那么大。她想："报陆夺说了，第一扒捞到什么就拿什么当子女来养，看来我命该如此了。"于是只好收起来了。轮到二姐捞了，一扒捞去，捞上一只毛毛虫来，依了报陆夺的话，也只好要了，拿回家养了起来。轮到三妹捞了，她捞上了一只足有三斤重的乌龟，她赢了，这是因为她给报陆夺挑担所得到的回报。

大姐把怪虫拿回家后就锁在柜子里，二姐把她的毛毛虫放在瓮里，不过不能放水，三妹把乌龟放在水缸里养着。

一个多月以后，有一天，大姐的男人要出远门，到柜子里去找衣服穿，发现每一件衣服都被啃得烂稀稀的，非常生气，后来在柜子里发现一只张牙舞爪的来回爬动的怪虫，立刻从火塘边拿来火钳，把它打死，然后扔得远远的。这一条生命就这样结束了。

二姐把毛毛虫拿回家后就放在瓮里，养了四五个月，天天用人奶喂它，养得嘴巴红红的，每天天快亮的时候就给它喂奶。她伏在瓮边，虫子跳起来吃。她男人觉得很奇怪，心想，这女人每天伏在瓮边做什么呢？一天，二姐让丈夫跟她一起下地，途中，丈夫假装肚子痛，先回家了。回到家以后，他立刻来到那只瓮边，心想，这女人每天到这瓮边神神秘秘的，做些什么也不知道，今天我到要看个究竟。于是来到瓮边，只见那只嘴巴被养得红红的毛毛虫从瓮底跃起来，想要吃奶。那男人吓了一跳。"妈呀！这女子原来养的是这东西呀！"于是，他烧了一锅烫水，把瓮里面的毛毛虫倒进水里，毛毛虫立刻变成一个漂亮的姑娘，但是被烫死了。那男人说，"妈呀！

怎么是这样？"顿时脸色大变。

二姐从地里回来，他男人把经过跟她从头至尾地说了一遍。二姐立刻号啕大哭起来，边哭边说："儿呀，我苦命的儿，我把你养在瓮里面，把你当宝贝一样来养，把你当心肝一样来养，我的儿呀！"哭得非常伤心。"儿呀，你是娘的贴心宝贝，你是娘的心肝宝贝，做窝在娘的腋下。"因此，现在还有蛔虫肚里哭，做窝在腋下的说法。第二条生命就这样结束了。

三妹的乌龟养了七八个月，有一天，有一家人来请三妹的丈夫去帮着搬运木头。来人在屋外叫，乌龟在缸里说："爹呀！有人来请你去帮搬木头，让我跟你一起去吧，行吗？"那男人说："哎！你都还养在缸里面，怎么去搬木头呀，我自己去得了。"乌龟说："不行，我一定要去，无论如何都要去。"男人说："怎么去呢？"乌龟说："你把我装在口袋里就行了。""让别人叫你什么，你？""叫乌龟相公呀！"

于是，乌龟就跟着去搬木头，搬木头的时候，他让他爹爹把它放在木头上。抬的是房子的顶梁柱，非常重，乌龟在柱头上来回爬，爬到哪头，哪一头就轻。刚爬到这边，那边就喊："快顶不住啦！乌龟相公！"于是他又往那边爬。一爬过去，这边又喊："快顶不住啦！乌龟相公！"就这样，乌龟相公的名声就传开了。

再过九个月，乌龟相公就变成了人，四五岁就读书，什么事情都知道，用不着老师教，八岁的时候成了远近闻名的神童。因为大爷、二爷都没有孩子，哥仨把他当成了心肝宝贝。

一天，他父亲对他说："孩子呀！咱们家就你一个孩子，你就别去读书做官了，就在家给我们养老送终吧！"

他说："哎呀！爹呀，我还是想去读书做官嘞！"

"别去啦！我们哥仨就你这么一个宝贝，你出去了，我们将来去依靠谁！你就在家娶妻生子，给我们养老送终吧！"

经过再三思考，乌龟相公终于同意了。"那就这样吧！"他说。

后来，他父亲托人去给他说媒，找谁家的姑娘他都不满意。他父亲没办法，只好说："那你自己去找吧！"

于是，乌龟相公自己到城里去找，找来找去，发现皇帝的女儿很合他的意。

他回到家，杀了鸡，做好吃好喝的，把大爷、二爷请来，热情款待。大爷、二爷说："孩子，你请我们好吃好喝的，一定有什么事求我们，既然吃了你的，有什么事情你就尽管说吧！"

乌龟相公说："是这样的，大爷，既然你们不让我读书做官，在家给你们养老送终，我也同意了。这两天我一直在考虑娶妻成家的事情，我看中了皇帝家的女儿，就请两位爷去给我说媒吧！"

大爷急忙说："那哪儿行？皇帝家的女儿我们怎么敢去提亲！连他们家的门我们都不敢进嘞！"

"哎呀！我看没那么难吧！你们去跟他说两句好话，说不定还能成呢，爷呀！"

"天呀！这回死定了，皇帝老爷非把我们给宰了不可，这乌龟相公说得倒很轻巧嘞！"

没办法，哥俩只好硬着头皮去碰运气了。一边走一边琢磨怎么开口。来到皇帝家，登台阶进门，见皇帝坐在龙椅上，斜靠着，派头很大。他们俩进了屋，皇帝没给让座，他们也没敢坐。

"是这样的，主上！"大爷开口对皇帝说："我们家乌龟相公有一点小事想来麻烦您老人家，他看上了您的女儿公主殿下了。"

皇帝坐在那儿连眼皮都没眨一下，一句话不说，起身就走了。他们两人在那儿，坐也不是，站也不是，不知如何是好，只好怏怏地离开了。回到家，乌龟相公又杀鸡款待。

"爷呀！你们今天去事情办得怎么养？"

"算啦！算啦！皇帝家的千金小姐像我们这样的人家哪敢去娶？你就打消这个念头吧！"

"皇帝老爷怎么说？"乌龟相公问道。

"我们两个登台阶进屋，他眼皮都不抬一下就走了。"

乌龟相公说："爷呀！皇帝老爷闭眼睛不说话，那就是默许啦，那就是答应咱们了！"

第二天早上，又杀鸡请大爷、二爷。

"你们这次再去，肯定能成，皇帝老爷已经默许了。"

"天呀！这回死定了！乌龟相公怎么这样说？这回真的死定了！"

看推脱不掉,只好硬着头皮又再去一趟,见了皇帝,把原来那番话又说了一遍。

"皇帝老爷!我们三番五次地登门,主要是为公主殿下和我们家乌龟相公的亲事。他相中了公主殿下,想娶她为妻,是这样的。"

皇帝站起身,朝他们两人吐了一口唾沫,正好吐在眼睛上,然后转身离开了,仍然一句话也没有说。

两个媒人庆幸自己没有被砍头,退到一旁擦掉脸上的唾沫。

在回来的路上,两人还在庆幸自己今天大难不死。心想,回去把这事跟乌龟相公一说,他大概该死心了吧。

晚上,乌龟相公又盛情款待他们。

"事情办得怎么样?大爷、二爷!"

"哎呀!成不了啦,我看我们就不用再去了吧!"

"怎么啦?"

"我的妈呀!我们刚刚说两句话,他就朝我们一人吐了一口唾沫,正好吐在我们的眼珠子上。"

"这是好事呀!大爷、二爷,人家开口啦,人家答应给我们啦!"

那人说:"死定了,我的妈啊!他怎么会这么想啊!"大爷和二爷两腿都发抖了。

"明天你们一定再去!"

于是,第三天他们又去了,还是那些话。这回皇帝终于开口说话了。所以说我们布依族地区说媒要走三次,就是这个道理。

皇帝开口说啦,皇帝说:"就这样吧,我答应了,不过,我有个条件,我家有三十间卧室,三十顶轿子,我把公主藏在卧室里、轿子里,他猜中了就给她当妻子,我也不吃他的酒肉。他要是猜不中,我就杀了他。"

两个媒人回到家,显得很忧愁的样子,晚上吃饭的时候,乌龟相公问:"今晚二老怎么这么忧愁?"

"是这样的,人家真的答应了,皇帝真的答应把女儿嫁给你啦,不过他有个条件,他家有三十间卧室,三十顶轿子,把公主藏在里面,让你去猜。猜得中就把公主嫁给你,猜不中就杀了你,不知你能不能做到。"

乌龟相公哭了，他说：

"我的妈呀，这可怎么好哟！"

第二天早上他到台阶上哭泣，有两三只蜜蜂在他身边绕来绕去，他抓住蜜蜂，放进葫芦里，要用开水把它们烫死。那时候的动物都会说话。蜜蜂说：

"哎呀！乌龟相公，求你放了我们吧，你有什么事情，我们一定帮忙！"

"是这样的，我要去娶皇帝的姑娘，皇帝给我提了个条件，他要把女儿先后藏在他家的三十间卧室和三十顶轿子中，让我去猜，猜得中就把女儿嫁给我，猜不中就杀了我。"

"原来是这样呀！这有什么难的。"蜜蜂说："我们先钻到里面去看，然后再到卧室和轿子门上绕，你看见后就自然知道了。"

"要是那样就好了。"乌龟相公开心地笑了。

早上请大爷、二爷等人来吃饭，饭后，他说："现在不用怕了，有人帮我们的忙了。这样这样。"他把跟蜜蜂的约定说了一遍，然后问："爷呀！他们定的什么时间？"

"某月某日去迎娶，过时不候。"

到了腊月，找了个吉日，就去迎娶，不用带酒和肉，只是空手去猜。

到腊月的吉日那一天，他们就去了。去到员外家门口，员外认识乌龟相公，问道：

"乌龟相公，你要去哪里？"

"我要去迎亲。"乌龟相公说。

"你的妻子在哪里？"

"在城里。"

"城里哪家的闺女？"

"皇帝家的闺女。"

"你这个鸟样子还能娶皇帝家的闺女呀！我有一个儿子，去跟他提过亲，都没有成，我这么有钱，你算老几，肯定成不了！"

"你说真的吗？我要是娶成了你怎么办？"

员外回答说："你要是成功了我愿意把全部家产送给你。"

乌龟相公说:"如果我成不了,皇帝自然会把我杀了,如果我成功了你怎么办?既然你说你把家产让给我,你敢立字据为证吗?"

于是双方立字据为证。

到了城里,来到皇帝家,进屋吃过早饭,就让乌龟相公去猜公主在哪间卧室。

"是这间吗?"

"不是。"

猜来猜去,就剩两三间了,只见蜜蜂在其中一间绕几圈就飞走了。乌龟相公立刻说:"就在这间!"于是打开房门,漂亮的公主就坐在里面。

皇帝说:"佩服,不过你才成功一半,现在请你到门口。"让他到门口猜公主坐在哪顶轿子里。

一群兵丁拿着大刀站在路边,看那架势,如果乌龟相公猜不中,当场就要被砍头。

轿子一顶一顶地从乌龟相公的面前抬过去。

"公主在哪一顶你就讲。"

只见有一只蜜蜂在其中一顶轿子上绕了一圈飞走了。

"就在这顶。"一掀开轿帘,公主果然就在里面。

皇帝说:"行!佩服!我的公主就嫁给乌龟相公了。"

于是,让兵丁等一群人把公主送到乌龟相公家。来到员外家门口,乌龟说:

"怎么样,员外!"

员外正在抽大烟,见状,顺手抓起一块毯子飞奔出去,变成了一只鱼鹰,不愿意在家待了。老太太在碓尾巴簸小米,端着簸箕来到沟边,拍着簸箕一边发出"呵呵"的声音,一边说:

"来吃喽!我的儿,来吃喽!我的儿。"她在喂鱼鹰呢。

员外有一个儿子,一个姑娘,正在舂碓,他们变成了一对鸽子,成了一对夫妻,让人养着。

乌龟相公把员外的家产全部收归自有,员外原来管什么,他现在就管什么,他的大爷、二爷也搬来一起住,让乌龟相公养老送终。

这段故事就讲到这里。

> 故事讲述：黄永站(65 岁)
> 录音、记音、翻译整理：周国炎
> 校对：黄镇邦

望谟县原县长王建文访谈实录*

A: la³⁵ ha:ŋ²⁴ tai³⁵ wu⁵³ sɿ³¹ nian³¹ tai²⁴ ji⁵³ lai³¹ ɕi³³ ? o³⁵ ma³³
　　乐康①　自　五十　　年代　　以来　MP②　出来
　　pa:i³³ ðo³³ kuŋ³³ tso³¹ li³¹ θan¹¹ lauɯ¹¹ wən¹¹ kə⁰. woi²⁴ lie³¹ ji³¹ ko²⁴
　　外面　　工作　　有　多少　　人　MP 我 列 一 个
　　piau⁵³ ɕo³⁵ kə¹¹ ni³¹, ɕo³⁵ pa:i³³ laŋ²⁴ kuə³³ fu²⁴ piau⁵³ ɕai¹¹ ɕuə³¹.
　　表　放　这里　放　后面　做　附表　全部
　　woi²⁴ tɕai³¹ ham³³ piau⁵³ je³¹, muɯ¹¹ te³³ la²⁴ ko²⁴, ʔju³⁵ ʔdauɯ²⁴
　　我　想　问　表爷　您的　那个　在内
　　ɕian²⁴ tsɿ²⁴ nau³¹ muɯ¹¹ tuɯk³³ tshu³³ tsuŋ³³ wən³¹ hua²⁴, tam³¹ ɕi³³
　　县志　说　您　是　初中　　文化　　但是
　　woi³⁵ mi¹¹ ɕiaŋ³³ ɕin²⁴, woi³⁵ tɕai¹¹ ham³⁵ muɯ¹¹.
　　我　不　相信　我　想　问　您

B: jian³¹ lai³¹ tau²⁴ sɿ³¹ tshu³³ tsuŋ³³.
　　原来　倒是　初中

A: jian³¹ lai³¹ tshu³³ tsuŋ³³, na⁰!
　　原来　　初中　　MP

B: pai¹¹ laŋ²⁴ ku²⁴ je⁵³ sɿ²⁴ pai²⁴ tsuŋ³³ jaŋ³³ min³¹ zu³¹ ta²⁴ ɕio³¹
　　后来　我　也是　去　　中央民族大学

---

* 望谟是贵州省下属的一个县，布依族人口分布比较集中。王建文，布依族，1956年任命为望谟县县长，是该县第一位布依族县长，也是当时最年轻的布依族县长。2008年10月本书编者之一黄镇邦就布依族民歌传承问题对他进行采访。这段材料在原始录音的基础上进行了适当的调整，材料中出现了大量的汉语借词，反映出特定话题、特定语境以及特定交际情境中布依语的使用情况。

①乐康，地名，望谟县下属蔗香乡的一个行政村。
②MP，Modal Particle 的缩略形式，即语气词。

kan²⁴ ɕin²⁴ pu²⁴　ɕio³¹ɕi³¹　ɕi³³　pai³¹ laŋ²⁴　zɯn²⁴ tin²⁴　kuə³³
干训部　　　学习　　MP　　后来　　　认定　　　为

tsuŋ³³ tsuan³³.
中专

A: zɯn²⁴ tin²⁴ kuə²⁴ tsuŋ³³ tsuan³³ na⁰! woi³⁵ ʔau²⁴ nen²⁴ ʔdi²⁴ la⁰!
　　认定　　　为　　中专　　MP　我　要　记　好 MP

B: jian³¹ lai³¹ ʔju³⁵ tshɯn³¹ tu³³ ɕio³¹ɕi³¹ ti³³ sʅ³¹ hou²⁴ ne³⁵, pai²⁴
　　原来　　　在　　成都　　　学习　　的　时候　　MP　去

θoŋ²⁴ ta:u³⁵, tshɯn³¹ zɯn²⁴ teŋ²⁴ kau³³ tsuŋ³³, kə³⁵ te̠²⁴ teŋ²⁴ lu³¹
两次　　　　承认　　是　　高中　　　那个　是　六

tɕi⁵³ nian³¹ te³³ sʅ²⁴ la⁰.
几　年　的　事 MP

A: lu³¹ tɕi⁵³ nian³¹ na⁰!
　　六 几　年　　MP

B: kə³⁵ te²⁴ teŋ²⁴ pa³¹ lin³¹ nian³¹ mə³⁵ lauɯ¹¹ pa³¹ ji³¹ nian³¹ pai²⁴
　　那个　是　八 零　年　　还是　　八 一　年　去

tsuŋ³³ jaŋ³³ min³¹ zu³¹ ta²⁴ ɕio³¹, tshɯn³¹ zɯn²⁴ tsuŋ³³ tsuan³³.
中央民族大学　　　　　　　承认　　中专

A: teŋ²⁴ tsuŋ³³ tsuan³³, na⁰! ji³¹ tin²⁴ ʔau²⁴ kau⁵³ tɕin³³ tshu⁵³,
　　是　中专　　　MP　一定　要　　搞　　清楚

mi³¹ɕi³¹ la:u¹¹ ta³¹ ða:i¹¹ loŋ²⁴ ɕi³³ tui³⁵ mi¹¹ kua³⁵ pu³¹ tɕe³⁵.
不然　担心　一旦　写　错　MP　对不起　　老人

ho⁵³ te²⁴ ða:i¹¹ ɕo³⁵ kə¹¹ ni³¹, ɕian²⁴ tsʅ²⁴ ʔdauɯ²⁴ te²⁴ ða:i¹¹ mɯŋ³¹
他们　写　放　这里　县志　里面　　写　您

pan¹¹ tshu³³ tsuŋ³³ kə¹¹ ni³¹ kei⁵³, wən³¹ hua²⁴ tshɯn³¹ tu³³ ða:i¹¹
成　初中　这里　MP　文化　　程度　　写

pan¹¹ tshu³³ tsuŋ³³. wu⁵³ tɕhi³¹ nian³¹ taŋ³¹ wu⁵³ pa³¹ nian³¹ kuə³³
成　初中　　　五 七　年　　到　五 八　年　当

ɕian²⁴ tsaŋ⁵³ ta:u³⁵ ʔdeɯ²⁴ na⁰! ʔiə³⁵　ɕi³³ tɕhi³¹ tɕiu⁵³ nian³¹ taŋ³¹
县长次　一　　MP　过后 MP　七 九　　年　到

pa³¹ ji³¹ nian³¹ kuə³³ fu²⁴ tsu⁵³ tsɯn²⁴, mə³⁵ lauɯ³¹ taŋ³⁵ lauɯ¹¹
八 一　年　当　　副主任　　　还是　　怎么

mə³⁵? teŋ²⁴ fu²⁴ tsu⁵³ zɯn²⁴, ɕi³⁵ pa̠:i³³ tiə⁵³ ni³¹, pa³¹ ji³¹ nian³¹
MP　是　副主任　　MP　面　下 MP　八 一　年

pa³¹ saːn³³ nian³¹ kuə³³ ɕian²⁴ tsaŋ⁵³, na⁰!
八三　　年　当　县长　　MP

B: pa³¹ sɿ²⁴ ɣəu³¹.
八四　MP

A: pa³¹ ji³¹ taŋ³¹ pa³¹ sɿ²⁴, na⁰ˌmo⁰ pai²⁴ tshɯn³¹ tu³³ ʔdai³¹ tɕi³⁵ pi²⁴
八一　到　八四　EP　　　去　成都　　得　几年
le⁰?
MP

B: soŋ²⁴ taːu³⁵, wu⁵³ saːn³³ nian³¹ taŋ¹¹ wu⁵³ sɿ²⁴ nian³¹. kə³⁵ ni³¹
两次　　　五三　　年　到　五四　年　　这个
taːu³⁵ ʔdu⁵³ ʔju³⁵ kə³¹ te²⁴ to³³ ʔdai³¹ pi²⁴ ʔdeu²⁴ kə³⁵. lu³¹ə²⁴
次　头　在　那里　读　得　一年　一　MP　六二
nian³¹ taŋ¹¹ lu³¹ sɿ²⁴ nian³¹ ʔju³⁵ kə¹¹ te²⁴ to³³ soŋ²⁴ pi²⁴.
年　到　六四　年　在　那里　读　两年

A: lu³¹ə²⁴ taŋ³¹ lu³¹ sɿ²⁴, na⁰! soŋ²⁴ taːu³⁵ ni³¹ tu³⁵ ʔju³⁵ tshɯn³¹ tu³³
六二　到　六四　MP　两　次　这　都　在　成都
na⁰?
MP

B: ʔju³⁵ tshɯn³¹ tu³³, ɕi³³ nan³¹ min³¹ tsu³¹ ɕio³¹ yan²⁴.
在　　成都　　　西南民族学院

A: ɕi³³ nan³¹ min³¹ tsu³¹ ta²⁴ ɕio³¹,　　pai¹¹ ni³¹　jeu³³　kuə³³
西南民族大学　　　　现在　　叫　做
ɕi³³ nan³¹ min³¹ tsu³¹ ta²⁴ ɕio³¹ pai⁰!　ɕi³³　taːu³⁵　pai²⁴
西南民族大学　　　MP　MP　　回　去
tsuŋ³³ jaŋ³³ min³¹ tsu³¹ ta²⁴ ɕio³¹ teŋ³³ pi²⁴ laɯ³¹ pai⁰ le⁰?
中央民族大学　　　　是　年　哪　MP

B: ku²⁴ len³³ le⁰? kə³⁵ mɯŋ¹¹ nau³¹ teŋ³¹ pa³¹ tɕi⁵³ nian³¹ ɣa⁰!
我　看　MP那儿　你　说　是　八几　年　MP

A: teŋ²⁴ pa³¹ ji³¹ nian³¹ taŋ³¹ pa³¹ sɿ²⁴ nian³¹, kə³¹ ni³¹ la⁰!
是　八一　年　到　八四　年　这里　MP

B: pa³¹ lin³¹ nian³¹.
八零　年

A: pa³¹ lin³¹ nian³¹, na⁰! kuə³³ fu²⁴ tsu⁵³ zuɯn²⁴ ti³³ sɿ³¹ hou²⁴, na⁰!
八零　年　MP　当　副主任　的　时候　MP

B: pa³¹ lin³¹ nian³¹ pai²⁴ taŋ¹¹ pa³¹ ji³¹.
　　八零　年　去　到　八一

A: jin³³ wei²⁴ woi³⁵ ða:i³¹ taŋ¹¹ ʔba:n³¹ po¹¹ ðau³¹ ɕiaŋ⁵³ tɕe³⁵ nau¹¹
　　因为　我　写　到　寨子　我们　他们　说
　　nau¹¹ ʔju³⁵ wən³¹ ke³¹ ti³³ sʅ³¹ həu²⁴, ha³¹ lɯŋ³⁵ li³¹ tsʅ³³ tɕhian³¹
　　道　在　文革　的　时候　还　有　之前
　　tem²⁴ pai⁰, ta²⁴ jau²⁴ tɕin²⁴ ti³³ sʅ³¹ hou²⁴, ɕi³³ nau¹¹ nau¹¹
　　再　MP　大跃进　的　时　候　MP　说　道
　　kuŋ³³ se²⁴ nau¹¹ hau⁵³ pu³¹ pɯən³¹ mi¹¹ hau⁵³ nau¹¹ wɯən²⁴, na⁰!
　　公社　说　给　大家　不　给　唱　山歌　MP

B: mjaɯ³⁵ nau¹¹ wɯən²⁴, na⁰!
　　不准　唱山歌　MP

A: mjaɯ³⁵ nau¹¹ wɯən²⁴, jin⁵³ ɕiaŋ⁵³ sɯn³³ tshan⁵³, ne⁰! ɕi³³ nau¹¹
　　不准　唱　山歌　影响　生产　MP　就　说
　　nau¹¹ tɕa³⁵ ham³³ ham³³ ham³³ nau¹¹ wɯən²⁴ ɕi³³ ŋau¹¹ je²⁴
　　道　晚上　每晚　唱　山歌　MP　熬夜
　　kuə³³ ham³³ kuə³³ ham³³ na:i³⁵ ɕi³³ ŋon¹¹ laŋ²⁴ jin⁵³ ɕiaŋ⁵³
　　整晚　整晚　累　MP　日　后　影响
　　sɯn³³ tshan⁵³ ne³¹.
　　生产　MP

B: kə³⁵ ni³¹ ku²⁴ tu³⁵ mi³¹ ta:ŋ²⁴ tɕhin³³ tshu⁵³ pai⁰ ke⁰, kai³⁵ θian³⁵
　　这个　我　都　不太　清楚　MP　个　事
　　ni³¹.
　　这

A: mi¹¹ ta:ŋ²⁴ tɕhin³³ tshu⁵³, na⁰!
　　不　太　清楚　MP

B: hm¹¹, mi³¹ ta:ŋ²⁴ tɕhin³³ tshu⁵³ kə³¹ lau³¹.
　　MP　不　太　清楚　怎么

A: tam¹¹ ɕi³³, kə³⁵ hou²⁴ mian²⁴ na²⁴ ko²⁴, wən³¹ ke³¹ ti³³ sʅ³¹ hou²⁴
　　但是　那　后面　那个　文革　的　时候
　　pho²⁴ sʅ²⁴ tɕiu²⁴, li³¹ sʅ²⁴ ɕin³³ kai³⁵ ni³¹, tsu⁵³ jau²⁴ teŋ³³ la⁵³
　　破　四旧　立　四新　这个　主要　是　哪
　　sʅ²⁴ tɕiu²⁴ le⁰?
　　四旧　MP

B: （笑声）ku³⁵ te²⁴ ku²⁴ jə³³ mi¹¹ ʔju³⁵ ða:n¹¹ ɕai¹¹, pai²⁴ ɕin³³ ji²⁴ kau⁵³
那时候 我 也 不 在 家 齐 去 兴义 搞

sɿ²⁴ tɕhin³³ pai⁰, pai²⁴ phan³¹ ɕian²⁴ kau⁵³ sɿ²⁴ tɕhin³³ pai⁰.
四清 MP 去 盘县 搞 四清 MP

A: waŋ²⁴ mo³¹ kuə³³ pan¹¹ tɕiau³³ tsha³³ lə³¹ pa⁰, na⁰! waŋ²⁴ mo³¹ pai²⁴
望谟 做 成 交叉 MP MP 望谟 去

kə¹¹ ʔɯn³⁵, kə³¹ ʔɯn³⁵ ɕi³³ ma³³ pa:i³³ po¹¹ ðau¹¹, na⁰!
别处 别处 就 来 地方 我们 MP

B: kə¹¹ ðau¹¹ fi³³ kuə³³ sɿ²⁴ tɕhin³³, ku³⁵ te²⁴ tsɿ⁵³ sɿ²⁴ mian²⁴ saŋ²⁴
地方 我们 未 做 四清 那时 只是 面 上

ʔdai³⁵.
MP

A: mian²⁴ saŋ²⁴ ʔdai⁰, na⁰!
面 上 MP MP

B: mian²⁴ saŋ²⁴ sɿ²⁴ tɕhin³³, kə¹¹ ðau¹¹.
面 上 四清 地方 我们

A: sɿ²⁴ tɕhin³³ ɕi³⁵ kə³⁵ ne³¹ ɕi³³ su³¹ ji³¹ kue³¹ tɕia³³ sau⁵³ tshu³¹
四清 MP 这个 MP 属于 国家 扫除

la²⁴ ko²⁴ than³³ kuan³³ wu³³ li²⁴ ja³³, fu⁵³ pai²⁴ ja³³, taŋ³⁵ ni³¹ la⁰!
那个 贪官 污吏 MP 腐败 MP 这样 MP

B: ʔm¹¹! sɿ²⁴ tɕhin³³ ku³⁵ te³³ ɕi³⁵ tɯn⁵³ ji³¹ tsɿ⁵³ kə²⁴ tsɿ⁵³ kə²⁴ tɕhin³³
EP① 四清 那 时 MP 等于 这个 这个 清

taŋ⁵³ lui²⁴ tsou⁵³ tsɿ³³ puən⁵³ tsu⁵³ ji²⁴ taŋ³³ tɕian³¹ phai²⁴ lə¹¹ ma⁰!
党 内 走 资本主义 当权派 MP

A: ʔo³¹, ʔei⁰!
EP EP

B: ʔm³¹! kan²⁴ pu²⁴ ti³³ si²⁴ pu³¹ tɕhin³³, ku³⁵ te²⁴ jeu³³ kuə³³ kan²⁴ pu²⁴
EP 干部 的四不 清 那时 叫 做 干部

ti³³ si²⁴ pu³¹ tɕhin³³ ʔdai³⁵. tɕhin³³ tɕi²⁴ pu³¹ tɕhin³³, kam³⁵ ma³³
的 四 不 清 MP 经济 不 清 什么

tɕi⁵³ ko²⁴ pu³¹ tɕhin³³ ɣo⁰, ɕi³³ heu³³ kuə³³ sɿ²⁴ tɕhin³³ ʔdai³³ kei⁵³!
几个 不 清 MP 就 叫 做 四清 MP

---

① EP，Exclamation Particle 的缩略形式，即感叹词

A: ʔo⁰！ʔjə³⁵ ɕi³³ pai¹¹ laŋ²⁴ sau⁵³ tshu³¹ kə³⁵ ni³¹，na⁰！ʔjə³⁵ ɕi³³ taŋ¹¹
　　EP　过后 MP　后来　　扫除　　这个　MP 过后 MP 到
pai¹¹ laŋ²⁴，taŋ¹¹ wən³¹ ke²⁴ ku³⁵ te²⁴ ɕi³³ tui³⁵ wən³¹ hua²⁴
后面　　　到　文革　　那时候　MP　对　　文化
faŋ³³ mian²⁴ lə⁰ ma⁰，wən³¹ hua²⁴ faŋ³³ mian²⁴ ɕi³³ lai³¹ ji³¹ ko²⁴
方面　　　MP　　文化　　方面　　　就 来 一 个
pho²⁴ sɿ²⁴ tɕiu²⁴，li³¹ sɿ²⁴ ɕin³³，ku³⁵ te²⁴ kei³⁵，ʔa⁰！
破　四　旧　　立　四　新　　那时　MP　EP

B:（笑声）ʔe³³ kə³⁵ ma¹¹ tɕiu²⁴ ðau³³ tu³³ kau⁵³ mi¹¹ tɕhin³³ tshu⁵³
　　　　不知　什么　旧　些　都　搞　不　　清楚
pai⁰！
MP

A: na⁰！ʔo⁰！piau⁵³ pe³¹ li³¹ ni³⁵ ɕi³³ ʔju³⁵ kə³¹ ni³¹ ma⁵³ la:u³¹ mə³⁵ ɕi³³
　　EP　EP　表伯　还 小　就　在　这里　长大　　或是
ʔju³⁵ la³⁵ ha:ŋ²⁴ kən³⁵ le⁰？
在　乐康　　先　MP

B: ʔju³⁵ la³⁵ ha:ŋ²⁴ li³¹.
　　在　乐康　　出生

A: ʔju³⁵ la³⁵ ha:ŋ²⁴ li³¹，na⁰！
　　在　乐康　　出生　MP

B: tan²⁴ ne³³ to³³ pan²⁴ sɿ³¹ tɕian³³ ʔju³⁵ pjaŋ³³ ðau³¹ to³³ θɯ²⁴，ʔju³⁵
　　但　MP　多　半　　时间　　在　平绕①　　　读书　　在
ða:n¹¹ po³¹ to³³ θɯ²⁴.
家　外婆　读书

A: ʔju³⁵ ða:n¹¹ po³¹ to³³ θɯ²⁴.
　　在　家　外婆　读书

B: pai¹¹ laŋ²⁴ ɕi³³，ða:n¹¹ po³¹ ɕa:ŋ⁵³ tɕiu²⁴ ta:i²⁴ leu³¹ pai⁰.
　　后来　　MP　　家　外婆　众　舅　去世　全　MP

A: ʔa⁰！
　　EP

B: mi¹¹ li³¹ pu³¹ tsau³³ fu³¹ pu³¹ tɕe³⁵，ɕi³³ po¹¹ ku²⁴ ɕi³³ ma²⁴
　　没有　人　　照顾　　老人　　于是　我们　　就　来

---

① 平绕，地名，望谟县下属的一个乡。

pjaŋ³³ ðau³¹ ʔju³⁵.
　　平绕　　住

A: ma²⁴ pjaŋ³³ ðau³¹, na⁰! ma²⁴ ðiaŋ¹¹ pa:i³³ laŋ²⁴ lə⁰ ma⁰, na⁰! ɕi³³
　　来　　平绕　　MP　来　跟　后家　MP　MP MP
ta²⁴ kai²⁴ kə¹¹ lau¹¹ ɕip³³ tɕi³⁵ pi²⁴ taŋ³⁵ ni³¹ lɯŋ³⁵ ma²⁴, na⁰!
大概　差不多　十　几　岁　这样　才　来　MP
tsɯn²⁴ sʅ²⁴ ma²⁴ pa:i³³ ni³¹.
正式　来　这边

B: tsɯn²⁴ sʅ²⁴ ma²⁴ pa:i³³ ni³¹ ta²⁴ kai²⁴ sʅ²⁴ tɕi⁵³ nian²⁴ ti³³ sʅ³¹ hou²⁴
正式　来　这边　大概　四几　年　的　时候
pai⁰.
MP

A: sʅ²⁴ tɕi⁵³ nian³¹ na⁰! piau⁵³ pe³¹ teŋ²⁴ ji³³ tɕiu⁵³ san³³ tɕi⁵³ nian³¹,
四几　年　MP　表伯　是　一　九　三几　年
na⁰!
MP

B: ji⁵³ tɕiu⁵³ san³³ ə²⁴ nian³¹.
一　九　三　二　年

A: ji⁵³ tɕiu⁵³ san³³ ə²⁴ nian³¹, na⁰!
一　九　三　二　年　MP

B: sʅ²⁴ lu³¹ nian³¹ kai³⁵ tɕaŋ³¹ ni³¹ ʔdai³⁵. tan²⁴ sʅ²⁴ fi³³ tsɯn²⁴ sʅ²⁴ ma²⁴
四　六　年　个　段　这　MP　但是　未　正式　来
tsʅ³³ tɕian³¹ je⁵³ ʔju³⁵ kə¹¹ ni³¹ to³³ θɯ²⁴ lə³⁵!
之前　也　住　这里　读书　MP

A: na⁰! ʔju³⁵ kə³¹ ni³¹ to³³ θɯ²⁴. fi³³ lau¹¹ ʔju³⁵ la³⁵ ha:ŋ²⁴ to³³?
MP　在　这里　读书　未曾　在　乐康　读

B: la³⁵ ha:ŋ²⁴ to³³ ʔdai³¹ pi²⁴ ʔdeu²⁴, to³³ sʅ³³ su³¹.
乐康　读　得　年　一　读　私塾

A: ʔa³¹, na⁰! la³⁵ ha:ŋ²⁴ ɕi³³ to³³ sʅ³³ su³¹ pai⁰. jin³³ wei²⁴ woi³⁵
EP　EP　乐康　MP　读　私塾　MP　因为　我
tiau²⁴ tsha³¹ ma²⁴ tia³⁵ ɕi³³ la³⁵ ha:ŋ²⁴ 1952 nian³¹ to³⁵ hai³¹
调查　下　来　MP　乐康　1952年　都　还
lɯŋ³⁵ li³¹ teŋ²⁴ sʅ³³ su³¹, 1952 taŋ³¹ 1954 tu³⁵ hai³¹ lɯŋ³⁵ li³¹ teŋ²⁴
有　是　私塾　1952 到 1954　都　还　有　是

sɿ³³ su³¹ . lo³¹ khaŋ³³ ɕiau⁵³ ɕio³¹ ɕi³³ teŋ²⁴ 1956 nian³¹ tɕian²⁴ li³¹
私塾　　乐康　　小学　　MP　是　1956 年　　建立

te²⁴ lə³¹ ma⁰ . 1956 nian³¹ tsɿ³³ tɕian³¹ ɕi³³ ji⁵³ tɕin³¹ li³¹ kuŋ³³ pan²⁴
那 MP　　 1956 年　　之前　MP　已经　有　　公办

pai⁰ . ʔa³¹ , na⁰ ! tam³¹ kuan⁵³ te²⁴ fi³³ tsɯn²⁴ sɿ²⁴ tshɯn²⁴ zɯn²⁴
MP　 EP　EP　但是　它　未　正式　　承认

ke⁵³ . woi³⁵ pai²⁴ tiau²⁴ tsha³¹ pan³¹ θaːu³¹ te³⁵ . sɿ²⁴ tɕhin³³ tau²⁴
MP　我　去　调查　成　种　那　四　清　倒

mi¹¹ jin⁵³ ɕiaŋ⁵³ wən³¹ hua²⁴ θau³³ lau³¹ ðau³¹ lau³¹ , tsu⁵³ jau²⁴ ɕi³⁵
不　影响　　文化　　怎么　　　　MP　主要　MP

kai³⁵ paːi³³ laŋ²⁴ ni³¹ , kai³⁵ pho²⁴ sɿ²⁴ tɕiu²⁴ li³¹ sɿ²⁴ ɕin³³ ni³¹ ɕi³³
个　后面　这　个　破　四旧　立　四新　这 MP

jin⁵³ ɕiaŋ⁵³ kai³⁵ wən³¹ hua²⁴ ni³¹ ʔdai³⁵ .
影响　　个　文　化　这　MP

B: to³⁵ nen²⁴ mi³¹ ʔdai³¹ θau³³ lau³¹ ðau³³ pai⁰ .
　　都　记　不　得　那么　些　MP

A: nen²⁴ mi³¹ ʔdai³¹ , ha⁰ !
　　记　不　得　MP

B: nen²⁴ mi³¹ ʔdai³¹ kai³⁵ pho²⁴ sɿ²⁴ tɕiu²⁴ , li³¹ sɿ²⁴ ɕin³³ ni³¹ . jin³³ wei²⁴
　　记　不　得　个　破　四旧　立　四新　这　因为

sɿ³¹ tɕian³³ ðai³¹ pai³⁵ . nian³¹ lin³¹ je⁵³ θaːŋ²⁴ mə⁰ .（笑声）
时间　长　MP　年龄　也　高　MP

A: ʔo³¹ ! nian³¹ lin³¹ je⁵³ θaːŋ²⁴ . woi³⁵ ðo³¹ ȵiə²⁴ ho⁵³ te²⁴ nau¹¹ nau¹¹
　　EP　年龄　也　高　我　听说　他们　说　道

mɯŋ¹¹ tso³¹ ɕia²⁴ faŋ²⁴ taːu²⁴ ʔdeu²⁴ ʔiə³³ lei³¹ , na⁰ ?
您　被　下放　次　一　过　MP MP

B: ɕia²⁴ faŋ²⁴ le³³ !
　　下放　MP

A: ɕia²⁴ faŋ²⁴ ku³⁵ te²⁴ pai²⁴ kə¹¹ lau⁵³ le⁰ ?
　　下放　那时　去　哪里　MP

B: ɕia²⁴ faŋ²⁴ ku³⁵ te²⁴ tshɯn³¹ tɕi⁵³ taːu²⁴ tɕhin³¹ khuan²⁴ pai⁰ kei³⁵ !
　　下放　那时　成　几　次　情况　　MP

A: ʔo³¹ , na⁰ !
　　EP　EP

B: ta:u³⁵ ʔdeu²⁴ ɕi³³ ku³⁵ te²⁴ fan⁵³ jəu²⁴ tɕhin³³ ti³³ sʅ³¹ həu²⁴,
次　一　MP　那时　反　右倾　的　时候

ta²⁴ jau²⁴ jin²⁴ lə⁰ ma⁰, ɕia²⁴ faŋ²⁴ pai²⁴ tse²⁴ ɕiaŋ³³ thaŋ³¹ tshaŋ⁵³,
大跃进　MP　下放　去　蔗香　糖厂

kau⁵³ lau³¹ tuŋ²⁴ ji³¹ ko²⁴ je³¹ ʔdai³⁵, kai³⁵ te³³ tau²⁴ tuan⁵³ tɕi³³
搞　劳动　一　个　月　MP　个　那　倒　短期

ʔdai³⁵, kai³⁵ te²⁴ ji²⁴ pei²⁴ pan¹¹ min³¹ ŋe³¹. wən³¹ ke³¹ taŋ³³ tsuŋ³³
MP　那个　预备　成　名额　　文革　当中

mə⁰ ɕi³³ wu⁵³ tɕhi³¹ kan²⁴ ɕiau²⁴ lə⁰ ma⁰.
MP　　五七干校　　　MP

A: wu⁵³ tɕhi³¹ kan²⁴ ɕiau²⁴, wu⁵³ tɕhi³¹ kan²⁴ ɕiau²⁴ ʔju³⁵ kə³¹ lau³¹,
五七干校　　　五七干校　　　在　哪里

pai³¹ te²⁴?
那时

B: pjaŋ³³ la:ŋ¹¹.
平郎①

A: pjaŋ³³ la:ŋ¹¹, na⁰!
平郎　MP

B: taŋ³³ sʅ³¹ ɕi³³ sʅ³¹ tɕi²⁴ saŋ²⁴ nau¹¹ sʅ²⁴ pian³³ ɕio³¹ ɕi³¹ pian³³
但是　MP　实际上　说　是　边　学习　边

lau³¹ tuŋ²⁴ lə⁰ ma⁰.
劳动　MP

A: ʔm³¹! wu⁵³ tɕhi³¹ kan²⁴ ɕiau²⁴ ɕi³³ pian³³ ɕio³¹ ɕi³¹ pian³³
EP　　五七干校　　MP　边　学习　边

lau³¹ tuŋ²⁴. woi³⁵ ta:u³⁵ ni³¹ tɕo³¹ te³¹ hwn⁵³ ji³¹ han²⁴ ti³³
劳动　　我　次　这　觉得　很　遗憾　的

tɕiu²⁴ sʅ²⁴, pai²⁴ taŋ³¹ ʔba:n³¹, ɕa:ŋ⁵³ tɕe³⁵, ɕa:ŋ⁵³ pa:ŋ³³
就是　去　到　寨子　众　老　众　群

ðo³¹ sɯ²⁴ ni³¹ tɕi³¹ puɯn⁵³ saŋ²⁴ tu³³ pai²⁴ ha³¹ leu³¹ pai⁰, ɕa:ŋ⁵³
有文化　MP　基本上　都　去②　快　完　MP　众

---

① 平郎，地名，望谟县城边上的一个村。
② pai²⁴，去。这里指"去世、逝世"

pa:ŋ³³ po³¹ li⁵³ kuŋ³³ ɣa³³, po³¹ waŋ³¹ ji³¹ tsou³³, pau³⁵ kuŋ³³
群 （们） 李 公 MP （们） 王 愉 周 公
woi³⁵ ɣa³³, ho⁵³ ni³¹ pai²⁴ leu³¹ ɕai¹¹ ɕuə¹¹. woi³⁵ lɯɯ³⁵ ɕi³³ ha¹¹
我 MP 这些 人 去 完 全部 我 才 要
ða²⁴ kai³⁵ pai³¹ ʔdu³¹ te²⁴ ɕi³³, kə³⁵ pu³¹ mi³¹ ðo³¹ θɯ²⁴ ni³⁵ ɕi³³,
找 个 过去 那 MP 那 人们 不 识 字 MP
tuan²⁴ tuan²⁴ ɕu³¹ ɕu³¹ ti²⁴ nau¹¹, pai¹¹ ɕɔn³¹ pai¹¹ ɕɔn³¹ taŋ³⁵ ni³¹
断断续续 的 说 次 句 次 句 这样
haɯ⁵³. mi¹¹ li³¹ kai³⁵ lian³¹ kuan³¹ te²⁴ la⁰, ɕi³³ tɕai¹¹ ma²⁴ ham³⁵
给 没 有 个 连贯 MP 于是 想 来 问
pu³¹ tɕe³⁵, na:i³³ ham³⁵ na:i³³ ham³⁵ taŋ³⁵ ni³¹ kə⁰. pai¹¹ ni³¹
老人 慢 问 慢 问 这样 MP 现在
thui²⁴ ɕiu³³ ʔjə³⁵ ɕi³³ ʔju³⁵ kə¹¹ ni³¹ mi¹¹ pai²⁴ kə¹¹ laɯ¹¹ pai²⁴ la⁰?
退休 过 MP 在 这里 不 去 哪里 MP

B: pai²⁴ je⁵³ pai²⁴ mi³¹ ʔdai³¹ pai⁰.
去 也 去 不 得 MP

A: pai²⁴ mi³¹ ʔdai³¹, ʔaɯ⁰! ɕi³³ taŋ³⁵ te²⁴. li³¹ lɔŋ³³ ʔdeu²⁴ mɯɯŋ¹¹ pai²⁴
去 不 得 EP 就 那样 有 段 一 您 去
taŋ¹¹ tsou³³ li⁵³ mian²⁴ sui²⁴ wu²⁴ tɕu³¹ saŋ²⁴ pan³³ ʔjə³⁵, na⁰?
到 州 里面 税务局 上班 过 MP

B: tɯn⁵³ ji³¹ ɕi³³ 84 nian³¹ tɕi³³ kəu²⁴ kai⁵³ ke³¹ ti³³ sɿ³¹ hou²⁴. taŋ³⁵ ni³¹
等于 MP 84年 机构 改革 的 时候 这样
ɕi³³ tshuŋ³¹ ɕian²⁴ tsaŋ⁵³ ti³³ wei²⁴ tsi³¹ thiao³¹ tsun⁵³ ma²⁴ tiə⁵³
就 从 县长 的 位置 调整 下来
lə⁰ ma⁰. ɕi³³ teu³⁵ ku²⁴ pai²⁴ tsou³³ sui²⁴ wu²⁴ tɕu³¹. taŋ³³ sɿ³¹
MP 就 调 我 去 州 税务局 当时
ʔdaɯ²⁴ ða:n¹¹ je⁵³ hɯn⁵³ khun²⁴ nan³¹, θɔŋ³³ pu³¹ tɕe³⁵ je⁵³ sɿ²⁴
家里 也 很 困难 两 老人 也 是
70 to³³ sui²⁴ pai⁰.
70 多 岁 MP

A: ʔo⁰, ɕi³³ mɯən³³ mɯən¹¹ ta:u³⁵ ma²⁴.
EP 就 盼望 您 回来

B: ku²⁴ je⁵³ mi¹¹ nɯn³¹ pai²⁴, ho⁵³ te²⁴ je⁵³ mɯəŋ³³ ku²⁴ ʔau²⁴ li³¹ wən³¹
我 也 不 能 去 他们 也 盼望 我 要 有 人

tsau²⁴ ko²⁴　　ho⁵³ te²⁴.　tam³¹ po³¹ kuan⁵³　ʔju³⁵　kai³⁵ sau³¹
照顾　　　他们　　　但是　　　　在　　这样
tɕhin³¹ kuan²⁴ ɕia²⁴　ni³¹ ɕi³³　mi¹¹ li³¹　pan²⁴ fa³¹ pai⁰,　tɕiu²⁴ pian³³
情况　　下　MP　没有　办法　MP　就　边
pai²⁴ kuŋ³³ tso³¹ pian³³ fan⁵³ jin²⁴.
去　工作　边　反映

A:　ʔo⁰！ʔm⁰！
　　EP　EP

B:　sɿ³¹ tɕi²⁴　pai²⁴　tsou³³　sui²⁴ wu²⁴ tɕu³¹　tɕiu²⁴ ʔdai³¹ pan²⁴ nian³¹
　　实际　去　州　税务局　就　得　半年
　　sɿ³¹ tɕian³³ ʔdai³⁵.
　　时间　MP

A:　ʔdai³¹ pan²⁴ nian³¹ ʔdai³⁵,　na⁰！
　　得　半年　　MP　MP

B:　pan²⁴ nian³¹ ʔjə³⁵ ta:u³⁵ ma²⁴ pai⁰.
　　半年　过　回来　MP

A:　ku³⁵ te²⁴ ʔju³⁵ tsou³³ sui²⁴ wu²⁴ tɕu³¹ zuŋ²⁴ ku³⁵ ma³¹ tsɿ¹ wu²⁴ ɣa⁰？
　　那时　在　州　税务局　任　什么　职务　MP

B:　tɕu³¹ tsaŋ⁵³,　taŋ³¹ tsu³³ su³³ tɕi²⁴.
　　局长　党组书记

A:　ɕi³³ woi³⁵ ðo³¹ ȵiə²⁴ nau¹¹,　piau⁵³ je³¹ ɕi³³ kuə³³ ɕian²⁴ tsaŋ⁵³
　　MP　我　听见　说　表爷　MP　当　县长
　　kho⁵³ luŋ³¹ ʔju³⁵ waŋ²⁴ mo³¹ ha¹¹ tsui²⁴ nian³¹ tɕhin³³ pai⁰ lei⁰,
　　可能　在　望谟　好像　最　年轻　MP
　　ku³⁵ muŋ¹¹ kuə³³ te²⁴.
　　时候　您　当　那

B:　ku²⁴ ti²⁴ ji³¹ tshɿ²⁴ 56 nian³¹,　taŋ³³ sɿ³¹ sɿ²⁴ 24 sui²⁴.
　　我　第一次　56年　当时　是　24岁

A:　teŋ²⁴ waŋ²⁴ mo³¹ ɕian²⁴ li³¹ tɕai²⁴ kho⁵³ luŋ³¹ tsui²⁴ nian³¹ tɕhin³³
　　是　望谟　县　历届　可能　最　年轻
　　te³³ ɕian²⁴ tsaŋ³³,　ʔbaŋ³¹ pai⁰！
　　的　县长　好像　MP

B:　je⁵³ ɕi³¹ pu²⁴ ji³¹ tsu³¹ taŋ³³ tsuŋ³³ ʔo³⁵ ma²⁴ ðo³³ taŋ³³ ɕian²⁴ tsaŋ⁵³
　　也　是　布依族　当中　出来　外　当　县长

ti³³ ti²⁴ ji³¹ ko²⁴.
的　第一个

A: ti²⁴ji³¹ ko²⁴, na⁰!
　　第一个　　MP

B: tɕhi³¹ tha³³ luŋ³⁵li³¹, tam³¹ kuan⁵³ ɕi³³ kai³⁵ te³¹ su³¹ ji³¹ fu²⁴ tsɿ³¹
　　其他　　还有　　但是　MP 那个　属于　副职
ʔdai³⁵. tsɯn²⁴ tsɿ³¹ ɕi³³, ʔn⁰!
　MP　正式　就 MP

A: ɕa:ŋ³³ tɕe³⁵ ʔdau²⁴ ʔba:n³¹ ha¹¹ laŋ³⁵ li³¹ nian²⁴ tɕi¹¹ muŋ³¹ ðaɯ³¹
　众　老　里面　寨　还　仍然　念及　您　总是
le⁰, kuə³³ ðɔn²⁴ pai²⁴ ʔba:n³¹ ɤa³³, taŋ³⁵ ni³¹. ho⁵³ pu³¹ tɕe³⁵
MP　修　路　去　寨　MP 这样　众　老人
laŋ³⁵ li³¹ nau¹¹ taŋ¹¹ muŋ¹¹ ðaɯ³¹. mi¹¹ li³¹ muŋ³¹ pu³¹ tɕe³⁵ teu¹¹
仍然　说　到　您　总是　没有　您　老人　条
ðɔn²⁴ te²⁴ kho⁵³ lɯn³¹ mi¹¹ pai²⁴ pa:i³³ te²⁴ le⁰! pai¹¹ ni³¹
路　那　可能　不　去　那边　MP　现在
tsuŋ³³ jaŋ³³ min³¹ tsu³¹ kan²⁴ pu²⁴ ɕio³¹ jan²⁴　　te²⁴ mi¹¹ ʔju³⁵
中央民族干部培训学院　　它　不　在
ɕio³¹ ɕiau³¹ puɯn⁵³ pu²⁴ pai⁰, te²⁴ pai²⁴ taŋ¹¹ tɕiau³³ tɕhi³³, pai²⁴ ʔju³⁵
学校　本部　　MP 它　去　到　　郊区　去在
kok³⁵ po²⁴ pai⁰ le⁰. te²⁴ ka³³ tshɯn³¹ li³¹ ji³¹ ko²⁴ phian²⁴ tɕhi³³,
脚　山　MP　它　自　成立　一　个　片区
taŋ³⁵ ni³¹ pai⁰ le⁰. lɔŋ³³ kon³⁵ kə³¹ ni³¹, a³³ ko²⁴, lɯk³³ waŋ³¹
如此　MP　前一段时间　这个　那个　儿子　王
tɕian²⁴ jin³³ piau⁵³ pe³³ fu²⁴, li³¹ ɕoi³¹ lɯk³³ θa:i²⁴ʔ deu²⁴ kə⁰, ɕoi³¹
建　英　表　伯父　有　个　儿子　一　MP 个
fuŋ³³ lai³¹　　te²⁴, ʔju³⁵ tsou³³ min³¹ tsuŋ³³ tɕu³¹, tsou³³
封　来　　他　在　　州　　民宗局　　州
min³¹ tsuŋ³³ tɕu³¹ thui³³ tɕian²⁴ te²⁴ pai²⁴ ʔdau²⁴ te²⁴ ɕio³¹ ɕi³³ ʔdai³¹
民宗局　　推荐　他　去　里面　那　学习　得
kai³⁵ ɕin³³ tɕhi³³ ʔdeu²⁴ kei⁰, woi²⁴ tɯ³¹ te²⁴ pai²⁴ lə⁵³ ma⁰.
个　星期　一　　　MP 我　带　他　去　MP
pai¹¹ ʔdu³¹ ɕi³³ teŋ²⁴ su³¹ ji³¹ tsuŋ³³ jaŋ³³ min³¹ tsu³¹ ta²⁴ ɕio³¹ te³³
过去　MP 是　属于　　中央民族大学　　的

ji³¹ ko²⁴ ɕi²⁴ jaŋ²⁴ ʔdai⁰ . kə¹¹ ni³¹ ɕi³³ pan¹¹ tɕi⁵³ tau³⁵ , ʔ ju³⁵
一个　系　一样　MP　个　这　MP　成　几　次　在
paːi³³ ðo³³ to³³ θɯ²⁴ ʔdai³¹ θaːm²⁴ taːu³⁵ . ku³⁵ te²⁴ piau⁵³ je²⁴ ʔju³⁵
外面　　读书　得　三　　次　那时　表爷　在
ʔdau²⁴ ɕian²⁴ li⁵³ mian²⁴ saŋ²⁴ pan³³ , kan²⁴ pu²⁴ te³³ min³¹ tsu³¹
内　　县　　里面　　上班　　干部　的　民族
pi⁵³ li²⁴ pan¹¹ taŋ³⁵ lau³³ ðau³³ le⁰ ?
比例　成　哪样　些　MP

B: po¹¹ ku²⁴ taŋ³³ tsun²⁴ ti³³ sɿ³¹ hou²⁴ ne³⁵ , pu²⁴ ji³³ tsu³¹ ðau¹¹
　　我们　当　政　的　时候　MP　布依族　我们
tɕi³³ pɯn⁵³ saŋ²⁴ ŋan²⁴ tsau²⁴ zun³¹ kou⁵³ ti³³ pi⁵³ li²⁴ ma³³
基本上　　按照　　人口　的　比例　来
ŋan³³ phai³¹ ti³³ .
安排　的

A: zɯn³¹ khou³¹ pi⁵³ li²⁴ , na⁰ ? ta²⁴ kai²⁴ ta³¹ tau²⁴ pe³¹ fɯn³³ tsɿ³³ tɕi⁵³
　　人口　　比例　MP　大概　达到　　百分之几
taŋ³⁵ te³⁵ , pu²⁴ ji³³ tsu³¹ , ʔju³⁵ ʔdau²⁴ taŋ³³ wei²⁴ ?
这样　布依族　在　里面　单位

B: kai³⁵ te²⁴ tsun⁵³ ko²⁴ luŋ⁵³ thuŋ⁵³ thuŋ⁵³ tɕi²⁴ tau²⁴ mi¹¹ ʔdai³¹
　　那个　整个　　笼统　　统计　倒　不　得
thuŋ⁵³ tɕi²⁴ kə¹¹ lau¹¹ , tan²⁴ sɿ²⁴ tshuŋ³¹ pan³³ tsɿ⁵³ tɕi³³ pɯn⁵³ saŋ²⁴
统计　MP　但是　从　班子　基本上
taŋ³⁵ ni³¹ po¹¹ ku²⁴ ŋan³³ phai³¹ pai⁰ lə³⁵ . tsun²⁴ fu⁵³ paːi³³ te³³ ni⁰ ,
这样　我们　安排　MP　政府　那边　MP
tsu⁵³ jau²⁴ ɕi³³ nau¹¹ tsun²⁴ fu⁵³ pai³³ lə⁰ ma⁰ , ɕian²⁴ tsaŋ⁵³ , fu²⁴
主要　就　说　政府　方面　MP　县长　副
ɕian²⁴ tsaŋ⁵³ , ta²⁴ pu²⁴ fɯn²⁴ , 60％ tso⁵³ jəu²⁴ tu³³ teŋ⁵³
县长　　大部分　60％　左右　都　是
pu²⁴ ji³³ tshu³¹ , miau³¹ tshu³¹ ni³⁵ ŋan²⁴ lai³¹ tsan²⁴ ji³¹ ko²⁴ ,
布依族　　苗族　MP　按理　占　一个
han²⁴ tshu³¹ tsan²⁴ ji³¹ ko²⁴ . ku³⁵ te³³ ji³¹ pan³³ ni³³ wu⁵³ ko²⁴ tau²⁴
汉族　　占　一个　那时　一般　MP　五个　到
lu³¹ ko²⁴ , tsun²⁴ fu⁵³ ɕian²⁴ tsaŋ⁵³ wu⁵³ ko²⁴ taŋ³¹ lu³¹ ko²⁴ , ɕi³³
六个　政府　县长　五个　到　六个　MP

pu²⁴ ji³³ tsu³¹ ni³⁵ tsan²⁴ sɿ²⁴ ko²⁴, san³³ ko²⁴ taŋ¹¹ sɿ²⁴ ko²⁴,
布依族　MP　占　四　个　　三　个　到　四　个
han²⁴ tsu³¹ ni³⁵ ji³¹ pan³³ tsan²⁴ ji³¹ ko²⁴.
汉族　MP　一般　占　一个

A：han²⁴ tsu³¹ ðiaŋ¹¹ miau³¹ tsu³¹ ko³¹ ji³¹ lə⁰ ma⁰, na⁰?
　　汉族　和　　苗族　　各　一　MP　MP

B：miau³¹ tsu³¹ ni³⁵ ji³¹ faŋ³³ mian²⁴ tai²⁴ piau⁵³ miau³¹ tshu³¹, tsai²⁴
　　苗族　MP 一　方面　　代表　　苗族　　再
ji³¹ ko²⁴ tɕhi³¹ tha³³ sau⁵³ su²⁴ min³¹ tsu³¹ kuə³³ mi¹¹ ðo³¹ ɤe³³. mi¹¹
一　个　其他　　少数民族　　做　不　知道　不
lum⁵³ muən³³ ni³¹ ni³¹ wai²⁴ mian²⁴ lai³¹ ti³³ tɕhuan³¹ pu²⁴ sɿ²⁴
像　　现在　　MP　外面　　来　的　全部　是
han²⁴ tshu³¹.
汉族
……

意译：

望谟县原县长王建文访谈实录

A：我的毕业论文是关于我们乐康村的民歌传承，关于乐康村自五十年代以来外出工作人员的统计，我列了一个表，附在论文后面，我想问表伯父您一些相关情况。据县志里记载，您是初中文化，但是我不相信，想确认一下。

B：原来确实是初中文化。

A：哦！初中。

B：后来我去中央民族大学干训部学习，县里认定是中专文化。

A：认定是中专，我一定要记好。

B：在成都学习的时候呢，去了两次，县里承认是高中文化，那是六几年的事了。

A：哦！

B：80 年还是 81 年去了中央民族大学，承认是中专。

A：是中专啊，一定要搞清楚了，写错了就对不起您老人家。他们这样写，县志里面这样记载您是初中，就在这儿，文化程度写成初中。57 年到 58 年当县长一次呐？然后 79 年到 81 年当副主任，还是？下面又记载 81 年至 83 年当县长！

B：应该是 84 年。

A：是 81 到 84 吧？那去成都得几年呢？

B：两次，53 年到 54 年一次，这是第一次，在那儿读了一年；62 年到 64 年在那里又读了两年。

A：62 年到 64 年，这两次都在成都？

B：是的，在成都，西南民族学院。

A：西南民族学院现在已经更名为西南民族大学了。那去中央民族大学是哪一年呢？

B：我看看，你那里记的是八几年呢？

A：是 81 到 84，这里啦。

B：应该是 80 年。

A：哦！应该是 80 年啊？那就是您当副主任的时候了？

B：80—81 年。

A：我听见我们寨上的老人说"文革"的时候，还有"文革"之前，"大跃进"的时候，公社要求大家不准唱山歌，有这回事吗？

B：不准唱山歌啊？

A：是的，影响生产。说是唱山歌天天熬夜，疲倦，影响第二天的生产劳动。

B：这个我都不太清楚了，这件事儿。

A：哦！

B：不清楚了。

A：但是，"文革"后面那个"破四旧、立四新"这件事，主要是哪"四旧"呢？

B：哈哈。那个时候我都没有在家，到兴义搞"四清"去了，应该是去盘县搞"四清"去了。
A：哦！是交叉工作吧，望谟去别的地方，别的地方到望谟来，对吧？
B：我们这个地方没有开展"四清"，那时只是面上的。
A：哦！面上的。
B：面上"四清"，我们这里。
A："四清"是不是所说的国家扫除贪官污吏以及各种腐败行为？
B：就是清除党内走资本主义当权派啦。
A：哦！是这样。
B：对。干部的"四不清"，当时就这样说的，经济不清，还有什么不清……就叫做"四清"了。
A：哦！后来扫除的就是这些。但是后面，到了"文革"就主要针对文化方面，即文化方面来一个"破四旧、立四新"？
B：哈哈！具体是哪四旧我也不清楚了。
A：哦！请问表伯是在这里长大还是在乐康呢？
B：在乐康出生。
A：哦！在乐康出生。
B：但是在平绕读书，在外婆家读书。
A：哦！是这样。
B：后来，我的舅舅他们都相继去世了。
A：啊！
B：两位老人没有谁来照顾，我们就到平绕来了。
A：哦！来平绕，在母舅家了，大概十几岁才正式到这边来吧？
B：来这边的时候大概是四几年。
A：哦！四几年，表伯是一九三几年出生？
B：1932年出生。
A：哦！
B：1946年左右来这边，但是未正式到这边来，也已经在这里读书了。
A：哦！在这里读书，没有在乐康读过书？
B：在乐康读过，读了一年的私塾。
A：哦！在乐康肯定是读私塾了，因为我调查下来，1952年之前，乐康只有私塾，具体地说54年之前都还是私塾。乐康小学是1956年建立的，56年之前虽然曾经有过公立学堂，但是没有正式承认，这是我调查下来的结果。"四清"对文化的发展倒是没有产生多大的影响，主要是"破四旧"影响比较大。
B：我都记不清了。
A：哦！
B：记不清了，因为时间长了，年龄又大了，（笑）。
A：年龄大，记不清，哦！我听说您曾经被下放一次，确有这回事？
B：下放啊。
A：当时是下放到哪儿呢？
B：下放过几次了，情况都不一样。
A：哦！
B：反右倾的时候，"大跃进"了嘛，下放到蔗香糖厂，搞劳动一个月，那倒是短期的，当时预备名额的。"文革"当中，就下放到"五七"干校了嘛。
A：当时的"五七"干校在哪里呢？
B：在平郎。
A：哦！在平郎。
B：当时说是一边劳动一边学习了嘛。
A：哦！一边学习一边劳动。我这回到家调查觉得很遗憾，老人们，就是那些有文化的老人们基本上不在世了，李公、愉周公、我的公等等都去世了。我想找原来的东西，不识字的老人断断续续讲了一些，不连贯。因此特地来访问表伯您，慢慢问，现在退休就没有去什么地方了吧？
B：去也去不了啦。

A：确实啊！对了，有一段时间，您曾经到过州税务局上班，是吗？
B：是这样的，84年机构改革的时候，从县长的位置下来，就调我到州税务局。当时，家里也很困难，两老都是七十多岁的人了。
A：哦！所以，老人盼望您回来？
B：我也不能去，他们也盼望我，要有人照顾他们。在这种情况下，没办法，只好一边工作一边反映。
A：是的。
B：实际去州税务局才半年的时间。
A：才半年呀。
B：半年就回来了。
A：当时在州税务局任什么职务呢？
B：局长、党组书记。
A：我听说表伯您好像是望谟县最年轻的县长，那时候。
B：我第一次，就是56年，当县长的时候是24岁。
A：是望谟县历届最年轻的县长了吧？
B：也是布依族中选出来的第一个县长。
A：第一个，嗯！
B：其他还有，但是是副职的，正职的就是我第一个了。
A：寨上的老人还在念及您，修公路到家乡，没有您，那条路恐怕就修不到那边去咯。……现在中央民族干部学院不在中央民族大学本部了，已经搬到郊区，在山脚下了，自成一个片区。前两个星期，王建英表伯的儿子——封来，他在州民宗局上班，他们单位推荐他到北京学习一个星期，我送他到那里(中央民族干部学院)，干训部原来相当于中央民族大学的一个系。当时您在县里上班的时候，各民族干部所占的比例如何呢？
B：我们工作的时候，我们布依族基本上按照本民族人口的比例来安排的。
A：按民族人口比例呐，大概达到百分之几的呢，在单位上？
B：各单位的具体统计没有做过，但是班子就那样安排了。政府那边，主要就说政府，副县长，60%左右都是布依族，苗族按理说占一个，汉族占一个，当时县长5—6个，布依族占3到4个。
A：汉族和苗族各一人了？
B：苗族一方面代表苗族，另一个方面代表其他少数民族，不像现在，外面来的都是汉族。
……

录音：黄镇邦
记音、翻译整理：周国炎
校正：黄镇邦

布依族民歌访谈实录*

……

A： nau¹¹ vɯən²⁴ teu¹¹ luam⁵³ na⁰.
　　说　歌逃(婚)　好　MP①

B： ʔn³¹, vɯən²⁴ teu¹¹, vɯən²⁴ pai²⁴ naŋ³³, ɕuan³⁵ θin³⁵ to³⁵ ɕi³³ nau¹¹
　　MP② 歌逃(婚)　歌　去　坐　送　信物然后就　说

luam⁵³, ku³⁵ ɕau³¹ te²⁴, ku²⁴ ðo³¹ ȵiə²⁴ te²⁴ son²⁴ haɯ⁵³ po³¹ te³³
好　　以前　那　我　听说　他　教给（们）爹

muŋ¹¹, pau³⁵ ɕiau⁴² kuŋ³³ muɯŋ¹¹ ðiaŋ¹¹ pau³⁵ ða:n¹¹ wa³¹ fuŋ³³
你　　位　小　公　你　和　位　家　华封

kə³⁵ ma³¹ ðau³³, ku²⁴ pai²⁴ ka⁵³ ȵe²⁴, ku³⁵ te²⁴ ku²⁴ pan¹¹ ni³⁵ to²⁴
什么　些　我　去　听　时候　那　我　成　小　多

ho³⁵ te²⁴ lei³⁵, ho³⁵ te²⁴ pi⁵³ ku²⁴ tɕiaŋ³³ tɕin²⁴ sɿ³¹ nian³¹, ɕip³³ pi²⁴
他　们　MP　他们　比　我　将近　十　年　十　岁

hɯn⁵³ kɯn³¹.
以上

A： na²⁴！hŋ¹¹！
　　MP　EP

B： te³³ muɯŋ¹¹ to³⁵ ɕip³³ ȵi³³ la⁰, te²⁴ θan²⁴ ʔdu³¹, ku²⁴ θan²⁴ laŋ²⁴
　　爹　你　多　十二　MP 他　猴(申) 前　我　猴(申) 后

＊　这段话语材料是根据本书编者之一黄镇邦田野调查录音材料整理而成的，内容主要是布依族民歌 weanl 的传承情况，这里就罗芝兰先生传授民歌 weanl 的一些细节进行访谈。采访对象是当地布依族民间歌手王平安，母语水平较高。访谈是在轻松、自然的气氛中进行的，因此，语言自然、流畅、真实可靠。

① MP，Modal Particle 的缩略形式，即语气词。
② EP，Exclamation Particle 的缩略形式，即感叹词。

la⁰.
MP

A: na²⁴ ! hŋ¹¹ !
　　MP　EP

B: ɕi³³　ho³⁵　te²⁴　pai²⁴　ɕo³¹,　ku²⁴　pai²⁴,　…　pu³¹ ni³⁵　pai²⁴　ɕi³³,
　　于是　他们　去　学　　我　　去　　　小孩　　去　就
ðo³¹ n̠iə²⁴　te²⁴　nau³¹　ɕi³³　kə³⁵ te²⁴　ɕi³³.　ɕiaŋ³³ taŋ³³　piau³³ tsun⁴²
听到　　　他　说　　就　那个　　就　相当　　　标准
pai⁰.
MP

A: hŋ¹¹ !
　　EP

B: taŋ³⁵　hau³⁵　pai²⁴　ʔdian²⁴　ku³⁵ ma³¹　ɕi³³　ʔdian²⁴　te²⁴　te²⁴　kuə³³
　　捎信　　让　　去　　月　　　什么　　就　　月　　　那　他　做
kaːi³⁵ te²⁴ mi¹¹　waːŋ³⁵ pai²⁴ le⁰.
那个　不闲　　　去　　MP

A: ʔa³¹ !
　　EP

B: ʔŋ¹¹ !　ɕa¹¹　te²⁴　kai³³　thəu³¹　te²⁴　ɕuaŋ³⁵　θin³⁵　pai²⁴　ɕi³⁵,　ku²⁴　dan²⁴
　　EP　如果　那　　开头　　那　　放　　信　　去　　MP　我　见
muŋ³¹　ɕau³³　taŋ³⁵　ku²⁴　tɕai¹¹　maːi⁵³　ðiaŋ³¹　muŋ³¹　ɕam³¹　ɕi³³　ʔau²⁴
你　　　这样　我　　想　　喜欢　　和　　　你　　　玩　　MP　要
ɕen¹¹ pai²⁴ ɕuaŋ³⁵.
钱　　去　放

A: ʔŋ¹¹ !
　　EP

B: ta³³　ni³¹　ta³³　puɯŋ³¹　lau³¹.　pan¹¹　ma¹¹　sau²⁴　taŋ³¹　tiə³⁵　taŋ³¹　ðe³⁵
　　河　这　河　地方　　哪　　为　何　清　　到　底　到　沙
ni³¹ ʔa⁰.　ku²⁴ ʔau²⁴　θet³⁵　pai²⁴　ɕuaŋ³⁵　te³⁵　ɕam²⁴　mi³¹　ɕam²⁴.　muɯŋ³¹
MP　　我要　渔竿　去　　放　　　它　　沉　　不　沉　　你
tu³⁵　mi³¹　ham³⁵　taŋ¹¹　po¹¹　…　taːu³⁵　kon³⁵　tu³⁵　mi³¹　ham³⁵　taŋ³¹
都　没　问　到　这　　　上次　　　都　没　问　到
ðaːu¹¹ ni³¹ ɕi³⁵.
这样　MP

A: ʔa⁰ ! mi³¹ ʔdai³¹ ham³⁵ , hm⁴² !
　　EP　没　得　问　　MP

B: θam²⁴ pai²⁴ ɕuaŋ³⁵ , jam¹¹ mɯŋ¹¹ ɕu³¹ mi¹¹ ɕu³¹ , ʔi³⁵ nau¹¹ ɕu³¹
　　饵　去　放　　瞄　你　　接　不　接　如果 说 接
　θin³⁵ ðau¹¹ , ʔi³⁵ nau¹¹ ʔau²⁴ θin³⁵ ko³³ , ɕa:ŋ¹¹ ʔit³⁵ ŋan¹¹ ʔot³⁵
　信 我们 如果 说 要 信 哥 两 一 银 塞
　tɕi³³ , ɕa:ŋ¹¹ ŋi³³ ŋan¹¹ ʔo³⁵ ɕau²⁴ , ʔau²⁴ kuə³³ pa¹¹ lau³¹ li³³ . nei⁰ !
　朋友　两　二　银　塞　衣袋　要　做　妻子　私房　MP

A: ʔa⁰ ! na³³ !
　　EP　EP

B: ɕi³³ ɕuaŋ³⁵ pai²⁴ ɕi³³ , ɕuaŋ³⁵ pai²⁴ ʔdian²⁴ ɕiaŋ²⁴ , … ʔau²⁴ taŋ¹¹
　　于是　放　去　就　放　去　正月　　要　达
　ɕip¹¹ ŋi³³ ʔdian²⁴ ɕai¹¹ la⁰ .
　十　二　月　全　MP

A: ʔm¹¹ !
　　EP

B: ʔŋ⁵¹ ! θin³⁵ pi³¹ pai²⁴ ʔdian²⁴ ɕiaŋ²⁴ , ʔdian²⁴ ɕiaŋ²⁴ wa:n¹¹
　　EP　信　哥　去　正月　　正月　　还是
　ʔdian²⁴ ɕiaŋ²⁴ , ʔa³⁵ ! ni³¹ la⁰ .
　正月　　EP 如此 MP

A: ʔŋ¹¹ !
　　EP

B: ʔa⁰ ! ʔdian²⁴ ɕiaŋ²⁴ nuaŋ³¹ pa³³ ði³³ kɯn¹¹ ða:n¹¹ , pi³¹ ʔdai³¹ wa:ŋ²⁴
　　EP　正月　　妹　挖 地　上　屋　哥 得 横
　pai²⁴ jen³³ , ʔdai³¹ jen³³ θu³³ ʔdai³¹ liŋ³¹ , ʔdai³¹ jen²⁴ nuaŋ³¹ ʔdai³¹
　去　递　得　递　你们　得　领受　得　递　妹　得
　ʔau²⁴ , sam²⁴ mɯən²⁴ mau³¹ θin³⁵ ko³³ … te²⁴ ha³¹ mi³¹ ðɯn³³ ,
　要　心　定　贪婪　信　哥　　她 要 不 认
　lə⁰ ka⁰ .
　MP

A: na⁰ ! hm¹¹ !
　　MP　EP

B: θin³⁵ pi³¹ pai²⁴ ʔdian²⁴ ŋi³³ , nei¹¹ pə⁰ .
　　信　哥　去　二月　　MP

A: hm¹¹!
　　EP

B: ʔdian²⁴ ŋi³³ wa:n¹¹ ʔdian²⁴ ŋi³³, ʔdian²⁴ ɕian²⁴ nuaŋ³¹ ʔdai³¹ wəuŋ⁵³
　　二月　　还是　　二月　　　正月　　　妹　得　小米
　　ɕo³⁵ ði³³, ʔdian²⁴ ŋi³³ nuaŋ³¹ (tɯ¹¹) pi³³ ɕo³⁵ θian²⁴ … ne³¹.
　　放　地　二月　　妹　　得　豌豆 放　菜园子　MP

A: hm¹¹! na⁰!
　　EP　MP

B: (笑声). kuə³³ taŋ³⁵ ni³¹ nau¹¹ tɕi²⁴ tɕie³¹ te²⁴ … mɯŋ¹¹ ʔju²⁴
　　　　　　做　　这样　说　　拒绝　他　你　　在
　　kə¹¹ lauɯ¹¹ kuə³³ ɕi³³ ʔdai³¹ pai²⁴ jaŋ³¹.
　　哪里　做　　就　得　去　递

A: hm¹¹! na⁰! ʔa⁰!
　　EP　MP　EP

B: taŋ¹¹ kə¹¹ ʔdian²⁴ ɕip³³ te²⁴, ku²⁴ ðo³¹ ȵiə²⁴, ho⁵³ tɕe³⁵ te²⁴ ɕi³³
　　到　　处　十月　　那　我　听见　群　老　那　MP
　　kə³⁵ ni³¹ nau¹¹ ɕian¹¹ ɕi²⁴ ɕi³³ ʔan³¹ pai²⁴ lə⁰ ma⁰, kai³⁵ kua³¹ kə¹¹
　　这样　说　　详细　就　那个　MP　MP　概括　处
　　ʔdian²⁴ ɕip³³ te²⁴ ɕi³³ nau¹¹: "θin³⁵ pi³¹ pai²⁴ ʔdian²⁴ ɕip³³, pi³¹ li³¹
　　十月　那　就　说　信　哥　去　十月　哥有
　　ðip³³ ŋan¹¹ ðai³³, pi³¹ li³¹ tai³³ ŋan³¹ lian¹¹, … ku³⁵ te²⁴ pai²⁴
　　收拾　银子　碎　哥有　运　银子　粮　　那时候去
　　sa:ŋ²⁴ lian³¹ kɯ⁵⁵, sa:ŋ²⁴ lian³¹ ɕi³³ ʔdai³¹ zɿ³³ tɕin³³, lum⁵³
　　上粮　　　MP　　上粮　　就　得　资金　　像
　　mɯən³³ ni³¹ ha:i²⁴ ɕen¹¹ hau³¹ hauɯ⁵³ pu³¹ kuə³³ hoŋ³¹ lə⁰ ma⁰ ʔdai³¹
　　现在　　　开　钱　米　给　人　劳动　　MP　得
　　…θin³⁵ pi³¹ pai²⁴ ʔdian²⁴ ɕip³³, pi³¹ li³¹ ðip³³ ŋan¹¹ ðai³³, pi³¹ li³¹
　　信哥　去　十月　　哥还收拾　银子　碎　哥有
　　tai³³ ŋan¹¹ lian¹¹, mɯŋ¹¹ ðian¹¹ ku²⁴ pai²⁴ le³³. le¹¹ man¹¹ ʔdu³¹ te²⁴
　　运　银子　粮　你　和　我　去　选　选　文　初　它
　　ʔbau²⁴, mɯŋ¹¹ ɕi³¹ ʔau²⁴ son²⁴ man³¹ tuŋ³¹ toi³³ … ku³⁵ te²⁴ ɕen³¹
　　轻　　你　就　要　两　文　　一起　　那时候钱

kua³⁵ jak³⁵ jau²⁴, kua³⁵ teu³³. te²⁴ mi¹¹ lum⁵³ mɯən³³ ni³¹ kua³⁵
经过　掂量①　　经过　称　它　不　像　　现在　经过
pian²⁴ tsən³³ tɕa⁵³. ji²⁴! te²⁴ nau¹¹ taŋ¹¹ kə¹¹ ni³¹ te²⁴ kə³⁵."
辨别　真假　　EP　她　说　到　这个　　MP

A: na³³! hm¹¹!
　　MP　EP

B: kə³⁵ te²⁴ ɕi³³ ɕiaŋ³³ taŋ³³ zu³¹ za:n³¹ pai²⁴ le⁰.
　　那个　MP　　相当　　完美　　MP

A: hm¹¹!
　　EP

B: te²⁴ nau¹¹, mɯŋ¹¹ tu³⁵ ka³³ ðiaŋ³¹ ku²⁴ le³³, ku²⁴ ðiaŋ³³, ku²⁴ ʔau²⁴
　　她　说　　你　都　自己　跟　　我　选　我　跟　我　拿
　　haɯ³⁵ mɯŋ¹¹, mɯŋ¹¹ tu⁵³ nau¹¹ mi¹¹ ʔdai³¹ mə⁰.
　　给　　你　　你　都　说　不　得　MP

A: mi¹¹ ɕiaŋ³³ ɕin²⁴, na⁰!
　　不　　相信　　MP

B: mi¹¹ ðɯn²⁴ lei⁰.
　　不　认　MP

A: mi¹¹ ðɯn²⁴ na⁰!
　　不　认　MP

B: mi¹¹ ðɯn²⁴, te²⁴ ha¹¹ lai²⁴ tau⁵³ lɯk³³ ka⁰, … θin³⁵ mɯŋ¹¹ tɕi³⁵
　　不　　认　　她　要　赖　着　　MP　　　信　你　寄
　　haɯ⁵³ ʔa²⁴ nei⁰! te²⁴, te²⁴ kuə³³ taŋ³⁵ ni³¹ toi²⁴ lei⁰, tɕi³⁵ ʔe³⁵
　　给　乌鸦　MP　　她　她　做　　这样　推托　MP　寄　不知
　　taŋ¹¹ pu¹¹ laɯ²⁴ mi¹¹ taŋ¹¹ fɯŋ¹¹ ku²⁴, te²⁴ kuə³³ taŋ³⁵ ni³¹ lai²⁴ tau⁵¹
　　到　　谁　　不　到　手　　我　她　做　　这样　　赖　着
　　ɣei⁵³, pai¹¹ laŋ²⁴ te²⁴ taŋ¹¹ kə¹¹ ɕip³³ ŋi³³ to³³ ni³¹, te²⁴ je⁵³ pan¹¹
　　MP　后来　他　到　那　十二　关　这　她　也　必须
　　ðɯn²⁴ ɕai¹¹.
　　认　全部

A: na⁰! ʔŋ¹¹!
　　MP　EP

---

① 指把银子放在手上试重量。

B: ʔŋ¹¹! ðuɯn²⁴ ʔjə³³ te²⁴ taŋ³⁵ hauɯ⁵³ muɯŋ¹¹ pai²⁴ naŋ³³ mo³⁵ pai²⁴ mə⁰.
　　EP　认　过　她　捎信　给　你　去　坐　又　MP

A: na⁰! ʔŋ¹¹!
　　MP EP

B: taŋ³⁵ hauɯ⁵³ pai²⁴ naŋ³³ ɕi³³, … taŋ³⁵ pi³¹ pai²⁴ ʔdian²⁴ ɕiaŋ²⁴,
　　捎信　给　去　坐　MP　　捎信　哥　去　正月
　　ʔdian²⁴ ɕiaŋ²⁴ wa:n¹¹ ʔdian²⁴ ɕiaŋ²⁴, ða:i¹¹ ɣa³⁵! ʔdian²⁴ ɕiaŋ²⁴ pi³¹
　　正月　还是　正月　　真正　MP　正月　哥
　　ðim¹¹ wuɯəŋ⁵³ ɕo³⁵ ði³³, ʔdian²⁴ ŋi³³ wa:n¹¹ ʔdian²⁴ ŋi³³, pi³¹ ðim¹¹
　　收拾　小米　放　地　二月　还是　二月　哥　收拾
　　pi³³ ɕo³⁵ θian²⁴, ʔdian²⁴ te²⁴ pi³¹ mi¹¹ wa:ŋ³⁵, ko³³ mi¹¹ wa:ŋ³⁵
　　豌豆　放　菜园　月　那　哥　不　闲　哥　不　闲
　　pai²⁴ ju¹¹ ʔdian²⁴ te²⁴, ɕe²⁴ θa:u²⁴ luɯn¹¹ ka³³ naŋ³³. nei³¹ lei⁰!
　　去　谈情　月　那　让　情人　小　自己　坐　MP

A: na⁰, ʔa¹¹!
　　MP EP

B: tɕai¹¹ ɕi³³ ɕa⁵³ ʔdian²⁴ mo³⁵, ɕu³¹ ɕi³³ ɕa⁵³ ʔdian²⁴ laŋ²⁴, juŋ¹¹
　　喜欢　就　等　月　新　接　就　等　月　后　把握
　　ʔdan²⁴ θam²⁴ ɕa⁵³ ko³³, kam³³ sam³³ ʔdai³¹ ɕa⁵³ ko³³, nei⁰!
　　内心　等　哥　把握　心　得　等　哥　MP

A: na⁰, ʔa⁰!
　　MP EP

B: ʔa¹¹! te²⁴ kuə³³ taŋ⁵³ ni³¹ nau¹¹ ɕi³³, luɯk¹¹ ʔbuɯk³⁵ ɕi³³ ta:u³⁵ taŋ³⁵
　　EP　她　做　这样　说　MP　女孩　就　又　捎信
　　mo³⁵ muɯŋ¹¹, ʔdian²⁴ ŋi³³ muɯŋ¹¹ pai²⁴ mi¹¹ pan¹¹ ɕi³³ taŋ³⁵ muɯŋ¹¹
　　新　你　　二月　你　去　不　成　就　捎信　你
　　pai²⁴ ʔdian²⁴ sa:m²⁴ mə³⁵ la⁰, ʔe¹¹!
　　去　三月　　MP　MP

A: （笑声）

B: （笑声），kə³⁵ ni³¹ te²⁴ pan¹¹ ji³¹, ə²⁴, sa:n³³, tai³⁵ tsən²⁴ je³¹ pai²⁴
　　　　　　这　个　他　成　一　二　三　从　正月　去
　　ðaŋ¹¹ ðaŋ¹¹ muɯŋ¹¹ ɕip³³ n̺i³³ ku³⁵, wuɯən²⁴ ʔdian²⁴ ɕi³⁵ ʔau²⁴
　　一直　　你　十二　段　歌　　月　　就　要

ʔdian²⁴ ɕaŋ²⁴ pai²⁴ taŋ¹¹ ʔdian²⁴ ŋi³⁵, hɯn⁵³ ʔdian²⁴ taŋ¹¹ ʔdian²⁴ te²⁴
正月　　去　　到　　二月　升月　到　月　那

pai⁰, θin³⁵ ɕi³³ ʔau²⁴ ʔdian²⁴ pai⁰, te²⁴ taŋ³⁵ haɯ⁵³ mɯŋ¹¹ pai²⁴
MP　信　就　要　月　　MP　她　捎信　给　你　去

ʔdian²⁴ te²⁴ ɕai¹¹.
月　那　全部

A: ʔm¹¹!
　 EP

B: taŋ³⁵ pi³¹ pai²⁴ ʔdian²⁴ θaːm²⁴, ʔdian²⁴ θaːm²⁴ waːn¹¹
　 捎信　哥　去　三月　　　三月　　　还是

ʔdian²⁴ θaːm²⁴, nau¹¹ ni³¹ la⁰!
三月　　　　说　这样 MP

A: ʔm¹¹!
　 EP

B: ʔa⁰! lok³³ ni³⁵ ko³³ pan¹¹ ʔaːn²⁴, lok³³ θaːŋ²⁴ ko³³ pan¹¹ to³⁵,
　 EP 水车　小　哥　成　安排　　水车　高　哥　成　建

kɯ³⁵ te²⁴ ʁa¹¹ ʔau²⁴ kau²⁴ ɕi³⁵ ʔau²⁴ kɯ³⁵ ŋi³³ θaːm²⁴ ko³³ le³⁵.
那时　想　要　藤　　就　要　时候　二　三月　　MP

A: na⁰!
　 MP

B: ʔŋ¹¹! to³⁵ ʔau²⁴ ðam³¹ ʔaːn³⁵ tam¹¹, to²⁴ ʔau²⁴ ðam³¹ ʔaːn³⁵ na¹¹,
　 EP 建　要　水　淹没　池塘　建　要　水　淹没　田

ta¹¹ ʔau²⁴ ðam³¹ ʔaːn³⁵ toŋ³³, loŋ³³ te²⁴ pi³¹ hoŋ²⁴ han²⁴, mi¹¹ pan¹¹
引　要　水　淹没　田坝　段　那　哥　活儿　忙　不　成

pai²⁴ lo³⁵ ðuaŋ³³, pai²⁴ mi¹¹ pan¹¹ lo³⁵ ðuaŋ³³, tɕai¹¹ tɕi¹¹ ɕa⁵³
去　MP 思念①　去　不　成　MP 思念　喜欢　就　等

ʔdian²⁴ mo³⁵, ɕu³¹ ɕi³³ ɕa⁵³ ʔdian²⁴ laŋ²⁴, ʔju³¹ ʔdaɯ²⁴ θam²⁴ ɕa⁵³
月　新　接　就　等　月　后　把握　内心　等

ko³³, kuə³³ taŋ³⁵ ni³¹ nau¹¹ pai²⁴ ðaŋ¹¹ ðaŋ¹¹, taŋ¹¹ ʔdian²⁴ θi³⁵, te²⁴
哥　做　这样　说　去　一直　到　四月　她

taːu³⁵ ma²⁴, ʔdian²⁴ θi³⁵ te²⁴ tɕi²⁴ tɕie³¹ ɕin²⁴ jou²⁴ toi². ʔa⁰!
回来　四月　她　季节性　又　推托 MP

---

① ðuaŋ³³，本义为"思念、挂念"，在布依族民歌中常常用来指思念的对象。

A: ʔit³⁵ ʔdian²⁴ tu³⁵ li³¹ jiaŋ³³ kuə³³, ɣa³¹, na⁰!
　　每月　　都　有东西　做　MP　MP

B: li³¹ jiaŋ³³ kuə³³ la⁰, ʔdian²⁴ θi³⁵ ɕi³³, fɯə³¹ tɯk³⁵ pɯn³³ toŋ³³ la³⁵
　　有东西　做　MP　四月　MP　人家　采　肥料　田坝下
pai²⁴ lə³⁵, fɯə³¹ ha¹¹ ɕaːu³¹ tɕa³⁵ pə³³ ɕi³³, ʔdian²⁴ ha⁵³ fɯə³¹ jiə³³
MP　人家将要　下种　　　　MP　　五月　人家也
pan¹¹ ʔdam²⁴ mə³⁵ ɕi³³, pan¹¹ θaːu¹¹ te²⁴ lɯk³⁵ ka⁰! ʔdian²⁴ ðok³⁵
成　种　MP　成　那样　　MP　　六月
je⁵³ pan¹¹ ʔdaːi²⁴, te²⁴ ɣoŋ²⁴ laːi²⁴ … pan¹¹ θaːu¹¹ ni⁵³ kei⁰! ʔau²⁴
也 成　薅　他活路多　　成　这样　MP　要
kai³⁵ tɕi²⁴ tɕie³¹ ɕin²⁴ ni³¹ ti³³ tɕhin³¹ khuaŋ²⁴ ma²⁴ tai²⁴ taŋ¹¹ ʔdian²⁴
那　季节性　　这　的　情况　　来　代　整个　月
lau¹¹ kuə³³ kə³⁵ ma¹¹ ʔau²⁴ tui²⁴ lau¹¹ θan³³ te³³ ʔdian²⁴ ɕai¹¹ lɯŋ⁵³
什么 做　什么　要 推托 哪　那么多　月　全　才
ɕi³³, te²⁴ lɯŋ³⁵ ɕi³³ tɕie³¹ kəu²⁴ lau¹¹ taːu²⁴ pai³³ nau¹¹ pai²⁴
MP　她　才　MP　结构　才　回去　说　去
jiaŋ³³ te³³ mo³⁵ pai²⁴ tshɯn³¹ zun²⁴ pai²⁴ mə³⁵ la⁵³ nei⁰!
那样　　又 去　承认　　MP　MP

A: na⁰, hm¹¹!
　　MP EP

B: jəu¹¹! kəi³⁵ ni³¹, ʔi³⁵ pau³⁵ te²⁴ lɯŋ³⁵ li³¹ ɕi³³, ku²⁴ tu³⁵ ʔdai³¹ mi¹¹
PE 这个 如果 位 那 还 在世 MP 我 都 得 不
ɕai¹¹ lɯ⁰ ma⁰, taŋ¹¹ ni³¹ ɕi³⁵, ʔdai³¹ ʔje³³ tu³⁵ mi³¹ nau¹¹ taŋ¹¹ kɯn¹¹
全 MP 到 这 MP 得 过 都 不 说 到 这里
jiaŋ²⁴ kə³⁵ ɕa³⁵ jaŋ²⁴ mi¹¹ juŋ³³ te³³ tau³⁵ nai³¹ ʔdə³³ kəi³⁵! ʔɯ³¹!
像 那 柴刀一样 不 用 它 生锈 MP MP
ʔau²⁴ mai¹¹ li³¹ pu³¹ paːn³¹ nau¹¹ taŋ¹¹ kə¹¹ tɕe¹¹ ni³¹ ɕi³³ lɯŋ⁵³ ɕi³³
要 必须有 人 成 说 到 这个 节 这 MP 才 MP
mi¹¹ lɯm¹¹ ʔdoi³³, ʔa¹¹! mɯŋ¹¹ ɣa¹¹ pu⁴² tshuŋ³³ kə¹¹ lau¹¹ te³³?
不 忘记 MP EP 你 要 补充 哪里 那

A： pu⁴² tshuŋ³³, tɕiaŋ²⁴ ka³³ li³¹ kai³⁵ ham³⁵ ma¹¹.
　　补充　　将①　自有　东西　问　MP

意译：

布依族民歌访谈实录

……

A：(他的)逃婚歌唱得很好啊！

B：是的！逃婚歌、恋歌、赠信物歌都唱得很好。以前，他教你爹、你的叔公和华封的爹的时候，我去旁听，那时我还很小，你父亲他们都比我大十多岁。

A：是啊。

B：你爹比我大十二岁，他是前一个猴年，我是后面一个猴年。

A：哦！是这样！

B：他们去学习，我跟随他们去听，听到他教歌，教得相当精彩。

A：哦！

B：女方捎口信来叫他某个月过去，他都借口说没有时间！

A：是吗？

B：嗯！开始赠信物的时候，如果见对方很漂亮，有心跟对方玩耍，就把钱当信物赠给她。

A：哦。

B：歌是这样唱的："哪方的河流啊？清澈得可以数清河底的沙石，如我抛下鱼钩，会不会沉到河底呢？"上次，你都没有问到这里。

A：是啊，遗憾没问到这里。

B："有心赠与你信物，但不知你接不接，倘若接了我信物，假

---

① "将"为采访者小名，因为采访对象为采访者长辈。根据布依族习惯，晚辈对长辈说话时，不能直接称"我"，必须用谦称 woi³⁵ "在下"，或称自己的小名，否则被视为失礼。

如领受我心意，一两银圆赠给你，二两银子送情妹，娶妹来当我娇妻。"这样说啦。

A：哈哈。
B：正月就开始放信物啦…一直要放十二个月。
A：哦！
B：嗯！"哥的信物赠在那正月间，正月啊正月"，如此唱啦。
A：呵呵。
B：诶，"正月里妹忙挖地，哥哥我路过身边，递给妹你一信物，妹妹领了信物去，一口否认曾有约。"…她不承认了。
A：是吗？
B：阿哥二月就去信，这样说啦。
A：嘿嘿。
B："二月啊二月，二月妹在地里种小米，在那菜园种豌豆"。又这样说。
A：哦。
B：女方如此拒绝他……你在哪里干活，我就到那里去把信递给你。
A：呵呵，实在啊。
B：到了十月，我听见老人们说得很详细，概括起来是这样："十月哥赠妹信物，我收拾那零碎银子，收拾那上粮所获银两"……当时上粮就得到一定的资金，就像现在上公粮政府就给钱一样。"十月哥赠妹信物，我收拾那零碎银子，收拾那上粮所获银两，我俩同去选，妹嫌一元钱太轻，你就一手抓两元。"那时候的钱是经过掂量其重量的，不像现在要辨别真假。他说到这里啦！
A：是！
B：说得相当漂亮啊！
A：真了不起。
B：他说："你都跟我去，我现在问你，你却矢口否认拿了钱。"
A：不相信？
B：不是不相信，是不承认。

A：哦，不承认。
B：她就要赖着啦，……还说："你是让乌鸦抄给我的吧？"如此推托，说是信不知寄到谁手中。她一直赖到第十二关，最后她终于承认了。
A：不简单啊！
B：是咯。承认之后她又叫你去玩。
A：哦。
B：叫你正月里去玩，"正月啊正月，正月哥在地里撒小米，二月哥在菜园种豌豆，那月哥不闲，没有闲适去谈情，让妹孤单来等待"。这样说啦。
A：哈哈。
B："妹若有心等，等哥到下月，耐心等待哥到来，安心等阿哥到来。"
A：真妙。
B：呵呵，他这样说，女方又开口约他了，说是二月你不能来就三月来吧！
A：哈哈。
B：哈哈，唱山歌也讲究一、二、三，从正月开始一直往下唱，十二个月各有不同的说法，从正月到二月，如此类推，她叫你哪个月去，你就根据她的要求编相应的歌。
A：是这样啊？
B："捎信让哥三月去，三月啊三月"，这样说啦。
A：哦。
B：对。"哥有小水车要立，哥有大水车需架"，那时候要藤蔓（以藤当绳子，架水车需要用很多藤蔓）就在二三月了。
A：哦。
B：架车引水进池塘，架车引水进良田，引来水淹我田坝，那时我繁忙，不能去咯妹，去不了了妹。倘若有心等，就等到来月，安心等阿哥。这样说下去，一直到四月，她回来，但是她又有理由来推脱。
A：每个月都有事情做啊。

B：总是有事情哟，四月的时候呢，人家采粪放田中，大家都要忙下种了。五月需要薅秧，她活儿多，就这样了嘛。以一个季节的情况来代替整个月，以此推脱对方。要把所有月份都说了，她才承认已经领信物，答应来玩。

A：呵呵。

B：还有，要是他（罗公）还在世就好了，当时我都没有全部记下来，即使记下来也没有说到这个环节，就像柴刀一样，长时间不用就容易会生锈，要有人说到这个内容才不忘记。你还有什么需要问吗？

A：需要补充问的我会慢慢来。（谢谢！）

录音：黄镇邦
记音、翻译整理：周国炎
校正：黄镇邦

关于民间叙事长诗《王玉莲》访谈实录*

……

A: ʔŋ¹¹, woi³⁵ mi¹¹ ðo³¹ ka³⁵ wən¹¹, ʔbɯn²⁴ mi¹¹ juŋ³¹ pu³¹ʔja³³,
  EP 我 不会 杀 人 天 不 容 坏人

ɣa³⁵ ni³¹ lə³³ ka⁰！
如此 MP

B: ʔŋ¹¹, na⁰！
  EP MP

A: ʔei⁰！jei⁵³, pan¹¹ θaːu¹¹ θian³⁵ ni³¹ kəi³⁵, wei²⁴ ho³⁵ te²⁴ nau¹¹
  EP EP 成 种 事 这 MP 为 她们 说

nau¹¹.
道

B: ʔm¹¹, na⁰！
  EP MP

A: ji²⁴ lian³¹ ɕi³³ pan¹¹ taŋ¹¹ ni³¹, taŋ¹¹ laŋ²⁴ lo⁰ ɕi³³, me³³ lɯk³³ te²⁴
  玉莲 MP 成 这样   后来 MP 母 儿子 他

ma²⁴ tok³⁵, ma²⁴ tok³⁵ ɕən¹¹ pai⁰, pai²⁴ lo³⁵ ɕi³³ ma²⁴ nep³³ θoŋ²⁴
来 放 来 说 话 MP   MP 来 赶 两

me³³ lɯk³³ ni³¹, jin³³ wei²⁴ θoŋ²⁴ me³³ lɯk³³ ɲaːu²⁴ ɲe¹¹, θoŋ²⁴
母 子 这 因为 两 母 子 鬼怪   两

---

 * 清末地方文人王廷彬编撰的《王玉莲》故事，曾流传于贵州省望谟县一带，目前已经濒临失传。本文就该故事的传承情况进行访谈，采访对象为75岁的老人李宗原，据乐康村的群众说，她是当地唯一能够完整讲述《王玉莲》故事的人，但因为年事已高，她已经不能按照故事手抄本的内容逐句叙述，只能断断续续地回忆起其中的一些故事情节，本文是她讲述该故事的一个摘录。

①EP，Exclamation Particle 的缩略形式，即感叹词。
②MP，Modal Particle 的缩略形式，即语气词。

me³³ luuk³³ na:u³³ θin³³, jeu³³ kuə³³ ku³⁵ ma¹¹ ðau³³ pa²⁴ ɕi³³.
母　子　　鬼怪　　叫　做　什么　些　MP

B: ʔŋ¹¹!
　　EP

A: nep³³ θɔŋ²⁴ me³³ luuk³³ ni³¹ teu¹¹ mjauɯ³⁵ ʔju³⁵ ða:n¹¹. luɯŋ⁵³ ɕi³³
　　赶　两　　母　子　这　逃　不让　在　家　　于是
me³³ luɯŋ³⁵ nau¹¹, ɣei³⁵! luuk³³ ɣə²⁴, ne¹¹, luuk³³ je³¹ luɯŋ¹¹ mi¹¹
母　才　说　MP　儿　MP　MP　儿　也　大舅　没
na³¹, ku³⁵ ma¹¹, jəu²⁴ nau¹¹ li³¹ na³¹ ʔdeu²⁴. to³⁵ li³¹ ʔju³⁵
小舅　什么　又　说　有　舅　一　都　还　在
na:n³¹ tɕin³³ kə¹¹ lauɯ¹¹ kuə³³ θai³⁵ pai²⁴ mo³⁵, pai²⁴ fa:n³³ ŋi³³ lɔŋ³³
南京　哪里　做　官　MP　去　万　二　里
tɕai²⁴, pai²⁴ na:n¹¹ taŋ¹¹ na:n³¹ tɕin³³ pai⁰, ɕi³³ nep³³ θɔŋ²⁴ me³³
远　去　难　到　南京　MP　于是　赶　两　母
luuk³³ ni³¹ pai²⁴.
子　这　去

B: ʔm¹¹, ʔa⁰!
　　MP　EP

A: ɕa:m²⁴ hau³¹ pai²⁴ kə³⁵, θɔŋ²⁴ me³³ luuk³³ ni³¹ tuan²⁴ ni³¹ tuan²⁴
　　讨饭　MP　两　母　子　这　段　这　段
pai²⁴ ɕa:m²⁴ hau³¹ pai²⁴ la⁰. pai²⁴ ɕa:m²⁴, pai²⁴ ʔo³⁵ pai²⁴ ðo³³
去　讨饭　MP　去　讨　去　出　去　外面
ɕa:m²⁴ hau³¹ pai²⁴ mə³⁵, ɕi³⁵, pai²⁴ taŋ¹¹ ða:n¹¹, ʔba:n³¹ te²⁴
讨饭　MP　后来　去　到　家　寨　那
jeu³³ kuə³³ ʔba:n³¹ kə³⁵ ma¹¹ ni³⁵?
叫做　寨　什么　MP

B: ʔŋ¹¹!
　　EP

A: leu³¹ mə³⁵ ɕi³³ pai²⁴ puŋ¹¹ na:ŋ¹¹ su³³ mei³¹ kə³⁵, pai²⁴ taŋ¹¹ ɕi³³
　　MP　于是　去　到　小姐　素梅　MP　去　到　就
nau¹¹, ɣa¹¹ pai²⁴ ða:n¹¹ leu³¹ mo³⁵, ɕi³³ pai²⁴ ða:n¹¹ kuɯn¹¹ ða:n¹¹
说　要　去　家　MP　就　去　家　上　家
kuɯn¹¹ hap³⁵ tu²⁴ ɕa⁵³ mə³⁵, pai²⁴ ða:n¹¹ la⁵³ ða:n¹¹ la⁵³ hap³⁵ tu²⁴
上　关　门　等　MP　去　家　下　家　下　关　门

tɕaŋ²⁴, ʔju³⁵ tɕa¹¹ ɕaŋ¹¹ tɕaːŋ²⁴ luaŋ³⁵, mi¹¹ li³¹ pai²⁴ paːi³³ lauɯ¹¹
装　在　进退两难　中间　寨　不　有　去　方向　哪

pan¹¹ la⁰.
成　MP

B: hm¹¹, na⁰！
　　EP　MP

A: pai²⁴ ðaːn¹¹ te²⁴ ɕi³³ ðaːn¹¹ pu³¹ wɯɯŋ¹¹ ne⁵³ pə⁰, θi³⁵ mian³³ ɕuk³⁵
　 去　家　那MP　家　人　皇帝　MP　四　面　筑

ɕiaŋ¹¹ hum³¹ leu³¹, li³¹ pa³⁵ tɕo³⁵ ʔdeu²⁴ to³³, ne¹¹！
墙　围　全　有　朝门　一　仅　MP

B: hm¹¹, na⁰！
　　EP　EP

A: ham³⁵ pu³¹ hun¹¹ laːi²⁴ ɕi³³ nau¹¹. ʔŋ³¹, ʔdan²⁴ te²⁴ ðaːn¹¹ pu³¹ θai³⁵
　 问　人　别人　就　说　MP　个　那　家　人　官

le⁰. muɯŋ¹¹ luan²⁴ pai²⁴ la⁰！
MP　你　乱　去　MP

B: hm³¹, ne⁰！
　　EP　EP

A: leu³¹ɕi³⁵ ma²⁴, huɯn⁵³ pai²⁴ ðaːn¹¹ tɕaːŋ³³ naːŋ¹¹ su³³ mei³¹ te²⁴
　 后来　来　上　去　家　张　小姐　素　梅　她

taŋ⁵³ te²⁴ tuə¹¹ ma²⁴ ðau³⁵, ðau³⁵ kun³⁵ ðau³⁵ kun³⁵ lɯɯŋ³⁵ ɕiə³³,
那样　狗　叫　叫情貌词　叫　情貌词　于是

naːŋ¹¹ su³³ mei³¹ ni³¹ lɯɯŋ³⁵ ɕaːu³¹ ʔo³⁵ ma²⁴ laːn¹¹ kaːn³³
小姐　素　梅　这　才　开始　出　来　栏杆

paːi³³ do⁰³. ŋon¹¹ ni³¹ ma²⁴ pan¹¹ ma¹¹ ðau²⁴ ȵan¹¹ ðau³⁵ ȵan¹¹
外面　今天　狗　成　什么　叫　情貌词　叫　情貌词

ni³⁵ na¹¹ ɣa³³, ma²⁴ naːŋ¹¹ doŋ¹¹ pai²⁴ len³³ . . ne¹¹, lak³³ ðaːi¹¹
MP　MP　让　小姐　下　去　看　MP　结果

ma²⁴ naːŋ¹¹ ʔo³⁵ ma²⁴ pa³⁵ tu²⁴ ðan²⁴, θoŋ²⁴ me³³ lɯk³³ ji²⁴ lian³¹
让　小姐　出　来　门口　看见　两　母　子　玉莲

ma²⁴ ɕaːm²⁴ hau³¹.
来　讨饭

B: ʔŋ³¹！
　　EP

A: te²⁴ nau¹¹ nau¹¹ ː luɯk³³ pan¹¹ luɯm⁵³ luɯk³³ θai³⁵ , me³³ pan¹¹ pu³¹
　　她　说　道　儿　长得像　儿　官　母　成人
tɕa²⁴ wa²⁴ , ma²⁴ ni³¹ ða²⁴ ʔju³⁵ jian³³ ni³¹ . luɯŋ³⁵ ɕiə³³ na ː ŋ³³ su³³
叫花子　来　这　找　什么　MP　然后　小姐　素
mei³¹ te²⁴ luɯŋ³⁵ ɕiə³³ ðan²⁴ ji²⁴ lian³¹ , pja ː i⁵³ tin²⁴ liə¹¹ na ː m³³
梅　她　才　见　玉莲　　走　脚　离　地
θa ː m²⁴ ɕik³⁵ ne¹¹ pə⁰ !
三　尺　　MP

B: hm³¹ , na⁰ !
　　EP　MP

A: luɯŋ³⁵ ɕiə³³ nau¹¹ , ma²⁴ ni³¹ , luɯk³⁵ pan¹¹ luɯm³⁵ luɯk³³ θai³⁵ , me³³
然后　　说　来　这　儿　长得像　儿　官　母
pan¹¹ pu³¹ tɕa²⁴ wa²⁴ , ma²⁴ ni³¹ ða²⁴ ʔju³⁵ jian³³ , ho⁵³ te²⁴
成人　　叫花子　　来　这里　找　什么　　他们
luɯŋ⁵³ ɕiə³³ ɕa ː m²⁴ , li³¹ hau³¹ ɕen¹¹ kɯu²⁴ ma²⁴ mi¹¹ le¹¹ , ʔau²⁴ ma²⁴
才　　　求　　有　冷饭　喂　狗　不　MP　拿　来
ða²⁴ ʔjə²⁴ ʔjə³⁵ , ne¹¹ ! ho⁵³ te²⁴ ɕa ː m²⁴ nau¹¹ θa ː u¹¹ te³⁵ .
我们医治　饿　MP　他们　讨　说　那样

B: ʔŋ¹¹ , ne¹¹ !
　　EP　MP

A: ɕi³³ taŋ¹¹ laŋ²⁴ na ː ŋ¹¹ su³³ mei³¹ luɯŋ³⁵ ɕiə³³ ha ː n²⁴ hau⁵³ tɯu¹¹ woi³⁵
于是　后来　小姐　素　梅　才　答应　给　仆人
ða ː n¹¹ te²⁴ tau¹¹ ða ː n¹¹ te²⁴ pai²⁴ ðuŋ²⁴ hau¹¹ , ðuŋ²⁴ ʔdai³¹ kon³⁵ hau³¹
家　她　守　家　那　去　煮　饭　煮　得　罐　饭
ʔdeu²⁴ mə³⁵ , ɕi³³ ʔdai³¹ ŋan¹¹ leu³¹ mə³⁵ , ɕi³³ ʔdai³¹ puɯə⁰ , tɕoŋ³⁵ puɯə³³
一　　MP　MP　拿　银子　MP　于是　得　衣服　件　衣服
kɯu³⁵ ma¹¹ jeu³³ kɯə³³ puɯə³³ ʔa ː n²⁴ tɕin³³ kə³⁵ ma¹¹ ʔbo⁵³ te²⁴ mə³⁵ , tiŋ³³ ji²⁴
什么　叫做　衣　官服　什么　什么的　MP　定　玉
lian³¹ , tiŋ³³ ji²⁴ lian³¹ kɯə³³ kɯa ː n²⁴ pai⁰ , ʔau²⁴ ji²⁴ lian³¹ ɕi³⁵ , taŋ¹¹ laŋ²⁴
莲　定　玉　莲　做　丈夫　MP　要　玉　莲　MP　后来
ɕi³³ ɕian³³ , ɕian³³ ʔdai³¹ ʔba ː n¹¹ lau³¹ kə¹¹ nei³¹ mo³⁵ ɕi³³ pu³¹ θai³⁵ pa ː i³⁵
MP　逛　逛　得　寨子　哪个　那样　又　MP　人・官　派
hau⁵³ pin³³ ju³¹ .
给　兵役

B: hm³¹.
　　EP

A: ku³⁵ te²⁴ ɕeu³³ te²⁴ ɕi³³ nau¹¹ sa:n³³ tin³³ tshəu³³ yi³¹, wu⁵³ tin³³
　　那时候　朝代　那　MP　说　三　丁　抽　一　五　丁
　　tshəu³³ ə²⁴, ʔei³¹, ða:n¹¹ te²⁴ li³¹ θa:m²⁴ pi³¹ nuaŋ³¹ lɯk³³ θa:i²⁴
　　抽　二　MP　家　他　有　三　兄弟　男子
　　ɕi³³ ji³¹ tin²⁴ ʔau²⁴ pu³¹ ʔdeu²⁴ kua³³ kun²⁴ pai³⁵⁽⁰⁾!
　　MP　一定　要　人　一　当　兵　MP

B: na⁰, ʔa⁰!
　　MP EP

A: ɕi³³ pai¹¹ ni³¹ lə³⁵ ɕi³³.
　　于是　现在　MP

C: ku³⁵ tɕhin³¹ sʅ⁵³ huaŋ³¹ te²⁴ pai³⁵⁽⁰⁾!
　　段　秦　始皇　那　MP

A: na⁰! ku³⁵ te²⁴ me³³ tɕin²⁴ lian³¹ ne¹¹ lɯŋ³⁵ ɕe³³ sa¹¹ tɕan³⁵ lau²⁴ ji³¹ θoŋ³³
　　MP　段　那　母亲　金　莲　MP　才　突然　担心　两
　　me³³ lɯk³³ nei³¹ ʔo³⁵ ma²⁴ pa:i³³ ðo³³ ɕian³³ ma³³ mə³⁵ mi¹¹ li³¹ pu³¹ ʔju³⁵
　　母　子　这　出　来　外面　转　来　MP　不　有　人　在
　　ða:n¹¹, ɕi³³ la:u²⁴ ʔi³⁵ lɯk³³ te²⁴, ɕi³³ te²⁴ ɕi³³ ma²⁴ ða²⁴ pai³³ la⁰.
　　家　就　怕　儿子　他　于是　她　就　来　找　MP
　　ɕim³³ ɕua³¹ ta:u³⁵ ma²⁴ ðaː²⁴ taŋ¹¹ me³³, pu¹¹ me³³ ji²⁴ lian³¹ ðiaŋ³¹ ji²⁴ lian³¹
　　四处　找　回　来　找　到　母　人　母　玉莲　和　玉莲
　　pai⁰. ɕi³³ nau¹¹ ɕon¹¹ kə³⁵ ma¹¹ ɕi³³ nau¹¹, ʔe³³ nau¹¹ taŋ³⁵ lau¹¹
　　MP　就　说　句　什么　就　说　不知　说　怎样
　　kɯn¹¹ le¹¹, nau¹¹ ta:u²⁴ pai²⁴ ða:n¹¹ pai⁰, taŋ³¹ ɕi³³ ʔdi²⁴ ða:i¹¹ na⁵³ ku²⁴
　　这里　说　回去　家　MP　如此　就　好　丢　脸　我
　　ðau³³ pai⁰ nei⁰, ɕi³³ ma²⁴ ɕu³¹, ma²⁴ ɕu³¹ θoŋ²⁴ me³³ lɯk³³ ni³¹ ta:u³⁵ pai²⁴
　　一些　MP　就　来　接　来　接　两　母　子　这　回去
　　ða:n¹¹, hau³⁵ pai²⁴ kɯn²⁴ pin³³ ju³¹ kei³⁵⁽⁰⁾.
　　家　给　去　当　兵役　MP

B: ʔŋ³¹!
　　EP

A: ʔm³¹! hau³⁵ pai²⁴ kɯn²⁴ pin³³ ju³¹ ɕi³³ taŋ³⁵ lau¹¹ mu⁵³, te²⁴ nau¹¹ nau¹¹
　　EP　给　去　当　兵役　就　怎样　MP　她　说　道

ða:n¹¹ ðau¹¹ li³¹ θa:m²⁴ pi³¹ nuaŋ³¹ luuk³³ θa:i²⁴, ɕi³³ ʔau²⁴ pu³¹ ʔdeu²⁴,
家　我们　有　三　　兄弟　　男孩　就　拿　个　一
muɯŋ¹¹ ji³¹ tin²⁴ pai²⁴ pai⁰, muɯŋ¹¹ tuuk³³ pu³¹ la:u³¹ muɯŋ¹¹ pai²⁴ pai⁰. ɕi³³
你　一定　去　MP　你　是　大的　　你　去　MP　就
la:m³⁵ θoŋ²⁴ pi³¹ nuaŋ³¹ ni³¹, te²⁴ ɕi³³ nuɯ³³ nau¹¹ pai²⁴ ta:i²⁴ pai¹¹ ʔdeu²⁴
剩下　两　弟兄　这　他　就　想　说　去　死　顺便
pai²⁴ lə⁰ ma⁰, me³³ ! luuk³³ la:i¹¹ ji²⁴ lian²⁴ nau¹¹ nau¹¹, muɯŋ¹¹ hauɯ³⁵ ku²⁴
去　MP　母亲　没想到　玉莲　说　道　你　让　我
pai²⁴ kɯn²⁴ liaŋ¹¹, muɯŋ¹¹ hauɯ⁵³ ku²⁴ pai²⁴ taŋ³⁵ te²⁴ ni³⁵, pai²⁴ tu³⁵
去　吃　粮　你　让　我　去　那样　MP　去　都
pan¹¹, tam²⁴ ɕi³³ kə³⁵ ku²⁴ ha¹¹ luɯŋ³⁵ li³¹ me³³.
成　但是　我　还　有　母亲

B: hm³¹!
　　EP

A: me³³ ku²⁴ hauɯ⁵³ pu³¹ lauɯ³¹ ɕiaŋ³¹, me³³ ku²⁴ ʔju³⁵ ðiaŋ¹¹ pu³¹ lauɯ¹¹
　　母亲　我　给　谁　养　　母亲　我　在　跟　谁
pan¹¹? te²⁴ nau¹¹ nau¹¹ kok³⁵ te²⁴ pu³¹ wai²⁴ ʔe³¹, kok³⁵ te²⁴ pu³¹
成　　她　说　道　根　她　人　姓　屎　根　她　人
wai²⁴ tɕa:ŋ³³, sun³³ li³¹ na:ŋ¹¹ su²⁴ mei⁵³, pi²⁴ nian¹¹ ʔdai³¹
姓　张　生　有　小姐　素　梅　年纪　得
ɕip³³ ðok³⁵, ɕau²⁴ ʔdi²⁴ sɿ¹¹ tuə¹¹ fuŋ³³. ji²⁴ lian³¹ nau¹¹ nau¹¹, ʔi³⁵
十六　美丽　如　凤凰　玉莲　说　道　如果
muɯŋ¹¹ pai²⁴ ʔdai³¹ pu³¹ wən¹¹ ʔdeu²⁴ ma²⁴ ðiaŋ¹¹ ku²⁴ ɕam³³
你　去　得　个　人　一　来　跟　我　共
ða:n¹¹, ʔju³⁵ ðiaŋ¹¹ me³³ ku²⁴, ku²⁴ ɕi³³ pai²⁴ ni³¹ lə³⁵ ka¹¹. ji²⁴ sɿ²⁴
家　在　跟　母亲　我　我　就　去　如此　MP　意思
te²⁴ nau¹¹, ʔju²⁴ ðiaŋ¹¹ me³³ ku²⁴, ɕiaŋ³¹ me³³ ku²⁴, ku²⁴ ɕi³³ pai²⁴
他　说　在　跟　母亲　我　养　母亲　我　我　就　去
ni³¹ lə⁰, mi¹¹ ku²⁴ ɕi³³ mi¹¹ pai²⁴ kə¹¹ lauɯ¹¹ ni⁰, mi¹¹ li³¹ pu³¹ lauɯ¹¹
如此　MP不然　我　就　不　去　　怎样　MP　没有　谁
ɕiaŋ³¹ me³³, ni³¹, ji²⁴ sɿ²⁴ la⁰. ja³³ ə²⁴ ȵaŋ³¹ te²⁴ kua:i²⁴ ne³¹ pə⁵³.
养　母亲　如此　意思　MP女子　二娘　那　聪明．MP

B: ʔŋ³¹!
　　EP

A: ja³³ ə²⁴ n̥aŋ³¹ te²⁴ θuan³⁵ kuaːi³¹ ɕi³³ nau¹¹, "liŋ³¹", "liŋ³¹" nau¹¹
　　女子　二娘　那　算　聪明　就　说　同意　同意　说

nau¹¹ pai²⁴ kuə³³ θɯ³⁵ ʔau²⁴ ɕoi³¹ te²⁴, ʔau²⁴ naːŋ³⁵ su³³ mei⁵³ te²⁴
道　去　做　媒　要　个　那　要　小姐　素梅　那

liŋ³¹. tam³¹ ɕi³³ pai²⁴ ɕiŋ³⁵ ʔdai³¹ jaːŋ¹¹ ma³³ ma³³ ma²⁴ kuə³³ θɯ³⁵,
领受　但是　去　请　得　杨　妈妈　来　当　媒

θɯ³⁵ jaːŋ¹¹ kuə³³ θɯ³⁵ han²⁴, ja³³ te²⁴ nau¹¹ taŋ³⁵ te²⁴, ja³³ te²⁴
媒人　杨氏　当　媒人　快　女人　那　说　那样　女人　那

ʔau²⁴ ɕen¹¹ kɔn³⁵ laŋ³⁵ pai²⁴.
要　钱　先　才　走

B: ʔm¹¹!
　　MP

A: tam¹¹ lak³³ laːi¹¹ ɕi³³ θɯ³⁵ ha¹¹ kuə³³ θɯ³⁵ han²⁴, ʔau²⁴ θoŋ²⁴ ɕɯ¹¹
　　但是　谁知　MP　媒　要　做　媒人　快　要　两　时辰

kuə³³ mu³⁵, pai²⁴ taŋ¹¹ nau⁵⁵ θoŋ²⁴ ɕɯ¹¹ mi¹¹ pan¹¹ ɕi³³ hau³⁵
做　限　去　到　说　两　时辰　不　成　就　叫

taːu³⁵ ma²⁴ pai²⁴ ne³¹! hau³⁵ taːu³⁵ ma²⁴ pai⁰. mi¹¹ ʔau²⁴ naːŋ¹¹
回来　MP　让　回来　MP　不要　小姐

su³³ mei³¹ te²⁴ pai⁰. lak³³ laːi¹¹ ja³³ te²⁴ kuaːi²⁴ leu¹¹, pai²⁴ taŋ¹¹,
素梅　那　MP　谁知　女人　那　聪明　非常　去　到

po³³ tɕiŋ³⁵ me³³, pi³¹ puʔ³¹ θaːi²⁴ mi¹¹ hau⁵³, sỉ⁵³ wo³¹ mi¹¹ hau⁵³.
父　和　母　兄　男子　不　给　死活　不　给

(poi³³) pi³¹ puʔ³¹ θaːi²⁴ te²⁴ nau¹¹, kuə³³ ja³³ puʔ³¹ tɕaʔ¹¹ wa²⁴, pan³³
（　）兄　男子　他　说　做　妻子人　叫　花子　成

kə³⁵ ma¹¹ tɕa³³ fu³⁵, ɕo³³ nei³¹ muŋ¹¹ ʔju²⁴ tɕaɯ³⁵ ʔju³⁵ tɕai²⁴,
什么　体统　如今　你　在　远处　在　远处

n̥a³⁵ ðai¹¹ ku²⁴ kuə³³ pi³¹, pi³¹ puʔ³¹ θaːi²⁴ te²⁴ nau¹¹ hɔt³³ taŋ⁵³ peʔ¹¹. ɕi³³
丢脸　我　当　哥　兄　男子　就　唠叨　这样　MP　于是

naːŋ¹¹ su³³ mei⁵³ te²⁴ ɕi³³ ʔaːŋ³⁵ nau¹¹ nau¹¹, ɤei³⁵! ko³³ ɤu²⁴!
小姐　素梅　那　就　高兴　说　道　MP　哥　MP

ʔi³⁵ nau¹¹ pan¹¹ lɯk³³ ʔbɯk³⁵, ʔi³⁵ ʔaʔ²⁴ ʔdai³¹ ku³⁵ ma¹¹, haʔ¹¹ ʔju³⁵
如果　成　女人　假如　得　什么　要　在

ðaːŋ¹¹ ðiaŋ¹¹ po³³ ðiaŋ¹¹ me³³ kə³⁵ ma¹¹ ləu⁰.
家　跟　父　和　母　什么　MP

B: ʔm³¹!
　　EP

A: tam³¹ ɕi³³ li³¹ woi³⁵ pan¹¹ luk³³ ʔbuk³⁵, luk³³ ʔbuk³⁵ paːi³⁵ pu³¹
　　但是　有　我　成　女儿　　　女儿　　好像
hɔn²⁴ pjak³⁵ kaːt³⁵, tɔk³⁵ kə¹¹ lau¹¹ je⁵³ ŋaːt³³, kaːt³⁵ kə¹¹ lau¹¹
籽　　芥菜　落　哪里　也　发芽　芥菜　哪里
je⁵³ ŋa¹¹ ʔdai³⁵. ɕi³³ pi³³ nau¹¹ ðaːn¹¹ lau¹¹ pan¹¹ ʔdi²⁴ pə¹¹ kuan⁵³,
也　发芽　MP　MP　即使　家　谁　富裕　但是
ɕeu³³ ɕeu³³ na¹¹ pan¹¹ haːi⁵³, ɕeu³³ ɕeu³³ haːi⁵³ pan¹¹ na¹¹, ha¹¹
世　世　田　成　海　世　世　海　成　田　要
ðo³¹ ʔdi²⁴ tɕi³⁵ ɕeu³³. nau¹¹ ni³¹ kə³⁵, naːŋ¹¹ su³³ mei⁵³ haːn²⁴
会　好　几　代　说　这样　MP　小姐　素　梅　回答
nau¹¹ taŋ³⁵ ni³¹ ne⁰!
说　这　样　MP

意译：

关于民间叙事长诗《王玉莲》访谈实录

……

A：" 我不会杀人，天不容坏人 "，这样说啦。

B：哦！呐！

A：哎呀！就是这样的事啦，传说就这样了。

B：哦！

A：后来玉莲母子俩就这样说了，他的二叔娘就谎说他们母子俩鬼怪，于是就把他们赶出家门了。

B：噢！

A：把母子俩赶走，不让他们在家，玉莲的母亲就这样说：" 儿啊，你没有母舅……"又说有一个舅，好像是在南京当官，要走万里路，很不好走到那里。他(二叔娘)将他们母子俩赶出门。

B：啊，真残忍！

A：去讨饭了，母子俩呢……这一段就是去讨饭那段了。到外面去讨饭，走到一个叫做什么地名的。

B：哦!

A：讨饭到了素梅小姐家门口，就告诉说："到上面那家，那家嘭地把门关；到下面那家，那家也嘎的把门锁。在外面，不知道要去何方。"

B：哎!

A：前面这家是皇家，四面都是高墙，只有一个大门。

B：哦!

A：当问旁人，旁人说："那是官家，你们千万别随便进去"。

B：可怜啊!

A：但是他们还是走上去了，素梅小姐家的狗叫了起来，她心想："今天，狗为何这样叫个不停呢?"于是，便走出来看个究竟，结果看见玉莲母子正在讨饭。

B：啊!

A：她说："儿子长相如官人，母亲却像个叫花子，怎么这样走到一起呢?"这时，她见到玉莲走路，脚离地面三尺高。

B：真的?

A："儿子长相如官人，母亲却像个叫花子，怎么这样走到一起呢?"她又沉思起来。那母子说了："请问官家可否给我们一些喂狗的剩菜残羹，让我们充饥?"

B：唉!

A：素梅小姐便叫管家到屋里煮了一罐饭，送给玉莲母子，还赠了一些衣物和银子，心里暗暗想要玉莲为丈夫。母子俩又继续行路了，这时朝廷要招募兵役了。

B：哦!

A：那个朝代的兵役是三丁抽一，五丁抽二，玉莲一家有三兄弟，就得要一人去当差①。

---

① 玉莲的两个叔叔各有一个儿子，分别叫银莲和金莲，他们之间属堂兄弟，但是三家人住在一起，合为一家。

B：唉！

A：现在就要……

C：那是秦始皇那个朝代了①。

A：金莲的母亲突然担心起来，因为玉莲母子流浪讨饭，当差的事将会落到她儿子身上。于是便四处寻找玉莲母子，后来找到了，她说："快回家去吧，你们这样讨饭过活，会让我这个当叔娘的感到十分丢脸。"要接这母子俩回去，想叫玉莲回去抵兵役。

B：真狡猾啊！

A：为说服玉莲去服兵役，她说："你是长兄，服役的事就落到你身上了，家里还剩下两个弟弟，日后有什么事情就由他们担当。"实际上她心里在打小算盘："玉莲此去必死无疑，就让他去死吧！"② 玉莲说："你让我去当差，我没有意见，但是我的母亲谁来照顾呢？"

B：是啊！

A："我的母亲由谁来养呢？她跟谁在一起呢？"玉莲说。他提到素梅小姐，年方十六，美丽动人，是否能让人去说媒提亲。若能娶素梅小姐，将来让她跟他的母亲生活在一起，自己去当兵就没有牵挂了。二娘也聪明，答应为他说媒。

B：哦！

A：二娘同意为他说媒，争取说服素梅小姐，说媒的事交给杨妈妈去办理。杨妈妈说是先付钱才帮这个忙。

B：哦！

A：但是，二娘要求杨妈妈在两个时辰就把事情办妥，如果两个

---

① 这里是一起听故事的人插话，该旁听者提供的信息有误，王玉莲的故事发生在宋朝，与秦始皇无关。

② 在《王玉莲》故事里，金莲的母亲是一个贪婪的人，故事开头交代，玉莲、金莲、银莲为王门求神拜佛后同时降生，为公平起见，众长老以重量大小为定名标准，最重者为玉莲，日后将以长房的名义继承和掌管王家财产。金莲的母亲为让儿子能掌管家产，自始至终设法陷害玉莲，但是，事与愿违，玉莲最终不但没有被陷害，还当上了皇帝的驸马，字里行间让世人明白善最终战胜恶的道理。

时辰之内办不好就回来，说不能娶素梅小姐。但是杨妈妈聪明，说服了素梅小姐。虽然其父兄死活不同意这事，素梅的哥哥唠叨着说："当叫花子的妻子成何体统？将来你在哪里都丢我的脸。"素梅小姐就说："哥啊，若我是（男孩），就留在父母身边了"我记不清了。

B：不清楚，哦！

A："但是因为我是女儿，女儿就像菜籽一样，无论落到哪里，都会生根发芽。再说，即使我们家现在很富裕，良田千亩，也不会永远就是这样啊！"素梅小姐这样说。

录音：黄镇邦
记音、翻译整理：周国炎
校正：黄镇邦

布依族民歌"十二部主歌"的
访谈实录（节选）*

……

A： waŋ³¹ tin²⁴ paŋ³³.
　　王　定　邦

B： waŋ³¹ tin²⁴ paŋ³³, na⁰! pau³⁵ te²⁴ na⁰? pau³⁵ ni³¹ kuə³³ toŋ¹¹ ɕai¹¹
　　王　定　邦　MP① 男 那 MP 个 这 打老庚 也
　　ɕi³³ θoŋ²⁴ pau³⁵ toŋ¹¹ jiə³³ ɕa:ŋ³³ wɯən²⁴ toi³⁵.
　　MP 两 个 老庚 也 擅长 对歌②

A： na⁰!
　　MPl③

B： ʔŋ¹¹! toi³⁵ ni³¹ ðian¹¹ kai³⁵ toi²⁴ lo³¹ sau³¹ ŋa:n³³ ɕi³³.
　　EP 对 这 和 那 对 罗 朝安 MP

A： na⁰!
　　MP

B： kai²⁴ te²⁴ nau¹¹ luam⁵³ ná:u³⁵ pai²⁴ lu⁰!
　　那个 说 漂亮 相当 MP

A： nau¹¹ luam³⁵ na³³. ʔə⁰! ʔm³¹! waŋ³¹ tin²⁴ paŋ³³ teŋ²⁴ lau⁵³ si³³ ɕai¹¹
　　说 漂亮 MP EP EP 王 定邦 是 老师 齐
　　lə⁰ ma⁰ hm³¹ na⁰!
　　MP MP

---

* 十二部歌是布依族古歌当中的一种。流行于望谟县一带的十二部歌分十二节，每小节包含十二句，是当地歌师编歌的基础。本段文字为布依族十二部歌传承情况访谈的节选，采访对象为中年歌师王平安。

① MP，Modal Particle 的缩略形式，即语气词。

② 这一带的布依族民歌分为大调和小调，当地称大调为"wɯən²⁴ toi³⁵，对歌"，"对歌"顾名思义为在正式场合对歌时所演唱的歌。十二部歌是对歌的基础，起到范本的作用。

③ EP，Exclamation Particle 的缩略形式，即感叹词。

B: teŋ²⁴ tɕiau²⁴ sɿ³³ jou²⁴ ðo³¹ θɯ²⁴ jou²⁴ ðo³¹ wɯən²⁴.
　　是　教师　又　知道　书　又　知道　歌

A: jəu²⁴ ðo³¹ θɯ²⁴ jəu²⁴ ðo³¹ wɯən²⁴ na⁰ ! ʔa⁰ ! kə³⁵ te²⁴.
　　又　知道　书　又　知道　歌　MP　EP　那个

B: ʔa³¹ ! jəu²⁴ ðo³¹ θɯ²⁴ jəu²⁴ ðo³¹ wɯən²⁴ wai²⁴ kuŋ³³ ða:n¹¹
　　MP　又　知道　书　又　知道　歌　外公　家
　　wa³¹ fuŋ³³ jəu²⁴ ðo³¹ θɯ²⁴ jəu²⁴ ðo³¹ vɯən²⁴.
　　华封　又　识　字　又　会　歌

A: na³¹ , ʔa⁰ !
　　MP EP

B: jin³³ wei²⁴ , ku³⁵ ɕau³¹ thən³¹ tɕiu⁵³ fu²⁴ nau¹¹ hau⁵³ ho⁵³ tu²⁴ , te²⁴
　　因为　过　去　藤　久沪　说　给　我们　他
　　kuə³³ tɕiau²⁴ sɿ³³ te²⁴ tɕiau³³ wən³¹ ɕo³³. te²⁴ nau¹¹ : "ja³¹ , ɕa³¹ ku²⁴
　　当　教师　他　教　文学　他　说 EP 如果　我
　　ðo³¹ wɯən²⁴ lum⁵³ hɔ⁵³ θu²⁴ ʔau²⁴ ma²⁴ kuə³³ wən³¹ tsaŋ³³ ɕi³³
　　知道　歌　像　你们　要　来　做　文章　就
　　juŋ³¹ ji²⁴ kuə³³ pai⁰". te²⁴ nau¹¹ : "tɕaŋ³³ tɕəu²⁴ ʔau²⁴ kai³⁵ wɯən²⁴
　　容易　做　MP　他说　将就　要　个　歌
　　ho⁵³ θu²⁴ pu³¹ ʔjai³¹ ni³¹ ma²⁴ pian³³ kuə³³ wən³¹ tsaŋ³³ ɕi³³ ɕin²⁴ ʔdi²⁴
　　你 们 布依族 这 来 编 做 文章 就 真正 好
　　kuə³³ wən³¹ tsaŋ³³ ti²⁴ ji³¹ pai⁰ na⁰ !"
　　做　文章　第一　MP

A: ʔa⁰ ! ʔe³¹ ! thən³¹ tɕiu⁵³ fu²⁴ ɕi³³ teŋ²⁴ pu³¹ ha³⁵ lau¹¹ pu³¹ ʔjai³¹.
　　EP　藤　久沪　MP 是　汉族　或　布依族

B: pu³¹ ʔjai³¹. wən³¹ pu³¹ ɕi³⁵ jiaŋ²⁴ ni³¹ la⁰.
　　布依族　人　人　蔗香　MP

A: la:i³⁵ nau¹¹ te²⁴ ʔju³⁵ pɯəŋ¹¹ pu³¹ ji³³ tsu³¹ ti²⁴ tɕhi⁵³ pə³¹ ðau¹¹ na:n¹¹
　　以为　他　在　地方　布依族　地区　我们　长
　　ɕi³³ ðo³¹ ka:ŋ³⁵ ʔjai³¹ ʔdai²⁴ ne⁰ !
　　就　会　讲　布依话　MP

B: mi¹¹.
　　不

A: sɿ³¹ tɕi²⁴ saŋ²⁴ teŋ²⁴ pu³¹ ʔjai³¹ pai⁰ , na⁰ !
　　实际上　是　布依族　MP MP

B: teŋ²⁴ pu³¹ ʔjai³¹. ða:n¹¹ te²⁴ teŋ²⁴ ða:n¹¹ pau³⁵ kau²⁴ te²⁴ la⁰!
　　是　布依族　家　他　是　家　男子藤① 那 MP

A: ta:u³⁵ kɔn³⁵ te²⁴ ʔdai³¹ kau⁵³ tsʅ⁵³ haɯ³⁵ tɕiaŋ²⁴ ma⁰.
　　上次　他　拿　稿纸　给　将② MP

B: na⁰. thən³¹ tɕiu⁵³ fu²⁴ na⁰?
　　EP 藤　久　沪 MP

A: nei³¹ ða:i¹¹ ʔju³⁵ kə¹¹ ni³¹ kə⁰.
　　EP 写　在　这里 MP

B: pau³⁵ te²⁴ lau⁴² sʅ³³ ho⁵³ tu²⁴ le⁰!
　　男子那　老师　我们 MP

A: lau⁵³ sʅ³³ ho⁵³ muɯ¹¹ na⁰? te²⁴ nau¹¹. "wɯən²⁴ ɕip³³ ŋi³³ pu²⁴ li³¹
　　老师　你们　MP 他 说　歌　十二　部 有
　　nian³¹ ke³¹ ti³³ pian³³ tsaŋ³³ tɕie³¹ kəu³¹. ʔe⁰. pu²⁴ ji³³ tsu³¹ ɕo³¹ tse⁵³
　　严格　的　篇章　结构　MP 布依族　学者
　　thən³¹ tɕiu⁵³ fu²⁴ tsai²⁴ tha³³ ti³³ pu²⁴ ji³³ tɕhin³¹ ko³³ saŋ³³ ɕi³¹ ji³¹
　　藤　久　沪　在　他的　布依　情歌　赏析 一
　　wən³¹ taŋ³³ tsuŋ³³, tshɯn³¹ tsʅ³³ wei³¹ pu²⁴ ji³³ tsu³¹ wən³¹ hua²⁴
　　文　当中　称　之 为　布依族　文化
　　tsuŋ³³ te²⁴ pa³¹ ku⁵³ wən³¹."
　　中　的　八股文

B: ʔo¹¹. ʔa⁰!
　　EP EP

A: juŋ³³ kə³³ ha:u³⁵ thən³¹ tɕiu⁵³ fu²⁴ ma²⁴ ða:i¹¹ ʔju³⁵ kə³¹ ni³¹ kə¹¹.
　　用　个　话　藤　久　沪　来　写　在　这里 MP

B: ʔŋ¹¹. ʔa⁰!
　　EP EP

A: ta:u³⁵ kɔn³⁵ tɕiaŋ²⁴ pai²⁴ puŋ¹¹ te²⁴. te²⁴ ʔdai³¹ phian³³ kau⁵³ tsʅ⁵³
　　上次　将　去　逢　他 他　拿　篇　稿纸
　　haɯ⁵³ tɕiaŋ²⁴. ɕi³³ ða:i¹¹ pan¹¹ ʔjə³⁵ haɯ³⁵ te²⁴. te²⁴ nau¹¹ ho¹¹
　　给　将　就　写　成　过　给　他 他　说　对

---

① 多数地区的布依族都存在将姓氏直译成布依语的现象，即把姓氏译成相对应的事物的名称。如"藤"姓译为"藤葛"之"藤"，布依语为 kau²⁴；"龙"姓译为"蛟龙"之"龙"，布依语为 luaŋ¹¹。

② 将，采访者的小名。采访者以小名自称，表示对调查对象的尊敬。

pai²⁴la⁰. tuŋ³¹ puŋ¹¹ mɯŋ¹¹ ho¹¹ pai⁰. mi¹¹ɕi³³ pai³¹ʔdu³¹ te²⁴
　MP　　相　　遇　　你　　对　MP　　不然　　以前　他

juŋ³³ ha³⁵ ma²⁴ nen²⁴. ma²⁴ nen²⁴ ha:u³⁵ ma²⁴ nen²⁴ wɯən²⁴
用　汉　来　记　　来　记　　话　来　记　山歌

kei³⁵.
MP

B: wɯən²⁴ pu³¹ʔjai³¹. na⁰!
　山歌　布依族　MP

A: wei²⁴ nen²⁴ pja:t³³. pai¹¹laŋ²⁴ ham³⁵ te²⁴ ʔbəu³¹kuan⁵³ te²⁴
　所以　记　　错　　后来　　问　他　但是　他

kuə³³ pai¹¹ tu³³ nen²⁴ ha¹¹mi¹¹ʔdai³¹.
有时　都　　记　要　不　得

B: kə³⁵ wɯən²⁴ni³¹. kə³⁵ pu²⁴ji³³ji⁵³ni³¹ɕi³³ teŋ²⁴ thən³¹ tɕiu⁵³ fu²⁴
　个　山歌　这个　布依语这　就　是　藤　久　沪

te²⁴ kai²⁴sau²⁴ tse⁵³. kə¹¹ni³¹ mi³⁵ θa:u¹¹ ni³¹ te²⁴ nau¹¹ ho⁵³
他　介绍　地方　这里　不　种　这　他　说　对

ni³¹lə⁰!
MP

A: kə³⁵ni³¹ na⁰? kə³⁵ni³¹ ɕi³³ teŋ²⁴ tɕian²⁴ ka³³ ɕo³¹ pai²⁴lei¹¹. ʔdai³¹
　这个　MP　这个　MP　是　将　自己　学　MP　得

ɕio³¹tai³⁵ kui²⁴jaŋ³¹ ma²⁴pai⁰lei⁰. kə³⁵ni³¹ ɕi³³ ji²⁴sɿ³³ nau¹¹ te²⁴.
学　从　贵阳　来　MP　这里　MP　意思　说　他

te²⁴ ða:i¹¹ pan¹¹ ko³¹ʔjai³³ teu³⁵ wɯən²⁴. tam³¹kuan⁵³ ɕi³³ te²⁴
他　写　成　不久　首　山歌　　但是　MP 他

mi¹¹ʔdai³¹juŋ³³ kai³⁵ tha:u²⁴ni³¹ ða:i¹¹ ɣei³⁵.
没　得　用　个　套　这　写　MP

B: ða:i¹¹ θa:u¹¹ni³¹ʔdai³⁵. ʔa¹¹!
　写　种　这　MP　MP

A: ða:i¹¹ θa:u¹¹ni³¹ʔdai³⁵. ɕi³³wei²⁴ tɕian²⁴ luŋ⁵³ɕi³³ ʔau²⁴kai³⁵ni³¹
　写　种　这　MP　所以　将　才　要　个　这

ma²⁴pa:ŋ²⁴ te²⁴ thən³¹ pan¹¹ pu²⁴ji³³ wən³¹.
来　帮　他　眷　成　布依文

B: ɕi³³ thən³¹ pan¹¹ ni³¹ɕi³³ te²⁴ ɕi³³ ðo³¹ ɣe³³ pu²⁴ji³³ wən³¹.
　于是　眷　成　MP　他　就　知道　　布依文

A: nau¹¹ hauɯ³⁵ te²⁴ pai²⁴ la⁰. nau¹¹ hauɯ³⁵ te²⁴ ɕi³³ ðo³¹ pai³⁵.
　　说　给　他　MP　说　给　他　就知道　MP

B: ðo³¹ ɕai¹¹ pai²⁴ la⁰!
　　知道　全　MP

A: ðo³¹ to³³ pai⁰!
　　会　读　MP

B: pau³⁵ thən³¹ tɕiu⁵³ fu²⁴ wən³¹ ɕo³¹ kho⁵³ ji⁵³ lei³¹,
　　男子　藤　久　沪　文学　可以　MP

A: ʔa⁰. na⁰! wei²⁴ tɕiaŋ²⁴ ðiaŋ¹¹ te²⁴ ʔdai³¹ tuŋ³¹ kaːŋ³⁵ taːu³⁵ te²⁴.
　　EP EP　因此　将　跟　他　得　谈话　回　那
　　te²⁴ hai³¹ sɿ²⁴ pi⁵³ tɕau²⁴ …
　　他　还是　比较

B: θon²⁴ θɯ²⁴ ʔjə³⁵ ðo⁰。
　　教　书　也　懂

A: na¹¹! pu³¹ tɕe³⁵ mai¹¹ ɣo⁰!
　　MP　老人　热闹　MP

B: mai¹¹!
　　热闹

A: te²⁴ nau¹¹ la³⁵. te²⁴ nau¹¹ ʔau²⁴ puŋ¹¹ kəi³⁵ saːu¹¹ muɯŋ¹¹ taŋ³⁵ ni³¹.
　　他　说　MP 他　说　要　逢　个　种　你　这样
　　jəu²⁴ ðo³¹ ʔjai³¹.
　　又　懂　布依族

B: ʔa⁰!
　　MP

A: ðo³¹ ʔjai³¹ tɕen³⁵ ʔjai³¹ luɯŋ³⁵ ɕi³³ li⁵³ tɕai⁵³ ʔdai³¹ kai³⁵ haːu³⁵
　　懂 布依族 精通 布依族　才　理解　得　个　话
　　ku²⁴ ni³¹. ɕa³¹ nau³¹ pu³¹ ʔən³⁵ ma²⁴ li⁵³ tɕai⁵³ mi¹¹ ʔo³⁵ lauɯ¹¹.
　　我　这　如果　别人　来　理解　不　出　MP

B: li⁵³ tɕai⁵³ mi¹¹ ʔo³⁵ jin³³ wei²⁴ ðau¹¹ teŋ²⁴ pu³¹ ʔjai³¹ te³³ tʂhu³¹ suɯn³³.
　　理解　不出　因为　我们　是　布依族　的　出生

A: ʔa⁰! pu³¹ ʔjai³¹ tʂhu³¹ sən³³ luɯŋ⁵³ ðo³¹. ʔa⁰!
　　MP　布依　出生　才　知道　MP

B: luɯŋ³⁵ ɕi³³ ðo³¹ kai³⁵ θaːu¹¹ pu³¹ ʔjai³¹ ni³¹ ti³³ haːu³⁵.
　　才　知道个　种　布依族　这 的　话

A： ʔa⁰！mi¹¹ ɕi³³ kuə³³ mi¹¹ ʔdai¹¹ lə⁰.
　　MP 不然　做　不　得 MP

B： te²⁴ θuan³⁵ ho³¹ tu²⁴ ɕi³³ ðo³¹ ða:i³¹ pai⁰. ɕe³⁵ ʔdai³¹ nau¹¹ ða:i³¹ lo⁵³.
　　他　教　　我们 MP 懂　真　MP　舍得　说　真正 MP

意译：

布依族民歌"十二部主歌"的
访谈实录（节选）*

……

A：王定邦。

B：王定邦，他们两个打老庚，两个人都擅长对歌。

A：哦！

B：如果这两位跟罗朝安搭配的话……

A：很精彩？

B：那就不用说了，相当精彩！

A：哦！很好。王定邦也是教师吧！

B：既会教书，又擅长山歌。

A：是啦！

B：有文化，又懂歌……华封的爷爷也是这样。

A：呵呵！

B：以前，藤久沪是我们的老师，他教我们语文，在课上说："如果我也像你们这样懂得山歌，写文章就容易得多了，将就用山歌来做文章，最好办咯！"

A：是啊，对了，藤久沪是汉族还是布依族呢？

B：布依族，就是蔗香人啦。

A：我以为他在布依族地区时间长就会说布依话的呀。
B：不是。
A：实际上就是布依族！
B：是布依族，他家就是人家经常说的藤家了嘛。
A：上次他拿一份稿纸给我看。
B：藤久沪让你看稿？
A：(示给对方关于该稿件的文字)你看看，写在这里。
B：那位先生是我们的老师。
A：是你们的老师啊？他说："十二部歌有严格的篇章结构。"（我在论文里写道）布依族学者在他的布依族情歌赏析一文中称之为"布依族文化中的八股文。"
B：哦！
A：我将藤久沪的话写在这里。
B：哈哈。
A：上次，我遇到他，他把写好的稿纸给我看，他说："遇到你太好了！"以前他用汉字记录布依山歌。
B：哦！他这样记布依族山歌。
A：我看了他写的，问他，可是他差不多都忘记自己写过的东西了。
B：这个山歌，使用布依文，藤久沪说这样写才好，是不是？
A：布依文是我自己学的啦，在贵阳学来的，我的意思是，藤老师写了很多山歌，但是他没有用布依文。
B：哦，他用汉字写的。
A：他那样写，不方便，所以我才帮他誊成布依文。
B：誊好后他能够看懂了？
A：讲给他，他就明白了。
B：全懂了？
A：他会读一些了。
B：藤久沪的文学功底是不错的。
A：谈话中我也领略到了，他还是比较有才学的。
B：又会教书。

A：老人家也很幽默的。
B：对。
A：他说："要遇到你这样的人，了解布依族文化……"
B：嘿嘿！
A："是地道的布依族，才能够理解我的话，别人没办法做到啊！"
B：理解不了，只有我们土生土长的布依族才能理解。
A：是的。
B：才理解布依族的话。
A：不然就没办法理解布依族的（老古话）。
B：他教我们的时候，很容易接受，他讲课也很尽力。

录音：黄镇邦
记音、翻译整理：周国炎
校正：黄镇邦

望谟县大观乡布依族民歌访谈实录（节选）*

……

A：tɯ¹¹ pai²⁴ laŋ²⁴ haɯ⁵³ ma³³，ʔau²⁴ pai²⁴ ða:n¹¹ haɯ⁵³ ma³³.
　　带　去　后面　给　妈　拿　去　家　给　妈
　　pai⁰ ne³¹ ha³¹
　　如此　MP

B/C：ʔəi⁰，la⁰，（笑）
　　　对　EP

D：taŋ⁵³ ne³¹ mo³⁵ pɯ⁵³ na⁰？
　　这样　又　MP　MP

B：taŋ⁵³ ne³¹ naŋ⁵³ ɕi³³ ho¹¹ la⁰，wəi²⁴ ku²⁴ nau¹¹ … ho¹¹ to³³ to³³.
　　这样　才　正确　所以　我　说　正确　仅仅

A：ka:i³⁵ ne³¹ la:i²⁴ la:i³¹ la:i³³，ða:i³¹ pai⁰.
　　这　个　多　多　多　确实　MP

B：te²⁴ fi³³ nau¹¹ taŋ⁵³ te²⁴.
　　他　未　说　到　那

C：ku²⁴ nau¹¹ θa:u¹¹ ne³¹ ke⁵³，nɯ³³ θa:u¹¹ ne³¹ kɯ⁵³，ko³³ kɯ⁵³，te²⁴
　　我　说　这样　MP　是　想　这样　　MP　哥　MP　是
　　mɯŋ¹¹ ʔau²⁴ nɯ³³ taŋ¹¹ ja³¹ jin²⁴，mɯŋ¹¹ nɯ³³ taŋ²⁴ ʔbu³¹，mɯŋ¹¹
　　你　要　考虑　到　押韵　你　想　到　葫芦　你
　　jou²⁴ nɯ³³ taŋ¹¹ ʔau²⁴ kuə³³ sa:u¹¹ laɯ¹¹ …
　　又　考虑　到　要　做　　怎样

D：la⁰，ʔau²⁴ ho¹¹ ʔdan²⁴ ʔbu³¹ te²⁴.
　　EP　要　合　个　葫芦　那

＊ 本材料为本书编者之一黄镇邦于2008年10月在望谟县大观乡大观村进行布依族民歌访谈的录音整理稿。文中A为该歌手岑英雄，B为村民岑志德，C为大观小学教师岑志刚，D为采访者黄镇邦，E为村民蒙华书。访谈系随机进行，对话十分自然。

B: te²⁴ fi³³ nau¹¹ taŋ¹¹ tɕiə¹¹ te²⁴ la⁰ ma⁰.
   它 未 说 到 那里 MP

C: mɯŋ¹¹ nɯ³³ nau¹¹ θaːu¹¹ lau¹¹ laːi²⁴, ke³¹ laːi²⁴ ne³¹, mɯŋ¹¹
   你 想 说 怎么 多 地方 多 这 你
   ʔau²⁴ nɯ³³ taŋ¹¹ ja³¹ jin²⁴, ʔau²⁴ ɕɯ³³ ʔdeu²⁴ ma²⁴ tou²⁴ ʔan³¹ pai²⁴
   要 考虑 到 押 韵 要 学 一 来 对应 那 成
   θaːu¹¹ te²⁴.
   那样

D: la³¹, ʔɯ⁰.
   EP MP

A: kun²⁴ mi¹¹ ʔdai³¹ ɕi³³ ʔau²⁴ ʔdan²⁴ ka³⁵ ʔdeu²⁴ ɕɯ³¹, kam³⁵ ma¹¹
   吃 不 得 就 要 个 大缸 一 接 什么
   heu³³ kuə³³ kaː³⁵ paːt³⁵① la⁰.
   叫 做 大缸 瓷碗 MP

C: mi¹¹ ðo³¹。
   不 知道

A: ka³⁵ le³¹, kaːŋ²⁴ ka³⁵ ti³³ ka³⁵.
   大缸 MP 缸 大缸 的 大缸

C: laːu³¹ to²⁴ kaːŋ²⁴ le³¹, laːu³¹ to²⁴ kaːŋ²⁴ ɕi³³ heu³³ kuə³³ ka³⁵.
   大 多 缸 MP 大 多 缸 就 叫 做 大缸

D: ka³⁵ ɕi³³ pai³³ po¹¹ ðau¹¹ ka³³ kuə³³ pai⁰ pa¹¹?
   大缸 就 地方 我们 自己 做 MP

C: mi¹¹ ha⁰, tsao²⁴ ʔo³⁵ ɕai¹¹ ʔdai³³ ha⁰, pa³⁵ kuaːŋ³⁵.
   不 MP 造 出 齐 MP 口 宽

A: mi¹¹, ha⁰, kaːŋ²⁴ ka³⁵ to⁵³ teŋ²⁴ na³³…
   不 EP 缸 大缸 都 是 布那

D: ʔo³¹, teŋ²⁴ na³³ tsun³³ fuŋ³³ kaːi²⁴ na³³?
   EP 是 布那 贞丰 卖 MP

B: tsun³³ fuŋ³³, pi⁵³ kaːŋ²⁴ haːi³¹ laːu³¹ lɯ⁰ ma⁰.
   贞丰 比 缸 还 大 MP

C: tsun³³ fuŋ³³ tsao²⁴ ti³³.
   贞丰 造 的

---

① paːt³⁵为大瓷碗，不是大缸，特此说明。

A: pi⁵³ kaːŋ²⁴ to⁵³ laːu⁴².
　　比　缸　都　大

C: pi⁵³ kaːŋ²⁴ laːu³¹.
　　比　缸　大

D: wəi²⁴ taːu³⁵ kən³⁵ tɕiaŋ²⁴① kua³⁵ tsɯn³³ fuŋ³³ tɕaːŋ²⁴ kaːi²⁴ ke⁵³,
　　所以　上次　　将　过　贞丰　街上　　MP
　　ðan²⁴ ho⁵³ te²⁴ kaːi²⁴ kaːŋ²⁴, kaːi²⁴ kaːŋ²⁴ ʔju³⁵ tɕaːŋ²⁴ kaːi²⁴ pan¹¹
　　见　他们　卖　缸　　卖　缸　在　街上　成
　　ðuaːt³³ pan¹¹ ðuaːt³³, tɕiaŋ²⁴ ɕi²⁴ nɯ³³ tsao²⁴ ɕiaŋ²⁴…
　　排　成　排　　将　就　想　照相

C: ðiaŋ¹¹ mo⁵³ ti³³ ji²⁴ sɿ³³ lɯ⁰ ma⁰.
　　和　陶罐　的　意思　MP

D: pau³⁵ tsəu³³ tɕao²⁴ səu²⁴ nau¹¹ mɯŋ¹¹ ha¹¹ tsao²⁴ kaːi³⁵ ne³¹ kuə³³
　　男子　周　　教授　　说　你　要　照　个　这　做
　　kam⁵³ ma¹¹ ma⁰?
　　什么　　MP

B: ʔe³³ he³⁵（笑）
　　EP

D: tɕiaŋ²⁴ nau¹¹ ku³⁵ ni³⁵ li³¹ ni³⁵ ɕi³³ ðan²⁴ na³³ tsɯn³³ fuŋ³³ ma²⁴
　　将　说　时候　小　还　小　就　见　布那　贞丰　来
　　kaːi²⁴ kaːŋ²⁴ kɯ⁰.
　　卖　缸　MP

C: te²⁴ vu³¹ fa³¹ pai⁰（笑）
　　他　无法　MP

D: ʔdi²⁴ ðeu²⁴. pau³⁵ tsou³³ tɕiao²⁴ səu²⁴ teŋ²⁴ na³³ tsɯn³³ fuŋ³³
　　有趣　　男子　周　　教授　　是　布那　贞丰
　　lə⁰ ma⁰.
　　MP

B: kaːŋ²⁴ ʔo³⁵ tai³⁵ pɯəŋ¹¹ ne³¹ pai²⁴ na⁰?
　　缸　出　自　地方　这　去　MP

D: la⁰, ʔo³⁵ tai³⁵ paːi³³ te²⁴ ma²⁴, ku³⁵ te²⁴ kua³⁵ ða:p³⁵ pɯ³⁵.
　　EP 出　自　那边　来　时候那　经过　挑　MP

———

① 采访者小名

A: kam³³ lɯk³³ ʔbuɯk³⁵ ɕi³³ kuə³³ sa:u¹¹ ne³¹ nau¹¹.
　　劝　女孩　就　做　这样　说

C: kam³³ hau³¹ na³³?
　　劝　饭　MP

A: mi¹¹ ha⁰.
　　不　MP

B: kam³³ lau⁵³ le³¹.
　　劝　酒　MP

A: kam³³ lɯk³³ ʔbuɯk³⁵ ɕi³³ pan¹¹ sa:u¹¹ ne³¹ nau¹¹ ha¹¹:
　　劝　女孩　就　成　这样　说　MP
　kɯn²⁴ mi¹¹ ʔdai³¹ ɕi³³ ðom²⁴ ɕo³⁵ pa:t³⁵.
　　吃　不　了　就　集中　放　大瓷碗
　muŋ¹¹ ɕi³³ ʔau²⁴ ʔdan²⁴ ka³⁵ te²⁴ ɕu³¹.
　　你　就　要　个　大缸　那　接
　tɯ¹¹ pai²⁴ laŋ²⁴ haɯ⁵³ ma³³,
　　带　去　娘家　给　妈
　ʔau²⁴ pai²⁴ ða:n¹¹ haɯ⁵³ ma³³.
　　要　去　娘家　给　妈
　ɕa³¹ nau¹¹ ma³³ mi¹¹ kɯn²⁴,
　　如果　妈　不　吃
　ʔau²⁴ haɯ⁵³ luŋ¹¹ jiaŋ¹¹ sa:t³³.
　　要　给　舅爷一起　完成

C: luŋ¹¹ jiaŋ¹¹ sa:t³³ na⁰?
　　舅爷一起　完成　MP

A: ɕa³¹ nau¹¹ luŋ¹¹ mi¹¹ kɯn²⁴,
　　如果　舅爷　不　吃
　luŋ¹¹ mi¹¹ kɯn²⁴ jiə⁵³ kam³³,
　　舅　不　吃　也　劝
　kɯn²⁴ mi¹¹ ʔdai³¹ jiə⁵³ kam³³.
　　吃　不　得　也　劝
　taŋ⁵³ ne³¹ tem²⁴ le³¹, luŋ¹¹ ɕi³³ teŋ²⁴ ko³³ te²⁴.
　　如此　还　MP　舅爷就　是　哥　她

D: na³¹ ɕi³³ teŋ²⁴ nuaŋ³¹.
　　小舅　就　是　弟

C: na³¹ ɕi³³ teŋ²⁴ nuaŋ³¹, ho¹¹ ti³³.
　　小舅　就是　弟　对　的

A: tun⁵³ ji³¹ mai³¹ ɕi¹¹ ja³³ te²⁴ kɯn²⁴ mi¹¹ ʔdai³¹, kɯn²⁴ mi¹¹ ʔdai³¹ ɕi³³
　　等于　位　女孩　那　吃　不　了　吃　不　了　就
　　ʔau²⁴ haɯ⁵³ ⋯
　　拿　给

C: li³¹ ma¹¹, li³¹.
　　有　MP　有

D: kaːi³⁵ wɯən²⁴ kam³³ hau³¹ ne³¹ tɕi³³ pɯn⁵³ saŋ²⁴ pu³¹ ʔjai³¹ ðau¹¹
　　个　歌　劝　饭　这　基本上　布依族　我们
　　to⁵³ tsha³³ pu³¹ to³³, wəi³⁵.
　　都　差不多　我

A: kuan⁵³ ɕɿ³³.
　　但是

B: ku²⁴, ku²⁴ to⁵³ ha¹¹ fi³³ ðan²⁴ wɯən²⁴ kam³³ taŋ¹¹ tshe¹¹ ti⁵³ laɯ¹¹
　　我　我　都　还没　见　歌　劝　到　彻底　怎么
　　le⁰.
　　MP

C: kam³³ taŋ¹¹ tshe³¹ ti⁵³ na⁰.
　　劝　到　彻底　MP

A: mi¹¹ tshe³¹ ti⁵³ laɯ¹¹.
　　不　彻底　怎么

B: fi³³, mi¹¹ li³¹ ti⁵³, tan²⁴ si²⁴ kam³³ ʔdai³¹ 50%－60% to⁵³ kho⁵³ ji⁵³
　　没有　没有　底　但是　劝　到　50%－60%　都　可以
　　pai³⁵ ma¹¹, tan²⁴ sɿ²⁴.
　　MP　但是

A: jaŋ²⁴ pu⁴² zau¹¹ kaːŋ⁵³ haːu³⁵, nau¹¹ ɕi³³ pan¹¹ ðau³¹ ðau³¹,
　　就像　我们　讲　话　说　就　成　总是
　　taŋ⁵³ te²⁴ ʔdai³⁵ kɯi⁵³, wɯən²⁴ mi¹¹ li³¹ tɕiə¹¹ ɕot³³.
　　那样　MP　歌　没有　处　结束

B: sɿ²⁴ ti³³, kuan⁵³ ɕɿ³³.
　　的　但是

C: taŋ¹¹ kai³³ ɕot³³ ʔau²⁴ taŋ¹¹ nau¹¹ː kɯn²⁴ mi¹¹ kɯn²⁴ jiə³³ ʔdim³¹,
　　到　时候结束　要　到　说　吃　不　吃　也　舔

上编　自然话语实录

nep³⁵ la⁵³ lin³¹ kuə³³ ʔjiə²⁴ taŋ⁵³ te²⁴ ðaɯ³¹ pai⁰.
贴　下　舌　当　药　那样　总是　MP

B: lau⁵³ ɕi³³ nau¹¹ lau⁵³, hau³¹ ɕi³³ nau¹¹ hau³¹.
　　酒　就　说　酒　饭　就　说　饭

D: la⁰!
　　EP

A: te²⁴ to⁵³ ɕi³³ li³¹ ɕon¹¹ toi²⁴ ðaɯ³¹ ðaɯ³¹.
　　她　都　要　有　句子　推脱　　总是

B: toi²⁴ kuan⁵³ ɕi³³, ne³¹, 50—60％ to⁵³, ɕi³³ ŋaːn⁵³ ʔdai³¹ pai²⁴
　　推脱　但是　这　50％—60％ 都　要　估计　得　MP
lɯ⁰ ma¹¹, tam³¹ kuan³¹ ɕi³³ lau⁵³ ɕi³³ nau¹¹. ʔe⁰, ʔe⁰···
　　MP　　但是　　　酒　就　说　EP EP

C: kaːi³⁵ de³¹ jiə³³ ʔau²⁴ tshuaŋ²⁴ tsao²⁴ mo³⁵ mɯ⁵³ ʔdai³³ lo⁰. lɯ⁵³.
　　那个　也　要　创造　又　MP　MP　MP

A: lau⁵³ hau³¹ tai³⁵ kaː⁵³ saːŋ²⁴, lau⁵³ hau³¹ jaːŋ¹¹ ka²⁴ tam³⁵.
　　酒　玉米　高个　酒　高粱　矮个

B: ka²⁴ tam³⁵.
　　矮个

D: me³³ wəi³⁵ tan⁵³ pɯə³³ tɕam³⁵ pɯə³³ ȵum³¹ pai²⁴ ʔdaːi²⁴, mi¹¹
　　母亲　我　穿　衣服　紫色　衣服　染　去　薅　不
kɯn²⁴ laːi²⁴ kɯn²⁴ noi³³.
　　吃　多　吃　少

B: la⁰!
　　EP

C: 大笑

B: ɕe⁵³ ʔdai³¹ tin²⁴ pɯə³³ ðoi³¹ wəi³⁵ juaːi¹¹ mɯ⁵³.
　　舍得　衣襟　破烂　我　递给　MP

D: kɯə¹¹ ne³¹ ɕi³³ ko³¹ ti²⁴ to⁵³ tuŋ³¹ lum⁵³.
　　这里　MP　各地　都　一样

A: taŋ⁵³ te²⁴ pɯə⁵³.
　　那样　MP

B: la⁰!(笑), mɯŋ¹¹ pan¹¹ kun²⁴ mi¹¹ tuan³³, mɯŋ¹¹ pan¹¹ ʔdim³¹
　　EP　　　你　成　吃　不可　你　成　舔

　　　　mi¹¹ tuan³³ , taŋ⁵³ te²⁴ puɯə⁵³ .
　　　　不可　　那样　　MP
C：（笑）

A：mi¹¹ tuŋ³¹ ða:ŋ³³ , ke⁵³ , kuə³³ pi⁵³ kuə³³ ða:ŋ³³ , ʔau²⁴ ða:ŋ³³ le³¹ .
　　不　　连贯　　EP　做　比喻做　衔接　要　连贯　MP

C：muɯŋ¹¹ ʔau²⁴ ða:ŋ³³ le³¹ ,
　　你　　要　　连贯　MP

A：n̥a³⁵ ðeŋ¹¹ tin²⁴ puɯə³³ ðoi³¹ wəi³⁵ jua:i¹¹ .
　　既然　　衣襟　　破烂　我　递给

D：na⁵³ ʔbaɯ²⁴ fa:i¹¹ wəi³⁵ jan³³ .
　　脸　叶　斑竹　我　递

A：tin²⁴ puɯə³³ mja:i¹¹ wəi³⁵ jan³³ ,
　　衣襟　　腐烂　我　递

　　liaŋ³³ jiə³³ mi¹¹ ðo³¹ fi¹¹ .
　　一些　也　不　会　醉

　　mi¹¹ kuɯn²⁴ la:i²⁴ kuɯn²⁴ noi³³ ,
　　不　吃　　多　吃　少

　　kuɯn²⁴ mi¹¹ ʔdai³¹ kuɯn²⁴ noi³³ .
　　吃　　不　得　吃　少

　　taŋ⁵³ ne³¹ pai³³ le³¹ .
　　这样　　MP

B：la⁰ , pan¹¹ sa:u¹¹ siən³⁵ te²⁴ lo⁰ .
　　EP　成　样　事情　那　MP

D：tam³¹ kuan⁵³ , lɯk³³ ʔbuɯk³⁵ kuə³³ pai¹¹ jiə³³ nau¹¹ : ka¹¹ ho¹¹ sai²⁴
　　但是　　女孩　　有时　　也　说　咔　喉咙

　　ða:i³¹ ða:i³³ , kuɯn²⁴ mi¹¹ ʔdai³¹ ða:i³¹ ða:i³³ , ne³¹ mo³⁵ puɯə⁵³ na⁰ ?
　　实在　　吃　不　得　实在　　这　又　MP MP

B：li³¹ ʔde³³ ha³¹ li³¹ ʔdai³⁵ ho¹¹ , dam³¹ kuan⁵³ ta:u³⁵ laŋ²⁴ ta:u³⁵ kam³³
　　有　MP　有　MP　　但是　下次　又　劝

　　mo³⁵ puɯə³⁵ . ta:u³⁵ kam³³ jiaŋ³³ mo³⁵ le⁰ , pan¹¹ ʔau²⁴ ka:i³⁵
　　新　MP　又　劝　样　新　MP　成　要　个

　　kuɯə¹¹ te²⁴ pai¹¹ puɯə³⁵ .
　　哪里　去　MP

C: ku²⁴ ʔdai³¹, mi¹¹ heu³³ kuə³³ khao⁵³ tɕiu²⁴ lɯ⁰ ma¹¹, tam³¹
　　我　得　不　叫　做　考究　MP　但是
heu³³ kuə³³ ɕin³³ saŋ⁵³ paːi³³ tɕhian³¹ tuŋ³³ naːn³¹ tʂhəu³³ ti³³
叫做　　　欣赏　地方　黔东南州　　的
tuŋ²⁴ tʂhu³¹ wən³¹ hua²⁴.
侗族　　　　文化

D: tuŋ²⁴ ko³³, tuŋ²⁴ ko³³ liː²⁴ haːi²⁴, piao⁵³ su¹¹.
　　侗歌　　侗歌　厉害　　　表叔

C: ho⁰, ʔja³⁵。
　　EP 厉害

B: kuan⁵³, fi³³, fi³³ le⁰.
　　但是　没　没 MP

D: ʔja³⁵ ta¹¹ ðaːi³¹. kam³³ lau⁵³ pi⁵³ kaːi³⁵ miao³¹ tʂhu³¹ kam³³ lau⁵³
厉害　真正　　劝酒　比　个　苗族　　　劝酒
ʔja³⁵ to²⁴ tem²⁴.
厉害 超过 还

B: jo³¹!
　　EP

C: pan¹¹ lum⁵³ po¹¹ ðau¹¹ nau¹¹ ni⁵³ taŋ⁵³ ne³¹, tɕiu²⁴ nau¹¹,
　　好像　　我们　　说 MP 那样　　　就　说
tɕen²⁴ pɯə³³ ðoi³¹ wəi³⁵ …
衣袖　 MP 我

D: juaːi¹¹, na⁵³ ʔbau²⁴ faːn¹¹ …
递　　脸　叶　斑竹

C: juaːi¹¹, ʔɯ⁰, tɕi³³ pɯn⁵³ saŋ²⁴ pan¹¹ sau¹¹ te²⁴, tam³¹ kuan⁵³ ɕi³³
递　 MP　基本上　　成　这样　　但是
ji²⁴ sɹ³³ te²⁴ nau¹¹ pan¹¹ tuŋ³¹ lum⁵³ taŋ⁵³ ne³¹ ʔdai³⁵, tam³¹ ɕi³³
意思　它　说　成　一样　　　这样　MP 　但是
nau¹¹ pan¹¹ ɕon¹¹ laːi²⁴ to²⁴.
说成　　句子　多　超过

B: pai²⁴ lak³³ ʔdai²⁴ ʔa⁰, pai²⁴ lak³³, ne³¹, ku²⁴ nau¹¹ mɯn¹¹ ɕi³³ li³¹
去　深 MP　　　去　深　MP 我 说　你　就 有
sam²⁴ ɕi³³ kɯn²⁴ pjak³⁵ tuŋ³¹ ɕam³³ toi²⁴.
心　就　吃　菜　共同　碗

A: tuŋ³¹ lum⁵³ ɕai¹¹ ʔdai³⁵, tsʅ⁵³ pu³¹ ko²⁴ taːŋ³⁵ ji⁵³ jan³¹ ʔdai⁰.
　　一样　　同样　　　只不过　不同　语言　MP

B: kɯn²⁴ lau⁵³, ʔɯ⁰ ⋯
　　吃　　酒　　MP

C: kɯn²⁴ ʔoi³¹ tuŋ³¹ ɕam³³ ko²⁴.
　　吃　甘蔗　共同　　棵

B: naŋ⁵³ ɕi³³ pjaːi⁵³ ðon²⁴ ko¹¹ tuŋ³¹ len³³, pjaːi³⁵ ðon²⁴ laːu³¹
　　如此　　走　　弯路　　　相看　　走　　路　　大
tuŋ³¹ len³³.
相看

C: taːu³⁵ te²⁴ ku²⁴ pai²⁴ ʔju³⁵ saŋ²⁴ hai⁵³ ʔdai³¹ soŋ²⁴ ŋon¹¹, ɕi³³ ʔju³⁵
　　那次　　我　去　　在　　上海　　得　两　　天　　就　在
jiaŋ¹¹ laːu³¹ tɕhian³¹ tuŋ³³ nan³¹ tsəu³³ ʔdak³⁵ ʔdak³⁵ ʔdak³⁵.
　　和　　　　位　　黔东南州　　　个　　个　　个

B: ɕi³³ ɕi³³ ko¹¹ pɯə⁰, teŋ²⁴ mi¹¹ teŋ²⁴ he⁰, tɕa³³ soŋ²⁴ ɕon³¹ laŋ²⁴ ne³¹,
　　就就　　弯　MP　　是　不　是　MP　加　两　句　后
wəi²⁴ ku²⁴ fi³³ ðan²⁴ pu³¹ lau¹¹ tɕa³³ soŋ²⁴ ɕon¹¹ laŋ²⁴ ne³¹ ke⁰.
　　所以　我　未　见　人　哪　加　两　句　后　这　MP
tsʅ⁵³ lɯn³¹ kam³³ ʔda³¹ ʔda³¹ ɕi³³ te²⁴ mi¹¹ li³¹ ɕon¹¹ lak³⁵ ɕi³³ fɯə³¹
　　只能　　劝　　仅仅　　就　她　不　有　句子　深　就　人家
mi¹¹ kɯn²⁴, teŋ²⁴ mi¹¹ teŋ²⁴ ʔku²⁴ nau¹¹ kɯn²⁴ lau⁵³ tuŋ³¹ ɕam³³
　　不　吃　　是　不　是　　我　说　　喝　酒　　共同
toi²⁴, kɯn²⁴ ʔon³¹ tuŋ¹¹ ɕam³³ ko²⁴ ⋯.
　碗　　吃　甘蔗　共同　　棵

C: ʔdak³⁵ liaŋ³¹ po³³ ɕi³³ teŋ²⁴ tɕhıan³¹ tuŋ³³ nan³¹ tsou³³ ti³³ liaŋ³¹ po³³
　　个　　梁波　　就　是　　黔东南州　　　的　梁波
ɕi³³ teŋ²⁴ heu³³ kuə³³ kam⁵³ ma¹¹ ɕian²⁴ kɯn³¹ ne³¹ pai³³ le¹¹?
　是　叫　做　　什么　县　　这样　MP

D: te²⁴ teŋ²⁴ li³¹ phin³¹ ma⁰, ɕa³¹ nau¹¹ tɯk³³ tuŋ²⁴ zu¹¹ ɕi³³, li³¹ phin³¹,
　　那是　黎平　　　MP　如果　是　侗族　　　就　黎平
juŋ³¹ tɕian³³ ha³¹ lau¹¹ pai³³ te²⁴ ʔdai⁰ la⁰.
　榕江　　　等等　　那边　　MP

C: ʔɯ⁰! teŋ²⁴, teŋ²⁴ teŋ²⁴ li³¹ pin³¹. li³¹ pin³¹, liaŋ³¹ po³³, laːu³¹
　　EP　是　是　是　黎平　　　黎平　　梁波　　　位

ɕiao²⁴ tsaŋ⁵³ te²⁴ nau¹¹ pai²⁴, ɕi³³, pai²⁴ lin⁵³ jo³¹ ka:i³⁵ tuŋ²⁴ tsu³¹
　　校长　　那　说　去　于是　去　领略　个　侗族
　　ka:i³⁵ te²⁴ kəu²⁴ ji²⁴ sɿ³³ ɕaɯ¹¹ pɯ⁰.
　　那个　　够意思　很　MP

B： ɕi³³ tɕa:ŋ²⁴ mi¹¹ ʔdai³¹ pai⁰la⁰, kɯn²⁴ pjak³⁵, kɯn²⁴ pjak³⁵
　　就　拒绝　不　得　MP　　吃　菜　　吃　菜
　　tuŋ³¹ ɕam³³ toi³¹ mɯ⁵³ ɕi³³.
　　共同　　碗　然后

C： ku²⁴ ha¹¹ fi¹¹ na:u³⁵, ku²⁴ ɕi³³ nau¹¹ ku²⁴ mi¹¹ kuə³³ pai⁰, ku²⁴
　　我　要　醉　差点　　我　就　说　我　不　做　MP　我
　　tsɿ³¹ tɕie³¹ ka:ŋ⁵³ ʔjai³¹ kuə³³ sa:u¹¹ ne³¹ nau¹¹ ku²⁴ mi¹¹ kuə³³
　　直接　讲　布依话　做　这样　　说　我　不　做
　　pai⁰. ho⁵³ su²⁴ ka⁵³ ku²⁴ mit³³ kue⁵³ ho¹¹ ku²⁴ to⁵³ san³³ te²⁴ la:i²⁴
　　MP　你们　杀　我　刀　割　喉咙　我　都　那么　多
　　pai⁰ ne³¹.
　　MP

D： ʔɯ⁰, na⁰, ha⁰ ha⁰, ho⁵³ te²⁴ ðo³¹ n̠ie²⁴ mi¹¹ ðo³¹ n̠iə²⁴ mɯ⁵³?
　　EP　MP　EP　他们　知道　不　知道　MP

C： mɯŋ¹¹ nau¹¹ kam⁵³ ma¹¹ mɯ⁵³? pai¹¹ te²⁴ po¹¹ te²⁴ ham³⁵ ku²⁴:
　　你　说　什么　　MP　当时　他们　问　我
　　n̠iə⁵³ pan³³ mɯŋ¹¹ suo⁵³ kuə⁵³ ti³³ tuŋ²⁴ tsuo³¹ ji²⁴ sɿ³³ teŋ²⁴
　　刚才　你　　所　做　的　动作　　意思　是
　　sau¹¹ laɯ¹¹ mɯ⁵³? n̠e³¹.
　　什么　　MP　MP

D： ʔɯ⁰, (笑)
　　EP

C： ku²⁴ nau¹¹:
　　我　说
　　不再做了，再做下来就拿刀割我脖颈这么做我都不做了，哈哈哈！

A： ha:u³⁵ tuə¹¹ hun¹¹ ɕi³³, pu³¹ ʔjai³¹ ðiaŋ³¹ pu³¹ ha³⁵, soŋ²⁴ pa:i³³ to⁵³
　　话　人间　　就　布依族　和　汉族　　双方　都
　　tu³¹ tʂhu³¹.
　　多　突出

C: ɕi³³ li³¹ ɕoi³¹ ʔdeu²⁴ kuə³³ taŋ⁵³ ne³¹ mit³³ ʔju³⁵ kɯə¹¹ ne³¹ ʔdai³³ ha⁰
　　于是 有 个 一 做 这样 刀 在 这儿 MP
ne³¹.
MP

B: ʔo⁰! ʔo⁰! pɯə³⁵.
　　EP EP MP

C: mɯŋ¹¹ ɕi³³ jau²⁴ kue⁵³ mi¹¹ kue⁵³ ʔn̠e³¹, pɯə³⁵.
　　你 需要 割 不 割 EP MP

E: pai¹¹ te²⁴ li²⁴ hai²⁴ pɯə³⁵.
　　那时 厉害 MP

D: ʔo⁰! he⁰ he⁰!
　　EP EP

C: pai¹¹ te²⁴ ku²⁴ mi¹¹ ðo³¹, mi¹¹ ðo³¹ ɕon¹¹ kam⁵³ ma¹¹ ha:n²⁴ pan¹¹.
　　那时 我 不 知道 不 知道 句子 什么 回答 成
he⁰ he⁰. te²⁴ fɯŋ¹¹ …
　　　　　EP 他 手

mit³³ ʔju³⁵ kɯə¹¹ ne³¹ ʔde³³ ha⁰, ne³¹.
刀 在 这儿 MP MP

E: ko⁵³ ɕi³³ jaŋ³¹ ma²⁴ ʔde³³ ha⁰.
　　就 递 来 MP

C: pai¹¹ te²⁴ mi¹¹ ðo³¹ lɯ⁰ ma⁰.
　　那时 不 知道 MP

B: mi¹¹, mi¹¹, mit³³ ɕi³³ mɯŋ¹¹ ka³³ kam²⁴, ha¹¹ kue⁵³ ku²⁴ ɕi³³ jaŋ³¹
　　不 不 刀 就 你 自 拿 要 割 我 就 递
ʔeu²⁴ hau⁵³ mɯŋ¹¹ taŋ⁵³ ne³¹.
脖子 给 你 这样

C: kai¹¹ te²⁴ ku²⁴ la:u²⁴ te²⁴ kue⁵³ pai⁰ lɯ⁵³, ha⁰ ha⁰.
　　那时 我 怕 他 割 MP EP

B: ka:m⁵³ kue⁵³ lɯ⁰? ha⁰, te²⁴ jou⁵³ tɕhin³¹ jou⁵³ ji²⁴ ma²⁴ ðiaŋ¹¹
　　敢 割 MP EP 他 有 情 有 义 来 跟
mɯŋ¹¹ ke⁰ …
你 MP

A/E/D: ha⁰ ha⁰.
　　　　EP

C: ku²⁴ mi¹¹ ðo³¹ ka:i³⁵ te²⁴ ku²⁴, ku²⁴ lau⁵³ ha:i¹¹ taŋ¹¹ pai³³ ɕi³³,
　　我　不　知道　那个　　我　我　酒　要　到位　MP
　　pai²⁴ nɯ³³ taŋ¹¹ san³³ te²⁴ ··· ha⁰ ha⁰ ha⁰.
　　去　想　到　那么　多　　EP

E: tiaŋ⁵³ ti³⁵ mɯŋ¹¹ ha¹¹ nau¹¹ ···
　　正在　　你　要　说

B: pai²⁴ ðe⁵³ mɯŋ¹¹, teu³⁵ kam³³ lau⁵³ ··· ha⁰ ha⁰ ha⁰.
　　去　惹　你　方式　劝　酒　　EP

C: mit³³ ʔju³⁵ kɯn¹¹① ʔdai³³ ha³⁵ ne³¹.
　　刀　在　这里　MP　MP

B: tɕiaŋ³³ tɕin³³ lɯ⁰ ma⁰, pai¹¹ te²⁴ tɕiaŋ³³ tɕin³³ pai⁰ lɯ⁰ ma⁰.
　　将军　　MP　那时候　将军　　MP　MP

C: ʔa⁰! mai¹¹.
　　EP　好玩

B: tɕiaŋ³³ tɕin³³ pai⁰, tam³¹ kuan⁵³ ɕi³³ mɯŋ¹¹ nau¹¹ ku²⁴ ma:i³⁵ mɯŋ¹¹
　　将军　MP　但是　就　你　说　我　爱　你
　　to³³ to³³ mɯŋ¹¹ kue⁵³ ɕi³³ kue⁵³ lɯ³⁵.
　　仅仅　你　割　就　割　MP

A: pai¹¹ te²⁴ taŋ³³ tsoŋ³³ mɯŋ¹¹ ɕi³³ ʔau²⁴ nau¹¹:
　　那时　当中　你　就　要　说
　　soŋ²⁴ ðau¹¹ ʔdai³¹ soŋ²⁴ ðau¹¹,
　　我两　得到　我两
　　sai³⁵ ʔau²⁴ ðau¹¹ pai²⁴ ka⁵³,
　　官家　要　我们　去　杀
　　ʔoi³⁵ na⁵³ pai²⁴ pa:ŋ³¹ tam¹¹,
　　面朝　方向　边　池塘
　　sai³⁵ ʔau²⁴ ðau¹¹ pai²⁴ tɕaŋ²⁴, ʔoi³⁵ laŋ²⁴ pai²⁴ ha:ŋ³¹ ɕa:i³³,
　　官家　要　我们　去　坐牢　背朝　方向　下方　海洋
　　ʔja:ŋ³¹ ta¹¹ ha:i³³ kɯn¹¹ ʔeu²⁴, soŋ²⁴ ðau¹¹ ðeu²⁴ tuɯ³¹ ɕo³³, ðeu²⁴
　　剑　一　横　上　脖子　我两　笑　相向　笑
　　ʔa³¹ n̩um³¹ tuɯ³¹ ɕo³³ taŋ⁵³ te²⁴ laŋ⁵³ tɕun⁵³ ne³¹ le¹¹.
　　(笑状态)　相向　那样　才　准　MP

---

① kɯn¹¹ = kɯ¹¹ ni³¹ （这里）的缩略。

C: ka:i³⁵ te²⁴ ðau¹¹ mi¹¹ ðo³¹ lɯ⁰ ma⁰.
　　那个　我们　不　知道　MP

E: pai²⁴ ðo³¹ kam⁵³ ma¹¹ wɯən²⁴ mɯ⁵³.
　　去　知道　什么　　歌　　MP

C: ʔi³⁵ pai¹¹ te²⁴ ðo³¹ ɕi³³ ka:i³⁵ te²⁴ ɕɯ³³ pai³³ lo⁰, ha⁰ ha⁰ ha⁰.
　　要时　那时　知道　就　那个　　试　MP　　EP

A: wɯən²⁴ tɯk³³ ka⁵³ jiə³³ li³¹, wɯən²⁴ tɯk³³ tɕaŋ²⁴ jiə³³ li³¹.
　　歌　　被　杀　也有　　歌　　被　关　也有

C: mai³¹ te²⁴ fɯə³¹ ɕau³³ ða:i³¹.
　　姑娘　那　人家　漂亮　真正

B: la⁰, wəi²⁴ te²⁴ ma:i³⁵, te²⁴ laŋ⁵³ ɕi³³…
　　EP 因为　她　喜欢　她　才

C: te²⁴ nau¹¹ nau¹¹ ka:i³⁵ te²⁴ juŋ³³ mit³³ kue⁵³ ʔeu²⁴ ne¹¹ ɕi³³, mit³³
　　她　说　说　那个　用　刀　割　脖子　MP　刀
ʔju³⁵ tɕiə¹¹ ne³¹, ne³¹ ɕi³³, nau¹¹ mi¹¹ ðo³¹ ku²⁴ la:u²⁴ kue⁵³
　在　这里　MP　MP　说　不　知道　我　害怕　割
ta:u³⁵ taŋ¹¹ ɕi³³.
　真正　MP

D: ʔɯn³¹！（笑）
　　EP

A: mi¹¹ la:u²⁴ ma¹¹.
　　不　怕　MP

C: kue⁵³ ta:u³⁵ taŋ¹¹ ɕi³³ tɕo¹¹ lau⁵³ mo³⁵ ðau³¹ lɯ⁵³.
　　割　真正　就　遭　酒　又　总是　MP

B: la:u²⁴ lau⁵³ ɕi³³ tuŋ³¹ pa:ŋ²⁴ pai³³ la⁰, pai¹¹ te²⁴ mɯŋ¹¹ ɕi³³…
　　怕　酒　就　互相帮忙　MP　那时候　你　MP

C: pai³³ tɕhian³¹ tuŋ³³ nan³¹ te²⁴…
　　地方　黔东南　　那

B: te²⁴ jou⁵³ ji²⁴ ma²⁴ ʔan¹¹ mɯŋ¹¹ mɯŋ¹¹ ɕi³³ puŋ³¹ pɯi³³ pai³³ ke⁵³…
　　她　有意　来　那个　你　你　就　碰杯　　MP
ha³¹！
　EP

A: la³¹！
　EP

E: …mi¹¹ heu³³ kuə³³ tuŋ³¹ toi³⁵ lau¹¹ ke⁵³.
　　不　叫　做　同路　怎么　MP

C: nau¹¹ mi¹¹ tɕin³³ tshu⁵³, po¹¹ te²⁴ pai²⁴ saŋ²⁴ hai⁵³ ta⁵³ kuŋ³³, ʔju³⁵
　　说　不　清楚　他们　去　上海　打工　在
　　saŋ²⁴ hai⁵³ ti³³ ta²⁴ kuan³³ juan³¹, ʔju³⁵ ta²⁴ kuan³³ juan³¹ kuə¹¹ te²⁴
　　上海　的　大　观园　在　大观园　那里
　　kuə³³ min³¹ tsu³¹ wu⁵³ tao²⁴ piao⁵³ jan⁵³ tui²⁴, po¹¹ te²⁴ li³¹ ku²⁴ tin²⁴
　　做　民族　舞蹈　表演　队　他们　有　固定
　　ti³³ kuŋ³³ tsɿ³³, po¹¹ te²⁴ kuə³³ ʔdai³¹ ʔan³¹ ɕi³³ kho⁵³ ji⁵³ tshu³¹,
　　的　工资　他们　做　得　钱　就　可以　出
　　tsou⁵³ ɕiaŋ²⁴ wai²⁴ kue³¹. taŋ⁵³ ne³¹ ɕai¹¹.
　　走向　外国　这样　齐

B: li⁵³ jou³¹ tɕiə³¹ ke⁵³, li⁵³ jou³¹ je³¹, pu³¹ ʔjai³¹ po¹¹ ðau¹¹ jiə³³ nau¹¹.
　　旅游节　MP　旅游业　布依族　我们　也　说

A: ðuaŋ³³ mɯŋ¹¹ kɯn²⁴ ðam³¹ mi³⁵ mi¹¹ θom⁵³, ne³¹ mo³⁵, jiə³³ tu¹¹
　　思念　你　吃　酸汤　不　酸　MP　也　毒
　　pu³¹ te³¹ liao⁵³ ɕai¹¹.
　　不得了　同样

D: kɯn²⁴ ðam³¹ ʔom³¹ mi¹¹ lai²⁴,
　　吃　米汤　不下
　　kɯn²⁴ tiaŋ¹¹ nai²⁴ mi¹¹ ɕiə³³,
　　吃　冰棒　不化
　　kɯn²⁴ kaːi³⁵ sui⁵³ ko⁵³ taŋ³¹ mi¹¹ ɕiə³³.
　　吃　那　水果糖　不　化

A: ɕɔn¹¹ haːu³⁵ ne³¹ jie³³ ɕiaŋ³³ taŋ³³ tu¹¹ pɯə⁵³, li²⁴ hai²⁴ pɯə⁵³
　　句子　话　这　也　相当　毒　MP　厉害　MP
　　ðam³¹ mi³⁵ to⁵³ mi¹¹ θom⁵³ pai³³ ɕi³³.
　　酸汤　都　不　酸　MP

D: la⁰, ʔɯ⁰, ʔɯ⁰.
　　EP　EP　MP

C: tsɯn²⁴ min³¹ ðuaŋ³³ pu³¹ te³¹ liao⁵³ pai⁰, ðuaŋ³³ ji⁵³ tɕin³³ ta³¹ tao²⁴
　　证明　思念　不得了　MP　思念　已经　达到
　　wu³¹ tɕi³¹, jeu³³ kuə³³ tin⁵³ tian⁵³.
　　无极　叫做　顶点

D: ʔɯ⁰, tin⁵³ tian⁵³ pai³⁵.
　　MP　顶点　　MP

A: pu³¹ ha³⁵ ɕi³³ nau¹¹ ɕiaŋ⁵³ mei²⁴ lian⁵³ waŋ²⁴ ɕiaŋ²⁴ tsɿ⁵³ tsaŋ³³ ne⁵³,
　　汉族　就　说　想　妹　脸　黄　像　纸张　MP

C: ha⁰ ha⁰ ha⁰.
　　　EP

A: na⁵³ hen⁵³ lum⁵³ ʔbaɯ²⁴ sa²⁴ ni⁵³, muɯŋ¹¹ tɕa:n²⁴ nau¹¹
　　脸　黄　像　张　纸　EP　你　以为
　ha⁰ ha⁰ ha⁰.
　　　EP

A/B/C/D：（笑）

D: na⁵³ hen⁵³ lum⁵³ ʔbaɯ²⁴ θa²⁴ ʔau²⁴ mi¹¹ kɯn²⁴ hau³¹ tɕi⁵³ ŋon¹¹ lɯŋ⁵³
　　脸　黄　如　张　纸　要　不　吃　饭　几天　才
　pan¹¹ sa:u¹¹ te²⁴ pɯə⁵³.
　　成　那样　MP

C: ʔɯ⁰, ʔau²⁴ kuə³³ hop³⁵ tɕe³¹ taŋ⁵³ te²⁴ he⁰ he⁰.
　　MP　要　做　对场　那样　EP

A: pu³¹ ha³⁵ kɯ⁵³ sa:u¹¹ wuən²⁴ ɕiaŋ³³ fuŋ³¹.
　　汉族　那种　　歌　　相逢

B: khua³³ tsaŋ³³ la:i²⁴ ɕai¹¹ ʔdai³⁵ ke⁵³.
　　夸张　　多　一样　MP

A: jiə³³ li²⁴ hai²⁴ ɕiaŋ⁵³ mui²⁴ lian⁵³ waŋ³¹ ɕiaŋ²⁴ tsɿ⁵³ tsaŋ³³, ne³¹ ɕi³³.
　　也　厉害　想　妹　脸　黄　像　纸张　MP

D: ʔɯ⁰, ʔɯ⁰.
　　MP　MP

C: ha⁰ ha⁰ ha⁰.
　　　EP

A: tsao⁵³ zi³¹ ɕiaŋ⁵³ ni⁵³ fan²⁴ pu³¹ tshɿ³¹, pan¹¹ sa:u¹¹ ne³¹ pai³³ la⁵³.
　　早日　想　你　饭　不　吃　成　那样　MP

B: po¹¹ ðau¹¹ mo¹¹ ɕi³³ nau¹¹ wuən²⁴, pu³¹ ʔjai³¹, ðuaŋ³³ muŋ¹¹ hau³¹
　　我们　还是　　唱歌　　布依族　思念　你　饭
　mi¹¹ kɯn²⁴ ʔdian²⁴ ɕet³⁵, pjak³⁵ mi¹¹ kɯn²⁴ ʔdian²⁴ ŋi³³, mɯ⁵³.
　　不　吃　月　七　菜　不　吃　月　二　EP

A: pjak³⁵ mi¹¹ kɯn²⁴ ʔdian²⁴ ku⁵³ ne³¹.
　　菜　不　吃　月　九　MP

B: pjaːi⁵³ ha¹¹ koŋ²⁴ jiaŋ¹¹ ðuaŋ³³.
　　走　要　倒　因为　你

C: ʔɯ⁰, saːu¹¹ te²⁴ lɯŋ⁵³ nau¹¹ ʔdai³¹ pai²⁴.
　　MP　那样　才　说　得　去

A: lɯŋ⁵³ nau¹¹ ʔdai³¹ pai²⁴ lɯ⁰ ma⁰.
　　才　说　得　过去　MP

D: ʔdian²⁴ ɲi³³ ku³⁵ te²⁴ ɕaːu³¹ kɯn²⁴ ɕiaŋ²⁴ ʔiə³⁵ ʔdai³³ ɕi³³. ku³⁵ te²⁴
　　月　二　那时候　刚刚　过节　过　MP　那时
　　ha¹¹ laŋ⁵³ li³¹…
　　还　有

C: la⁰, mɯŋ¹¹ nau¹¹ ʔdian²⁴ ɲi³³ ɕi³³ mi¹¹ ho¹¹.
　　EP　你　说　二月　就　不对

A: ʔdian²⁴ ɲi³³ jou²⁴ li³¹ ʔdian²⁴ ɲi³³ te²⁴ nau¹¹, ʔdian²⁴ ɲi³³ ɕi³³…
　　月　二　又　有　月　二　的　说法　月　二　就

C: ðuaŋ³³ paːi³³ tok³⁵ pjak³⁵ tok³⁵ hau³¹ ne³¹ mo³⁵ pai³³ la⁰.
　　担心　方面　撒　菜籽　撒　谷种　这　又　MP

A: ʔdian²⁴ ɲi³³ ɕi³³…
　　月　二　就

B: si³⁵ ʔdak³⁵ hau³¹ pan¹¹ soŋ²⁴.
　　四　块　饭　成　袋

A: ɕaːu³¹ ði³³ ɕaːu³¹ na¹¹ pai⁰ lɯ⁰ ma⁰.
　　开始　旱地　开始　水田　MP　MP

C: mi¹¹ li³¹ pu³¹ lau⁰ kuə³³ kok³⁵ pai²⁴ ɕi³³ taŋ⁵³ lau¹¹ mi¹¹ ðuaŋ³³
　　没有　谁　做　头　去　就　怎么　不　担心
　　mɯ⁵³?
　　MP

B: ʔan³¹ ɕai¹¹ ʔdai⁰, tsʅ⁵³ pu³¹ ko²⁴ ɕi³³ khua³³ tsaŋ³³.
　　那个　也　MP　只不过　就　夸张

A: pu³¹ ha³⁵ ɕi³³ nau¹¹:
　　汉族　就　说
　　九天下雨九天干，
　　几天不见妹出山，

隔了九天不见妹，
好像隔了几十年。

(笑) muɯŋ¹¹ tɕaːn²⁴ nau¹¹ , te³¹ liao⁵³ ma⁰ ʔhak³⁵ pjaːu¹¹ pɯə⁵³ ,
　　　你　　　以为　　　得了　MP 出色　很　　MP
jiə³³ li²⁴ haiː²⁴ pjaːu¹¹ ...
也　厉害　很

B: pu³¹ ʔjai³¹ mi¹¹ li³¹ wən³¹ tsi²⁴ ka³³ ...
　 布依族　　没有　　文字　　自己

D: ʔdian²⁴ ʔdeu²⁴ saːm²⁴ ɕip³³ ham³³ ,
　 月　　　一　　　三　　　十　　晚

A: saːm³³ ʔdian²⁴ ku⁵³ ɕip³³ ham³³ , ham³³ fɯə³¹ to⁵³ ɕun¹¹ ,
　 三　　　月　　　九　　十　　晚　　　晚　　我　都　转
taŋ⁵³ lau¹¹ mi¹¹ ðan²⁴ ɕui³⁵ ta²⁴ mɯn¹¹ .
怎么　　不见　　妩媚的人

A: ma²⁴ ɕuan³³ ?
　 来　逛

D: kau²⁴ ta²⁴ ɕuaːi³¹ ma²⁴ ɕuan³³ ? ʔɯn³¹ , la⁰ ,
　 丹凤眼　　　来　逛　　MP　EP

C: (笑), saːm³³ ʔdian²⁴ ku⁵³ ɕip³³ ham³³ tsha³³ pu³¹ to³³ ji³¹ pe³¹
　　　 三　　　月　　　九　　十　　晚　差　不　多　一　百
thian³³ pai³³ la⁰ , tsɯn²⁴ min³¹ ji³¹ pe³¹ thian³³ ne³¹ san³³ ko²⁴ je³¹
天　　MP　　　证　明　一　百　天　这　三　个　月
ne³¹ ham³³ ham³³ to³¹ tem³⁵ , ŋaːi³³ naːu³⁵ ma¹¹ ʔha⁰ ha⁰ ha⁰ .
这　晚　晚　都　等待　　容易　　MP　EP

D: la⁰ , saːm³³ ʔdian²⁴ ku⁵³ ɕip³³ .
　 EP　三　　　月　　　九　十

C: kaːi³⁵ ne³¹ fu³³ pu³¹ ʔwa³¹ teu³⁵ ðaːŋ³⁵ , po¹¹ ʔdeu²⁴ jiə³³ teu³⁵
　 这个　　忽悠　人　傻　　滚　坡　　一些　　也　滚
po¹¹ ʔdeu²⁴ jiə³³ wəi²⁴ tɕhin³¹ kan⁵³ ta³¹ tao²⁴ ji³¹ tin²⁴ ti³¹ mu³¹ ti³¹ .
一些　　也　为　　情感　　达到　一定　的　目的
tam³¹ ɕi³³ pu³¹ wɯən²⁴ ðiaŋ¹¹ pu³¹ wɯən²⁴ mi¹¹ ʔdai³¹ tuŋ³¹ ɕam³³
但是　人　　歌　　和　人　　歌　不得　共同
ðaːn¹¹ lau¹¹ , peu³⁵ lau¹¹ .
家　　　没有

E: mi¹¹ ʔdai³¹, mi¹¹ ʔdai³¹.
　　不　得　　不　得

D: tam³¹ kuan⁵³ ɕi³³, ʔŋ³¹, la⁰,
　　但是　　　就　MP　EP

B: ʔdai³¹ le³¹.
　　有　MP

E: ha³¹ ta:u³⁵ pan¹¹ li³¹ wən³³ ʔdai⁰.
　　将　又　　成　　离婚　　MP

C: ʔdai³¹ ɕi³³ taŋ⁵³ lauɯ¹¹ kau²⁴ ka:t³⁵ tɕo¹¹ ðem³⁵①, kau²⁴ ka:t³⁵ tɕo¹¹
　　得　　就　怎么　　　　葛藤　　　被　　烧　　　　葛藤　　　被
　peu²⁴ pai⁰ muɯ⁵³?
　烧　　　MP

D: ka:i³⁵ te²⁴ tɯk³³ the³¹ su³³ li²⁴ tʃʰɿ⁵³, la⁵³ ha:ŋ²⁴ li³¹ θoŋ²⁴ toi³⁵.
　　那个　　是　特殊　　特殊　　　　乐康　　有　　两　对

C: ʔɯn³¹.
　　MP

D: mi¹¹ ha³¹, phan³³ tsu⁵³ tɕʰiu³¹ ðiaŋ¹¹ ja³³ te²⁴.
　　不　MP　　潘　　祖　　裘　　　和　　夫人　她

B: mi¹¹ pan¹¹ lauɯ¹¹ ke⁵³!
　　不　成　　怎样　　MP

D: pan³³ tsu⁵³ tɕʰiu³¹ ðiaŋ¹¹ ja³³ te²⁴ teŋ²⁴ nau¹¹ wɯən²⁴ ʔdai³¹ pai⁰,
　　潘　　祖　　裘　　　和　　夫人　他　是　　唱歌　　　　　得　MP
　ha³¹ luɯŋ⁵³ li³¹ pau³⁵ waŋ³¹ tɕian²⁴ lin³¹ jiə³³ nau¹¹ wɯən²⁴ ʔdai³¹
　还　　仍　　有　　男子　王　　建　　林　也　　唱歌　　　　　得
　ja³³ ɕai¹¹.
　妻子　全部

B: waŋ³¹ tɕian²⁴ lin³¹ jiə³³ ðo³¹ wɯən²⁴ ɕai¹¹?
　　王　　建　　林　也　　懂　歌　　　全部

D: ðo³¹ ʔja³⁵ ho¹¹. pau³⁵ te²⁴ ðo³¹ ʔja³⁵ pai⁰ lo⁰.
　　懂　厉害　　MP　男子　那　知道　厉害　　MP

B: tɯə¹¹ tɯə¹¹, tɯə¹¹ ji³³ jan²⁴ te²⁴ lɯ⁰ ma⁰?
　　个　　个　　　个　　医院　那　MP

---

① 本文为访谈的一个摘录，谈话中曾提到离婚就如葛藤被火烧一般。

D: ji³³ jan²⁴ la⁰, pau³⁵ te²⁴ la⁰, pau³⁵ ta⁵³ tsɯn³³ te²⁴ lo⁰.
　　医院　MP 男子　那 MP 男子　　打针　　那 MP

C: tam³¹ pan¹¹ sao⁵³ jou⁵³ ʔdai³⁵, tsɯn³³ tsɯn²⁴ nɯŋ³¹ tɕiə³¹ ho³¹
　　但　成　　少有　MP　　真正　　能　　结合
　　ma²⁴ tiə⁵³ sao⁵³ jou⁵³ ɕau¹¹ ʔdai⁰.
　　下来　　少有　　很　MP
　　sɿ³¹ jou⁵³ pa³¹ tɕiu⁵³ ···
　　十有八九

D: la³¹, noi³⁵ ʔdai⁰, noi³⁵ ta¹¹ ða:i³¹, tam³¹ kuan⁵³ ɕi³³, pu³¹
　　EP　少　MP　少　　真正　　　但是　　就　人
　　nau¹¹ wuən²⁴ zoŋ⁵³ tɕie³¹ ma²⁴ nau¹¹ kan⁵³ tɕhin³¹ hɯn⁵³ fuŋ³³ fu²⁴.
　　唱歌　　　总结　　来　说　　感情　　很　丰富
　　kan⁵³ tɕin³¹ fuŋ³³ fu²⁴ ta¹¹ ða:i³¹ pai⁰.
　　感情　　丰富　　真正　MP

B: fuŋ³³ fu²⁴ ta¹¹ ða:i³¹, tam³¹ kuan⁵³ ni³⁵, pu³¹ nau¹¹ wuən²⁴ ni⁰
　　丰富　　真正　　　但是　　　呢　人　唱歌　　呢
　　nau¹¹ pan¹¹ taŋ⁵³ lau¹¹ mu⁵³, jin³³ wəi²⁴ ji²⁴ sɿ³³ pai²⁴ lak³³,
　　说　　成　　怎么　MP　　因为　意思　去　深
　　kan⁵³ tɕhin³¹ pai²⁴ ðai¹¹, ʔɯ³¹.
　　感情　　去　远　MP

D: ʔɯ³¹, ʔa⁰ ···
　　MP　MP

C: tam³¹ ku²⁴ kuə³³ sa:u¹¹ ne³¹ nau¹¹: pu³¹ ðo³¹ wuən²⁴ mi¹¹ ðo³¹
　　但　我　做　　那样　　说　人　懂　歌　　不　会
　　kuŋ³³ hoŋ²⁴ lau¹¹, ha⁰ ha⁰ ha⁰.
　　劳动　怎么　EP　　EP

B: luan²⁴ hot³³!
　　乱　说

C: mi¹¹ ðo³¹, ta¹¹ ða:i³¹! pu³¹ nau¹¹ wuən²⁴ kuə³³ hoŋ²⁴ mao³¹ tsao²⁴
　　不　会　　真的　　　人　唱歌　　　做工　　毛糙
　　ʔdai⁰, ha⁰ ha⁰ ha⁰.
　　罢了　　EP

B: luan²⁴ hot³³! ma³¹ ti³³!
　　乱　讲　妈　的

C: te²⁴ nɯ³³ pa:i³³ te²⁴ ma²⁴ paŋ³³ maŋ³¹, mi¹¹ kho⁵³ nɯn³¹ ti³³
　　他　想　那边　来　帮忙　　不　　可能　的
　sɿ²⁴ tɕhin³¹, ha⁰ ha⁰ ha⁰.
　事情　　　EP

A: mi¹¹ ho¹¹, ka:i³⁵ pu³¹ ðo³¹ nau¹¹ wɯən²⁴…
　不　对　些　　人　懂　　唱歌

B: wɯən²⁴ ʔau²⁴ ma²⁴ ɕo³⁵ toi³¹ ɕo³⁵ ŋom³³ kun²⁴ ma⁰?①
　歌　　要　来　放　碗　放　钵　吃　MP

D: piao⁵³ koŋ³³ mɯŋ¹¹ ku³⁵ ɕo¹¹ te²⁴ kan³¹ toi³⁵ wɯən²⁴ mi¹¹?
　表　　公　　你　时候　年轻　那　经常　对　　歌　　不

A: toi³⁵, toi³⁵ noi³³.
　对　对　一些

B: toi³⁵ le³³. wɯən²⁴ te²⁴ ta:u²⁴ toi³⁵ ho⁰,
　对　MP　歌　　他　倒是　对　MP

D: ʔju³⁵ ta¹¹ ʔon²⁴ pɯn⁵³ ti²⁴ toi³⁵ hai³¹ sɿ²⁴ pai²⁴ kuə¹¹ ðo³³ toi³⁵ tem²⁴
　在　大观　本地　对　还是　去　外地　对　还有
　ni³¹?
　MP

E: ta¹¹ ʔon²⁴ toi³⁵ ʔdai³⁵,
　大观　对　罢了

B: pɯn⁵³ ti²⁴ toi³⁵ ʔdai³⁵, kuə¹¹ ðo³³ ɕi³³ toi³⁵ sak³⁵ noi³³ ʔdai³⁵,
　本地　对　罢了　　外地　就　对　有些　少　　罢了
　kuə¹¹ ðo³³ ɕi³³ pɯn¹¹ kuə²⁴ lau¹¹ ɕi³³ toi³⁵ sak³⁵ ʔet³⁵ ʔdai⁰.
　外地　就　遇　那里　就　对　少许　　MP
　tam³¹ kuan⁵³ ɕi³³ ʔju³⁵ ʔba:n³¹ ne³¹ ɕi³³ toi³⁵ la:i²⁴ pai³³ lo⁵³.
　但是　就　在　寨子　这　就　对　多　　MP

A: nau¹¹ hau⁵³ pai²⁴ toi³⁵, ɕa:m²⁴ taŋ⁵³ ɕi³³ pai⁰,
　邀请　去　对　请　到　就　去

B: kuan⁵³ ɕi³³ ʔju³⁵ ʔba:n³¹ ðo³³ ɕi³³ ʔja³³ toi³⁵ ke⁵³.
　但是　在　寨子　外　就　不好　对　MP

D: ʔo³¹, na⁰, ha⁰ ha⁰.
　MP　EP　　EP

---

① 言下之意:歌手也会劳动,不依靠唱歌过日子。

E: pan¹¹ la:i²⁴ tɕa:u³⁵ … pau³⁵ tɕe³⁵ to²⁴ ku³⁵ te²⁴ tu⁵³ ha³¹ laŋ⁵³ li³¹
　　成　多　教派　男子　老　都　时候那　都　还　有
　　toi³⁵ ke⁵³. te²⁴ ta:u²⁴ toi³⁵.
　　对　MP　他　倒是　对

D: woi³⁵ ȵan³³ tɕiu²⁴ ka:i³⁵ wɯən²⁴ ne³¹.
　　我　研究　类别　歌　这

B: pai¹¹ ne³¹ ha¹¹ ma²⁴ ȵan³³ tɕiu²⁴ pai⁰ na⁰.
　　现在　要　来　研究　MP

D: ȵan³³ tɕiu²⁴, ke⁵³ lɯn²⁴ wɯn³¹ ne³¹ tɕiu²⁴ sɿ³³ ða:i¹¹ la⁰. pu³¹ ʔjai³¹
　　研究　篇　论文　这　就是　写　MP　布依族
　　po¹¹ ðau¹¹ ke⁵³ wɯən²⁴ ne³¹, sɿ³³ fu²⁴, sɿ³³ fu²⁴ son²⁴ tu³¹ ti²⁴ ɕi³³
　　我们　类别　歌　这　师父　师父　教　徒弟　就
　　fan²⁴ ŋan¹¹ ʔdeu²⁴ to⁵³ mi¹¹ ʔau²⁴ pɯə⁵³.
　　分　银　一　都　不　收　MP

B: mi¹¹ ʔau²⁴ ha⁰, mi¹¹ ʔau²⁴ le³¹.
　　不　收　MP　不　收　MP

D: pu³¹ θon²⁴ wɯən²⁴ te²⁴ kɯɯ¹¹ laɯ¹¹ ʔau²⁴ kam⁵³ ma¹¹ fan²⁴ ŋan¹¹
　　不　教　歌　他　哪里　要　什么　分　银子
　　laɯ¹¹ mu⁵³, piu³⁵ le³¹, mi¹¹ ʔau²⁴ liŋ³³ liŋ³³.
　　哪　MP　空　MP　不　要　完全

D: je⁵³, ka:i³⁵ ne³¹ ɕi³³ ɕo¹¹ sɯn³³ ðiaŋ¹¹ lao⁵³ sɿ³³, tɕiu²⁴ sɿ²⁴ nau¹¹
　　EP　这个　就　学生　和　老师　就是　说
　　lum⁵³ mɯŋ¹¹ taŋ⁵³ ne³¹, ɕa³¹ nau¹¹ ðiaŋ¹¹ pu³¹ tɕe⁵³ nau¹¹ wɯən²⁴
　　像　你　这样　要　如果　和　老人　唱歌
　　taŋ⁵³ ne³¹ li³¹, mi¹¹ li³¹ phuŋ³¹ jou⁵³ kuan³³ ɕi²⁴, taŋ⁵³ ne³¹ le¹¹
　　这样　有　没有　朋友　关系　这样　MP
　　wəi³³ tɕi³⁵ kuan³³ ɕi²⁴.
　　朋友　关系

A: kuan³³ ɕi²⁴, wəi³³ tɕi³⁵ taŋ³³ tson³³ ɕi³³ kɯə³³ kɯə³³ sa:u¹¹ ne³¹ nau¹¹,
　　关系　朋友　当中　就　做　做　这样　说
　　li³¹ ʔde³³ ha³⁵.
B: 　有　MP

D: ʔɯn³¹, ʔo⁰!
　　EP　EP

A: li³¹ ʔde³³ ha³⁵, jaːŋ³³ pi⁵³ wəi³³ tɕi³⁵ taŋ⁵³ ne³¹ taŋ³³ tsoŋ³³. kɯə¹¹ te²⁴
　　有　　MP　　比如　　朋友　　这样　　当中　　那里

li³¹ wɯən²⁴ pai⁰,
有　歌　MP

li³¹ lɯk³³ ʔbɯk³⁵ pai⁰, hai⁰, kaːi³⁵ ku²⁴ ɕi³³ jao²⁴ hun¹¹
有　女孩　MP　MP　　我　就要　人

nau¹¹ wɯən²⁴ ku²⁴ li³¹ pu³¹ wəi³³ tɕi³⁵ ʔdeu²⁴, taŋ⁵³ ne³¹, ʔau²⁴
唱歌　　我　有　人　朋友　　一　　　这样　要

pan¹¹ hau⁵³ te²⁴ ma²⁴ nau¹¹, taŋ⁵³ ne³¹ la⁰.
必须　让　他　来　说　　这样　MP

D: na⁰, ʔo³¹.
　　MP　EP

A: zu³¹ ko⁵³, wəi³³ tɕi³⁵ te²⁴, te²⁴ ʔju³⁵ kɯə¹¹ te²⁴, te²⁴ ja³³ ðo³¹
　　如果　　朋友　他　他　在　　那里　他　也　知道

kɯə¹¹ ʔɯn³⁵ ʔoŋ³⁵ ðiaŋ¹¹ te²⁴, tuŋ³¹ ɕam³³ nau¹¹, θoŋ²⁴ pu³¹
别处　　在　　跟　他　　一起　　唱　　两人

tuŋ³¹ ɕam³³ nau¹¹, mi¹¹ ho¹¹ sam²⁴ te²⁴, te²⁴ jiə³³ jao³³ tɕhiu¹¹ hau⁵³
一起　　说　没　合　心　他　他　也　要求　给

ku²⁴ pai²⁴ taŋ⁵³ ne³¹ la⁰. pan¹¹ lum⁵³ po¹¹ ku²⁴ ðiaŋ¹¹ ɕu¹¹ po³³
我　去　这样　MP　好像　我们　和　叔　父亲

suai²⁴ tiə⁵³ te²⁴, θoŋ²⁴ po³³ lɯk³³, ʔdai³¹ toi³⁵ hun¹¹ laːi²⁴ ʔiə³⁵
帅　下方　那　两　　父子　　得　对　人家　曾经

ni³⁵ ɕi³³, hun¹¹ laːi²⁴ taŋ¹¹ ʔbaːn³¹ lau¹¹ hau⁵³ ma²⁴ ta¹¹ ʔon³¹ nau¹¹
MP　　人家　到　寨子　哪　入　来　大观　说

teŋ²⁴ θoŋ²⁴ pu³¹ te²⁴ mi¹¹ teŋ²⁴? ɕa³¹ mi¹¹ teŋ²⁴ ɕi³³ mi¹¹ pai²⁴,
是　两　人　那　不　是　如果　不　是　就　不　去

taŋ⁵³ te²⁴ ʔdai³⁵ la⁰.
那样　MP　EP

D: ʔaɯ³¹, la⁰, ha⁰ ha⁰!
　　MP　EP　EP

B: te²⁴ jiə⁵³ mi¹¹ fu¹¹ ɕai¹¹, taːu³⁵ ʔdu³¹ ɕu³³ teu³⁵ lau¹¹, taːu³⁵ laŋ²⁴
他　也　不　服　一样　次　初　输　音　哪　　下次

te²⁴ ha¹¹ ma²⁴ wan¹¹ mo³⁵. ta:ŋ³⁵ tuə¹¹, tuə¹¹, tuə¹¹ kam⁵³ ma¹¹
她 要 来 试探 又 像 个 个 个 什么
po²⁴ θa:ŋ²⁴ te²⁴, nau¹¹: ʔdan²⁴ ʔeu³¹ li³¹ tɕi⁵³ ɕa:ŋ²⁴ ða:i³¹ ha³⁵,
坡上① 那 说 个 粮仓 有 几 仓 真正 MP
ʔdau²⁴ ða:n¹¹ li³¹ tɕi⁵³ θa:ŋ³³, nuaŋ³¹ mi¹¹ wa:ŋ³⁵ pai²⁴ ʔau²⁴, tɯ¹¹
里 家 有 几 仓 妹 不 空闲 去 要 带
ɕo³⁵ ɕau¹¹ ma²⁴ noi³³, ʔau²⁴ ɕo³⁵ to³¹ ma²⁴ noi³³.
放 衣袋 来 少许 要 放 衣袋 来 少许

D: haº haº haº, ʔɯ³¹, laº.
　　EP　　　MP　EP

B: pu³¹ lau¹¹, wɯən²⁴ ɕi³³ ʔau²⁴ ɕo³⁵ to³¹ ma²⁴ noi³³ pan¹¹ ma¹¹?
　　谁　　歌　就　要 放 衣袋 来 少许 成 MP

A: haº haº, mi¹¹ li³¹ pen⁵³ sai³³ ɕi³³.
　　EP　　没有　本事　就

B: heº heº, ʔiə²⁴ na⁵³ ða:i¹¹, tɯ¹¹ ɕo³⁵ ɕau¹¹ ma²⁴ noi³³, ʔau²⁴ ɕo³⁵
　　EP　　掩盖　丢脸　带 放 衣袋 来 少许 拿 放
to³¹ ma²⁴ noi³³, neː³¹, ʔmº.
衣袋 来 少许 如此 MP

D: ʔmº, ɕa:ŋ³³ nau¹¹ ða:i³¹.
　　MP 巧　说　真正

E: ma:u¹¹ la:u³¹, ɕi³³ sa:u¹¹ te²⁴ ʔdai³³ laº,
　　谎　大　就　那样 罢了 MP

B: na⁵³ mɯŋ¹¹ pai²⁴ ða:n¹¹ ham³⁵ te³³ mɯŋ¹¹ paiº loº.
　　最好 你 去 家 问 爹 你 MP

D: heº heº heº.
　　EP

B: te³³ te²⁴ ɕa:ŋ³³ wɯən²⁴ pɯə⁵³. te³³ mɯŋ¹¹ ɕa:ŋ³³ pi⁵³ ɕa:ŋ³³
　　他 爹 擅长 歌 MP 爹 你 擅长 唱② 擅长
wɯən²⁴ pu³¹ liao⁵³ pɯə⁵³.
歌 不得了 MP

―――――――――
① 地名，在望谟县境内。
② pi⁵³，比喻，是布依族民歌的一种常见手法，因此，唱歌也常常叫做 pi⁵³，或 kuə³³ pi⁵³。

A: kaːi³⁵ ku²⁴ ʔju³⁵ ʔba ːn³¹ ðau¹¹ ʔdai³¹ nau¹¹ laːi²⁴ ðaːi³¹, te³³ ku²⁴
　　我　　在　寨子　我们　得　唱　多　真正　爹　我
jiə³³ ʔdai³¹　nau¹¹　laːi²⁴　ɕai¹¹.　pin³⁵ taŋ¹¹　muɯn³³ ne³¹,
也　　得　　唱　　多　　一样　　直到　　现在
nau¹¹ wuɯn²⁴ pin³⁵ tɕe³⁵, ʔit³¹ ham³³ ku²⁴ nau¹¹ wuɯn²⁴ te²⁴ ɕi³³
唱歌　　　　到老　　每晚　我　　唱　　歌　他就
ma²⁴ naŋ³³ hen¹¹ taŋ⁵³ ne³¹, tan²⁴ sɿ¹¹ te²⁴ jie³³ mi¹¹ nau¹¹, mi¹¹
来　坐　　身边　　这样　　但是　他也　不　说　不
θon²⁴ teu³⁵ lauɯ¹¹.
教　　首　　哪

B: kaːi³⁵ ku²⁴ zuɯn²⁴ wei³¹ te³³ muɯŋ¹¹ nau¹¹ tɕi⁵³ teu²⁴ wuɯn²⁴ hai³¹ sɿ²⁴
　　我　　认为　　爹　你　　唱　几　首　歌　还是
ʔan³¹, θaːm²⁴ po³³ luɯk³³ nau¹¹ wuɯn²⁴ ku²⁴ to³³ ʔdai³¹ pai²⁴
那个　三　　父　子　　唱歌　　我　都　得　去
kaːi³⁵ n̥iə²⁴ ʔiə³⁵.
听　　曾经

A: jiə³³ mi¹¹ θon²⁴ kuə³³ taŋ⁵³ lauɯ¹¹ nau¹¹, mi¹¹ θon²⁴ liŋ³³ liŋ³³. te²⁴
也　不　　教　　做　怎样　　说　　不　教　　完全　他
ma²⁴ kaːi⁵³ n̥iə²⁴ to³³ to³³.
来　　听　　仅仅

B: mi¹¹ θon²⁴, θon²⁴ po³³ θuaːi²⁴ ʔdai³³ ke⁵³, mi¹¹ θon²⁴ muɯŋ¹¹,
不　教　　教　　爹　　帅　　罢了　MP　不　教　　你
pu³¹ lauɯ¹¹ pai²⁴ θon²⁴ luɯk³³ kau³⁵ muɯ⁵³?
谁　　去　　教　儿子　自己　MP

D: wəi³⁵, wəi³⁵, wəi³⁵, tiao²⁴ tʂʰa³¹ le³³, leu³¹ tɕhian³¹ ɕian²⁴, wəi³⁵
我　我　我　　调查　　MP　整个　全　县　我
tɕhi⁵³ kaːi³⁵ min³¹ tsɿ²⁴ te²⁴, ʔju³⁵ kaːi³⁵ lun²⁴ wən³¹ te²⁴ ðaːi³¹
取　　个　名字　　那　在　个　论文　那　写
pan¹¹ jou⁵³ koŋ³³ pu³¹ sou²⁴ lu³¹.
成　有　功　不　受　禄

B: ma¹¹?
什么

D: po³³ sai²⁴ θon²⁴ luɯk³³ θai²⁴, jin²⁴ kai³³ li³¹ koŋ³³ lao³¹ pai⁰,
师父　教　　徒弟　　　应该　有　功劳　MP

tam³¹ kuan⁵³ ɕi³³ mi¹¹ ʔau²⁴ fan²⁴ ŋan¹¹ lau¹¹ ɕiŋ³³.
但是　　呢　不要　分　银　什么　完全

B: ho¹¹ ʔdai⁰,
　　对　MP

D: ha³¹ laŋ⁵³ ɕi³³ fu²⁴ pu³¹ tshuan³¹ tsɿ⁵³ nɪ⁵³, pau³⁵ po³³ mi¹¹ tshuan³¹
　　还有　　父　不　传　　子女　　父亲　不　传
hau⁵³ luɯk³³ liŋ³³.
给　子女　完全

B: lə⁵³.
　　MP

D: luɯk³³ θaːi²⁴ luɯk³³ ʔbuɯk³⁵ to⁵³ mi¹¹ tshuan³¹.
　　儿子　　女儿　　都　不　传

A: la³¹.
　　EP

B: na⁵³ ʔdai³¹ ʔan³¹ hau⁵³ pu³¹ ʔun³⁵, pu³¹ tɕaːŋ²⁴ luaŋ³⁵ tɕip³⁵ ʔdai³¹.
　　宁可　那样　给　别人　　人　寨上　　拣　　得

D: muɯŋ¹¹ ðo³¹ wuən²⁴ muɯŋ¹¹ to⁵³ ɕi³³ pai²⁴ ðiaŋ¹¹ pu³¹ ʔun³⁵ tɕip³⁵
　　你　知道　歌　你　都　去　跟　　别人　拣
ʔdai³¹ ʔdai⁰.
到　　MP

A: muɯŋ¹¹ mi¹¹ ðiaŋ¹¹ po³³ me³³ tɕip³⁵ ʔdai³¹.
　　你　不　跟　父　母　拣　得

B: la⁵³.
　　EP

E: mi¹¹ ðiaŋ¹¹ po³³ me³³ tɕip³⁵ ʔdai³¹, to⁵³ tuɯk³³ sɿ³³ fu²⁴, ……
　　不　跟　父　母　拣　得　都　是　　师父

D: kaːi³⁵ ne³¹ ɕi³³ tuɯk³³ pu²⁴ ji³³ tsu³¹ ti³³ the³¹ tian⁵³ la³¹.
　　这个　　就　是　　布依族　　的　特点　MP

A: nau¹¹ wuən²⁴ ɕi³³ te³³ ku²⁴ jiə³³ nau¹¹ laːi²⁴,…
　　唱歌　　　就爹我　也　唱　多

B: θon²⁴ ɕi³³ θon²⁴ hau⁵³ koŋ³³ po³³ suaːi²⁴ ʔdai³³ ke⁵³, mi¹¹ θon²⁴
　　教　　教　给　公　爹　帅　罢了　MP　不　教
hau⁵³ pau³⁵ ne³¹ lau¹¹ ke⁵³.
给　男子　这　什么　MP

A: tan²⁴ tɕhi³¹ sɿ³¹，tɕi⁵³ ta:u³⁵ nau¹¹ wɯən²⁴ te²⁴ to⁵³ ma²⁴ naŋ³³ hen¹¹.
　　但是　　　　几　次　　唱歌　　他　都　来　坐
　　身边

B: θon²⁴ haɯ⁵³ nuaŋ³¹ te²⁴ ʔdai³⁵ ke⁵³.
　　教　给　弟弟　他　罢了　MP

A: tam³¹ nau¹¹ ʔe³³ ho³¹ mi¹¹ ho³¹. pan¹¹ sa:u¹¹ laɯ¹¹，te²⁴ ʔju³⁵
　　只说　不知　对　不　对　成　哪样　他　在
　　pom³³ te²⁴ ʔdam³¹ ʔdam³¹，jiə³³ mi¹¹ θon²⁴ kuə³³ taŋ⁵³ laɯ¹¹ nau¹¹.
　　自己　他　默不作声　也　不　教　做　怎么　说

B: ʔə³¹. ʔdai³⁵，ho¹¹ ɕi³³⋯mi¹¹ ho¹¹ te²⁴ ɕi³³ ʔan³¹ ʔe³³ ʔit³⁵ ʔdeu²⁴
　　EP　MP　正确　就　不　正确　他　就　吱声　一下
　　la¹¹ ma¹¹.
　　MP

A: taŋ⁵³ laɯ¹¹ pai²⁴ te²⁴ jiə³³ mi¹¹ nau¹¹，ɕi³³ ho¹¹ mi¹¹ ho¹¹ te²⁴ jiə³³
　　怎样　去　他　也　不　说　　正确　不　正确　他　也
　　mi¹¹ nau¹¹.
　　不　说

E: tam³¹ ȵiə⁵³ pan³³ mɯŋ¹¹ nau¹¹ mi¹¹ li³¹ pu³¹ θon²⁴，kɯn³³ pɯn⁵³
　　只　刚才　你　说　没有　人　教　　根本
　　mi¹¹ ðo³¹.
　　不　懂

D: li³¹ pu³¹ θon²⁴，tam³¹ kuan⁵³ ɕi³³，la:i²⁴ pu³¹，hue³¹ tse⁵³ ɕi³³
　　有　人　教　　但是　　就　多　人　或者　就
　　taŋ⁵³ laɯ¹¹ taŋ⁵³ laɯ¹¹，tam³¹ kuan⁵³ ɕi³³ θon²⁴ ni⁵³ ɕi³³ mi¹¹ tɕi²⁴
　　怎样　　怎样　　但是　就　教　MP　不　记
　　min³¹ tsɿ²⁴.
　　名字

E: la⁵³.
　　EP

D: taŋ⁵³ te²⁴，ʔaɯ³¹，ʔaɯ³¹，tam³¹ kuan⁵³ ɕi³³ mi¹¹ teŋ²⁴ po³³ me³³
　　那样　EP　　EP　　但是　就　不　是　父母
　　θon²⁴.
　　教

A: wɯən²⁴ ɕi³³ pan¹¹ sa:u¹¹ne³¹ nau¹¹:lum⁵³ ku²⁴ ðiaŋ¹¹ ɕu¹¹ po³³
　　歌　就　成　这样　说　像　我　和　叔　爹
　　sua:i²⁴ te²⁴ jiə³³ fi³³ pai²⁴ ðiaŋ¹¹ te²⁴ tuŋ³¹ pai²⁴ lau¹¹ hau⁵³
　　帅　他　也　没　去　跟　他　一起　去　哪儿　给
　　pu³¹ lau¹¹ θon²⁴.
　　谁　教

B: tɯn⁵³ ji³¹ muŋ¹¹ ka³³ ðo³¹ to²⁴ ʔdai⁰ lo⁰, ɕi³³.
　　等于　你　自己　知道　多　MP　那么

A: ɕi³³ thu³¹ zan³¹ nau¹¹ wɯən²⁴ ɕi³³ ʔan³¹ nau¹¹ muŋ¹¹ pai²⁴ ðiaŋ¹¹
　　于是　突然　唱歌　就　那个　说　你　去　跟
　　ku²⁴ nau¹¹ wɯən²⁴ pai⁰, taŋ⁵³ ne³¹ pai¹¹ ʔdeu²⁴ ʔdai³³ le³¹.
　　我　唱歌　MP　这样　　马上　动了　MP

C: ji⁵³, kuə³³ sa:u¹¹ te²⁴ nau¹¹ pai¹¹ ʔdeu²⁴, fu³³ kam⁵³ ma¹¹, mi¹¹…
　　EP　做　那样　说　直接　忽悠　什么　不
　　mi¹¹ tuk³³, mi¹¹ ɕiaŋ³³ ɕin²⁴ lau¹¹.
　　不　是　不　相信　什么

B: te²⁴ ɕi³³ te³³ muŋ¹¹ θon²⁴ la⁰, pu³¹ lau¹¹ mɯ⁵³? he³¹. lau⁵³ mi¹¹
　　他　就　爹　你　教　　谁　MP　EP　酒　不
　　ʔau²⁴ pai³³ le³¹!①
　　要　MP　MP

D: lau⁵³ mi¹¹ ʔau²⁴ pai³³ ma¹¹, piao⁵³ ɕu¹¹ ma¹¹? ɕi³³ pan¹¹.
　　酒　不　要　MP　MP　表叔　MP　就　好

B: mi¹¹ ʔau²⁴ pai⁰.
　　不要　MP

C: mi¹¹ mi¹¹ ʔdai³¹ ta:u⁵³ ʔə³⁵, ta:u⁵³, ta:u⁵³ tuŋ³¹ lum⁵³.
　　不　不　既然　倒　过　倒　倒　一样多

D: ɕi³³, ɕi³³, ɕi³³ pan¹¹, mi¹¹ ɕi³³ ta:u⁵³ ɕo³⁵ tɕiaŋ²⁴ pai³³ ne³¹.
　　就　就　就　好　不然　倒　放　将　这边

B: ɕo³⁵ la:i²⁴ ʔiə³³ pai³³ ke⁵³.
　　放　多　过　MP

D: ɕi³³ muŋ¹¹ ʔau²⁴ ʔom³³ ʔdeu²⁴ tuŋ³¹ pa:n³¹ pan¹¹ pai⁰.
　　那　你　要　口　一　陪伴　成　MP

---

① 这时，采访者给在座各位倒酒。

A: lum⁵³ ku²⁴ ni³¹ ɕi³³, jaːŋ³³ pi⁵³ tɕu²⁴ tsai²⁴ mi¹¹ ʔju³⁵. ①
　　像　我 MP　就　　如果　柱　再　不　在场

B: kuan⁵³ɕi³³, po³³ ŋai²⁴ tɕhin³¹ ɕi³³ ðiaŋ¹¹ laŋ²⁴ muɯŋ¹¹ mi¹¹ ʔdai³¹
　　但是　　爹　爱琴　就　跟随　　你　　不　得
　　lauɯ¹¹ ke⁵³.
　　怎么 MP

C: mi¹¹ ðo³¹ san³³ te²⁴ la³³ ma⁵³,
　　不　知道　那么多　　MP

A: ku²⁴ ɕi³³ ne³¹.
　　我　就　这

B: pi²⁴ kua³⁵ kaːi³⁵ kuɯn¹¹ ɕo³¹ ɕiao²⁴ te²⁴ le³¹, kuə³³ ɕo³¹ ɕiao²⁴ le¹¹. ②
　　去年　那个　上　　学校　那 MP　建　　学校　　MP

C: ɕi³³ kaːi³⁵ ne³¹ jeu³³ kuə³³ːʔbu³¹ ne³¹ tɕaŋ²⁴ ðam³¹ mi¹¹ taŋ¹¹
　　就　这个　　叫做　　　　葫芦　这　装　　水　不　倒
　　saːu³³ te²⁴ la³³ ma⁵³.
　　那么多　　MP

A: hauɯ⁵³ pu³¹ lauɯ¹¹ ma²⁴ ðiaŋ¹¹ ku²⁴ nau¹¹ jiə¹¹ pan¹¹, ku²⁴ ka³³
　　给　　谁　　来　跟　　我　唱　　也　行　我　自己
　　taŋ⁵³ sai²⁴ jiə³³ pan¹¹.
　　当庄　　也　成

B: ʔdie³³ ha³⁵, fan⁵³ tsuɯn²⁴ muɯŋ¹¹ haːi³¹ pai²⁴ ðon²⁴ lauɯ¹¹, ku²⁴ jiə³³
　　好 MP　反正　　　你　指　去　路　哪　我　也
　　pai²⁴ ðiaŋ¹¹ laŋ²⁴…
　　去　跟随

A: ku²⁴ ðiaŋ²⁴ laŋ³¹ laːi²⁴ jiə³³ pan¹¹, pau³⁵ θai²⁴ mi¹¹ ʔju³⁵ pai⁰, ku²⁴
　　我　跟随　　别人　也　行　　师父　不　在 MP　我
　　ka³³ pai²⁴ taːŋ³¹ ham³³ ʔdeu²⁴ θoŋ²⁴ θaːm²⁴ ham³³, ku²⁴ jiə³³ kuə³³
　　自己 去　抵挡　晚　一　　两　三　　晚　我　也　干
　　ʔdai³¹ ne³¹, pan¹¹ saːu¹¹ te²⁴ ke⁵³.
　　得　　MP　成　这样　　MP

---

① "柱"和下文的"爱琴的爹"，都是大观村的歌手，他们经常跟岑英雄搭伴对歌。
② 这里谈到新教学楼落成庆典上的对歌比赛。

C: wɯən²⁴ toi³⁵ wɯən²⁴ toi³⁵ , mɯŋ¹¹ ʔau²⁴ li³¹ θoŋ²⁴ pu³¹ , ka³³ mɯŋ¹¹
　　对歌　　　对歌　　　你　要　有　两　　人　仅　你
　　ta:ŋ³¹ ɕi³³ nau¹¹ pan¹¹ ma¹¹ ʔha⁰ ha⁰ ha⁰. …
　　抵挡　　就　说　行　什么　　　EP

D: pau³⁵ ʔdeu²⁴ ðiaŋ¹¹ laŋ²⁴ , pau³⁵ ʔdeu²⁴ ðiaŋ¹¹ laŋ²⁴ , he⁰ he⁰ he⁰.
　　男子　一　跟　后　　男子　一　般　后　　　　EP

B: mi¹¹ ha⁵³ , ʔau²⁴ li³¹ pu³¹ kok³⁵ le³¹.
　　不　MP　要　有　人　领唱　MP

C: la⁰ , li³¹ pu³¹ kok³⁵ ma³¹.
　　EP　有　人　领唱　MP

B: ʔau²⁴ tɯ¹¹ kok³⁵ le³¹ , ʔiə⁵³ , mɯŋ¹¹ ɕam¹¹ …
　　要　引路　MP　　过后　　你　玩

C: wɯən²⁴ toi³⁵ wɯən²⁴ toi³⁵ ʔau²⁴ li³¹ θoŋ²⁴ pu³¹ , ha⁰ ha⁰ ha⁰ …
　　对歌　　　对歌　　　要　有　两　　人　　　EP

D: pa:u³⁵ ʔdeu²⁴ kho⁵³ ji⁵³ mi¹¹ ðo³¹ sa:u³³ lau¹¹ ðau³³ , tam³¹ kuan⁵³
　　男子　一　可以　　不　懂　多少　　些　　但是
　　ɕi³³ ðiaŋ¹¹ laŋ²⁴ ke⁵³.
　　就　跟后　MP

B: ðue³³ hiŋ²⁴ jiə³³ pan¹¹.
　　和音　也　行

C: tam³¹ lum⁵³ toi³⁵ … ȵiə⁵³ pan³³ mɯŋ¹¹ ɕa:u³¹ nau¹¹ ʔiə⁵³ , ʔju³⁵
　　但是　像　对　　刚才　　你　刚　说　过　在
　　ɕiə³³ θiaŋ²⁴ , laŋ²⁴ ŋon¹¹ ʔau²⁴ tsu²⁴ ji²⁴ ko¹¹ ʔjai³³ pɯə⁵³.
　　新屯　　今后　要　注意　　多多　MP
　　ʔan³³ tɕhuan³¹ sʅ³¹ tai²⁴ , lum⁵³ mɯŋ¹¹ ni⁵³ ta:u³⁵ pai²⁴ ŋon¹¹ toi³⁵
　　安全　时代　像　你　那样　回去　看　对
　　jau¹¹ , lum⁵³ ta:u³⁵ taŋ⁵³ ne¹¹ pai²⁴ , ʔau²⁴ sui³¹ tɕi³³ jin²⁴ pian²⁴.
　　MP　像　次　这样　去　　要　随机应变

A: kho⁵³ ji⁵³ ma²⁴ nau¹¹ , ʔju³⁵ lum⁵³ pu³¹ …
　　可以　来　说　　在　像　谁

B: ji³¹ ta²⁴ pa⁵³ pai⁰ , ȵan³¹ lin³¹ ji³¹ ta²⁴ pa⁵³ pai³³ ɕi³³.
　　一　大　把　MP　年龄　一　大　把　MP

A: su³¹ ji³¹ teŋ²⁴ lao⁵³ ku⁵³ , toi³⁵ mɯən³³ ne¹¹ mɯŋ¹¹ pian²⁴ tuŋ²⁴ ta¹¹
　　属于　是　老古　　对　　现在　　你　变动　达

taŋ¹¹ saːu¹¹ lauɯ¹¹, na²⁴ mo³¹, ku²⁴ mi¹¹ ðo³¹, muɯŋ¹¹ ʔau²⁴ liaŋ³¹
到　哪种程度　　那么　我 不 知道　你 要 量
kaːi³⁵ lao⁵³ ku⁵³ te²⁴ luɯŋ⁵³ pan¹¹.
个　老古　那　才　行

B: tsaŋ³³ san³³ li⁵³ sɿ²⁴ waŋ³¹ ma³¹ zɿ⁵³.
张三　　李四　　王麻子

C: zu³¹ ko⁵³ pai¹¹ te²⁴ ho⁵³ θu²⁴ mi¹¹ ʔdai³¹ ʔo³⁵ ma²⁴ pai³³ ðo³³, mi¹¹
如果　当时　你们　不　得　出来　外面　不
ʔdai³¹ ðan²⁴ ma³³, ho³⁵ θu²⁴ nuɯ³³ mi¹¹ ʔo³⁵, ham³³ te²⁴ ho⁵³ θu²⁴ ɕi³³
得　看见　妈　你们　想　不　出　那晚　你们　就
heu³³ kuə³³ ȵiaŋ³³ luɯk³³ pai¹¹ ʔdeu²⁴ pai³³ le³¹.
叫做　　小指母　　一下　　MP

A: ȵiaŋ³³ luɯk³³ pai³³ leu³¹, ku²⁴ jiə³³ tɕau⁵³ tɕet³⁵ pai³³ ma⁵³, ma¹¹
小指母　　MP　 我 也　头痛　　MP
ɕiat³³ me³³ te²⁴, kuə³³ taŋ⁵³ lauɯ¹¹ kuə³³ le¹¹? ku²⁴ pai²⁴ ȵan³³ tɕiu²⁴
他妈的　　做　怎样　　做 MP 我 去 研究
pai¹¹ ʔdeu²⁴, ʔo³⁵ ma²⁴ pai³³ ðo³³, ðan²⁴ pau³⁵ ja³³, ku²⁴ nau¹¹ ma²⁴,
一下　出来　外面　见祖宗堂 我 说 来
ku²⁴ nau¹¹ taŋ⁵³ pai⁰ ne³¹.
我 说 这样 MP MP

C: heº heº heº, haº haº haº!
　　EP　　　　 EP

D: heº heº!
　　EP

A: ɕi³³ ðiaŋ¹¹ ðaŋ²⁴ te²⁴ kuə³³.
就 跟后 他 做

C: tɕiaŋ³³ ni⁵³ ti³³ jou³¹ ŋaːu³³ ni⁵³ ti⁵³ ku³¹.
将　你的　油　熬　你的 骨

D: heº heº!
　　EP

E: li³¹ pau³⁵ θai²⁴ ɕi³³, mi¹¹ li³¹ pau³⁵ θai²⁴ kuɯn³³ pen⁵³ mi¹¹ pan¹¹,
有　师父　就　没有　师父　根本　不 行
kaːi³⁵ te²⁴ wuɯən²⁴ pau³⁵ θai²⁴ taŋ¹¹ ɕi³³ ta⁵³ mi¹¹ kai³³ pai⁰.
那个　歌　师 父 到 就 打 不 开 MP

D: pau³⁵ θai²⁴ ɕi³³ li³¹, tam³¹ kuan⁵³ ɕi³³.
　　师父　　就　有　　但是　　就

C: ȵet³⁵ pɯə⁵³, kai³⁵ wɯən²⁴ ʔan³¹ ne³¹, tuŋ³¹ toi³⁵ taːu³⁵ ʔan³¹ ne³¹.
　　难　MP　　个　歌　　那个　这　对抗　次　那个　这
　　the³¹ pe³¹, ta²⁴ thin³¹ kuan⁵³ tsoŋ²⁴.
　　特别　　大庭　　广众

D: ʔaɯ³¹, ta²⁴ thin³¹ kuan⁵³ tsoŋ²⁴ tsʅ³³ tɕian³¹.
　　MP　　大庭　　广众　　　之前

C: ʔju³⁵ kai¹¹ te²⁴, to²⁴ kai³⁵ kai³⁵ po¹¹ pɯn⁵³ pɯəŋ¹¹ po¹¹ ðau¹¹
　　在　那时　　多　个　个　些　当地　　　我们
　　heɯ³³ kuə³³, po¹¹ ðau¹¹ heɯ³³ kuə³³ tɕa¹¹ tɕin³³ na³³? ʔo³¹,
　　叫做　　　我们　　　叫做　　甲金　MP　EP
　　tshoŋ³³ min³¹, zɯn³¹ wu³¹, paːi³³ ɕin³³ tɕiaŋ³³ heɯ³³ kuə³³
　　聪明　　　　人物　　　地方　　新疆　　　叫　　做
　　ʔa³³ fan³¹ thi³¹, paːi³³ kuan⁵³ ɕi³³ heɯ³³ kuə³³ tɕhiao⁵³ ko³³.
　　阿凡提　　　地方　广西　　叫做　　　巧哥

D: ʔm⁰.
　　MP

C: la⁰, pai¹¹ te²⁴ tshoŋ³³ min³¹ mɯŋ¹¹ ʔau²⁴ kuə³³ saːu¹¹ laɯ¹¹ pian³⁵ ʔo³³
　　EP　那时　　聪明　　　你　　要　做　　怎样　　　变出·

....

意译：

望谟县大观乡布依族
民歌访谈实录（节选）*

A：带回家中给阿妈，带到屋里给阿妈。
B/C：哦！
D：还有这样说？

B：这样才对啦，所以我说……
A：这种事情真的太多太多！
B：她还没有那样说。
C：我这样认为，我这样想，哥，你要讲究押韵。当你想起"葫芦"这个词，你就要想到该用哪个韵来与之对应。
D：对，要跟"葫芦"这个音相对应。
B：可是她还没有唱到那里呀！
C：无论你想说多少，都要押韵，（每一句都）要一个词来押韵。
D：对！
A：吃不了就要 gas 来接，什么叫 gas？大陶缸啦。
C：不知道。
A：大陶缸啦，装水用的陶缸。
C：比水缸还大，比水缸大的才叫做 gas。
D：这种陶缸是我们这边自己烧制了吧？陶缸。
C：不是呢，是造出来的，开口很大。
A：不是，水缸和这种陶缸都是布那（烧出来的）……
D：哦，是贞丰的布依族卖的？
B：贞丰，比水缸大。
C：贞丰造的。
A：比水缸大。
C：比水缸大。
D：我上次过贞丰街头，见到人们卖烧出的陶缸，各种各样，摆的整整齐齐，就想拍下来……
C：就像小陶罐了嘛？
D：周教授说："为什么要照这些东西呢？"
B：嘿嘿！
D：我说："我小时候就看到贞丰的布依族到我们那里卖陶制的缸"。
C：哈哈！他没办法啦！
D：比较有趣的，周教授就是贞丰的布依族啦！
B：陶缸就产自那个地方吧？

D：对，就从那里来的，那时候人们是挑过来卖的。

A：劝女孩子们吃要这样唱。

C：劝饭是吧？

A：不是。

B：灌酒嘞。

A：灌酒的时候要这样唱：
　　吃不了就集中在那个陶碗吧，
　　要不用那陶缸过来接，
　　带回家中给阿妈，
　　带回屋去给阿妈。
　　如果妈不吃，
　　就叫阿舅来帮忙。

C：请舅舅过来帮吃？

A：如果舅舅也推托，
　　那你也要耐心劝住他，
　　吃不下也劝。
　　还要这样嘞，lungz 就是她的哥。

D：nax 是她的弟弟？

C：对，nax 是弟弟。

A：就是说那个姑娘吃不下，吃不下就……

C：有，有这种情况。

D：劝饭的歌，我们布依族，各地基本上都一样，我……

A：但是……

B：我都还没见到用歌添饭能添得很彻底嘞。

C：劝到底呐？

A：很难做到。

B：没有，没有底，见到能添到 50—60% 都不错了。

A：就像我们平常讲话一样，只要想说就总是有说的，山歌是没有尽头的。

B：是的，但是……

C：最终要唱到："吃不吃也要……"

B：喝酒就唱劝酒歌，吃饭就唱添饭歌。

D：是的。

A：她总是有理由谢绝。

B：谢绝呢，50-60%都可以想出歌来劝她，但是灌酒就……

C：这个只有创造歌词来对付了！

D：高高杆儿玉米酿成的酒，低矮杆儿高粱做的酩……

A：低杆儿……

D：我的母亲辛勤劳作酿造的酒哟，劝君多少抿一口。

B：对！

C：哈哈！

B：虽然是我穿着那褴褛的衣服来，不成敬意。

D：这个各地都一样。

A：是的。

B：对，哈哈！你非要喝不可，非要抿一口不可，这样。

C：哈哈！

A：没有连成一串，唉，"打比方"要讲究押韵啊！

C：一定要串起来。

A：可怜我这旧衣服袖子递过酒。

D：有失礼节递给你。

A：可怜我这旧衣服袖子递过酒。
相信不会醉，
劝君量力喝，
喝不下少喝。
这样说。

B：对，就那回事咯。

D：但是女孩子们有时又会这样说：实在吞不下，实在咽不了，是吗？

B：有的，有，但是后面又要过来添，又以另外一种方式来添嘞，要从这里说起。

C：我曾经有过这样的经历，谈不上考究，只能说是欣赏，欣赏黔东南那边的侗族文化。

D：侗歌，侗歌很出名，表叔。
C：对，厉害。
B：但是，还没……
D：真的厉害，劝酒歌比苗族的更厉害。
B：唷！
C：就像我们说的，就是说："破烂袖子……"
D：递，失礼……
C：递，基本上是那样，意思跟这个一样，但是句子多了些。
B：意思要深一些啦，我说："有心共享一碗菜，……"
A：一样的，语言不同而已。
B：喝酒，呃！
C：同吃一根甜甘蔗。
B：这样才"走弯路相看，抄大路相帮"。
C：那次我去上海两天，跟那个黔东南的侗族……
B：有些婉转，是不是？加后面两句，可是我从没见加后面这两句，只是添饭，不唱歌。你不说重一点，人家就不吃，是不是？我说：喝酒同一碗，吃蔗共一根……
C：梁波这小伙是黔东南的，是，是哪个县？我想想。
A：他是黎平的吧，如果是侗族的话，黎平、榕江那个地方都是侗族。
C：是，是，是，是黎平，他叫梁波，那位校长他说："去"。我就去领略侗族的文化，他们也很够意思。
B：就挣不脱了，又是同吃一碗饭的人。
C：我差点都醉了，我就说："我不干了。"我直接用布依话说："喝不下，我不干了，你们用刀架我脖子都不干了。"
D：哦，哈哈！他们听懂了吗？
C："你说什么？"当时他们这样问我，"刚才你所做的动作是什么意思呢？"
D：嘿嘿！
C：我说："不再做了，再做下来就拿刀割我脖颈这么做我都不做了，"哈哈哈！

A：人们说的话，布依族和汉族，都比较突出。
C：于是其中一位这样说："刀就在这儿啦！"
B：喔！
C："你要割不割？"这样说嘞。
E：当时很不好办哈。
D：哦，呵呵！
C：当时，我不知道，不知道怎么回答他，呵呵。他手……"刀就在这儿"。
E：那就递过来吧。
C：当时不知道呀！
B：不，不，"刀是你自己拿，你想割，我就伸脖子给你吧"，你这样说嘛。
C：当时我害怕他真的一刀割下来！
B：哪里敢？哈，人家是有情有义跟你……
E：哈哈！
A：哈哈！
D：呵呵！
C：我不知道，当时我酒喝得差不多了，谁想到那么多……，哈哈哈！
E：正当你要说……
B：人家是逗你，劝你喝酒……哈哈哈！
C：刀就在这儿啦。
B：这就像下棋时候"将军"一样。
C：嘿嘿，好玩。
B：将你一军，但是你可以说："我只喜欢你一个，你要割就割吧。"
A：我俩能在一起，
　　官家若要杀，
　　我们面朝向池塘，
　　若是要我们坐牢，
　　我们就背对大海，

纵使剑架脖子上，
我俩相视笑，
对着哈哈笑。
C：那个我不懂呀。
E：他懂得什么歌唔。
C：要是当时会唱歌肯定要试试了。
A：杀命的歌有，坐牢的歌也有。
C：那个姑娘真漂亮。
B：就是咯，因为她喜欢，才……
C：她说要用刀割我脖子，刀就在那儿，当时我愣了。
D：嗯，呵呵！
A：不要怕嘛。
C：她说，如果不割就加酒。
B：担心喝酒就互相帮忙啦，当时你怎么……
C：黔东南那边……
B：她有意来，你就跟她干杯了嘛……唉。
A：就是。
E：谈不上成对。
C：说不清楚，他们去上海打工，在上海的大观园，在大观园那里做民族舞蹈表演，他们有固定的工资，做得好就可以出国，那样咯。
B：旅游节，旅游业，我们布依族也说。
A：思念你，喝那酸汤都感觉不到酸味了，也比较深刻的啊。
D：喝米汤都喝不下，
吃冰糕不化，
吃那水果糖都不化。
A：这句话也相当有水平，厉害啊，酸汤都不酸了。
D：是啦，哈哈！
C：说明相当思念，思念，已经达到无极、顶点。
D：呃，达到顶点。
A：汉族这样说：想妹脸黄像纸张。

C：哈哈哈！

A：脸黄像纸张，你想想，哈哈！

A/B/C/D：哈哈。

D：脸黄如纸张，要天天不吃饭，个把星期才变成那个样子。

C：嗯，要对场才变成那样。

A：汉族的相逢歌也这样。

B：多数都是夸张的。

A：也很厉害，想妹脸黄像纸张，这样说。

D：哦！

C：哈哈！

A：早日想你饭不吃，这样说啦。

B：我们布依族也这样唱：想你七月不吃饭，二月不拈菜。

A：九月不吃菜。

B：走路轻飘飘，

C：噢，这样才说得过去。

A：才说得过去呀。

D：二月份刚过完年，那时候还有酒肉啊。

C：对，你说二月就不对了。

A：二月又有二月的说法，二月就这样说……

C：担心种菜种田方面的问题了。

A：二月就……

B：四粒米成一袋

A：要耕田犁地了。

C：没有谁来组织怎么不担心呢？

B：也一样的，只不过夸张罢了。

A：汉族就说：

　　九天下雨九天干，

　　几天不见妹出山，

　　隔了九天不见妹，

　　好像隔了几十年。

　　（笑）你看看，深刻啊，厉害是吧。

B：布依族没有文字，自己……
D：一个月三十晚，
三个月九十晚，
每晚我都徘徊，
怎么不见娇眉妹？
A：出来转。
D：柳叶眉的阿妹出来转。嗯，就这样。
C：哈哈，三个月九十个晚上，差不多一百天啦，说明这近一百天每晚都在那儿守着，容易吗？哈哈！
D：就是，三个月九十个……
C：这个忽悠傻瓜去滚坡，有些人也真的滚下去，有些也通过情感达到一定的目的。但是，歌手之间少有能够结成夫妻的，甚至没有。
E：没有，没有。
D：但是，嗯。
B：有。
E：最终也要离婚的。
C：如果有，怎么又有"葛藤被烧掉"的说法呢？
D：那是特殊例子，乐康就有两对夫妻因为歌而结合的。
C：嗯。
D：潘祖裘和他的妻子。
B：不会成的！
D：潘祖裘和他的妻子就是通过唱歌结合的啦，还有王建林也是唱歌建立家庭的。
B：王建林也会唱歌？
D：他的歌唱得好喔。
B：就是那个医生了嘛？
D：对，就是医院那个，打针的。
C：但是也很少有，真正能够结合下来的少有，十有八九（都要散的）。
D：是的，很少。但是，歌手总的来说感情丰富。

B：丰富，真的。但是呢，因为意思很深，感情也很深。
D：嗯。
C：但是我认为：唱歌的人不会干活。哈哈！
B：胡说！
C：不会，真的！歌手们干活很毛糙，哈哈！
B：乱说，妈的！
C：他们想通过唱歌来代替干活，那不可能实现。哈哈！
A：不对，会唱歌的人……
B：歌能够当饭吃吗？
D：表公年轻的时候经常对歌吗？
A：对一些，比较少。
B：对哟，他经常那样。
D：在大观本地还是到外地对呢？
E：就大观本地。
B：本地的，外面有时也会去，外面对歌就是巧遇就对了嘛。但是，在大观本地就经常对咯。
A：邀请去对，请求到我就去。
B：但是，在外面还是很少有。
D：哦，是这样。
E：教派比较多，比他老的那些人当时都还在对歌。他也对歌。
D：我研究布依族的民歌。
B：现在又要来研究啦？
D：是的，我的论文就是关于我们布依族的歌，里面提到"师父教徒弟，分钱不收"。
B：是的，不收钱。
D：教歌的人谁都没有收任何学费，分文不收。
D：对了，学生和老师，就像您这样，跟年老的歌师，存在朋友关系吗？
A：这种关系啊，可以这样说。
B：有。
D：嗯，哦！

A：有的，比如，朋友之间，如果知道哪里有歌需要对，有女孩子过来玩，我需要一个朋友来搭伴，这样啦。

D：哦，是这样。

A：如果朋友在别的地方，他知道有歌，虽然那里有可以和他搭伴唱歌的人，他也要求我去。就像我和坎下的阿帅的父亲那样，我们叔侄，曾经跟别人对过歌，别人到寨上来，到大观来，他们就要问是不是我们，要是不是，她们就不愿意对歌了。

D：嗯，哈哈！

B：她也不认输，第一次输在哪一首，她又来试探。就像坡上那个叫做什么名字的，她说："仓库里有很多歌，家里也存了不少，只是我没有时间去拿，放在衣袋里，随身带了一两首。"

D：哈哈！呃，对！

B：有谁能够将歌装在衣袋里呢？

A：哈哈！没有本事就那样说啦。

B：嘿嘿！掩盖害羞。

D：真是会说啊！

E：大骗子，就那样说。

B：最好你回家问你的父亲。

D：嘿嘿！

B：你爹懂很多歌，他是这方面的能手。

A：我在我们村唱的比较多，我的父亲也唱得多，至今。唱到老，每天晚上，我唱歌，他就坐在旁边。但是，他也不说，也不教我哪首。

B：我认为，你爹唱的几首歌，都很好，你们父子三人的歌，我都听过。

A：也不教怎么唱，从来不教，只是听。

B：不教，只教阿帅的爹，不教你，哪个教自己的孩子呢？

D：我，我，我调查了整个望谟县，在论文中取了一个名字：有功不受禄。

B：是吗？

D：师父教徒弟，应该有功劳，但是没收一分钱。
B：对的！
D：还有，父不传子女，父亲从来不教子女。
B：对啦！
D：男孩，女孩都不教。
A：对啦。
B：宁可教别人，教寨上的人。
D：即使你知道歌，你也都是去跟别人拣来的。
A：你不是跟父母学到。
B：对！
E：不是跟父母学的，都是师父教的。
D：这就是我们布依族的特点了。
A：我的父亲唱歌也比较多。
B：教也教给阿帅的爹，不教这位叔叔。
A：但是，好几次唱歌，他都过来坐在我身边。
B：教给他的弟弟。
A：只对我说正确与否，他经常在那里默不作声，不教该怎么说。
B：呵呵！那样，对呢。不对他就吱声一下。
A：无论怎样，他不说，对与不对都不提。
E：但是，刚才你说的没有人教，这样根本学不到歌。
D：有人教，但是，多个人教，或者其他。总的来说，不记名字。
E：对！
D：那样，呃！但是不是父母教的。
A：歌是这个样子，就像我和阿帅的爹，他没有教过我，我也没有跟他到其他人那里学。
B：是你自己懂的。
A：突然有歌，就有人来邀请，就这样学会啦。
C：咦，这样啊，忽悠我们的吧，不相信。
B：他是你父亲教啦，还有谁呢？嘿。我不要酒了。

D：不要啦，表叔？好！
B：不要了。
C：不，不，既然倒了就倒了，倒一样多。
D：好，你倒到将这边来。
B：刚才倒多了。
D：那你就只要一口，陪伴我们喝吧。
A：就像我这样，如果寨上的柱不在家……
B：但是，爱琴的父亲跟不上你啊。
C：他懂不了那么多呀。
A：我就……
B：去年学校对歌，庆祝学校那次。
C：这个叫做：葫芦装不下那么多水。
A：让哪个跟我唱也行，我自己独当一面也行。
B：是嘛，反正唱哪方面，你也能够唱得过去。
A：我跟人家的后面也行，师父不在，我自己抵挡也可，两三晚上不成问题。
C：对歌对歌，一定要有两个才行，你一个人抵挡就行了吗？哈哈！
D：一个人跟在后面，呵呵。
B：不，要有一个领唱。
C：对，有领唱。
B：要开好头嘞，你以为好办。
C：对歌对歌，一定要有两个人。
D：其中一个可以不懂得多少，但必须有跟在后面的。
B：和音就行。
C：但是对歌……就像你刚才说的，在新屯，今后要注意，安全要紧。像你这样，下次你就只当旁观者就行了，要随机应变。
A：可以这样说，就像……
B：一大把年纪了，也不可能再去了。
A：我唱的是老古那一套，现在变化，我不太懂了，用上老古的我才行。
B：张三李四王麻子……
C：如果当时你们不得出来，没有见，你们就不可能想得出来，那么，那晚上，你们就甘拜下风了。
A：甘拜下风，当时我也很头痛，妈的，怎么办呢？我去研究一下，出来外面，见祖宗堂，才有了主意。
C：呵呵！
D：哈哈！
A：就跟着她来。
C：将你的油炼你的骨。
D：呵呵！
E：如果有师父，你们就对不来了，那是关于祖宗的歌。如果她们的师父来了，你们就要输了。
D：有师父，但是……
C：难办，这种歌不好对，特别是大庭广众。
D：对，大庭广众之前。
C：那时候，就如我们当地什么的，甲金，聪明人物。新疆那边叫做阿凡提，广西叫做巧哥。
D：对。
C：对，就看聪明的你怎么办咯。

录音：黄镇邦
记音：周国炎
翻译：黄镇邦

中 编

民间故事翻译

太阳和月亮是怎样来的

ta²⁴ ŋɔn¹¹ ziəŋ¹¹ zoŋ³³ ʔdiən²⁴ tai³⁵ tɕiə¹¹ lauɯ¹¹ ma²⁴
太阳　　和　　月亮　　从　　何处　　来

zeu¹¹ nau¹¹ ɕeu³³ kɔn³⁵ kɯn¹¹ ʔbɯn²⁴ li³¹ ɕip³³ ŋi³³ ʔdan²⁴ ta²⁴ ŋɔn¹¹,
传说　　从前　　天上　　有　　十二　　个　　太阳,
ŋɔn¹¹ ŋɔn¹¹ tu³³ tuŋ³¹ ɕɯ³¹ ʔo³⁵ tuŋ³¹ ɕɯ¹¹ tək³⁵。kɔ²⁴ fai³¹ na²⁴ fɯn¹¹ hau³¹ zi³³
天　天　都　相约　出　相约　落。树　草　柴　苞谷
hau³¹ na¹¹ tu³³ ta³⁵ ta:i²⁴ leu³¹, zam³¹ ta³³ zam³¹ na¹¹ je⁵³ ta³⁵ huɯ³⁵ leu³¹,
水稻　都　晒　死　了, 水　河　水　田　也　晒　干　了,
zam³¹ ʔbo³⁵ je⁵³ mi¹¹ ʔo³⁵ pai⁰. vuɯn¹¹ pɯəŋ¹¹ mi¹¹ li³¹ hau³¹ kɯn²⁴, mi¹¹ li³¹
水　井　也　不　出　了。人　天下　没有　粮食　吃, 没有
zam³¹ ʔdɔt³⁵ tu³³ ta:i²⁴ pai²⁴ tiŋ¹¹ la:i²⁴ lo⁰, ɕiə¹¹ va:i¹¹ pit³⁵ kai³⁵ je⁵³ ta:i²⁴
水　喝　都　死　去　半　多　了, 黄牛　水牛　鸭　鸡　也　死
liə²⁴ mi¹¹ li³¹ tɕi⁵³ tuə¹¹ pai⁰.
剩　没有　几　头　了。

li³¹ ŋɔn¹¹ ʔdeu²⁴, pu³¹ vɯəŋ¹¹ jeu³³ vuɯn¹¹ zek³⁵ tɕauɯ⁵³ ma²⁴ saŋ³³ liəŋ³¹,
有　天　一, 国王　喊　人　旁边　近来　商量,
pu³¹ vɯəŋ¹¹ nau¹¹:"pu³¹ lauɯ¹¹ pai²⁴ ha:i³¹ ʔdai³¹ ta²⁴ ŋɔn¹¹ kɯn¹¹ ʔbɯn²⁴
国王　说: 谁　去　打　得　太阳　天上
tək³⁵ ma²⁴ la⁵³, ku²⁴ juan²⁴ ʔau²⁴ zi³³ na¹¹ ku²⁴ tiŋ¹¹ la:i²⁴ pan²⁴ hau⁵³ te²⁴,
落　来　下, 我　愿　拿　田地　我　半　多　分　给　他,
ʔau²⁴ zi³³ na:m³³ pɯn³³ je⁵³ hauɯ⁵³, ʔau²⁴ na¹¹ zam³¹ ʔbo³⁵ je⁵³ hauɯ⁵³, ʔau²⁴
拿　地　土肥　也　给, 要　田　水　井　也　给, 要
ɕiə¹¹ ʔau²⁴ va:i¹¹ je⁵³ hauɯ⁵³. to⁵³ nau¹¹ te²⁴ ha:i³¹ ʔdai³¹ ta²⁴ ŋɔn¹¹
黄牛　要　水牛　也　给。只要　他　打　得　太阳
kɯn¹¹ ʔbɯn²⁴ tək³⁵, hauɯ⁵³ vuɯn¹¹ pɯəŋ¹¹ ʔdai²⁴ ʔdi²⁴ kuə³³ meu¹¹ kwa³⁵
天上　落, 给　人天下　得　好　做　庄稼　过
ʔdiən²⁴ ŋɔn¹¹, te²⁴ tɕai³¹ ʔau²⁴ jiəŋ³³ ma¹¹ ku²⁴ tu³³ hauɯ⁵³." hiŋ²⁴ ha:u³⁵
日子, 他　想　要　什么　我　都　给。 话音
pu³¹ vɯəŋ¹¹ ɕa:u³¹ tək³⁵, li³¹ pu³¹ ɕo¹¹ ʔdeu²⁴ ɕo³³ te²⁴ jeu³³ kuə³³ pu³¹ siəŋ²⁴,
国王　才　落　有　青年　一　名　他　叫做　布香,

te²⁴ ʔju³⁵ tɕa:ŋ²⁴ ʔba:n³¹ ham³⁵ nau¹¹ : "ɕon¹¹ ha:u³⁵ muɯŋ¹¹ ɕin²⁴ ta¹¹ za:i³¹
他 在 中间寨 问 说： "句话 你 真 实在

mə⁰ , pu³¹ vɯəŋ¹¹ ? ɕon¹¹ ka:ŋ⁵³ muɯŋ¹¹ ɕin²⁴ ta¹¹ za:i¹¹ mə⁰ , pu³¹ vɯəŋ¹¹ ?
么， 国王？ 句讲 你 真 实 在 吗， 国王？

muɯŋ¹¹ ɕin²⁴ juan²⁴ ʔau²⁴ zi³³ na¹¹ ma²⁴ kuə³³ sin³⁵ ta¹¹ za:i¹¹ mə⁰ ? muɯŋ¹¹ ɕin²⁴
你 真 愿 拿 田地 来 做 信 实在 吗？ 你 真

juan²⁴ ʔau²⁴ ɕiə¹¹ va:i¹¹ kuə³³ sin³⁵ ta¹¹ za:i¹¹ mə⁰ , pu³¹ vɯəŋ¹¹ ?" pu³¹ vɯəŋ¹¹
愿 拿 黄牛水牛 做 信 实在 么， 国王？" 国王

ʔju³⁵ tɕa:ŋ²⁴ za:n¹¹ ha:n²⁴ nau¹¹ : "ta:ŋ³⁵ na⁵³ vɯn¹¹ pɯəŋ¹¹ nau¹¹ ,
在 中间房屋 答应 说： 当面 人天下 说，

ɕon¹¹ ha:u³⁵ ku²⁴ ɕin³⁵ ta¹¹ za:i¹¹ , ku²⁴ mi¹¹ zo³¹ ʔau²⁴ ɕon¹¹ ha:u³⁵ ma²⁴ lo³¹
句话 我 真 实在， 我 不 知 要 句话 来 骗

muɯŋ¹¹ . to³⁵ nau¹¹ muɯŋ¹¹ pai²⁴ ha:i³¹ ʔdai³¹ ʔdan²⁴ ta²⁴ ŋon¹¹ kɯn¹¹ ʔbɯn²⁴
你。 只要 你 去 打 得 个 太阳 天下

tɔk³⁵ ma²⁴ la⁵³ , ku²⁴ zo³¹ ʔi²⁴ ɕon¹¹ ha:u³⁵ ku²⁴ nau¹¹ te²⁴ , pan²⁴ zi³³ na¹¹
落 来下， 我 会 依 句话 我 说 那， 分 田地

hau⁵³ muɯŋ¹¹ , pan²⁴ ɕiə¹¹ va:i¹¹ hau⁵³ muɯŋ¹¹ . ku²⁴ ɕin²⁴ mi¹¹ lo³¹ muɯŋ¹¹
给 你， 分 黄牛水牛 给 你。 我 真 不 骗 你

ta¹¹ za:i³¹ ." pu³¹ siəŋ²⁴ nau¹¹ : "to³⁵ nau¹¹ ɕon¹¹ ka:ŋ⁵³ ɕon¹¹ ha:u³⁵ muɯŋ¹¹
实在。" 布香 说： "只要 句讲 句话 你

ɕin²⁴ , to³⁵ juan²⁴ ʔdan²⁴ sam²⁴ muɯŋ¹¹ mi¹¹ zo³¹ pian³⁵ , ku²⁴ juan²⁴ pai²⁴
真， 但 愿 个 心 你 不 会 变， 我 愿 去

ha:i³¹ ʔdan²⁴ ta²⁴ ŋon¹¹ kɯn¹¹ ʔbɯn²⁴ tɔk³⁵ ma²⁴ la⁵³ ."
打 个 太阳 天上 落 下来。"

ŋon¹¹ te²⁴ , pu³¹ siəŋ²⁴ ta:u³⁵ ma²⁵ za:n¹¹ ziəŋ¹¹ ja³³ te²⁴ nau¹¹ :
那天， 布香 回 来 家 跟 妻 他 说：

"hat³⁵ ɕo³³ zun³⁵ zom³³ kuə³³ ŋa:i¹¹ ɕau³¹ nɔi³³ , hat³⁵ ɕo³³ zun³⁵ ma²⁴ kuə³³
明晨 起早 做 早饭 早 些， 明晨 起来 做

hau³¹ la:i²⁴ nɔi³³ , ku²⁴ ʔdai³¹ ha:n²⁴ ɕon¹¹ ha:u³⁵ pu³¹ vɯəŋ¹¹ pai⁰ ,
饭 多 些， 我 得 答应 句话 国王 了

ŋon¹¹ ɕo³³ ha³¹ pai²⁴ ha:i³¹ ta²⁴ ŋon¹¹ kɯn¹¹ ʔbɯn²⁴ tɔk³⁵ ma²⁴ la⁵³ ."
明天 要 去 打 太阳 天上 落 来下。"

hat³⁵ laŋ²⁴ , ja³³ pu³¹ siəŋ²⁴ zun³⁵ ɕau³¹ ma²⁴ kuə³³ ŋa:i¹¹ , kuə³³ pan¹¹
最后， 妻 布香 起早 来 做 早饭， 做 成

tɕi⁵³ la:i²⁴ hau³¹ haɯ⁵³ pu³¹ siəŋ²⁴ tɯ¹¹ pai²⁴ tɕa:ŋ²⁴ zɔn²⁴ kɯn²⁴. pu³¹ siəŋ²⁵
几 多   饭   给   布 香   带 去   途 中   吃。 布 香

kɯn²⁴ kwa³⁵ ŋa:i¹¹, lap³³ hau³¹ ɕo³⁵ ʔdaɯ²⁴ ʔbip³⁵, nep³⁵ fa³³ ɕa³¹, ʔdiaŋ³¹
吃   过   早饭,   塞   饭   放   里面   饭盒,   别 柴刀,   藏

fa³³ mit³³ ɕi³³ zun³⁵ tin²⁴ pai²⁴ pai⁰.
弯 刀   就   起身   去   了。

　　pu³¹ siəŋ²⁴ pai²⁴ taŋ¹¹ kɔk³⁵ po²⁴ laŋ²⁴ ʔba:n²⁴, zan²⁴ pa:ŋ³¹ pja²⁴ tau⁵³
布 香   去 到   坡 脚   后   寨,   见 边   岩 生

li³¹ ko²⁴ fai³¹ ȵe³³ ʔdeu²⁴, la:u³¹ lum⁵³ ta:m²⁴ liəm¹¹, te²⁴ ɕi³³ pin²⁴ pai²⁴
有 棵   树 桑   一,   大   像   柄   镰刀,   他   就   爬 去

kɯn¹¹ pja²⁴ tɯ¹¹ ko²⁴ fai³¹ ȵe³³ te²⁴ fak³³ ma²⁴ la⁵³ kuə³³ kɔŋ²⁴, ʔau²⁴ naŋ²⁴
上   岩   把   棵   树 桑   那   砍   来 下   做   弓,   拿 皮

va:i¹¹ kuə³³ mai²⁴ kɔŋ²⁴. pu³¹ siəŋ²⁴ ʔau²⁴ kɔŋ²⁴ voi⁵³ ʔba³⁵ ɕi³³ tuŋ³¹ ta:m²⁴
水牛   做   弓弦。 布 香   把   弓   挂   肩膀   就   相 连

pja:i⁵³ pai²⁴ na⁵³. pja:i⁵³ ʔdai³¹ ha⁵³ huɯn¹¹ ha⁵³ ŋɔn¹¹, pai²⁴ taŋ¹¹ ŋɔn¹¹ ta¹¹
走   去 前。 走   得   五   夜   五   天,   去   到   天 第

ɕip³³, zan²⁴ pa:ŋ³¹ zɔn²⁴ li³¹ ɕa¹¹ fai³¹ pau¹¹ ʔdeu²⁴ jou²⁴ sa:ŋ²⁴ jou²⁴ so³³.
十,   见   边   路   有 丛   龙猫 竹   一   又   高   又 直。

pu³¹ siəŋ²⁴ nɯ³³ nau¹¹, "li³¹ kɔŋ²⁴ mi¹¹ li³¹ na³⁵, kuə³³ lau¹¹ ʔo³¹ pai²⁴ ha:i³¹
布 香   想   说,   有   弓   没   有   箭,   怎样   会 去   打

ʔdai³¹ ʔdan²⁴ ta²⁴ ŋɔn¹¹ kɯn¹¹ ʔbɯn¹¹ tɔk³⁵ ma²⁴ la⁵³? ɕa⁵³ ku²⁴ pai²⁴ fak³³ tɕi⁵³
得   个   太阳   天上   落   来 下? 等   我   去 砍   几

ko²⁴ fai³¹ pau¹¹ ma²⁴ kuə³³ nam⁵³ na³⁵." nɯ³³ taŋ¹¹ tɕiə¹¹ ni³¹, pu³¹ siəŋ²⁴ ɕi³³
颗   龙猫 竹   来   做   箭。   想   到   这 里,   布 香   就

ʔdon³¹ pai²⁴ tiə³³ pau¹¹ fak³³ ʔdai³¹ kɯət³³ fai³¹ pau¹¹ ʔdeu²⁴ ma²⁴ kuə³³
钻   去   竹林   砍   得   捆   龙猫 竹   一   来   做

nam⁵³ na³⁵. kuə³³ pan¹¹ ɕi³³ sap³⁵ ɕo³⁵ ɕɔŋ²⁴ na³⁵, pu³¹ siəŋ²⁴ jou²⁴
箭。   做   成   就   塞   放   箭囊,   布 香   又

tuŋ³¹ ta:m²⁴ pja:i⁵³ pai²⁴ na⁵³.
紧 接 着   走   去   前。

　　pu³¹ siəŋ²⁴ pja:i⁵³ ʔdai³¹ ku⁵³ ɕip³³ ku⁵³ ŋɔn¹¹, pja:i⁵³ kwa³⁵
布 香   走   得   九十九   天,   走   过

ku⁵³ ɕip³³ ku⁵³ ʔdan²⁴ ʔba:n³¹, ha:m⁵³ kwa³⁵ ku⁵³ ɕip³³ ku⁵³ teu¹¹ ta²⁴, fa:n³³
九 十 九   个   寨,   跨   过   九 十 九   条   河,   翻

kwa³⁵ ku⁵³ ɕip³³ ku⁵³ na:ŋ³³ po²⁴. li³¹ ŋɔn¹¹ ʔdeu²⁴, te²⁴ ma²⁴ taŋ¹¹ neŋ¹¹ po²⁴
过　　九十九　　座　山。有　天　一　他　来　到　顶山

ʔdeu²⁴. te²⁴ jeu³⁵ pai²⁴ tɕiə¹¹ tɕai²⁴, zan²⁴ hen¹¹ ʔbɯn²⁴ heu²⁴ heu²⁴,
一。　他　看　去　处远，　见　边　天　青青，

ɕaŋ¹¹ vɯə⁵³ ʔdoŋ³⁵ ʔdoŋ³⁵, te²⁴ nuɯ³³, "tɕiə¹¹ ni³¹ khɔ⁵³ nɯn³¹ te²⁴ kɔk³⁵
朵云　亮亮，　他　想，　这里　可能　是　脚

ʔbɯn²⁴ pai⁰! ta²⁴ ŋɔn¹¹ ʔba:ŋ³¹ tai³⁵ tɕiə¹¹ ni³¹ ʔo³⁵ ma²⁴ le⁰? ku²⁴ ɕi³³ ʔju³⁵
天　了！太阳　可能　从　这里　出来　了？我　就　在

tɕiə¹¹ ni³¹ pɔn³¹ ɕa⁵³ ta²⁴ kɔn¹¹ ʔo³⁵." pu³¹ siəŋ²⁴ ɕi³³ pin²⁴ pai²⁴ kun¹¹ kɔ²⁴ fai³¹
这里　埋伏　等　太阳　出。"布香　就　爬　去　上　树

sa:ŋ²⁴ sa:ŋ²⁴ ʔdeu²⁴, naŋ³³ kun¹¹ ŋa:m¹¹ fai³¹ te²⁴ ɕa⁵³ ta²⁴ ŋɔn¹¹ ʔo³⁵.
高高　　一，　坐　上　树桠　即等　太阳　出。

pu³¹ siəŋ²⁴ ɕa⁵³ ʔdai³¹ soŋ²⁴ ɕeu³³ jiəŋ²⁴, ɕɯ¹¹ ni³¹, hen¹¹ ʔbɯn²⁴ pian³⁵
布香　等　得　两　根　香，　这时，　边　天　变

ʔdiŋ²⁴, ɕaŋ¹¹ vɯə⁵³ pian³⁵ ʔdoŋ³⁵. ka³³ zan²⁴ ɕip³³ ŋi³³ ʔdan²⁴ ta²⁴ ŋɔn¹¹ lum⁵³
红，朵　云　变　亮。　只　见　十二　个　太阳　像

taŋ²⁴ loŋ²¹ jiəŋ³³ te²⁴ tai³⁵ pja:i²⁴ po²⁴ pa:i³³ tɕai²⁴ na:i³³ na:i³³ ʔo³⁵ ma²⁴ zo³³.
灯笼　一样　从　山尖　　远处　慢慢　出来外。

pu³¹ siəŋ²⁴ tai³⁵ kun¹¹ ʔba³⁵ tɕe⁵³ kɔŋ²⁴ ma²⁵ la⁵³, tai³⁵ ʔdaɯ²⁴ ɕɔŋ²⁴ lɔk³⁵
布香　从　上　肩　解　弓　来下，从　里面　袋　拨

nam⁵³ na³⁵ ma²⁴ zo³³. pu³¹ siəŋ²⁴ zeŋ¹¹ la:u³¹ ta²⁴ ʔdi²⁴, kuə³³ pai¹¹ ʔdeu²⁴
根　箭来外。布香　力　大　眼好，　做　次　一

ha:i³¹ ha⁵³ nam⁵³ na³⁵ pai²⁴ ɕo³⁵ ta²⁴ ŋɔn¹¹. ha:i³¹ pai²⁴ ta:u³⁵ ta¹¹ ʔit³⁵, li³¹
打　五　根　箭　去　朝　太阳。打　去　回　第一，有

ha⁵³ ʔdan²⁴ ta²⁴ ŋɔn¹¹ tai³⁵ pja:i²⁴ po²⁴ tɔk³⁵ pai²⁴ pa:i³³ na⁵³, ha:i³¹ pai²⁴
五　个　太阳　从　尖山　落　去　前面，　打　去

ta:u³⁵ ta¹¹ ŋi³³, jou²⁴ li³¹ soŋ²⁴ ʔdan²⁴ ta²⁴ ŋɔn¹¹ tai³⁵ neŋ¹¹ po²⁴ tɔk³⁵ pai²⁴
回　第二，又　有　二　个　太阳　从　顶山　落　去

pa:i²⁴ laŋ²⁴, laŋ⁵³ li³¹ soŋ²⁴ ʔdan²⁴ taŋ³¹ tɕa:ŋ²⁴ ʔbɯn²⁴ san³⁵ ɲin³³ ɲin³³, za²⁴
后面，　还有　两　个　停　空中　抖　瑟瑟，找

iɕiə¹¹ ku⁵³ mi¹¹ zan²⁴. ɕɯ¹¹ ni³¹, li³¹ pau³⁵ tɕe³⁵ mum³³ ha:u²⁴ ʔdeu²⁴ ma²⁴
处　躲　不　见。这时，有　老头　胡子白　一　来

nau¹¹: "miə⁵³ ha:i³¹ lo⁰ pu³¹ siəŋ²⁴, ɕe²⁴ ʔdan²⁴ ʔdeu²⁴ haɯ⁵³ vɯn¹¹ pɯən¹¹
说："别　打　啰　布香　让　个　一　给　人天下

ma²⁴ ta³⁵ hau³¹, ɕe²⁴ ʔdan²⁴ ʔdeu²⁴ zoŋ⁵³ mai³¹ ʔbɯk³⁵ tɕa:ŋ²⁴ ham³³
来　晒　粮食，让　个　一　照亮　姑娘　晚　上
ta¹¹va:i³⁵." pu³¹siəŋ²⁴ nau¹¹: "mi¹¹ ha:i³¹ tu³³ ʔdai³¹, mi¹¹ kwa³⁵ soŋ²⁴
纺棉。"　布香　说："不　打　都　得，　不过　两
ʔdan²⁴ ta²⁴ ŋən¹¹ ni³¹ ʔau²⁴ tuŋ³¹ va:n³³ ʔo³⁵, ʔdan²⁴ ʔdeu²⁴ ʔo³⁵ tɕa:ŋ²⁴ ŋən¹¹,
个　太阳　这　要　轮换　出，个　一　出　白天，
ʔdan²⁴ ʔdeu²⁴ ʔo³⁵ tɕa:ŋ²⁴ ham³³."
个　一　出　夜晚。"

tai³⁵ ɕɯ¹¹ te²⁴ ma²⁴ na⁵³, soŋ²⁴ ʔdan²⁴ ta²⁴ ŋən¹¹ te²⁴ ɕi³³ mi¹¹ tuŋ³¹ ɕɯ¹¹
从　那时　来　前，两　个　太阳　那　就　不　相约
ʔo³⁵ pai⁰, ʔdan²⁴ ʔdeu²⁴ ʔju³⁵ tɕa:ŋ²⁴ ŋən¹¹ ʔo³⁵, vɯn¹¹ pɯəŋ¹¹ heu³³ te²⁴
出　了，个　一　在　白天　出，　人天下　叫　它
kuə³³ "ta²⁴ ŋən¹¹", ʔdan²⁴ ʔdeu²⁴ ʔju³⁵ tɕa:ŋ²⁴ ham³³ ʔo³⁵, vɯn¹¹ pɯəŋ¹¹
做　"太阳"，个　一　在　晚上　出，　人天下
heu³³ te²⁴ kuə³³ "zoŋ³³ ʔdiən²⁴".
叫　它　做　"月亮"。

意译：

太阳和月亮是怎样来的

传说远古时候天上有十二个太阳，天天都一起出，一起落，树木、野草以及田地里的庄稼都给晒死了，河里、田里的水晒干了，井也干涸了。世人没有饭吃，没有水喝，死去了一大半，牲口、家禽也死得所剩不多了。

一天，国王召集附近的人来商量对策。国王说："谁去把天上的太阳射落下来，我愿意把我一半的田地分给他，要肥田肥地我给他，要出井水的田我给他，想要牲口我也给。只要他能把天上的太阳射落下来，让世人能够种庄稼过日子，想要什么我都给。"国王的话音刚落，有一个名叫布香的青年在院子里问道："你说的话是真的么，国王？你说的话没有假么，你真的愿意拿田地来做抵押么？你真的愿拿牛马牲口来做抵押么国王？"国王在屋里

回答说："当着世人的面说，我所说的话是真的，我不会欺骗你。只要你把天上的太阳射落下来，我会遵守我许下的诺言，把田地分给你，把牲口分给你。我真的不会欺骗你。"布香说："只要你说的话是真的，只要你不会变心，我愿去把天上的太阳射落下来。"

那天，布香回到家跟他妻子说："明天早上起来早点做饭，多做一点。我已经答应了国王，明天早上要去把天上的太阳射落下来。"

第二天早上，布香的妻子一大早就起来做早饭，做了许多饭让布香随身带上。布香吃过早饭，把饭装进饭盒里，带上柴刀、弯刀，就动身走了。

布香来到寨子后面的一座山脚，看见半岩上长着一棵桑树，像镰刀把那么粗，他就爬到岩上把那棵桑树砍下来做弓，用水牛皮来做弦。布香把弓挂在肩膀上继续往前走。走了五天又五天，到了第十天，看见路边一丛龙猫竹，长得又高又直。布香心想，"有弓没有箭怎么能把太阳射落下来呢？不如去砍几棵龙猫竹来做箭。"想到这儿，布香便钻进竹林里砍了一捆龙猫竹来做箭，箭做好了，插进箭囊里，布香又继续往前走。

布香走了九十九天，过了九十九个寨子，跨过九十九条河，翻过九十九座山。有一天，他来到一座山顶，朝远处看去，只见天边蓝蓝的，云层发着光。他暗想，这儿可能就是天脚了吧！太阳莫非就是从这儿出来的么？我就在这儿埋伏等太阳出来吧。布香于是就爬到一棵高高的树上，坐在树杈上等太阳出来。

布香等了大约两炷香的功夫，这时，天边变成了红色，云层更亮了。只见十二个太阳像一串灯笼那样从远处的山坡后慢慢地爬出来。布香从肩膀上把弓解下来，从箭囊里拔出箭来。布香力气大，眼力好，一次朝着太阳射出五只箭。头五箭射出，有五个太阳从山顶落到山的前面。射出第二次，又有五个太阳从山顶落到山后，还有两个太阳在天空索索发抖，找不到躲藏的地方，这时，有一个白胡子老头出来说："别打啦布香，留一个给世人晒谷子，留一个晚上照姑娘们晚上纺棉花。"布香说："不打也行，不过这两个太阳必须轮流出。一个白天出，一个晚上出。"

从那时起，那两个太阳就不一起出来了，一个在白天出，世人称之为"太阳"，一个在晚上出，世人称之为"月亮"。

洪水朝天

ðam³¹ tum³³ pɯəŋ³¹
水　　淹　　天　下

　　zeu³³ nau¹¹ pu³¹ siəŋ²⁴ ha:i³¹ ʔdai³¹ ta²⁴ ŋɔn¹¹ kɯn¹¹ ʔbɯn²⁴ tɔk³⁵ ma²⁴
　　传说　布香　打　得　太阳　天上　落来
la⁵³, tɕɔŋ³⁵ vɯn¹¹ la³¹ ʔbɯn²⁴ ʔdai³¹ kuə³³ na¹¹ kwa³⁵ ʔdiən²⁴ ŋɔn¹¹ pai⁰,
下　人　们　天下　得　做　田　过　日子　了，
leu³¹ po¹¹ tu³³ ma²⁴ tɕo²⁴ ʔba:i³⁵ te²⁴, tu³³ han³³ te²⁴.
大家　都　来　感　谢　他，都　称赞　他。
　　pu³¹ siəŋ²⁴ tai³⁵ kɔk³⁵ ʔbɯn²⁴ ta:u³⁵ ma²⁴ za:n¹¹, pai²⁴ za²⁴ pu³¹ vɯəŋ¹¹,
　　布香　从　脚　天　回　家，去　找　国王，
nau¹¹ hau⁵³ te²⁴ tui²⁴ ɕian²⁴ ɕɔn¹¹ ka:ŋ⁵³ ɕɯ¹¹ ʔdu³¹ nau¹¹ kwa³⁵ te²⁴.
说　给　他　兑现　句讲　当初　说过　那。
pu³¹ vɯəŋ¹¹ ʔdan²⁴ sam²⁴ pian³⁵ leu³¹. mi¹¹ zɯn²⁴ tsaŋ²⁴ pai⁰.
国王　心里　变　了。不　认账　了。
　　pu³¹ siəŋ²⁴ ham³⁵ te²⁴ ʔau²⁴ zi³³, te²⁴ mi¹¹ hau⁵³ ka:i³⁵ zi³³ na:m³³ ʔdi²⁴
　　布香　问　他　要地，他　不　给　个　地　土　好
te²⁴, te²⁴ ʔau²⁴ ka:i³⁵ na:m³³ ʔja³⁵ tɕa:ŋ²⁴ pa:n¹¹ te²⁴ hau⁵³ pu³¹ siəŋ²⁴, pai²⁴
那，他　拿　个　土　差　半山　那　给　布香，去
ham³⁵ te²⁴ ʔau²⁴ na¹¹, te²⁴ mi¹¹ ʔau²⁴ ka:i³⁵ na¹¹ ʔo³⁵ ʔbo³⁵ te²⁴ hau⁵³, ʔau²⁴
问　他　要　田，他　不　拿　个　田　出　井　那　给，拿
ka:i³⁵ na¹¹ pa:ŋ³¹ zɔn²⁴ ɕa:u²⁴ pit³⁵ ɕa:u²⁴ kai³⁵ te²⁴ hau⁵³, te²⁴ ʔau²⁴ ka:i³⁵
个　田　路边　招　鸭　招　鸡　那　给，他　要　个
na¹¹ tɕa:ŋ²⁴ pa:n¹¹ ɕu³¹ zam³¹ ʔbɯn²⁴ te²⁴ hau⁵³ pu³¹ siəŋ²⁴. ham³⁵ ʔau²⁴
田　半山　接　水　天　那　给　布香。问　要
ɕiə¹¹ va:i¹¹ je⁵³ mi¹¹ hau⁵³, ham³⁵ ʔau²⁴ van²⁴ hau³¹ je⁵³ mi¹¹ hau⁵³.
黄牛水牛　也　不　给，问　要　稻　也　不　给。
　　pu³¹ siəŋ²⁴ ho¹¹ ɲa:p³⁵ ta¹¹ za:i³¹, ta:u³⁵ ma²⁴ za:n¹¹ pai²⁴ ʔdau²⁴
　　布香　生气　非常，回　来　家　去　里面
tɔŋ³³ na¹¹ te²⁴ la:u³³ pai²⁴ la:u³³ ma²⁴, te²⁴ la:u³³ tai³⁵ tɔŋ³³ kɯn¹¹ pai²⁴ taŋ¹¹
田坎　那　游　去　游　来，他　游　从　上坎　去　到

təŋ³³ la⁵³, tai³⁵ təŋ³³ la³⁵ laːu³³ pai²⁴ taŋ¹¹ təŋ³³ kɯn¹¹. te²⁴ ʔju³⁵ tɕaːŋ²⁴ na¹¹
下坎，从下坎 游去到 上坎。他在 中间田
zan²⁴ soŋ²⁴ tuə¹¹ ŋɯə³⁵ tuŋ³¹ vet³⁵, te²⁴ ɕi³³ kap³³ ma²⁴ zaːn¹¹ laːm³³
见 两 条蛇 相 交，他 就 抓来 家 拴
tuə¹¹ mu¹¹ tuə¹¹ ma¹¹, nɯ³³ tɕai¹¹ ʔau²⁴ tuə¹¹ mu¹¹ tuə¹¹ ma²⁴ pai²⁴ paːŋ²⁴ te²⁴
猪 狗， 想 想 要 猪 狗 去 帮 他
ɕai²⁴ zi³³. tuə¹¹ mu²⁴ ziəŋ¹¹ tuə¹¹ ma²⁴ laːu²⁴ ta¹¹ zaːi¹¹, ɕi³³ le¹¹ pai²⁴
犁 地。猪 和 狗 怕 非常， 就 跑 去
jaːŋ²⁴ təŋ³³ ʔdaŋ²⁴ ɲi⁵³ ʔdaŋ²⁴ ŋak³⁵. pu³¹ siəŋ²⁴ tɕiə¹¹ laɯ¹¹ zo³¹, tuə¹¹ ŋɯə¹¹
田坝中 叫咿 叫呀。布香 哪里 知， 蛇
ziəŋ¹¹ tuə¹¹ mu²⁴ kɔk³⁵ ʔdu³¹ tu³³ tɯk³³ van²⁴ tuə¹¹ luəŋ¹¹ tai³⁵ kɯn¹¹ ʔbɯn²⁴
和 猪 根 源 都是 种 龙 从 天上
zoŋ¹¹ ma²⁴. te²⁴ jieŋ³³ ni³¹ kuə³³ ɕi³³ tɯk³³ peu²⁴ tuə¹¹ pja³⁵ tue¹¹ luəŋ¹¹ pai⁰.
下来。他 这样 做 就 得罪 雷公 龙 了。

tuə¹¹ pja⁵³ ziəŋ¹¹ tuə¹¹ luəŋ¹¹ ʔju³⁵ kɯn¹¹ ʔbɯn²⁴ zo³¹ n̠iə²⁴ tuə¹¹ mu²⁴
雷公 和 龙 在 天上 听见 猪
tuə¹¹ ma²⁴ ʔdaŋ²⁴ ɲi⁵³ ʔdaŋ²⁴ ŋak³⁵, ɕi³³ paːi³⁵ pu³¹ tɕaɯ⁵³ te²⁴ ma²⁴
狗 叫咿 叫呀， 就 派 人 近 那 来
tiau²⁴ tsha³¹, pu³¹ tɕaɯ⁵³ taːu³⁵ pai²⁴ nau¹¹ haɯ⁵³ tuə¹¹ pja⁵³ tuə¹¹ luəŋ¹¹,
调查， 人近 回 去 说 给 雷公 龙，
la⁵³ ʔdan²⁴ ʔo³⁵ luən³⁵ leu³¹, pu³¹ vɯəŋ¹¹ paːi³⁵ pu³¹ siəŋ²⁴ haːi³¹ ta²⁴ ŋon¹¹
地下 出 乱 了， 国王 派 布香 打 太阳
tək³⁵ pai²⁴ la⁵³ leu³¹, pu³¹ siəŋ²⁴ jou²⁴ ʔau²⁴ tuə¹¹ ŋɯə¹¹ pai²⁴ laːm³³
落 去下了， 布香 又 拿 蛇 去 拴
tuə¹¹ mu²⁴ ziəŋ¹¹ tuə¹¹ ma²⁴.
猪 和 狗。

tuə¹¹ pja⁵³ ɕeu³³ kɔn³⁵ ɕɯ²⁴ ɕan¹¹. zo³¹ n̠iə²⁴ nau¹¹ jieŋ³³ ni³¹ ɕi³³
雷公 从前 心窄。听见 说 这样 就
ho¹¹ teŋ⁵³ pai⁰. te²⁴ ziəŋ¹¹ tuə¹¹ luəŋ¹¹ nau¹¹: "tuə¹¹ vɯn¹¹ paːi³³ la⁵³ ha³¹
冒火 了。他 和 龙 说： 人 下面 要
mi¹¹ n̠iə²⁴ ɕɔn¹¹ haːu³⁵ zau¹¹ pai⁰. ma²⁴ zau¹¹ kuə³³ zam³¹ pai²⁴ tum³³
不听 句话 我们 了。来我们 做 水 去 淹
la⁵³ ʔbɯn²⁴, ma²⁴ zau¹¹ tau⁵³ vɯn²⁴ pai²⁴ tum³³ tuə¹¹ vɯn¹¹ tu³¹ pɯəŋ¹¹ leu³¹
地下， 来我们 下 雨 去 淹 人 全天下 完

ɕi³³ ʔiə³⁵." tuə¹¹ luəŋ¹¹ ʔi²⁴ ɕɔn¹¹ tuə¹¹ pja⁵³ nau¹¹ te²⁴, je⁵³ suəŋ³⁵ kuə³³ zam³¹
就　算。　龙　依句　雷公　　说　那，也　打算　做　水
ma²⁴ tum³³ vɯn¹¹ pɯəŋ¹¹.
来　淹　人　天下。

　　pja⁵³ ɕeu³³ kɔn³⁵ sam²⁴ ʔdaŋ³⁵, nau¹¹ taŋ¹¹ ɕi³³ kuə³³ taŋ¹¹, luəŋ¹¹
　　雷公　从前　　心狠，　说　到　就　做到，　龙
ɕeu³³ kɔn³⁵ tuk³³ ɕaŋ¹¹, nɯ³³ ʔdai³¹ ɕi³³ kuə³³ ʔdai³¹, pja⁵³ zai¹¹ ʔdaŋ²⁴
从前　　可　恶，想　得　就　做得，雷鸣　响
"ta:ŋ³¹ ta:ŋ³¹", zam³¹ lai²⁴ ʔdaŋ²⁴ "ɕua³³ ɕua³³". nat³³ vɯn²⁴ ɕeu³³ kɔn³⁵
"当当"，　水　流　响　　"唰唰"。　粒　雨　从前
pan¹¹ jiəŋ³³ liəŋ²⁴, nat³³ te²⁴ la:u³¹ pan¹¹ sa:u³³ pa³⁵ tɔi³¹. vɯn²⁴ tau⁵³ ʔdai³¹
成　样另，粒那　大　成　如　口　碗。雨　下　得
ɕat³⁵ hɯn¹¹ ɕat³⁵ ŋɔn¹¹, la⁵³ ʔbɯn²⁴ tɕiə¹¹ lau¹¹ tu³³ tum³³ leu³¹, ka³³ liə²⁴
七　夜　七　天，　天下　　到处　都　淹　了，只剩
neŋ¹¹ po²⁴ jaŋ¹¹ han³⁵ li³¹ teŋ³³ la:u³¹ sa:u³³ ʔdan²⁴ ʔdɔŋ³¹. tuə¹¹ vɯn¹¹ la⁵³
山顶　阳罕　有地方　大　如　簸箕。　人　天
ʔbɯn²⁴ tu³³ teŋ²⁴ tum³³ ta:i²⁴ leu³¹, ka³³ liə²⁴ za:n¹¹ ʔdeu²⁴ sɔŋ²⁴ pi³¹ nuəŋ¹¹
下　都　被　淹　死　了，只剩　家　一　两　兄妹
za²⁴ ʔdai³¹ tɕən¹¹ kɯ⁵³ ʔda:ŋ³³ ɕi³³ fi³³ teŋ²⁴ tum³³ ta:i²⁴.
找　得　外　躲　身　就　未　被　淹　死。

意译：

洪水朝天

　　传说布香把天上的太阳射了下来，普天下的人可以种田种地过日子了，大家都来向布香表示感谢，都称赞他。
　　布香从天边回来，去找国王，让他兑现当初他所许下的诺言。国王的心变了，不认账了。布香向他要地，他不给土质肥沃的，他把山坡上土质很差的地给布香；去问他要田，他不拿出水井的田给，他把路边招鸡招鸭的田给布香，把半山上的望天水田给布香；问他要牲口他不给；问他要谷种他也不给。
　　布香很生气，跑到田坝里来回游逛。从上坝游到下坝，又由下

坝游到上坝。见田里有两条蛇相互缠绕，便抓回家来拴猪和狗。想让猪、狗去帮他犁地。猪和狗害怕，跑到田坝里去"汪汪——啊啊"地乱叫。布香哪里知道，蛇和猪当初都是龙种从天上下凡。他这样做可就得罪雷神和龙王了。

雷神和龙王在天上听见猪和狗"汪汪——啊啊"地乱叫，便派身边的人前来调查。派来的人回去告诉雷神和龙王，地下出乱子了。国王派布香把太阳射落了，布香又拿蛇去拴猪和狗。古代的雷神心地狭窄，一听说发生了这样的事便火冒三丈。他跟龙王说："凡间的人不听我们的话了，咱们用水去淹天下，下雨把地上的凡人淹死就算了。"龙王听从雷神的话，也打算用水去淹人间。

古时候的雷神非常可恶，说到就做到；从前的龙王讨厌，说到就办到。天上雷声隆隆，地上雨水横流。

古时候的雨点有所不同，像碗口那么大。雨下了七天七夜，天底下到处都被淹了，只有"洋岸"山顶还有象簸箕那么大一块没有被淹，天底下的人都被淹死了，只有一家两姊妹找到躲藏的地方，才没有被淹死。

兄妹造人烟
θoŋ²⁴ pi³¹ nuəŋ³¹ kuə³³ pau³⁵ ja³³
两　　兄妹　　做　　夫妻
ɕaːu³¹ wɯn¹¹ pɯəŋ¹¹
造　　　人烟

zeu¹¹ nau¹¹ ɕeu³³ kɔn³⁵ tuə¹¹ pja⁵³ ziəŋ¹¹ tuə¹¹ luəŋ¹¹ ɕuəŋ³⁵ zam³¹ ma²⁴
传说　　从前　　雷公　　和　　龙　　放　　水　来
tum³³ la⁵³ ʔdan²⁴, tɕiə¹¹ lau¹¹ tu³³ tum³³ leu³¹, lum⁵³ ʔdan²⁴ haːi⁵³
淹　下　地，　哪里　都　淹　完，　像　　大海
jiəŋ³³ ʔdeu²⁴. zam³¹ fək³³ faːt³³ pai²⁴ taːu³⁵ mi¹¹ taŋ³¹, jeu³⁵ pai²⁴ si³⁵ mian³³
一样。　水　翻腾　去　回　不停，　看　去　四方
mi¹¹ li³¹ tɕiə¹¹ lau¹¹ li³¹ pjaːi²⁴ po²⁴ ʔdeu²⁴ ʔo³⁵ kɯn¹¹ zam³¹. zeu¹¹ nau¹¹
没有　哪儿　有　坡顶　　一　出　上　水。　传说
zam³¹ tum³³ ʔdai³¹ tɕi⁵³ laːi²⁴ pi²⁴, lɯŋ⁵³ naːi³³ naːi³³ ɕam²⁴ pai²⁴ la⁵³. ɕɯ¹¹
水　淹　得　几多　年，　才　　慢慢　　沉　去　下。　时
zam³¹ tum³³ pɯəŋ¹¹ te²⁴, tuə¹¹ vɯn¹¹ leu³¹ pɯəŋ¹¹ tu³³ tuk³³ tum³³ taːi²⁴
水　淹　天下　那，　人类　全天下　都　被　淹　死
leu³¹ pai⁰, ka³³ li³¹ zaːn³¹ ʔdeu²⁴ soŋ²⁴ pi³¹ nuəŋ³¹, pi³¹ tuk³³ pu³¹ saːi²⁴,
完只，　只有　家　一　　两　兄妹，　兄　是　男的，
nuəŋ³¹ tuk³³ mai³¹ ʔbuk³⁵, zam³¹ tam³³ ma²⁴ ɕi³³ kɯ⁵³ pai²⁴ ʔdau²⁴ ʔbu³¹,
妹　是　女的，　水　即刻　来　就　躲　去　里　葫芦，
ziəŋ¹¹ ʔdan²⁴ ʔbu³¹ tuŋ³¹ ɕam³³ ʔjuː²⁴ kɯn¹¹ zam³¹ fu¹¹ pai²⁴ fu¹¹ taːu³⁵, lɯŋ⁵³
跟　葫芦　　一起　在　上　水　浮去　浮面，　才
ʔdiə³¹ ʔdai³¹ kwa³⁵ taːu³⁵ naːn³³ ni³¹. ʔdan²⁴ ʔbu³¹ te²⁴ tai³⁵ tɕiə¹¹ lau¹¹ ma²⁴
逃　得　过　次　灾难　这。　葫芦　那　从　哪儿　来
ni⁰?
呢?

　　zeu¹¹ nau¹¹ pau³⁵ po³³ soŋ²⁴ pi³¹ nuəŋ³¹ ni³¹ tuk³³ pu³¹ tau¹¹
　　传说　　父亲　两　兄妹　这　是　头领

ʔdaɯ²⁴ pɯəŋ¹¹. tsuan³³ mɯn³¹ kuən⁵³ siən³⁵ la⁵³ ʔbɯn²⁴. siən³⁵
天底下。　　专　　门　　管　　事情　　天下。　　事情
kɯn¹¹ ʔbɯn²⁴ te²⁴ je⁵³ kuən⁵³ nɔi³³. tuə¹¹ pja⁵³ ʔju³⁵ kɯn¹¹ ʔbɯn²⁴
天上　　他 也　管　　点。　雷公　　在　　天上
tsuan³³ mɯn³¹ kuən⁵³ vɯn²⁴ zam³¹. vɯn¹¹ pɯəŋ¹¹ ha³¹ kuə³³ meu¹¹ pai⁰,
　专门　　　管　　雨水。　人　　天下　想　　做　庄稼 了,
te²⁴ ɕi³³ ɕuəŋ³⁵ vɯn²⁴ zam³¹ ma²⁴ la⁵³ haɯ⁵³ vɯn¹¹ pɯəŋ¹¹ ɕai³³ na¹¹
他　就　放　　雨水　　来　下　给　　人　　天下　犁田
tɔk³⁵ tɕa⁵³. ɕeu¹¹ kon³⁵ tuə¹¹ pja⁵³ ɕɯ²⁴ ʔja³⁵, khɔ⁵³ wu²⁴. li³¹ tɕi⁵³ pi²⁴, taŋ¹¹
撒秧。　从前　　雷公　　心狭隘, 可恶。　有 几 年, 到
ɕɯ¹¹ ɕai³³ na¹¹ tɔk³⁵ tɕa⁵³ pai⁰, te²⁴ mi¹¹ ɕuəŋ³⁵ vɯn²⁴ zam³¹ ma²⁴ la⁵³, haɯ⁵³
时　犁田　　撒秧　了 他 不　放　　雨水　　来 下, 给
tuə¹¹ vɯn¹¹ ʔdaɯ²⁴ pɯəŋ¹¹ kuə³³ mi¹¹ pan¹¹ meu¹¹, zip³³ mi¹¹ ʔdai³¹ haɯ³¹.
人　　　天下　　　做　不　成　庄稼, 收　不　得　粮食。
pau³⁵ po³³ soŋ²⁴ pi³¹ nuəŋ³¹ ni³¹ hɔ¹¹ pɯn²⁴, ɕi³³ pai²⁴ kɯn¹¹ ʔbɯn²⁴ za²⁴
父亲　　两　兄妹　　这　生气, 　就　去　　天上　　找
tuə¹¹ pja³⁵ ka:ŋ⁵³ lai³¹. te²⁴ pai²⁴ taŋ¹¹ kɯn¹¹ ʔbɯn²⁴, zan²⁴ tuə¹¹ pja⁵³ ʔju³⁵
雷公　讲理。　他 去 到　　天上,　　 见　雷公　　在
tɕa:ŋ²⁴ ʔbɯn²⁴ tɕon⁵³ zam³¹ kuə³³ hɔŋ¹¹, ziəŋ¹¹ po¹¹ vɯn¹¹ ʔdeu²⁴ ʔju³⁵
中间　　天　圈围　水　　做　　塘,　　跟　群　人　　一　在
ʔdaɯ²⁴ zam³¹ te²⁴ kuə³³ ɕam¹¹. te²⁴ hɔ¹¹ na:p³⁵ ta¹¹ za:i³¹, sat³⁵ pai²⁴ ʔdaɯ²⁴
里面　　水　那　玩耍。　他　愤怒　　　非常, 　跳　去 里面
hɔŋ¹¹ zam³¹ te²⁴, pan⁵³ ʔdai³¹ hɔ¹¹ tuə¹¹ pja⁵³ ɕi³³ tɯ¹¹ te²⁴ kap³³ ma²⁴
塘　　水　那, 抓　　得　脖子　雷公　　就 把　他　揪　来
la⁵³ ʔdan²⁴, sa:n²⁴ ʔdan²⁴ zɔŋ³⁵ la:u³¹ la:u³¹ ʔdeu²⁴ ɕi³³ tɯ¹¹ te²⁴ tɕan²⁴ ɕo³⁵
地下, 　编　个　笼子 大　　大　　一　就 把 他　装　放
ʔdaɯ²⁴ te²⁴, mi¹¹ ʔau²⁴ zam³¹ haɯ⁵³ te²⁴ kɯn²⁴. tuə¹¹ pja⁵³ liə¹¹ mi¹¹ ʔdai³¹
里面 那, 不 拿　水　给　他 吃。　雷公　　离　不　得
zam³¹, mi¹¹ li³¹ zam³¹ kɯn²⁴ te²⁴ ɕi³³ zeu³⁵ leu⁰, zeŋ¹¹ je⁵³ mi¹¹ li³¹ pai⁰,
水,　没有　水　吃　他　就　蔫 了, 力气　也 没有　了,
tɕan²⁴ ʔju³⁵ ʔdaɯ²⁴ zɔŋ³⁵ te²⁴ tu³³ ɕen³⁵ ʔo³⁵ ma²⁴ mi¹¹ ʔdai³¹ pai⁰.
装　在　里面　笼 他　都　挣　出　来　不　得 了。
li³¹ ŋən¹¹ ʔdeu²⁴, pau³⁵ po³³ soŋ²⁴ pi³¹ nuəŋ³¹ te²⁴ mi¹¹ ʔju³⁵ za:n¹¹, soŋ²⁴
有 天　一, 　父亲　　两　兄妹　　那 不　在　家, 　两

pi³¹ nuəŋ¹¹ te²⁴ pai²⁴ hen¹¹ ʔdan²⁴ zoŋ³⁵ tɕaŋ²⁴ tuə¹¹ pja⁵³ te²⁴ to⁵³ tuə¹¹ pja⁵³
兄妹　那　去　边上　个　笼子　装　雷公　那　逗　雷公
kuə³³ ɕam¹¹. tuə¹¹ pja⁵³ ziəŋ¹¹ ho³³ te²⁴ nau¹¹ : "ku²⁴ ho¹¹ huɯ³⁵ ta¹¹ za:i³¹,
玩耍。　雷公　跟　他们　说："我　口干　非常，
ɕa:m²⁴ su²⁴ ʔau²⁴ zam³¹ ma²⁴ haɯ⁵³ ku²⁴ kɯn²⁴, ku²⁴ piən³⁵ ʔo³⁵ fi¹¹ ma²⁴
求　你们　拿　水　来　给　我　吃，我　变　出　火　来
su²⁴ nen³³." ɕi¹¹ la:n²⁴ ɕɯ²⁴ so³³, mi¹¹ zo³¹ ma¹¹ ʔdi²⁴ ʔja³⁵, ɕi³³ tak³⁵
你们　看。"　孩子　心　直，不　知　什么　好　坏，就　舀
zam³¹ haɯ⁵³ tuə¹¹ pja³⁵ kɯn²⁴, tuə¹¹ pja⁵³ ʔdai³¹ kɯn²⁴ zam³¹, ɕi³³ li³¹ zeŋ¹¹
水　给　雷公　吃，雷公　得　吃　水　就　有　力气
pai⁰. te²⁴ tai³⁵ ɕoŋ³³ pa³⁵ po³⁵ ʔo³⁵ fi¹¹ ma²⁴, tɯ¹¹ ʔdan²⁴ zoŋ³⁵ pjau²⁴ va:i³³,
了。他　从　嘴巴　吹　出　火　来，把　笼子　烧　坏，
ɕi³³ sat³⁵ tai³⁵ ʔdaɯ²⁴ zoŋ³⁵ ʔo³⁵ ma²⁴ pai⁰. te²⁴ ziəŋ¹¹ soŋ²⁴ pi³¹ nuəŋ³¹ te²⁴
就　跳　从　里面　笼　出来　了。他　跟　两　兄妹　那
nau¹¹: "su²⁴ ʔdai³¹ tɕau³⁵ kwa³⁵ ku²⁴, ku²⁴ ʔau²⁴ va:n¹¹ ʔan²⁴ su²⁴,
说："你们　得　救　过　我，我　要　报　恩　你们，
ɕɯ¹¹ ni³¹ ku²⁴ tɯ¹¹ ka:i³⁵ van²⁴ lɯk³³ ʔbu³¹ ni³¹ haɯ⁵³ su²⁴, su²⁴ tɯ¹¹ te²⁴
这时　我　把　个　种子　葫芦　这　给　你们，你们　把　它
ʔdam²⁴ ɕo³⁵ ʔdaɯ²⁴ suən³⁵, ɕa⁵³ te²⁴ ma⁵³ la:u³¹ pai⁰, pan¹¹ ʔdan²⁴ pai⁰,
栽　在　里面　园子，等　它　长　大　了，成　个　了，
su²⁴ ɕi³³ ʔbɯt³⁵ ʔdan²⁴ tsui²⁴ la:u³¹ te²⁴ ma²⁴ la⁵³, tai³⁵ neŋ¹¹ te²⁴ kwet³⁵
你们　就　摘　个　最　大　那　来　下，从　顶　那　挖
ɕoŋ³³ ʔdeu²⁴, ʔau²⁴ ŋwi³³ te²⁴ ma²⁴ zo³³, ɕa⁵³ pi²⁴ laɯ¹¹ ʔo³⁵ zam³¹ la:u³¹
洞　一，拿　籽　它　来　外，等　年　哪　出　水　大
ma²⁴, su²⁴ ɕi³³ tɯ¹¹ ka:i³⁵ kɯn²⁴ ka:i³⁵ juŋ³³ kɯ⁵³ pai²⁴ ʔdaɯ²⁴ ʔbu³¹ te²⁴,
来，你们　就　把　吃的　用的　藏　去　里面　葫芦　那，
ɕi³³ zo³¹ tɕau³⁵ ʔdai³¹ miŋ³³ su²⁴ pai⁰." tuə¹¹ pja⁵³ nau¹¹ leu³¹, ɕi³³ ʔbin²⁴
就　会　救　得　命　你们　了。"　雷公　说　完，就　飞
ta:u³⁵ pai²⁴ ʔbɯn²⁴ pai⁰.
回　去　天　了。

pau³⁵ po³³ soŋ²⁴ pi³¹ nuəŋ³¹ te²⁴ ta:u⁵³ ma²⁴ za:n¹¹, zan²⁴ tuə¹¹ pja⁵³ mi¹¹
父亲　两　兄妹　那　回　来　家，见　雷公　不
ʔju³⁵ pai⁰, ɕɯ¹¹ ʔdu³¹ li³¹ nɔi³³ sam²⁴ ȵa:p³⁵ soŋ²⁴ pi³¹ nuəŋ³¹ te²⁴, ma²⁴ laŋ²⁴
在　了，起初　有点　生气　两　兄妹　他，后来

jou²⁴ nɯ³³, pai²⁴ ɕi³³ pai²⁴ pa⁰, fan⁵³ tsɯn²⁴ zau¹¹ je⁵³ ʔau²⁴ ɕa⁵³ te²⁴ taːu³⁵
又　想，　去　就　去　吧，　反正　我们　也要　等他　回
pai²⁴ kɯn¹¹ ʔbɯn²⁴, zau¹¹ lɯŋ⁵³ ɕaːu³¹ ʔdai³¹ zam³¹ juŋ³³. nɯ³³ taŋ¹¹ ni³¹
去　天上，　我们　才　　得　水　用。　想　到　这
ɕi³³ mi¹¹ kuən⁵³ te²⁴ pai⁰, je⁵³ mi¹¹ kwaːi³⁵ ɕɔi³¹ lɯk³³ saːi²⁴ ziəŋ¹¹ ɕɔi³¹
就　不　管　他了，也　不　责怪　个　男孩　和　个
lɯk³³ ʔbɯk³⁵ te²⁴ pai⁰.
女孩　那了。

　　　　soŋ²⁴ pi³¹ nuəŋ³¹ te²⁴ ʔi²⁴ ɕən¹¹ tuə¹¹ pja⁵³ nau¹¹ te²⁴, tɯ¹¹ van²⁴
　　　　两　兄弟　那　依　句　雷公　说　那，把　种
lɯk³³ ʔbu³¹ ʔdam²⁴ pai²⁴ ɕo³⁵ ʔdaɯ²⁴ suən²⁴ te²⁴. tuə¹¹ pja⁵³ taːu³⁵ pai²⁴
葫芦　栽　去　放　里面　园子　那。　雷公　回　去
ʔbɯn²⁴ ʔdai³¹ soŋ²⁴ ŋən¹¹, vɯn¹¹ pɯəŋ¹¹ kwa³⁵ leu³¹ soŋ²⁴ pi²⁴, ko²⁴
天　得　两　天，　人　天下　过　了　两　年，棵
lɯk³³ ʔbu³¹ ma⁵³ pan¹¹ leu³¹, ʔdan²⁴ lɯk³³ ʔbu³¹ je⁵³ ma⁵³ laːu³¹ leu³¹, li³¹
葫芦　长　成　了，　个　葫芦　也　长　大　了，有
ʔdan²⁴ ʔdeu²⁴ ma⁵³ laːu³¹ lum⁵³ ʔdan²⁴ saːŋ³³ jiəŋ³¹ ʔdeu²⁴, soŋ²⁴ pi³¹ nuəŋ³¹
个　一　长　大　像　个　囤箩　一样，　两　兄妹
te²⁴ ɕi³³ tɯ¹¹ ʔdan²⁴ te²⁴ ʔbɯt³⁵ ma⁵³ la⁵³, ʔau²⁴ fa³³ taːu³⁵ tai³⁵ neŋ¹¹ te²⁴
那就把　个　那　摘　来　下，　用　刀　从　顶　那
kwet³⁵ ʔo³⁵ ɕoŋ³³ ʔdeu²⁴, tɯ¹¹ ŋwi³³ te²⁴ kwɔk³⁵ ma²⁴ zo³³, leu³¹ ɕi³³ ʔau²⁴
挖　出　洞　一，　把　籽　它　舀　来　外，完　就　拿
ɕo³⁵ la⁵³ ʔdit³⁵ ʔdaːt³⁵ ta³⁵ zo¹¹.
放下　阳光　晒干。

　　　　taŋ¹¹ pi²⁴ zam³¹ tum³³ pɯəŋ¹¹ te²⁴, zam³¹ tum³³ kwa³⁵ neŋ¹¹ po²⁴,
　　　　到　年　水　淹　天下　那，　水　淹　过　顶山，
vɯn¹¹ tu³¹ pɯəŋ¹¹ tu³³ za²⁴ tɕiə¹¹ kɯ⁵³ mi¹¹ zan²⁴. soŋ²⁴ pi³¹ nuəŋ¹¹ te²⁴ tɯ¹¹
人　全天下　都　找　地方　躲　不　见。　两　兄妹　那带
kaːi³⁵ kɯn²⁴ kaːi³⁵ juŋ³³, ɕi³³ sat³⁵ pai²⁴ ʔdaɯ²⁴ ʔbu³¹, ziəŋ¹¹ te²⁴ ʔju³⁵ kɯn¹¹
吃的　　用的，　就　跳　去　里面　葫芦，和　它　在　上
zam³¹ fu¹¹ pai²⁴ fu¹¹ taːu³⁵.
水　浮　去　浮　回。

　　　　soŋ²⁴ pi³¹ nuəŋ³¹ te²⁴ ʔju³⁵ ʔdaɯ²⁴ ʔbu³¹ kɯ⁵³ ʔdai³¹ mi¹¹ zo³¹ tɕi⁵³ pi²⁴,
　　　　两　兄妹　那在　里面　葫芦　藏　得　不　知　几　年，

zam³¹ luɯŋ³¹ ɕam²⁴ pai²⁴ la⁵³ leu³¹. ʔdan²⁴ po²⁴ luɯŋ⁵³ zon¹¹ ma²⁴ zo³³.
水　　才　消　去　下　完。　山坡　　才　现　来　外。
vuɯn¹¹ pɯəŋ¹¹ je⁵³ ta:i²⁴ leu³¹ pai⁰, ɕiə¹¹ va:i¹¹ tuə²⁴ ŋa²⁴ je⁵³ ta:i²⁴ leu³¹ pai⁰,
人天下　　也　死　完　了，黄牛水牛　野兽　也　死　完　了，
ko²⁴ ŋa²⁴ ko²⁴ fai³¹ je⁵³ mi¹¹ tau⁵³ pai⁰. soŋ²⁴ pi³¹ nuəŋ³¹ te²⁴ tai³⁵ ʔdau²⁴ ʔbu³¹ te²⁴
草　　树　　也　不　生长　了。两　兄妹　那　从　里面　葫芦　那
pin²⁴ ma²⁴ zo³³, nen³³ pai²⁴ tɕiə¹¹ lau¹¹ tu³³ kuə³³ fɯə¹¹ fɯə¹¹ leu³¹, pja:i⁵³
爬　来　外，看　去　哪儿　都　做　荒凉　　完，　走
tɕi⁵³ la:i²⁴ ŋɔn¹¹ tu³³ mi¹¹ puŋ¹¹ pu³¹ vuɯn¹¹ ʔdeu²⁴. ɕu¹¹ ni³¹, li³¹ pau³⁵ tɕe³⁵
几多　　天　都　不　逢　个　人　一。　这时，有　老头
mum³³ ha:u²⁴ ʔdeu²⁴ ʔo³⁵ tai³⁵ kɯn¹¹ ʔbun²⁴ ma²⁴, te²⁴ nau¹¹: "vuɯn¹¹ pɯəŋ¹¹
胡子白　　一　出　从　天上　　来，他　说："人天下
tu³³ ta:i²⁴ leu³¹ lo⁰, ka³³ liə²⁴ soŋ³¹ pi³¹ nuəŋ³¹ su²⁴. soŋ²⁴ pi³¹ nuəŋ³¹ su²⁴ ʔau²⁴
都　死　完　了，只　剩　两　兄妹　你们。两　兄妹　你们　要
kuə³³ pau³⁵ ja³³, ɕa:u³¹ van²⁴ vuɯn¹¹, ʔdau²⁴ pɯəŋ¹¹ luɯŋ⁵³ zo³¹ li¹¹ vuɯn¹¹ ta:u³⁵
做　　夫妻，　造　种　人，　里面　天下　才　会　有　人　重
mo³⁵." soŋ²⁴ pi³¹ nuəŋ¹¹ te²⁴ ʔja³⁵ jiəŋ³³, nau¹¹: "ho⁵³ tu²⁴ tɯk³³ soŋ²⁴
新。"　两　兄妹　那　害羞，　说："我们　是　两
pi³¹ nuəŋ¹¹ ɕin²⁴, tɕiə¹¹ lau¹¹ pai²⁴ kuə³³ pau³⁵ ja³³ ʔdai³¹?" pau³⁵ tɕe³⁵ mum³³
兄妹　亲，怎　么　去　做　夫妻　得？　老头　胡子
ha:u²⁴ te²⁴ jiəŋ³³ lau¹¹ nau¹¹, po¹¹ te²⁴ tu³³ mi¹¹ juan²⁴.
白　那　怎么　说，他　们　都　不　愿。"
pau³⁵ tɕe³⁵ te²⁴ nau¹¹: "ɕu¹¹ ni³¹ su²⁴ soŋ²⁴ pi³¹ nuəŋ³¹ si²⁴ teu¹¹ zɔn²⁴
老头　那　说："这时　你们　两　兄妹　沿　条　路
ni³¹ le¹¹ tai³⁵ pai²⁴ soŋ²⁴ pa:i³³, kwa³⁵ ɕeu³³ jiəŋ²⁴ ʔdeu²⁴, ʔi³⁵ nau¹¹ mi¹¹
这　跑　从　去　两　边，　过　根　香　一，　如果　不
tuŋ³¹ puŋ¹¹, su²⁴ ɕi³³ ha¹¹ tɯk³³ pi³¹ nuəŋ³¹, ʔi³⁵ nau¹¹ pai²⁴ tuŋ³¹ puŋ¹¹,
相逢，　你们　就　还　是　　兄妹，　如果　去　相逢，
su²⁴ ɕi³³ kuə³³ pau³⁵ ja³³." soŋ²⁴ pi³¹ nuəŋ³¹ te²⁴ nɯ³³: "pu³¹ ʔdeu²⁴ le¹¹
你们　就　做　夫妻。"　两　兄妹　那　想："人　一　跑
pai²⁴ pa:i³³ ʔdeu²⁴, mi¹¹ nau¹¹ ɕeu³³ jiəŋ²⁴ ʔdeu²⁴, le¹¹ soŋ²⁴ ɕeu³³ vuɯn¹¹ je⁵³
去　边　一，　不　说　根　香　一，　跑　两　辈　人　也
mi¹¹ zo³¹ tuŋ³¹ puŋ¹¹." nu³³ taŋ¹¹ ni³¹ ɕi³³ ha:n²⁴ ɕɔn¹¹ ha:u³⁵ pau³⁵ tɕe³⁵ te²⁴
不　会　相逢。"　想　到　这　就　答应　句话　　老头　那

nau¹¹：" tu²⁴ juan²⁴ le¹¹, kwa³⁵ ɕeu³³ jieŋ²⁴ ʔdeu²⁴ mi¹¹ tuŋ³¹ puŋ¹¹ ɕi³³ ha³¹
说： "我们 愿 跑， 过 根 香 一 不 相逢 就 还
kuə³³ pi³¹ nuəŋ³¹. "nau¹¹ leu³¹, soŋ²⁴ pi³¹ nuəŋ³¹ te²⁴ ɕi³³ pu³¹ ʔdeu²⁴ le¹¹ tai³⁵
做 兄妹。" 说 完， 两 兄妹 那 就 人 一 跑 从
pai²⁴ pa:i³³ ʔdeu²⁴. po¹¹ te²⁴ tɕiə¹¹ lau¹¹ zo³¹, pau³⁵ tɕe³⁵ te²⁴ tuɯk³³
去 边 一。 他们 哪里 知， 老头 那 是
pu³¹ sien²⁴, te²⁴ tuɯ¹¹ zɔn²⁴ te²⁴ tai³⁵ soŋ²⁴ tɕau⁵³ kau¹¹ ma²⁴ tuŋ³¹ ka:p³⁵.
仙人， 他 把 路 那 从 两 头 弯 来 相交。
soŋ²⁴ pi³¹ nuəŋ³¹ te²⁴ le¹¹ mi¹¹ ʔdai³¹ tɕi⁵³ ɕu¹¹ lau¹¹ ɕi³³ tuŋ³¹ puŋ¹¹ pai⁰.
两 兄妹 那 跑 不 得 几 时 哪 就 相逢 了。
　　　soŋ²⁴ pi³¹ nuəŋ³¹ te²⁴ mi¹¹ sin³⁵, nuɯ³³ nau¹¹ tɕɯ¹¹ lau¹¹ ka³³ pai²⁴
　　　两 兄妹 那 不 信， 想 说 哪里 只 去
tɕhiau⁵³ pan¹¹ ni³¹ ʔdai³¹, kho⁵³ nuɯn³¹ tuɯk³³ pau³⁵ tɕe³⁵ te²⁴ kuə³³
巧 如此 得， 可能 是 老头 那 做
kui⁵³ kuai²⁴. nau¹¹ ma¹¹ tu³³ mi¹¹ juan²⁴ kuə³³ pau³⁵ ja³³. pau³⁵ tɕe³⁵ mum³³
鬼怪。 说 什么 都 不 愿 做 夫妻。 老头 胡子
ha:u²⁴ te²⁴ nau¹¹： "ku²⁴ hauɯ⁵³ su²⁴ ta:u³⁵ tɕi³³ hui²⁴ ʔdeu²⁴ tem²⁴, ta:u³⁵
白 那 说： 我 给 你们 次 机会 一 添， 回
ni³¹ su²⁴ soŋ²⁴ pu³¹ tai³⁵ soŋ²⁴ neŋ¹¹ po²⁴ zai³¹ va²⁴ zin²⁴ ka:n⁵³. ʔi³⁵ va²⁴
这 你们 两 个 从 两 顶 坡 滚 扇 磨子。 若 扇
ʔdeu²⁴ zai³¹ pai²⁴ pa:i³³ ʔdeu²⁴, su²⁴ ɕi³³ kuə³³ pi³¹ nuəŋ³¹, ʔi³⁵ nau¹¹ soŋ²⁴
一 滚 去 边 一， 你们 就 做 兄妹， 如果 两
va²⁴ zai³¹ ma²⁴ tuŋ³¹ hop³⁵, su²⁴ ɕi³³ kuə³³ pau³⁵ ja³³. "
扇 滚 来 相合， 你们 就 做 夫妻。
　　　soŋ²⁴ pi³¹ nuəŋ³¹ te²⁴ pin²⁴ pai²⁴ soŋ²⁴ pa:i³³ neŋ¹¹ po²⁴, tɕiə¹¹ te²⁴ ɕu¹¹
　　　两 兄妹 那 爬 去 两 边 山顶， 那里 时
ɕau³¹ ɕi³³ li³¹ va²⁴ zin²⁴ ka:n⁵³ ʔdeu²⁴ ʔju³⁵ ɕa⁵³ pai⁰. soŋ²⁴ pi³¹ nuəŋ³¹ te²⁴ ɕi³³
早 就 有 扇 磨子 一 在 等 了。 两 兄妹 那 就
pu³¹ ʔdeu²⁴ zai³¹ pai²⁴ pa:i³³ ʔdeu²⁴, ta²⁴ zan²⁴ soŋ²⁴ va²⁴ zin²⁴ ka:n⁵³
个 一 滚 去 边 一， 眼见 两 扇 磨子
na:i³³ na:i³³ ka:u¹¹ ta:u³⁵ ma²⁴ pa:i³³ tɕa:ŋ²⁴ tuŋ³¹ hop³⁵ pai⁰. soŋ²⁴
慢慢 弯 回 来 边 中间 相合 了。 两
pi³¹ nuəŋ³¹ te²⁴ li³¹ nuɯ³³ tuɯk³³ pau³⁵ tɕe³⁵ kuə³³ kwai³⁵, hai²⁴ sɿ²⁴ mi¹¹ juan²⁴
兄妹 那 还 想 是 老头 作 怪， 还是 不 愿

kuə³³ pau³⁵ ja³³.
做　夫妻。

　　pau³⁵ tɕe³⁵ te²⁴ jou²⁴ nau¹¹ : "ʔi³⁵ nau¹¹ su²⁴ mi¹¹ sin³⁵ , ku²⁴ tsai²⁴ haɯ⁵³
　　老头　那　又　说：如果　你们　不信，我　再　给
su²⁴ taːu³⁵ tɕi³¹ hui²⁴ ʔdeu²⁴ tem²⁴. taːu³⁵ ni³¹ ,　su²⁴ soŋ²⁴ pu³¹ tai³⁵ soŋ²⁴
你们　次　机会　一　添。　这次，你们　两　人　从　两
miən³³ po²⁴ , pu³¹ ʔdeu²⁴ vit³³ tɕim²⁴ , pu³¹ ʔdeu²⁴ vit³³ mai²⁴ , ʔi³⁵ nau¹¹ ʥu³⁵
边　坡，人　一　扔　针，人　一　扔　线，如果　在
tɕin⁵³ tɕaːŋ²⁴ tɕiə¹¹ ni³¹ , mai²⁴ ka³³ pai²⁴ ɕon²⁴ tɕim²⁴ , su²⁴ ɕi³³ kuə³³
中间　这里，　线　自　去　穿　针，你们　就　做
pau³⁵ ja³³ , ɕaːu³¹ vɯn¹¹ pɯəŋ¹¹ , ʔi³⁵ nau¹¹ ɕon²⁴ mi¹¹ ʔdai³¹ , su²⁴ ɕi³³ kuə³³
夫妻，　造　人天下，　如果　穿　不　得，你们　就　做
pi³¹ nuəŋ³¹ su²⁴ jieŋ³³ kau³⁵." soŋ²⁴ pi³¹ nuəŋ³¹ te²⁴ , nuəŋ³¹ zeu⁵³ tɕim²⁴ ,
兄妹　你们　照旧。"　两　兄妹　那，妹　拿　针，
pi³¹ zeu⁵³ mai²⁴ , tai³⁵ soŋ²⁴ miən³³ po²⁴ vit³³ ma²⁴ tuŋ³¹ ɕo³⁵. ta²⁴ zan²⁴ mai²⁴
兄　拿　线，从　两　边　坡　扔　来　相合。眼见　线
ka³³ ɕon²⁴ pai²⁴ ʔdaɯ²⁴ ziə¹¹ tɕim²⁴ te²⁴. taːu³⁵ ni³¹ , soŋ²⁴ pi³¹ nuəŋ³¹ te²⁴
自　穿　去　里面　耳针　那。次这，　两　兄妹　那
mi¹¹ li³¹ haːu³⁵ nau¹¹ pai⁰. ka³³ ʔdai³¹ ʔi²⁴ ɕon¹¹ haːu³⁵ pau³⁵ tɕe³⁵
没　有　话　说　了。只得　依　句话　老头
mum³³ haːu²⁴ te²⁴ , kuə³³ pau³⁵ ja³³ , ɕaːu³¹ vɯn¹¹ pɯəŋ¹¹.
胡子白　那，做　夫妻，　造　人天下。

　　soŋ²⁴ pi³¹ nuəŋ³¹ te²⁴ kuə³³ pau³⁵ ja³³ ʔdai³¹ pi²⁴ ʔdeu²⁴ , mai²⁴ ʔbɯk³⁵ te²⁴
　　两　兄妹　那做　夫妻，　得　年　一，　女子　那
naŋ³³ ʔdiən²⁴ pai⁰, zuŋ³¹ ʔdai³¹ ʔdak³⁵ no³³ ʔdeu²⁴ laːu³¹ saːu³³ pa³⁵
坐　月　了，生　得　团　肉　一　大　如　口
ʔdan²⁴ paːt³⁵ , soŋ²⁴ pi³¹ nuəŋ³¹ te²⁴ laːu³¹ pai⁰, mi¹¹ zo³¹ ʔau²⁴ kuə³³
罐子，　两　兄妹　那怕　了，不　知　拿　做
jieŋ³³ lau¹¹ lɯŋ⁵³ ʔdi²⁴. ɕɯ¹¹ ni³¹ , pau³⁵ tɕe³⁵ mum³³ haːu²⁴ te²⁴ jou²⁴ ma²⁴
怎样　才　好。这时，　老头　胡子　白　那又　来
nau¹¹: "ʔau²⁴ fa³³ mit³³ ma²⁴ tɯ¹¹ ʔdak³⁵ no³³ te²⁴ zon³⁵ kuə³³ tɕep³⁵ , sam¹¹
说：拿　刀　来　把　团　肉　那　砍　做　块，剁
kuə³³ mun³³ , pjaːu³⁵ pai²⁴ saːm²⁴ paːi³¹ si³⁵ miən³³." soŋ²⁴ pi³¹ nuəŋ³¹
做　粉，　散　去　三方　四面。　两　兄妹

中编　民间故事翻译

te²⁴ ʔi²⁴ ɕən¹¹ pau³⁵ tɕe³⁵, ʔau²⁴ fa³³ mit³³ ma²⁴ tɯ¹¹ ʔdak³⁵ no³³ te²⁴ zon³⁵
那　依　句话　老头，　拿　刀　来　把　团　肉　那　砍
kuə³³ tɕep³⁵, sam¹¹ kuə³³ mɯn³³, pja:u³⁵ pai²⁴ sa:m²⁴ pa:i³³ si³⁵ miən³³,
做　块，　剁　做　粉，　撒　去　三方　四面，
mi¹¹ li³¹ tɕi⁵³ na:n¹¹, ɕi³³ pan¹¹ tuə¹¹ vuun¹¹ tai³⁵ si³⁵ miən³³ ʔo³⁵ ma²⁴ leu³¹,
没有　多久，　就　有　人　从　四面　出　来　了，
ka:i³⁵ pja:u³⁵ pai²⁴ kuun¹¹ ko²⁴ ma³⁵ man⁵³ te²⁴ ɕi³³ ɕin²⁴ "li⁵³", ka:i³⁵
个　　撒　去　上　棵　李子　那就　姓 "李"，　个
pja:u²⁴ pai²⁴ kuun¹¹ ko²⁴ ma³⁵ puk³³ te²⁴ ɕi³³ ɕin²⁴ "tshɯn²⁴", pja:u³⁵ pai²⁴
撒　去　上　棵　橙子　那就　姓　"陈"　撒　中
tɕa:ŋ¹¹ mau¹¹ po²⁴ ɕi³³ pan¹¹ pu³¹ jeu¹¹, pja:u³⁵ pai²⁴ tɕa:ŋ²⁴ ʔdəŋ²⁴ ɕi³³ pan¹¹
中间　山坡　就　成　苗族，　撒　去　间中　林子　就　成
pu³¹ ha³⁵, pja:u³⁵ pai²⁴ tɕa:ŋ²⁴ təŋ³³ pa:ŋ³¹ zam²⁴ ɕi³³ pan¹¹ pu³⁵ ʔjai³¹.
汉族，　撒　去　中间　坝　边　水　就　成　布依族。
vuun¹¹ pɯəŋ¹¹ ɕi³³ ɕa:u³¹ kək³⁵ tai³⁵ tɕiə¹¹ ni³¹ ma²⁴, vuun¹¹ pɯəŋ¹¹ ɕi³³ ɕa:u³⁵
人　天下　就　造　根　从　这里　来，　人天下　就　造
van²⁴ tai³⁵ tɕiə¹¹ ni³¹ tau⁵³.
种　从　这里　来。

意译：

兄妹造人烟

　　传说远古时候雷神和龙王放水来淹天下，到处都全淹了，像汪洋大海一样。洪水澎湃，波涛汹涌，四面看去，没有一座山头露水面。传说水淹了好几年，才慢慢地消下去。发洪水的时候，天底下的人都被淹死了，只剩下一家兄妹俩。洪水来的时候，他们躲进了葫芦里，随葫芦一起在水面上飘来飘去，才躲过了这场灾难。葫芦又是从哪儿来的呢？

　　传说这两兄妹的父亲是人间的一个头领，专管天底下的事，天上的事情他也能管一些。雷神在天上专门管雨水。人间要种庄稼了，他就放水来给人们打田撒秧。古时候的雷神心肠不好，很可恶。有

好几年到了打田撒秧的时候了,他都不放雨水下来,让凡间的人做不成庄稼,收不了粮食。这两兄妹的父亲非常愤怒,就到天上去找雷公论理。他来到天上,见雷公正和一群人在天上把水围成塘,在水里嬉戏。他非常生气,跳进水塘里一把抓着雷公的脖子,把他抓到人间,编了一个很大很大的竹笼子,然后把他装到里面去,不拿水给他喝。雷公离不开水,一没有水他就蔫了,力气也没有了,装在竹笼子里他都挣脱不了。

有一天,这两兄妹的父亲不在家,两兄妹便到竹笼边逗雷公玩耍。雷公跟他们说:"我太口渴了,求你们给我一点水喝,我变出火来给你们看。"小孩子心直,不辨真假,便舀水来给雷公喝。雷公喝了水,便有了力气了。他从嘴里喷出火,把竹笼烧坏,然后从竹笼里跳了出来。他跟那兄妹俩说:"你们救过我的命,我要报答你们。现在我把这葫芦种给你们,你们把它栽在园子里,等它长大结果以后,你们便把最大的那个葫芦摘下来。从顶上挖一个洞,把葫芦籽挖出来。等到哪一年发了大水,你们就带上吃的和用的,藏到葫芦里面去,就可以救你们的命了。"雷公说完,便飞回天上去了。

那兄妹俩的父亲回到家,发现雷公不见了,开始的时候有些生气,后来又想,去就去吧,反正也得等他回到天上,我们才有水用。想到这儿,就不再管他了,也不再责怪他的儿子和女儿了。

那两兄妹听从雷公的话,把葫芦种种到菜园子里。雷公回到天上两日,人间过了两年。葫芦长出来了,也长大了,其中一个大得像大竹笋一样。那两兄妹便把它摘下来,用刀从顶上挖了一个洞,用锄头把葫芦籽挖出来,然后放在太阳下把它晒干。

到了发洪水的那一年,水淹过山顶,天底下的人都找不到躲藏的地方,这两兄妹把吃的用的带上,跳到葫芦里面,随它在水面上到处漂流。

那兄妹俩在葫芦里藏了不知多少年,洪水才完全消下去,山才现出来。世人都死绝了,牲口野兽也死光了,花草树木也全死了。那兄妹俩从葫芦里爬出来,四下看去,一片荒凉。走了好几天都碰不见一个人。这时,从天上下来了一个白胡子老翁,他说:"世间的人都死绝了,只剩下你们两兄妹。你们兄妹俩必须做夫妻,造人烟,天下才会有人种繁衍。"那兄妹俩害羞，说："我们是亲兄妹，怎么能做夫妻呢？"无论那白胡子老翁怎么说，他们就是不愿意。

那老翁说："现在，你们兄妹俩沿着这条路朝两个不同的方向跑，过了一炷香的时间，如果你们俩不相逢，那么你们依然做兄妹，如果相逢了，你们就得做夫妻。"那两兄妹想："一人朝一边跑，不用说一炷香的时间，就是两辈人也不会相遇。"想到这儿，便答应了老翁的话，说："我们愿意跑，过一炷香的功夫，如果不相逢，我们依然是兄妹。"说罢，两兄妹便一人朝一个方向跑去。他们哪儿知道，那老翁是神仙，他把那条路从两头弯到了一起，那两兄妹没有跑多久便相遇了。

两兄妹不相信，心想，哪儿会有那么巧，可能是这老头做了鬼。说什么都不愿做夫妻。白胡子老翁说："我再给你们一次机会，这次，你们两人从两边山上滚两扇石磨，如果一扇滚朝一边，你们依然做兄妹，如果两扇滚到一起重合了，你们就得做夫妻。"

兄妹俩一人爬到一边山顶，那儿早就有一扇石磨在那儿放着了。那兄妹俩故意一人朝一边滚，眼见着两扇石磨慢慢地绕到山谷中，重合在一起了。那兄妹俩仍然认为是那白胡子老翁在作怪，所以还是不同意。

那老翁又说："如果你们不相信，我再给你们一次机会。这次，你们两个从两面山，一个扔针，一个扔线，如果在中间这个地方，线自己去穿了针，你们就必须做夫妻，造人烟，如果穿不着，你们仍然做兄妹。"那兄妹俩，妹拿针，哥拿线从两边山扔到一处，眼见线自己穿到针眼里去了。这次，兄妹俩再没有什么话可说了，只好依白胡子老翁的话，做夫妻，造人烟。

兄妹俩做了一年的夫妻，那女子怀孕了，生下一团肉，象缸钵那么大。兄妹俩很害怕，不知如何是好。这时，白胡子老翁又出现了，他说："拿刀把那团肉切成片，剁成粒，撒到四面八方。"兄妹俩按照老翁所说的，用刀把那团肉切成片，剁成粒，撒向四面八方。没有多久，便到处都出现了人。撒到李子树上的便姓李，撒到橙子树上的便姓陈，撒到山顶上的便成了苗族，撒到山箐里便成汉族，撒到田坝里就成布依族。人类从此兴起，人类从此发达。

芒耶寻谷种
maŋ³¹je³³ ða²⁴wan²⁴hau³¹
芒耶 找 谷种

ɕeu³³kon³⁵, vɯn¹¹pɯəŋ¹¹ ʔdiən²⁴ŋɔn¹¹ naːn¹¹kwa³⁵ ta¹¹zaːi³¹.
　从前　　人类　　　生活　　难过　　非常
ɕɯ¹¹te²⁴, vɯn¹¹pɯəŋ¹¹ mi⁴¹ zo³¹ ʔdam²⁴hau³¹ ʔdam²⁴pjak³⁵, pai²⁴
那时　　人类　　 不　知　种粮食　　 种菜　　去
tɕaːŋ²⁴po²⁴ tɕaːŋ²⁴pa³⁵ za²⁴ no³³ tuə¹¹ȵa²⁴, naŋ²⁴fai³¹ ziəŋ¹¹ ko²⁴ȵiɯ⁵³
山中　　　野外　　　找　肉　　野兽　　　树皮　和　　嫩草
ʔdo³⁵va²⁴, lɯk³³ma³⁵ ma²⁴kɯn²⁴.
野花　　　水果　　来吃

zeu¹¹nau¹¹ ʔju³⁵ fɯəŋ³³ ta²⁴ŋɔn¹¹ tɔk³⁵, kɔk³⁵ʔbɯn²⁴ te²⁴ li³¹ ɕoŋ²⁴
传说　　在　方　　太阳　　落　　天脚　　 那　有　个
kaːm⁵³ɕiə³¹ ʔdeu²⁴, ʔdaɯ²⁴ te²⁴ li³¹ tɕi⁵³laːi²⁴ van²⁴hau³¹, mi¹¹kwa³⁵
神洞　　　 一　　 里面　那有　很多　　　谷种　　　不过
ka³³li³¹pu³¹ kwəŋ³¹pu³¹ kwaːi²⁴, pu³¹mi¹¹ laːu²⁴ naːn³³ lɯŋ⁵³pai²⁴ ʔau²⁴
只有人　勤人　 聪明　　人不　怕　 难　才　去　要
ʔdai³¹.
得

mɯən³³ni³¹, leu¹¹po¹¹ tɕai¹¹ za²⁴pu³¹ ʔdaŋ³⁵ ʔdeu²⁴pai²⁴ ʔdaɯ²⁴ɕoŋ³³
这时　　　大家　　才　找人　 勇敢　　一　去　 里面个
kaːm⁵³ɕiə³¹ paːi³³ ta²⁴ŋɔn¹¹ tɔk³⁵ te²⁴ pai²⁴ za²⁴ van²⁴hau³¹. tɕhaɯ⁵³
神洞　　　边　　太阳　　落　那　去　找　谷种　　让
pu³¹laɯ¹¹pai²⁴ ni⁰? le³³pai²⁴ le³³ma²⁴, tu³³za²⁴mi¹¹ʔdai³¹ pu³¹laɯ¹¹
谁　去　呢　选去　　选来　　都找不得　　　　　谁
hɔ³¹si²⁴. ɕɯ¹¹ni³¹, li³¹pu³¹ɕo¹¹ʔdeːu²⁴ɕo³³ kuə³³maŋ³¹je³³, te²⁴nau¹¹:
合适　　这时　有　青年　　一　　名叫　芒耶　　他说
"ɕe²⁴ku²⁴ pai²⁴ pa⁰!" leu³¹po¹¹ tu³³jeu³⁵ pai²⁴ɕo³⁵ɕɔi³¹zeŋ¹¹
"让我　　去　吧!"　大家　都　看　去　朝个青年
kan⁵³kan⁵³ ni³¹, tu³³mi¹¹sin³⁵ te²⁴ zo³¹li³¹ taːm⁵³ pai²⁴za²⁴ ʔdai³¹
帅帅　　　这　都　不信　　他会有胆　去找得

van^{24} hau^{31}. po^{11} te^{24} tu^{33} nɯ^{33}, zɔn^{24} pai^{24} kɔk^{35} ʔbɯn^{24} tɕai^{24} pan^{11}
谷种　　他们　都　想　路　去　脚　天　远　成
jiəŋ^{33} ni^{31}, jou^{24} ʔja^{35} pja:i^{53}, ʔju^{35} tɕa:ŋ^{24} zɔn^{24} ɕɯ^{11} ɕɯ^{11} tu^{33} zo^{31} puŋ^{11}
这样　　又　难　走　在　途中　时时　都　会　逢
tuə^{11} kuk^{35} tuə^{11} ʔdiəŋ^{24}, pu^{31} zeŋ^{11} la:u^{31} ta:m^{53} la:u^{31} tu^{33} mi^{11} ka:m^{53}
老虎　　豺狼　　人　力大　胆大　都　不　敢
pai^{24}, mi^{11} nau^{11} te^{24} lo^{0}. ma^{24} laŋ^{24}, maŋ^{31} je^{33} ta:u^{35} ta:m^{24} ta:u^{35}
去　不　说　他　啰　后来　芒耶　回　接　回
ɕa:m^{24}, leu^{31} tɕɔŋ^{35} kuə^{33} jiəŋ^{33} lauɯ^{11} tu^{33} mi^{11} hauɯ^{53} te^{24} pai^{24}, leu^{31} po^{11}
请求　大家　做　什么　都　不　让　他　去　大家
lɯŋ^{53} nau^{11}: "ʔdi^{24} pa^{0}, hauɯ^{53} te^{24} pai^{24} ɕɯ^{33} pai^{11} ʔdeu^{24}, ka^{33} la:u^{24} me^{33}
才　说　好吧　让　他　去　试　次　一　只怕　母亲
mɯŋ^{11} mi^{11} hauɯ^{53} mɯŋ^{11} pai^{24} ni^{0}." maŋ^{31} je^{55} nau^{11}: "ku^{24} pai^{24} za:n^{11}
你　不　给　你　去　呢　芒耶　说　我　去　家
ziəŋ^{11} me^{33} ku^{24} ʔdi^{24} ʔdi^{24} nau^{11}, te^{24} zo^{31} hauɯ^{53} ku^{24} pai^{24}."
跟　母亲　我　好好　说　他　会　让　我　去

　　　mi^{11} na:n^{11}, maŋ^{31} je^{33} ɕi^{33} ha^{31} zun^{35} tin^{24} pai^{24} pai^{0}, me^{33} te^{24} pa:ŋ^{24}
　　　不久　芒耶　就要　起身　去了　母亲他帮
te^{24} ɲip^{33} ʔdai^{31} ʔdan^{24} tai^{33} paŋ^{11} ʔdeu^{24}, hauɯ^{53} te^{24} ʔdi^{24} tɕaŋ^{24} van^{24} hau^{35};
他　缝　得　个　布袋　一　让　他　好　装　谷种
leu^{31} ʔba:n^{31} za:n^{11} za:n^{11} tu^{33} tum^{35} no^{33} mu^{24} za:i^{33} hauɯ^{53} te^{24} tɯ^{11} pai^{24},
全村　家家　都　煮　肉　野猪　给他　带　去
mai^{31} ʔbɯk^{35} leu^{31} ʔba:n^{31} tu^{33} ma^{24} pa:n^{31} te^{24} nau^{11} wɯən^{24}, mɯəŋ^{33} te^{24}
姑娘　　全家　都来　陪　他　唱歌　希望他
za^{24} ʔdai^{31} van^{24} hau^{31} ta:u^{35} ma^{24} za:n^{11} ɕau^{11}, tɕɔn^{35} lɯk^{33} sa:i^{24} pa:ŋ^{24} te^{24}
找得　谷种　回来　家　早　群　小伙　帮　他
ʔda^{24} ma^{31}……
架　马

　　　maŋ^{31} je^{33} pja:i^{53} ʔdai^{31} sa:m^{24} hɯn^{11} sa:m^{24} ŋɔn^{11}, ɕon^{24} kwa^{35}
　　　芒耶　走　得　三　夜　三　昼　穿过
ku^{53} ɕip^{33} ku^{53} piəŋ^{33} ʔdoŋ^{24} fai^{31}, ha:m^{53} kwa^{35} ku^{31} ɕip^{33} ku^{53} na:ŋ^{33} po^{24},
九十九　片　树林　跨过　九十九　座　山
pin^{24} kwa^{35} ku^{53} ɕip^{33} ku^{53} pa:n^{11} pja^{24} liŋ^{35}. ʔju^{35} tɕa:ŋ^{24} zɔn^{24}, te^{24} puŋ^{11}
爬过　九十九　座　悬崖　在　途中　他　逢

kwa³⁵ tɕi⁵³ la:i²⁴ tuə¹¹ ʔdiəŋ²⁴ tuə¹¹ kuk³⁵ , tuə¹¹ je³³ tuə¹¹ ŋuə¹¹ . mi¹¹ kwa³⁵ ,
这　　几多　　豺狼　　　虎豹　　野兽　　毒蛇　　不过
maŋ³¹ je³³ tu³³ mi¹¹ la:u²⁴ , te²⁴ jiəŋ³³ ta:m²⁴ jiəŋ³³ tɯ¹¹ tɕoŋ³⁵ tuə¹¹ na²⁴ tu³³
芒耶　都　不　怕　　他　样　　接　样　　把　群　野兽　都
ka⁵³ ta:i²⁴ leu³¹ , jou²⁴ tuŋ³¹ ta:m²⁴ pja:i⁵³ pai²⁴ na⁵³ . te²⁴ jou²⁴ pja:i⁵³ ʔdai³¹
杀　死　了　　有　紧着　走　往前　他　又　走　得
sa:m²⁴ hɯn¹¹ sa:m²⁴ ŋɔn¹¹ , ɕɯ¹¹ ni³¹ , no³³ mu²⁴ za:i³³ kɯn²⁴ leu³¹ loº ,
三夜　　　三昼　　　这时　肉　野猪　吃　完　了
tuə¹¹ ma³¹ pja:i⁵³ na:i³⁵ loº , mi¹¹ kwa³⁵ , te²⁴ tu³³ mi¹¹ na:i³⁵ ɕe²⁴ .
马　　走　　累　了　不过　　他　都　不　　放弃
ʔdau²⁴ sam²⁴ te²⁴ ka³³ nɯ³³ za²⁴ van²⁴ hau³¹ , mi¹¹ nɯ³³ jiəŋ³³ ʔɯn³⁵ , te²⁴
心里　他　只　想　找　谷种　　不　想　别样　　他
tuŋ³¹ ta:m²⁴ ȵam¹¹ ȵam¹¹ pja:i⁵³ pai²⁴ na⁵³ , tuŋ³¹ ʔiə³⁵ leu³¹ ɕi³³ za²⁴
接着　　快　快　走　往前　　肚饿　了　就　找
lɯk³³ ma³⁵ je³³ ma²⁴ kɯn²⁴ , tuə¹¹ ma³¹ pja:i⁵³ na:i³³ leu³¹ ɕi³³ zɔŋ¹¹ ma²⁴ la⁵³
果子　野　来　吃　　马匹　走　累　了　就　下　来　下
ka³³ pja:i⁵³ ton³³ zɔn²⁴ ʔdeu²⁴ .
自　走　　段　路　　一

li³¹ ŋɔn¹¹ ʔdeu²⁴ , maŋ³¹ je³³ jou²⁴ ʔiə³⁵ jou²⁴ na:i³⁵ , te²⁴ zoŋ¹¹ tai³⁵
有天　一　　芒耶　又　饿　又　累　他　下　从
kɯn¹¹ ʔda:ŋ²⁴ tuə¹¹ ma³¹ ma²⁴ la⁵³ , jeu³⁵ zan²⁴ ko²⁴ ma³⁵ ta:u¹¹ je³³ ʔdeu²⁴ ,
身上　　马　　来　下　　看　见　棵　桃子　野　一
kɯn¹¹ te²⁴ ma³⁵ ta:u¹¹ la:i²⁴ ta¹¹ za:i¹¹ . te²⁴ ʔju³⁵ kɔk³⁵ ko²⁴ ta:u¹¹ te²⁴
上　那　桃子　多　得很　他　在　脚　棵桃　那
ʔdi²⁴ ʔdi²⁴ kɯn²⁴ tan³⁵ ʔdeu²⁴ , kɯn²⁴ ʔim³⁵ leu³¹ , te²⁴ ɕi³³ ʔju³⁵ kɔk³⁵ ko²⁴
好好　吃　顿　一　　吃　饱　了　他　就　在　脚棵
fai³¹ ma³⁵ ta:u¹¹ te²⁴ nin¹¹ ʔdak³⁵ pai⁰ . ɕɯ¹¹ maŋ³¹ je³³ nin¹¹ ʔdak³⁵ te²⁴
树　桃子　那　睡着　了　时　芒耶　睡着　他
pan¹¹ hɯn¹¹ zan²⁴ pau³⁵ tɕe³⁵ mum³³ ha:u²⁴ ʔdeu²⁴ ɕiŋ²⁴ tuə¹¹ ma³¹ ʔdeu²⁴ tɯ¹¹
做梦　　见　老头　胡子白　一　　牵　马匹　一　带
tuə¹¹ ma²⁴ ʔdeu²⁴ tai³⁵ tɕiə¹¹ tɕai²⁴ pja:i⁵³ ma²⁴ ɕo³⁵ te²⁴ . pau³⁵ tɕe³⁵
只　狗　一　从　处　远　走　来　朝　他　老头
mum³³ ha:u²⁴ te²⁴ ma²⁴ taŋ¹¹ tu²⁴ na⁵³ , nau¹¹ : "ɕoi³¹ zeŋ²⁴ ni³¹ , mɯŋ¹¹ tɕai¹¹
胡子白　那　来　到　面前　说　个　青年　这　你　想

pai²⁴ tɕiə¹¹ laɯ¹¹?" maŋ¹¹ je³³ ha:n²⁴: "pau³⁵ kuŋ³³, ku²⁴ tɕai¹¹ pai²⁴ kɔk³⁵
去　　哪儿　　　　芒耶　回答　　老公公　　我　想　去　　脚
ʔbɯn²⁴ ta²⁴ ŋɔn¹¹ tɔk³⁵ te²⁴, tɕiə¹¹ te²⁴ li³¹ ɕoŋ³³ ka:m⁵³ ʔdeɯ²⁴, ʔdaɯ²⁴ te²⁴
天　　太阳　落　那　　那里　有　个　山洞　　一　　里面　那
li³¹ van²⁴ hau³¹, ku²⁴ tɕai¹¹ pai²⁴ tɕiə¹¹ te²⁴ za²⁴ van²⁴ hau³¹ ma²⁴ haɯ³¹
有　谷种　　我　想　　去　　那里　找　谷种　　来　给
vɯn¹¹ pɯaŋ¹¹ ʔdam²⁴, jiəŋ³³ ni³¹, vɯn¹¹ pɯaŋ¹¹ lɯŋ⁵³ ʔdai³¹ kwa³⁵
人类　　　种　　　这样　　人类　　才　　得　过
ʔdiən²⁴ ŋɔn¹¹ ʔdi²⁴." pau³⁵ tɕe³⁵ mum³³ ha:u²⁴ te²⁴ zo³¹ ȵiə²⁴ maŋ³¹ je³³ naɯ¹¹
日子　好　　　老头　胡子白　那　听见　芒耶　说
jiəŋ³³ ni³¹, ʔa:ŋ³⁵ ziu²⁴ ta¹¹ za:i³¹, te²⁴ naɯ¹¹: "mɯŋ¹¹ tɕai¹¹ pai²⁴
这样　高兴　　得很　　他　说　　你　　想去
ɕoŋ³³ ka:m⁵³ kɔk³⁵ ʔbɯn²⁴ pa:i³³ ta²⁴ ŋɔn¹¹ tɔk³⁵ te²⁴ za²⁴ van²⁴ hau³¹, li³¹
山洞　　脚　天　边　太阳　落　那　找　谷种　　有
tɕi⁵³ tɕiə¹¹ ʔja³⁵ kwa³⁵ pai²⁴ ta¹¹ za:i³¹, mɯŋ¹¹ li³¹ ka:i³⁵ ta:m⁵³ te²⁴ ma⁰?"
几处　难过　　去　得很　　你　有　个　胆　那　吗
maŋ³¹ je⁵⁵ ha:n²⁴ ziəŋ¹¹ laŋ²⁴ pau³⁵ tɕe³⁵ te²⁴: "mi¹¹ kuan⁵³ ka²⁴ zɔn²⁴ ʔja³⁵
芒耶　答　　随后　　老头　那　说不管　　路途　难
pja:i⁵³ pan¹¹ jiəŋ³³ laɯ¹¹, to³⁵ naɯ¹¹ ku²⁴ li³¹ sɔi²⁴, ku²⁴ ji³¹ tin²⁴ tɯ¹¹
走　成　什么样　　只要　我　有　气　我　一定　带
van²⁴ hau³¹ pai²⁴ haɯ⁵³ vɯn¹¹ ʔba:n³¹." pau³⁵ tɕe³⁵ mum³³ ha:u²⁴ te²⁴ zan²⁴
谷种　去　给　人寨　　老头　胡子白　那　见
maŋ³¹ je³³ ɕɯ²⁴ ʔdeu²⁴ tɕai¹¹ pai²⁴ za²⁴ van²⁴ hau³¹, jiəŋ³³ ma¹¹ tu³³ mi¹¹
芒耶　一心　想　去　找　谷神　什么　都　不
la:u²⁴, ɕi³³ naɯ¹¹ haɯ⁵³ te²⁴: "ʔdi²⁴, to³⁵ naɯ¹¹ mɯŋ¹¹ ɕɯ²⁴ ʔdeu²⁴ vəi²⁴
怕　就　说　给　他　好　只要　你　一心　为
leɯ³¹ tɕɔŋ³⁵ vɯn¹¹ pɯaŋ¹¹, ka:i³⁵ ma¹¹ tu³³ mi¹¹ la:u²⁴, ku²⁴ ɕi³³ ma²⁴ pa:ŋ³³
大众　人类　　什么　都　不怕　我就　来　帮
mɯŋ¹¹ pai²⁴ ʔdeu²⁴." maŋ³¹ je³³ zo³¹ ȵiə²⁴ pau³⁵ tɕe³⁵ te²⁴ naɯ¹¹ jiəŋ³³ ni³¹,
你　一下　芒耶　听见　老头　那　说　这样
ɕi³³ kwi³³ ʔju²⁴ tu²⁴ na⁵³ te²⁴ na:i²⁴ ʔdi²⁴ te²⁴. pau³⁵ tɕe³⁵ mum³³ ha:u²⁴ te²⁴
就　跪　在　面前　他　感谢　他　老头　胡子白　那
ɕa:u³³ te²⁴ zun³⁵ ma²⁴, naɯ¹¹: "mɯŋ¹¹ nen²⁴ ʔdi²⁴, tai³⁵ tɕiə¹¹ ni³¹ pja:i⁵³
叫　他　起　来　说　你　记好　从　这里　走

pai³³ na⁵³, pja:i⁵³ sa:m²⁴ ɕiən²⁴ li⁵³ zɔŋ²⁴ li³¹ tɕiə¹¹ ʔdeu²⁴ li³¹ fai³¹ ma³⁵ ha:u²⁴
往前　走　三千　里路　有处　一　有树　白果
ʔdeu²⁴, kɯn¹¹ ko²⁴ fai³¹ te²⁴ li³¹ zɔŋ¹¹ zɔk³³ zau²⁴ ʔdeu²⁴, ʔdaɯ²⁴ zɔŋ¹¹ zɔk³³
一　　上　树　那　有　窝　斑鸠　一　里面　鸟窝
te²⁴ li³¹ ʔdan²⁴ tɕai³⁵ zɔk³³ ʔdeu²⁴, ʔdaɯ²⁴ tɕai³⁵ te²⁴ li³¹ fa³³ ɕiə¹¹ luŋ⁵³ ʔdeu²⁴
那有　个　蛋　鸟　一　里面　蛋　那　有　把　钥匙　一
ha:i²⁴ ʔdai³¹ pa³⁵ tu²⁴ ɕoŋ³³ ka:m⁵³ ɕiə¹¹ kɔk³⁵ ʔbun²⁴ pa:i³³ ta²⁴ ŋɔn¹¹ tɔk³⁵
开　得　门　个　神洞　脚　天边　太阳　落
te²⁴. kɔk³⁵ ko²⁴ fai³¹ ma³⁵ ha:u²⁴ te²⁴ lɯŋ⁵³ li³¹ ɕoŋ³³ zɔŋ⁵³, ʔdaɯ²⁴ ɕoŋ³³ zɔŋ⁵³
那　脚　棵　树　白果　那　还　有　清水洞　里　清水洞
te²⁴ li³¹ fa³³ tɕiəm³⁵ ʔdeu²⁴, to³⁵ mɯŋ¹¹ ʔau²⁴ ʔdai³¹ fa³³ tɕiəm³⁵ ni³¹, mɯŋ¹¹
那　有　把　剑　一　只要　你　拿　得　把　剑　这　你
ɕi³³ ɕoi³³ ʔdai³¹ tɕoŋ³⁵ tuə³¹ fe³¹ tuə¹¹ fa:ŋ¹¹, tuə¹¹ kuk³⁵ tuə¹¹ ŋuə¹¹ te²⁴ pai⁰.
就　收拾　得　群　鬼　怪　虎　蛇　那　了
ɕa⁵³ mwɯn¹¹ ʔau²⁴ ʔdai³¹ fa³³ tɕiəm³⁵ ziəŋ¹¹ ɕiə¹¹ luŋ⁵³, mɯŋ¹¹ ɕi³³ tsai²⁴ pja:i⁵³
等　你　拿　得　剑　和　钥匙　你　就　再　走
sa:m²⁴ ɕiən²⁴ li⁵³ zɔn²⁴ tem²⁴. ɕɯ¹¹ te²⁴, mɯŋ¹¹ zɔ³¹ puŋ¹¹ teu¹¹ ta³³ zam³¹
三千　里路　添　那时　你　会　逢　条　河水
ʔdiŋ²⁴ ʔdeu²⁴, ʔdaɯ²⁴ ta³³ te²⁴ li⁵³ tuə¹¹ ŋuə³³ si³⁵ ɕɯ¹¹ tu³³ kweu⁵³ zam³¹
红　一　里面　河　那　有　条　蛇　四时　都　掀　水
pan¹¹ fuk³¹ fa:t³³, tɔn⁵³ pu³¹ kwa³⁵ zɔn²⁴, haɯ⁵³ po¹¹ te²⁴ kwa³⁵ ta³³
成　波浪　拦　人　过路　让　他们　过　河
mi¹¹ ʔdai³¹. pa:ŋ³¹ ta³³ te²⁴ li³¹ tuə¹¹ ɕiə¹¹ zin²⁴ ʔdeu²⁴, ʔdaɯ²⁴ tuŋ³¹ te²⁴ li³¹
不得　边河　那　有　头黄牛　石　一　里面　肚　他　有
fu³⁵ kɔŋ²⁴ na³⁵ ʔdeu, to³⁵ nau¹¹ mɯŋ¹¹ ʔau²⁴ kam¹¹ ȵiə³⁵ ʔdeu²⁴ pai³¹ haɯ⁵³
副　弓箭　一　只要　你　拿　把　草　一　去　给
te²⁴ kɯn²⁴, haɯ⁵³ te²⁴ ʔa³¹ pa³⁵, mɯŋ¹¹ ɕi³³ ʔiat³⁵ fɯŋ¹¹ pai²⁴ ʔdaɯ²⁴ tuŋ³¹
他　吃　让他　张嘴　你　就　伸　手　去　里面　肚
te²⁴ ʔau²⁴ fu³⁵ kɔŋ²⁴ na³⁵ te²⁴ ma²⁴ zo³³. ʔau²⁴ ʔdai³¹ fu³⁵ kɔŋ²⁴ na³⁵, ɕi³³
他　拿　副　弓箭　那　来　外　拿　得　副　弓箭　就
kho⁵³ ji¹¹ ka⁵³ ta:i²⁴ tuə³¹ ŋuə³³ ʔdaɯ²⁴ ta³³ zam³¹ ʔdiŋ²⁴ te²⁴ pai⁰. kwa³⁵ teu¹¹
可以　杀死　条蛇　里面　河　水红　那　了　过　条
ta³³ ni³¹, tsai²⁴ pja:i⁵³ sa:m²⁴ ɕiən²⁴ li⁵³ zɔn²⁴ tem²⁴, ɕi³³ zo³¹ puŋ¹¹ po²⁴ fi¹¹
河　这　再　走　三　千　里路　添　就会　逢　山火

ʔdeɯ²⁴. mɯŋ¹¹ mi¹¹ haɯ⁵³ laːu²⁴, ʔju³⁵ tu²⁴ na⁵³ mau³¹ po²⁴ te²⁴ li³¹ tɕe³³ pja²⁴
一   你   不要   怕   在   面前   座   山 那   有   岩缝
ʔdeɯ²⁴, ʔdaɯ²⁴ te²⁴ li³¹ pen³⁵ pi¹¹ ʔbaɯ²⁴ tɕoi⁵³ ʔdeɯ²⁴, ʔau²⁴ fa³³ pi¹¹ te²⁴
一   里面   那   有   扇子   叶   芭蕉   一   拿   把 扇 那
ma²⁴ vau³³ pai²⁴ ɕo³⁵ po²⁴ fi¹¹, po²⁴ fi¹¹ ɕi³³ zo³¹ ʔwaːi²⁴ ʔo³⁵ teɯ¹¹ zɔn²⁴ ma²⁴
来   煽   去   朝   山火   山火 就   会   让   出   条   路   来
haɯ⁵³ mɯŋ¹¹ kwa³⁵ pai²⁴, jiaŋ³³ ni³¹, mɯŋ¹¹ ɕi³³ pai²⁴ taŋ¹¹ ʔdaɯ²⁴ kaːm⁵³
给   你   过   去   这样   你   就   去   到   里面   山洞
kɔk³⁵ ʔbun²⁴ paːŋ³³ ta²⁴ ŋɔn¹¹ tɔk³⁵ te²⁴ ʔau²⁴ van²⁴ haɯ pai⁰." ma²⁴ laŋ²⁴,
脚   天边   太阳   落   那   拿   谷种   了   后来
pau³⁵ tɕe³⁵ mum³³ haːu²⁴ jou²⁴ ʔau²⁴ tuə¹¹ ma³¹ te²⁴ ziaŋ¹¹ tuə¹¹ ma²⁴ te²⁴
老头   胡子白   又   拿   匹   马   那   和   条   狗   那
haɯ⁵³ man³¹ je³³, naɯ¹¹: "ma²⁴ ku²⁴ ziaŋ¹¹ mɯŋ¹¹ vɯən³³ tuə¹¹ ma³¹,
给   芒耶   说   来   我   跟   你   换   马
tuə¹¹ ma³¹ ku²⁴ ni³¹ heu³³ kuə³³ 'tɕhian³³ li⁵³ ma⁵³', ŋɔn¹¹ ʔdeɯ²⁴ pjaːi⁵³
匹   马   我   这   叫做   千里马   天   一   走
ɕian²⁴ li⁵³ zɔn²⁴, ʔdai³¹ tuə¹¹ ma³¹ ni³¹ mɯŋ¹¹ ɕi³³ le¹¹ han²⁴ to²⁴ laːi²⁴ pai⁰;
千   里   路   得   匹   马   这   你   就   跑   快   多   多   了
tuə¹¹ ma²⁴ ni³⁵ ni³¹ ku²⁴ ʔau²⁴ sɔŋ³⁵ haɯ⁵³ mɯŋ¹¹, laŋ²⁴ ŋɔn¹¹ li³¹ ɕɯ¹¹ liaŋ³³
条   小狗   这   我   拿   送   给   你   将来   有   等时
te²⁴ zo³¹ paːŋ²⁴ ʔdai³¹ mɯŋ¹¹." naɯ¹¹ leu³¹, pau³⁵ tɕe³⁵ mum³³ haːu²⁴ te²⁴ ɕi³³
它   会   帮   得   你   说   完   老头   胡子白   那   就
pai²⁴ pai⁰.
去   了

man³¹ je³³ pjɔk³⁵ ma²⁴, ɕin²⁴ zan²⁴ tuə¹¹ ma³¹ hen⁵³ ʔdeɯ²⁴ pi¹¹ pi¹¹ te²⁴
芒耶   醒来   真   见   匹   马   黄   一   肥肥   那
ziaŋ¹¹ tuə¹¹ ma²⁴ pjəm²⁴ nɔŋ¹¹ ʔdeɯ²⁴ ʔdun²⁴ ʔju³⁵ zek³⁵ ʔdaːŋ²⁴ te²⁴
跟   条   狗   毛   乱   一   站   在   旁边   身   他
ta¹¹ zaːi³¹, tuə¹¹ ma³¹ ʔdaːŋ²⁴ kau³⁵ te²⁴ ɕi³³ mi¹¹ zan²⁴ pai⁰. man³¹ je³³
真的   匹   马   自己   那   就   不   见   了   芒耶
leu³¹ ʔaːŋ³⁵ ta¹¹ zaːi³¹. te²⁴ ʔau²⁴ kaːi³⁵ haː³⁵ pau³⁵ tɕe³⁵ mum³³ haːu²⁴ te²⁴
高兴   非常   他   把   个   话   老头   胡子白   那
nen²⁴ ɕo³⁵ ʔdaɯ²⁴ sam²³, kɔi³³ tuə¹¹ "tɕhian³³ li⁵³ ma⁵³" te²⁴, ɕin²⁴ tuə¹¹
记   在   心里   骑   匹   千里马   那   牵   只

ma²⁴ pjom²⁴ nɔŋ¹¹ te²⁴, ɕi³³ ɕo³⁵ pa:i³³ ta²⁴ ŋɔn¹¹ tək³⁵ te²⁴ pja:i⁵³ pai²⁴ pai⁰.
狗　毛　乱　那　就　朝　边　太阳　落　那　走　去　了

maŋ³¹ je³³ pja:i⁵³ ʔdai³¹ sa:m²⁴ huɯn¹¹ sa:m²⁴ ŋɔn¹¹, ɕi³³ ɕin²⁴ zan²⁴
芒耶　走　得　三　夜　三　天　就　真　见

pa:ŋ³¹ pa³⁵ to³⁵ na⁵³ te²⁴ li³¹ ko²⁴ fai³¹ ma³⁵ ha:u²⁴ ʔdeu²⁴ ta¹¹ za:i³¹, kuɯn¹¹
悬崖边　面前　他　有　棵树　白果　一　真的　让

ko²⁴ fai³¹ te²⁴ ɕin²⁴ li³¹ ʔdan²⁴ zoŋ¹¹ zɔk³³ zau²⁴ ʔdeu²⁴. maŋ³¹ je³³ pin²⁴ fai³¹
棵树　那　真　有　个　窝　斑　鸠　一　芒耶　爬树

pai²⁴ ʔdaɯ²⁴ zoŋ¹¹ zɔk³³ zau²⁴ te²⁴ ʔau²⁴ tɕai³⁵, ɕin²⁴ mi¹¹ lɔŋ²⁴ ta¹¹ za:i³¹,
去　里面　窝　斑鸠　那　拿　蛋　真　不　错　得很

ʔdaɯ²⁴ zoŋ¹¹ zɔk³³ te²⁴ mi¹¹ la:i²⁴ mi¹¹ seu⁵³ ka³³ li³¹ ʔdan²⁴ tɕai³⁵ zɔk³³ zau²⁴
里面　窝　鸟　那　不多　不少　只有　个　蛋　斑鸠

ʔdeu²⁴. maŋ³¹ je³³ ʔau²⁴ ʔdan²⁴ tɕai³⁵ te²⁴ zoŋ¹¹ ma²⁴ la⁵³, na:i³³ na:i³³ ʔdoi³⁵
一　芒耶　拿　个　蛋　那　下来下　慢慢　敲

va:i³³ te²⁴, fa³³ ɕiə¹¹ luŋ⁵³ hen⁵³ lum⁵³ tɕim⁵³ ʔdeu²⁴ tai³⁵ ʔdaɯ²⁴ te²⁴ tək³⁵
坏　它　把　钥匙　黄　像　金　一　从　里面　那

ma²⁴ zo³³. maŋ³¹ je³³ leu³¹ n̩am¹¹ tɕip³⁵ ma²⁴ ʔdiaŋ³¹ ɕo³⁵ ʔda:ŋ³¹, jou²⁴ pai²⁴
落　来　芒耶　赶忙　拣　来　藏　在　身　又　去

ɕoŋ³³ zin²⁴ kɔk³⁵ ko²⁴ fai³¹ ma³⁵ ha:u²⁴ te²⁴ za²⁴ ʔdai³¹ fa³³ tɕiəm³⁵, leu³¹ ɕi³³
洞　石　脚　棵树　白果　那　找　得　剑　然后

tuŋ³¹ ta:m²⁴ pja:i⁵³ pai²⁴ na⁵³ pai⁰.
紧接着　走　往前　了

maŋ³¹ je³³ jou²⁴ pja:i⁵³ kwa³⁵ tɕi⁵³ la:i²⁴ ʔdoŋ²⁴ fai³¹ lak³³, ʔju³⁵
芒耶　又　走　过　几多　树林　深　在

tɕa:ŋ²⁴ zɔn²⁴ puŋ¹¹ tɕi⁵³ la:i²⁴ tuə¹¹ ŋɯə¹¹ tuə¹¹ na²⁴, te²⁴ ʔau²⁴ fa³³ tɕiəm³⁵
途中　逢　几多　毒蛇　猛兽　他　拿　把　剑

te²⁴ tuə¹¹ ta:m²⁴ tuə¹¹ tɯ¹¹ tɕɔŋ³⁵ tuə¹¹ na²⁴ te²⁴ tu³³ ka⁵³ ta:i²⁴ leu³¹ lo⁰. te²⁴
那　只　连　只　把　群　野兽　那　都　杀　死　完　了　他

jou²⁴ pja:i⁵³ ʔdai³¹ sa:m²⁴ huɯn¹¹ sa:m²⁴ ŋɔn¹¹, pja:i⁵³ leu³¹ sa:m²⁴ ɕiən²⁴
又　走　得　三　夜　三　天　老　完　三千

la:i²⁴ li⁵³ zɔn²⁴, ma²⁴ puŋ¹¹ teu¹¹ ta³³ ʔdeu²⁴. zam³¹ teu¹¹ ta³³ ni³¹ pan¹¹ jiəŋ³³
多　里　路　来　逢　条　河　一　水　条　河　这　成　样

liəŋ²⁴, mi¹¹ lum⁵³ zam³¹ ta³³ ʔɯn³⁵, zam³¹ ni³¹ tuɯk³³ zam³¹ ʔdiŋ³¹. maŋ³¹ je³³
另　不　像　水　河　别的　水　这　是　水　红　芒耶

ma²⁴ taŋ¹¹ pa:ŋ³¹ ta³³, ɕa:u³¹ nɯ³³ kuə³³ jiəŋ³³ lau¹¹ lɯŋ⁵³ kwa³⁵ ʔdai³¹ ta³³,
来到   边河   刚   想   做   怎样   才   这   得   河
tam³¹ tɯt³⁵ li³¹ zau¹¹ ³⁵ zum¹¹ la:u³¹ ʔdeu²⁴ pɯt³⁵ ma²⁴, zam³¹ ta³³
突然   有   阵   风   大   一   刮   来   水   河
fuk³¹ fa:t³⁵ ma²⁴ li³¹ ɕiən²⁴ ɕik³⁵ sa:ŋ²⁴, maŋ³¹ je³³ ɕɯ¹¹ te²⁴ ɕi³³
翻腾   杂   有   千   尺   高   芒耶   那   时   就
tɔk³⁵ sat³⁵ san³⁵ leu³¹, mi¹¹ kwa³⁵ te²⁴ ma⁵³ saŋ²⁴ nɯ³³ taŋ¹¹ ha:u³⁵ pau³⁵ tɕe³⁵
发抖   了   不过   他   马上   想到   话   老头
mum³³ ha:u²⁴ te²⁴, te²⁴ za²⁴ ʔdai³¹ pan⁵³ ȵiə⁵³ ʔdeu²⁴, ʔju³⁵ ʔdau²⁴
胡子   白   那   他   找   得   把   草   一   在   里面
ʔdoŋ²⁴ fai³¹ la:u³¹ pa:ŋ³¹ ta³³ te²⁴ za²⁴ ʔdai³¹ tuə¹¹ ɕiə¹¹ zin²⁴ pau³⁵ tɕe³⁵
树林   大   河边   那   找   得   黄牛   石   老头
mum³³ ha:u²⁴ nau¹¹ kwa³⁵ te²⁴, leu³¹ ɕi³³ ʔau²⁴ pan⁵³ ȵiə⁵³ te²⁴ lap³³ pai²⁴
胡子白   说   过   那   然后   拿   把   草   那   塞   去
ɕoŋ³³ pa³⁵ tuə¹¹ ɕiə¹¹, tuə¹¹ ɕiə¹¹ te²⁴ ʔa³¹ pa³⁵ ma²⁴ kɯn²⁴ ȵiə⁵³, ɕɯ¹¹ ni³¹
嘴巴   黄牛   黄牛   那   张   嘴   来   吃   草   这时
maŋ³¹ je³³ ɕin²⁴ ɕim²⁴ zan²⁴ fu³⁵ kɔŋ²⁴ na³⁵ te²⁴ ʔju³⁵ ʔdau³⁵ tuŋ³¹ tuə¹¹ ɕiə¹¹
芒耶   真   看见   副   弓箭   那   立   里面   肚子   黄牛
te²⁴ kɔŋ³³ ŋa:ŋ³³ tai³⁵ ʔdau²⁴ tuŋ³¹ tuə¹¹ ɕiə¹¹ te²⁴ ʔjɔk³⁵ fu³⁵ kɔŋ²⁴ na³⁵ te²⁴
他   急忙   从   里面   肚   黄牛   那   掏   副   弓箭   那
ʔo³⁵ ma²⁴, ziəŋ¹¹ ɕɯ¹¹ ȵiŋ¹¹ pai²⁴ ʔdau²⁴ ta³³, kɯn¹¹ ta³³ ȵam¹¹ ŋa:ŋ³³ ɕi³³
出   来   马上   射   去   里面   河   上   河   立刻   就
pjak³³ zik³³ pai⁰. maŋ³¹ je³³ koi³³ ma³¹ ɕin²⁴ ma²⁴ ɕi³³ kwa³⁵ ta³³ pai²⁴ pai⁰.
安静   了   芒耶   骑马   牵狗   就   过   河   去   了
maŋ³¹ je³³ jou²⁴ pja:i⁵³ ʔdai³¹ sa:m²⁴ hɯn¹¹ sa:m²⁴ ŋɔn¹¹, ʔon³⁵ pja:i⁵³
芒耶   又   走   得   三   夜   三   天   边   走
ʔon³⁵ ʔda:t³⁵. maŋ³¹ je³³ zo³¹, po²⁴ fi¹¹ taŋ¹¹ pai⁰. te²⁴ ʔi²⁴ ɕon¹¹ pau³⁵ tɕe³⁵
边   热   芒耶   知   山火   到   了   他   依   句   老头
mum³³ ha:u²⁴ nau¹¹ kwa³⁵ te²⁴, ʔju³⁵ tɕe³³ zin²⁴ tu²⁴ na⁵³ po²⁴ fi¹¹ te²⁴ za²⁴
胡子白   说   过   那   在   缝   石   面前   山火   那   找
ʔdai³¹ fa³³ pi²⁴ ʔbau²⁴ tɕoi³³ ʔdeu²⁴, te²⁴ ʔau²⁴ ʔbau²⁴ pi¹¹ te²⁴ ʔon³¹ vau³³ pai²⁴
得   把   扇子   叶芭蕉   一   他   拿   叶扇子   那   边   煽   去
ɕo³⁵ po²⁴ fi¹¹, so³³ pja:i⁵³ pai²⁴ na⁵³. nau¹¹ ma²⁴ je⁵³ pan¹¹ ɕuk³³, ʔau²⁴
朝   山火   直   走   去   前   说   来   也   成   怪   拿

fa³³ pi¹¹ ʔbau²⁴ tɕɔi⁵³ te²⁴ vau³³ pai²⁴, po²⁴ fi¹¹ ɕi³³ ʔwa:i²⁴ ʔo³⁵ teu¹¹ zoŋ²⁴
把 扇　叶子芭蕉　那　煽　去　山火　就　让　出　条　路
la:u³¹ ma²⁴ pai⁰.
大　来　了

　　　maŋ³¹ je³³ jou²⁴ pja:i⁵³ ʔdai³¹ ku⁵³ huɯn¹¹ ku⁵³ ŋon¹¹, ɕɯ¹¹ ni³¹ ɕin²⁴ pai²⁴
　　　芒耶　又　走　得　九　夜　九　天　这时　真　去
taŋ¹¹ kɔk³⁵ ʔbuɯn²⁴ pa:i³³ ta²⁴ ŋon¹¹ tək³⁵ pai⁰. te²⁴ za²⁴ ʔdai³¹ ɕoŋ³³
到　脚　天　边　太阳　落　了　他　找　得　个
ka:m⁵³ ɕiə³¹ te²⁴, luɯŋ³¹ tɕai¹¹ so³³ pai²⁴ ʔdaɯ²⁴, li³¹ soŋ²⁴ pau³⁵ ɕiə³¹
神洞　那　才　想　直　去　里面　有　两　个　神
taɯ¹¹ tu²⁴ tɕam²³ tɕap³⁵ tai³⁵ tu²⁴ ka:m⁵³ sat³⁵ ʔo³⁵ ma²⁴, pau³⁵ ʔdeu²⁴ pan¹¹
守门　突然　从　门　洞　跳　出　来　个　一　成
na⁵³ ʔdiŋ²⁴, fuɯŋ¹¹ ziu⁵³ soŋ²⁴ fa³³ va:n²⁴, pau³⁵ ʔdeu²⁴ pan¹¹ na⁵³ fon³¹ fuɯŋ¹¹
脸红　手　拿　两　把　斧　个　一　成　脸黑　手
ziu⁵³ fa³³ ʔja:ŋ³¹ la:u³¹ la:u³¹ ʔdeu²⁴, soŋ²⁴ pau³⁵ te²⁴ ʔdun²⁴ tɕa:ŋ²⁴ zon²⁴
拿　把马力　大大　一　两　个　那　站　路神
ton⁵³ maŋ³¹ je³³. maŋ³¹ je³³ ɕi³³ han²⁴ ziəŋ¹¹ po¹¹ te²⁴ nau¹¹ te²⁴ ʔdaŋ²⁴ kau³⁵
拦　芒耶　芒耶　就急　跟　他们　说　他　自己
vei²⁴ ma¹¹ ma²⁴ tɕiə¹¹ ni³¹, soŋ²⁴ pau³⁵ te²⁴ zo³¹ ɲiə²⁴, leu³¹ ho¹¹ puɯn²⁴
为　啥　来　这里　两　个　那　听见　很　生气
ta¹¹ za:i¹¹, ɕi³³ nau¹¹ van²⁴ hau³¹ tu²⁴ mi¹¹ haɯ⁵³ vuɯn¹¹ puɯŋ¹¹ su²⁴, nau¹¹
得很　就　说　谷种　我们　不　给　人　类　你们　说
jiəŋ³³ ma¹¹ tu³³ mi¹¹ haɯ⁵³ muɯŋ¹¹ ʔau²⁴ pai²⁴. muɯŋ¹¹ ɲam¹¹ noi³³, mi¹¹ ɕi³³
什么　都　不　给　你　拿　去　你　快　点　要不
tu²⁴ fak³³ ta:i²⁴ muɯŋ¹¹!" maŋ³¹ je³³ ɕa:m²⁴ pai²⁴ ɕa:m²⁴ ma²⁴, soŋ²⁴ pau³⁵
我们　砍　死　你　芒耶　求　去　求　来　两　个
taɯ¹¹ tu²⁴ te²⁴ tu³³ mi¹¹ haɯ⁵³ te²⁴ hau⁵³ ʔdaɯ²⁴, hai³¹ ziu⁵³ mit³³ ziu⁵³ va:n²⁴
守门　那　都　不　给　他　进　里面　还　拿　刀　拿　斧
fak³³ ma²⁴ ɕo³³ te²⁴. maŋ³¹ je³³ ʔdi²⁴ ham¹¹ ta¹¹ za:i³¹, ʔjɔk³⁵ fa³³ tɕiəm³⁵ ma²⁴
砍　来　朝　他　芒耶　生气　非常　掏　剑　来
ziəŋ¹¹ po¹¹ te²⁴ tuŋ³¹ ha:i³¹. ha:i³¹ ʔdai³¹ fuɯŋ³¹ ŋon¹¹ tu³³ ha:i³¹ mi¹¹ kwa³⁵
跟　他们　相打　打　得　半天　都　打　不　过
po¹¹ te²⁴, ma²⁴ laŋ²⁴ tuə¹¹ ma²⁴ ni³⁵ te²⁴ ma²⁴ tuŋ³¹ pa:ŋ²⁴, maŋ³¹ je³³ luɯŋ⁵³
他们　后来　条　小狗　那　来　相帮　芒耶　才

ka^{53} ta:i^{24} soŋ^{24} pau^{35} na^{53} ʔdiŋ^{24} na^{53} fon^{31} tau^{11} tu^{24} te^{24}, luɯ^{53} kwa^{35} ʔdai^{31}
杀死　两　个　脸红　脸黑　守　门　那　才　过　得
pa^{35} tu^{24} ta^{11} ʔit^{35}. ʔju^{35} pa^{35} tu^{24} ta^{11} ŋi^{33}, te^{24} ka^{53} ta:i^{24} soŋ^{24} tuə^{11}
门　第一　在　门　第二　他　杀　死　两　只
kuk^{35} ha:u^{24}, ʔju^{35} pa^{35} tu^{24} ta^{11} sa:m^{24}, te^{24} ɲiŋ^{11} ta:i^{24} tuə^{11} zɔk^{31} ɕiə^{11} ʔja^{35}
白虎　在　门　第三　他　射　死　只　神鸟　恶
ʔdeu^{24}. ma^{24} laŋ^{24}, te^{24} luɯ^{53} hai^{24} ʔdai^{31} tu^{24} ka:m^{53}, za^{24} ʔdai^{31} tɕiə^{11} ɕo^{35}
一　后来　他　才　开　得　门　洞　找　得　处　放
van^{24} hau^{31}. ɕim^{24} sa:u^{33} nat^{33} hau^{31} hen^{53} ʔdoŋ^{35} ni^{31}, ʔdaɯ^{24} sam^{24}
谷种　看　些　粒谷　黄亮　这　心里
maŋ^{31} je^{33} ʔa:ŋ^{35} ta^{11} za:i^{31}, te^{24} han^{24} tuɯ^{11} ka^{24} tai^{33} paŋ^{31} me^{33} ɲip^{33} hau^{53}
芒耶　高兴　得　很　他　忙　拿　只　布袋　母亲　缝　给
te^{24} ʔo^{35} ma^{24}, tɕaŋ^{24} ʔdai^{31} tai^{33} hau^{31} zim^{24} zim^{24}, leu^{31} ɲam^{11} poŋ^{33} ʔo^{35}
那　出来　装　得　袋　粮　满满　然后　忙　奔　出
pa^{35} tu^{24} ka:m^{53} te^{24} ma^{24} zo^{33}, kɔi^{33} ma^{31} ɕiŋ^{24} ma^{24} ziu^{53} van^{24} hau^{31} ɕi^{33} so^{33}
门　洞　那　来外　骑马　牵　狗　拿　谷种　就　直
zɔn^{24} pai^{24} pɯən^{11} kau^{35} ɲam^{11} ɲam^{11} le^{11} ta:u^{35} ma^{24} pai^{0}.
路　去　家乡　快快　跑　回来　了

　　maŋ^{31} je^{33} ɕɯ^{24} zuŋ^{35} pai^{0}, te^{24} ɲi^{11} nau^{11} mi^{31} li^{31} ma^{11} vəi^{31} ɕiən^{53} pai^{0},
芒耶　心松　了　他　认为　没有　什么　危险　了
pu^{31} lau^{11} zo^{31} ɕɯ^{11} ni^{31} liən^{35} pja^{53} vɯn^{24} zum^{24} kuə^{33} pai^{11} ʔdeu^{24} kwa:t^{35}
谁　知　这时　闪电　雨风　做　一起　刮
ma^{24}, ka^{33} zo^{31} ɲiə^{24} pa:i^{33} laŋ^{24} li^{31} hiŋ^{24} ma^{11} ʔdaŋ^{24} "fut^{33} fut^{33}" te^{24},
来　只　听见　后边　有　音什么　响　呼呼　的
maŋ^{31} je^{33} ta:u^{35} tɕau^{53} pai^{24} nɯn^{33}, tuə^{11} zɔk^{33} ku^{53} tɕau^{53} ʔdeu^{24} lai^{33} laŋ^{24}
芒耶　回头　去　看　只鸟　九　头　一　追　后
te^{24} ma^{24} leu^{31}. tuə^{11} zɔk^{33} te^{24} ʔbin^{24} ɲam^{11} ta^{11} za:i^{31}, ta^{24} zan^{24} te^{24} ha^{31}
他　来　了　只鸟　那　飞　快　得　很　眼见　他　要
lai^{33} ma^{24} nam^{11} tɕau^{53} pai^{0}, maŋ^{31} je^{33} han^{24} tuɯ^{11} nam^{53} na^{35} ʔdeu^{24} ɲiŋ^{11}
追　来　挨近　了　芒耶　急　把　根　箭　一　射
pai^{24} ɕo^{35} tuə^{11} zɔk^{33} te^{24}, te^{24} ɕɯ^{24} na:p^{35} fɯn^{11} san^{35}, fi^{33} ha:i^{31} teŋ^{24}, te^{24}
去　朝　只鸟　那　他　心乱　手抖　未　打　中　他
jou^{24} ʔau^{24} nam^{53} mo^{35} ma^{24} ɲiŋ^{11}, hai^{31} sɿ^{24} ha:i^{31} mi^{11} teŋ^{24}, ɕə^{11} ni^{31}
又　拿　只　新　来　射　还是　打　不　中　这时

maŋ³¹ je³³ kɯun²⁴ ɕɯ²⁴ ɲaːp³⁵ pai⁰, te²⁴ ta¹¹ man⁵³ ta²⁴ ʔau²⁴ tɕi⁵³ nam⁵³ kuə³³
芒耶　更　心乱　了　他　一瞪眼　拿　几　根　做
pai¹¹ deu²⁴ ɲiŋ¹¹ pai⁰, luŋ⁵³ haːi³¹ taːi²⁴ tuə²⁴ zɔk²⁴ ku⁵³ tɕau⁵³ te²⁴.
一起　射　去　才　打　死　只　鸟　九　头　那
jiəŋ³³ ni³¹ maŋ³¹ je³³ luɯ⁵³ suan³⁵ teu¹¹ kwa³⁵ tɕiə¹¹ kaːm⁵³ ɕiə³¹ vəi³¹ ɕian²⁴
这样　芒耶　才　算　逃　过　处　神洞　危险
te²⁴.
那

　　maŋ³¹ je³³ pjaːi⁵³ ʔdai³¹ ku⁵³ huɯn¹¹ ku⁵³ ŋɔn¹¹, taːu³⁵ ma²⁴ taŋ¹¹ tɕiə¹¹
　　芒耶　走　得　九　夜　九　昼　回来　到处
po²⁴ fi¹¹ te²⁴. ɕɯ¹¹ ni³¹, po²⁴ fi¹¹ te²⁴ kɯun²⁴ ʔdaːt³⁵ laːi²⁴ pai⁰. te²⁴ jou²⁴ ʔau²⁴
山火　那　这时　山火　那　更　热　多　了　他　又　拿
fa³³ pi¹¹ ʔbauɯ²⁴ tɕɔi⁵³　te²⁴ ʔo³⁵ ma²⁴, paːi³³ ʔdeu²⁴ juŋ³³ zeŋ¹¹ vau³³
把扇子　叶芭蕉　那　出来　一边　用力　煽
paːi³³ ʔdeu²⁴ pjaːi⁵³ pai²⁴ na⁵³, pjaːi⁵³ leu³¹ huɯn¹¹ ŋɔn¹¹ ʔdeu²⁴, luŋ⁵³
一边　老　去　前　走　了　夜　昼　一　才
suan³⁵ pjaːi⁵³ kwa³⁵ ʔdan²⁴ po²⁴ fi¹¹ te²⁴. maŋ³¹ je³³ jou²⁴ pjaːi⁵³ ʔdai³¹ saː
算　走　过　座　山火　那　芒耶　又　走　得　三
m²⁴ huɯn¹¹ saːm²⁴ ŋɔn¹¹, taːu³⁵ ma²⁴ taŋ¹¹ paːŋ¹¹ ta³³ zam³¹ ʔdiŋ²⁴. ɕɯ¹¹ ni³¹
夜　三　天　回来　到　河边　水　红　这时
tɕɔŋ²⁴ zam³¹ ʔdauɯ²⁴ ta³³ saːŋ²⁴ to²⁴ laːi²⁴ pai⁰. maŋ³¹ je³³ jou²⁴ han²⁴ ʔau²⁴
波浪　里面　河　高　多　多　了　芒耶　又　急　拿
kɔŋ²⁴ na³⁵ ʔo³⁵ ma²⁴, ɲiŋ¹¹ soŋ²⁴ nam⁵³ na³⁵ pai⁰ ɕo³⁵ ʔdauɯ²⁴ ta³³, tu³³ mi¹¹
弓箭　出来　射　两　根　箭　去　朝　里面　河　都　不
zan²⁴ li³¹ jiəŋ³³ ma¹¹ tso³¹ juŋ²⁴, maŋ³¹ je³³ jou²⁴ ɲiŋ¹¹ pai¹¹ nam⁵³ na³⁵
见　有　什么　作用　芒耶　又　射　去　根　箭
ta¹¹ saːm²⁴, tɕɔŋ²⁴ zam³¹ luŋ³⁵ ɕaːu³¹ ni³⁵ ma²⁴ la⁵³, jin³³ vəi²⁴ maŋ³¹ je³³
第三　波浪　才　刚　小　下来　因为　芒耶
juŋ³³ zeŋ¹¹ laːu³¹ laːi²⁴, kɔk²⁴ na³⁵ je⁵³ zak³⁵ pai⁰, te²⁴ mi¹¹ li³¹ pan²⁴ fa³¹,
用力　大　多　根　箭　也　断　了　他　没有　办法
ʔau²⁴ kɔŋ²⁴ na³⁵ ɕit³⁵ ɕe²⁴, ɕi³³ kɔi³³ maːɕiŋ²⁴ ma tuɯ¹¹ van²⁴ hau³¹, kwa³⁵
拿　弓箭　扔丢　就　骑　马　牵　狗　带　谷种　过
ta³³ zam³¹ ʔdiŋ²⁴ pai²⁴ pai⁰.
河水　红　去　了

maŋ³¹ je³³ kwa³⁵ ʔdai³¹ ta³³ zam³¹ ʔdiŋ²⁴, ʔdaɯ²⁴ ɕɯ²⁴ ʔa:ŋ³⁵ tɕa¹¹ ɕi¹¹,
芒耶　过　得　河水　红　　心里　　高兴　非常
pɯn⁵³ nɯ³³ nau¹¹ la:i²⁴ jiəŋ³³ na:n³³ tu³³ kwa³⁵ ma²⁴ leɯ¹¹, teɯ¹¹ zɔn²⁴
本　以后　多样　难　都　过　来　了　　条　路
pa:i³³ na³¹ ni³¹ ʔdi²⁴ pja:i⁵³ pai⁰. pu³¹ lau¹¹ zo³¹, maŋ³¹ je³³ liə¹¹ pɯəŋ¹¹ kau³⁵
前面　这　好　走　了　谁　知　芒耶　离　家乡
lɯɯ⁵³ li³¹ ku⁵³ hɯn¹¹ ku⁵³ ŋɔn¹¹ zɔn²⁴, tɯə¹¹ "tɕhian³¹ li⁵³ ma⁵³" te²⁴ na:i³⁵
才　有　九　夜　九　天路　匹　千里　马　那累
pai⁰, lam³¹ pai²⁴ pa:ŋ³¹ zɔn²⁴ te²⁴ pai⁰, maŋ³¹ je³³ ʔda:u²⁴ kau³⁵ je⁵³ sa:ŋ⁵³
了　倒　去　路边　那　了　芒耶　自己　也　动
mi¹¹ ʔdai³¹ pai⁰. jiəŋ³³ laɯ¹¹ kɯə³³ ni⁰? te²⁴ nɯ³³ pai²⁴ nɯ³³ ma²⁴,
不　得　了　怎么　做　呢　他　想　去　想　来
nɯ³³ suən³⁵ ʔau²⁴ tai³³ paŋ¹¹ van²⁴ hau³¹ te²⁴ la:m³³ ɕo³⁵ ho¹¹ tɯə¹¹ ma²⁴ ni³⁵
打算　拿　布袋　谷种　那　拴　放　脖　只　小　狗
te²⁴, haɯ⁵³ te²⁴ tɯ¹¹ pai²⁴ za:n¹¹ kon³⁵. kɯə³³ jaŋ³³ laɯ¹¹ haɯ⁵³ vun¹¹
那　让　它　带　去　家　先　做　怎样　让　人
pɯəŋ¹¹ kau³⁵ zo³¹ te²⁴ haɯ³¹ tɯə¹¹ ma²⁴ ni³¹ tiə³⁵ te²⁴ tɯ¹¹ van²⁴ haɯ³¹ ta:u³⁵
家乡　知　它　给　只　小狗　替　他　带　谷种　回
pai²⁴ ni⁰? ɕɯ¹¹ fi³³ ʔo³⁵ tu²⁴ za:n¹¹ te²⁴, tɔŋ³⁵ mai³¹ ʔbuk³⁵ ʔdaɯ²⁴ ʔba:n³¹
去　呢　时　未　出　家门　那　群　姑娘　里面　寨子
soŋ³⁵ sai²⁴ paŋ¹¹ va²⁴ haɯ⁵³ te²⁴, te²⁴ ɕi³³ ʔau²⁴ sa:i²⁴ paŋ¹¹ va²⁴ je⁵³ la:m³³
送　带子　花　布　给　他　他就　拿　带子　花布　也　拴
ɕo³⁵ sa:i²⁴ ho¹¹ tɯə¹¹ ma²⁴, jiəŋ³³ jiəŋ³³ la:m³³ ʔdi²⁴ leɯ³¹, tɯə¹¹ ma²⁴ ni³⁵ te²⁴
放　脖子　狗　样样　拴　好　了　只　小狗　把
ɕi³³ so³³ tai³⁵ pa:i³³ ta²⁴ ŋɔn¹¹ ʔo³⁵ te²⁴ pja:i⁵³ pai²⁴ na⁵³ pai⁰.
就　直　朝　边　太阳　出　那　走　往前　了

　　maŋ³¹ je³³ soŋ³⁵ tɯə¹¹ ma²⁴ ni³⁵ te²⁴ pai²⁴ ʔiə³⁵, te²⁴ ɕi³³ pja³³ liə¹¹
　　芒耶　送　只　小狗　那　去　罢　他　就　分别
təu¹¹ ma³¹ ta:i²⁴ te²⁴, ka³³ pu¹¹ to³³ si²⁴ zɔn²⁴ so³³ ziəŋ¹¹ pa:i³³ ta²⁴ ŋɔn¹¹ tɔk³⁵
匹　马　死　那　只　个　人　沿路　直　跟　边　太阳　落
pja:i⁵³ pai²⁴, nɯ³³ tɕai¹¹ ta:u³⁵ pai²⁴ pɯəŋ¹¹ kau³⁵. te²⁴ pja:i⁵³ ma²⁴ taŋ¹¹
走　去　想　要　回　去　故乡　他　走　来　到
tiə³³ ʔdɔn²⁴ ʔdeɯ²⁴, ɕin²⁴ na:i³⁵ ta¹¹ za:i¹¹, lam³¹ pai²⁴ la⁵³ ʔdan²⁴ ɕi³³
树林　一　真　累　得很　倒　去　地上　就

jiəŋ³³ lauɯ¹¹ tu³³ zun³⁵ mi¹¹ ʔdai³¹ pai⁰. te²⁴ vəi²⁴ vuun¹¹ pɯəŋ¹¹ ʔdai³¹ kwa³⁵
怎样　都　起　不　来　了　他　为　人类　得　过
ʔdiən²⁴ ŋɔn¹¹ ʔdi²⁴, ʔau²⁴ miŋ³³ ʔdaːŋ²⁴ kau³⁵ te²⁴ tu³³ ɕe²⁴ ʔju³⁵ pɯəŋ¹¹ tɕai²⁴
日子　好　拿　命　自己　他　都　丢　在　远方
leu³¹. tai³⁵ ɕɯ¹¹ ni³¹, maŋ³¹ je³³ vuun¹¹ kɯən³¹ vuun¹¹ ʔdi²⁴ ni³¹ ɕi³³ ta:u³⁵
了　从　这时　芒耶　勤劳　聪明　这　就　回
ma²⁴ mi¹¹ taŋ¹¹ pɯəŋ¹¹ kau³⁵ pai⁰, mi¹¹ ʔdai³¹ zan²⁴ me³³ ʔdaːŋ²⁴ kau³⁵ pai⁰,
来　不　到　故乡　了　不　得　见　母亲　自己　了
mi¹¹ ʔdai³¹ zan²⁴ vuun¹¹ pɯəŋ¹¹ kau³⁵, ziəŋ¹¹ tɕoŋ³⁵ mai³¹ ʔbuɯk³⁵ ɕo¹¹
不　得　见　人　故乡　跟　群　姑娘　年轻
pɯəŋ¹¹ kau³⁵ te²⁴ pai³.
故乡　那　了

　　tuə¹¹ ma²⁴ ni³⁵ te²⁴ pja³³ liə¹¹ maŋ³¹ je³³ kwa³⁵ laŋ²⁴, pjaːi⁵³ ʔdai³¹ ku⁵³
　　只　小狗　那　分别　芒耶　过后　走　得　九
huɯn¹¹ ku⁵³ ŋɔn¹¹, pjaːi⁵³ kwa³⁵ tɕi⁵³ laː²⁴ vəi³¹ ɕiən⁵³, lɯŋ⁵³ taːu³⁵
夜　九　天　走　过　几　多　危险　才　回
pai²⁴ taŋ¹¹ pɯəŋ¹¹ maŋ³¹ je³³.
去到　家乡　芒耶

　　kɔk³⁵ ʔdu³¹, vuun¹¹ ʔbaːn³¹ maŋ³¹ je³³ ɕim²⁴ zan²⁴ tuə¹¹ ma²⁴ te²⁴,
　　起初　人　寨子　芒耶　看见　只　狗　那
fi³³ lauɯ¹¹ ʔau²⁴ ɕo³⁵ ɕɯ¹¹ nɯ³³ nau¹¹ tuɯk³³ tuə¹¹ ma²⁴ ʔbaːn³¹ fɯə³¹ ma²⁴
没有　拿　放心　认为　是　只　狗　寨子　别人　来
ɕun¹¹ za²⁴ kaːi³⁵ kuɯn²⁴, ma²⁴ laŋ²⁴ zan²⁴ saːi²⁴ ho¹¹ te²⁴ laːm³³ li³¹
串　打　吃的　后来　见　脖子　它　拴　有
taŋ¹¹ jiəŋ³³, jeu³⁵ zan²⁴ ʔdan²⁴ tai³³ paŋ¹¹ kɔk³⁵ ʔdu³¹ maŋ³¹ je³³ tɯ¹¹ pai²⁴ te²⁴
东西　看见　个　布袋　起初　芒耶　带　去　那
ziəŋ¹¹ kaːi³⁵ saːi²⁴ paŋ¹¹ va²⁴ tɕoŋ³⁵ mai³¹ ʔbuɯk³⁵ soŋ³⁵ hau⁵³ maŋ³¹ je³³ te²⁴,
和　个　带子　花布　群　姑娘　送给　芒耶　那
lɯŋ⁵³ zo³¹ maŋ³¹ je³³ ʔo³⁵ siən³⁵ pai⁰. leu³¹ po¹¹ ɕi³³ tai³⁵ saːi²⁴ ho¹¹ tuə¹¹ ma²⁴
才　知　芒耶　出事　了　大家　就　从　脖子　只狗
te²⁴ tɕe⁵³ ʔo³⁵ tai³³ paŋ¹¹ ziəŋ¹¹ saːi²⁴ paŋ¹¹ va²⁴ te²⁴ ma²⁴ la⁵³, tai³⁵ paŋ¹¹ te²⁴
那　解　出　布袋　和　带子　花布　那　下来　布袋　那
tɕaŋ²⁴ li³¹ van²⁴ hau³¹, nat³³ hau³¹ te²⁴ jou²⁴ hen⁵³ jou²⁴ laːu³¹, tu³³ zim²⁴
装　有　谷种　粒　谷　那　又　黄　又　大　都　满

taŋ¹¹ pa³⁵ tai³³ leu³¹, leu³¹ po¹¹ vɯn¹¹ ʔba:n³¹ tu³³ ʔa:ŋ³⁵ ja:ŋ³⁵ ja:ŋ³³
到　　袋　口　了，大家　　人　　寨子　都　高高　　兴兴
leu³¹ ɕi³³ jou²⁴ pa:i³⁵ vɯn¹¹ pai²⁴ za²⁴ maŋ²⁴ je³³. tai³⁵ ɕɯ¹¹ te²⁴ ma²⁴ na⁵³,
然后　又　派　人　去　找　芒耶　　从　那时　往后
vɯn¹¹ pɯəŋ¹¹ lɯŋ⁵³ li³¹ van²⁴ hau³¹, lɯŋ⁵³ ɕa:u³¹ ʔdam²⁴ na¹¹ kuə³³ meu¹¹,
人　类　才　有　谷种　　才　开始　种　田　做　庄稼
lɯŋ⁵³ ʔdai³¹ kwa³⁵ ʔdiən²⁴ ŋɔn¹¹ ʔdi²⁴.
才　得　过　日子　好

　　van²⁴ hau³¹ ɕi³³ jieŋ³³ ni³¹ ʔdai³¹ ma²⁴. taŋ¹¹ ŋɔn¹¹ ni³¹ ʔju³⁵ pɯəŋ¹¹
　　谷种　　就　这样　　得　来　到　今天　在　地方
pu³¹ʔjai³¹ zau¹¹, pi²⁴ pi²⁴ taŋ¹¹ ʔdiən²⁴ ɕat³⁵ pet³⁵ ŋuət³³ ɕɯ¹¹ kɯn²⁴
布依族　我们　年　年　到　月　七　八　月份　时　吃
hau³¹ mo³⁵ te²⁴, tu³³ ʔau²⁴ hau⁵³ tuə¹¹ ma²⁴ kɯn²⁴ kon³⁵, vɯn¹¹ pu³¹ ʔjai³¹
谷新　那　都　要　给　狗　吃　先　人　布依
nɯ³³ nau¹¹, vɯn¹¹ pɯəŋ¹¹ ʔdai³¹ van²⁴ hau³¹ ma²⁴ dam²⁴, tuə¹¹ ma²⁴ je⁵³ li³¹
认为　人类　得　谷种　来　种　　狗　也　有
fan³⁵ kuŋ³³ lau³¹ ʔdeu²⁴.
份　功劳　一

意译:　　　　　芒耶寻谷种

在远古的时候，人们的生活非常艰难，以兽肉、树皮、花草、野果等为食，因为当时人们还不会种五谷。

传说在很远很远的西边天脚有一个神仙洞，洞里藏着很多很多的五谷种子，但只有聪明、勇敢而且能克服千难万险的人才能得到。

于是，大家决定选派一个精明强干的人到西边天脚的神仙洞里去寻谷种。派谁去呢？选来选去，都找不到一个合适的人来。这时，一个名叫芒耶的小伙子，站出来说:"就让我去吧!"看着这个俊俏的后生，大家一时都没了信心，心想：这么远的路程，途中又险恶重重，就是钢打铁铸的汉子也未必能胜任，何况他呢。经过芒耶的再三请求和保证，人们才渐渐改变了看法，说:"好吧，就让他去试

试看吧。但只怕他妈妈不答应哩。"芒耶立刻说:"只要好好跟她老人家商量,她会答应的。"

不久,芒耶要出发了,阿妈在给他赶缝一个布口袋,好装谷种;寨子里家家都在给他煮野猪肉;姑娘们来陪他唱歌,祝福他为人们带着谷种顺利归来;小伙们在给他准备马匹……。

芒耶走了三天三夜,穿过了九十九片抬头看不见天的森林,翻过了九十九个大坡,爬过了九十九重峻岭,又攀过了无数的悬崖峭壁,遇上了成群结队的豺狼虎豹和恶鸟毒蛇。但是,这些艰险芒耶都一个一个地克服了。他继续往前走着,又走了三天三夜,野猪肉吃完了,马也累了,但他没有泄气,一心只为找到谷种。他继续往前走着,肚子饿了就吃野果,马走累了,就下来自己走一段。

一天,芒耶走得又饿又困。他下马来找吃的,发现一棵结满果实的大野桃树。他便痛痛快快地吃了一顿,吃够了,就靠在桃树下迷迷糊糊地睡着了。在梦中,芒耶看见一个白胡子老人牵着一匹马,带着一条小狗,远远地朝他走来。白胡子老人来到他面前问道:"年轻人,你要到哪点去呀?"芒耶回答说:"老公公,我要到西边天脚的神仙洞里去找谷种,让人们种上五谷,有粮食吃,过好日子。"白胡子老人听了,又惊又喜,说道:"小伙子啊,到西边天脚神仙洞里去找谷种,要经过千辛万苦,冒生命危险,你有这样的胆量吗?"芒耶急忙对老人说:"不管多么艰险,只要我活着,我一定要把谷种拿回来!"白胡子老人见芒耶这样坚决,就告诉他:"好!你既然不怕艰险,一心一意要为人们谋幸福,那我就帮你的一个忙吧。"芒耶听了老人的话,急忙向他磕头道谢,白胡子老人把他拉起来,说:"记住,从这里往前走,三千里路远的地方有一棵大白果树,树上有一个斑鸠窝,窝里有一个斑鸠蛋,蛋里有一把钥匙,那把钥匙是专门开西边天脚那个神仙洞的;白果树脚还有一个洞,洞里藏着一把宝剑,可以降伏一切妖魔鬼怪和毒蛇猛兽。另外,你得了宝剑和钥匙之后,再走三千里,就会遇到一条红水河,河里有条蛟龙,专门兴风作浪,阻拦过往行人。但河边有一条石牛,石牛肚子里藏着一副弓箭,只要你带一把灵芝草,走到牛跟前,把灵芝草给它吃了,它就会张口。趁此机会，你赶快从它嘴里把弓箭取出来。那箭是专门制服红水河里的蛟龙的。过了红水河，再走三千里，又会遇到一座大火山，但你不用怕，在火山对面的那岩缝里有一把芭蕉扇，用它朝火山一扇，火山就会让出一条路给你走。这样，你就会很顺利地到达西边天脚下的神仙洞去取你的谷种了。"最后，白胡子老人又把他那匹马和那条狗给芒耶，说，"来吧，把你的马和我的马调换。我这匹马叫'千里马'，一天可以行走一千里路，这对你是会有很大帮助的；这条小狗，我也送给你，必要时对你也会有帮助的。"白胡子老人说完就走了。

芒耶醒来，果真见一匹肥壮的枣红马和一条像狮子模样的小狗站在他的身旁，自己原来的那匹马却不见了。芒耶又惊又喜。他把白胡子老人的话记在心上，骑上"千里马"，带着"狮子狗"，又开始往西走了。

芒耶走了三天三夜，果然看见前面悬崖上有一棵大白果树，树上果真有一个斑鸠窝。芒耶爬上去取斑鸠窝里的蛋，一点不错，窝里不多不少恰恰只有一个斑鸠蛋。芒耶拿下了斑鸠蛋，轻轻地把它敲破，一把金晃晃的钥匙掉了出来。芒耶急忙拣起来揣在怀里，接着又在白果树脚的洞里，取出了宝剑，然后继续往前走去了。

芒耶一路上又经过了很多深山老林，遇到了很多毒蛇猛兽，但他都用宝剑把它们一一征服了。他又走了三天三夜，走了三千里路，来到了一条河边。这条河和别的河不一样，河水是红的。芒耶来到河边，正想过河，忽然狂风大作，河水掀起了千尺巨浪，顿时，把芒耶吓住了，但他立刻想起了白胡子老人的话，找到了一把灵芝草，在河边的一个大树林里找到了白胡子老人所说的石牛，然后，急忙把灵芝草送到它嘴边去。果然，就在石牛张开嘴来吃灵芝草的时候，芒耶看到了它肚里的弓箭，于是便迅速把它抽了出来，随即张弓搭箭朝河里射去，刹那间，河面风平浪静。芒耶趁势骑着千里马，带着小狗平安地渡过河去了。

芒耶又走了三天三夜，越走越觉得天气很热。原来前面就是白胡子老人所说的大火山。根据白胡子老人预先的指引，芒耶在火山对面的大红石岩缝里找来了一把芭蕉扇，一面向火山扇着，一面向前走去。说也奇怪，芭蕉扇一扇去，火山就让出一条大路来。

芒耶又走了九天九夜，终于来到了西边天脚，找到了神仙洞。正当芒耶高兴地朝洞口走去时，突然从洞口两面跳出两个把门将军，一个脸红扑扑的，手拿两把大斧，一个脸黑漆漆的，手拿着一把大刀，挡住了芒耶的去路。芒耶急忙说出自己的来由，两个把门将军听了，怒气冲冲地说道："我们的谷种是不给世间凡人的，绝对不能让你拿走！快回去！否则砍死你！"芒耶再三要求，把门将军还是不肯放他进去，并挥舞着大刀和斧子朝他砍来。芒耶忍不住拔出宝剑迎敌。经过一番血战，最后在小狗的帮助下，芒耶终于战胜了红脸和黑脸两个把门将，顺利地闯过第一关。在第二道关口，他又打死了两只白虎，在第三关，射死了一只凶猛的大神鸟，最后，终于打开了石门，找到了堆积谷种的地方。看着这么多金闪闪的谷粒，芒耶激动万分，急忙把妈妈亲手缝的那个布口袋拿出来，装了满满的一口袋。然后飞快冲出大石门，跨上千里马，抱着小狗，提着谷种，朝回家的路上奔驰而去。

芒耶松了一口气，心想该不会有什么危险了吧，不料这时，闪电雷鸣，风雨大作，只听见后面发出噗噗的声音，回头一看，一只九头鸟正向他追过来。那只九头鸟飞得很快，眼看要追上了，芒耶慌忙发了一箭，但由于心慌，没有射中，接着又发了一箭，还是没有射中。这时，芒耶更着慌。他心一狠，满满地拉了一弓，"嗖"的一箭，这才把九头鸟射死了。就这样，芒耶才算脱离了神仙洞的危险区。

芒耶走了九天九夜，回到火山的地方，这时，火山的热气更大了，于是他又拿出芭蕉扇一面用力扇一面只管往前走，走了一天一夜，才算把火山走完。芒耶又走了三天三夜，回到了红水河边，这时，河里的浪涛更凶猛，芒耶又急忙取出弓箭往河里射了两箭，但都没有起什么作用，芒耶着急了，用力拉满了弓，射出了第三箭，河水这才平静下来。由于用力过猛，弓箭被拉断了。芒耶只好忍痛将弓箭丢掉，骑上千里马，带着小狗和谷种渡过了红水河。

芒耶过了红水河，心里非常高兴，本以为经历了艰难险阻，以后的旅途会更顺利，那知，当芒耶来到离家只有九天九夜路程的时候，千里马累倒了，芒耶也支持不住了。怎么办呢？芒耶想来想去，最后决定将谷种的布口袋拴在小狗的脖子上，让它先走。为了让家乡的人知道它是替自己先带谷种来的，芒耶将出门时姑娘们送给他的花飘带也拴在小狗的脖子上。就这样，小狗直往东方走去了。

芒耶送走了小狗，离别死去的千里马，独自一个人朝东方回家的路上走去。走到一片森林，由于过度疲倦，终于倒下了。他为人们的幸福而献出了自己的生命。从此，聪明、勇敢而又善良的芒耶，再也回不到自己的家乡了，再也看不到慈爱的阿妈了，再也看不到乡亲们和年轻的姑娘们了。小狗离开了芒耶以后，走了九天九夜，经过了千难万险，终于找到了芒耶的家乡。

起初，芒耶家乡的人们看到小狗时，还不大注意它，认为它是别寨跑来的，后来看到它脖子上拴有东西，发现那原来是芒耶带去的布口袋和姑娘们送给他的花飘带，知道这一定是芒耶出了事了。于是，大家急忙把小狗脖子上的口袋和花飘带解来，一看，口袋里装了满满的一口袋金闪闪的谷种，人们说不出的又惊又喜，并且立即派人去找芒耶去了。从此，人们有了谷种，就开始了耕种，过着幸福的日子。

谷种就是这样来的。直到今天，布依族地区在每年七八月间吃新米时，都要先拿给小狗吃，因为谷种的得来，狗也有一份功劳。

争 爹
siŋ²⁴ po³³
争 爹

mɯən³³ ɕau³¹, li³¹ za:n¹¹ vɯn¹¹ ʔdeu²⁴, pau³⁵ tɕe³⁵ vai²⁴ va:ŋ¹¹,
以前， 有 家 人 一 老头 姓王，
ja³³ tɕe³⁵ ta:i²⁴ ɕau³¹ pai⁰. ka³³ li³¹ pau³⁵ tɕe³⁵ ta:i³⁵ soŋ²⁴ lɯk³³ kwa³⁵ ŋɔn¹¹.
老太婆 死 早 了 只有 老头 带 两 儿子 过日子。
ʔjap³⁵ ta²⁴ ɕi³³ kwa³⁵ pai²⁴ ŋi³³ ɕip³³ pi²⁴, soŋ²⁴ lɯk³³ tu²⁴ ma⁵³ la:u³¹ pai⁰,
眨眼 就 过 去 二十 年， 两儿子 都 长 大 了，
pau³⁵ tɕe³⁵ li³¹ ha⁵³ ɕip³³ tɕi⁵³ pi²⁴ pai⁰, soŋ²⁴ lɯk³³ tu²⁴ ta¹¹ kan³¹, sa:m²⁴
老头 有 五十几 岁 了， 两 儿子 都 勤快， 三
po³³ lɯk³³ ʔdiən²⁴ ŋɔn¹¹ ha³¹ kwa³³ ʔdai³¹ ʔdi²⁴, mi¹¹ kwa³⁵ soŋ²⁴ lɯk³³ tu³³
父子 日子 还 过 得 好 不过 两 儿子 都
fi³³ ɕu³¹ ʔdai³¹ pau³¹, vəi²⁴ laŋ²⁴ ʔdiən²⁴ ŋɔn¹¹ ka³³ kwa³⁵ ʔdai³¹ pai²⁴, za:n¹¹
未 娶 得 媳妇， 因为 日子 只 过 得 去， 房子
je⁵³ mi¹¹ ʔdi²⁴, jou²⁴ zom²⁴ mi¹¹ ʔdai³¹ ɕen¹¹, po³³ te²⁴ vəi²⁴ ni³¹ sam²⁴ ji³⁵
也 不 好， 又 攒 不 得 钱 父他 为 这 焦心
tɕa¹¹ ɕi¹¹.
得很。

li³¹ ŋɔn¹¹ ʔdeu²⁴, pau³⁵ tɕe³⁵ ziən²⁴ soŋ²⁴ lɯk³³ pai²⁴ po²⁴ ʔau²⁴ fɯn¹¹,
有天一 老头 跟 两 儿 去 山 要 柴，
ta:u³⁵ ma²⁴ ʔju³⁵ tɕa:ŋ²⁴ zɔn²⁴ tɕip³³ ʔdai³¹ ʔdan²⁴ siəŋ²⁴ ʔdeu²⁴, lɯk³³ ŋi³³
回 来 在 途中 拣 得 个 箱 一， 老二
ʔa:ɯ³⁵ tɕa¹¹ ɕi¹¹, kwət³³ ma²⁴ za:n¹¹ ha:i²⁴ nen³³, ʔdaɯ²⁴ te²⁴ tɯk³³
高兴 非常， 扛 来 家 开 看， 里面 那是
ŋan¹¹ ha:u²⁴ tup³⁵ tup³⁵ leɯ³¹, ha³¹ li³¹ nai³³ sɯ²⁴ ʔdeu²⁴, ʔdak³⁵ ŋan¹¹ ɕip
白银 晃晃 全， 还有 点 书 一 块 银 十
ɕa¹¹ ɕi³³ li³¹ sa:m²⁴ ɕip³³ ʔdak³⁵, ha³¹ li³¹ ka:i³⁵ liŋ¹¹ tem²⁴, jou²⁴ li³¹ soŋ
两 就 有 三十 块， 还要 个 零 添， 又 有 两
tɕi³⁵ pɯə³³ mo³⁵. lɯk³³ la:u³¹ ziəŋ²⁴ lɯk³³ ŋi³³ tu²⁴ leu³¹ ʔa:ŋ³⁵ naɯ¹¹: "po³³
套 衣 新。 老大 跟 老二 都 很 高兴 说: "爹

he⁰, pai¹¹ ni³¹ zaːn¹¹ zau¹¹ ʔdiən²⁴ ŋɔn¹¹ ʔdi²⁴ kwa³⁵ pai⁰ lo⁰. saːm²⁴ pa³⁵
唉， 现在 家我们 日子 好过 了啰。 三 百
laːi²⁴ ɕaːŋ¹¹ ŋan¹¹ ni³¹ tshu³¹ liau⁵³ taŋ⁵³ zaːn¹¹ ʔju³⁵, sɔŋ²⁴ pi³¹ nuəŋ¹¹ tu²⁴
多 两 银这 除了 立 房子 住，两 兄弟 都
ɕu³¹ pɐɯ³¹ je⁵³ li³¹ ɕen¹¹ pai⁰, ha³¹ ɕu³¹ ʔdai³¹ zaːi³³ na¹¹ ma²⁴ ʔdam²⁴, ha³¹
娶媳妇 也 有 钱 了， 还 买 得 块 田 来 栽， 还
ɕu³¹ tuə¹¹ vaːi¹¹ ʔdeu²⁴……" pau³⁵ tɕe³⁵ nau¹¹: "ɕen¹¹ ni³¹ mi¹¹ zo³¹ tuk³³
买 头 水牛 一……" 老头 说： "钱 这 不 知 是
pu³¹ lau¹¹ tɔk³⁵, ʔau²⁴ tɯ¹¹ pai²⁴ vaːn¹¹ fɯə³¹ lɯŋ⁵³ ʔdi³¹; vɯn¹¹ ʔau²⁴ li³¹
谁 丢， 要 拿 去 还 别人 才 好， 人 要 有
liəŋ¹¹ sam²⁴, mi¹¹ zo³¹ ŋɔn¹¹ ni³¹ fɯə³¹ ŋan¹¹ tɔk³⁵ tɕi³¹ pan²⁴ jiəŋ³³ lau¹¹,
良心， 不知 今天 别人 银子 丢 急 成 哪样，
ŋɔn¹¹ ɕo³³ te²⁴ ji³¹ tiŋ²⁴ ha³¹ ma²⁴ za²⁴, ŋɔn¹¹ ɕo³³ zau¹¹ hai³¹ sɿ²⁴ sɔŋ³⁵ pai²⁴
明天 他 一定 还 来 找， 明天 我们 还是 送去
tɕiə¹¹ te²⁴ ɕa⁵³ te²⁴, vaːn¹¹ haɯ⁵³ fɯə³¹ ʔiə³⁵ pai⁰…… saːm²⁴ pa³⁵ laːi²⁴
那儿 等 他， 还 给 别人 算 了…… 三 百 多
ɕaːŋ¹¹ ŋan¹¹ mi¹¹ ŋaːi³³ ʔdai³¹ taŋ¹¹ ja⁰!"
两 银子 不 容易 得 到 呀！"
　　luk³³ laːu³¹ nau¹¹: "po³³ ja⁰! kaːi³⁵ ni³¹ tuk³³ ʔju³⁵ tɕaːŋ²⁴ zɔn²⁴ tɕip³⁵
　　老大 说： "爹 呀！ 这个 是 在 路上 拣
ʔdai³¹, tɕip³⁵ ʔdai³¹ ɕi³³ taːŋ³⁵ ɕɯ³¹ ʔdai³¹, pu³¹ sai³⁵ je⁵³ ʔau²⁴ taːu³⁵
得， 拣 得 就 当 买 得， 官 也 拿 回
mi¹¹ pan¹¹."
不成。"
　　luk³³ ŋi³³ je⁵³ nau¹¹: "ɕoi³¹ ʔbaːn³¹ ʔun³¹ ʔju³⁵ ʔdaɯ²⁴ zi³³ pa³³ ʔdai³¹
　　老二 也 说： "小伙 寨 那边 在 里面 地 挖 得
ŋan¹¹, mɯən³³ ni¹¹ fɯə³¹ tu²⁴ fat³⁵ ɕaːi¹¹ pai⁰. kaːi³⁵ ni³¹ tuk³³ tɕip³⁵ ʔdai³¹,
银子， 现 在 别人 都 发财 了。 这个 是 拣 得，
ku²⁴ nen³³ ziəŋ¹¹ kaːi³⁵ pa³³ ʔdai³¹ tuŋ³¹ lum⁵³, juŋ³³ te²⁴ ʔiə³⁵ pai⁰."
我 看 跟 个 挖 得 相同， 用 它 算 了。"
　　pau³⁵ tɕe³⁵ nau¹¹: "pa³³ tai³⁵ ʔdaɯ²⁴ zi³³ ma²⁴, kaːi³⁵ te²⁴ mi¹¹ li³¹ su⁵³,
　　老头 说： "挖 从 里面地 来， 那个 没有 主，
pu³¹ lau¹¹ pa³³ ʔdai³¹ ɕi³³ tuk³³ pu³¹ su⁵³, taŋ³³ zan³¹ kho⁵³ ji⁵³ ʔau²⁴,
谁 挖 得 就是 主人， 当然 可以 要，

ka:i³⁵ ni³¹ mi¹¹ tuŋ³¹ lum⁵³, tɯk³³ vɯn¹¹ la:i²⁴ tɯu¹¹ tɔk³⁵, ji³¹ tiŋ²⁴ ʔau²⁴
这个　　不　　相同，　是　　人家　　弄丢，一定　要
va:n¹¹ haɯ⁵³ fɯə³¹."
还　给　别人。"

luk³³ la:u³¹ nau¹¹: "po³³ ja⁰! zau¹¹ jou²⁴ mi¹¹ tɯk³³ kuə³³ siən³⁵ ma¹¹
老大　说："爹　唉！我们　又　不　是　做事情　啥
zan²⁴ mi¹¹ ʔdai³¹ vɯn¹¹, tɕip³³ ʔdai³¹ ɕen¹¹ ɕi³³ kai³³ juŋ³³."
见　不　得　人，拣　得　钱　就　该　用。"

luk³³ ŋi³³ je⁵³ nau¹¹: "fan⁵³ tsɯn²⁴ ka:i³⁵ ɕɔn¹¹ ha:u³⁵ po³³ nau¹¹ te²⁴
老二　也　说：　反正　个　　句话　爹　说　那
ku²⁴ mi¹¹ thuŋ³¹ ji²⁴."
我　不　同意。"

sa:m²⁴ po³³ luk³³ tuŋ³¹ ʔdiət³⁵ pa³⁵, sɔŋ²⁴ luk³³ ji³¹ tiŋ²⁴ ʔau²⁴ ɕe²⁴
三　父子　相　争吵，　两　儿子　一定　要　让
juŋ³³, pau³⁵ tɕe³⁵ ji³¹ tiŋ²⁴ sɔŋ³⁵ va:n¹¹ fɯə³¹. kwa³⁵ laŋ²⁴ luk³³ la:u³¹ nau¹¹:
用，老头　一起　送　还　别人。　过后　老大　说：
"sɔŋ³⁵ pai²⁴ je⁵³ pan¹¹, ku²⁴ nen³³ mɯŋ¹¹ pu³¹ la:u³¹ je⁵³ mi¹¹ kuan³³ ɕin³³
"送去　也　成，　我　看　你　老人　也　不　关心
sɔŋ²⁴ pu³¹ tu²⁴, li³¹ fuk³⁵ mi¹¹ zo³¹ ʔau²⁴, ka³³ zo³¹ pai²⁴ kɯn¹¹ po²⁴ tai³³
两　个我们，有福　不　知　要　只会去　山上　搬
zin²⁴, mɯŋ¹¹ tɕai¹¹ sɔŋ³⁵ ɕi³³ sɔŋ³⁵, ho⁵³ tu²⁴ je⁵³ ɕiəŋ³¹ mi¹¹ ʔdai³¹ mɯŋ¹¹,
石　你　想　送　就　送　我们　也　养　不　得　你，
mɯŋ¹¹ tɯ¹¹ pai²⁴ va:n¹¹ fɯə³¹ ɕi³³ mjau⁵³ ta:u³⁵ ma²⁴ za:n¹¹ ni³¹ pai⁰."
你　拿　去　还　别人　就　不要　回　来　家　这　了。"

pau³⁵ tɕe³⁵ ʔdiəp³⁵ pai²⁴ ʔdiəp³⁵ ma²⁴, leu³¹ hɯn¹¹ tu³³ lap³⁵ mi¹¹ ʔdai³¹
老头　想去　　想来，　整夜　都　闭　不　得
ta²⁴. nɯ³³ taŋ¹¹ n̪i³³ ɕip³³ la:i²⁴ pi²⁴ mai³¹ ja³³ ɕi³³ ta:i²⁴ pai⁰, ʔda:ŋ²⁴ kau³⁵
眼。想到　二十　多　年　妻子　就　死了，　自己
kuə³³ po³³ jou²⁴ kuə³³ me³³, pjai⁵³ kɯn²⁴ pjai⁵³ tan⁵³, ɕiəŋ³¹ la:u³¹ sɔŋ²⁴
做爹　又　做妈，　省吃　省穿，　养大　两
pi³¹ nuəŋ³¹ te²⁴, taŋ¹¹ ɕɯ¹¹ ni³¹, sɔŋ²⁴ pu³¹ tu³³ ji³⁵ la:i²⁴ zeŋ¹¹ la:u³¹ pai⁰,
兄弟　那，到　现在，　两　个　都　气多　力大　了，
ha:u³⁵ ku²⁴ pau³⁵ tɕe³⁵ ɕi³³ kho⁵³ ji⁵³ mi¹¹ ka⁵³ n̪iə²⁴ pai⁰; ŋɔn¹¹ ni³¹ ho⁵³ te²⁴
话　我　老头　就　可以　不　想听　了，　今天　他们

mi¹¹ ka:ŋ⁵³ liəŋ¹¹ sam²⁴, ha³¹ lai³³ ku²⁴ teu¹¹ pai⁰. ai⁰! ku²⁴ ta:i²⁴ ʔiə³⁵ pai⁰
不　讲　　良心，　要　赶　我　逃　了。哎！我　死　算　了
lo⁰…… ta:u³⁵ ʔdiəp³⁵, ta:i²⁴ mi¹¹ ʔdai³¹, ŋan¹¹ ni³¹ mi¹¹ soŋ³⁵ pai²⁴ va:n¹¹
啰……　回　想，　死　不　得，　银　这　不　送　去　还
fɯə³¹ mi³¹ pan¹¹, tɯ¹¹ ŋan¹¹ va:n¹¹ fɯə³¹ ʔiə³⁵ pai⁰ ku²⁴ luŋ⁵³ lam⁵³ sam²⁴,
别人　不　成，　拿　银　还　别人　完　了　我　才　　放心，
taŋ¹¹ ɕɯ¹¹ te²⁴ kuə²⁴ jiəŋ³³ lau¹¹ tu³³ pan¹¹…… te²⁴ ʔdoŋ³⁵ ta²⁴ nen³³ pai²⁴
到　那时　做　什么　都　成……　他　放　眼　看　去
tɕe³³ fa²⁴ zan²⁴ zoŋ³³ ʔdiən²⁴ tək³⁵ po²⁴ pai, zo³¹ ȵiə²⁴ kai³⁵ han²⁴ sau³³
缝　篱　笆　见　月亮　落　山　了，听　见　鸡　叫　遍
ta:m²⁴ sau³³, zan²⁴ pa:i³³ ta²⁴ ŋon¹¹ ʔo³⁵ zoŋ³³ pai⁰, ɕi³³ tin²⁴ fɯŋ¹¹
接　遍，　见　边　太阳　出　亮　了，就　手脚
kɯ¹¹ ʔdiəŋ²⁴ zun³⁵ ma²⁴, tan⁵³ ʔdi²⁴ va⁵³ pɯə³³, ʔɯ²⁴ ʔdan²⁴ siəŋ²⁴ tɕa²⁴ li³¹
轻快　　起　来，穿　好　裤衣，背　个　箱　装　有
sa:m²⁴ pa³⁵ ɕa:ŋ¹¹ ŋan¹¹ ha:u²⁴ te²⁴, tai³⁵ teu¹¹ zon²⁴ la:u³¹ pja:i⁵³ pai²⁴. te²⁴
三　百　两　　白银　那，从　条　路　大　走去。他
ja:ŋ¹¹ ma²⁴ tu³³ mi¹¹ ʔdiəp³⁵ pai⁰, tin²⁴ ʔdiən³⁵ pja:i⁵³ ʔdiən³⁵ man³³, ʔja:m³⁵
什么　都　不　想　了，脚　越　走　越　慢，步子
ʔdiən³⁵ pai²⁴ ʔdiən³⁵ la:u³¹, ʔdiən³⁵ pja:i⁵³ ʔdiən³⁵ han²⁴, mi¹¹ sa:u³³ lau¹¹
越　去　越　大，　越　走　越　急，不　多少
na:n¹¹ ɕi³³ taŋ¹¹ tɕiə¹¹ tɕip³⁵ ʔdai³¹ siəŋ²⁴ ŋan¹¹ te²⁴ pai⁰. te²⁴ ma:n³³ ma:n³³
久　　就　到　那　栋得　箱　银子　那了。他　慢慢
ɕuən³⁵ siəŋ²⁴ ma²⁴ la⁵³, tɯ¹¹ ʔiən²⁴ ʔbau²⁴ zai³¹ ʔdi²⁴ ɕo³⁵ ʔdaɯ²⁴ təŋ¹¹ ʔiən²⁴,
放　箱　来　下，把　烟　叶子　裹　好　放　里面　烟斗，
tem⁵³ fi¹¹ ɕo³⁵, ɕiu³⁵ ta:m²⁴ ɕiu³⁵ ʔdət³⁵ kun²⁴, son²⁴ ta²⁴ mi¹¹ ʔjap³⁵ nen³³
点　火　放，杆　接　杆　吸　吃，两　眼　不　眨　看
pai²⁴ soŋ²⁴ tɕau⁵³ zon²⁴ te²⁴.
去　两　头　路　那。

ta²⁴ ŋon¹¹ ɕa:u³¹ ʔo³⁵ po²⁴, tɕau⁵³ zon²⁴ pa:i³³ ta²⁴ ŋon¹¹ tək³⁵ ɕi³³ li³¹ pu³¹
太阳　才　出　山，头　路　边　太阳　落　就　有　个
ɕiu¹¹ tshai³¹ ʔdeu²⁴ ziəŋ³¹ soŋ²⁴ lɯk³³ ɕo¹¹ le¹¹ ma²⁴, ho⁵³ te²⁴ pa:i³³ ʔdeu²⁴ le¹¹
秀才　　一　跟　两　小孩　跑来，　他们　一边　跑
pa:i³³ ʔdeu²⁴ jeu³⁵ pai²⁴ soŋ²⁴ hen¹¹, le¹¹ pai²⁴ le¹¹ ma²⁴, tɕa:ŋ²⁴ hat³⁵ zom³³,
一边　看　去　两边，　跑去　跑来，　早晨　　亮，

ha:n³³ tu³³ lai²⁴ tum¹¹ leu³¹ na⁵³; sa:m²⁴ pu³¹ le¹¹ taŋ³¹ pa:i²⁴ na⁵³
汗 都 流 湿 完 脸；三 人 跑 到 面前
pau³⁵ tɕe³⁵, pu³¹ ɕiu²⁴ tshai³¹ te²⁴ toi³⁵ pau³⁵ tɕe³⁵ tso³⁵ ji⁷¹ nau¹¹: "pu³¹ tɕe³⁵,
老头, 个 秀才 那 对 老头 作揖 说：老人,
muŋ¹¹ ɕau³¹! tɕa:ŋ²⁴ hat³⁵ zom³³ jiəŋ³³ ni³¹ muɯ¹¹ ɕi³³ ma²⁴ taŋ³¹ tɕiə¹¹ ni³¹
你 早！早晨 亮 这样 你 就 来 到 这里
pai⁰?!" ɕiu²⁴ tshai³¹ zo³¹ ʔdan²⁴ siəŋ²⁴ te²⁴ tuuk³³ ka:i³⁵ ʔda:ŋ²⁴ kau³⁵,
了？!"秀才 知 个 箱子 那 是 的 自己,
mi¹¹ kuən⁵³ mi¹¹ ka:m⁵³ zuɯn²⁴. pau³⁵ tɕe³⁵ nau¹¹: "ham³³ liən³⁵ ʔau²⁴ fuɯn¹¹
不过 不 敢 认。老头 说：昨晚 要 柴
kwa³⁵ tɕiə¹¹ ni³¹, tɕip³⁵ ʔdai³¹ ʔdan²⁴ siəŋ²⁴ ni³¹, ku²⁴ la:u²⁴ pu³¹ tuɯ¹¹ siəŋ²⁴
过 这里, 拣 得 个 箱 这, 我 怕 个 把 箱
tək³⁵ te²⁴ za²⁴ mi¹¹ zan²⁴, hat³⁵ ni³¹ ɕuən³⁵ ʔi³⁵ soŋ³⁵ ma²⁴ haɯ⁵³ te²⁴."
丢 那 找 不 见, 今早 故意 送 来 给他。"
    ɕiu²⁴ tshai³¹ nen³³ nen³³ ʔdan²⁴ siəŋ²⁴, jou²⁴ nen³³ pau³⁵ sam²⁴ so³³
    秀才 看看 箱子, 又 看 老头 心 直
ɕɯ²⁴ ʔdi²⁴ ni³¹, ma⁵³ saŋ²⁴ jou²⁴ tso³¹ ji⁷¹ pai¹¹ ʔdeu²⁴, leu¹¹ ʔa:ŋ³⁵ nau¹¹:
心好这, 马上 又 作揖 一次, 非常高兴说：
"pau³⁵ pu³¹ tɕe³⁵! ʔdan²⁴ siəŋ²⁴ ni³¹ tuɯk³³ ku²⁴ ha:i³⁵ tək³⁵, tɕo²⁴ ʔba:i³⁵
老人家！个 箱 这 是 我 打落, 多谢
muɯŋ¹¹ pu³¹ la:u³¹ lo⁰!"
你 老人 啰？"
    pau³¹ tɕe³⁵ li³¹ sam²⁴ va:n¹¹ te²⁴, mi¹¹ kwa³⁵ ʔau²⁴ ham³⁵ ʔdi²⁴, te²⁴
    老人 有心 还 他, 不过 要 问 好, 他
nau¹¹: "ʔju³⁵ tɕa:ŋ²⁴ ŋɔn¹¹, muɯŋ¹¹ vəi²⁴ ma¹¹ tuɯ¹¹ siəŋ²⁴ tək³⁵ ni⁰?"
说：在 白天, 你 为 什么 把 箱 丢 呢？"
    "pau³⁵ pu³¹ tɕe³⁵ ha⁰! ham³³ liən⁵⁵ sa:m²⁴ pu³¹ tu²⁴ pja:i⁵³ kwa³⁵
    "老人家呀！昨晚 三 人我们 走 过
tɕiə¹¹ ni³¹, tɕam³³ tɕa:ŋ³³ li³¹ tuə¹¹ kuk³⁵ ʔdeu²⁴ ɕon²⁴ tai³⁵ ʔdauɯ²⁴ ʔdɔŋ²⁴ ma²⁴
这里, 突 然 有 只 虎 一 钻 从 里面 树林 来
zo³³, tu²⁴ ʔdi²⁴ la:u³¹ ɕi³³ tuɯ¹¹ siəŋ²⁴ tək³⁵ pai⁰. hat³⁵ ni³¹ luɯŋ⁵³ ta:u³⁵ ma²⁴
外,我们 害怕 就 把 箱子 丢 了。今早 才 回来
za²⁴."
找。"

"su²⁴ tɯk³³ vɯn¹¹ tɕiə¹¹ lɑɯ¹¹? tɕɑi¹¹ pɑi²⁴ tɕiə¹¹ lɑɯ¹¹?" pɑu³⁵ tɕe³⁵
"你们 是 人 哪里？ 想 去 哪里？" 老人
hɑm³⁵. "ku²⁴ tɯk³³ vɯn¹¹ nɑ¹¹ kuŋ²⁴, vɑi²⁴ vɑːŋ¹¹, ʔdɑɯ²⁴ zɑːn¹¹ po³³ me³³
问。 "我 是 人 纳贡， 姓王， 里面 家 父
mi¹¹ ʔju³⁵ ɕɑu³¹ pɑi⁰, tɯk³³ pɑu³⁵ ʔɑu²⁴ pɑu³⁵ luŋ¹¹ tɕɑːŋ²⁴ zɑːn¹¹ ʔɑu²⁴ ɕen¹¹
母 不在 早 了， 是 叔叔 伯伯 家族 拿 钱
hɑɯ⁵³ ku²⁴ kuə³³ ɕen¹¹ zɔn²⁴ pɑi²⁴ ʔdɑɯ²⁴ tɕiŋ²⁴ khɑo⁵³ sɿ²⁴."
给 我 做 路费 去 京城 考试。"

"tɕi²⁴ zɑn³¹ jiəŋ³³ te²⁴, mɯŋ¹¹ ɕi³³ ʔɑu²⁴ pɑi²⁴ pɑ⁰." ɕiu²⁴ tshɑi³¹ toi³⁵
"既然 那样， 你 就 拿 去 吧。" 秀才 对
pu³¹ tɕe³⁵ ŋɑp³³ pɑi¹¹ tɕɑu⁵³ ʔdeu²⁴, nɑu¹¹: "po³³ lɑːu³¹ he⁰! ku²⁴ tɑi³⁵ ɕɯ¹¹
老头 点 次 头 一， 说： 大伯 呀！ 我 从 时
ni³⁵ ɕi³³ mi¹¹ li³¹ po³³ me³³ pɑi⁰, ŋɔn¹¹ ni³¹ ku²⁴ pɑi²⁴ ʔdɑɯ²⁴ tɕiŋ²⁴ mi¹¹ kuɑn⁵³
小 就 没有 父母 了， 今天 我 去 京城 不管
khɑo⁵³ ʔdɑi³¹ khɑo⁵³ mi¹¹ ʔdɑi³¹, tɑːu³⁵ mɑ²⁴ ku²⁴ tu³³ ʔɑu²⁴ ɕiəŋ³¹ mɯŋ²⁴
考 得 考 不得， 回来 我 都 要 养 你
pu³¹ lɑːu³¹, mɯŋ¹¹ ɕi³³ lum⁵³ po³³ me³³ ku²⁴ jiəŋ³³ ʔdeu²⁴ jɑ⁰!" te²⁴ jou²⁴
老人， 你 就 像 父母 我 一样 呀！" 他 又
ŋɑp³³ pɑi¹¹ tɕɑu⁵³ ʔdeu²⁴, tɑi³⁵ fɯŋ¹¹ pɑu³⁵ tɕe³⁵ ɕɯ³¹ ʔdɑn²⁴ siəŋ²⁴, hɑːi²⁴ mɑ²⁴
点 次 头 一， 从 手 老头 接 箱子， 开 来
nen³³, ʔdɑɯ²⁴ te²⁴ ŋɑn¹¹, vɑ³⁵ pɯə³³ jɑːŋ¹¹ mɑ⁵³ tu³³ fi³³ sɑːŋ⁵³ kwɑ³⁵. te²⁴
看， 里面那 银， 裤衣 什么 都 没 动 过。 他
ʔɑu²⁴ sɔn²⁴ ʔdɑk³⁵ ŋɑn¹¹, sɔn²⁴ fɯŋ¹¹ jiən³³ hɑɯ⁵³ pɑu³⁵ tɕe³⁵, pɑu³⁵ tɕe³⁵
拿 两 块 银， 两 手 递 给 老头， 老头
jiəŋ³³ lɑɯ¹¹ tu³³ mi¹¹ tɕɑi¹¹ ɕɯ³¹, ɕiu²⁴ tshɑi³¹ tɕi³¹ ʔdɑi³¹ kwi³³ ɕo³⁵ tɑi⁵³
怎么 都 不想 接， 秀才 急得 跪着 哭
mi¹¹ tɑŋ³¹, te²⁴ lɯŋ⁵³ mi¹¹ ʔdɑi³¹ mi¹¹ ɕɯ¹¹ ʔɑu²⁴."
不停， 他 才 不得 不 接 要。"

pɑu³⁵ tɕe³⁵ tɯ¹¹ ɕiu²⁴ tshɑi³¹ zu¹¹ zun³⁵ mɑ²⁴, sɔŋ³⁵ te²⁴ hɑɯ⁵³ zɔn²⁴, te²⁴
老头 把 秀才 扶 起来， 送 他 上 路， 他
ɕi³³ nɑŋ³³ ʔju³⁵ hen¹¹ zɔn²⁴, tɕet³⁵ sɑm²⁴ lɑːi¹¹ zɑm³¹ tɑ²⁴ lɑi²⁴ mɑ²⁴ lɑ⁵³ pɑi⁰.
就 坐 在 边 路， 痛心 多 眼泪 流 来 下 了。
kwɑ³⁵ ɕɯ¹¹ ʔdeu²⁴, te²⁴ lɯŋ⁵³ zun³⁵ mɑ²⁴, ʔjɑu³¹ ʔdi²⁴ ŋɑn¹¹, ɕo³⁵ pɑːi³³
过 一会， 他 才 起来， 收好 银， 朝 边

ɕiu²⁴ tshai³¹ pai²⁴ te²⁴ pja:i⁵³ pai²⁴ na⁵³.
  秀才 去 那 走   去前。
     pau³⁵ tɕe³⁵ pja:i⁵³ pai²⁴ ʔdai³¹ tɕi⁵³ la:i²⁴ ŋɔn¹¹, taŋ¹¹ tɕiə¹¹ lau¹¹ ɕi³³ ʔju³⁵
     老头 走   去   得   几 多   天   到 哪儿   就 住
tɕiə¹¹ te²⁴, pai²⁴ tɕi³¹ lau¹¹ ni⁰ʔʔdɯ²⁴ sam²⁴ je⁵³ mi¹¹ li³¹ tiə⁵³.
  那儿，去 哪儿 呢？ 心里 也 没有 底。
     ŋɔn¹¹ ʔdeu²⁴, pu³¹ tɕe³⁵ ma²⁴ taŋ¹¹ la⁵³ zo³⁵ ʔdan²⁴ za:n¹¹ ha⁵³ ʔju³⁵ hen¹¹
     天   一，老人 来 到 屋檐 幢 房子茅草 在 边
zɔn²⁴ ʔdeu²⁴ ʔiət³⁵ na:i³⁵, ho¹¹ hɯ³⁵ tɕai¹¹ kɯn²⁴ zam³¹, ziəŋ¹¹ su⁵³ za:n¹¹
 路 一   歇气， 喉干 想 吃 水， 跟 主人
ʔau²⁴ zam³¹ kɯn²⁴; ʔdɯ²⁴ za:n¹¹ ʔo³⁵ ma²⁴ soŋ²⁴ lɯk³³ ɕo¹¹ li³¹ ŋi³³ ɕip³³ pi²⁴
 要 水 吃；里面 房子 出 来 两 小伙 有 二十 岁
la:u³¹, tuŋ³¹ hiŋ²⁴ ʔdeu²⁴ ɕiŋ⁵³ pu³¹ tɕe³⁵ pai²⁴ za:n¹¹ naŋ³³, tak³⁵ zam³¹
  大， 同 声音 一 请 老头 去 家 坐， 舀 水
hau⁵³ pu³¹ tɕe³⁵ kɯn²⁴, pu³¹ tɕe³⁵ ham³⁵ ɕo⁵³ soŋ²⁴ pi³¹ nuəŋ³¹ te²⁴, ɕo⁵³ te²⁴
  给 老人 吃 老头 问 名 两 兄 弟 那，他们
je⁵³ vai²⁴ va:ŋ¹¹, pi³¹ jeu³³ kuə³³ aᵒ niu³¹, nuəŋ³¹ jeu³³ kuə³³ aᵒ ma⁵³,
 也 姓 王， 哥 叫做 阿牛， 弟 叫做 阿马
pu³¹ tɕe³⁵ nau¹¹:"zau¹¹ jiən³⁵ tɯk³³ za:n¹¹ vɯn¹¹ ʔdeu²⁴ maᵒ."
 老头 说：我们 原来 是 家 人 一 嘛。"
     aᵒ niu³¹ ham³⁵ siən³⁵ za:n¹¹ pu³¹ tɕe³⁵, pu³¹ tɕe³⁵ ka³³ nau¹¹ te²⁴ tɯk³³
     阿 牛 问 事情 家 老头， 老头 自 说 他 是
pu³¹ vɯn¹¹ to³³, ʔju³⁵ ʔdai³¹ tɕi⁵³ ŋɔn¹¹, pu³¹ tɕe³⁵ tɕai¹¹ teu¹¹ paiᵒ, aᵒ niu³¹
 个人 独， 在 得 几 天， 老头 想 逃 了，阿牛
nau¹¹:"ho⁵³ tu²⁴ mi¹¹ li¹¹ pu³¹ tɕe³⁵, mɯn¹¹ pu³¹ la:u³¹ ɕi³³ ʔju³⁵ tɕiə¹¹ ni¹¹
 说：我们 没有   老人， 你 老人 就 在 这里
pa:ŋ²⁴ ho⁵³ tu²⁴ tau¹¹ zan¹¹, hoŋ²⁴ li³¹ ho⁵³ tu²⁴ pai²⁴ kuə³³." ham³³ te²⁴,
 帮 我们   守家， 活 有 我们 去 做。" 晚上 那，
soŋ²⁴ pi³¹ nuəŋ³¹ ɕi³³ ka⁵³ kai³⁵ pa:i³⁵ pu³¹ tɕe³⁵ kuə³³ po³³.
 两 兄 弟 就 杀 鸡 拜 老头 做 爹。
     pu³¹ tɕe³⁵ tɯk³³ kam²⁴ ʔju³⁵ paiᵒ, za:n¹¹ ʔdeu²⁴ sa:m²⁴ pu³¹
     老头 被 留   住 了， 家 一   三 人
ʔdiən²⁴ ŋɔn¹¹ kwa³⁵ ʔdai³¹ ʔdi²⁴ mai¹¹, siən³⁵ ʔdɯ²⁴ za:n¹¹ je⁵³ kuə³³ ʔdai³¹
 日子 过 得 愉快， 事情 里面 家 也 做 得

li³¹ zən²⁴ li³¹ lo³³, zaːn¹¹ zau⁵³ siən³⁵ ɕi³³ da¹¹ zaːi³¹, mi¹¹ tɕi⁵³ pi²⁴, ʔdaɯ²⁴
有　条　有理，　家　热　事　顺　得很，　没　几　年，　里面

zaːn¹¹ zom²⁴ li³¹ nai³³ ɕen¹¹, pu³¹ tɕe³⁵ zan²⁴ soŋ²⁴ pi³¹ nuəŋ³¹ ɕɯ²⁴ ho¹¹ ŋən¹¹
家　攒　有点　钱，　老头　见　两　兄弟　心肠　天

ʔdi²⁴ to²⁴ ŋən¹¹, ɕi³³ tɯ¹¹ ŋan¹¹ ɕiu²⁴ tshai³¹ haɯ⁵³ te²⁴ haɯ⁵³ soŋ²⁴
好多　天　就　把　银子　秀才　给　那　给　两

pi³¹ nuəŋ³¹, mi¹¹ naːn¹¹ taŋ⁵³ pan¹¹ saːm²⁴ hoŋ³⁵ zaːn¹¹ ŋwa³¹ mo³⁵, mi¹¹
兄弟，　不　久　起　成　三　间　房　瓦　新，　不

naːn¹¹ jou²⁴ ɕɯ³¹ paɯ⁵³ pai⁰, leu³¹ zaːn¹¹ pu³¹ laːu¹¹ pu³¹ ni³⁵, tuŋ³¹ tɕai¹¹
久　又　娶　媳妇　了，　全家　老人　小孩，　相爱

tuŋ³¹ ʔdi²⁴, ta²⁴ zan²⁴ po³³ tɕe³⁵ pai⁰, lək³³ saːi²⁴ lɯk³³ paɯ³¹ mi¹¹ tɕai¹¹ haɯ⁵³
相好，　眼看　爹　老　了，　儿子　儿媳　不　想　给

te²⁴ kuə³³ hoŋ²⁴ zaːn¹¹ pai⁰, mi¹¹ kwa³⁵ po³³ ʔju³⁵ ʔdəi²⁴ mi¹¹ ziə²⁴, ka³³ ʔdi²⁴
他　做　活　家　了，　不过　爹　在　空　不习惯，　只好

ʔju³⁵ hen¹¹ tu²⁴ ʔbet³⁵ than³³ tsɿ⁵³ ʔdeu²⁴, haɯ⁵³ po³³ kaːi²⁴ haːi¹¹ nɯ¹¹,
在　边　门　摆　摊子　一，　给　爹　卖　草鞋，

zam³¹ ɕam³¹, ʔiən²⁴ ʔbaɯ²⁴ jiəŋ³³ jiəŋ³³.
凉水　　烟叶　　样样。

teu¹¹ zən²⁴ ni³¹ vɯn¹¹ kwa³⁵ laːi²⁴, pau³⁵ tɕe³⁵ kuə³³ ka³¹ ŋən¹¹ pi⁵³ ŋən¹¹
条路　这　人　过　多，　老头　做生意　天　比　天

ʔdi²⁴, kək³⁵ ɕen¹¹ laːi²⁴ pai⁰, jou²⁴ ɕɯ³¹ mai²⁴ vaːi³⁵, paŋ¹¹, kuə²⁴,
好，　下　钱　多　了，　又　买　棉线，　布，　盐，

mi¹¹ naːn¹¹ jou²⁴ taŋ⁵³ ʔdan²⁴ zaːn¹¹ ni³⁵ ʔdeu²⁴.
不久　又　起　幢　房子　小　一。

taːu³⁵ nau¹¹ soŋ²⁴ ɕoi³¹ lɯk³³ ɕin¹¹ pau³⁵ tɕe³⁵ te²⁴, ɕai¹¹ po³³ soŋ³⁵ ŋan¹¹
回　说　两　个　儿　亲　老头　那，　让　爹　送　银

pai²⁴ ɕi³³ mi¹¹ zan²⁴ taːu³⁵ ma²⁴ pai⁰, soŋ²⁴ pu³¹ te²⁴ mi¹¹ zuəŋ³³ ma¹¹
去　就　不　见　回来　了，　两　个　那　不　盼　什么

pu³¹ tɕe³⁵ zau³³, sui³³ zan³¹ mi¹¹ li³¹ tɕi⁵³ pi²⁴, ʔdaɯ²⁴ zaːn¹¹ je⁵³ li³¹ ɕen¹¹
老人　些，　虽然　没有　几　年，　里面　家　也　有　钱

pai⁰, mi¹¹ kwa³⁵ tɕai¹¹ ɕiŋ⁵³ su³⁵ ʔau²⁴ paɯ³¹, tɕoŋ³⁵ mai³¹ ʔbuk³⁵ tu³³ nau¹¹:
了，　不过　想　请　媒　要　媳妇，　群　姑娘　都　说:

"ɕin¹¹ po³³ ʔdaːŋ²⁴ kau³⁵ ho⁵³ te²⁴ tu³³ mi¹¹ ʔau²⁴, nau¹¹ ma¹¹ ho⁵³ zau¹¹
亲　爹　自己　他们　都　不　要，　说　啥　我们

vuɯn¹¹ zo³³ mu⁰ ……?"
　人　外　呢……？"
　　　tɕiə¹¹ ni³¹ ka:ŋ⁵³ mi¹¹ pan¹¹, tɕiə¹¹ te²⁴ je⁵³ mi¹¹ hauɯ⁵³, ɕi³³ tɕiə³¹ tiŋ²⁴
　　　这里　讲　不　成，那里　也　不　给，就　决定
za²⁴ po³³ ta:u³⁵ ma²⁴, za²⁴ ʔdai³¹ sa:m²⁴ ʔdiən²⁴ la:i²⁴, ŋɔn¹¹ ni³¹, ma²⁴ taŋ¹¹
找　爹　回　来，找　得　三　月　多，今天，来到
pa³⁵ pu³³ pu³¹ tɕe³⁵ ka:i²⁴ taŋ³³ jiəŋ³³ te²⁴ ɕɯ³¹ zam³¹ ɕam³¹ kɯn²⁴, ɕoi³¹ la:u³¹
摊子　老头　卖　东西　那买　凉水　吃，老大
nen³³ pu³¹ tɕe³⁵ pai¹¹ ta²⁴ ʔdeu²⁴, ɕi³³ kɯ¹¹ ʔdam²⁴ ziəŋ¹¹ ɕoi³¹ ŋi³³ nau¹¹:"te²⁴
看　老头　次　眼　一，就　悄　悄　跟　老二　说："他
ɕi³³ mi¹¹ tɯk³³ po³¹ ma⁰, te²⁴ ɕɯ¹¹ ɕau¹¹ tək³⁵ za:n³⁵ ma²⁴ la⁵³, kɯn¹¹ na⁵³
就　不　是　爹　嘛，他　以前　落　岩　来下，脸上
tɯk³³ ȵa:p³³ pan¹¹ ʔba:t³³, taŋ¹¹ ɕɯ¹¹ lau¹¹ tu³³ lɯŋ⁵³ li³¹ le⁰!" jiəŋ³³ ni³¹,
被　抓　成　口子，到　时　哪　都　还　有　嘞！"。这样，
sɔŋ²⁴ pu³¹ te²⁴ ɕi³³ tuŋ³¹ jeu³³ hiŋ²⁴ ʔdeu²⁴:"po³³", mi¹¹ kɯan⁵³ pu³¹ tɕe³⁵
两　个　那　就　同　叫　声　一：爹，不　管　老头
nen³³ ʔju²⁴ ʔdaɯ²⁴ ta²⁴, ʔdiəp³⁵ ʔju³⁵ ʔdaɯ²⁴ sam²⁴, ɕi³³ mi¹¹ ha:n²⁴ ma¹¹;
看　在　里　眼，想　在　里　心，就　不　应　啥；
sɔŋ²⁴ pu³¹ ɕi³³ ʔja:m³⁵ pai³¹ ɕa:u³³ pu³¹ tɕe³⁵ jeu³³ nau¹¹:"po³³ ja⁰! ho⁵³ tu²⁴
两　个　就　跨　去　拉　老头　喊　说：爹　呀！我们
za²⁴ mɯn¹¹ za²⁴ ʔdai³¹ tɕi⁵³ ʔdiən²⁴ pai⁰."
找　你　找　得　几　月　了。"
　　　"pu³¹ lau¹¹ tɯk³³ po³³ mɯn¹¹ le⁰! mɯn¹¹ luən³³ zɯn²⁴, ʔwa³⁵ teu¹¹!"
　　　"谁　是　爹　你　嘞！你　乱　认，让开！"
pu³¹ tɕe³⁵ ʔdi²⁴ ham¹¹ nau¹¹.
老头　生　气　说。
　　　ʔdaɯ²⁴ za:n¹¹ sɔŋ²⁴ pi³¹ nuəŋ³¹ a⁰ niu³¹ zo³¹ ȵiə³¹ pa³⁵ tu²⁴ tuŋ³¹ ʔdiat³⁵,
　　　里　屋　两　兄弟　阿牛　听见　门口　相　吵，
le¹¹ ma²⁴ zo³³ nen³³, zan²⁴ li³¹ sɔŋ²⁴ pu³¹ ɕa:u³⁵ pu³¹ tɕe³⁵, sɔŋ²⁴ pi³¹ nuəŋ³¹
跑来　外　看，见　有　两　人　拉　老人，两　兄弟
ʔja:m³⁵ pai³¹ na⁵³ ɕi³³ ti¹¹; luk³³ pauɯ³¹ zan²⁴ po³³ ʔju³⁵ kɯn¹¹ na:m³³ naŋ³³
跨　去　前　就　打；儿媳　见　爹　在　地上　坐
tɯk³³ ɕə²⁴, je⁵³ le¹¹ ma²⁴ zu¹¹ ta:u³⁵ pai²⁴ za:n¹¹, ʔiə³⁵ jou²⁴ ta:u³⁵ ma²⁴
喘气，也　跑来　扶　回　去　屋；完　又　回来

pa:ŋ²⁴ kwa:n²⁴; soŋ²⁴ pi³¹ nuən³¹ mi¹¹ ɕau²⁴ sun²⁴ po³³ te²⁴ ti¹¹ mi¹¹ kwa³⁵,
帮　　丈夫；　两　兄弟　　不　孝顺　　爹那　打不　过，
ka³³ʔdai³¹ le¹¹ ta:u³⁵ pai²⁴ ʔdɔi²⁴.
只得　　跑　回　去　空。

  soŋ²⁴ pi³¹ nuən³¹ le¹¹ ʔdai³¹ sa:m²⁴ ɕip³³ la:i²⁴ li⁵³ zɔn²⁴, pai²⁴ taŋ¹¹
  两　兄弟　　跑得　　三十　　多　里路，　去　到
ɕian²⁴ tshɯn³¹, tsɯn²⁴ ta⁵³ tsu⁵³ ji²⁴ pai²⁴ ka:u³⁵ sai³⁵, tɕam³³ tɕa:ŋ³³ zan²⁴
县城，　　　正　打主意　去　告官，　　突然　　见
ʔdau²⁴ ɕin¹¹ pan¹¹ ɕau²⁴ vɯn¹¹ ti¹¹ la¹¹ jeu³³: "ʔwa³⁵ zɔn²⁴! sai³⁵ la:u³¹ ma²⁴
里面　城　有　群　人　打锣　喊：让　路！　官大　来
pai⁰!" soŋ²⁴ pi³¹ nuən³¹ ȵiə²⁴ nau¹¹ tɯk³³ sai³⁵ la:u³¹ ma²⁴ pai⁰, ɕi³³ kwi³³
了！"两　兄弟　　听说　是　官大　来　了，　就　跪
ʔju³⁵ tɕa:ŋ²⁴ zɔn²⁴ jeu³³ ʔiən²⁴; pu³¹ ɕa:i²⁴ jeu³³ mi¹¹ ʔwa³⁵, ɕi³³ pa:u³⁵
在　中间　路　喊　冤，　差人　喊　不让，　就　报
sai³⁵ la:u³¹, sai³⁵ la:u³¹ zɔŋ³¹ tɕeu³³ ma²⁴ ham³⁵, nau¹¹ jiŋ²⁴ ʔdeu³³: "zo³¹ li³¹
大官，　大官　下　轿　来　问，　说声一："会有
jiəŋ³³ ni³¹ lai³¹! jeu³³ pu³¹ ɕa:i²⁴ ta:i³⁵ soŋ²⁴ pi³¹ nuən³¹ te²⁴ pai²⁴ ʔdau²⁴ sai³⁵"
这样　理！叫　差人　带　两　兄弟　那去　里面　官"
ɕa⁵³ tshu⁵³ li⁵³.
等　处理。

  ŋɔn¹¹ laŋ²⁴, sai³⁵ la:u³¹ pa:i³⁵ si³⁵ pu³¹ ɕa:i²⁴ pai²⁴ za:n¹¹ a⁰ niu³¹,
  第二天，　官大　派　四个　差人　去　家　阿牛，
tɯ¹¹ soŋ²⁴ pi³¹ nuən³¹ a⁰ niu³¹ ziəŋ¹¹ pu³¹ tɕe³⁵ te²⁴ pai¹¹ ʔdeu²⁴ jeu³³ ma²⁴
带　两　兄弟　阿牛　跟　老头　那　一起　　喊来
ʔdau²⁴ sai³⁵. sai³⁵ la:u³¹ naŋ³³ kɯn¹¹ ta:ŋ¹¹, ha⁵³ pu³¹ tɔi³⁵ na⁵³, si³⁵
里面　官。　官大　坐　上　堂，　五人　对面，　四
pu³¹ ɕo¹¹ tuŋ³¹ ʔdiət³⁵. sai³⁵ la:u³¹ tɯ¹¹ san⁵³ fai³¹ ta:ŋ¹¹ sai³³ ta⁵³ pai¹¹
青年　相　吵。　大官　把　木头　官堂　拍次
ʔdeu²⁴, het³⁵ nau¹¹: "mjai⁵³ ʔdiət³⁵! ɕɯ³¹ ȵi³¹ ȵiə¹¹ ku²⁴ nau¹¹, pu³¹-la:u³¹,
一，　吼　说：别　吵！　现在　听　我　说，　老人，
mɯŋ¹¹ vai²⁴ ma¹¹? za:n¹¹ ʔju³⁵ tɕiə¹¹ lau¹¹? nau¹¹ so³³ ma²⁴……" ha:u³⁵
你　姓啥？家　在　哪里？　说直来……"话
ɕa:u³¹ nau¹¹ ʔo³⁵ pa³⁵, te²⁴ ɕi³³ ka³³ nen³³ pu³¹ tɕe³⁵ te²⁴, pu³¹ tɕe³⁵ nau¹¹ ɕo³³
刚　说出口，他　就　直　看　老人　那，　老人　说名

ziəŋ¹¹ za:n¹¹ ʔju³⁵ ʔda:ŋ²⁴ kau³⁵ , jou²⁴ tɯ¹¹ ka:i³⁵ siən³⁵ va:n¹¹ ŋan¹¹ te²⁴
和　　家　　住　　自己，　又　把　件　事　还　银　那
nau¹¹ ta:u³⁵ ʔdeu²⁴ , nau¹¹ taŋ¹¹ pi³¹ nuəŋ²¹ a⁰ niu³¹ jiəŋ³³ laɯ¹¹ ɕau²⁴ sun²⁴ ,
说　回　一，　说　到　兄　弟　阿牛　怎样　孝顺，
jou²⁴ nɯ³³ taŋ¹¹ ɕin²⁴ luk³³ ʔda:ŋ²⁴ kau³⁵ jiəŋ³³- laɯ¹¹ vaŋ³¹ ŋɯn³³ fu²⁴ ji²⁴ ,
又　想　到　亲　儿子　自己　　怎样　忘恩　负义，
ɕi³³ tɕet³⁵ sam²⁴ la:i²⁴ nau¹¹ mi¹¹ pai²⁴ la⁵³ pai⁰ .
就　痛心　多　说　不　去　下　了。

sai³⁵ la:u³¹ pa:i³³ ʔdeu²⁴ nen³³ pa:i³³ ʔdeu²⁴ ȵiə²⁴ , te²⁴ tɕam³³ tɕa:ŋ³³
大官　　一边　　看　　一边　　听，　他　　突然
tai⁵³ ɕo³⁵ ɕi³³ liə¹¹ tiən³³ naŋ³³ te²⁴ , tot³⁵ ʔdan²⁴ tiŋ⁵³ te²⁴ ma²⁴ la⁵³ , pja:i⁵³
哭着　就　离　座位　他，　脱　顶子　他　来　下，　走
taŋ¹¹ tu²⁴ na⁵³ pau³⁵ tɕe³⁵ kwi³³ ɕo³⁵ tai⁵³ jum³³ jum³³ nau¹¹ : "po³³ ku²⁴ ja⁰ !
到　面前　老头　跪着　哭(哭声)　说：爹　我　呀！
ku²⁴ pai²⁴ tɕi³¹ ɕau³¹ te²⁴ za²⁴ mɯŋ¹¹ tɕi³¹ pi²⁴ tu³³ za²⁴ mi¹¹ zan²⁴ , nɯ³³ mi¹¹
我　去　处　早　那　找　你　几　年　都　找　不　见，　想　不
taŋ¹¹ ŋon¹¹ ni¹¹ ʔju³⁵ tɕiə¹¹ ni³¹ puŋ¹¹ zan²⁴ mɯŋ¹¹ pu³¹ la:u³¹ , ……"
到　今天　在　这儿　碰　见　你　老人，……"

sai³⁵ la:u³¹ jiəŋ³³ ni³¹ kuə³³ , pu³¹ tɕe³⁵ tu³³ ȵiə²⁴ ʔwa³¹ pai⁰ , ta⁵³ tɕoŋ³⁵
大官　这样　做，　老人　都　听　傻　了，　大家
tu³³ mo³¹ min³¹ hi³¹ miau²⁴ .
都　莫名　其妙。

soŋ²⁴ luk³⁵ ɕin²⁴ pau³⁵ tɕe³⁵ te²⁴ tuŋ³¹ sim³³ nau¹¹ : "ka:i³⁵ siən³⁵ ni³¹
两　儿子　亲　老头　那　悄悄　说："件　事情　这
leu³¹ kwa:i³⁵ pai⁰ , min³¹ min³¹ tɯk³³ po³³ zau¹¹ , jiəŋ³³ laɯ¹¹ jou²⁴ tɯk³³
非常　怪　了，　明明　是　爹　我们，　怎么　又　是
po³³ te²⁴ pai⁰ ni⁰ ?"
爹　他　了　呢？"

a⁰ niu³¹ , a⁰ ma⁵³ je⁵³ tuŋ³¹ sim³³ nau¹¹ : "pu³¹ laɯ¹¹ tu³³ zo³¹ , te²⁴
阿牛，　阿马　也　悄悄　说：　谁　都　知道，他
min³¹ min³¹ tɯk³³ po³³ zau¹¹ , jiŋ³³ laɯ¹¹ jou²⁴ tɯk³³ po³³ te²⁴ pai⁰ ni⁰ ?"
明明　　是　爹　我们，　怎么　又　是　爹　他　了　呢？"

"te²⁴ pu³¹ la:u³¹ ɕin²⁴ tɯk³³ po³³ tu²⁴ ta¹¹ za:i³¹ ja⁰ !" soŋ²⁴ ɕoi¹¹ luk³³
他　老人　真　是　爹　我们　真的　呀！"　两个　儿子

ɕin²⁴ pau³⁵ tɕe³⁵ te²⁴ toi³⁵ sai³⁵ laːu³¹ nau¹¹.
亲　老头　那　对　大官　说。

"pu³¹ vɯun¹¹ tu³³ zo³¹, su²⁴ mi¹¹ ʔdai³¹ luən³³ zɯun²⁴." a⁰ niu³¹ a⁰ ma⁵³
"大家　都　知, 我们　不　得　乱　认。" 阿牛 阿马
kuə³³ ʔdeu²⁴ nau¹¹.
一起　说。

"pau³⁵ tɕe³⁵ ni³¹ tɯuk³³ po³³ tɕau³⁵ miŋ³³ ku²⁴!" pau³⁵ sai³⁵ nau¹¹ haːu³⁵
"老头　这　是　爹　救命　我!" 官人　说　话
pai⁰: "liŋ³⁵-nau¹¹ mi¹¹ tɯuk³³ pu³¹ tɕe³⁵ ɕɯu²⁴ ʔdi²⁴, vaːn¹¹ ŋan¹¹ hau⁵³ ku²⁴,
了: 要是　说　不　是　老人　心　好, 还　银　给　我,
ku²⁴ pai²⁴ mi¹¹ taŋ¹¹ ʔdaɯu²⁴ tɕiŋ⁵³, je⁵³ mi¹¹ naŋ¹¹ khao⁵³ sɿ¹¹, pai²⁴
我　去　不　到　京城, 也　不　能　考试, 去
tɕiə¹¹ lau¹¹ zo³¹ li²⁴ ŋɔn¹¹ ni³¹? ŋɔn¹¹ ni³¹, su²⁴ tɕi⁵³ pu³¹ pi³¹ nuəŋ³¹ tɯuk³³
哪里　知　有　今天？今天, 你们　几　人　兄弟　是
pu³¹ tɕe³⁵ sɔŋ³⁵ ma²⁴ pai⁰, ku²⁴ tai³⁵ ʔdaɯu²⁴ sam²⁴ to²⁴ siə²⁴ ho⁵³ su²⁴." nau¹¹
老人　送　来　了, 我　从　里面　心　多　谢　你们。说
taŋ¹¹ tɕiə¹¹ ni³¹, te²⁴ jeu³³ nau¹¹: "ma²⁴ vɯun¹¹ jaʔ⁰! tɯu¹¹ po³³ ku²⁴ ɕin⁵³ pai²⁴
到　这里, 他　喊　说: 来　人　呀! 把　爹　我　请　去
zaːn¹¹ kɯun¹¹!" pau³⁵ tɕe³⁵ tɕi³¹ tuŋ²⁴ zam³¹ ta²⁴ lai²⁴ jum³³ jum³³; taːu³⁵
屋　上!" 老人　激动　泪水　流(状词); 回
tɕau⁵³ la³³ fɯuŋ¹¹ aʔ⁰ niu³¹, aʔ⁰ ma⁵³ sɔŋ²⁴ pi³¹ nuəŋ³¹ te²⁴, pjaːi⁵³ pai²⁴ zaːn¹¹
头　拉　手　阿牛, 阿　马　两　兄弟　那　走　去　屋
kɯun¹¹, lɯuk³³ ɕin²⁴ te²⁴ je⁵³ ziəŋ¹¹ laŋ²⁴ pu³¹ tɕe³⁵ pai²⁴, tɯuk³³ pu³¹ tɕe³⁵ pet³⁵
上, 儿子　亲　他　也　跟　后　老人　去, 被　老人　吼
jiŋ²⁴ ʔdeu²⁴: "su²⁴ mi¹¹ phəi²⁴ kuə³³ lɯuk³³ ku²⁴, ku²⁴ je⁵³ mi¹¹ phəi²⁴ kuə³³
声　一: 你们　不　配　做　儿子　我, 我　也　不　配　做
po³³ su²⁴! su²⁴ ziŋ³¹ pai²⁴ zo³³ paʔ⁰!" sɔŋ²⁴ pi³¹ nuəŋ³¹ ma⁵³ saŋ²⁴ kwi³³ ʔju³⁵
爹　你们! 你们　滚　去　外　吧!" 两　兄弟　马上　跪　在
la⁵³ naːm³³, tɕau¹¹ nau¹¹: "ho⁵³ tu²⁴ mi¹¹ li²¹ laːu²¹ po³³ mɯuŋ¹¹ ni³¹, leu³¹
地上, 恳求　说: 我们　没有　老爹　你　这, 整
ɕeu³³ je⁵³ za²⁴ mi¹¹ ʔdai³¹ mai³¹ ja³³ loʔ⁰!……" pu³¹ tɕe³⁵ ta¹¹ vaːt³⁵ fɯuŋ¹¹,
辈　也　找　不　得　媳妇　啰!……" 老人　一　扬　手,
ɕi³³ taŋ³⁵ pu³¹ taːŋ³⁵ pai²⁴ pai⁰.
就　各人　各去　了。

意译：

争　爹

　　从前，纳哨丫口住着一户人家，老者姓王，老太婆早死了，只留下老人带着两个儿子过日子。转眼就是二十年，两个儿子都长大了，老头子已五十几岁了，两个儿子都勤快，父子三人生活得还算愉快。可就是两个儿子都没娶到媳妇，原因是日子只能勉强过得去，房子也不好，又积攒不下钱来，父亲为此非常忧虑。

　　一天，老头和两个儿子去山上砍柴，在回来的路上捡到了一口箱子，老二非常高兴，扛回来打开一看，里面全是白花花的银子，还有一些书。十两一砣的银子就有三十砣，还有一些零碎的，又有两套新衣服。老大阿周和老二阿全都非常高兴地说："爹呀，这回我们家日子好过喽。这三百多两银子除了修个好房子外，我们两弟兄娶老婆的钱都有了，还可买点田来种，还要买头牛……"老头说："这不知是哪个丢的，要送去还给人家才是；人要有良心，不知今天人家丢了银子的急成什么样子，明天他肯定要来找，明天我们依然送到那里去等他，还给人家算了……三百多两银子可是不容易得来的呀！"

　　老大阿周说："爹呀！这是在路上捡得的，捡得当买得，当官取不得。"

　　老二阿全也说："人家贺阿毛家在地头挖得银子，如今人家就发财了。这个是捡得的，我看和挖得的也是一样，用了就算。"

　　老人说："从地里挖出来的，那是没有主子的，谁挖得谁就是主人，当然可以拿。这个不一样，是人家丢失的，一家要送还人家。"

　　阿周说："爹呀！我们又不是做了什么见不得人的事，捡的钱就是该用。"

　　阿全也说："反正爹的意见我不同意。"

　　父子三人吵了起来。两个儿子一定要留用，老者一定要送去还别人。后来老大说："送去也行，反正我看你老人家也不关心我们二人，有福不会享，只会满山背石头，你要送去你就送，我们也养不起你，你拿去还人家，就别回这个家了。"

老头思绪万千，整夜不曾合眼。想到二十多岁就死了妻子，自己又当爹又当妈，节衣缩食，把他们兄弟俩抚养大，到如今他两个气饱力壮了，老头子的话就可以不听了；今天他们不讲良心，要赶我走了。唉！我死了算了……再一想：死不得！这银子不送还人家不行，把银子还了人家我才落心，到时咋个办都可以……他瞪起眼睛望着篱笆缝的月亮落了坡，听见鸡叫了一遍又一遍，看到了东方刷白，就轻脚轻手地起来，穿好衣裳，背起那装着三百两银子的箱子，朝着大路走去。他什么也不想了，脚越走越稳，步子越迈越大，越走越快，不多时就到了捡箱子的地方。他轻轻地放下箱子，把叶子烟裹好装上，点上火，一杆连一杆地吸着，两眼不住地盯着路的两头。

太阳刚刚出山，路西头就有一个秀才模样和两个书童模样的人跑来，他们一边跑一边朝路的两旁张望，跑去跑来，大清早，满身是汗；三人跑到老人面前，那秀才向老人深深地做了个揖："老人家，您早！这大清早的您就到这里来?!"秀才知道那箱子是自己的，但又不敢认。老人说："昨晚砍柴过这里，捡得这个箱子，我怕人家失掉箱子的人找不到，今早特意送来给他。"

秀才看了看箱子，又看了看这慈善和蔼的老人，马上又做了个揖，非常高兴地说："老人家！这个箱子是我丢的，感谢您老人家喽！"

老人有意还他，但也要问清楚，他说："大白天的，你为哪样把箱子丢了呢？"

"老人家啊！昨晚我们三人从这里路过，突然树林里面窜出一只老虎，把我们吓得丢了箱子。今天早上才回来找。"

"你们是哪里的？要到哪里去？"老人问。

"我是纳贡的，姓王，家中爹妈早年去世，还是姑姑、姐夫等凑了这点银子给我做路费去京城应试。"

"既然是这样，你就拿去吧。"老人说。秀才对老人家恭恭敬敬地磕了个头，说："大爹啊！我从小就没有爹娘，今天我到京城去不管考取考不取，回来我都要奉养您，您就像我亲生父母一样！"他又磕了一个头，从老人手里接过箱子，打开来一看，里面的银子、衣物原封未动，他拿起两砣银子，双手递给老人，老人无论如何都不肯收，急得秀才跪着直哭，他才勉强收下。

老人把秀才扶了起来，送他上路，但自己却坐在路旁伤心地流着眼泪。过了好一阵，他才站了起来，揣好银子，朝秀才去的方向走去。

老人走了好多天，到一处停一处。到哪里去呢？他心里面没底。

一天，老人来到一条大路边的一家草屋檐脚歇气，口渴想喝水，向主人家要水喝；屋里走出两个二十来岁的小伙子，齐声请老人进屋坐，打水给老人喝，老人问弟兄二人姓名，他们也姓王，哥哥叫阿牛，弟弟叫阿马，老人说："我们原是一家人嘛。"

阿牛问起老人家事，老人只说他是一个人。住了几天，老人要走，阿牛说："我们没有老的，你老人家就住在这里给我们看家，活路有我们去做。"当晚，弟兄两个杀鸡供饭拜老人为爹。

老人被留下了，一家三口生活得很愉快，家务事料理得规规矩矩。真是家和万事兴，不几年，家里有了积蓄，老人见两弟兄存心越来越好，就把秀才留下的银子拿出来给了这两弟兄，很快立起三间新瓦房，不久又娶了媳妇，一家老小，和和睦睦。眼看爹老了，儿子媳妇不忍心让他再做家务事，可爹闲不住，只好在门边摆一个摊子，让爹卖些草鞋、凉水、烟叶什么的。

这条路过的人多，老人的生意越来越旺，本钱越来越多了，又买了些棉纱、布、盐巴，摊子上还盖起了一幢小房子。

再说阿周阿全两弟兄，自从爹送银子去就不见回来了，他俩并不怎么怀念老人。虽然不几年，家里变得富裕起来了，但是要请媒说亲，姑娘们都回答说："自己的亲爹他们都不要，何况我们这些外头人……"

这里说不成，那里也不给，他们决定去找爹回来。找了三个多月，这天来到老人卖东西的摊前买凉水喝，阿周看老人一眼，悄悄对阿全说："这不就是爹吗，他从岩上摔下来，脸上被划破的伤疤，到什么时候都还在哩！"于是，他俩一起向老人喊了一声"爹"；但老人看在眼里，想在心里，并不答应；他们上前拉着老人就喊走：

"爹呀！我们找了你几个月了。""哪个是你爹哟！你乱认，让开！"老人生气地说。

屋里阿牛兄弟听到门口吵闹，跑出来看，见二个正拖老人，两弟兄上前就开打；儿媳妇见爹在地上坐着喘气，连忙跑过来把人扶回家里，返身又跑来帮忙丈夫；那不孝顺的两弟兄打不过他们，只得逃之夭夭了。

他们跑了三十多里路，到了县城，正打主意去找县大老爷告状，忽见城里前呼后拥的打锣喊："让路！大老爷来了！"两弟兄听说是大老爷来了，就跪在路中间喊冤；差役叫不开，禀告大老爷；大老爷下轿问了情况，说声"岂有此理！"叫差役把他两兄弟带到县府等候处理。

第二天，县老爷派四个差役到阿牛家，把阿牛兄弟和老人一起叫到县衙来，县老爷坐堂，五人碰面，四人大吵，大老爷把惊堂木一拍，吼道："不准吵！现在听我说，老人家，您到底姓什么？家住何方？从实说来……"话刚出口，他就呆呆地只望着老人，老人说了自己的住处和姓名，又把还银子的经过也说了一遍，说到阿牛弟兄很孝顺时，想起忘恩负义的亲儿子，他伤心得说不下去了。

县老爷一边看一边听，他忽然哭着离开了座位，摘下顶子，走到老人面前跪下，咽咽哽哽地说道："我的爹呀！我去当地找你几年都没找到，不想今天在这里得见您老人家……"大老爷这一举动把老人惊呆了，在场的人也莫名其妙。

阿周、阿全相互悄悄地说："这个事情才怪哩，明明是我们的爹，咋个又是他的爹呢？"

阿牛、阿马也相互悄悄地说："谁都知道，这明明是我们的爹，咋个又是他的爹呢？"

"他老人家真是我们的亲爹呀！"阿周、阿全对县老爷说。

"人所共知，你们不能乱认！"阿牛、阿马同时说。

"这老人是我救命的爹！"县老爷发话了，"若不是老人心地善良，还了我的银子，我上不了京城，也应不了试，哪还会有今天？今天，你们几个兄弟把老人送来了，我从心里感激你们。"说到这里，他吩咐道："来人呀！快把我爹请进上房！"老人激动得老泪纵横;回手拉起知仁知义的阿牛、阿马两弟兄,朝上房走来,他那亲生的阿周和阿全,也跟在老人后面,被老人呵斥一声:"你们不配作我的儿子,我也不配当你们的爹!快给老子滚出去吧!"两弟兄立马跪在地下,苦苦哀求道:"我们没有你这个爹,一辈子也找不到老婆呀!……"老人一扬手,管自大踏步走了。

穷姑娘和富小伙
luɯk³³ʔbɯk³⁵ pu³¹ ho⁵³ ziəŋ¹¹
姑娘　　穷人　　和
luɯk³³sa:i²⁴ pu³¹kwa:ŋ³⁵
小伙　　　富人

ɕɯ¹¹ ɕau³¹ li³¹ soŋ²⁴ pau³⁵ja³³ li³¹ ɕen¹¹ la:i²⁴ khɔ⁵³ɕi¹¹ za:n¹¹ te²⁴
从前　有　两　夫妻　有钱　多　可惜　家　他

ka³³li³¹ luɯk³⁵sa:i²⁴ to³³. soŋ²⁴pau³⁵ja³³ tɕai¹¹ luɯk³³ tɕa¹¹ɕi¹¹, ɕin²⁴tuɯk³³
只有　儿子　独一　两　夫妻　爱　儿　非常　真是

"ɕo³⁵ tɕa:ŋ²⁴ fuɯŋ¹¹ la:u²⁴ tɔk³⁵, ɕo³⁵ ʔdaɯ²⁴ pa³⁵ la:u²⁴ ɕiɯ³³ pai⁰."
放　中间　手　怕　掉　放　里面　口　怕　化　了

luɯk³³sa:i²⁴ma⁵³la:u³¹pai⁰, soŋ²⁴pau³⁵ja³³ɕi³³ɕa:p³⁵pa:ŋ²⁴luɯk³³te²⁴
儿子　长　大　了　两　夫妻　就　打算　帮　儿子　那

za²⁴paɯ³¹. po¹¹te²⁴za²⁴ʔdai³¹pau³⁵suan³⁵miŋ³³ʔdeu²⁴ma²⁴, ham³⁵te²⁴
找　媳妇　他们　找　得　个　算命　一　来　问　他

ʔau²⁴jiəŋ³³laɯ¹¹pa:ŋ²⁴luɯk³³za²⁴paɯ³¹luɯŋ⁵³ʔdi²⁴. pau³⁵suan³⁵miŋ³³
拿　怎么　帮　儿子　找　媳妇　才　好　人　算命

nen³³te²⁴miŋ³³luɯk³³to³³te²⁴, naɯ¹¹:"luɯk³³muɯn¹¹ɕiən³³,ʔau²⁴za²⁴
看　他　命　独儿　那　说　儿　你　强　要　找

luɯk³³ʔbɯk³⁵pu³¹ho⁵³kuə³³paɯ³¹, ləŋ⁵³ʔdi²⁴pa:u⁵³ʔdai³¹miŋ³³." soŋ²⁴
女子　穷人　做　媳妇　才好　保　得　命　两

pau³⁵ja³³saŋ³³liəŋ³¹, ɕi³³pai²⁴ɕɯ³¹ʔau²⁴luɯk³³ʔbɯk³⁵za:n¹¹pu³¹ho⁵³
夫妻　商量　就　去　娶　要　女子　家　穷人

zek³⁵tɕaɯ⁵³ʔdeu²⁴ma²⁴kuə³³paɯ³¹.
附近　一　来　做　媳妇

ɕɯ¹¹ʔdu³¹, luɯk³³sa:i²⁴ziəŋ¹¹luɯk³³ʔbɯk³⁵kan⁵³tɕhin³¹ha³¹ʔdi²⁴.
起初　男孩　跟　女子　感情　还　好

kwa³⁵laŋ²⁴li³¹vuɯn¹¹tiao³³pɔ³¹naɯ¹¹:"muɯn¹¹tuɯk³³luɯk³³pu³¹kwa:ŋ²⁴,
过后　有人　挑拨　说　你　是　儿　富人

za²⁴luɯk³³ʔbɯk³⁵pu³¹ho⁵³kuə³³paɯ³¹, va:i³³na⁵³ta¹¹za:i³¹pai⁰."
找　女人　穷人　做　媳妇　丢脸　得很　了

ɕɯ¹¹ ɕau¹¹ te²⁴ mi¹¹ tu¹¹ ha:u³⁵ fɯə³¹ ɕo³⁵ sam²⁴ , ha³¹ toi³⁵ lɯk³³ pu³¹ ho⁵³
起初　他　不　把　话　别人　放　心　还　对　女子　穷人
te²⁴ ʔdi²⁴ , kwa³⁵ laŋ²⁴ pu³¹ nau¹¹ la:i²⁴ pai⁰ , te²⁴ ɕi³³ na:i³³ na:i³³ ɕa¹¹
那　好　过后　人　说　多　了　他　就　慢慢　嫌
lɯk³³ pau³¹ ho⁵³ te²⁴ pai⁰ , ta:i³⁵ mi¹¹ ʔdi²⁴ pai⁰ . lɯk³³ ʔbɯk³⁵ ho⁵³ sam²⁴
媳妇　穷　那　了　待　不　好　了　女子　穷　心
nɯ³³ , pu³¹ sa:i²⁴ ta:i³⁵ te²⁴ mi¹¹ ʔdi²⁴ , ʔju³⁵ tɕiə¹¹ ʔdeu²⁴ kwa³⁵ ŋən¹¹ li³¹ ma¹¹
想　男子　待　她　不　好　在　一起　过日子　有　啥
ji²⁴ sɿ³³ ni⁰ jiən³³ ni³¹ , te²⁴ ɕi³³ ziən¹¹ pau³⁵ ja³³ te²⁴ nau¹¹ , te²⁴ tɕai¹¹ pai²⁴
意思　呢　这样　她　就　跟　公婆　她　说　她　想　去
za:n¹¹ me³³ te²⁴ ʔju³⁵ tuan³⁵ ɕɯ¹¹ ʔdeu²⁴ . pau³⁵ ja³³ kam²⁴ mi¹¹ ʔdai³¹ te²⁴ ,
家　母　她　住　段　时　一　公婆　拦　不　得　她
ɕi³³ ɕe²⁴ te²⁴ pai²⁴ pai⁰ . ɕɯ¹¹ pai²⁴ te²⁴ , tai³⁵ ɕat³⁵ tuə¹¹ luə¹¹ za:n¹¹ te²⁴
就　让　她　去　了　时　去　那　从　七　头　骡　家　她
le³³ ʔo³⁵ tu¹¹ ʔdeu²⁴ ma²⁴ hau⁵³ te²⁴ koi³³ ta:u³⁵ pai²⁴ . lɯk³³ ʔbɯk³⁵ te²⁴
选出　头　一　来　给　她　骑　回去　女子　那
mi¹¹ ʔau²⁴ , pau³⁵ ja³³ kam³³ ma²⁴ , te²⁴ lɯŋ⁵³ mi¹¹ ʔdai³¹ mi¹¹ ʔau²⁴ .
不要　公婆　压　来　她　才　不得　不要

lɯk³³ ʔbɯk³⁵ ho⁵³ liə¹¹ pau³⁵ ja³³ ziən¹¹ kwa:n²⁴ ʔda:ŋ²⁴ kau³⁵ , sam²⁴
女子　穷　离　公婆　跟　夫　自己　心
nɯ³³ ta:u³⁵ pai²⁴ za:n¹¹ , me³³ je⁵³ mi¹¹ li³¹ ma¹¹ na⁵³ zan²⁴ vɯn¹¹ pai⁰ , ɕi³³
想　回去　家　母　也　没有　啥　脸　见　人　了　就
toi³⁵ luə¹¹ la:u³¹ nau¹¹ : " mɯɯ¹¹ tɕai¹¹ hau⁵³ ku²⁴ ʔju³⁵ tɕiə¹¹ lau¹¹
对　骡　大　说　你　想　给　我　在　哪里
kuə³³ za:n¹¹ kɯn²⁴ ɕi³³ ʔju³⁵ tɕiə¹¹ lau¹¹ taŋ³¹ . " tuə¹¹ luə¹¹ ŋap³³ ŋap³³ tɕau⁵³
做家　吃　就　在　哪里　停　骡子　点点　头
lɯk³³ ʔbɯk³⁵ ho⁵³ te²⁴ ɕi³³ koi³³ tuə¹¹ luə¹¹ pja:i⁵³ pai²⁴ zon²⁴ tɕai³³ . pja:i³³
女子　穷　那　就　骑　骡子　走　去　路　远　走
ʔdai³¹ si³⁵ ha⁵³ ŋən¹¹ , ma²⁴ taŋ²⁴ ʔdən²⁴ fai³¹ lak³³ ʔdeu²⁴ , tuə¹¹ luə¹¹ ɕi³³ mi¹¹
得　四　五　天　来　到　树林　深　一　骡子　就　不
pja:i⁵³ pai⁰ . lɯk³³ ʔbɯk³⁵ ho⁵³ te²⁴ ɕi³³ koi³³ tai³⁵ kɯn¹¹ ʔda:ŋ²⁴ tuə¹¹ luə¹¹ zoŋ¹¹ ma²⁴
走　了　女子　穷　就　从　上　身体　骡子　下　来
la⁵³ , ɕiŋ²⁴ tuə¹¹ luə¹¹ te²⁴ ʔju³⁵ ʔdau²⁴ ʔdəŋ²⁴ ɕon²⁴ pai²⁴ ɕon²⁴ ma²⁴ . te²⁴ ma²⁴
下　牵　骡子　那　在　里　树林　穿来　穿　去　她　来

taŋ¹¹ tɕiə¹¹ ʔdeu²⁴, zan²⁴ luɯk³³ saːi²⁴ ɕo¹¹ ʔdeu²⁴ ʔju³⁵ tɕiə¹¹ te²⁴ haːi²⁴
到　处　一　　　见　男子　年轻　一　在　那里　开
ziɨ³³ fuɯə¹¹, ɕi³³ ziəŋ¹¹ te²⁴ nau¹¹ kɔk³⁵ za³³ ʔdaːŋ²⁴ kau³⁵. luɯk³³ saːi²⁴ te²⁴
荒地　　就　跟　他　说　　根源　自己　　男子　那
zan²⁴ luɯk³³ ʔbuɯk³⁵ pu³¹ vuɯn¹¹ to³³ pan¹¹ tɕa³¹ pan¹¹ seŋ¹¹, mi¹¹ li³¹ pu³¹ lauɯ¹¹
见　女子　　个人　独　孤落　伶仃　　没有　谁
kuan⁵³ ko³⁵, jou²⁴ mi¹¹ li³¹ zaːn¹¹ ʔju³⁵, ɕi³³ toi¹¹ te²⁴ nau¹¹:"ku²⁴
照顾　　又　没有　房子　住　就　对　她　说　我
ʔdaːŋ²⁴ kau³⁵ je⁵³ fi¹³ pan¹¹ zaːn¹¹, ɕa³¹ nau¹¹ muɯŋ¹¹ mi³¹ ɕa¹¹, zau¹¹ ɕi³³
自己　也未　成家　　如果　你　不　嫌　我们就
ʔju³⁵ tɕiə¹¹ ʔdeu²⁴ kwa³⁵ ŋɔn¹¹ pa⁰."luɯk³³ ʔbuɯk³⁵ ɕi³³ haːn²⁴ ɕɔn¹¹ pai⁰.
在　一起　过日子　吧　　女子　就　答应　了
ɕai¹¹ ni³¹ soŋ²⁴ pu³¹ mai³¹ ta¹¹ kan³¹ kuɯ³³ hoŋ²⁴ zun³⁵ zom³³ taːu³⁵ lap³⁵.
这样　两　　男女　辛勤　劳动　起早　　回黑
pu³¹ saːi²⁴ te²⁴ tuɯk³³ luɯk³³ tɕa³¹, ʔdauɯ²⁴ zaːn¹¹ mi¹¹ li³¹ pu³¹ lauɯ¹¹ ʔuɯn³⁵,
男子　那　是　孤儿　　里面　家　没有　谁　别的
sɔ⁵³ ji⁵³ juŋ³³ ɕen¹¹ mi¹¹ laːi²⁴, soŋ²⁴ pu³¹ mai³¹ ka³³ kuɯ³³ ka³³ kuɯn²⁴, jou²⁴
所以　用钱　不　多　　两　男女　自　做　自　吃　又
ta¹¹ kan³¹, vəi²⁴ ni³¹, mi¹¹ taŋ¹¹ tɕi⁵³ pi²⁴, zaːn¹¹ te²⁴ ɕi³³ naːi³³ naːi³³
勤快　　这样　不到　几　年　家　他　就　慢慢
pan¹¹ ʔdi²⁴ pai⁰. hau³¹ ʔdam²⁴ laːi²⁴ kuɯn²⁴ mi¹¹ leu³¹, kuɯ³³ li³¹ ɕat³⁵ ʔdan²⁴
富裕　了　粮食　栽　多　吃　不完　做　有　七　个
ɕaːŋ²⁴ hau³¹ laːu³¹, ʔdauɯ²⁴ ɕaːŋ²⁴ te²⁴ hau³¹ zim²⁴ leu³¹, ha³¹ taŋ⁵³
囤箩　谷子　大　里面　囤箩　那　谷子　满　了　　不立
li³¹ ʔdan²⁴ zaːn¹¹ ŋwa³¹ laːu³¹, ɕin⁵³ li³¹ tɕi⁵³ pu³¹ vuɯn¹¹ ma²⁴ paːŋ²⁴ tauɯ¹¹
有幢　房子　瓦　大　请有　几个　人　来　帮　守
ɕaːŋ²⁴ hau³¹, jou²⁴ li³¹ luɯk³³ ni³⁵ ʔdaːŋ²⁴ kau³⁵, leu³¹ zaːn¹¹ ʔdiən²⁴ ŋɔn¹¹
囤箩谷　又　有　小孩　　自己　　全家　日子
kwa³⁵ ʔdai³¹ leu³¹ ʔdi²⁴.
过　得　非常　好

taːu³⁵ nau¹¹ zaːn¹¹ lai³³ luɯk³³ ʔbuɯk³⁵ ho⁵³ teu¹¹ te²⁴ ka³³ zo³¹ kuɯn²⁴
回去　说　家　赶　女子　穷　逃　那　只　知　吃
kɔk³⁵ kau³⁵, jou²⁴ mi¹¹ ɕaːŋ³³ taːŋ²⁴ zaːn¹¹ mi¹¹ li³¹ tɕi⁵³ naːn¹¹ zaːn¹¹ ɕi³³
老底　又　不　善于　当家　没有　几　久　家　就

na:i³³ na:i³³ pa:i³³ pai⁰. soŋ²⁴ pau³⁵ ja³³ tɕe³³ je⁵³ tuŋ³¹ ta:m²⁴ ta:i²⁴ pai⁰,
　慢慢　　败　了　两　夫妻　去　也　接连　死　了
ka³³ liə²⁴ luuk³³ sa:i²⁴ te²⁴ pu³¹ to³³, kuun²⁴ kək³⁵ leu³¹ kwa³⁵ laŋ²⁴, mi¹¹
　只　剩　男子　那　人　独　吃　底　完　过后
li³¹ pan²⁴ fa³¹ kwa³⁵ ŋən¹¹, ka³³ʔdai³¹ la:ŋ³⁵ pai²⁴ puuəŋ¹¹ zo³³, ɕa:m²⁴
　没有　办法　过日子　只得　流浪　去　外乡　乞讨
hau³¹ kuun²⁴. li³¹ ŋən¹¹ ʔdeu²⁴, te²⁴ ma²⁴ taŋ¹¹ pa³⁵ tu²⁴ za:n¹¹ vuun¹¹ la:u³¹
　饭　吃　有　天　一　他　来　到　门口　家人　大
ʔdeu²⁴, te²⁴ ji⁵³ tɕin³³ tɕi⁵³ ŋən¹¹ fi³³ ʔdai³¹ kuun²⁴ fuu³¹ hau³¹ ʔim³⁵ lau³⁵,
　一　他　已经　几　天　未　得　吃　顿　饭　饱　哪
tuŋ³¹ʔiə³⁵ la:i²⁴, tɕau⁵³ muun¹¹ ta²⁴ za:i¹¹, pja:i⁵³ zən²⁴ tu³³ pa:t³³ pa:ŋ³¹
　肚饿　多　头晕　得很　走路　都　东倒
pa:t³³ pa:ŋ³³, pja:i⁵³ ma²⁴ taŋ¹¹ pa³⁵ tu²⁴ za:n¹¹ te²⁴, ɕi³³ lam³¹ pai²⁴
　西歪　走　来　到　门口　家　那　就　倒　去
la⁵³ʔdan²⁴, jiəŋ³³ lau³¹ je⁵³ zun³⁵ ma²⁴ mi¹¹ ʔdai³¹ pai⁰. pu³¹ kuə³³ hən⁵³
　地上　怎么　也　起来　不　得　了　人　做活
za:m²⁴ te²⁴ pai²⁴ ʔdau²⁴ za:n¹¹, tɕau³⁵ te²⁴ ʔdeu²⁴ ta:u³⁵ ma²⁴. mai³¹
　抬　他　去　里面　家　救　他　活　回来　女子
pu³¹ su⁵³ za:n¹¹ te²⁴ ɕi³³ tuuk³³ luuk³³ʔbuk³⁵ pu³¹ ho⁵³ te²⁴, te²⁴ ɕuu²⁴ ho¹¹
　主人　那　就　是　女子　穷人　那　她　心肠
leu³¹ ʔdi²⁴, ɕa:ŋ³³ kuə³³ vuun¹¹, ʔda:ŋ²⁴ kau³⁵ li³¹ ʔju⁵³ za:n¹¹ pu³¹ ho⁵³,
　非常　好　善于　做人　自己　还　在　家　穷人
muuən³³ ni³¹ sui³³ zan³¹ li³¹ ɕen¹¹ pai⁰, mi¹¹ kwa³⁵ ɕuu¹¹ lau¹¹ tu³³ mi¹¹ zo³¹
　现在　虽然　有　钱　了　不过　什么时候　都　不会
lum¹¹ tɕəŋ³⁵ pu³¹ ho⁵³, kuun²⁴ mi¹¹ zo³¹ nau¹¹ ma¹¹ nen³³ mi¹¹ ɕaŋ⁰ po¹¹ te²⁴.
　忘　群　家人　更　不会　说　什么　瞧不起　他们
ŋən¹¹ ni³¹ zo³¹ ȵiə²⁴ nau¹¹ za:n¹¹ te²⁴ tɕau³⁵ ma²⁴ pu³⁵ ɕa:m²⁴ hau³¹ ʔdeu²⁴,
　今天　听见　说　家　他　救来　个　讨饭　一
ɕi³³ ɕin²⁴ ʔda:ŋ²⁴ ʔo³⁵ ma²⁴ nen³³ pai¹¹ ʔdeu²⁴, mi¹¹ nen³³ ha³¹ ʔdi²⁴,
　就　亲自　出来　看　一下　不　看　还　好
ta¹¹ nen³³ tək²⁴ sat³⁵ pai¹¹ ʔdeu²⁴. te²⁴ pai¹¹ ta²⁴ ʔdeu²⁴ ɕi³³ zo³¹ na⁵³, te²⁴ ɕi³³
　一看　震惊　一下　他　次　眼　一　就　认识　他就
tuuk³³ pu³¹ sa:i²⁴ ɕuu¹¹ ɕau¹¹ ɕa¹¹ ʔda:ŋ²⁴ kau³⁵ te²⁴. te²⁴ ɕuu³¹ ni³¹ kuə³³ ma¹¹
　是　男子　以前　嫌　自己　那　他　现在　怎

laːŋ³⁵ taŋ¹¹ jiəŋ³³ ni³¹ ni⁰ ? ʔdauɯ²⁴ ɕuɯ²⁴ tɕai¹¹ pai²⁴ tuŋ³¹ zɯn²⁴, mi¹¹ kwa³⁵
流浪 到 这 样 呢 里面 心 想 去 相 认 不过
ta¹¹ nuɯ³³ jou²⁴ zo³¹ taŋ¹¹ mi¹¹ ʔdi²⁴, ɕuɯ¹¹ ni³¹ ʔdaːŋ²⁴ kau³⁵ ji⁵³ tɕin³³ pan¹¹
一想 又 知道 不 好 这时 自己 已经 成
zaːn¹¹ pai⁰, taːu³⁵ pai²⁴ zɯn²⁴ te²⁴ toi³⁵ zaːn¹¹ ʔdaːŋ²⁴ kau³⁵ ji³¹ tiŋ²⁴ mi¹¹
家 了 回去 认 他 对 家 自己 一定 不
ʔdi²⁴. pu¹¹ ɕaːm²⁴ hau³¹ te²⁴ paːt³³ paːŋ³¹ paːt³³ paːŋ³³, je⁵³ zɯn²⁴ ʔdai³¹
好 人 讨饭 那 东倒 西歪 也 认 得
mai³¹ ʔbuɯk³⁵ ʔdun²⁴ ʔju³⁵ paːi³³ na⁵³ te²⁴ ɕi³³ lum⁵³ tɯk³³ mai³¹ ja³³
女子 站 在 面前 她 就 像 是 妻子
ʔdaːŋ²⁴ kau³⁵ ɕuɯ¹¹ ɕau³¹ te²⁴, te²⁴ fu²⁴ fu²⁴ taː²⁴, ʔdi²⁴ ʔdi²⁴ nen³³, ɕin²⁴
自己 以前 那 他 揉揉 眼 好好 看 真
tɯk³³ ta¹¹ zaːi³¹. te²⁴ ma⁵³ saŋ²⁴ zo³¹ ɲiə⁵³ vaːi³³ na⁵³ tɕa¹¹ ɕi¹¹, ɕi³³ han²⁴
是 真的 他 马上 听见 害羞 非常 救 急
ŋam¹¹ tɕau⁵³ pai²⁴ la⁵³.
低头 去下

luɯk³³ ʔbuɯk³⁵ ho⁵³ te²⁴ ɕuɯ²⁴ nuɯ³³, ʔdaːŋ²⁴ kau³⁵ ɕuɯ¹¹ ɕau³¹ sui³³ zan³¹
女子 穷 那 心想 自己 以前 虽然
tɯk³³ te²⁴ liə²⁴ teɯ¹¹, mi¹¹ kwa³⁵ te²⁴ ɕuɯ¹¹ ni³¹ tək³⁵ naːn³³ pan³³ jiəŋ³³ ni³¹,
被 他 抛弃 不过 他 现在 落难 成 这样
je⁵³ jin²⁴ kai³³ la³³ te²⁴ pai¹¹ fəŋ¹¹ ʔdeu²⁴, mi¹¹ naŋ¹¹ lo³¹ tɕin⁵³ ɕia²⁴ sɿ¹¹.
也 应该 拉 他 次 手 一 不 能 落井 下石
jiəŋ³³ ni³¹, te²⁴ ɕi³³ ziəŋ¹¹ kwaːn²⁴ ʔdaːŋ²⁴ kau³⁵ muɯən³³ ni³¹ te²⁴
这样 她 就 跟 丈夫 自己 现在 那
nau¹¹: "ku²⁴ zan²⁴ pu³¹ ɕaːm²⁴ hau³¹ ni³¹ sɿ³¹ tsai²⁴ ʔjap³⁵ fuɯŋ³³ laːi²⁴, ʔju³⁵
说 我 见 人 讨饭 这 实在 可怜 多 在
zo³³ laːŋ³⁵ pai²⁴ laːŋ³⁵ ma²⁴, ŋən¹¹ liaŋ⁵³ te²⁴ zo³¹ ʔbat³⁵ taːi²⁴, taːu³⁵ mi¹¹
外 浪去 浪来 天 把 他 会 饿死 倒 不
ɕe²⁴ te²⁴ ʔju²⁴ zaːn¹¹ zau¹¹ kuə³³ hoŋ²⁴, hau⁵³ te²⁴ toi³¹ hau³¹ ʔdeu²⁴ kɯn²⁴
让 他 在 家 我们 做活 给 他 碗 饭 一 吃
pa⁰." kwaːn²⁴ te²⁴ je⁵³ leu³¹ təŋ²⁴ lai³¹ nau¹¹: "jiəŋ³³ te²⁴ mɯŋ³³ ɕi³³ ʔaːn²⁴
吧 丈夫 她 也 非常 懂 理 说 那样 你 就 安排
sian³⁵ hau⁵³ te²⁴ kuə³³ pa⁰." luɯk³³ ʔbuɯk³⁵ ho⁵³ ɕuɯ²⁴ nuɯ³³, ɕe²⁴ te²⁴ ʔju³⁵
事 给 他 做 吧 女子 穷 心想 让 他 在

hen¹¹ ʔda:ŋ²⁴, ŋɔn¹¹ ŋɔn¹¹ tuŋ³¹ zan²⁴ na⁵³, je⁵³ mi⁷¹ sa:i³³ ʔdi²⁴, ɕi³³
旁边　身　　天天　　　相见　　面　也　不太好　就

ta⁵³ fa³¹ te²⁴ tɕiə¹¹ liə¹¹ za:n¹¹ li³¹ li⁵³ la:i²⁴ zɔn²⁴ tɕai²⁴ te²⁴ tau¹¹ ʔdan²⁴
打发　他　处　离　家　有里　多　路　远　那　守　个

ɕa:ŋ²⁴ hau³¹ ʔdeu²⁴.
囤箩　谷　一

　　luık²³ ɕo¹¹ ɕa:m²⁴ hau²⁴ te²⁴ sui³³ zan³¹ ɕu³¹ fan³⁵ hoŋ²⁴ ni³¹, mi⁷¹ kwa³⁵
　　青年　　讨饭　　　那　虽然　　接　份　活　这　不过

nɯ³³ taŋ¹¹ mai³¹ ja³³ ʔda:ŋ²⁴ kau³⁵ ɕɯ¹¹ ɕau³¹ te²⁴, ɕɯ¹¹ ni³¹ pian³⁵ pan⁷¹
想到　　妻子　　自己　　　从前　　那　　现在　　变成

mai³¹ su⁵³ ʔda:ŋ²⁴ kau³⁵ pai⁰, ʔda:ŋ²⁴ kau³⁵ ɕɯ¹¹ ɕau³¹ tuık³³ luık³³
女主人　　自己　了　自己　　　以前　　是　儿子

za:n¹¹ kwa:ŋ²⁴ li³¹ ɕen¹¹ te²⁴, ɕɯ¹¹ ni³¹ tɔk³⁵ na:n³³ taŋ¹¹ tau¹¹ fɯə³¹
富家　　有钱　那　　现在　　落难　　到　依靠　别人

kɯn²⁴ hau³¹ te²⁴, nɯ³³ taŋ¹¹ jiəŋ³³ ni³¹, te²⁴ ɕi³³ leu³¹ ŋɔn¹¹ tu³³ ʔdau²⁴ sam¹¹
吃饭　那　　想到　这样　　他　就　整天　都　里面　心

ʔja³⁵ ʔju³⁵ tɕa¹¹ ɕi¹¹, mi¹¹ na:n¹¹ ɕi³³ pan¹¹ piŋ³³ ta:i²⁴ pai⁰.
难受　非常　　不久　　就　成病　死　了

意译

穷姑娘和富小伙

　　从前有两夫妇，很有钱，可惜他家只有一个独儿子。两夫妇非常疼爱儿子，真是"放在手里怕丢了，含在口里怕化了"。儿子长大了，两夫妇便准备给儿子找媳妇。他们找来一个算命先生，问他要找什么样的媳妇给儿子才好。算命的看了他独生子的八字，说："你儿子命贱，要娶一个穷人家的姑娘做老婆，才保得住富贵命。"老两口一商议，便娶了附近一个最穷的人家的姑娘来做媳妇。

　　刚开始，儿子和媳妇的感情还很好。后来，有人挑拨说："你是个有钱人，找个穷人家的姑娘，太丢人了。"起初他不在意别人说什么，依然对那个穷姑娘很好，后来议论的人越来越多，他渐渐嫌弃那个穷媳妇了,待她不好了。穷姑娘心想,丈夫待自己不好,在一起生活还有什么意思呢?于是,她对公婆说,自己要回娘家去住一段时间。公婆留不住她,只得让她走。临走时,他们从自己家的七匹骡子中挑选出一匹让她骑着回去。那女子不要,公婆一再坚持,她才不得不要。

穷姑娘离开自己的公婆和丈夫,心想,回到娘家也没脸见人了,就向大骡子说:"你要我在哪里安家,就在哪里停下来。"骡子点了点头。穷姑娘于是骑着骡子向远方走去。走了四五天的时间,来到一个山林深处,骡子不走了。穷姑娘从骡背上下来,牵着骡子在山林里面转来转去。来到一个地方,看见一个青年男子正在开垦荒地,便向他诉说了自己的身世。那个男子见姑娘一个人孤苦伶仃,无依无靠,而且无家可归,便对她说:"我自己正好也没有家室,如果姑娘不嫌弃,那咱们就在一起生活吧。"姑娘于是便答应了。

从此,夫妻俩勤勤恳恳,起早贪黑,那个男子是个孤儿,家里没有别的什么人,因此开支不大,只有夫妻俩自己做自己吃,加上夫妻俩又都很勤快,因此,不几年的时间,家境便渐渐地富裕起来。种的粮食多了吃不完,盖了七个大粮仓,里边的粮食装得满满的,还建了好几栋大瓦房,请了几个帮工来帮着看守粮仓。又有了自己的孩子,全家日子过得很好。

再说把穷姑娘赶出门的那一家,由于只会吃老本,又不善于经营,没有多久,家道渐渐败落,老夫妇俩相继归天,就剩下儿子一人,把家底吃完以后,没有办法维持生活,只好流落到外乡,靠要饭过日子。有一天,他来到一个富人家的门口,他已经好几天没有吃上一顿饱饭了,饿得头晕眼花,走起路来东倒西歪,走到那家门口,便一头栽倒在地上,怎么也爬不起来了。帮工的把他抬进屋,把他救活了过来。那家女主人就是那个穷姑娘,她一向心肠非常好,为人善良,自己是穷苦人出身,现在虽然有钱了,但从来也不会忘记穷苦人,更不会说看不起他们,今天听说救了一个要饭的,便亲自出来看一看。不看还好,一看吓了一跳,她一眼就认出来,这就是原来把自己抛弃的那个男人。他现在怎么会沦落到这个地步呢?心想上前去相认,但转一想又觉得不妥,自己现在已经有了家,再认下他来对自己的家庭一定不好。那个要饭的人歪歪倒倒，也认出了面前站着的这个女子好像是自己过去的妻子，他揉了揉眼睛，仔细一看，果然就是。他顿时感到万分羞愧，赶紧就把头低下了。

穷姑娘心想，自己过去虽然被他抛弃，但他现在落难到这一步，也应该拉他一把，不能落井下石。于是她便对自己现在的丈夫说："我看这个要饭的实在太可怜，在外面来回流浪，总有一天要饿死，不如留他在家里做一个帮工，赏他一碗饭吃吧。"她丈夫也很通情理，说："那你就给他安排事情做吧。"穷姑娘觉得把他留在自己的身边，天天相互见面，也不太好，就打发他到离家一里多路远的地方去守一座粮仓。

那个要饭的小伙子虽然接受了这份差事，但一想到自己原来妻子现在成了自己的女主人，而自己原来是拥有万贯家财的富家子弟，现在却落到靠人赏一口饭吃的地步。想到这些，他就整天闷闷不乐，没多久就病死了。

三个女婿
sa:m²⁴ pu³¹ luɯk³³ kəi¹¹
三　个　　女婿

mɯən³³ ɕau³¹, li³¹ za:n¹¹ vɯun¹¹ ʔdeu²⁴, li³¹ sa:m²⁴ luɯk³³ʔbɯuk³⁵,
从前　　有　家　人　一，　有　　三　　　女儿，
soŋ²⁴ luɯk³³ ha³⁵ pai²⁴ za:n¹¹ pu³¹ kwa:ŋ²⁴, luɯk³³ ʔdeu²⁴ ha³⁵ pai²⁴ za:n¹¹
二　儿　嫁　去　家　　富人，　　儿　一　嫁　去　家
pu³¹ ho⁵³. taŋ¹¹ ʔdiən²⁴ ɕiəŋ²⁴, sa:m²⁴ luɯk³³ kəi¹¹ tu³³ ma²⁴ kuə³³ ʔba:i³⁵.
穷人。 到　春节，　三　　女婿　都　来　　拜年。
pi²⁴ ta¹¹ ʔit³⁵, soŋ²⁴ luɯk³³ kəi¹¹ pu³¹ kwa:ŋ²⁴ te²⁴ tɯɯ¹¹ zɔk³³ tɕum⁵³ ma²⁴
年　第一，　两　女婿　　富人　　那　拿　竹鸡　来
kuə³³ʔba:i³⁵, luɯk³³ kəi¹¹ pu³¹ ho⁵³ te²⁴ tɯɯ¹¹ no³³ mu²⁴ pi¹¹ ma²⁴. po³³ ta²⁴
拜年，　女婿　　穷人　那　拿　肉　猪　肥　来。 岳父
te²⁴ nau¹¹: "ɕip³³ ka:i³⁵ no³³ mu²⁴ pi¹¹, mi¹¹ ta:ŋ³⁵ ʔeu²⁴ zɔk³³ tɕum⁵³."
他　说： "十　块　肉　猪　肥，　不　当　　脖子　竹鸡。"
pi²⁴ ta¹¹ ŋi³³ luɯk³³ kəi¹¹ pu³¹ ho⁵³ te²⁴ ʔdai³¹ pit³⁵ pu³¹ ma²⁴, soŋ²⁴
年　第二　　女婿　　穷人　那　得　　公鸭　　来，　两
luɯk³³ kəi¹¹ pu³¹ kwa:ŋ²⁴ te²⁴ ʔdai³¹ pjak³⁵ kut³⁵ ma²⁴, po³³ ta²⁴ te²⁴ nau¹¹:
女婿　人　富　那　得　　蕨菜　　来，　岳父　他　说：
"ɕip³³ ka:i³⁵ no³³ pit³⁵ pu³¹, mi¹¹ ta:ŋ³⁵ zu⁵³ pjak³⁵ kut³⁵."
"十　块　肉　公鸭，　不　当　茬　蕨菜。"
pi²⁴ ta¹¹ sa:m²⁴, luɯk³³ kəi¹¹ pu³¹ ho⁵³ te²⁴ ʔdai³¹ no³³ fa:n¹¹ tɕi⁵³ ma²⁴,
年　第三，　女婿　　穷人　那　得　　肉　黄麂　　来，
soŋ²⁴ luɯk³³ kəi¹¹ pu³¹ kwa:ŋ²⁴ te²⁴ ʔdai³¹ tau¹¹ ʔdau²⁴ zam³¹ ma²⁴, po³³ ta²⁴
两　女婿　　富人　　那　得　　青苔　里面　水　来，　岳父
te²⁴ jou²⁴ nau¹¹: "no³³ fa:n¹¹ tɕi⁵³ hau²⁴ kwe³¹, tau¹¹ me³¹ va:n¹¹
他　又　说： "肉　黄麂　　味　腥，　　青苔　香
ʔun³⁵ sun³³."
嫩滑。"
sa:m²⁴ pi²⁴, luɯk³³ kəi¹¹ pu³¹ ho⁵³ te²⁴ tu³³ ʔdai³¹ ka:i³⁵ ʔdi²⁴ ma²⁴
三　　年，　女婿　　穷人　那　都　得　　个　好　来

kua³³ ʔbaːi³⁵. po³³ ta²⁴ te²⁴ saːm²⁴ taːu³⁵ tu³³ nau¹¹ mi¹¹ ʔdi²⁴, taŋ¹¹
拜年。 岳父他 三 次 都 说 不 好， 到

tɕaːŋ²⁴ ham³³, po³³ ta²⁴ te²⁴ hau⁵³ soŋ²⁴ luk³³kəi¹¹ pu³¹kwaːŋ²⁴ te²⁴ nin¹¹
夜里， 岳父那给 两 女婿 富人 那睡

mɔk³³ hɔm³⁵ mɔk³³ ɕa³³, ʔau²⁴ fwəŋ¹¹ hau⁵³ luk³³kəi¹¹ pu³¹ho⁵³ te²⁴ nin¹¹
被子 盖 被子 垫， 拿 稻草 给 女婿 穷人 那睡

kuŋ³¹ tu²⁴. luk³³kəi¹¹ pu³¹ho⁵³ te²⁴ ʔdi²⁴ham¹¹ pai⁰, ɕi³³ ʔdiəp³⁵ pan²⁴ fa³¹
角落 门。 女婿 穷人 那 生气 了， 就 想 办法

ɕiəŋ³⁵ po¹¹ te²⁴. taŋ¹¹ tɕaːŋ²⁴ huɯn¹¹, te²⁴ pai²⁴ ɕuk³³ ziən²⁴ tuə¹¹ma³¹ soŋ²⁴
整治 他们。 到 夜里， 他 去 捆 尾巴 马 两

luk³³kəi¹¹ pu³¹kwaːŋ²⁴ te²⁴ tuŋ³¹ɕo³⁵, soŋ²⁴ tuə¹¹ma³¹ te²⁴ ɕi³³ tuŋ³¹ le³⁵,
女婿 富人 那在一起， 两 匹马 那就 相 踢，

soŋ²⁴ luk³³kəi¹¹ pu³¹ kwaːŋ²⁴ te²⁴ ɕi³³ zun³⁵ pai²⁴ nen³³ ma³¹, te²⁴ ɕi³³ ʔau²⁴
两 女婿 富 人 那就 起去 看 马， 他就 拿

zam³¹ taːu⁵³ ɕo³⁵ kɯn¹¹ ten³³ po¹¹ te²⁴, po¹¹ te²⁴ taːu³⁵ma²⁴, zan²⁴ kɯn¹¹
水 倒 放 上 铺他 们， 他们 回来， 见 上

ten³³ tum¹¹, pu³¹ laːi³³ pu³¹ ʔo³⁵ ȵu³³, hat³⁵ laŋ²⁴ ʔbun²⁴ ɕaːu³¹ zoŋ³³,
铺 湿， 人 诬赖 人 撒 尿， 早晨 后 天 刚 亮，

soŋ²⁴ pu³¹ te²⁴ vaːi³³na⁵³, ɕi³³ zun³⁵ teu¹¹ pai⁰. me³³ taːi³⁵ te²⁴ ɕi³³ nau¹¹
两 人 那 害羞， 就 起 逃 了。 岳母 那就 叫

luk³³kəi¹¹ pu³¹ho⁵³ te²⁴ pai²⁴ lai³³ laŋ²⁴, te²⁴ pai²⁴ taŋ¹¹ naːŋ³³ po²⁴
女婿 穷人 那去 追 后， 他 去 到 山岗

paːi³³ʔun³¹, ɕi³³ kɔn¹¹ ha¹¹ kuə³³ pu³¹ mau³¹ ȵi¹¹ ʔdeu²⁴ sap³⁵ ɕo³⁵ tɕaːŋ²⁴
那边， 就 割 茅草 做 人 草人 一 立 放 中间

ȵa²⁴ te²⁴, ʔju³⁵ tɕai²⁴ nen³³ mi¹¹ siŋ⁵³ ɕi³³ lum⁵³ pu³¹ vɯn¹¹ jian²⁴ ʔdeu²⁴, te²⁴
草 那， 在 远处 看 不 清 就 像 人 一样， 他

ɕi³³ taːu²⁴ma²⁴ lo³¹ me³³ taːi³⁵ te²⁴ nau¹¹ po¹¹ te²⁴ ʔju³⁵ʔun³¹ te²⁴, me³³ taːi³⁵
就 回 来 骗 岳母 他说 他们 在 那边， 岳母

te²⁴ ɕi³³ kuə³³ pja²⁴ kuə³³ no³³ hau⁵³ te²⁴ soŋ³⁵ pai²⁴ po¹¹ te²⁴ kɯn²⁴, te²⁴ ɕi³³
他就 做 鱼 做 肉 给 他 送 去 他们 吃， 他就

tɯ¹¹ pai²⁴ ʔun³¹ te²⁴ ʔdaːŋ²⁴ kau³⁵ ka³³ kɯn²⁴ leu³¹ ʔiə³⁵ ɕi³³ tɯ¹¹ tɔi³¹ piu³⁵
带 去 那边 自己 自 吃 完 饱就 带 碗 空

taːu³⁵ ma²⁴ zaːn¹¹, nau¹¹ po¹¹ te²⁴ kɯn²⁴ leu³¹ ɕi³³ kɔi³³ ma³¹ taːu³⁵ pai²⁴
回 来 家， 说 他们 吃 完 就 骑 马 回去

pai⁰.
了。

me³³ ta:i³⁵ te²⁴ ɕi³³ nau¹¹ te²⁴ tɯ¹¹ zɔm¹¹ ma:n²⁴ tum¹¹ te²⁴ pai²⁴ sak³³,
岳母 他 就 说 他 拿 件 床单 湿 那 去 洗,
te²⁴ sak³³ ʔiə³⁵ ɕi³³ tɯ¹¹ pai²⁴ ta³⁵ ɕo³⁵ kɯn¹¹ ɕa¹¹ ʔɔn²⁴ na:n¹¹. taŋ¹¹
他 洗 完 就 拿 去 晒 放 上 丛 阎王刺。 到
tɕa:ŋ²⁴ ham³³, me³³ ta:i³⁵ te²⁴ ka³³ pai²⁴ siu²⁴, lɔŋ³⁵ pa:i³³ ni³¹,
晚上, 岳母 他 自 去 收, 扯 这边,
pa:i³³ ʔun³¹ ɕi³³ vit³⁵, lɔŋ³⁵ pa:i³³ ʔun³¹, pa:i³³ ni³¹ ɕi³³ vit³⁵, te²⁴ mi¹¹ li³¹
那边 就 沾, 扯 那边, 这边 就 沾, 她 没有
pan²⁴ fa³¹, ɕi³³ nau¹¹ lɯk³³ kəi¹¹ pu³¹ ho⁵³ te²⁴ pai²⁴ siu²⁴, te²⁴ mi¹¹ ʔau²⁴
办法, 就 叫 女婿 穷人 那 去 收, 她 不要
pai⁰. lɯk³³ kəi¹¹ pu³¹ ho⁵³ te²⁴ pai²⁴ siu²⁴, te²⁴ ma:n³³ zai³¹, ɕi³³ ʔdai³¹
了。 女婿 穷人 那 去 收, 他 慢 滚, 就 得
zɔm¹¹ ma:n²⁴ te²⁴ ta:u³⁵ pai²⁴ za:n¹¹ pai⁰.
件 床单 那 回 去 家 了。

意译：

三个女婿

从前有一家，有三个女儿，两个嫁给有钱人家，一个嫁给穷人家。正月间过年，三个女婿一起来拜年。

第一年，两个有钱的女婿拿竹鸡来拜年，穷女婿拿着肥猪肉来。他老丈人说："十块肥猪肉，不及一鸟头。"

第二年，穷女婿拿公鸭来，两个富女婿拿苦菜来。他老丈人又说："十块公鸭肉，不及把苦菜。"

第三年，穷女婿拿山鹿肉来，两个富女婿拿河里的水绵来。他老丈人又说："山鹿肉有腥味，河里水绵香喷喷。"

连续三年，穷女婿都拿好东西来，他老丈人却三次都说不好。到了晚上，老丈人给那两个有钱的女婿被子、褥子睡，拿稻草给穷女婿睡在门角落。这下子那个穷女婿可生气了，他就想了个办法来

整治那两个有钱的女婿。两个有钱的女婿都是骑马来的。半夜，他就去把马尾巴互相拴起来，马就互相踢腿。两个有钱的女婿就起来看马，他趁机在他俩的床上倒了一碗水。他俩回来，看到床上湿了，就一个赖一个尿床。第二天早上，他们觉得害羞，天刚亮就起身走了。老岳母就叫那穷女婿去追，他走到山那边，割草做了草人放在那边山冈上，隐隐约约看不清。他就回来骗他老岳母做鱼让他送去给他们吃。他就拿到那边去自己吃了，吃完拿着空碗回来说："他们吃完骑马回家去了。"

老岳母就叫他拿那床湿床单去洗，洗完，他晒在刺丛上面。晚上，他老岳母去收床单，她扯这边，那边又沾上，扯那边，这边又沾上。她没法，就让那穷女婿去收，她不要这床单了。那穷女婿就去收，他慢慢地卷着卷着，就得到了那床床单，回家去了。

小娃娃和魔石的故事
luɯk³³ ni³⁵ ziəŋ¹¹ zin²⁴ ɕɯk³³
小孩 和 魔石

muɯən³³ ɕau³¹, li³¹ luɯk³³ ni³⁵ ʔdeu²⁴ ŋɔn¹¹ ŋɔn¹¹ pai²⁴ paːŋ³¹ ta³³
从前 有 孩子 一 天天 去 河边

tuɯk³⁵ set³⁵. li³¹ ŋɔn¹¹ ʔdeu²⁴, te²⁴ pjaːi⁵³ ʔjaːi⁵³ tɕaːŋ²⁴ zɔn²⁴, hen¹¹ zɔn²⁴
打鱼 有天 一 他 走 在 途中 边 路

li³¹ ʔdak³⁵ zin²⁴ ʔdeu²⁴, tɕam³³ tɕaːŋ³³ zo³¹ kaːŋ⁵³ haːu³⁵. te²⁴ nau¹¹:
有 石头 一 忽然 会 讲话 他 说

"luɯk³³ ni³⁵, muɯŋ¹¹ mi¹¹ la⁵³ pai²⁴ tuɯk³⁵ set³⁵ pai⁰, li³¹ jiəŋ³³ ma¹¹
小孩 你 不 要 去 打鱼 了 有 什么

khun²⁴ nan³¹ ku²⁴ paːŋ²⁴ muɯŋ¹¹ kai⁵³ tɕie³¹ pa⁰." luɯk³³ ni³⁵ ka³³ zo³¹ ȵiə²⁴
困难 我 帮 你 解决 吧 小孩 只 听见

li³¹ vuɯn¹¹ kaːŋ⁵³ haːu³⁵, mi¹¹ kuan⁵³ jeu³⁵ pai²⁴ si³⁵ mian³⁵, mi¹¹ zan²⁴ ma¹¹
有 人 讲 话 不管 看 去 四面 不见 什么

vuɯn¹¹, ɕi³³ ham³⁵: "muɯŋ¹¹ tuɯk³³ pu³¹ lau¹¹ ja⁰, ku²⁴ jiəŋ³³ ma¹¹ jeu³⁵ mi¹¹
人 就 问 你 是 谁 呀 我 怎么 看 不

zan²⁴ muɯŋ¹¹ ni⁰?" ɕɯ¹¹ ni³¹, ʔdak³⁵ zin²⁴ pja²⁴ te²⁴ ɕi³³ nau¹¹: "tuɯk³³ ku²⁴,
见 你 呢 这时 块 岩石 那 就 说 是 我

ɕi³³ tuɯk³³ ʔdak³⁵ zin²⁴ hen¹¹ ʔdaːŋ²⁴ muɯŋ¹¹ te²⁴. muɯŋ¹¹ kuɯət³³ ku²⁴
就是 块 石 边 身 你 那 你 扛 我

taːu³⁵ pai²⁴ zaːn¹¹, li³¹ sian³⁵ ma¹¹ naːn¹¹ kuə³³ ku²⁴ tu³³ zo³¹ paːŋ²⁴ muɯŋ¹¹
回去 家 有事情 什么 难 做 我 都 会 帮 你

kai⁵³ tɕie³¹!" luɯk³³ ni³⁵ nau¹¹: "muɯŋ¹¹ tuɯk³³ ʔdak³⁵ zin²⁴ laːu³¹, ku²⁴
解决 小孩 说 你 是 块 石 大 我

jiəŋ³³ lau¹¹ kuɯət³³ ʔdai³¹ ni?" zin²⁴ pja²⁴ nau¹¹: "ku²⁴ piən³⁵ ni³⁵ nɔi³³,
怎么 扛 得 呢 岩石 说 我 变 小 些

muɯŋ¹¹ ɕi³³ kuɯət³³ taːu³⁵ pai²⁴ ʔdai³¹ pai⁰." nau¹¹ ʔiə³⁵, ʔdak³⁵ zin²⁴ pja²⁴
你 就 扛 回去 得 了 说 完 块 岩石

te²⁴ ɕi³³ piən³⁵ saːu³³ kaːi³⁵ zin²⁴ pan¹¹ ʔdeu²⁴ jiəŋ³³ te²⁴ laːu³¹. luɯk³³ ni³⁵
那 就 变 如 个 磨石 一 那样 大 小孩

ɕi³³ kɯət²⁴ te²⁴ ta:u³⁵ma²⁴ za:n¹¹ pai⁰. me³³ luk³³ni³⁵ zan²⁴ te²⁴
就　扛　它　回来　家　了　母亲　小孩　见　他
ta:u³⁵ma²⁴ pai⁰. ɕi³³ ham³⁵: "ŋɔn¹¹ni³¹ tɯk³⁵set³⁵ ʔdai³¹ sa:u³³lau¹¹
回来　了　就　问　今天　打鱼　得　多少
pja²⁴? zau¹¹ ha³¹ ha⁵³ ʔau²⁴ pja²⁴ muŋ¹¹ tɯk³⁵set³⁵ ʔdai³¹ te²⁴ ma²⁴ kuə³³
鱼　我们　还　想　要　鱼　你　打鱼　得　那　来　做
pjak³⁵ ɕau¹¹ le⁰." lɯk³³ni³⁵ nau¹¹: "ku²⁴ ha³¹ fi³³ pai²⁴ taŋ¹¹ pa:ŋ³¹ ta³³
晚饭菜　呢　小孩　说　我　还　没　去　到　河边
tɯk³⁵set³⁵, ɕa:u³¹ pja:i⁵³ taŋ¹¹ tɕa:ŋ²⁴ zɔn²⁴, puŋ¹¹ ʔdak³⁵ zin²⁴ la:u³¹ ni³¹
打鱼　刚　走　到　途中　逢　石头　大　这
toi³⁵ ku²⁴ nau¹¹, ku²⁴ li³¹ khun²⁴ nan³¹ te²⁴ tu³³ khə⁷ji⁵³ pa:ŋ²⁴ ku²⁴
对　我　说　我　有　困　难　它　都　可以　帮　我
kai⁵³tɕie³¹, jiəŋ³³ni³¹ ku²⁴ ɕi³³ tɯ¹¹ te²⁴ kɯət³³ ma²⁴ za:n¹¹ pai⁰." me³³ te²⁴
解决　这样　我　就　把　它　扛　来　家　了　母亲　他
kwa:i³⁵ te²⁴ nau¹¹: "lɯk³³ ŋam³¹, muŋ¹¹ pai²⁴ tɯk³⁵set³⁵, kɯət³³ ʔdak³⁵
责怪　他　说　儿子　傻　你　去　打鱼　扛　块
zin²⁴ te²⁴ ma²⁴ kuə³³ ma¹¹ma⁰?"
石　那　来　做　啥　嘛
ham³³te²⁴, lɯk³³ni³⁵ ɕi³³ pan¹¹ hɯn¹¹, te²⁴ toi³⁵ me³³ nau¹¹: "me³³
那晚　小孩　就　做梦　他　对　母亲　说　母亲
əi²⁴, ɕai¹¹ni³¹ za:n¹¹ zau¹¹ mi¹¹ ji³³ ma¹¹ ka:i³⁵ kɯn²⁴ ka:i³⁵ tan⁵³ pai⁰, li³¹
唉　这时　家　我们　不　愁　啥　吃的　穿的　了　有
ʔdak³⁵ zin²⁴ni³¹, zau¹¹ tɕai¹¹ ʔau²⁴ jiəŋ³³ ma¹¹ ɕi³³ li³¹ jiəŋ³³ ma¹¹ pai⁰." me³³
块　石　这　我们　想　要　什么　就　有　什么　了　母亲
te²⁴ nau¹¹: "miə⁵³ ka:ŋ⁵³ ha:u³⁵ jwa³¹ pai⁰, ʔdaɯ²⁴ za:n¹¹ ho⁵³
他　说　别　讲　话　骗　了　里面　家　穷
za:ŋ³³ za:ŋ³³, muŋ¹¹ ha³¹ nau¹¹ ma¹¹ mi¹¹ siu⁷³ kɯn²⁴ siu⁵³ tan⁵³,
（状词）　你　还　说　什么　不　少　吃　少　穿
ʔdak³⁵ zin²⁴ te²⁴ ɕi³³ pɯn³⁵ sai³³ la:u³¹ pan¹¹ jiəŋ³³ te²⁴ ma⁰? ku²⁴ naŋ⁵³ mi¹¹
石头　那　就　本事　大　成　那样　吗　我　才　不
sin³⁵ le⁰." lɯk³³ni³⁵ nau¹¹: "tɯk³³ za:i³¹ le⁰, me³³, ku²⁴ nau¹¹ tu³³ tɯk³³
信　嘞　小孩　说　真的　嘞　母亲　我　说　都　是
ha:u³⁵ɕin²⁴." ŋɔn¹¹ laŋ²⁴ zun³⁵ ma²⁴, leu³¹ za:n¹¹ tu³³ tɯk³³ ŋan¹¹ ha:u²⁴
话　真　第二天　起来　全　家　都　是　银　白

tɕim²⁴ hen⁵³, va:i¹¹ ma³¹ zim²⁴ ziəŋ³³, leu³¹ za:n¹¹ tu³³ ʔa:ŋ³⁵ tɕa¹¹ ɕi¹¹.
金　黄　水牛　马　满　圈　全　家　都　高兴　非常
　　　　ka:i³⁵ siən³⁵ ni³¹ mi³¹ zo³¹ jiəŋ³³ lau⁵¹ tuuk³³ pu³¹ ʔdau²⁴ ɕiŋ¹¹ ma²⁴
　　　　件　事情　这　不　知　怎么　被　人　里面　城　来
tɕa:ŋ²⁴ ʔba:n³¹ za²⁴ pa:u⁵³ te²⁴ zo³¹ pai⁰, te²⁴ ɕiəŋ⁵³ faŋ³³ se³¹ fa³¹ zak³³ pai²⁴
寨中　　找　宝　那　知　了　他　想方　设法　偷去
ka:i³⁵ zin²⁴ za:n¹¹ luuk³³ ni³⁵ te²⁴.
块　石　家　小孩　那
　　　　luuk³³ ni³⁵ te²⁴ pa:i³¹ lai³³ pa:i³³ tai⁵³. lai³³ taŋ¹¹ tɕiə¹¹ ndak³⁵ zin²⁴ pja²⁴
　　　　小孩　那　边　追　边　哭　追　到　处　块　岩石
ɕuu¹¹ ɕau³¹ ʔju³⁵ te²⁴, pu³¹ zak³³ te²⁴ mi¹¹ zo³¹ jiəŋ³³ lau¹¹ tɕam³³ tɕa:ŋ³³ tuuk³³
早先　在　那　小偷　那　不　知　怎么　突然　被
tɕe³³ zin²⁴ pja²⁴ te²⁴ pa:p³³ ɕo³⁵ pai⁰. "tɕau³⁵ miŋ³³ lo⁰! tɕau³⁵ miŋ³³ lo⁰!"
缝　岩石　那　夹住　了　救　命　啰　救　命　啰
luuk³³ ni³⁵ li³¹ nai³³ la:u²⁴, ɕi³³ ta:u³⁵ pai²⁴ zai¹¹ pu³¹ la:u¹¹ ma²⁴ tɕau³⁵ te²⁴.
小　孩　有点　怕　就　回　去　喊　人　大　来　救　他
te²⁴ ha³¹ fi³³ pja:i³³ tɕi⁵³ la:i²⁴ tɕai²⁴, ɕi³³ zo³¹ nɨə²⁴ "jo³¹" jiŋ³³ ni³¹ jiŋ²⁴
他　还　未　走　几多　远　就　听见　呦　音　这　音
ʔdeu²⁴, luuk³³ pu³¹ zak³³ te²⁴ ɕi³³ tai³⁵ tɕe³³ pja²⁴ te²⁴ tɔk³³ ma²⁴ la⁵³, ɕi³³
一　　小　小偷　那　就　从　缝　岩石　那　落　来　下　就
tɔk³⁵ ta:i²⁴ ziəŋ¹¹ ɕuu¹¹ pai⁰.
落　死　马　上　了

意译：

小娃娃和魔石的故事

　　从前，有一个小娃娃，经常到河边去钓鱼。有一天，他走在路上，路边的一块岩石忽然说起话来。它说："小娃娃，你不要去钓鱼啦，有什么困难我帮你解决吧。"小娃娃只听见有人说话，但向四处看去，什么人也看不见，于是就问："你是哪一个呀？我怎么看不见你呢？"这时，那块岩石又说："是我，就是你身边的那块石头。你把我扛回家去，有什么难事我都能帮助你解决。"小娃娃说："你是块大石头，我怎么扛得动呀！"岩石说："我变小一点，你就可以扛回去了。"说着，那块岩石一下就变得像小磨石那么大一块。小娃娃于是就把它扛回了家。小娃娃的妈妈见他回来了，就问："今天你钓了多少鱼？我们还等着拿你钓的鱼来做晚饭的菜呢。"小娃娃说："我没有到河边去钓鱼，刚走到半路，碰到这块大石头对我说，我有什么困难它都可以帮我解决，于是我就把它扛回家来了。"妈妈责怪他说："傻孩子，你不去钓鱼，扛一块石头来干什么呀？"

当天晚上小娃娃就做了一个梦。在梦中，他对妈妈说："妈妈，今后咱们家不用愁吃愁穿了，有了这个石头，我们要什么就有什么了。"妈妈说："傻孩子，别说胡话了，家里穷得叮当响，你还说不愁吃不愁穿，那块石头真有那么大的本领吗，我才不信呢。"小娃娃说："真的，妈妈，我说的是真的。"第二天起来，果然满屋白银黄金，满圈牛马。全家高兴得不得了。

这件事不知怎么被一个到下乡来寻宝的城里人知道了，他想方设法偷走了小娃娃家的那块石头。小娃娃一边哭一边追。追到那块岩石原来在的地方，那个小偷不知怎么突然被岩缝给夹住了。"救命啊！救命啊！"小娃娃有些害怕，便回去叫大人来救他。但还没走多远，就听"啊"的一声惨叫，那小偷就从岩壁上掉了下去，当场就摔死了。

瞎子的遭遇

pu³¹ ta²⁴ zuə¹¹ puŋ¹¹ na:n³³
瞎子　　　逢　　难

ɕɯ¹¹ɕau³¹, li³¹ pu³¹ vɯn¹¹ ʔdeu²⁴ pan¹¹ ta²⁴zuə¹¹ pai⁰, pai²⁴ kuə³³
从前，　有　个人　一　成　眼瞎　了，　去　做
zi³³ na¹¹ mi¹¹ ʔdai³¹, ɕi³³ ziəŋ¹¹ pau³⁵ pi³¹ pi³¹ pau³¹ te²⁴ ʔju³⁵ tɕiə¹¹ʔdeu²⁴.
田地　不　得，　就　跟　哥哥　嫂嫂　他　在　一起。
pi³¹pau³¹ te²⁴ ɕa¹¹ te²⁴ kɯn²⁴ ʔdoi²⁴ mi¹¹ li³¹ juŋ³³, ɕɯ²⁴ ʔdeu²⁴ ha:i³⁵ te²⁴
嫂嫂　他　嫌　他　吃　白　没有　用，一　心　害　他
kuə³³ ta:i²⁴, ʔda:ŋ²⁴ kau³⁵ lɯɯ⁵³ ɕi³³ ɕɯ²⁴ zuŋ³⁵. li³¹ ŋn¹¹ ʔdeu²⁴,
做死，　自己　才　就　放心。　有　天　一，
mi¹¹ zo³¹ te²⁴ tai³⁵ tɕiə¹¹ lauɯ¹¹ ʔdai³¹ tuə¹¹ ŋɯə¹¹ li³¹ tu³¹ ʔdeu²⁴ ma²⁴ za:n¹¹.
不知　她　从　哪儿　得　只　蛇　有　毒　一　来家。
zuŋ²⁴ ɕuk³³ kwa³⁵ laŋ²⁴, ɕi³³ ɕo³⁵ ʔdaɯ²⁴ ɕa:u³⁵ hen¹¹ ziŋ⁵³ tɔi³¹ te²⁴, ʔiə³⁵ ɕi³³
煮　熟　过后，　就　放　里　锅　边　碗架　那，　然后
ha³¹ pai²⁴ zi³¹ kuə³³ hoŋ²⁴. ɕɯ¹¹ ʔo³⁵ tu²⁴ te²⁴ ziəŋ¹¹ nuəŋ³¹ ta²⁴zuə¹¹ te²⁴
要　去　地　做活。　时　出门　那　跟　弟　眼瞎　她
nauɯ¹¹: "ʔa:u²⁴ ja⁰, ku²⁴ zuŋ²⁴ tuə¹¹ pja²⁴ ʔdeu²⁴ haɯ⁵³ mɯŋ¹¹, ʔdai³¹ ɕo³⁵
说：　"叔　呀　我　煮　条　鱼　一　给　你，　得　放
ʔdaɯ²⁴ ɕa:u³⁵ hen¹¹ ziŋ⁵³ tɔi³¹ te²⁴, mɯŋ¹¹ tɕai¹¹ kɯn²⁴ ɕi³³ ʔda:ŋ²⁴ kau³⁵
里　锅　边　碗架　那，　你　想　吃　就　自己
pai²⁴ ʔau²⁴." nauɯ¹¹ ʔiə³⁵ te²⁴ ɕi³³ ʔo³⁵ pai²⁴ pai⁰.
去　拿。"　说　罢　她　就　出去　了。
kwa³⁵ ʔdai³¹ ku³⁵ʔdeu²⁴, zo³¹ ɲiə²⁴ hen¹¹ ziŋ⁵³ toi³¹ mi¹¹ zo³¹ li³¹
过　得　一会儿，　听见　边　碗架　不　知　有
jiəŋ³³ ma¹¹ ɕa³⁵ hoŋ¹¹ "ɕua¹¹-ɕau¹¹". jan³¹ lai³¹ tɯk³³ tuə¹¹ ŋɯə¹¹ ʔɯn³⁵ ʔdeu²⁴
什么　响动　"唰唰"。　原来　是　条　蛇　别的　一
ʔdam²⁴ taŋ¹¹ ʔdaɯ²⁴ ɕa:u³⁵ li³¹ hi³⁵ no³³ ŋɯə¹¹, zo³¹ tɯk³³ pu³¹ tɔŋ¹¹
闻到　里　锅　有　气味　肉蛇，　知　是　同伴
ʔda:ŋ²⁴ kau³⁵ tɯ¹¹ zuŋ²⁴ pai⁰, ɕi³³ tɯ¹¹ n̯a²⁴ ʔiə³¹ lin³¹ tsɿ¹¹ ma²⁴ tɕau³⁵ te²⁴.
自己　被　煮　了，　就　带　药草　灵芝　来　救　它。

pu³¹ ta²⁴ zuə¹¹ zo³¹ ȵiə²⁴ hiŋ²⁴ hoŋ¹¹, ȵi¹¹ nau¹¹ tɯk³³ tuə¹¹ va:u⁵³ ma²⁴ zak³³
瞎子　　　听见　　声响，　认为　是　耗子　来　偷
pja²⁴ kɯn²⁴, ɕi³³ ʔiət³⁵ fɯŋ¹¹ pai²⁴ tɕum³³, tɕa¹¹ʔdi²⁴ kum³³ taŋ¹¹
鱼　吃，　就　伸　手　去　抓，　恰好　摸　到
kɯn¹¹ʔda:ŋ²⁴ tuə¹¹ ŋɯə¹¹ zup³³ li³¹ ȵa²⁴ʔiə²⁴ lin³¹ tsŋ³³ te²⁴. te²⁴ "ʔai³¹jo³¹"
身上　　　条　蛇　涂　有　药草　灵芝　那。他　"哎哟"
hiŋ²⁴ ʔdeɯ²⁴ ɕi³³ juŋ³³ fɯŋ¹¹ te²⁴ ʔuət³⁵ ta²⁴, ta²⁴ te²⁴ ɕi³³ tɕam³³ tɕa:ŋ³³ zoŋ³³
声　一　就　用　手　他　擦　眼，眼　他　就　突然　亮
ma²⁴ pai⁰.
来了。

pai¹¹ ȵi³¹ te²⁴ jieŋ³³ ma¹¹ tu³³ zo³¹ ɕai¹¹ pai⁰, te²⁴ zo³¹ tɯk³⁵ pi³¹ paɯ³¹
现在　他　什么　都　知齐　了，他　知　是　嫂嫂
ɕuəŋ³⁵ʔi³⁵ ha:i³⁵ ta:i²⁴ te²⁴. te²⁴ toi³⁵ soŋ²⁴ tuə¹¹ ŋɯə¹¹ te²⁴ nau¹¹: "siəŋ³⁵
故意　害　死　他。他　对　两　条　蛇　那　说："事情
ȵi³¹ tu³³ tɯk³³ pi³¹ pɯə³¹ ku²⁴ kuə³³ leu³¹, ziəŋ¹¹ ku²⁴ mi¹¹li³¹ ma¹¹
这　都　是　嫂子　我　做　完全，　跟　我　没有　啥
kuan³³ ɕi²⁴, su²⁴ pai²⁴ pa⁰." soŋ²⁴ tuə¹¹ ŋɯə¹¹ te²⁴ ȵia²⁴ nau¹¹ ɕuəŋ³⁵
关系，　你们　去　吧。"　两　条　蛇　那　听说　放
po¹¹ te²⁴ teu¹¹, ɕi³³ han²⁴ ɕe²⁴ ȵa²⁴ʔiə²⁴ lin³¹ tsŋ³³ te²⁴ pai²⁴ pai⁰.
他们　逃，　就　急　丢　药草　灵芝　那　去　了。

pu³¹ ta²⁴ zuə¹¹ ʔdai³¹ taŋ¹¹ ȵa²⁴ʔiə²⁴ lin³¹ tsŋ³³ te²⁴, ɕi³³ tɕiə³¹ ɕin³³ ʔo³⁵
瞎子　　　得　到　药草　灵芝　那，就　决心　出
pai²⁴ zo³³ ʔiə²⁴ piŋ³³ tɕau³⁵ vɯn¹¹. te²⁴ pja:i⁵³ taŋ¹¹ tɕa:ŋ²⁴ zon²⁴, puŋ¹¹ taŋ¹¹
去　外　治病　　救人。　他　走到　　途中，　碰　到
soŋ²⁴ pu³¹ vɯn¹¹ kuə³³-ka³¹, li³¹ pu³¹ ʔdeu²⁴ ta:i²⁴ pai⁰, pu³¹ tɕau²⁴ te²⁴
两　个　人　做生意，　有　人　一　死　了，人　活　那
nau¹¹: "pu³¹ laɯ¹¹ zo³¹ tɕau³⁵ te²⁴ tɕau²⁴ ta:u³⁵ ma²⁴, ɕi³³ kho⁵³ji⁵³ tɯ¹¹
说："谁　会　救　他　活　回来，　就　可以　把
za:p³⁵ ho³⁵ te²⁴ ȵi³¹ ʔau²⁴ pai²⁴." pu³¹ ta²⁴ zuə¹¹ ȵiə²⁴ nau¹¹, ʔdaɯ²⁴ ɕɯ²⁴
挑　货　他　这　拿　去。"　瞎子　　　听说，　心里
nɯ³³, ʔau²⁴ mi¹¹ ʔau²⁴ ho³⁵ te²⁴ tu³³ mi¹¹ ʔau²⁴ kan⁵³, tɕau³⁵ vɯn¹¹ kon³⁵
想，　要　不　要　货　他　都　不　要紧，　救　人　先
lɯŋ⁵³ ʔau²⁴ kan⁵³. jiəŋ³³ ȵi³¹, te²⁴ ɕi³³ ʔau²⁴ ȵa²⁴ʔiə²⁴ lin³¹ tsŋ³³ ɕo³⁵ kɯn¹¹
才　要紧。　这样，　他　就　拿　药草　灵芝　放　上

lin³¹ pu³¹ ta:i²⁴ te²⁴, jou²⁴ juŋ³³ fɯŋ¹¹ zup⁵³ kɯn¹¹ ʔda:ŋ¹¹ pu³¹ ta:i²⁴ te²⁴.
舌　人死那，　又　用　手　揉　上　身体　人死那。

pu³¹ ta:i²⁴ ɕi³³ tɕau²⁴ ta:u³⁵ ma²⁴ pai⁰.　pu³¹ kuə³³ ka³¹ ʔɯn³⁵ te²⁴ toi³⁵ te²⁴
人死　那　活　回来　了。　生意人　别的　那　对　他

nau¹¹: "tɯk³³ pu³¹ vɯun¹¹ ni³¹ tɕau³⁵ mɯuŋ¹¹, ku²⁴ ji⁵³ tɕin³³ liŋ¹¹ nau¹¹ ʔau²⁴
说："是　个人　这　救　你，　我　已经　答应　说　拿

za:p³⁵ taŋ¹¹ jiəŋ³³ mɯun¹¹ ni³¹ hau⁵³ te²⁴ pai⁰." pu³¹ tɯk³³ tɕau³⁵ ta:u³⁵ ma²⁴
挑　东西　你　这　给　他　了。"　人　被　救　回来

te²⁴ mi¹¹ ka³³ mi¹¹ nau¹¹ ma¹¹ ha:u³⁵ tɕo²⁴ ʔdi²⁴ te²⁴, ha³¹ ta:u³⁵ ʔdi²⁴ ham¹¹
那　不仅　不　说　啥　话　感谢　他，　还　倒　生气

nau¹¹: "taŋ¹¹ jiəŋ³³ ni³¹ tɯk³³ ka:i³⁵ ʔda:ŋ²⁴ kau³⁵ ku²⁴, ku²⁴ piŋ¹¹ ma¹¹
说："东西　这　是　个　自己　我，　我　凭　啥

ʔau²⁴ hau⁵³ te²⁴, ku²⁴ tɕau²⁴ ta:u³⁵ ma²⁴ tɯk³³ miŋ³³ ku²⁴ mi¹¹ ka:i³³ ta:i²⁴,
拿　给　他，我　活　回来　是　命　我　不　该　死，

ziəŋ¹¹ te²⁴ li³¹ ma¹¹ kuən³³ ɕi²⁴?"　pu³¹ ta²⁴ zuə¹¹ zo³¹ ȵiə²⁴ leu¹¹ ho¹¹ ȵa:p³⁵
跟　他　有　啥　关系？"　瞎子　听见　非常　生气，

te²⁴ nau¹¹ pu³¹ vɯun¹¹ te²⁴ ʔa³¹ pa³⁵, kwa³⁵ laŋ²⁴ ɕi³³ tɯ¹¹ ȵa²⁴ ʔiə²⁴ lin³¹ tsɿ³³
他　叫　个人　那　张　嘴，　过后　就　把　药草　灵芝

te²⁴ ʔjɔk³⁵ ʔo³⁵ ma²⁴, pu³¹ kuə³³ ka³¹ te²⁴ jou²⁴ ta:i²⁴ pai⁰.
那　掏　出来，　生意人　那　又　死　了。

　　pu³¹ ta²⁴ zuə¹¹ tuŋ³¹ ta:m²⁴ pja:i⁵³ pai²⁴ na⁵³. ŋon¹¹ ʔdeu²⁴ ma²⁴ taŋ¹¹
　　瞎子　接着　去　向前。　天一　来到

ʔdan²⁴ ʔba:n³¹ vɯun¹¹ la:u³⁵ ʔdeu²⁴, ʔdau²⁴ ʔba:n³¹ te²⁴ li³¹ za:n¹¹ vɯun¹¹
个　寨子　人　大　一，　里　寨子　那　有　家　人

pu³¹ kwa:ŋ²⁴ ʔdeu²⁴, pa³⁵ tu²⁴ hum³¹ li³¹ pɔŋ⁵³ vɯun¹¹ ʔdeu²⁴ ʔju³⁵ tɕiə¹¹ te²⁴
富人　一，　门口　围　有　群　人　一　在　那里

pa:i³³ ʔdeu²⁴ lɯn³³ pa:i³³ ʔdeu²⁴ tɔk³⁵ ɕɯ²⁴, pu³¹ ʔdeu²⁴ nau¹¹:
一边　议论　一边　叹气，　人一　说：

"ai! ko⁵³ si¹¹ ta¹¹ za:i³¹ pai⁰, pi²⁴ niən¹¹ li³¹ ɕo¹¹ ɕi³³ ta:i²⁴ lo⁰." pu³¹
"唉！可惜　得很　了，　年纪　还　轻　就　死了。"　人

ʔdeu²⁴ liəŋ²⁴ nau¹¹: "ɕi³³ mi¹¹ ma⁰, pi²⁴ ni³¹ ɕa:u³¹ ɕip³³ pet³⁵ pi²⁴,
一　另　说："可　不　嘛，　今年　刚　十八　岁，

kho⁵³ liən³¹ za:n¹¹ ni³¹ ta¹¹ za:i³¹, ka³³ li³¹ lɯk³³ ni³⁵ ʔdeu²⁴ to³³ to³³,
可怜　家　这　得很，　只有　儿　这　一　独独，

pau³⁵ kwa:ŋ²⁴ je⁵³ tuk³³ pu³¹ vuɯn¹¹ ɕɯ²⁴ ʔdi²⁴, mi¹¹ zo³¹ ɕeu³³ lauɯ¹¹
员外　　也　是　个　人　心　　好，　不　知　辈　哪
tsao²⁴ ȵe³¹ jo⁰!" pu³¹ ta²⁴ zuə¹¹ zo³¹ ȵiə²⁴ jiəŋ³³ ha:u³⁵ ni³¹, ɕi³³ pan²⁴ ʔo³⁵
造孽　哟！"　瞎子　　听见　样　话　这，　就　分出
leɯ³¹ po¹¹, pja:i⁵³ pai²⁴ ʔdauɯ²⁴ za:n¹¹, pau³⁵ kwa:ŋ²⁴ te²⁴ tsun²⁴ ʔju³⁵
大家，　走　去　里　屋，　员外　　那　正在
tɕa:ŋ²⁴-za:n¹¹ tai⁵³ leɯ³¹ tɕet³⁵ sam²⁴. pu³¹ ta²⁴ zuə¹¹ ziən¹¹ pau³⁵ kwa:ŋ²⁴
中　家　　哭　非常　痛心。　瞎子　　跟　　员外
nau¹¹: "muɯŋ¹¹ pu³¹ la:u³¹ mi¹¹ la⁵³ tɕət³⁵ sam²⁴, ku²⁴ kho⁵³ ji⁵³ tɕau³⁵
说：　"你　　老人　　不别　　痛心，　我　可以　救
luɯk³³ muɯŋ¹¹ tɕau²⁴ ta:u³⁵ ma²⁴." pau³⁵ kwa:ŋ²⁴ ȵiə²⁴ nau¹¹ ʔiə³⁵,
儿　你　活　　回来。"　员外　　听说　罢，
tiŋ¹¹ sin³⁵ tiŋ¹¹ ȵi¹¹ nau¹¹: "ɕa³¹ nau¹¹ muɯŋ¹¹ tɕau³⁵ ʔdai²⁴ luɯk³³ ku²⁴ tɕau²⁴
半信　半疑　说：　假如　　你　　救　得　儿　我　活
ta:u³⁵ ma²⁴, ku²⁴ juən²⁴ ʔau²⁴ tɕa³³ ta:ŋ³⁵ ku²⁴ pan²⁴ tiŋ¹¹ ʔdeu²⁴ hauɯ⁵³
回来，　我　愿　拿　家当　我　分　半　一　给
muɯŋ¹¹." pu³¹ ta²⁴ zuə¹¹ nau¹¹: "tɕa³³ taŋ³⁵ ku²⁴ mi¹¹ ʔau²⁴, to³⁵ ʔau²⁴ ʔju³⁵
你。"　瞎子　　说："家当　我　不　要，　只要　在
za:n¹¹ muɯŋ¹¹ pu³¹ la:u³¹ li³¹ təi³¹ hau³¹ ʔdeu²⁴ kuɯn²⁴ ɕi³³ pan¹¹ pai⁰."
家　你　老人　　有　碗　饭　一　吃　就　成了。"
pau³⁵ kwa:ŋ²⁴ ha:n²⁴ ɕən¹¹ te²⁴. jiəŋ³³ ni³¹, pu³¹-ta²⁴ zuə¹¹ ɕi³³ juŋ³³
员外　　答应　句　他。　这样，　瞎子　　就　用
na²⁴ ʔiə²⁴ lin¹¹ tsɿ³³ te²⁴ tɕau³⁵ luɯk³³ to³³ pau³⁵ kwa:ŋ²⁴ tɕau²⁴ ta:u³⁵ ma²⁴
药草　灵芝　那　救　儿　独　员外　　活　　回　来
pai⁰. pau³⁵ kwa:ŋ²⁴ ɕi³³ leɯ³¹ tɕo²⁴ ʔdi²⁴, zɯn²⁴ te²⁴ kuə³³ luɯk³³ tɕi³⁵,
了。　员外　　就　非常　感谢，　认　他　做　干　儿子，
ɕai¹¹ ni³¹, pu³¹-ta²⁴ zuə¹¹ ɕi³³ ʔju³⁵ za:n¹¹ pau³⁵ kwa:ŋ²⁴ te²⁴, leɯ³¹ ɕeu³³
现在，　瞎子　　就　在　家　员外　　那，　全部　辈
tu³³ mi¹¹ seu⁵³ kuɯn²⁴ mi¹¹ seu⁵³ tan⁵³ pai⁰.
都　不　少　吃　不　少　穿　了。

意译：

瞎子的遭遇

以前，有个人眼睛瞎了，无法耕田种地，就跟哥嫂一起住。他嫂子嫌他白吃无用，一心想把他置于死地，自己才能轻松。有一天，不知她从哪里弄来一条死毒蛇，煮熟后，放在碗架脚旁的锅里，然后准备下地去干活。临出门时她对瞎子弟弟说："叔叔呀，我给你煮了一条鱼，放在碗架脚旁的锅里，想吃你就自己去拿。"说完她就走了。

过了一会儿，就听见碗架边有什么东西"唰唰"地响动，原来是另一条蛇闻到了锅里的蛇肉味，知道自己的同伴被煮了，就拿灵芝草来救它。瞎子听到响声，以为是老鼠来偷鱼吃，就伸手去摸，正好摸到涂了灵芝草的那条蛇的身子上。他"啊哟"一声，就用手去擦眼睛，他的眼睛就突然亮起来了。

这下他什么都清楚了，他明白了这是嫂嫂有意害死他。他对那两条蛇说："这一切都是我大嫂做的，跟我没有什么关系。你们走吧。"那两条老蛇听说放它们走，连忙丢下灵芝药草就走了。

瞎子得到灵芝药草，决心外出去治病救人。他走在路上，碰上两个生意客，其中一个已经死了，活的那个说："谁能把他就救活，就可以把他的这挑货挑走。"瞎子听了，心想，要不要他的货都无关紧要，救人要紧。于是，他将灵芝草放在死人的舌头上，再用手一摸死人的身子，死人就活过来了。另一个生意客对他说："是这个人把你救活的，我已经答应把你那挑东西送给他了。"被救活的人不但没有说声感激的话，反而很生气地说："东西是我自己的，我凭什么要送给他，我能活过来是我命不该死，跟他有什么关系？"瞎子听了非常生气，他让那人张开嘴，然后他把灵芝草抽了出来。那个生意客又死了。

瞎子继续往前走，一天来到一个大寨子，寨子里有个富人家，门口围了一大堆人正在那儿一边议论，一边叹息，这个说"唉，真可惜，年纪轻轻的就死了。"另一个说，"可不是吗，今年才满 18

岁呢，可怜这家人喽，就这么一根独苗。老财主为人还很厚道，不知哪辈子作下的孽唷！"瞎子听了这些话，便分开众人，挤进屋去，老财主正在那儿哭得很伤心。瞎子对财主说："你老人家不要伤心，我可以给你把儿子救活。"财主听了，半信半疑地说："你如果能救活我的儿子，我愿把我的家产分给你一半。"瞎子说："家产我不要，只要在你老人家的门下有一碗饭吃就行了。"财主答应了他。于是，瞎子就用灵芝草药把财主的独生子救活了。财主感激不尽，认他做干儿子，从此瞎子就留在财主家，一辈子不愁吃穿了。

兄弟关系故事六则
ku²⁴ sɿ²⁴ soŋ²⁴ pi³¹ nuəŋ³¹
故　事　两　兄　弟
pan³¹ ʔjan²⁴ ɕau¹¹ zɔk³⁵ tuən³⁵
成　冤　仇　六　则

(1)

ɕeu³³ kon³⁵ li³¹ za:n¹¹ ʔdeu²⁴ soŋ²⁴ pi³¹ nuəŋ³¹, me³³ ta:i²⁴ pai²⁴ ɕau³¹.
从前　有　家　一　两　兄弟　　母亲　死去　早

soŋ²⁴ pi³¹ nuəŋ³¹ ziəŋ¹¹ po³³ tɕe³⁵ tuŋ³¹ ʔju³⁵, soŋ²⁴ pi³¹ nuəŋ³¹ te²⁴ ɕin²⁴ kɯ³¹
两　兄弟　　跟　父亲　老　同　住　两　兄弟　　那　心　藏

pan¹¹ jiəŋ³³ liəŋ²⁴, pau³⁵ la:u³¹ ɕɯ²⁴ so³³ pa³⁵ seu⁵³, li³¹ kuə³³ ɕə¹¹
成　样　另　　老大　心直　嘴少　有　做时

ʔda:ŋ²⁴ kau³⁵ ka³³ juən²⁴ tʂʰɿ³¹ kʰui³³, je⁵³ mi¹¹ juən²⁴ ziəŋ¹¹ pu³¹ ʔun³⁵
自己　　宁愿　　吃亏　　也　不愿　跟　别人

tuŋ³¹ siŋ²⁴ tuŋ³¹ ʔda³⁵. pau³⁵ ŋi³³ mi¹¹ lum⁵³ pau³⁵ la:u³¹, te²⁴ jou²⁴ tɕet³³
相争　　相骂　　老二　不像　老大　　他　又　吝啬

jou²⁴ ʔja³⁵ jou²⁴ zau¹¹, ɕa:ŋ³³ ka:ŋ⁵³ ɕa:ŋ ha:u³⁵. pau³⁵ ŋi³³ si³⁵ ɕɯ¹¹ tu³³
又凶又滑　　能说　会道　　老二　经常　都

nɯ³³, "ku²⁴ ʔau²⁴ kuə³³ vɯn¹¹ pan¹¹ ʔdi²⁴ to²¹ leu³¹ pɯəŋ¹¹." mi¹¹ kuan⁵³
想　我要　做人　　富裕　多　全　天下　　不管

pu³¹ lau¹¹, tu³³ na:n¹¹ ʔju³⁵ fɯŋ¹¹ te²⁴ ɕa:m²⁴ ʔdai²⁴ toi³¹ hau³¹ ʔdeu²⁴ kɯn²⁴.
谁都　　难在　手他讨得碗饭一吃

pi²⁴ ʔdeu²⁴, hau³¹ ʔdau²⁴ na¹¹ zip³³ ʔdai³¹ la:i²⁴, pu³¹ lau¹¹ zo³¹, ʔju³⁵
年一　　粮食　里面　田　收得　多　谁　知　在

ɕɯ¹¹ ni³¹ po³³ soŋ²⁴ pi³¹ nuəŋ³¹ te²⁴ ta:i²⁴ pai⁰. pau³⁵ ŋi³³ ɕɯ²⁴ ʔja³⁵ te²⁴ ʔju³⁵
这时　父　两　弟兄　那　死了　老二　心坏　那　在

ɕɯ¹¹ ni³¹ tɕai¹¹ tɕʰi³³ fu²⁴ pi³¹ ta:i³³ te²⁴, te²⁴ leu³¹ ŋən¹¹ pai²⁴ mja:u³¹ pi³¹
这时　想　欺负　大哥　那　他　整天　去　纠缠　哥

te²⁴, tɕai¹¹ ziəŋ¹¹ te²⁴ pan²⁴ zaːn¹¹, ʔdaːŋ²⁴kau³⁵ ʔdi²⁴ ka³³ kwa³⁵
他   想   跟   他   分家   自己   好   自   过
ʔdiən²⁴ŋɔn¹¹. pi³¹ taːi³³ mi¹¹li³¹ pan²⁴ fa¹¹, ka³³ʔdi²⁴ thuŋ³¹ji²⁴.
日子   大哥   没有   办法   只好   同意
ɕɯ¹¹ pan²⁴ zaːn¹¹ te²⁴, pau³⁵ ŋi³³ ɕaŋ⁵³fan³³ se³¹fa³¹ tɕai¹¹ to²⁴ ʔau²⁴
时   分家   那   老二   想方   设法   想   多   要
hau³¹meu¹¹ ziəŋ¹¹ tɕa⁵³ taːŋ³⁵, pau³⁵ laːu³¹ ɕɯ²⁴ so³³, je⁵³ mi¹¹ pai²⁴ ziəŋ¹¹
粮食   和   家当   老大   心直   也 不 去   跟
te²⁴ siŋ²⁴, pau³⁵ ŋi³³ nau¹¹ jiəŋ³³ ma¹¹, te²⁴ ɕi³³ ʔi²⁴ jiəŋ³³ ma¹¹. pau³⁵ ŋi³³
他 争   老二   说   什么   他   就 依   什么   老二
ʔdaːŋ²⁴kau³⁵ ka³³ ha³³ ʔdai³¹ saːm²⁴ hoŋ³⁵ zaːn¹¹ ŋwa³¹, ʔau²⁴ tɕe³³
自己   自 霸   占   得   三   间   瓦房   拿 窄条
zaːn¹¹ha¹¹ ɕiaŋ³³fan³¹ te²⁴ haɯ⁵³ pi³¹ taːi³³. te²⁴ hai³¹ ʔau²⁴ hau³¹meu¹¹
茅草房   厢房   那 给   大哥   他   还   拿   粮食
leu³¹pi²⁴ te²⁴ pan²⁴ kuə³³ ha⁵³fan³⁵, ʔdaːŋ²⁴kau³⁵ ʔau²⁴ si³⁵fan³⁵, haɯ⁵³
全年   那 分   成   五份   自己   拿   四份   给
pi³¹ taːi³³ fan³⁵ ʔdeu²⁴. nuaŋ³¹lun¹¹ pa²⁴ tau²⁴ pan¹¹ jiəŋ³³ni³¹, pau³⁵ laːu³¹
大哥   份   一   幺弟   霸道   成   这样   老大
jiəŋ³³ ʔdeu²⁴ tu³³ mi¹¹ nau¹¹. zaːn¹¹soŋ³³ pi³¹nuŋ³¹ te²⁴ ɕi³³ kuə³³ jiəŋ³³ni³¹
样   一   都 不   说   家   两   兄弟   那 就   做   这样
pan²⁴ʔdi²⁴pai⁰.
分   好   了

pan²⁴zaːn¹¹kwa³⁵ laŋ²⁴, pau³⁵ laːu³¹ lɯk³³ni³⁵ laːi²⁴ fu²⁴tan³³ nak³⁵
分家   过后   老大   孩子   多   负担   重
hau³¹meu³¹ jou²⁴ pan²⁴ ʔdai³¹ nɔi³⁵, haːi¹¹fi³³ taŋ¹¹ laːp³¹laːp³³ ɕi³³ mi¹¹li³¹
粮食   又   分   地   少   还未   到   腊月   就 没有
hau³¹ kɯn²⁴pai⁰. taŋ¹¹ ham³³ saːm²⁴ ɕip³³ tu³³ mi¹¹li³¹ hau³¹ saːn²⁴ ma²⁴
粮食 吃 了   到   夜   三十   都 没有   米   来
ɕo³⁵ɕaːu³⁵, kɯn²⁴mi¹¹ nau¹¹ma¹¹ van²⁴hau³¹ pi³¹laŋ²⁴ lo⁰. ŋaːu¹¹ pai²⁴
放锅   更   不   说   什么   粮种   第二年 了   熬   去
ŋaːu³¹ma²⁴, kɯn²⁴ za³³ŋa²⁴, ʔdun³¹ ʔbaɯ²⁴fai³¹, tsuŋ⁵³suan³⁵ ŋaːu³¹
熬   来   吃   草根   吞   树叶   总算   熬
taŋ¹¹ pi²⁴laŋ²⁴ zɔk³³ tɕau⁵³ van²⁴ zai¹¹. zɔk³³ tɕau⁵³ van²⁴ zai¹¹ pai⁰, taŋ¹¹
到   第二年   布谷鸟   叫   布谷鸟   叫   了   到

ɕɯ¹¹ tək³³ van²⁴hau³¹ te²⁴ pai⁰, mi¹¹kwa³⁵, mi¹¹li¹¹ van²⁴hau³¹ kuə³³
时　撒　稻谷　那　了　　不过　没有　稻种　做
tuŋ⁵³lau¹¹ kuə³³ ni⁰? nɯ³³pai²⁴ nɯ³³ta:u³⁵, mi¹¹li³¹pan²⁴fa³¹, ka³³ʔdi²⁴
怎样　做　呢　想去　想来　没有办法　只好
pai²⁴ ziəŋ¹¹ pau³⁵ŋi³³ ɕiə³⁵ tau³¹ hau³¹ka³⁵ ʔdeu²⁴ ma²⁴ kuə³³ van²⁴hau³¹,
去　跟　老二　借　斗　谷子　一　来　做　稻种
ziəŋ¹¹ te²⁴ nau¹¹ taŋ¹¹ ɕɯ¹¹ zip³³meu¹¹ lian³¹ kɔk³⁵ taŋ¹¹ pja:i²⁴ va:n¹¹ te²⁴
跟　他　说　到　时　收庄稼　连　根　到　梢　还　他
ha⁵³ tau³¹ hau³¹ka⁵³. pau³⁵ŋi³³ zo³¹ȵiə²⁴ nau¹¹ pi³¹ta:i³¹ ɕai¹¹ ziəŋ¹¹ te²⁴
五　斗　谷子　老二　听见　说　大哥　想　跟　他
ɕiə³⁵ van²⁴hau³¹, ʔju³⁵ ʔdaɯ²⁴ ɕɯ¹¹ nɯ³³ nau¹¹, kuə³³ jiəŋ³³ lau¹¹ kuə³³
借　稻种　在　心中　想　说　做　怎样　做
lɯŋ⁵³ ʔda:ŋ²⁴kau³⁵ ʔdai³¹ ni⁵³, jou²⁴ ʔdai³¹ kɯn²⁴ʨau⁵³ pau³⁵la:u³¹,
才　自己　得利　又　得　占便宜　老大
nɯ³³pai²⁴ nɯ³³ma²⁴, te²⁴tsuŋ³³ji³¹ nɯ³³taŋ¹¹ ka:i³⁵ "miau²⁴ʨi²⁴" ʔdeu²⁴
想去　想来　他　终于　想到　个　妙计　一
te²⁴ʨa⁵³tsuan³³ kuə³³ jiəŋ³³ ɕɯ²⁴ʔdi²⁴, nau¹¹: "pi³¹nuan³¹ ʔda:ŋ²⁴kau³⁵,
他　假装　做　样　心好　说　兄弟　自己
kuə³³lau¹¹ nau¹¹ mi¹¹ ɕiə³⁵ hau⁵³muŋ¹¹ ni⁰. pi³¹, mɯŋ¹¹pai²⁴ za:n¹¹
怎么　说　不借　给　你　呢　哥　你　去　家
kɔn³⁵, ɕa⁵³ku²⁴ ʔau²⁴van²⁴hau³¹ ma²⁴ zaŋ²⁴ ʔdi²⁴ le³³ ʔdi²⁴ leu³¹, ŋɔn¹¹ɕo³³
先　等　我　拿　谷种　来　筛　好　选　好　了　明天
mɯŋ¹¹na:i³³ ma²⁴ʔau²⁴." pau³⁵la:u³¹ zo³¹ȵiə²⁴ nau¹¹ nuaŋ³¹lun¹¹ ɕiə³⁵
你　慢　来　拿　老大　听见　说　幺弟　借
van²⁴hau³¹ hau⁵³te²⁴, ʔaŋ³⁵ta¹¹za:i³¹, ɕi³³ta:u³⁵ pai²⁴za:n¹¹ pai⁰.
谷种　给　他　高兴　非常　就　回　去　家　了
pau³⁵la:u³¹ lɯŋ⁵³pai²⁴, pau³⁵ŋi³³ ɕi³³ heu²⁴ja³³ te²⁴ ʔau²⁴tau³¹hau³¹ka³⁵
老大　才　去　老二　就　叫　妻　他　拿　斗　谷子
ʔdeu²⁴ma²⁴za:ŋ²⁴, ɕa⁵³ ŋɔn¹¹laŋ²⁴ pau³⁵la:u³¹ ma²⁴ ɕi³³ ʔau²⁴ɕiə³⁵ hau⁵³
一　来　炒　等　第二天　老大　来　就　拿　借　给
te²⁴. ŋɔn¹¹laŋ²⁴, pau³⁵la:u³¹ma²⁴ ʔau²⁴hau³¹ka³⁵, nɯ³³nau¹¹ pau³⁵ŋi³³
他　第二天　老大　来　拿　谷子　想　说　老二
ʔju³⁵ɕɯ¹¹ te²⁴ tək³⁵na:n³³ pa:ŋ²⁴ te²⁴ pai¹¹ʔdeu²⁴, leu³¹ʔa:ŋ³⁵ta¹¹za:i¹¹,
在　时　他　落难　帮　他　一下　非常高兴　得很

tɕiə¹¹ lauɯ¹¹ pai²⁴ zo³¹ hau³¹ ka³⁵ te²⁴ ʔdai³¹ zaːŋ²⁴ kwa³⁵.
哪里　去　知　谷子　那　得　炒　过

pau³⁵ laːu³¹ ɕiə³⁵ kaːi³⁵ hau³¹ ka³⁵ te²⁴ pai²⁴ pjaːu³⁵ ɕo³⁵ ʔdaɯ²⁴
老大　借　个　谷子　那　去　撒　放　里面

na¹¹ tɕa⁵³, ŋən¹¹ ʔdeu²⁴, soŋ²⁴ ŋən¹¹, ɕip³³ ŋən¹¹ fuɯəŋ³³ ʔdian²⁴, ʔdian²⁴
秧田　天　一　两　天　十　天　半月　月

ʔdeu²⁴ kwa³⁵ pai²⁴ leɯ³¹, taŋ⁵³ lauɯ¹¹ mi¹¹ zan²⁴ ko²⁴ tɕa⁵³ lauɯ¹¹ ma⁵³ kuɯn¹¹
一　过　去　了　怎么　不　见　棵　秧　哪　长　上

ni⁰？ ɕa⁵³ pai²⁴ ɕa⁵³ ma²⁴, muɯəŋ³³ pai²⁴ muɯəŋ³³ taːu³⁵, kuɯn⁵³ kuɯn⁵³ ɕa⁵³
呢　等　去　等　来　盼　去　盼　回　整整　等

ʔdai³¹ ʔdian²⁴ fuɯəŋ³³, luɯŋ⁴³ zan²⁴ ko²⁴ tɕa⁵³ to³³ to³³ ma⁵³ ma⁵³ zo³³.
等　月半　才　见　棵　秧　独一　长　出来

pau³⁵ laːu³¹ nuɯ³³ nau¹¹, tɕi²⁴ zan³¹ te²⁴ tau⁵³ ʔo³⁵ ko²⁴ ʔdeu²⁴ ma²⁴,
老大　想说　既然　它　长　出　棵　一　来

ŋən¹¹ laŋ²⁴ kaːi³⁵ laːi²⁴ te²⁴ ɕi³³ zo³¹ naː³³ naːi³³ tau⁵³ ma²⁴ zo³³. nuɯ³³
将来　个　多　那　就　会　慢慢　长　出来　想

jiəŋ³³ ni³¹, te²⁴ ŋən¹¹ ŋən¹¹ ʔbuɯn²⁴ fi³³ zoŋ³³ ɕi³³ zun³⁵ ma²⁴ pai²⁴ paːŋ³¹ na¹¹
这样　他　天天　天　未　亮　就　起来　去　田边

te²⁴ tau¹¹. ɕa⁵³ ɣa¹¹ ɕa³⁵, ŋən¹¹ ʔdeu²⁴, soŋ²⁴ ŋən¹¹, ɕip³³ ŋən¹¹, fuɯəŋ³¹
那　守　等呀　等　天　一　两　天　十　天　半

ʔdian²⁴, ŋən¹¹ taːm³¹ ŋən¹¹ kwa³⁵ pai²⁴ leɯ³¹, kwa³⁵ tɕi⁵³ ŋən¹¹ ɕi³³ ha³¹
月　天　接　天　过　去　了　过　几　天　就要

ʔdai³¹ soŋ²⁴ ʔdian²⁴ pai⁰, tʃhu³¹ liao⁵³ ko²⁴ ɕɯ¹¹ ʔdu³¹ tau⁵³ te²⁴ mi¹¹ zan²⁴
得　两　月　了　除了　棵　早先　长　那　不见

ko²⁴ lauɯ¹¹ ʔuɯn²⁴ tau⁵³ ma²⁴ zo³³ jiəŋ³¹ ni³¹ mi¹¹ kuan⁵³, pau³⁵ laːu³¹ hai³¹ sɿ²⁴
棵哪　别的　长　出来　这样　不管　老大　还是

tsao²⁴ jaŋ²⁴ ŋən¹¹ ŋən¹¹ ʔbuɯn²⁴ tam³¹ zoŋ³³ ɕi³³ zun³⁵ ma²⁴ pai²⁴ paːŋ³¹ na¹¹ te²⁴
照样　天天　天　一　亮　就　起来　去　田边　那

tau¹¹, tauɯ¹¹ taŋ¹¹ ko²⁴ tɕa⁵³ te²⁴ tu³³ hen⁵³ leɯ³¹, te²⁴ tu³³ li⁵³ pai²⁴ tauɯ¹¹.
守　守到　棵　秧　那　都　黄　了　他　都　还　去　守

li³¹ ŋən¹¹ ʔdeu²⁴, tuə¹¹ ʔa²⁴ ʔdeu²⁴ tam⁵³ tuɯt³⁵ ʔbin²⁴ ma²⁴ tuɯ¹¹ ziəŋ²⁴
有　一　天　只乌鸦　一　突然　飞　来　把　穗

hau³¹ hen⁵³ kaːm¹¹ pai²⁴ pai⁰. pau³⁵ laːu³¹ tauɯ¹¹ ʔdai³¹ tɕi⁵³ ʔdian²⁴, luɯŋ⁵³
谷　黄　衔　去　了　老大　守　得　几　月　才

中编　民间故事翻译

tau¹¹ ʔdai³¹ ko²⁴ hau³¹ ni³¹, ta²⁴ zan²⁴ jou²⁴ ha³¹ teŋ²⁴ tuə¹¹ʔa²⁴ ka:m¹¹
守　得　棵　谷　这　　眼见　　又　要　被　乌鸦　衔

pai²⁴, ɕɯ²⁴ tɕet³⁵ ta¹¹ za:i¹¹, te²⁴ ɕi³³ lai³³ laŋ²⁴ tuə¹¹ʔa²⁴ te²⁴ pai²⁴, lai³³
去　　心痛　　得很　　他　就　追随　　乌鸦　那　去　追

ɤa³¹ lai³³, lai³³ kwa³⁵ po²⁴ ta:m²⁴ po²⁴, tɕem³³ ta:m²⁴ tɕem³³, lai³³ taŋ¹¹
呀　追　　追　过　坡　接　坡　山沟　接　山沟　追　到

ʔbɯn²⁴ ha³¹ fɯəm³¹ pai⁰, tu³³ lai³³ mi¹¹ ʔdai³¹ tuə¹¹ʔa²⁴ ha³¹ ta:i²⁴ te²⁴.
天　要　黄昏　了　都　追　不　得　乌鸦　该死　那

ʔbɯn²⁴ lap³⁵ pai⁰, pau³⁵ la:u³¹ le¹¹ ŋɔn¹¹ taŋ¹¹ lap³⁵, je⁵³ na:i³⁵ pai⁰. te²⁴
天黑　　了　老大　跑　天到黑　　　也　累　了　他

ma²⁴ taŋ¹¹ ʔdan²⁴ za:n¹¹ miu³³ kau³⁵ ʔdeu²⁴, tɕiə¹¹ ni³¹ pa:i³³ laŋ²⁴ tu²⁴ na⁵³
来　到　个　　寺庙　旧　一　这里　后面　前面

tu³³ mi¹¹ nam¹¹ ʔba:n³¹, si³⁵ mian³³ tu³³ nit³⁵ sa:t³⁵ sa:t³⁵, lap³⁵
都　不　挨　寨　　四面　都　阴　森森　　黑

tup³⁵ tut³⁵. te²⁴ zo³¹ ȵiə²⁴ pu³¹ tɕe³⁵ nau¹¹ kwa³⁵, tɕiə¹¹ ni³¹ tɯk³³ tɕiə¹¹ ʔo³⁵
漆漆　　他　听见　老人　说　过　这里　是　处　出

tuə¹¹ kuk³⁵ tuə¹¹ ʔdian²⁴, po¹¹ tuə¹¹ ȵa²⁴ te²⁴ zaɯ³¹ ʔju³⁵ tɕiə¹¹ ni³¹ ha:i³⁵
老虎　　豺狼　　群　野兽　那　聚　在　这里　害

tuə¹¹ vɯn¹¹ tuə¹¹ tuə¹¹, taŋ⁵³ lau¹¹ kuə³³ ni°? ʔbɯn²⁴ jou²⁴ lap³⁵ mi¹¹
人　　牲畜　　怎么　做　呢　天　又　黑　不

zo³¹ fa¹¹, pau³⁵ la:u³¹ nɯ³³ pai²⁴ nɯ³³ ta:u³⁵, sɿ³¹ tsai²⁴ mi¹¹ li³¹
见亮　　老大　想　去　想　回　实在　没有

pan²⁴ fa¹¹, ka³³ʔdi²⁴ ʔdon³¹ pai²⁴ ʔdaɯ²⁴ za:n¹¹ miu³³ te²⁴ ʔju³⁵ hɯn¹¹
办法　　只好　钻　去　里面　寺庙　那　住　夜

ʔdeu²⁴, ɕa⁵³ ŋɔn¹¹ laŋ¹¹ ʔbɯn²⁴ zoŋ³³ leu³¹ na:i³³ pai²⁴ lai³³ tuə¹¹ʔa²⁴ te²⁴.
一　　等　第二天　　天亮　　了　慢　去　追　乌鸦　那

pau³⁵ la:u³¹ ka³³ pu³¹ to³³ ʔju³⁵ ʔdaɯ²⁴ za:n¹¹ miu³³ te²⁴, jou²⁴ ɕeŋ³¹
老大　自　一　人　在　里面　寺庙　那　又　冷

jou²⁴ ʔiə³⁵ jou²⁴ ʔdi²⁴ lau²⁴. te²⁴ jou²⁴ nɯ³³ taŋ¹¹ ja³³ te²⁴ lɯk³³ te²⁴ ɕɯ¹¹ ni³¹
又　饿　又　害怕　　他　又　想到　妻　他　儿　他　这时

tsun²⁴ʔju³⁵ za:n¹¹ ɕa⁵³ mɯaŋ³³ te²⁴, po³³ te²⁴ je³³ zun²⁴ teŋ²⁴ ɕeŋ³¹ tup³³ ʔiə³⁵
正在　家　等　盼　他　他们　也　正　挨冷　肚饿

…… nɯ³³ taŋ¹¹ sa:u³³ ni³¹, te²⁴ ɕi³³ taŋ⁵³ lau¹¹ tu³³ nin¹¹ mi¹¹ ʔdak³⁵ pai⁰.
　　　想到　这些　他　就　怎么　都　睡　不　着　了

nau¹¹ ɕɔn¹¹ ɕin²⁴， pau³⁵ laːu³¹ ɕɯ¹¹ ni³¹ tɕiə¹¹ lau¹¹ li³¹ ɕɯ²⁴ pai²⁴ nin¹¹，te²⁴
说　　句子　　老大　　这时　哪儿　　有　心　去　睡　他

leu³¹ huɯn¹¹ tu²³ ɕɯ²⁴ tɕet³⁵， zam³¹ ta²⁴ lai²⁴， taŋ¹¹ tɕaŋ²⁴ huɯn¹¹，te²⁴
整夜　　都　　心痛　　眼泪　流　到　　半夜　他

sɿ³¹ tsai²⁴ jou²⁴ ɕeŋ³¹ jou²⁴ ʔiə³⁵， taːŋ²⁴ mi¹¹ ʔdai³¹ pai⁰，te²⁴ ɕi³³
实在　又　冷　又　饿　　捱　不　得　了　他　就

nau¹¹ vɯən²⁴， kaːi³⁵ vɯən²⁴ ho⁵³ vɯən²⁴ naːn³³ te²⁴ lum⁵³ lau¹¹ hau⁵³ ɕiə³¹
唱歌　　　了　　歌穷　　歌难　　那　好像　给　　神

kun¹¹ ʔbun²⁴ zo³¹ ȵiə²⁴ pai⁰. ɕɔn¹¹ vɯən²⁴ te²⁴ lɯŋ⁵³ tɔk³⁵，zum¹¹ laːu³¹
天上　　听见　了　　句歌　　他　才　　落　　大风

zum¹¹ kweu⁵³ ɕi³³ tɕam³³ tɕaːŋ³³ kwaːt³⁵ ma²⁴ leu³¹，lum⁵³ lau¹¹
旋风　　　就　　突然　　　刮　　来　了　　　好像

ʔbun²⁴ ʔdan²⁴ ziəŋ¹¹ ɕɯ¹¹ ɕi³³ ha³¹ tɔm³⁵ pai²⁴ la⁵³ leu³¹. pau³⁵ laːu³¹
天地　　　　马上　　就　要　陷　　去　下　了　　老大

ʔdi²⁴ laːu²⁴ pai⁰，ʔju³⁵ tɕiə¹¹ te²⁴ ʔdaːŋ²⁴ san³⁵ leu³¹，kun¹¹ tɕau⁵³ tu³³ ʔo³⁵
害怕　了　　在　那儿　　身　抖　了　　头上　　都　出

haːn³³ pai⁰. te²⁴ nuɯ³³，ɕɯ¹¹ ni³¹ kho⁵³ nuɯn⁵³ li³¹ tuə¹¹ kuk³⁵ tuə¹¹ ʔdian²⁴
汗　了　　他　想　　　这时　可能　　有　　老虎　　豺狼

ma²⁴, taːi²⁴ naːn³³ pai⁰. lɯŋ⁵³ nu³³ taŋ¹¹ ni³¹, tɕam³³ tɕa³³ zan²⁴ ȵeu¹¹
来　　死定　了　　才　　想到　　这　　突然　见顶

zaːn¹¹ miu³³ te²⁴ lian⁵³ ʔo³⁵ zoŋ³³ ʔdiŋ²⁴ ʔdiŋ²⁴ ʔdeu²⁴，pau³⁵ laːu³¹ tuk³³
庙宇　　那　　射出　　道(光)红红　　一　　　老大　把

hɯ³¹ lam³¹ kwa³⁵ pai²⁴ kun¹¹ naːm³³，ɕa⁵³ te²⁴ non¹¹ ma²⁴，ka³³ zan²⁴
心馅　　过去　　地上　　　　等　他　醒　来　　只见

tu²⁴ na⁵³ te²⁴ ʔdun¹¹ li³¹ pau³⁵ tɕe³⁵ mum³³ haːu²⁴ ʔdeu²⁴，mum³³ te²⁴ li³¹
面前　他　站　有　　老头　　胡子白　　一　　　胡子　他　有

saːm²⁴ ɕik³⁵ laːi²⁴ zai¹¹，fɯŋ¹¹ kam³³ san⁵³ tuŋ³¹. pau³⁵ tɕe³⁵
三　尺　　多　长　　手　握　根　棍　　老头

mum³³ haːu²⁴ te²⁴ ziəŋ¹¹ te²⁴ nau¹¹："muŋ¹¹ vəi²⁴ ma¹¹ ma²⁴ tɕiə¹¹ ni³¹,
胡子白　　那　跟　　他　说　　你　　为啥　　来　这里

jou²⁴ vəi²⁴ ma¹¹ tɕaːŋ²⁴ huɯn¹¹ ʔju³⁵ tɕiə¹¹ ni³¹ nau¹¹ vɯən²⁴?" pau³⁵ laːu³¹
又　　为啥　　半夜　　　在　这里　　唱歌　　　老大

zan²⁴ tuk³³ pau³⁵ tɕe³⁵ ʔdeu²⁴ ʔdun¹¹ tu²⁴ na⁵³ te²⁴，ɕɯ²⁴ te²⁴ lɯŋ⁵³ ɕaːu³¹
见　　是　老头　　一　　站　　面前　　他　　心　他　才　　将

zuŋ³⁵ ma²⁴la⁵³, leu³¹ɕi³³ te²⁴ tai³⁵ kɔk⁵³ taŋ¹¹ pja:i²⁴ nau¹¹ ka:i³⁵ siən³⁵
放松　　下来　　完了　他　从　　根　　到　　梢　　说　个　事情
ʔda:ŋ²⁴kau³⁵ te²⁴ hau⁵³ pau³⁵tɕe³⁵ te²⁴ n̠iə²⁴, nau¹¹ leu³¹ɕi³³ jou²⁴
自己　　　那　给　老头　　那　听　说　　完　就　又
tɕet³⁵ sam²⁴ jou²⁴ tai³³ pai⁰. pau³⁵tɕe³⁵ te²⁴ n̠iə²⁴ leu³¹, ɕi³³ ŋa:n³³ vəi²⁴ te²⁴
痛心　　又　哭　了　老头　　那　听　了　　就　安　慰　他
nau¹¹: "ka:i³⁵ siən³⁵ muɯŋ¹¹ ni³¹, ku²⁴ɕɯ¹¹ ɕau³¹ɕi³³ zo³¹ leu³¹.
说　　个　　事情　你　　这　我　时　早　就　知　了
mi¹¹ kwa³⁵, muɯŋ¹¹ khɔ⁵³ nuɯn³¹ mi¹¹ zo³¹ ka:i³⁵ kɔk⁵³ tiə⁵³ te²⁴ ni⁰! mi¹¹
不过　　　你　　可能　　不　　知　个　　根底　　那　呢　不
kuan⁵³ jiəŋ³³ laɯ¹¹, muɯŋ¹¹ tu³³ miə⁵³ tɕet³⁵ sam²⁴, miə⁵³ ʔja³⁵ kwa³⁵, ku²⁴
管　　哪样　　　你　都　别　　痛心　　别　难过　　我
zo³¹ ma²⁴ pa:ŋ²⁴ muɯŋ¹¹." pau³⁵tɕe³⁵ te²⁴ nau¹¹ leu³¹, ʔjap³⁵ ta²⁴ɕi³³ mi¹¹
会　来　帮　　你　　老头　　那　说　　完　眨眼　就　不
zan²⁴ pai⁰. ɕɯ¹¹ni³¹, pau³⁵la:u³¹ zo³¹ n̠iə²⁴ ka:i³⁵ ɕɔn¹¹ha:u³⁵ pau³⁵tɕe³⁵
见　了　　这时　老大　　听　见　了　　句　　话　　老头
mum³³ha:u²⁴ te²⁴, ɕɯ²⁴hoʔ¹¹ɕi³³ zuŋ³⁵ pai⁰. te²⁴ leu²⁴ŋon¹¹ ni³¹ tu³³ pai²⁴
胡白　　那　心肠　　就　　松快　了　他　整天　　这　都　去
lai³³ tuə¹¹ʔa²⁴ ta:i²⁴na:u³ te²⁴, ɕɯ¹¹ni³¹ te²⁴ je⁵³ na:i³⁵ ta¹¹za:i³¹ pai⁰,
追　乌鸦　　该死　　那　这时　　他　也　累　得　很　　了
mi¹¹li³¹ tɕi⁵³na:n¹¹ laɯ¹¹ te²⁴ɕi³³ nin¹¹ʔdak³⁵ pai⁰.
没　有　　多久　　　哪　他　就　睡着　　了
　　pau³⁵la:u³¹ mi¹¹ zo³¹ nin¹¹ ʔdai³¹ sa:u³³laɯ¹¹ na:n¹¹, ʔju³⁵
老大　　不　知　睡　得　多少　久　在
tɕa:ŋ²⁴hun¹¹, te²⁴ zan²⁴ neŋ¹¹za:n¹¹ miu³³ te²⁴ ʔo³⁵ tɕeu²⁴ zoŋ³³
半夜　　他　见　房顶　　庙　那　出　股　亮
ɕua:t³³ɕua:t³³ ʔdeu²⁴, te²⁴ tɔk³⁵sat³⁵ naŋ³³ zun³⁵ma²⁴, taŋ³¹ta²⁴ɕim²⁴
晃晃　　　　一　他　惊醒　　　坐　起来　　　睁眼　望
pai²⁴, ʔo³¹! pau³⁵tɕe³⁵ mum³³ha:u²⁴ te²⁴ jou²⁴ ta:u³⁵ma²⁴ ʔdun²⁴ tu²⁴na⁵³
去　啊　老头　胡子白　　那　又　回来　　　站　面前
te²⁴ pai⁰. li³¹ pu³¹ vuɯn¹¹ʔdeu²⁴ ziəŋ²⁴laŋ²⁴ pau³⁵tɕe³⁵ te²⁴, pu³¹ vuɯn¹¹ te²⁴
他　了　有　个　人　　一　跟着　　　老头　　那　个　人　那
nau¹¹ tuɯ¹¹ku³³ tai³³ʔda:i³¹ tɕan²⁴ li³¹ za:p³⁵ taŋ¹¹jiən³³ ʔdeu²⁴zim²⁴ te²⁴.
说　带　双　　麻袋　　装　有　挑　东西　　一　满　那

pau³⁵ tɕe³⁵ mum³³ ha:u²⁴ te²⁴ vi³¹ pai²⁴ ɕo³⁵ za:p³⁵ taŋ¹¹ jiəŋ³³ nak³⁵ nak³⁵ te²⁴
老头　　胡子白　　那指去　朝　挑　东西　重重　那
nau¹¹: "muɯ¹¹ za:p³⁵ za:p³⁵ taŋ¹¹ jiəŋ³³ nak³⁵ ni³¹ ta:u³⁵ pai²⁴ za:n¹¹,
说　你　挑　挑　东西　重　这　回去　家
ŋən¹¹ laŋ²⁴ ʔdiən²⁴ ŋən¹¹ muɯ¹¹ ɕi³³ ka³³ zo³¹ na:i³³ na:i³³ ʔdi²⁴, mi¹¹ kwa³⁵
以后　日子　你　　就自会　慢慢　好　不过
muɯ¹¹ ʔau²⁴ nen²⁴ ʔdi²⁴ soŋ²⁴ jiəŋ³³ sian³⁵: ta¹¹ ʔit³⁵, ʔju³⁵ tɕa:ŋ²⁴ zən²⁴
你　要　记好　两样　事情　第一　在　路上
muɯ¹¹ miə⁵³ ha:i²⁴ ma³⁴ jeu³⁵, taŋ¹¹ za:n¹¹ leu³¹ luɯ⁵³ ha:i²⁴; ta¹¹ ŋi³³,
你　别　开　来　看　到　家　了　才　开　第二
mi¹¹ kuan⁵³ pu³¹ lauɯ³¹ ham³⁵, muɯ¹¹ tu³³ miə⁵³ nau¹¹ hauɯ⁵³ te²⁴ ʔdaɯ²⁴ tai³³
不管　谁　向　你　都　别　说给　他　里　袋
tɕaŋ²⁴ jiəŋ³³ ma¹¹." pau³⁵ tɕe³⁵ te²⁴ nau¹¹ leu³¹, pai²⁴ ʔjap³⁵ ta²⁴ ʔdeu²⁴ ɕi³³
装　什么　老头　那　说　完　次　眨眼　一　就
lian³¹ pu³¹ vuɯn¹¹ tu¹¹ za:p³⁵ te²⁴ tu³³ mi¹¹ zan²⁴ pai⁰, ka³³ liə²⁴ ku³³ za:p³⁵
连　人　挑担　即　都　不　见　了　只　剩　对　担
te²⁴ ʔju³⁵ la⁵³ ʔdan²⁴ tɕiə¹¹ te²⁴.
那　在　地上　那儿
　　　ŋən¹¹ laŋ²⁴ ʔbuɯn²⁴ luɯ⁵³ zoŋ³³, pau³⁵ la:u³¹ ɕi³³ za:p³⁵ za:p³⁵
　　　第二天　天　才　亮　老大　就　挑　挑
taŋ¹¹ jiəŋ³³ nak³⁵ nak³⁵ te²⁴ si²⁴ ta:u³⁵ pai²⁴ za:n¹¹ pai⁰. te²⁴ ʔon³⁵
东西　重重　那　沿　回来　家　了　他　边
ʔiat³⁵ na:i³⁵ ʔon³⁵ pai²⁴, nuɯ³³ tɕai¹¹ ha:i²⁴ ma²⁴ jeu³⁵ ʔdaɯ²⁴ te²⁴ tau²⁴ ti⁵³
歇气　边　去　想　想要　开　来　看　里面　那　到底
tɕaŋ²⁴ jiəŋ³³ ma¹¹, vəi²⁴ ma¹¹ nak³⁵ pan¹¹ ni³¹! te²⁴ ta³¹ nuɯ¹¹ taŋ¹¹ ka:i³⁵
装　什么　为什么　重　成　这　他　一　想到　个
ha:u³⁵ pau³⁵ tɕe³⁵ nau¹¹ te²⁴, ɕi³³ mi¹¹ ka:m⁵³ ha:i²⁴ pai⁰. ʔbuɯn²⁴ ha³¹
话　老头　说　那　就　不　敢　开　了　天　要
lap³⁵, pau³⁵ la:u³¹ luɯ⁵³ taŋ¹¹ za:n¹¹. ɕa:u³¹ taŋ¹¹ za:n¹¹, te²⁴ ɕi³³
黑　老大　才　到　家　刚　到　家　他　就
ma⁵³ saŋ²⁴ nau¹¹ hauɯ⁵³ ja³³ te²⁴ ha:i²⁴ tai³³ ma²⁴ jeu³⁵, ja⁰! tuɯk³⁵ za:p³⁵
马上　说　给　妻　他　开　袋　来　看　呀　是　条
ŋan¹¹ ha:u²⁴ ʔdoŋ³⁵ ʔdoŋ³⁵ ʔdeu²⁴, ɕɯ¹¹ ni³¹, leu³¹ za:n¹¹ tu³³ ʔa:ŋ³⁵ leu³¹.
银　白亮亮　一　这时　全家　都　高兴　完

tai³⁵ ɕɯ¹¹ te²⁴ pai²⁴ na⁵³, ʔdiən²⁴ ŋɔn¹¹ za:n¹¹ pau³⁵ la:u³¹ ɕi³³ na:i³³ na:i³³
从　那时　往前　日子　　家　老大　就　慢慢
ʔdi²⁴ kwa³⁵ pai⁰, van²⁴ hau³¹ je⁵³ li³¹, ɕen¹¹ je⁵³ li³¹ pai⁰, kuə³³ hoŋ²⁴ je⁵³ li³¹
好 过 了　种子　也有　　钱　也有了　做活　也有
zeŋ¹¹ ta¹¹ za:i³¹ pai⁰.
力　非常　了

　　　pau³⁵ ŋi³³ zan²⁴ pi³¹ ta:i³³ te²⁴ ʔdiən²⁴ ŋɔn¹¹ na:i³³ na:i³³ ʔdi²⁴
　　老二　见　大哥　他　日子　　慢慢　好
ma²⁴ kɯn¹¹, ɕin²⁴ tɕhi³¹ kuai²⁴ ta¹¹ za:i³¹, ʔdau²⁴ ɕɯ²⁴ te²⁴ nɯ³³:
起来　真　奇怪　非常　　心里　他　想
"ʔdau²⁴ ni³¹ khɯn⁵³ tin²⁴ li³¹ vɯn²⁴ thi³¹!" te²⁴ ɕi³³ tsuaŋ³³ ziu²⁴ ma²⁴ ham³⁵
里面　这　肯定　有　问题　他　就　装　笑　来　向
pau³⁵ pi³¹ te²⁴: "pau³⁵ pi³¹ ja⁰! ʔdiən²⁴ ŋɔn¹¹ mɯn¹¹ vəi³³ ma¹¹ ʔdi²⁴
老哥　他　老哥　呀　日子　　你　为啥　好
jieŋ³³ ni³¹?" kɔk³¹ ʔdu³¹, pau³⁵ la:u³¹ ʔi²⁴ ɕɔn¹¹ ha:u³⁵ pau³⁵ tɕe²⁴
如此　起初　老大　依　句话　老头
mum³³ ha:u²⁴ nau¹¹ te²⁴, mi¹¹ tɕai¹¹ ziəŋ¹¹ pau³⁵ ŋi³³ nau¹¹ ɕin²⁴, ma²⁴ laŋ²⁴,
胡子白　说那　不想　跟　老二　说　真　后来
pau³⁵ ŋi³³ ham³⁵ tɕi⁵³ ta:u³⁵, pau³⁵ la:u³¹ ɕɯ²⁴ so³³ ɕɯ²⁴ ʔun³⁵, ɕi³³
老二　问　几次　老大　心直　　心软　就
nau¹¹ hau⁵³ pau³⁵ ŋi³³ ɲiə²⁴ kuə³³ leu³¹, nau¹¹ te²⁴ taŋ⁵³ lau¹¹ pai²⁴ taŋ¹¹
说给　老二　听　完全　说　他　怎样　去到
za:n¹¹ miu³³ ʔdeu²⁴ zo³¹ ɲiə²⁴ zum¹¹ la:u³¹, jeu³⁵ zan²⁴ ʔdit³⁵ ʔdiŋ²⁴, jou²⁴
寺庙　一　听见　风大　　看见　光红　又
puŋ¹¹ pau³⁵ tɕe²⁴ mum³³ ha:u²⁴, jou²⁴ taŋ⁵³ lau¹¹ ʔdai³¹ ŋan¹¹······ pau³⁵ ŋi³³
逢　老头　胡子白　又　怎样　得　银　　老二
ɲiə²⁴ leu³¹, ʔdau²⁴ ɕɯ²⁴ ʔdiap³⁵ ʔa:ŋ³⁵ ta¹¹ za:i³¹, nɯ³³ nau¹¹: "li³¹ ka:i³⁵
听了　心里　暗喜　非常　　想说　有个
sian³⁵ ʔdi²⁴ jieŋ³³ ni³¹, ɕa⁵³ ham³³ ɕo³³, ku²⁴ je⁵³ ziəŋ¹¹ pau³⁵ tɕe²⁴
事情　好　如此　等　明晚　我　也　跟　老头
mum³³ ha:u²⁴ te²⁴ ʔau²⁴ ʔet³⁵ ŋan¹¹ ʔdeu²⁴ ma²⁵ juŋ³³!"
胡子白　那要　点　银　一　来　用

　　　pau³⁵ ŋi³³ tai³⁵ hɯ¹¹ ni³⁵ te²⁴ ɕi³³ mai¹¹ ɕen¹¹. ŋɔn¹¹ laŋ²⁴, vəi³³ tɕai¹¹
　　老二　从　时　小　他　就　爱　钱　第二天　为　想

ʔdai³¹ ŋan¹¹ laːi²⁴, te²⁴ ɕi³³ tɯ¹¹ ku³³ tai³³ ʔdaːi³¹ laːu³¹ laːu³¹ ʔdeu²⁴, ziəŋ¹¹
得　银　多　他　就　带　对　麻袋　大大　　一　和
teu¹¹ haːn¹¹ ʔdoŋ³¹ ʔdoŋ³¹ ʔdeu²⁴, ʔi²⁴ zɔn²⁴ pau³⁵ pi³¹ te²⁴ vi³¹ te²⁴,
根扁担　　硬硬　　　一　依路　大哥　他　指　那
pai²⁴ taŋ¹¹ zaːn¹¹ miu³³ te²⁴ pai⁰. ɕɯ¹¹ ha³⁵ ʔo³⁵ tu²⁴ te²⁴, te²⁴ nau¹¹ hau⁵³
去　到　寺庙　　那　了　时　要　出门　那　他　说　给
ja³³ te²⁴, ŋɔn¹¹ laŋ²⁴ pai²⁴ tɕaːŋ²⁴ zɔn²⁴ ɕu³¹ te²⁴.
妻　他　第二天　去　途中　接他
　　　　　　pau³⁵ ŋi²⁵ leu³¹ ŋam¹¹ le¹¹ pai²⁴ taŋ¹¹ ʔdan²⁴ zaːn¹¹ miu³³ pau³⁵ pi³¹ nau¹¹
　　　　　　老二　　急忙　跑　去　到　个　寺庙　大哥　说
te²⁴, ʔju³⁵ tɕiə¹¹ te²⁴ ɕa⁵³ pai²⁴ ɕa⁵³ ma²⁴, tɕa⁵³ tsuan³³ lum⁵³ lau¹¹ tuŋ³¹ ʔbu³⁵
那　在　那里　等去　等来　假装　好像　伤心
naːn¹¹ kwa³⁵ jiəŋ³³ ni³¹, mi¹¹ kwa³⁵ ʔdaɯ²⁴ ɕu²⁴ te²⁴ ʔjaːn²⁵ ʔju³⁵ taːi¹¹ zaːi³¹,
难过　一样　　不过　心里　他　难　在　得很
ɕa⁵³ mi¹¹ zan²⁴ pau³⁵ tɕe³⁵ mum³³ haːu²⁴ te²⁴ ʔo³⁵ ma²⁴, te²⁴ tu¹¹ ɕa⁵³ mi¹¹
等　不见　老头　胡子白　那　出来　他　都　等　不
nai²⁴ fam³¹ pai⁰. ʔdaɯ²⁴ ɕu²⁴ te²⁴ nau¹¹, hɯn¹¹ ni³¹ tɕiə¹¹ lau¹¹ pai²⁴ zai¹¹
耐烦　了　心里　他　说　今晚　怎么　去　长
lum⁵³ ni³¹, pi⁵³ ɕɯ¹¹ ʔun³⁵ zai¹¹ to²⁴ laːi²⁴ taːi¹¹ zaːi³¹, ɕin²⁴ naːn¹¹ ŋaːu³¹
如此　比　时别的　长　多多　得很　真难　熬
taːi¹¹ zaːi³¹. ɕa³¹ taŋ¹¹ pjoŋ³³ hɯn¹¹, ɕin²⁴ li³¹ zum¹¹ laːu³¹ po³⁵ ma²⁴
得很　等到　半夜　　真有　大风　吹来
taːi¹¹ zaːi³¹, tɕeu¹¹ ʔdit³⁵ ʔdiŋ²⁴ ʔdoŋ³⁵ ʔdeu²⁴ ʔo³⁵ tai³⁵ neŋ¹¹ zaːn¹¹ miu³³
真的　股光线　红红　一　出　从顶　寺庙
ma²⁴ zo³³, pau³⁵ mum³³ haːu²⁴ ʔdeu²⁴ taːm²⁴ laŋ²⁴ ʔo³⁵ ma²⁴. pau³⁵ tɕe³⁵
出来　老头　胡子白　一　随后　出来　老头
mum³³ haːu²⁴ te²⁴ ham³⁵ te²⁴: "mɯŋ¹¹ vəi²⁴ ma¹¹ ʔju³⁵ tɕiə¹¹ ni³¹ tai⁵³.
胡子白　那　问　他　你　为啥　在　这里　哭
naːn¹¹ kwa³⁵ pan¹¹ jiəŋ³³ ni³¹ ja⁰?" pau³⁵ ŋi³³ lo³¹ te²⁴ nau¹¹: "zaːn¹¹ ku²⁴
难过　成　这样　呀　老二　骗　他　说　家　我
mi¹¹ li³¹ zi³³ naːn¹¹ kua³³, ʔdiən²⁴ ŋɔn¹¹ ʔja³⁵ kwa³⁵ taːi¹¹ zaːi³¹, ku²⁴ ɕi³⁵ ʔju³⁵
没有　田地　做　日子　难过　得很　我　就　在
zo³³ ɕaːm²⁴ hau³¹ kwa³⁵ ŋɔn¹¹, pu³¹ lau¹¹ zo³¹ pjaːi⁵³ ma²⁴ taŋ¹¹ tɕiə¹¹ ni³¹
外　讨饭　过日子　　谁　知　走　来　到　这里

ʔbɯn²⁴ ɕi³³ lap³⁵ pai⁰ ka³³ li³¹ ʔju³⁵ tɕi¹¹ ni³¹ ham³³ ʔdeu²⁴, ŋən¹¹ ɕo³³ lɯŋ⁵³
天　 就　 黑　了 只有 在　 这里　 夜　 一　 明天　才
taːu³⁵ pai²⁴. ku²⁴ tuŋ³¹ ʔiə³⁵ taˡ¹¹ zaːi³¹, ʔdau²⁴ʔdaːŋ²⁴ jou²⁴ ɕen³¹, ɕin²⁴
回　去　我　肚子　饿　　得很　　　身体　又　冷　真
taːŋ²⁴mi¹¹ʔdai³¹ ta¹¹ zaːi³¹, nɯ³³ taŋ¹¹ ni³¹ ɕi³³ tai⁵³." tɕhi¹¹ sɿ¹¹ pau³⁵ tɕe³⁵
顶不住　　　得很　　想　到　这 就 哭　其实　　老头
mum³³ haːu²⁴ ɕɯ¹¹ ɕau³¹ ɕi³³ zo³¹ te²⁴ tɯk³³ pu³¹ vɯn¹¹ tuŋ³¹ ʔja³⁵ ʔdeu²⁴,
胡子白　　时　早　就　知　他　是　 人　 肚 坏　一
ka³³ zo³¹ ʔdaːŋ²⁴ kau³⁵ za²⁴ ɕen¹¹ pan¹¹ʔdi²⁴, mi¹¹ kuan⁵³ pu³¹ʔɯn²⁴
只知　自己　　找钱　富裕　　不管　　别人
taːi²⁴ tɕau²⁴. jiən³³ ni³¹ pau³⁵ tɕe³⁵ mum³³ haːu²⁴ te²⁴ ɕua²⁴ŋ³³ʔi³⁵ kuə³³ pu³¹
死活　　这样　老头　　胡子白　　那 假装　　做　人
ko⁵³ si¹¹ te²⁴, ziən¹¹ te²⁴ nau¹¹: "ʔdi²⁴ pa⁰, tɕi²⁴ zan³¹ jiən³³ ni³¹, ɕi³³ ɕa⁵³
可怜　那　跟他　说　好 吧　既然　这样　就 等
ku²⁴ ma²⁴ tɕau³⁵ mɯŋ¹¹ pa⁰." pau³⁵ tɕe³⁵ mum³³ haːu²⁴ te²⁴ nau¹¹ leu³¹ ɕi³³
我　来　救　你　吧　老头　　胡子白　那　说　完 就
mi¹¹ zan²⁴ pai⁰. ɕɯ¹¹ ni³¹, pau³⁵ ŋi³³ ʔaːŋ³⁵ ziu²⁴ ta¹¹ zaːi³¹, ʔdan²⁴ sam²⁴
不 见 了　　这时　老二　高兴　非常　　　心脏
tu³³ ha³¹ sat³⁵ ma²⁴ zo³¹ leu³¹. te²⁴ ʔju³⁵ ʔdau²⁴ ɕɯ²⁴ nɯ³³ ʔdam³¹ʔdam³¹:
都要　跳　出来　 了　他　在　心里　想　　暗暗
"taːu³⁵ ni³¹ ku²⁴ ji³¹ tin²⁴ ʔdai³¹ zaːp³⁵ ŋan¹¹ laːu³¹ laːu³¹ ʔdeu²⁴ pai⁰." te²⁴
这回　我　一定　得　挑　银　　大大　一　了　他
ɕi³³ kuə³³ jiən³³ ni³¹ ʔju³⁵ ʔdau²⁴ zaːn¹¹ miu³³ te²⁴ pjak³³ pjak³³ ɕa⁵³, ɕa⁵³ ja⁰
就　做　这样　　在　里面　寺庙　那　静静　　等　等 呀
ɕa⁵³, nɯ³³ ja⁰ nɯ³³, ʔdau²⁴ ɕɯ²⁴ jou²⁴ tsɿ³¹ tɕi³¹ jou²⁴ ʔaːŋ³⁵ ziu²⁴.
等　想 呀 想　　心里　又　着急　又　高兴
　　ɕɯ¹¹ ni³¹, zum¹¹ laːu³¹ jou²⁴ kwaːt³⁵ ma²⁴ pai⁰, lum⁵³ lau¹¹
　　这时　　大风　　又　刮　来 了　　好像
la⁵³ ʔdan²⁴ saːŋ⁵³, ʔdit³⁵ haːu²⁴ lian⁵³ kwa³⁵, tu²⁴ zaːn¹¹ miu³³ haːi²⁴
地上　抖动　　光　白　射过　门　寺庙　开
pai⁰, pau³⁵ ŋi³³ ȵi¹¹ nau¹¹ tɯk³³ pau³⁵ tɕe³⁵ mum³³ haːu²⁴ soŋ³⁵ ŋan¹¹ ma²⁴
了　老二　认为　是　老头　　胡子白　送　银子 来
pai⁰, koŋ³³ ŋaːŋ³³ zun³⁵ ma²⁴, nɯ³³ ha¹¹ tɕai¹¹ haːm³³ pai²⁴ na⁵³ ɕɯ³¹ ŋan¹¹,
了　急忙　起来　　想　想要　跨　　上前　接　银

pu³¹ lau¹¹ zo³¹ mi¹¹ tɯk³³ pau³⁵ tɕe³⁵ mum³³ ha:u²⁴ soŋ³⁵ ŋan¹¹ ma²⁴, tɯk³³
谁　　知　　不　是　老头　　胡子白　　送　银子　来　　是
po¹¹ tuə¹¹ ʔdiaŋ²⁴ tuə¹¹ kuk³⁵ ʔdeu²⁴ hum³¹ te²⁴ ɕo³⁵ tɕin⁵³ tɕa:ŋ²⁴. ɕɯ¹¹ ni³¹,
群　豺狼　　老虎　一　围　他　在　中间　　这时
pau³⁵ tɕe³⁵ mum³³ ha:u²⁴ ʔo³⁵ ma²⁴ pai⁰, te²⁴ ʔau²⁴ san⁵³ tɯŋ³¹ vi³¹ pai²⁴ ɕo³⁵
老头　　胡子白　　出来　　了　他　拿　拐杖　　指　去　朝
pau³⁵ ŋi³³, nau¹¹: "ka:i³⁵ lɯk³³ ɕɯ²⁴ ʔja³⁵ ɕɯ²⁴ fon³¹ mɯŋ¹¹ ni³¹, ɕɯ¹¹
老二　　说　　个　儿　心坏　　心黑　你　　这时
pan²⁴ za:n¹¹ te²⁴ mɯŋ¹¹ tɕhi²⁴ fu²⁴ pi³¹ ta:i³³ mɯŋ¹¹, hai³¹ mi¹¹ ɕɯ²⁴ zim²⁴,
分家　　那　你　欺负　大哥　　你　还　不　心　满
hai³¹ li³¹ ʔo³⁵ ɕɯ²⁴ ha:i³⁵ te²⁴, ʔau²⁴ hau³¹ ka³⁵ za:ŋ²⁴ kwa³⁵ ɕiə³⁵ hau⁵³ te²⁴
还　有　出　心　害　　他　拿　谷子　　炒　过　借　给　他
pai²⁴ kuə³³ van²⁴, hau⁵³ te²⁴ ʔau²⁴ pai²⁴ pja:u³⁵ mi¹¹ tau⁵³. pi³¹ ta:i³³
去　做　种　　给　他　拿　去　撒　　不　生　大哥
mɯŋ¹¹ ɕɯ²⁴ ʔdi²⁴, ku²⁴ lɯŋ⁵³ tɕau³⁵ te²⁴. ɕɯ¹¹ ni³¹ mɯŋ¹¹ jou²⁴ ma²⁴ lo³¹
你　　心好　　我　才　救　他　这时　你　又　来　骗
ku²⁴, tɕai¹¹ ʔau²⁴ ŋan¹¹ la:i²⁴ la:i²⁴, tɕiə¹¹ lau¹¹ zo³¹ kuə³³ taŋ¹¹. lum⁵³ jiəŋ³³
我　　想　拿　银　多多　　哪里　会　做到　　像样
vɯn¹¹ ɕɯ²⁴ ʔja³⁵ ɕɯ²⁴ fon³¹ mɯŋ¹¹ ni³¹, pau³⁵ ʔbɯn²⁴ mi¹¹ zo³¹ ŋuən³³
人　心坏　　心黑　你　这　老天　　不会　饶
mɯŋ¹¹, vɯn²⁴ pɯəŋ³³ ŋuəŋ³³ mi¹¹ ʔdai³¹ mɯŋ¹¹. ɕɯ¹¹ ni³¹ ku²⁴ soŋ³⁵ mɯŋ¹¹
你　人天下　　饶　不得　　你　这时　我　送　你
pai²⁴ zan²⁴ nian³¹ vaŋ³¹ la⁵³ na:m³³, mɯŋ¹¹ pai²⁴ ziəŋ¹¹ te²⁴ ʔau²⁴ ŋan¹¹ pa⁰!"
去　见　阎王　　地下　　你　去　跟　他　要　银　吧
pau³⁵ tɕe³⁵ te²⁴ nau¹¹ leu³¹ ɕi³³ mi¹¹ zan²⁴ pai⁰, pau³⁵ ŋi³³ ɕɯ²⁴ ʔja³⁵ te²⁴
老头　那　说　了　就　不　见　了　老二　心坏　那
hou²⁴ hui⁵³ mi¹¹ kai³³ ma²⁴ tɕiə¹¹ za:n¹¹ miu³³ ni³¹, ɕɯ¹¹ ni³¹, po¹¹
后悔　　不该　来　处　寺庙　这　　这时　群
tuə¹¹ kuk³⁵ tuə¹¹ ʔdiaŋ²⁴ te²⁴ ɕi³³ poŋ³⁵ ma²⁴ ɕo³³ te²⁴, kai³¹ te²⁴ pai²⁴
老虎　　豺狼　　那　就　扑　来　朝　他　掀　他　去
la⁵³ ʔdan²⁴, kɯn²⁴ te²⁴ kuə³³ leu³¹ pai⁰.
地下　　吃　他　做完　了
　　ŋon¹¹ laŋ²⁴, ja³³ pau³⁵ ŋi³³ pai²⁴ tɕa:ŋ²⁴ zon²⁴ ɕɯ³¹ te²⁴, ɕa⁵³ taŋ¹¹
　　第二天　　妻　老二　去　　途中　接　他　等到

ta²⁴ ŋɔn¹¹ ha³¹ tɔk³⁵ po²⁴ pai⁰, tu³³ mi¹¹ zan²⁴ te²⁴ ta:u³⁵ ma²⁴, te²⁴ ɕi³³
太阳 要 落坡 了 都 不 见 他 回来 他 就
ʔda:ŋ²⁴ kau³⁵ ka³³ ta:u³⁵ pai³⁵ za:n¹¹ pai⁰. ham³³ te²⁴, pau³⁵ la:u³¹
自己 自 回去 家 了 那 夜 老大
pan¹¹ hɯn¹¹ puŋ³⁵ pau³⁵ tɕe³⁵ mum³³ ha:u²⁴ te²⁴, ziəŋ¹¹ te²⁴ nau¹¹ pau³⁵ ŋi³³
做梦 逢 老头 胡子 白 那 跟 他 说 老二
kuə³³ taŋ⁵³ lauɯ¹¹ ha:i³⁵ te²⁴, te²⁴ kuə³³ taŋ⁵³ lauɯ¹¹ sou³³ sɿ³¹ pau³⁵ ŋi³³,
做 怎样 害 他 他 做 怎样 收拾 老二
pau³⁵ la:u³¹ pjɔk³⁵ ma²⁴, lɯɯ³⁵ zo³¹ pau³⁵ ŋi³³ tɯk³³ pu³¹ vun¹¹ ɕɯ²⁴ ʔja³⁵
老大 醒 来 才 知 老二 是 个 人 心坏
ɕɯ²⁴ fon³¹ ʔdeu²⁴, ŋɔn¹¹ ni³¹ te²⁴ ta:i²⁴ pai ɕi³³ tɯɯk³³ pau²⁴ jin²⁴ pai⁰.
心黑 一 今天 他 死去 就 是 报应 了

意译：

兄弟关系故事六则
（1）

　　从前，有一家有两弟兄，母亲去世得早，家里只有年老的父亲同住。这弟兄两个性情各不一样，老大为人老实、心直口快，有时候自己情愿多吃一点亏，也不愿和别人争吵；老二则恰恰相反，他为人吝啬，又心毒又狡猾，又能说会道。老二经常这样想，"我要做人世间独一无二的富贵人"。无论谁，想从他那儿讨点吃的简直太难了。

　　有一年，田里的庄稼有了好收成，可是，就在这个时候，兄弟俩的父亲去世了。于是，坏心眼的老二趁这个机会来欺负他的大哥，他整天缠着他的大哥，想要分家自己过日子，大哥被缠得没有办法，只好同意了。

　　在分家的时候，老二想方设法多占粮食和家产，老大为人老实厚道，也不去跟他争。老二说什么，他就依什么。老二自己占了三间大瓦房，把茅草盖顶的厢房留给大哥。同时，他还把全年所收的粮食分成五股，自己要了四股，他大哥只得了一股。老大对弟弟的这种霸道行为没有说半句抱怨的话。就这样，他们两弟兄的家就算分定了。

分了家以后，老大因为孩子多，负担重，分得的粮食又少，所以不到腊月底就没有粮食了。到年三十晚上都没有米下锅，当然更谈不上来年播种所需的种子了。七熬八熬，吃草根，吞树叶，总算熬到了第二年阳雀开叫的时候。阳雀开叫了，撒种播种的时候到了，可是，没有谷种怎么办呢？左思右想，没有办法，只好向老二借一斗谷子来作种子，并答应在秋收以后，连本带利还给他五斗谷子。老二听说大哥要向他借谷种，心里在盘算，怎么做才能使自己既有面子，又不让大哥从中捞到什么好处呢？左想右想，终于想到了一个"妙计"。于是他装出非常大方的样子，说："自家兄弟嘛，借就借吧！大哥您先回去，等我们把种子筛选好了以后，明天您再来拿。"老大于是就高高兴兴地回去了。老大刚走，老二就急忙叫他老婆拿一斗谷子来炒，等明天老大来了好借给他。第二天，老大一来就拿到了谷子，心中非常高兴，很感激老二在他困难的时候向他伸出援助的手，可他哪儿知道这谷子是炒熟了的。

老大把借来的谷子拿去撒在秧田里，一天两天，十天半月，一个月过去了，但怎么也不见生出一棵秧苗来。七等八等，左盼右盼，足足等了有一个半月，终于才长出了一棵孤零零的秧苗来。老大想：既然长出了一棵，那以后肯定会慢慢地长出更多的秧苗来。于是，他每天天不亮就起来到田边去守着。等啊，等啊，一天，两天、十天、半月，时间就这样一天天地过去，转眼就是两个多月。除了当初长出来的那根独苗以外，再没有别的秧苗长出来了，尽管如此，老大还是没有泄气，仍然照常每天清早一起来就到田边去守着，一直到那棵秧苗出穗都要黄了，他还是耐心地守着。

一天，忽然飞来了一只乌鸦，把那一棵快要黄了的谷穗叼了去。老大守了几个月，只守得这样一棵谷穗，眼看又被乌鸦叼去了，当然很心痛。于是，他就拼命地跟在乌鸦后面追。追呀追呀，追了一山又一山，追了一岭又一岭，一直追到天快要黑了，还是追不上那只该死的乌鸦。天终于黑下来了。老大跑了一整天，来到一个前不着村，后不着店的地方，面前只有一个冷阴阴、黑洞洞的古庙。老辈人常常说，这个地方是豺狼虎豹的老窝，它们经常在这里出没伤害人畜。怎么办呢？天又黑得伸手不见五指。老大想了又想，实在没有办法，只好硬着头皮走进庙里暂住一夜，等天亮后再继续追赶乌鸦。

老大在庙里，孤零零地，又冷、又饿、又害怕；同时，又想到家里的妻子儿女现在正在盼望和等待自己，他们同样也是在挨冷受饿着……想到这些，他怎么也睡不着觉了。实际上，老大在庙里根本就没有心思睡觉，一整夜只是悲伤流泪。三更时分，老大实在又冷又饿，就伤感地唱起苦歌来。凄惨的歌声似乎感动了天神。歌声刚落，忽然狂风大作，好像马上要天塌地裂似的。老大吓得全身发抖，满头是汗，心想："这一定是老虎豹子来了，这下子可糟糕了。"正想着，突然庙顶上闪出一道红光，把老大吓得昏倒在地上，等他苏醒过来时，只见一个白胡子老人，胡子起码有三尺多长，拄着一根拐棍，站在他的面前。白胡子老人很和善地问老大："你为什么到这里来？又为什么在这半夜三更里唱出这样伤心的歌？"老大看见面前是一个老人，这才安下心来，并且把自己的身世详详细细讲给老人听。说完又伤心地哭了起来。白胡子老人听了，安慰他道："你的事情，我早知道了。不过，恐怕你还不知道其中的根底哩！但不管怎样，你不要伤心，也不要难过，我来搭救你就是了。"老人说完，眨眼的功夫就不见了。这时，老大听白胡子老头那么一说，心情也不再是那么紧张了，再加上这一天一直在追赶那只该死的乌鸦，这时已经筋疲力尽，于是，不知不觉就睡着了。

老大不知道睡了多久，睡梦中他发现寺庙的屋顶上突然闪现出一道白光，吓得他跳了起来。他定睛一看，啊，原来又是那个白胡子老人又站到他的面前来了。老人后面还有一个人，那人挑着一挑装满东西的麻布口袋。白胡子老人指着那挑沉甸甸的东西对他说："你把这挑东西挑回家去，今后你的日子就会慢慢地好起来。但要记住两件事：第一件，在半路上不准打开，等到家后再打开来看；第二件，不管是谁问你，你都不要告诉他里面装的是什么。"老人把话说完，转眼间和挑东西的那个人都不见了，只剩下那挑担子在地上。

第二天天刚亮，老大挑着那挑沉甸甸的东西往家走，一路上不知歇了多少气，心想打开来看一下里面装的究竟是什么东西，为什么这么重！但他想起了白胡子老人的叮嘱，就没敢打开。天快黑了，老大才到家。到家后，他急忙叫老婆打开口袋来看，呀！原来是一挑白晃晃的银子。当时，全家都有说不出的高兴。从此，老大一家的日子也就渐渐地好过起来了。种子也有钱买了，做起活来，也非常有劲。

老二见他大哥的日子过得好起来，非常惊奇，心里在想："这里边一定有什么问题！"于是，他笑嘻嘻地问他大哥："大哥呀，为什么你的日子过得这样好呀？"起初，老大始终遵照白胡子老人的叮嘱，不肯和老二实说。后来，老二再三逼问，心直口快的老大便把得到银子的经过通通告诉了老二；说他是如何如何在庙里听到狂风看见红光，又遇见白胡子老人的，又是如何如何得到银子的……，老二听了，心里暗暗高兴，心想："有这样的好事，等明天晚上，我也去向白胡子老人要点银子来用！"

老二向来很贪财。第二天，他为了得到更多的银子，就带上了一对很大的麻布口袋和一根很粗的扁担，按照他大哥所指的路，到庙里去了。临走时，他还叫他老婆明天到半路上去接他。

老二飞快地赶到他大哥说的那座庙里，等呀，等呀，表面上装着很悲伤的样子，而心里却等得直发慌，等得不耐烦了，都不见白胡子老人出来，觉得这一夜比任何一个晚上都要长得多，真是难熬。好容易才等到半夜，果然狂风大起，一道红光从庙顶上闪现出来，接着一个白胡子老人也出来了。白胡子老人问他："你为什么这样伤心流泪呀？"老二急忙撒谎说："我家没田没地种，生活很苦，因此，只得在外面讨饭过日子，想不到走到这里天就黑了，只好在这里住一晚上，明天再走。但肚子实在饿得很，周身又冷，实在熬不住了，所以就哭起来了。"其实，白胡子老人早知道他是一个良心狠毒的家伙，只知道自己发财致富，从来不管别人的死活。于是，白胡子老人就假装可怜他的样子，便对他说道："好吧，既然是这样，我来搭救搭救你吧。"白胡子老人说完，就不见了。这时，老二高兴得连心都差点跳了出来。他在心里暗暗地这样想："这一回可要得一大挑银子了。"这样他就在庙里静静地等着。等呀等呀，想呀想呀，心里又急又高兴。

突然，狂风又起，地动山摇，白光一闪，庙门大开。老二以为是白胡子老人送银子来了，急忙站起身来，准备上前去接银子。结果，不是白胡子老人送来银子，而是一群豺狼虎豹进门来将他团团围住了。这时，白胡子老人也出现了，他用拐棍指着老二骂道："你这个黑心肠的家伙，你在分家时欺负了你的大哥，心还不足，你又起心害他，拿炒熟了的谷子借给他，害他拿去撒不出苗。你大哥是个好心的人，我救了他。现在，你又来骗我，想来得到更多的银子，这是不可能的，也是办不到的，像你这样黑心肠的人，天老爷是不会容你的，世间上也是不会容你的。现在叫你去见阎王去，你去向阎王老爷要银子去吧！"老人说完话又不见了。黑心的老二正在后悔不该到庙里来的时候，老虎豹子就一齐冲上去，把他咬死吃掉了。

第二天，老二的老婆到半路去接他，等到太阳快要落坡了，都不见他回来。他老婆只好回家了。这天晚上，白胡子老人托梦给老大，将老二欺负他和害他的情况，以及自己如何收拾老二的经过告诉了他，老大醒来时，才知道老二原来是这样一个心肠歹毒的人，这样的下场是他应得的报应。

（2）

$mɯən^{31}$ $ɕau^{31}$, li^{42} $za:n^{11}$ $ʔdeu^{24}$ $soŋ^{24}$ pi^{42} $nuəŋ^{42}$ pan^{24} $za:n^{31}$,
　　从前　　有　　家　一　　两　　兄弟　　分　家

pi^{42} $ta:i^{33}$ $ɕɯ^{24}$ $ʔja^{35}$, $tɯ^{11}$ zi^{33} na^{11} $ʔo^{35}$ $sa:m^{24}$ pa^{35} $la:i^{24}$ $za:p^{35}$ hau^{31} te^{24}
　　老大　　心坏　　把　田地　出　三　百　多　挑　谷　那

tu^{33} ha^{33} pai^{24} leu^{31}, ka^{33} $ɕe^{24}$ $ʔdan^{24}$ $ɕuŋ^{35}$ $ʔdeu^{24}$ $ziaŋ^{11}$ $tuə^{11}$ ma^{24} lai^{33}
　都　占　去　完　　只　丢　只　枪　一　　和　条　狗　追

$fa:n^{11}$ $ʔdeu^{24}$ hau^{53} pau^{35} $nuəŋ^{31}$ te^{24}.
　黄檖　一　　给　　老弟　他

　　　　pau^{35} $ŋi^{33}$ fi^{33} pan^{24} $ʔdai^{31}$ zi^{33} na^{11}, $ɕi^{33}$ pai^{24} $ziəŋ^{11}$ $vuun^{11}$ $ʔdau^{24}$
　　　　老二　　未　分　得　　田地　　就　去　跟　　人　里面

ʔbaːn³¹ za:n¹¹ li³¹ na¹¹ te²⁴ siə³⁵ ʔdai³¹ ɕip³³ tɕi⁵³ za:p³⁵ hau³¹ na¹¹ kuə³³. te²⁴
村　　家　　有　田　那　佃　　得　十几　　挑　水稻　做　他

pai²⁴ ziəŋ¹¹ pi³¹ te²⁴ ɕiə³⁵ tuə¹¹ va:i¹¹ ma²⁴ ɕai²⁴, pi³¹ te²⁴ mi¹¹ hau⁵³ te²⁴ ɕi³³
去　跟　哥　他　借　　水牛　　来　犁　哥　他　不　给　他　就

ʔau²⁴ tuə¹¹ ma²⁴ lai³³ fa:n¹¹ te²⁴ pai²⁴ ɕai²⁴.
拿　狗　　追　黄麇　那　去　犁

na¹¹ te²⁴ siə³⁵ te²⁴ nam¹¹ pa:ŋ³¹ zɔn²⁴ la:u³¹. li³¹ ŋɔn¹¹ ʔdeu²⁴ te²⁴ kuət³³
田　他　佃　那　挨　边　　大路　　有　天　一　他　扛

fa³³ ɕai²⁴ ʔdeu²⁴, ɕiŋ³¹ tuə¹¹ ma²⁴ te²⁴ pai²⁴ taŋ¹¹ ʔdau²⁴ na¹¹. te²⁴
把犁　一　　牵　只　狗　那　去　到　里面　田　他

luɯ⁵³ ɕa:u³¹ tɕai¹¹ za:ŋ⁵³ ɕai²⁴ ɕai²⁴ na¹¹, ɕɯ¹¹ ni³¹, po¹¹ kuə³³ ka³¹ ʔdeu²⁴
刚刚　　想　架　犁　犁田　这时　群　做生意　一

kwa³⁵ zɔn²⁴, ziəŋ¹¹ te²⁴ tuŋ³¹ ta³¹ nau⁵³: "to³⁵ muɯŋ¹¹ ɕai²⁴ ʔdai³¹ sa:m²⁴
过路　　跟　他　打赌　说　赌　你　犁　得　三

zɔŋ³³ ɕai²⁴, tu²⁴ ɕi³³ ʔau²⁴ ho³⁵ tu²⁴ pan²⁴ tiŋ¹¹ ʔdeu²⁴ hau⁵³ muɯŋ¹¹."
道　犁　我们　就　拿　货　我们　分　半　一　给　你

pau³⁵ ŋi³³ luən³³ ha:n²⁴ nau¹¹: "ʔdi²⁴ pa⁰, ʔi³⁵ nau¹¹ ku²⁴ ɕai²⁴ mi¹¹ ʔdai³¹
老二　乱　答应　说　好　吧　如果　我　犁　不　得

sa:m²⁴ lɔŋ³³ ɕai²⁴, ku²⁴ ɕi³³ ʔau²⁴ na¹¹ pa⁵³ ha⁵³ ɕip³³ za:p³⁵ hau³¹ ku²⁴ ni³¹
三　道　犁　我　就　拿　田　百　五十　挑　粮　我　这

sɔŋ³⁵ hau⁵³ su²⁴." nau¹¹ ʔdi²⁴ leu³¹, pau³⁵ ŋi³³ ɕi³³ ʔau²⁴ sɔŋ²⁴ ʔdan²⁴
送　给　你们　说　好　了　老二　就　拿　两　个

hau³¹ ɕi¹¹ ʔdiŋ²⁴ te²⁴ vit³³ pai²⁴ kau²⁴ na¹¹ tu²⁴ na⁵³ te²⁴, tuə¹¹ ma²⁴ tuŋ³¹ ʔiə³⁵
糍粑　红　那　扔　去　角　田　前面　他　狗　肚子　饿

pai⁰, tɕai¹¹ kɯn²⁴ hau³¹ ɕi¹¹ ʔdiŋ²⁴, ɕi³³ ɕuəŋ³⁵ zen¹¹ le¹¹ pai²⁴ na⁵³,
了　想　吃　糍粑　红　就　用力　跑　去　前

jiəŋ³³ ni¹¹ ɕi³³ ɕai²⁴ ʔdai³¹ zɔŋ³³ ʔdeu²⁴ pai⁰; pau³⁵ ŋi³³ jou²⁴ tɕip³⁵ hau³¹ ɕi¹¹
这样　就　犁　得　道　一　了　老二　又　拣　糍粑

ʔdiŋ²⁴ ʔdeu²⁴ vit³³ ma²⁴ tɕau⁵³ pa:i³³ ni³¹, tuə¹¹ ma²⁴ jou²⁴ ta:u³⁵ tɕau⁵³ le¹¹
红　一　扔　来　头　这边　狗　又　转头　跑

ta:u³⁵ ma²⁴ tɕau⁵³ pa:i³³ ni³¹. mi¹¹ tɕi⁵³ la:i²⁴ na:n¹¹, sa:m²⁴ zɔŋ³³ ɕai²⁴
回来　头　这边　没　多少　就　三　道　犁

pan¹¹ pai⁰, pu³¹ kuə³³ ka³¹ mi¹¹ ʔdi²⁴ fan⁵³ hui⁵³, ka³³ ʔdai³¹ ʔau²⁴ ka:i³⁵
成　了　人　做　生意　不　好　反悔　只得　拿　个

za:p³⁵ ho³⁵ te²⁴ pan²⁴ tiŋ¹¹ ʔdeu²⁴ hau⁵³ te²⁴.
挑　货　那　分　半　一　给　他

pau³⁵ ŋi³³ tuɯ¹¹ za:p³⁵ ho³⁵ te²⁴ ta:u³⁵ ma²⁴ za:n¹¹, pa:i³⁵ lɯk⁵⁵ ni³⁵
老二　带　挑　货　那　回来　家　派　小儿子

pai²⁴ za:n¹¹ po³³ la:u³¹ te²⁴ ɕiə³⁵ fa³³ ɕaŋ³³ ma²⁴ ɕaŋ³³. lɯk³³ ni³⁵ pai²⁴ taŋ¹¹
去　家　大伯　他　借　称　来　称　小儿子　去　到

za:n¹¹ te²⁴, puŋ¹¹ za:n¹¹ te²⁴ tsɯn²⁴ ʔde³⁵ ɕi¹¹, po³³ la:u³¹ zo³¹ ȵiə²⁴ nau¹¹
家　他　逢　家　他　正　打　糍粑　大伯　听见　说

ɕiə³⁵ ɕaŋ³³, ʔdaɯ²⁴ ɕɯ²⁴ nɯ³³ nau¹¹: "ho⁵³ taŋ¹¹ liən³¹ hau³¹ tu³³ mi¹¹ li³¹
借　称　里面　心　想　说　穷　得　连　饭　都　没有

kun²⁴, tɕiə¹¹ lau¹¹ zo³¹ pai²⁴ ʔdai³¹ ho⁵, hai³¹ mi¹¹ ɕi¹¹ zo³¹ ȵiə²⁴ nau¹¹ ku²⁴
吃　哪里　会　去　得　货　还　不是　听见　说　我

ʔde³⁵ ɕi¹¹, ɕi³³ ma²⁴ za²⁴ hau³¹ ɕi¹¹ kɯn²⁴." te²⁴ ɕi³³ ʔau²⁴ soŋ²⁴ ʔdan²⁴
打糍粑　就　来　找　糍粑　吃　他　就　拿　两　个

hau³¹ ɕi¹¹ ni³⁵ hau⁵³ lɯk³³ ni³⁵ pau³⁵ nuəŋ³¹ te²⁴ ta:u³⁵ pai²⁴ za:n¹¹.
糍粑　小　给　小儿子　老弟　他　回去　家

lɯk³³ ni³⁵ fi³³ ɕiə³⁵ ʔdai³¹ fa³³ ɕaŋ³³, pau⁵³ ŋi³³ jou²⁴ nau¹¹ te²⁴ ta:u³⁵
小儿子　未　借　得　称　老二　又　叫　他　回

pai²⁴ ʔau²⁴ mo³⁵. pi³¹ ta:i³³ te²⁴ mi¹¹ sin³⁵, tɕa:n²⁴ nau¹¹ te²⁴ fi³³ kɯn²⁴
去　拿　新　大哥　他　不　信　误以为　他　未　吃

ʔim³⁵, ɕi³³ jou²⁴ ʔau²⁴ soŋ²⁴ ʔdan²⁴ hau³¹ ɕi¹¹ ni³⁵ hau⁵³ te²⁴ tem²⁴. lɯk³³ ni³⁵
饱　就　又　拿　两　个　糍粑　小　给　他　再　小孩子

te²⁴ ta:u³⁵ ma²⁴ sa:m²⁴ ta:u³⁵, pau³⁵ ŋi³³ mi¹¹ ʔdai³¹ mi¹¹ sin³⁵, ɕi³³ ziu⁵³
那　回来　三次　老二　不得　不信　就　提

fa³³ ɕaŋ³³, ziən¹¹ lɯk³³ ni³⁵ te²⁴ tuŋ³¹ toi³³ ma²⁴ taŋ¹¹ za:n¹¹ pau³⁵ ŋi³³.
称　跟　小孩子　那　一起　来到　家　老二

ɕin²⁴ zan²⁴ tɕi⁵³ la:i²⁴ ho³⁵ pa:i¹¹ ʔju³⁵ tɕa:ŋ²⁴ za:n¹¹ te²⁴ ta¹¹ za:i³¹.
真见　很多　货　摆　在　中间屋　那　真的

pau³⁵ la:u³¹ ɕi³³ ham³⁵: "mɯɯŋ¹¹ tai³⁵ tɕiə¹¹ lau¹¹ ʔdai³¹ sa:u³³ taŋ¹¹ jiəŋ³³
老大　就　问　你　从　哪儿　得　些　东西

ni³¹?" pau³⁵ ŋi³³ ɕi³³ tɯɯ¹¹ ka:i³⁵ siən³⁵ te²⁴ tai³⁵ kɔk³⁵ taŋ¹¹ pja:i²⁴ nau¹¹
这　老二　就　把　件　事情　那　从　根　到　梢　说

hau⁵³ pi³¹ ta:i³³ te²⁴ ȵiə²⁴.
给　大哥　他　听

pau³⁵ laːu³¹ zo³¹ ɲiə²⁴ li³¹ kaːi³⁵ siən³⁵ ʔdi²⁴ ni³¹ ɕi³³ tɕai¹¹ pai²⁴ phuŋ²⁴
老大　　听说　　有　件　　好事　　这　　就　想　去　　碰
jin²⁴ tɕhi. te²⁴ ziəŋ¹¹ pau³⁵ ŋi³³ ʔau²⁴ tuə¹¹ ma²⁴ te²⁴ pai²⁴. ŋən¹¹ laŋ²⁴, te²⁴
运气　　他　跟　老二　要　只　狗　那　去　　第二天　他
je⁵³ kɯət³³ fa²⁴ ɕai²⁴ ʔdeu²⁴ pai²⁴ taŋ¹¹ paːŋ³¹ na¹¹ te²⁴, ɕa⁵³ mi¹¹ tɕi⁵³ naːn¹¹
也　扛　犁头　一　去　到　边　田　那　等　不　儿久
lau¹¹, ɕi³³ ɕin²⁴ li³¹ po¹¹ kuə³³ ka³¹ ʔdeu²⁴ kwa³⁵ zɔn²⁴ ta¹¹ zaːi³¹, po¹¹
哪　就　真　有　群　做生意　一　过　路　真的　群
kuə³³ ka³¹ te²⁴ je²⁴ ziəŋ¹¹ te²⁴ tuŋ³³ ta³¹, thiau¹¹ tɕian²⁴ je⁵³ lum⁵³ ɕɯ¹¹ ziəŋ¹¹
做生意　那　也　跟　他　打赌　　条件　也　像　时　跟
pau³⁵ ŋi³³ tuŋ³¹ ta³¹ te²⁴ jiəŋ³³ ʔdeu²⁴, nau¹¹ ʔdi²⁴ leu³¹, pau³⁵ laːu³¹ ɕi³³
老二　　打赌　那　一样　　说　好　了　老大　　就
zaːŋ⁵³ ɕai²⁴, fɯt³⁵ pian²⁴ net³⁵ tuə¹¹ ma²⁴ pjaːi⁵³ pai²⁴ na⁵³. tan²⁴ sɿ²⁴,
架　犁　扬　鞭　赶　狗　走　去前　但是
tuə¹¹ ma²⁴ tɯŋ⁵³ lau¹¹ tu³³ mi¹¹ pjaːi⁵³, pau³⁵ laːu³¹ tɯ¹¹ pian²⁴ fɯt³⁵ mi¹¹
狗　　怎么　都　不　走　老大　把　鞭　扬　不
taŋ³¹, tuə¹¹ ma²⁴ te²⁴ ɕi³³ taːu³⁵ tɕau⁵³ ma²⁴ hap³³ pau³⁵ laːu³¹ ʔaːm³⁵
停　　狗　那　就　回头　　来　咬　老大　口
ʔdeu²⁴, pau³⁵ laːu³¹ mi¹¹ li³¹ pan²⁴ fa³¹, ɕi³³ ka³³ ʔdi²⁴ zɯn²⁴ su³³, ʔau²⁴
一　　老大　没有　办法　就　只好　认输　拿
pa³⁵ ha⁵³ ɕip³⁵ zaːp³⁵ hau³¹ na¹¹ te²⁴ hau⁵³ po¹¹ kuə³³ ka³¹ te²⁴. taːu³⁵ ma²⁴
百五十　　挑　稻谷　那　给　群　做生意　那　会来
taŋ¹¹ zaːn¹¹, pau³⁵ laːu³¹ ɕi³³ tɯ¹¹ tuə¹¹ ma²⁴ te²⁴ ma²⁴ ka⁵³, vit³³ pai²⁴
到　家　　老大　就　带　只　狗　那　来　杀　丢　去
kɔk³⁵ po²⁴ te²⁴. pau³⁵ laːu³¹ ɕɯ²⁴ ʔja³⁵ ɕɯ²⁴ fon³¹, ɕi³³ teŋ²⁴ pau²⁴ jin²⁴ pai⁰.
脚坡　那　老大　心坏　心黑　　就　被　报应　了

意译：

（2）

　　以前，两弟兄分家，大哥心狠，把三百多挑谷子的田都霸占去了，只给老二留了一根土枪和一条撵山狗。

老二没有分到田，只好向村里有田人家佃得十几挑谷子的田来种。他去跟大哥借牛来犁田，大哥不给，他只好拿那条撵山狗来拉犁了。他佃的田紧挨着大路边。有一天，他扛着一架犁头，撵着狗来到田里。正要架犁犁田时，一帮生意客路过，跟他打赌说："只要你犁得三铧，我们就分一半杂货给你。"老二也随口说："好吧，如果我犁不到三铧，我拿一百五十挑谷子的田给你们。"讲定以后，老二掏出做晌午的两个红米粑，扔到对面的田角上，狗很饿，想吃红米粑，就拼命地往前跑去，这样便犁得一铧；老二赶忙拣起红米粑往田的另一头扔，狗急了，跑得更加起劲。没有多久，三铧很快就犁成了，生意客不好反悔，只得把一半杂货挑子分给他了。

老二把货挑子弄到家，打发孩子到他大伯家借把秤来称。小孩来到大伯家，正好大伯家正在打粑粑，大伯听说要借秤称货，心里纳闷，说："穷得饭都吃不上，哪来的货，还不是听说我打粑粑，来讨粑粑吃。"于是就拿两个小小的粑粑给小孩，打发他走了。

小孩没借到秤，老二又打发他再去借。大哥还是不信，以为是没吃饱，只好又给了他两个小小的粑粑。反复三次，大哥觉得有些奇怪，就拿着秤，跟小孩一起来到老二家。果然，看见屋里摆着很多杂货。大哥就问："你是从哪儿得来这些东西的？"老二便把事情的经过原原本本地跟他大哥讲述了一遍。

贪心的老大听说有这样的好事，也想碰碰运气。他跟老二把那条狗要了去。第二天，也扛着犁到他自己的田边来等，不一会儿，果然又有一帮生意客路过，那些生意客也跟他打赌，条件也同跟老二打赌时的一样，谈妥以后，老大便架上犁，挥着鞭子催狗前进。但是，这一次狗怎么也不走，老大不停地用鞭子抽打它，它回过头来咬了老大一口。老大没办法，只好认输，把自己一百五十挑谷子的田给了生意客。一回到家，他就把狗杀了，扔到坡脚。狠心贪婪的老大终于遭到了报应。

（3）

kɔk³⁵ ʔdɯ³¹ zaːn¹¹ ʔdeɯ²⁴ li³¹ soŋ²⁴ pi³¹ nuəŋ³¹, mi¹¹ po³³ mi¹¹ me³³,
从前　　家　一　　有　　两　　兄弟，　　无父　　无母，
ʔdaɯ²⁴ zaːn¹¹ ho⁵³ taː¹¹ zaːi¹¹, soŋ²⁴ pi³¹ nuəŋ³¹ tuŋ³¹ ziəŋ¹¹ ɕiə³¹ miŋ³³.
里面　　家　穷　非常，　　两　　兄弟　　相随　　　养命。
pau³⁵ laːu³¹ jou²⁴ zau¹¹ jou²⁴ tɕik³⁵, leɯ³¹ ŋən¹¹ ɕun¹¹ pai²⁴ ɕun¹¹ ma²⁴, mi¹¹
老大　　又　猾　又　懒，　整天　　游去　　游来，　　不
kuə³³ jiəŋ³³ laɯ¹¹ hoŋ²⁴. ʔdaɯ²⁴ zaːn¹¹ leɯ³¹ ho⁵³ taː¹¹ zaːi¹¹, naː⁵³ sau³⁵
做　　哪样　　活。里面　　家　非常　穷　非常，面前　灶
tu³³ tau⁵³ na²⁴ pai⁰. te²⁴ je⁵³ mi¹¹ han²⁴, ŋən¹¹ ŋən¹¹ pai²⁴ tɕiə¹¹ taŋ¹¹-tɕiə¹¹
都　长草　了。他　也　不　急，　天天　　去　处　　到　处
zaː²⁴ vɯn¹¹ taː⁵³ ɕuə³¹. ɕɯ¹¹ʔdu³¹, soŋ²⁴ pi³¹ nuəŋ³¹ te²⁴ mi¹¹ ho⁵³,
找　　人　　聊天。　起初，　　两　　兄弟　　他　不　穷，
ʔdiən²⁴ ŋən¹¹ leɯ³¹ ʔdi²⁴ kwa³⁵. ma²⁴ laŋ²⁴, taŋ¹¹ jiəŋ³³ tu³³ teŋ²⁴ pau³⁵ laːu³¹
日子　　很　　好　过。　后来，　东西　都　被　老大
jiəŋ³³ taːm²⁴ jiəŋ³³ kaːi²⁴ kɯn²⁴ leɯ³¹ lo⁰, ʔdiən²⁴ ŋən¹¹ lɯn⁵³ naːi³³ naːi³³
样　　接　样　　卖　吃　完　了，　日子　　才　　慢慢
naːn¹¹ kwa³⁵, soŋ²⁴ pi³¹ nuəŋ³¹ lɯn⁵³ ŋən¹¹ ʔdi²⁴ mi¹¹ lum⁵³ ŋən¹¹. pau³⁵ ɲi³³
难过，　　两　　兄弟　　才　天　好　不　像　天。老二
tɯk³³ vɯn¹¹ pu³¹ so³³, si³⁵ ɕɯ¹¹ teŋ²⁴ pau³⁵ laːu³¹ tɕhi³³ fu²⁴, kuə³³ haɯ⁵³
是　人　诚实，　四　时　被　老大　　欺负，　做　给
te²⁴ vɯn¹¹ mi¹¹ lum⁵³ vɯn¹¹, fa:ŋ¹¹ mi¹¹ lum⁵³ fa:ŋ¹¹, kaːi³⁵ tan⁵³ jou²⁴
他　人　不　像　人，　鬼　不　像　鬼，　个　穿　又
zɔi³¹ jou²⁴ vaːi³³, pjoŋ²⁴ zo¹¹, ka³³ liə²⁴ ʔdo³⁵ pai⁰.
旧　又　烂，　瘦干，　只剩　骨头　了。

thai²⁴ pe³¹ tɕin³³ ɕin³³ kɯn¹¹ ʔbɯn²⁴ zan²⁴ pau³⁵ ɲi³³ teŋ²⁴ pi³¹ te²⁴ tɕhi³³ fu²⁴
太白　　金星　　天上　　见　老二　　被　哥　他　欺负
pan¹¹ jiəŋ³³ ni³¹, ɕi³³ ɕin²⁴ thɯŋ³¹ tɕhin³¹ te²⁴ taː¹¹ zaː³¹ pai⁰, li³¹ ham³³ ʔdeɯ²⁴,
成　这样，　就　真　　同情　　他　非常　了，有　夜　一，
pau³⁵ ɲi³³ nin¹¹ ʔdak³⁵ pan¹¹ hɯn¹¹, te²⁴ ziən¹¹ pau³⁵ ɲi³³ naɯ¹¹: "pau³⁵ ɲi³³ ja⁰!
老二　　睡着　　做梦，　他　和　老二　　说："老二　呀！

muɯŋ¹¹ kuə³³ vuŋ¹¹ so³³, si³⁵ ɕɯ¹¹ tɯk³³ pu³¹ʔuŋ³⁵ tɕhi³³ fu²⁴, ʔdiən²⁴ ŋɔn¹¹
你　　做　人　直，　四　时　被　别人　　　欺负，　　日子
ho⁵³ naːn³³. jiəŋ³³ ni³¹, ham³³ ɕo³³ muɯŋ¹¹ pai²⁴ kɔk³⁵ po²⁴ tɔi³⁵ na⁵³ zaːn¹¹
贫穷。　这样，　明晚　你　去　脚坡　前面　家
muɯŋ¹¹ te²⁴, tɔi³⁵ ʔdan²⁴ po²⁴ tsui²⁴ laːu³¹ te²⁴ jeu³³：'ɕi³³- mi⁵³ haːi²⁴po²⁴,
你　那，　敲　个　山　最　大　那　喊："四米　开山，
ɕi³³ mi⁵³ haːi²⁴ po²⁴', ʔdan²⁴ po²⁴ te²⁴ ɕi³³ zo³¹ haːi²⁴ pa³⁵ tu²⁴ laːu³¹ ʔdeu²⁴,
西米　开山，　个　山　那　就　会　开　门　大　一，
haɯ⁵³ muɯŋ¹¹ haɯ⁵³ pai²⁴ kwa³⁵ ʔdiən²⁴ ŋɔn¹¹ ʔdi²⁴.
给　你　进　去　过　日子　好。

　　ham³³ laŋ²⁴, te²⁴ ɕi³³ ɕin³³ le¹¹ pai²⁴ kɔk³⁵ po²⁴ laːu³¹ tɔi³⁵ na⁵³ zaːn¹¹
　　夜后，　他　就　真　跑　去　脚山　大　面前　家
te²⁴, ʔi²⁴ ɕɔn¹¹ haːu³⁵ thai²⁴ pe³¹ tɕin³³ ɕin³³ son²⁴ te²⁴ jeu³³ nau¹¹："ɕi³³ mi⁵³
他，依　句　话　太白　　金星　　教　那　喊　说："西米
haːi²⁴ po²⁴,　ɕi³³ mi⁵³ haːi²⁴ po²⁴."　hiŋ²⁴ lɯŋ⁵³ tɔk³⁵, ɕi³³ ɕin²⁴ zo³¹ ɲiə²⁴
开山，　　四米　　开山"。　音　才　落，　就　真　听见
ʔdaŋ²⁴ "huŋ³¹ luŋ³¹" pai²⁴ ʔdeu²⁴, ʔdan²⁴ po²⁴ te²⁴ ɕi³³ ɕin²⁴ haːi²⁴ li³¹ ɕoŋ³³
响　"轰隆"　一　下，　座　山　那　就　真　开　有　洞
kaːm⁵³ ʔdeu²⁴, ʔdaɯ²⁴ te²⁴ liən⁵³ zoŋ³³ ma²⁴ zo³³, si³⁵ miən³³ tu³³ ŋɔn¹¹
山洞　一，　里面　那　照射　亮　来　外，　四面　都　看
zan²⁴ saɯ²⁴ leu³¹. pau³⁵ ɲi²⁴ leu³¹ ɕaːŋ³⁵ ta¹¹ zaːi³¹, ɕi³³ si²⁴ ɕoŋ³³ kaːm⁵³
见　清楚　了。　老二　很　惊奇　非常，　就　沿　山洞
te²⁴ ʔdon³¹ pai²⁴ ʔdaɯ²⁴, haɯ⁵³ pai²⁴ ɕim²⁴ zan²⁴ tɕiə¹¹ te²⁴ mi¹¹ lum⁵³
那　钻　去　里面，　进　去　看见　那儿　不　像
ʔdan²⁴ kaːm⁵³ tɕiə¹¹- ʔɯn³⁵, ʔdaɯ²⁴ te²⁴ si³⁵ miən³³ tu³³ haːi²⁴ va²⁴ taːu¹¹,
山洞　处　别，　里面　那　四面　都　开　桃花，
kuə³³ ʔdiŋ²⁴ fuŋ³¹ fuŋ³¹ te²⁴, kɯn¹¹ ʔbun²⁴ tu³³ liən⁵³ ʔdiŋ²⁴ leu³¹.
做　红彤彤　　的，　天上　都　照　红　了。
la⁵³ ʔdan²⁴ tɕiə¹¹ tɕiə¹¹ tu³³ li³¹ tɕim²⁴ ŋan¹¹, zin²⁴ ʔdaːu²⁴ ʔdi³⁵, jiəŋ¹¹ ma¹¹
天上　处处　都　有　金银，　石　星星，　什么
kaːi³⁵ ʔdi²⁴ ɕim²⁴ ʔdi²⁴ ŋɔn¹¹ tu³³ li³¹. pau³⁵ ɲi³³ ɕim²⁴ zan²⁴ saːu²⁴ ni³¹,
个　好看　好瞧　都　有。　老二　看见　这些，
jiəŋ³³ jiəŋ³³ tu³³ fi³³ ʔdai³¹ zan²⁴ kwa³⁵, ɕi³³ tɕhi³¹ taː¹¹ zaːi³¹, ɕi³³ pjaːi⁵³ pai²⁴
样样　都　未　得　见　过，　稀奇　非常，　就　走　去

si³⁵ miən³³ ŋon¹¹, ŋon¹¹ sa:u³³ lau¹¹ tu³³ mi¹¹ zo³¹ ʔim³⁵. ŋon¹¹ na:n¹¹
四面　　看，　看　多少　都　不　知　够。看　久
leu³¹, te²⁴ ɕi³³ nɯ¹¹ tɕai¹¹ ta:u³⁵ pai²⁴ za:n¹¹ pai⁰, ɕi³³ na:i³³ na:i³³ so³³
了，他　就　想　想　回　去　家　了，就　慢慢　朝
pa³⁵ ɕoŋ³³ ka:m⁵³ ma²⁴ zo³³. ʔdau²⁴ ka:m⁵³ te²⁴ tɕim²⁴ ŋan¹¹ jiəŋ³³ jiəŋ³³ tu³³
口　山洞　来　外。里面　洞　那　金银　样样　都
li³¹, mi¹¹ kwa³⁵ te²⁴ ɕɯ²⁴ nɯ¹¹ nau¹¹, ka:i³⁵ te²⁴ mi¹¹ tɯk³³ taŋ¹¹ jiəŋ³³
有，不过　他　心　想　说，那个　不　是　东西
ʔda:ŋ²⁴ kau³⁵, miə⁵³ luən³³ ʔau²⁴. ɕɯ¹¹ pai²⁴ taŋ¹¹ pa³⁵ ka:m⁵³ te²⁴, te²⁴
自己，　别　乱　要。时　去　到　口洞　那，他
jeu³⁵ zan²⁴ la⁵³ ʔdan²⁴ li³¹ ʔdak³⁵ zin²⁴ ni³⁵ ʔdoŋ³⁵ ʔdoŋ³⁵ ʔdeu²⁴, ʔdi²⁴ tɕai¹¹
看见　地上　有　石头　　小　亮亮　一，可爱
ta¹¹ za:i³¹, ɕi³³ nɯ¹¹ nau¹¹, ʔdaŋ²⁴ kau³⁵ na:n¹¹ ʔdai³¹ ma²⁴ ta:u³⁵ ʔdeu²⁴,
真的，就　想　说，自己　难　得　来　次　一，
ka:i³⁵ taŋ¹¹ jiəŋ³³ peŋ¹¹ te²⁴ ɕi³³ miə⁵³ luən³³ ʔau²⁴ ka:i³⁵ fɯə³¹, tɕip³⁵
个　东西　贵重　那　就别　乱　要　个　别人，拣
ʔdak³⁵ zin²⁴ ni³¹ pai²⁴ za:n¹¹ kuə³³ tɕi²⁴ niən²⁴ ɕi³³ ʔiə³⁵. te²⁴ ɕi³³ tɕip³⁵
石头　这　去　家　做　纪念　就　罢。他　就　拣
ʔdak³⁵ zin²⁴ te²⁴ ma²⁴ kɯn¹¹, ɕi³³ ʔo³⁵ pa³⁵ ɕoŋ³³ kam⁵³ pai²⁴ zo³³ pai⁰.
石头　那　来　上，就　出　口　山洞　去　外　了。
lɯŋ⁵³ ma²⁴ ta:ŋ¹¹ zo³³ ka:m⁵³, ɕi³³ zo³¹ ȵiə²⁴ "huŋ¹¹ luŋ¹¹" pai¹¹
才　来　到　外洞，　就　听见　"轰隆"　次
ʔdeu²⁴, tu²⁴ ka:m⁵³ te²⁴ ɕi³³ ʔɯp³⁵ pai⁰. te²⁴ jiəŋ³³ ma¹¹ tu³³ fi³³ nɯ³³ la:i²⁴,
一，　门洞　那就　关　了。他　什么　都　未　想　多，
ka³³ si²⁴ zon²⁴ ta:u³⁵ pai²⁴ za:n¹¹ ʔda:ŋ²⁴ kau³⁵, ʔon³¹ pja:i⁵³ ʔon³¹ pja:i⁵³,
自己沿　路　返回　家　　自己，　　边走　　边走，
ʔdak³⁵ zin²⁴ ni³⁵ tɕa:ŋ²⁴ fɯŋ¹¹ te²⁴ ɕi³³ ʔdoŋ³⁵ leu³¹, leu³¹ po²⁴ ʔdau²⁴ lap³⁵
石头　小　中间　手　那就　亮　了，满山　里面黑暗
si³⁵ miən³³ tu³³ liən⁵³ zoŋ³³ leu³¹. ta:u³⁵ ma²⁴ taŋ¹¹ za:n¹¹, ʔdak³⁵ zin²⁴ te²⁴
四面　都　照　亮　了。回　来　到　家，　石头　那
jou²⁴ piən³⁵ lum³³ jiəŋ³³ kau³⁵ pai⁰, ta⁵³ te²⁴, pau³⁵ ŋi³³ ʔdau²⁴ ɕɯ²⁴ nɯ³³
又　变　像　样旧　了，不过，老二　里面　心　想
tɕai¹¹ ʔau²⁴ jiəŋ³³ ma¹¹, ʔdau²⁴ za:n¹¹ te²⁴ ɕi³³ zo³¹ ʔo³⁵ jiəŋ³³ ma¹¹. te²⁴ ɕi³³
想要　什么，里面　家　他　就　会　出　什么。他　就

luɯŋ⁵³ zo³¹, ʔdak³⁵ zin²⁴ te²⁴ tɯk³³ ka:i³⁵ pau⁵³ pəi²⁴ ʔdeu²⁴, ʔdau²⁴ ɕɯ²⁴
才　知，　石头　那　是　个　宝贝　一，　里面　心
te²⁴ ɕi³³ leu³¹ʔa:ŋ³⁵ ta¹¹ za:i¹¹ pai⁰. tai³⁵ ɕɯ¹¹ te²⁴ pai²⁴ na⁵³, ʔdiən²⁴ ŋon¹¹
他　就　非常高兴　非常　了。从　时那　以后，　日子
pau³⁵ ŋi³³ ɕi³³ ŋon¹¹ ʔdi²⁴ to²⁴ ŋon¹¹ pai⁰, kuə³³ hoŋ²⁴ je⁵³ li³¹ zeŋ¹¹ pai⁰.
老二　就天　好多天　了，　做活　也有力气了。

ɕon¹¹ ha:u³⁵ ɕeu³³ kon³⁵ nau¹¹, sa²⁴ tɕiə¹¹ lau¹¹ pai²⁴ ɕum³³ ʔdai³¹ fi¹¹,
　句话　　古代　说，　纸　哪儿　去　包　得　火，
ka:i³⁵ siən³⁵ ni³¹ mi¹¹ zo³¹ tɯŋ⁵³ lau¹¹ hau⁵³ pau³⁵ la:u³¹ te²⁴ zo³¹ leu³¹, te²⁴
件　事情　这　不　知　怎么　给　老大　他　知　了，　他
ma²⁴ za²⁴ pau³⁵ ŋi³³, ʔau²⁴ te²⁴ si²⁴ kok³⁵ taŋ¹¹ pja:i²⁴ nau¹¹ ka:i³⁵ siən³⁵ te²⁴
来　找　老二，　要　他　从　头　到　尾　说　件　事情　那
hau⁵³ te²⁴ n.iə²⁴. pau³⁵ ŋi³³ tɯk³³ pu³¹ vuun¹¹ so³³, ɕi³³ jiəŋ³³ jiəŋ³³ tu³³ nau¹¹
给　他　听。老二　是　个人　直，　就样样　都　说
kuə³³ leu³¹. pau³⁵ la:u³¹ ʔdau²⁴ ɕɯ²⁴ ʔa:ŋ³⁵ ta¹¹ za:i¹¹, nɯ³³ nau¹¹,
全部。　老大　　心里面　高兴　非常，　想说，
ʔdiən²⁴ ŋon¹¹ ho⁵³ na:n¹¹ ku²⁴ ŋa:u¹¹ taŋ¹¹ tɕau⁵³ pai⁰. ham³³ te²⁴, te²⁴ ɕi³³
日子　穷困　我　熬　到　头　了　夜那　他就
le¹¹ pai²⁴ taŋ¹¹ kək³⁵ po²⁴ la:u³¹ te²⁴ jeu³³: "ɕi³³ mi⁵³ ha:i²⁴ po²⁴, ɕi³³ mi⁵³
跑去　到　脚　坡　大　那　喊："西米　开坡，四米
ha:i²⁴ po²⁴." hiŋ²⁴ ha:u³⁵ luɯŋ⁵³ tək³⁵, tam³³ zo³¹ n.iə²⁴ "huŋ¹¹ luŋ¹¹" pai¹¹
开山。"　音　话　刚　落，　只　听见　"轰隆"　次
ʔdeu²⁴, tu²⁴ ka:m⁵³ ɕi³³ ɕin³³ ha:i²⁴ pai⁰. te²⁴ hau⁵³ taŋ¹¹ ʔdau²⁴ ka:m⁵³,
一，　门洞　就　真　开了。他　进　到　里面　洞，
zan²⁴ leu³¹ po²⁴ tu³³ ha:i²⁴ li³¹ ʔdo³⁵ va²⁴, si³⁵ miən³³ tu³³ li³¹ tɕim²⁴ ŋan¹¹,
见　整个　山　都　开　有　花朵，　四面　都　有　金银,
ɕi³³ ʔa:ŋ³⁵ tɕa¹¹ ɕi³³, tɕiə¹¹ lau¹¹ zo³¹ li³¹ ɕian³¹ ɕin³³ pai²⁴ ŋon¹¹ ʔdo³⁵ va²⁴,
就　高兴　非常，　哪里　知　有　闲心　去　看　花朵，
te²⁴ tɯ¹¹ ʔdai³¹ ka²⁴ tai³³ la:u³¹ la:u³¹ ʔdeu²⁴ ma²⁴, ɕi³³ ʔau²⁴ tɕim²⁴ ŋan¹¹
他拿得　只袋　大大　一　来，　就拿　金银
lap³³ pai²⁴ ɕo³⁵ ʔdai³¹ ʔdau²⁴ tai³³ zim²⁴ leu³¹, mi¹¹ sa:u³³ lau¹¹ na:n¹¹,
塞去　放得　里面　袋　满　了，　不　多少　久，
ʔdan²⁴ tai³³ te²⁴ ɕi³³ lap³³ zim²⁴ pai⁰, soŋ³³ fuɯŋ¹¹ je⁵³ mi¹¹ piu³⁵, ɕoŋ³³ pa³⁵
个　袋　那　就　塞　满　了，　两　手　也　不　空，　嘴巴

hai³¹ ka:m¹¹ tɕep³⁵ tɕim²⁴ la:u³¹ la:u³¹ ʔdeu²⁴, leu³¹ ɕi³³ luɯŋ⁵³ pja:i⁵³ ma²⁴ zo³³.
还 含 块 金 大 大 一， 完 了 才 走 来 外。
jin³³ vəi²⁴ taŋ¹¹ jiəŋ³³ la:i²⁴ la:i²⁴, ʔdan²⁴ tai³³ nak³⁵, te²⁴ ɕi³³ pja:i⁵³ na:i³⁵
因为 东西 太多， 个 袋 重， 他 就 走 慢
ta¹¹ za:i³¹, ʔja:m³⁵ ta:m²⁴ ʔja:m³⁵ na:i³³ na:i³³ sen⁵³, fuəŋ³³ ŋon¹¹ luɯŋ⁵³
非常， 步 接 步 慢慢 移， 半天 才
pja:i⁵³ ma²⁴ taŋ¹¹ pa³⁵ ɕoŋ³³ ka:m⁵³, luɯŋ⁵³ ha³¹ tɕai¹¹ ha:m⁵³ ʔo³⁵ ɕoŋ³³ ka:m⁵³,
走 来 到 口山洞， 才 要 想 跨 出 山 洞，
ɕɯ¹¹ fuəŋ³¹ ʔda:ŋ²⁴ ʔdeu²⁴ ʔju³⁵ ʔdau²⁴, fuəŋ³¹ ʔda:ŋ²⁴ ʔdeu²⁴ ʔju³⁵ zo³³ te²⁴,
时 半身 一 在 里， 半身 一 在 外 那，
tam³³ zo³¹ ȵiə²⁴ "huŋ¹¹ luŋ¹¹" pai¹¹ ʔdeu²⁴, pa³⁵ ka:m⁵³ ɕi³³ ʔɯp³⁵ pai⁰,
只 听 见 "轰隆" 次 一， 口洞 就 关 了，
pau³⁵ la:u³¹ ɕɯ²⁴-mau¹¹ te²⁴ ɕi³³ teŋ²⁴ va²⁴ tu²⁴ zin²⁴ tɯ¹¹ ka:p³³ ta:i²⁴ pai⁰.
老大 贪 心 那 就 被 门扇 石头 给 夹 死 了。

意译

（3）

　　从前有一家兄弟俩，无父无母，家境很穷，哥俩相依为命。老大又滑又懒，整天不务正业，东游西逛。家里穷得连灶台都长了青草，他也不着急，每天到处去跟人闲聊天。起初，他兄弟两并不穷，日子过得也不错。可是后来，家当都叫老大一点一点地荡尽了，日子一天天难过了。两兄弟的关系也一天不如一天了。老二是个老实人，经常受到老大的欺负，弄得人不像人，鬼不像鬼，穿得破破烂烂，瘦得皮包骨头。

　　天上的太白金星看见这种情况，对老二动了恻隐之心。有一天晚上，他托梦给老二，说："老二呀！你是个老实人，但经常受人欺负，日子过得很苦。这样吧！明天晚上你到你家对门的那座山前面，对着最大那座的山喊：'西米开山，西米开山'，那座山就会敞开大门，让你进去过点好日子。"

　　第二天晚上，他真的跑到他家对面那座最大的山脚下，按照太

白金星所教的喊道:"西米开山,西米开山。"果然,话音刚落,就听"轰隆"一声,那座山真的就裂开了一个大洞,里边闪着亮光,把黑夜都照亮了。老二非常高兴,他顺山洞往里走。进去一看,哟!这哪里是山洞呵,里边到处开满了火红火红的桃花,把天都映红了。地上到处是金银、珍珠、玛瑙和一些人们不认识的奇形怪状的宝贝。老二看见这些,觉得非常新奇,他到处溜达,尽情地观赏着美景,过了好久,他想到自己该回家了,于是他依依不舍地朝洞口走去。洞里有取之不尽的金银财宝,但他心想,那不是属于自己的东西,不能乱拿。到了洞口的时候,他看见地上有一块明亮的小石头,他觉得很好玩,心想,自己好不容易来一趟,贵重的东西不要乱拿人家的,就捡这块石头回去做个纪念吧。于是他捡起那块石头,就走出了洞口。

刚来到洞门外,就听"轰隆"一声,山洞就关上了。他什么也没有多想,只顾朝自己家走去,走着走着,手里那颗小石头突然发出了通明的光,把夜幕下的山野都照亮了。回到家,那块石头又恢复了原来的样子,可是老二心里想着要点什么东西家里就会有什么东西。他这才知道,这是一个了不起的宝贝。心里更加高兴了。从此,生活一天天地好起来,下地干活也有精神了。

俗话说,没有不透风的墙,这件事不知怎么让老大知道了,他硬逼着老二把事情的经过原原本本地跟他说一遍。老二为人老实,就一五一十地全讲了。老大听了十分高兴,心想,我出头的日子总算来了。当天晚上,他就跑到那座大山脚下大声地喊"西米开山,西米开山"。果然,话音还未落,就听"轰隆"一声,山门开了,他进到洞里,看见遍山是花,遍地是金银。他这下可高兴坏了,哪里还顾得上去观景赏花,不停地朝他带去的那只大口袋里面装金银财宝。不多一会儿,就塞了满满的一口袋,两手也没空着,嘴里还叼着一大块黄铮铮的金子,然后就往回走。由于捡的东西太多,包袱太重,所以走起来很慢。好不容易才一步步地挪到洞口。正当他快要迈出山洞,半边身子在里,半边身子在外的时候,就听"轰隆"一声,山洞的大门就关上了,贪心的老大就这样活活被夹死在那儿了。

（4）

ɕeu³³ kon³⁵ li³¹ za:n¹¹ ʔdeu²⁴ soŋ²⁴ pi³¹ nuəŋ³¹, pi³¹ ta:i³³ jou²⁴ zau¹¹
从前　有　家　一　两　弟兄，　大哥　又　猾
jou²⁴ tɕik³⁵, nuəŋ³¹ ni³⁵ jou²⁴ so³³ jou²⁴ kan³¹.
又　懒，　小弟　又　直又　勤。

　　taŋ¹¹ laŋ²⁴ ŋən¹¹, soŋ²⁴ pi³¹ nuəŋ³¹ te²⁴ tu³³ ma⁵³ la:u³¹ pai⁰, tɕai¹¹
　　到　后来，　两　弟兄　那都　长　大　了，想
pan²⁴ za:n¹¹ ʔda:ŋ²⁴ kau³⁵ ka³³ kwa³⁵. za:n¹¹ ni³¹ ho⁵³, soŋ²⁴ hoŋ³⁵
成　家　自己　自　过。　家　这穷，　两间
za:n¹¹ ha¹¹ pu³¹ ʔdeu²⁴ hoŋ³⁵ ʔdeu²⁴, leu³¹-ɕi³³ ka³³ liə²⁴ tuə¹¹ ɕiə¹¹ ʔdeu²⁴,
房茅草　人　一　间　一，　然后　只有头　黄牛　一，
tuə¹¹ ma²⁴ ʔdeu²⁴ ziəŋ¹¹ ko²⁴ fai³¹ ma³⁵ li¹¹ ʔdeu²⁴ pan¹¹ pan²⁴ pai⁰. pi³¹ ta:i³³
只　狗　一　和棵　树　梨子　一　成　分　了。大哥
ziəŋ¹¹ nuəŋ³¹ ni³⁵ te²⁴ nau¹¹: "nuəŋ³¹ əi⁰! ku²⁴ tɯk³³ pi³¹ ta:i³³, ma⁵³ ʔau²⁴
和　小弟　他　说："弟唉! 我　是　大哥，　必须要
tuə¹¹ ɕiə¹¹ ni³¹, mɯŋ¹¹ tɯk³³ nuəŋ³¹ ni³⁵, ɕi³³ pan²⁴ tuə¹¹ ma²⁴ ni³¹ ziəŋ¹¹
头　黄牛　这，　你　是　小弟，　就　分　只　狗　这和
ko²⁴ fai³¹ ma³⁵ li¹¹ ni³¹ haɯ⁵³ mɯŋ¹¹." pau³⁵ nuəŋ³¹ te²⁴ ɕi³³ nau¹¹:
棵　树　梨子　这　给　你。"　小弟　他就　说:
"jiəŋ³³ te²⁴ ku²⁴ ʔau²⁴ tuə¹¹ ma¹¹ pai²⁴ ɕai²⁴ zi³³ kuə³³ meu¹¹ ni⁰!" pau³⁵ la:u³¹
"那样　我　拿　什么　去　犁地　种庄稼　呢!"　老大
nau¹¹: " taŋ¹¹ ɕɯ¹¹ kuə³³ meu¹¹ te²⁴ ku²⁴ zo³¹ ʔau²⁴ tuə¹¹ ɕiə¹¹ ɕiə³⁵ haɯ⁵³
说:"到　时　种庄稼　那　我　会　拿　黄牛　借　给
mɯŋ¹¹. mɯŋ¹¹ ʔdai³¹ soŋ²⁴ jiəŋ³³, ku²⁴ lɯŋ⁵³ ʔdai³¹ jiəŋ³³ ʔdeu²⁴,
你。　你得　两　样，　我　才　得　一　样，
pu³¹ laɯ¹¹ ʔdai³¹ la:i²⁴ to²⁴ mɯŋ¹¹ mi¹¹ zo³¹ ma⁰?" pau³⁵ ŋi¹¹ mi¹¹ li³¹
谁　得　多　多　你　不　知　吗?　老二　没有
pan²⁴ fa³¹, ɕi³³ ka³³ ʔdi²⁴ ha:n²⁴ te²⁴ pai⁰. tam³¹ ʔo³⁵ ɕiəŋ²⁴, ɕi³³ ha³¹ taŋ¹¹
办法，　就　只好　答应　他　了。一　出　年，　就要　到
ɕɯ¹¹ ɕai²⁴ zi³³ na¹¹ kuə³³ meu¹¹ pai⁰. zi³³ na¹¹ pau³⁵ nuəŋ³¹ zoŋ³³ ʔdeu²⁴ tu³³ fi³³
时　犁　田地　种庄稼　了。田地　老弟　铧　一　都未

ɕai²⁴, li³¹ ŋɔn¹¹ ʔdeu²⁴, te²⁴ pai²⁴ ziəŋ¹¹ pau³⁵pi³¹ te²⁴ ɕiə³⁵ tuə¹¹ɕiə¹¹,
犁， 有 天 一， 他 去 跟 老哥 他 借 黄牛，
pau³⁵ pi³¹ te²⁴ nau¹¹ ʔdaːŋ²⁴ kau³⁵ te²⁴ tu³³ ha³¹ fi³³ ɕai²⁴, nau¹¹ ku³⁵ ma¹¹ tu³³
老哥 他 说 自己 他 都 还 未 犁， 说 什么 都
mi¹¹ ʔau²⁴ tuə¹¹ ɕiə¹¹ ɕiə³⁵ hauɯ⁵³ pau³⁵ nuəŋ³¹ te²⁴. pau³⁵ nuəŋ³¹ te²⁴ mi¹¹li³¹
不 拿 黄牛 借 给 老弟 他。 老弟 他 没有
pan²⁴ fa³¹, ka³³ʔdi²⁴ ʔau²⁴ fa³³ʔja³⁵ pai²⁴ pa³³, jiəŋ³³ ni³¹ te²⁴ ɕi³³
办法， 只好 拿 锄头 去 挖， 这样 他 就
mian⁵³tɕhiaŋ⁵³ kuə³³ ʔdai³¹ pi²⁴ ʔdeu²⁴.
勉强 做 得 年 一。

　　taŋ¹¹ ʔdiən²⁴ zɔk³⁵ ɕat³⁵ ŋuət³³, ma³⁵li¹¹ kɯn¹¹ ko²⁴ fai³¹ te²⁴ pan¹¹
　　到 月 六 七 月， 梨子 上 树 那 那 成
kɯn²⁴ pai²⁴, pau³⁵ nuəŋ³¹ ta⁵³ suan²⁴ ʔbɯt³⁵ ʔit³⁵ ma³⁵li¹¹ ʔdeu²⁴ pai²⁴ tɕe³¹
吃 了， 老弟 打算 摘 些 梨子 一 去 街
kaːi²⁴, zom²⁴ nai³³ ɕen¹¹ laŋ²⁴ ŋɔn¹¹ ɕɯ³¹ tuə¹¹ ɕiə¹¹ ʔdeu²⁴. te²⁴ pai²⁴ taŋ¹¹
卖， 攒 点 钱 后 日 买 头 黄牛 一。 他 去 到
kɔk³⁵ ko²⁴fai²¹ ma³⁵li¹¹, kot³⁵ ko²⁴ fai³¹ te²⁴ ɕi³³ juŋ³³ zeŋ¹¹ niŋ²⁴, kɯn¹¹
脚 树 梨子， 抱 棵 树 那 就 用力 摇， 上
ko²⁴fai³¹ ma³⁵li¹¹ te²⁴ ɕi³³ pit³³ pit³³ paːt³³ paːt³⁵ tək³⁵ ŋan¹¹ ma²⁴la⁵³. te²⁴
树 梨子 那 就 嚗嚗 啪啪 落 银子 来下。 他
tɯ¹¹ ŋan¹¹ pai²⁴ zaːn¹¹, pau³⁵ pi³¹ te²⁴ ɕi³³ ham³⁵ te²⁴ ŋan¹¹ tai³⁵ tɕiə¹¹ laɯ¹¹
带 银子 去 家， 老哥 他 就 问 他 银子 从 哪里
ʔdai³¹ ma²⁴, te²⁴ ɕi³³ tɯ¹¹ kaːi³⁵ siən³⁵ ni³¹ nau¹¹ so³³ hauɯ⁵³ pau³⁵ pi³¹ te²⁴.
得 来， 他 就 把 件 事情 这 说 直 给 老哥 他。
pau³⁵ pi³¹ te²⁴ luk³³ ta²⁴ ʔjap³⁵ pai¹¹ ʔdeu²⁴ ɕi³³ nɯ³³ taŋ¹¹ kaːi³⁵
老哥 他 眼睛 眨 次 一 就 想 到 个
kui⁵³ tian⁵³ tsɿ⁵³ ʔdeu²⁴. te²⁴ ziəŋ¹¹ pau³⁵ nuəŋ³¹ te²⁴ nau¹¹:"pau³⁵ nuəŋ³¹ əi⁰!
鬼 点 子 一。 他 和 老弟 他 说:"老弟 唉!
ku²⁴ ʔau²⁴ tuə¹¹ ɕiə¹¹ ɕiə³⁵ hauɯ⁵³ mɯŋ¹¹ kuə³³ pi²⁴ ʔdeu²⁴, mɯŋ¹¹ ʔau²⁴ ko²⁴
我 拿 黄牛 借 给 你 做 年 一， 你 拿 棵
li¹¹ te²⁴ ɕiə³⁵ hauɯ⁵³ ku²⁴ niŋ²⁴ ŋɔn¹¹ ʔdeu²⁴, ʔdai³¹ mi¹¹ ʔdai³¹? mɯŋ¹¹ jeu³⁵,
梨 那 借 给 我 摇 天 一， 得 不 得? 你 看，
ku²⁴ ɕiə³⁵ mɯŋ¹¹ pi²⁴ ʔdeu²⁴, mɯŋ¹¹ lɯŋ⁵³ ɕiə³⁵ ku²⁴ ŋɔn¹¹ ʔdeu²⁴, phian³¹ ji²⁴
我 借 你 年 一， 你 才 借 我 天 一， 便宜

tu³³ tɯk³³ mɯŋ¹¹ tsan²⁴ leu³¹." pau³⁵ nuəŋ³¹ zan²⁴ pi³¹ ta:i³³ mi¹¹ ka:ŋ⁵³ lai³¹,
都 让 你 占 了。" 老弟 见 大哥 不 讲理,
je⁵³ mi¹¹ li³¹ pan²⁴ fa³¹, ka³³ ʔdi²⁴ ha:n¹¹ te²⁴ pai⁰.
也 没有 办法, 只好 答应 他 了。

  ŋən¹¹ laŋ²⁴, pau³⁵ pi³¹ te²⁴ tuɯ¹¹ tɕi⁵³ ʔdan²⁴ tai³³ la:u³¹ la:u³¹ pai²⁴ taŋ¹¹
  次日, 老哥 他 带 几 只 口袋 大大 去 到
kɔk³⁵ ko²⁵ li¹¹ te²⁴, ʔdaɯ²⁴ ɕɯ²⁴ te²⁴ nɯ³³ nau¹¹, ku²⁴ ta:u³⁵ ʔdeu²⁴ ɕi³³ niŋ²⁴
脚 棵 梨 那, 心里 他 想 说, 我 次 一 就 摇
tɕim²⁴ ŋan²⁴ kɯn¹¹ ko²⁴ fai³¹ ni³¹ kuə⁵³ leu³¹, ku²⁴ jeu³⁵ pau³⁵ ŋi³³ laŋ²⁴ ŋən¹¹
金银 上 棵树 这 全部, 我 看 老二 日后
niŋ²⁴ kai³⁵ ma¹¹. nɯ³³ jieŋ³³ ni³¹, te²⁴ ɕi³³ kot³⁵ ko²⁴ fai³¹ ma³⁵ li¹¹ te²⁴
摇 什么。 想 这样, 他 就 抱 棵树 梨 那
ɕuəŋ³⁵ zeŋ¹¹ niŋ²⁴. te²⁴ ʔon³¹ niŋ²⁴ ʔon³¹ nɯ³³, ʔdai³¹ sa:u³³ la:i²⁴ ŋan¹¹ ni³¹
用力 摇。他 边 摇 边 想, 得 这么 多 银子 这
ʔau²⁴ kuə³³ tɯŋ⁵³ lau¹¹ juŋ³³. ɕɯ¹¹ ni³¹, tai³⁵ kɯn¹¹ ko²⁴ fai³¹ te²⁴ li³¹ ʔdak³⁵
拿 做 怎么 用。 这时, 从 上 棵树 那 有 块
la:u³¹ lum⁵³ kam²⁴ tɕiən¹¹ te²⁴ tɔk³⁵ ma²⁴ la⁵³, tup³³ ɕo³⁵ kɯn¹¹ ʔda:ŋ²⁴
大 像 拳头 那 落 来下, 打 放 身上
kɯn¹¹ tɕau⁵³ te²⁴ pan¹¹ ʔdan²⁴ la:u³¹ lum⁵³ ʔdan²⁴ tɕai³⁵. te²⁴ hai³¹ tɕa:n²⁴ nau¹¹
头上 他 成 个 大 像 鸡蛋。他 还 认为
tɯk³³ ŋan¹¹ ni⁰, tɕip³⁵ ma²⁴ kɯn¹¹ ɕim²⁴, ʔdak³⁵ ʔdak³⁵ tu³³ tɯk³³
是 银子 呢, 拣 起来 瞧, 块块 都 是
ʔdak³⁵ zin²⁴ kuə³³ leu³¹. te²⁴ ho¹¹ ɲa:p³⁵ ta¹¹ za:i³¹, ɕiən³⁵ ʔda:ŋ²⁴ pai²⁴ za:n¹¹
石头 全部。他 冒火 非常, 转身 去 家
ʔau²⁴ fa³³ va:n²⁴ ma²⁴ fak³³ ko²⁴ li¹¹ te²⁴ koŋ²⁴ pai⁰.
拿 斧头 来 砍 棵梨那 翻倒 了。

  ham³³ te²⁴, pau³⁵ nuəŋ³¹ ʔau²⁴ tuə¹¹ ɕiə¹¹ ma²⁴ ta:u³⁵ pi³¹ ta:i³³, ɕi³³
  晚 那, 老弟 拿 黄牛 来 还 大哥, 就
ham³⁵ pi³¹ te²⁴ tɕa:ŋ²⁴ ŋən¹¹ niŋ²⁴ ʔdai³¹ tɕi⁵³ la:i²⁴ ŋan¹¹. pi³¹ te²⁴ ho¹¹ ɲa:p³⁵
问 哥 他 白天 摇 得 多少 银子。哥 他 冒火
ta¹¹ za:i³¹, zo¹¹ ɲiə¹¹ nuəŋ³¹ ni³⁵ te²⁴ ham³⁵ nau¹¹ ŋan¹¹, ɕi³³ ɲa:p³⁵ te²⁴ ɕon¹¹
非常, 听见 小弟他 问说 银子, 就 顶 他 句
ʔdeu²⁴, nau¹¹:" ʔdai³¹ ku⁵³ ma¹¹ ŋan¹¹, mɯŋ¹¹ lo³¹ ku²⁴, mɯŋ¹¹ jeu³⁵
一, 说: "得 什么 银子, 你 骗 我, 你 看

kɯn¹¹ tɕau⁵³ ku²⁴ tu³³ teŋ¹¹ ʔdak³⁵ zin²⁴ tup³³ pan¹¹ mau¹¹ la:u³¹ lum⁵³ ni³¹,
头上 我 都 被 石 打 成 包 大 像 这,
laŋ²⁴ ŋon¹¹ miə⁵³ ziəŋ¹¹ ku²⁴ ɕiə³⁵ tuə¹¹ ɕiə¹¹ pai⁰."
以后 别 跟 我 借 黄牛 了。"

pau³⁵ nuəŋ³¹ zan²⁴ ko²⁴ li³¹ te²⁴ teŋ²⁴ fak³¹ lam³¹ leu³¹, ɕɯ²⁴ tɕet³⁵
老弟 见 棵 梨 那 被 砍 倒 了, 心痛
ta¹¹ za:i¹¹, jou²⁴ mi¹¹ li³¹ pan²⁴ fa³¹. te²⁴ ɕi³³ ʔau²⁴ tɕaŋ³⁵ fai³¹ ma³⁵ li¹¹ te²⁴ ma²⁴
非常, 又 没有 办法。 他 就 拿 树干 梨 那 来
kwet³⁵ kuə³³ ʔdan²⁴ zuə²⁴ mu²⁴ ʔdeu²⁴. nau¹¹ ma²⁴ je⁵³ kuai, te²⁴ ʔau²⁴
挖 做 个 猪槽 一。 说 来 也 怪, 他 拿
ʔdan²⁴ zuə²⁴ te²⁴ ma²⁴ ɕaŋ³¹ tuə¹¹ mu²⁴, ŋon¹¹ ʔdeu²⁴ ma⁵³ teu³³ la:i²⁴ no³³,
个 槽 那 来 喂 猪, 天 一 长 十斤 多 肉,
tuə¹¹ mu²⁴ ni³⁵ ʔdeu²⁴, ʔdiən²⁴ la:i²⁴ ɕi³³ ɕaŋ³¹ pan¹¹ mu²⁴ pi¹¹ pai⁰.
头 小猪 一, 月 多 就 养 成 肥猪 了。

ka:i³⁵ siən³⁵ ni³¹ haɯ⁵³ pau³⁵ pi³¹ te²⁴ zo³¹ he³³ leu³¹, pau³⁵ pi³¹ te²⁴ ɕi³³
件 事情 这 给 老哥 他 知道 了, 老哥 他 就
tɕai¹¹ ʔau²⁴ ʔdan²⁴ zuə²⁴ mu²⁴ te²⁴. te²⁴ ziəŋ¹¹ pau³⁵ nuəŋ³¹ te²⁴ nau¹¹:
想要 个 猪槽 那。 他 和 老弟 他 说:
"nuəŋ³¹ əi⁰! ku²⁴ ʔau²⁴ tuə¹¹ ɕiə¹¹ ɕiə³⁵ mɯŋ¹¹ pi²⁴ ʔdeu²⁴, mɯŋ¹¹ ʔau²⁴
弟 唉! 我 拿 黄牛 借 你 年 一, 你 拿
zuə²⁴ mu²⁴ ɕiə³⁵ ku²⁴ fɯəŋ³¹ pi²⁴, mɯŋ¹¹ jeu³⁵ kuə³³ ʔdai³¹ mi¹¹?"
猪槽 借 我 半年, 你 看 做 得 不?"
pau³⁵ nuəŋ³¹ te²⁴ ɕɯ²⁴ zo³¹ pi³¹ ta:i³³ te²⁴ tɕai¹¹ ʔau²⁴ ʔdan²⁴ zuə²⁴ - mu²⁴ te²⁴
老弟 他 心 知 大哥 他 想要 个 猪 槽 那
kuə³³ ka:i³¹ ʔda:ŋ²⁴ kau³⁵, te²⁴ jou²⁴ mi¹¹ li³¹ pan²⁴ fa³¹, ɕi³³ ka³³ ʔdai³¹ ha:n²⁴
做 个 自己, 他 又 没有 办法, 就 只得 答应
te²⁴.
了。

pi³¹ ta:i³³ te²⁴ ʔau²⁴ ʔdan²⁴ zuə²⁴ mu²⁴ te²⁴ pai²⁴ taŋ¹¹ za:n¹¹, nɯ³³ nau¹¹,
大哥 他 拿 个 猪槽 那 去 到 家, 想说,
fɯəŋ³¹ pi²⁴ ni³¹ ku²⁴ ʔdi²⁴ ʔdi²⁴ ɕaŋ³¹ tɕi⁵³ zo³³ mu²⁴, ka:i³⁵ la:i²⁴ tu³³ ʔau²⁴
半年 这 我 好好 喂 几 窝 猪, 个 多 都 拿
ta:u³⁵ ma²⁴ leu³¹. nɯ³³ jiəŋ³³ ni³¹, ŋon¹¹ tɕe³¹ te²⁴ ɕi³³ pai²⁴ tɕe³¹ ɕɯ¹¹ ʔdai³¹
回来 了。 想 这样, 天 集市 他 就 去 集市 买 得

ha⁵³ zɔk³⁵ tuə¹¹ mu²⁴ ni³⁵, tɕai²⁴ to²⁴ ɕaŋ³¹ ʔit³⁵ ʔdeu²⁴, to²⁴ za²⁴ ʔit³⁵ ɕen¹¹
五 六 头 小猪, 想 多 养 一 点, 多 找 一点 钱
ʔdeu²⁴. pu³¹ lau¹¹ zo³¹ zuə³⁵ mu²⁴ taŋ¹¹ fɯŋ¹¹ pau³⁵ pi³¹ te²⁴, mi¹¹ tan²⁴
一。 谁 知 猪槽 到 手 老 兄 他, 不但
tuə¹¹ mu²⁴ fi³³ ɕaŋ³¹ ma⁵³, fan⁵³ ta:u³⁵ ŋon¹¹ ta:m²⁴ ŋon¹¹ pjom²⁴ ma²⁴ la⁵³
猪 未 喂 长, 反倒 天 接 天 瘦 下 来
pai⁰, mi¹¹ tɕi⁵³ ŋon¹¹ lau¹¹, ha⁵³ zɔk³⁵ tuə¹¹ mu²⁴ ni³⁵ tu³³ ta:i²⁴ leu³¹ pai⁰.
了, 不 几 天哪, 五 六 头 小猪 都 死 光 了。
pau³⁵ pi³¹ ho¹¹ ɳa:p³⁵ ta¹¹ zai³¹, tɕi⁵³ pai¹¹ van²⁴ ɕi³³ tɯ¹¹ ʔdan²⁴ zuə²⁴ mu²⁴ te²⁴
老兄 冒火 非常, 几 次 斧头 就 把 个 猪槽 那
pa³⁵ ma²⁴ ɕo³⁵ fi¹¹ leu³¹, pau³⁵ nuəŋ³¹ nɯ³³ tɕai¹¹ ziəŋ¹¹ te²⁴ ɕiə³⁵ tuə¹¹ ɕiə¹¹,
劈 来 烧火 了, 老弟 想 想要 跟 他 借 黄牛,
nau¹¹ tɯŋ⁵³ lau¹¹ tu³³ mi¹¹ hau⁵³ pai⁰.
说 怎么 都 不 给 了。

meu¹¹ la:u³¹ zip³³ ma²⁴ taŋ¹¹ za:n¹¹, ɕi³³ ha³¹ taŋ¹¹ ɕɯ¹¹ ɕai²⁴ na¹¹ ʔdam²⁴
大季 收 来 到 家, 就 要 到 时 犁田 种
hau³¹ mak³³ pai⁰. pau³⁵ nuəŋ³¹ zo³¹ pi³¹ te²⁴ mi¹¹ ʔau²⁴ tuə¹¹ ɕiə¹¹ ɕiə³⁵ hau⁵³
麦子 了。 老弟 知 哥 他 不 拿 黄牛 借 给
te²⁴, mi¹¹ li³¹ pan²⁴ fa³¹, ɕi³³ ka³³ za²⁴ fa³³ ɕai²⁴ ni³⁵ ʔdeu²⁴, nep³³ tuə¹¹ ma²⁴
他, 没有 办法, 就 自 找 副 犁头 小 一, 赶 狗
pai²⁴ na¹¹ ɕwa:u³³ ɕai²⁴.
去 田 拉 犁。

ŋon¹¹ laŋ²⁴, te²⁴ kɯət³¹ fa³³ ɕai²⁴ nep³³ tuə¹¹ ma²⁴ ma²⁴ taŋ¹¹ pa:ŋ³¹ na¹¹,
第二天, 他 扛 犁头 赶 狗 来 到 田边,
za:ŋ⁵³ ɕai²⁴ ɕi³³ ha³¹ ɕai²⁴ na¹¹. ɕɯ¹¹ ni³¹, li³¹ pu³¹ za:p³⁵ ho³⁵ ɕun¹¹ ʔba:n³¹
架 犁头 就 要 犁田。 这时, 有 个 挑 货 游 寨
kuə³³ ka³¹ ʔdeu²⁴, za:p³⁵ za:p³⁵ ho³⁵ ʔdeu²⁴ tai³⁵ pa:ŋ¹¹ na¹¹ te²⁴ kwa³⁵, te²⁴
做生意 一, 挑 挑 货 一 从 田边 那 过, 他
zan²⁴ li³¹ pu³¹ vɯn¹¹ ʔdeu²⁴ za:ŋ⁵³ ɕai²⁴ ʔau²⁴ tuə¹¹ ma²⁴ ɕai²⁴ na¹¹, ɕi³³ tɕhi³³
见 有 个 人 一 架 犁 拿 狗 犁田, 稀奇
ta¹¹ za:i³¹, ɕi³³ tiə³⁵ za:p³⁵ naŋ³³ zek³⁵ ʔdeu²⁴ ɕim²⁴. te²⁴ nau¹¹: "je⁰! kuai²⁴
非常, 就 搁 担子 坐 边 一 瞧。 他 说: "耶! 怪
ta¹¹ za:i³¹, ku²⁴ tɕau²⁴ taŋ¹¹ ɕɯ¹¹ ni³¹, fi³³ zan²⁴ pu³¹ lau¹¹ ʔau²⁴ tuə¹¹ ma²⁴
非常, 我 活 到 现在, 未 见 谁 拿 狗

ɕai²⁴ na¹¹ kwa³⁵! ŋɔn¹¹ ni³¹ ku²⁴ ʔdai³¹ zan²⁴ pai⁰. ku²⁴ ziəŋ¹¹ muɯŋ¹¹
犁　田　过！今天　我　得　见　了。我　跟　你
tuŋ³¹ ta³¹, ʔi³⁵ nau¹¹ muɯŋ¹¹ ʔau²⁴ tuə¹¹ ma²⁴ ni³¹ ɕai²⁴ ʔdai³¹ saːm²⁴ zoŋ³³ ɕai²⁴,
打赌，如果　你　拿　狗　这犁得　三　道犁，
ku²⁴ ɕi³³ ʔau²⁴ zaːp³⁵ ho³⁵ ni³¹ sɔŋ³⁵ hauɯ⁵³ muɯŋ¹¹, ʔi³⁵ nau¹¹ muɯŋ¹¹ ɕai²⁴ mi¹¹
我　就　拿　批　货这送　给　你，如果　你　犁　不
ʔdai³¹, muɯŋ¹¹ ɕi³³ ʔau²⁴ zaːi³³ na¹¹ muɯŋ¹¹ ni³¹ hauɯ⁵³ ku²⁴." pau³⁵ nuəŋ³¹
得，你　就　拿　块　田　你　这给　我。" 老弟
nau¹¹: "ku²⁴ mi¹¹ li³¹ pan²⁴ fa³¹ luɯ³³ ʔau²⁴ tuə¹¹ ma²⁴ ma²⁴ ɕai²⁴ na¹¹, muɯŋ¹¹
说："我　没有　办法　才　拿　狗　来犁田，你
ha³¹ tɕai¹¹ ta³¹ ɕi³³ ku²⁴ ɕi³³ ziəŋ¹¹ muɯŋ¹¹ ta³¹.'" nau¹¹ leu³¹ te²⁴ ɕi³³ ʔau²⁴
要　想　赌就我　就　跟　你　赌。" 说　完　他就　拿
ʔdak³⁵ hau³¹ naŋ⁵³ taːi³⁵ zaːn¹¹ tuɯ¹¹ ma²⁴ te²⁴ vit³³ pai²⁴ tɕau⁵³ na¹¹ paːi³³ ʔun³¹,
块　糍粑　从　家　带来　那扔去　前　面　那边，
tuə¹¹ ma²⁴ te²⁴ ɕi³³ ɕwaːu³³ ɕai²⁴ le¹¹ kwa³⁵ pai²⁴ ʔun³¹; taŋ³¹ tɕau⁵³ na¹¹, te²⁴
狗　他　就　拉　犁　跑　过去　那边；到　头　田，他
jou²⁴ tɕip³⁵ ʔdak³⁵ hau³¹ naŋ⁵³ te²⁴ vit³³ ma²⁴ tɕau⁵³ na¹¹ paːi³³ ni³¹, tuə¹¹ ma²⁴
又　拣　块　糍粑　那扔来　头田　这边，狗
te²⁴ jou²⁴ ɕwaːn³³ ɕai²⁴ le¹¹ kwa³⁵ ma²⁴ tɕau⁵³ ni³¹. mi¹¹ tɕi⁵³ naːn¹¹ lauɯ¹¹,
那又　拉　犁　跑　过来　头　这。不　多久　哪，
saːm²⁴ zoŋ³³ ɕai²⁴ ɕi³³ ɕai²⁴ pan¹¹ pai⁰. pau³⁵ kuə³³ ka³¹ te²⁴ laːi³³ mi¹¹
三　道犁　就　犁　成了。个　做生意　那　赖　不
kwa³⁵ pai²⁴, ɕi³³ ka³³ ʔdi²⁴ ʔi²⁴ kaːi³⁵ ɕɔn¹¹ tuŋ³¹ taː³¹ te²⁴, ʔau²⁴ zaːp³⁵ ho³⁵ te²⁴
过去，就　只好　依　个　句　打赌　那，拿　挑　货　他
hauɯ⁵³ pau³⁵ nuəŋ³¹.
给　老弟。

pi³¹ taːi³³ zan²⁴ pau³⁵ nuəŋ³¹ zaːp³⁵ ho³⁵ ma²⁴ zaːn¹¹, ɕi³³ ham³⁵ te²⁴ tai³⁵
大哥　见　老弟　挑　货来　家，就　问　他　从
tɕiə¹¹ lauɯ¹¹ ʔdai³¹. pau³⁵ nuəŋ³¹ tuɯ¹¹ kaːi³⁵ siən³⁵ te²⁴ si²⁴ kɔk³⁵ taŋ¹¹ pjaːi²⁴ nau¹¹
哪里　得。老弟　把　件　事情　那　从　根　到　梢　说
hauɯ⁵³ pi³¹ taːi³³ te²⁴ nɯə²⁴. pi³¹ taːi³³ tɕa⁵³ tsuəŋ³³ kwaːi³⁵ pau³⁵ nuəŋ³¹ te²⁴
给　大哥　他　听。大哥　假装　责怪　老弟　他
nau¹¹: "muɯŋ¹¹ tɕai¹¹ ɕai¹¹ na¹¹ ɕi³³ ziəŋ¹¹ ku²⁴ ʔau²⁴ tuə¹¹ ɕiə¹¹ pai²⁴ ɕai²⁴, muɯŋ¹¹
说："你　想　犁　田　就　跟　我　要　黄牛　去　犁，你

tuɯŋ⁵³ lauɯ¹¹ ʔau²⁴ tuə¹¹ ma²⁴ pai²⁴ ɕai²⁴ ni⁰ ? tuə¹¹ ma²⁴ pjaːi⁵³ lon³⁵ , muɯŋ¹¹ ɕɯ¹¹ lauɯ¹¹
怎么 拿 狗 去 犁 呢? 狗 走 慢, 你 何时
lɯŋ⁵³ ɕai²⁴ ʔdai³¹ leu³¹ . kuə³³ jiəŋ³³ ni³¹ pa⁰ , fan⁵³ tsuɯn²⁴ zi³³ naː¹¹ ku²⁴ ha¹¹ ɕai²⁴ leu³¹
才能 犁 得 完。 做 这样 吧, 反正 田地 我 要 犁 完
pai⁰ , ŋən¹¹ ɕo³³ ku²⁴ ziəŋ¹¹ muɯŋ¹¹ vuən³³ , ku²⁴ ʔau²⁴ tuə¹¹ ma²⁴ pai²⁴ ɕai²⁴ , muɯŋ¹¹
了。 明天 我 跟 你 换, 我 拿 狗 去 犁, 你
ʔau²⁴ tuə¹¹ ɕiə¹¹ pai²⁴ ɕai²⁴ . jiəŋ³³ ni³¹ muɯŋ¹¹ ɕi³³ ɕai²⁴ leu³¹ ɕau³¹ naːi³³ ." pau³⁵ nuəŋ³¹
拿 黄牛 去 犁。 这样 你 就 犁 完 早 些。" 老弟
zo³¹ pi³¹ taː³³ te²⁴ jou²⁴ nuu³³ ku³⁵ ma¹¹ kui⁵³ tian⁵³ tsɿ⁵³ , mi¹¹ kwa³⁵ mi¹¹ li³¹
知道 大哥 他 又 想 什么 鬼点 子, 不过 没有
fan²⁴ fa³¹ , ka³³ ʔdi²⁴ haːn²⁴ ɕon¹¹ te²⁴ .
办法, 只好 答应 他。

ŋən¹¹ laŋ²⁴ , pau³⁵ pi³¹ nep³³ tuə¹¹ ma²⁴ te²⁴ pai²⁴ taŋ¹¹ naː¹¹ ʔdaːŋ²⁴ kau³⁵
第二天, 老哥 赶 狗 那 去 到 田 自己
zaːi⁵³ ɕai²⁴ . nau¹¹ ma²⁴ ɕi³³ ɕin²⁴ tɕhiau⁵³ ta¹¹ zaːi³¹ , jou²⁴ li³¹ pu³¹ kuə³³ ka³¹
架犁。 说 来 就 真 巧 非常, 又 有 人 做生意
ʔdeu²⁴ kwa³⁵ zɔn²⁴ , zan²⁴ te²⁴ haː³¹ tɕai¹¹ zaːi⁵³ ɕai²⁴ ʔau²⁴ tuə¹¹ ma²⁴ pai²⁴
一 过路, 见 他 要想 架犁 拿 狗 去
ɕai²⁴ naː¹¹ , je⁵³ ʔau²⁴ zaːp³⁵ ho³⁵ te²⁴ ziəŋ¹¹ te²⁴ tuŋ³¹ taː³¹ . pau³⁵ laːu³¹
犁田, 也 拿 挑 货 他 跟 他 打赌。 老大
ziəŋ¹¹ ɕɯ¹¹ ɕi³³ haːn²⁴ ma²⁴ laː⁵³ , te²⁴ ŋaːŋ³³ ŋaːŋ³³ zaːŋ⁵³ ma²⁴ tɕai¹¹ ɕai²⁴ naː¹¹ ,
马上 就 答应 下来, 他 急忙 架 狗 想 犁田,
pu³¹ lauɯ¹¹ zo³¹ te²⁴ tuɯŋ⁵³ lauɯ¹¹ haːi³¹ , tuə¹¹ ma²⁴ te²⁴ tu³³ mi¹¹ pjaːi⁵³
谁 知 他 怎么 打, 狗 那 都 不 走
pai²⁴ naː⁵³ . ma²⁴ laŋ²⁴ , te²⁴ haːi³¹ han²⁴ leu³¹ , tuə¹¹ ma²⁴ te²⁴ pin⁵³ taːu³⁵ ma²⁴
去前。 后来, 他 打 急 了, 狗 那 转 过来
hap³³ ka²⁴ pi¹¹ te²⁴ ʔaːm³⁵ ʔdeu²⁴ , liət⁵³ tu³³ lai²⁴ ma²⁴ laː⁵³ leu³¹ . te²⁴
咬 大腿 他 口 一, 血 都 流 下来 了。 他
ho¹¹ ɳaːp³⁵ taː¹¹ zaːi¹¹ , ɕi³³ tuɯ¹¹ tuə¹¹ ma²⁴ te²⁴ haːi³¹ taːi³¹ pai⁰ .
冒火 非常, 就 把 狗 那 打 死 了。

tai³⁵ ɕɯ¹¹ te²⁴ kwa³⁵ laŋ²⁴ , pau³⁵ pi³¹ te²⁴ ɕi³³ mi¹¹ kaːm⁵³ tɕhi³³ fu²⁴
从 那时 过后, 老兄 那 就 不 敢 欺负
nuəŋ³¹ ni³⁵ te²⁴ pai⁰ .
小弟 他 了。

意译：

(4)

从前有一家两兄弟，哥哥又狡猾又懒惰，老二又老实又勤快。

到后来哥俩长大了，要分家自己过日子。家里除了两间破草房一人一间外，就剩下一头牛、一条狗和一棵梨树可分了。哥哥对弟弟说："弟弟呀，我是大哥，应该得这头牛，你是小弟，狗和梨树就归你吧。"弟弟说："那我用什么来拉犁种庄稼啊！"老大说："到种庄稼的时候我会借给你，再说你还得两样东西呢，便宜都让你占了。"老二没办法，只得答应了。

正月间一过，眼看就到春耕季节了。弟弟的田和地一铧也没有犁，有一天，他去跟哥哥借牛，哥哥说他自己也还没有犁呢，说什么也不把牛借给他弟弟。弟弟没办法，只得用锄头去挖，就这样对付了一季。

到了六、七月间，梨树上的梨成熟了，弟弟打算摘一些梨到街上去卖，然后攒一点钱，准备将来买一头牛。他走到梨树下，抱着树干使尽摇，梨树上便噼里啪啦地落下很多银子来。他把银子拿回家，哥哥见了就问这些银子是从哪里得来的，他便把情况如实地告诉了哥哥。哥哥眉头一皱，就想了一个鬼主意，他对弟弟说："弟弟呀，我把牛借你犁一季，你把梨树借我摇一天，行不行。你看，我借给你一季，你才借我一天，便宜又让你占去了。"弟弟见哥哥这么不讲理，也没办法，只好答应了。

第二天，哥哥带着好几个大口袋来到梨树下，心想，我一次就把树上的银子全部摇完，看老二你以后还摇什么。于是便抱着梨树拼命地摇了起来。他一边摇，一边盘算着怎么花这么多银子，正做着发财梦呢，树上"乒乒乒乒"掉下好多拳头那么大的东西来，砸得他身上、头上起了鸡蛋那么大的包。他还以为是银子呢，可捡起来一看，一个个全是石头。他气得要命，转身回家拿来一把斧头，把梨树砍倒了。

晚上，弟弟把牛还给哥哥，顺便问了一句他白天摇下来多少银子。哥哥一肚子气正没处发呢，听弟弟问他银子的事，气鼓鼓地说："得什么银子，你尽骗人，你看我的脑壳让石头砸了这么多大包！以后别再跟我借牛了。"

弟弟看见梨树被砍倒了，很痛心，但也没有办法。他用梨树的树干抠了一个猪槽。说起来也奇怪，用这个猪槽来喂猪，几斤重的小猪崽一天能长十来斤肉，一个多月的时间，小猪崽就变成了大肥猪。

这件事情很快让哥哥知道了，于是他又打起了这个猪槽的主意。他对弟弟说："弟弟呀，我把牛借给你一年，你把猪槽借给我用半年，你看怎么样？"弟弟明知哥哥想把他的猪槽占为己有，但也没办法，只好答应了。

哥哥把猪槽拿回自己家，心想，半年的时间我喂它几窝猪，多的都赚回来了。于是，他赶场天就赶忙上街去买来了五六只猪崽，想多喂一些，好赚大钱。不料，奇怪的事情发生了，猪槽到了哥哥的手里，不但喂猪不长，反而一天比一天瘦，没几天的时间，五六只小猪崽全部死了。哥哥非常生气，几斧子把猪槽劈烂烧了。弟弟要想借牛是绝对不可能了。

转眼间秋收过去，眼看就要犁田种小麦了。弟弟知道不可能从哥哥那儿借到牛，没有办法，只好准备了一套小犁头，撵狗下田去拉犁。

第二天，他扛着犁，赶着狗来到田边，准备架狗犁田。这时，有一个挑杂货窜寨做生意的挑着一挑杂货从他的田边走过，他看见有人要架狗犁田，觉得非常稀奇，便放下挑子，坐在一边看。他说："耶，怪啦，怪啦，我活到现在，从来还没有见过谁用狗犁田！今天终于碰上了。我跟你打赌，如果用狗能犁三铧田，我就把这挑杂货送给你。如果你犁不了，你这块田就归我了。"弟弟说："我是没有办法才拿狗犁田的，你既然要赌就赌吧！"于是，他把预先准备好的一团糯米朝田的另一头扔去，狗带着犁就奔过去；他又捡起那一团米饭朝另一头扔，狗又带着犁朝这边奔过来。很快，三铧就犁完了。生意客不敢抵赖，只得按原来说好的把杂货给了弟弟。

哥哥见弟弟挑着杂货回来，便问他是从哪里得来的。弟弟如实地把事情的经过跟他哥哥讲了一遍。哥哥假意做出责怪弟弟的样子，说："要犁田你就给我讲讲，我把牛借给你犁，你怎么能拿狗去犁呢，狗犁得那么慢，你到什么时候才犁得完。这样吧，反正我的田已经快犁完了，明天我跟你换一天，我用狗犁，你用牛犁。这样你也可以早一点犁完。"弟弟知道哥哥又想打什么鬼主意了，但他也没有什么办法，只好答应了。

第二天，哥哥也把狗撵到他自己的田里准备犁田，说来也巧，正好又有一个生意客过路，见他准备用狗犁田，也用他那挑杂货来打赌。大哥马上就答应下来，他连忙套上狗，准备犁田，可是怎么打狗，狗也不往前走。最后打急了，狗反过来朝他的大腿上狠狠地咬了一口，咬得他鲜血直往下淌。他一生气，把狗给打死了。

从那以后，哥哥再不敢打弟弟的主意了。

（5）

ɕeu³³ kon³⁵ li³¹ ða:n¹¹ ʔdeu²⁴ θoŋ²⁴ pi³¹ nuəŋ³¹, po³³ me³³ ta:i²⁴ ɕau³¹,
从前　有　家　一　两　兄弟　　父母　死　早

θoŋ²⁴ pi³¹ nuəŋ³¹ te³¹ ka³³ tuŋ³¹ ʔju³⁵ kwa³⁵ ʔdian²⁴ ŋən³¹ ɕian³¹ miŋ³³.
两　兄　弟　那　自己　同　住　过　日子　养　命

ma²⁴ laŋ²⁴, θoŋ²⁴ pi³¹ nuəŋ³¹ te²⁴ ɕu³¹ pau³¹ leu³¹ ɕi³³ pan²⁴ ða:n¹¹ ʔda:ŋ²⁴ kau³⁵
后来　两　兄弟　那　娶妻　以后　分家　自己

ka³³ kwa³⁵ pai⁰. pau³⁵ la:u³¹ ɕu²⁴ ʔja³⁵ ɕu²⁴ fon³¹, jou²⁴ ɕu²⁴ mau¹¹, ɕu¹¹
自　过　了　老大　心　坏　心　黑　又　心　贪　时

ɕu¹¹ tu³³ tɕhi³³ fu²⁴ pau³⁵ nuəŋ³¹ te²⁴, ɕu¹¹ pan²⁴ ða:n¹¹ te²⁴ ʔda:ŋ²⁴ kau³⁵
时　都　欺负　老弟　他　时　分家　那　自己

kuə³³ la:u³¹, ɕi³³ tɯ¹¹ la:i²⁴ jiəŋ³³ tɕa⁵³ ta:ŋ³⁵ tu³³ ha³³ pai²⁴ kuə³³ leu³¹,
做　大　就　把　多样　家当　都　霸占　去　全部

jiəŋ³³ ni³¹ ða:n¹¹ te²⁴ ɕi³³ pan²⁴ ʔdi²⁴, pau³⁵ nuəŋ³¹ te²⁴ ni⁰, ɕu¹¹ pan²⁴ ða:n¹¹
这样　家　他　就　富有　老弟　他　呢　时　分家

te²⁴ ka³³ ʔdai³¹ ʔdan²⁴ ɕa:u³¹ ðoi³¹ ʔdeu²⁴, hoŋ³⁵ ða:n¹¹ ha¹¹ ʔdeu²⁴ ðiəŋ¹¹ ha⁵³
那　只　得　　个　　锅　　旧　　一　　间　　茅屋　　一　　和　　五
fan²⁴ ði³³. ɕi¹¹ ja³³ luɯk¹¹ ni³⁵ ʔo³⁵ tu²⁴ tɕoŋ³⁵ pɯə³³ lum⁵³ jiəŋ³³ ʔdeu²⁴ tu³³
分　地. 老婆　孩子　出门　件　衣服　像样　一　都
mi¹¹ li³¹ tan⁵³.
没有　穿

　　　pi²⁴ ni³¹ ha³¹ taŋ¹¹ la⁵³ la:p³³ pai⁰, ða:n¹¹ ða:n¹¹ tu²⁴ ɕɯ³¹ pɯə³³ mo³⁵ ma²⁴
　　年　这　要　到　　腊　下　了　　家　　家　　都　买　衣服　新　来
hau⁵³ ɕi¹¹ la:n²⁴ tan⁵³, ʔau²⁴ hau³¹ ɕut³³ ma²⁴ ʔde³⁵ hau³¹ ɕi¹¹ kwa³⁵ ɕiəŋ²⁴.
给　小　孩　穿　拿　糯米　来　打　糍粑　过年
ða:n¹¹ pau³⁵ nuəŋ³¹ ɕi³³ ɕin²⁴ ho⁵³ ta¹¹ ða:i³¹, hau³¹ θa:n²⁴ ɕo³⁵ ɕa:u³⁵ tu³³
家　老弟　就　真　穷　真正　大米　放　锅　都
mi¹¹ li³¹, mi¹¹ nau¹¹ ma¹¹ ɕi³³ pɯə³³ mo³⁵ hau⁵³ ɕi¹¹ la:n²⁴ tan⁵³ lo⁰. ðek³⁵
没有　不　说　什么　买　衣服　新　给　孩子　穿　了　边
ði³³ ða:n¹¹ te²⁴ li³¹ ko²⁴ fai³¹ la:u²⁴ ʔdeu²⁴, ha³¹ ʔdo³⁵ ta:i²⁴ pai⁰, te²⁴ nɯ³³
地　家　他　有　棵　树　大　一　要　干枯　死　了　他　想
mi¹¹ li³¹ pan²⁴ fa³¹, ka³³ ʔdi²⁴ fak³³ ko²⁴ fai³¹ ni³¹ ma²⁴ pa³⁵ kuə³³ fɯn¹¹, ʔau²⁴
没有　办法　只好　砍　棵　树　这　来　劈　做　柴　拿
pai²⁴ tɕe³¹ ka:i²⁴ ɕɯ³¹ ʔit³⁵ hau³¹ θa:n²⁴ ʔdeu²⁴ ma²⁴ kun²⁴, jiəŋ³¹ ni³¹, te²⁴
去　街上　卖　买　一些　大米　一　来　吃　这样　他
ɕi³³ ʔau²⁴ wa:n²⁴ pai²⁴ fak³³ ko²⁴ fai³¹ la:u³¹ te²⁴.
就　拿　斧头　去　砍　棵　树　大　那

　　　kun¹¹ ko²⁴ fai³¹ te²⁴ li³¹ ðoŋ¹¹ ʔa²⁴ ʔdeu²⁴, tuə¹¹ ʔa²⁴ ʔdeu²⁴ ʔju³⁵
　　上边　棵　树　那　有　窝　乌鸦　一　　只　乌鸦　一　　在
ʔdaɯ²⁴ te²⁴ fak³³ tɕai³⁵. jeu³⁵ ðan²⁴ li³¹ pu³¹ wun¹¹ ʔdeu²⁴ ha³¹ fak³³ ko²⁴ fai³¹
里面　那　孵　蛋　看见　有　个　人　一　要　砍　棵　树
ni³¹, tuə¹¹ ʔa²⁴ te²⁴ ɕi³³ tai⁵³ nau¹¹: "muɯŋ¹¹ wei²⁴ jiəŋ³³ ma¹¹ ha³¹ fak³³ ko²⁴
这　只　乌鸦　那　就　哭　说："你　为　什么　要　砍　棵
fai³¹ la:u³¹ ni³¹ ʔluɯk³³ ku²⁴ ha³¹ ʔo³⁵ pai⁰, mi¹¹ li³¹ ko²⁴ fai³¹ la:u³¹ ni³¹, ða:n¹¹
树　大　这　儿　我　要　出　了　没有　棵　树　大　这　家
ku²⁴ ɕi³³ piu²⁴ pai⁰." pau³⁵ nuəŋ³¹ ho⁵³ te²⁴ ðiəŋ¹¹ tuə¹¹ ʔa²⁴ te²⁴ nau¹¹
我　就　空　了." 老弟　穷　那　跟　乌鸦　那　说
ʔda:ŋ²⁴ kau³⁵ ho⁵³, mi¹¹ fak³³ fai³¹ ɕi³¹ mi¹¹ li³¹ hau³¹ kun²⁴ kwa³⁵ ɕiəŋ²⁴.
自己　穷　不　砍　树　就　没有　粮食　吃　过年

tuə¹¹ʔa²⁴ nau¹¹：“muɯŋ¹¹ mjaɯ⁵³ fak³³，ku²⁴ tɯ¹¹ muɯŋ¹¹ pai²⁴ tɕiə¹¹ ʔdeu²⁴，
乌鸦　说　　　你　不要　砍　我　带　你　去　　处　一

tɕiə¹¹ te²⁴ li³¹ tɕim²⁴ ŋan¹¹ pa:u³¹ muɯŋ¹¹ ɕeu³³ wuun¹¹ ni³¹ juŋ³³ mi¹¹ leu³¹．”
那里　有　金　银　保　你　辈子　这　用　不　完

　　　pau³⁵ nuəŋ³¹ ho⁵³ ȵiə²⁴ ɕon¹¹ ha:u³⁵ tuə¹¹ʔa²⁴ te²⁴，ɕi³³ mi¹¹ fak³³ fai³¹
　　　老弟　穷　听　话　　乌鸦　那　就　不　砍　树

pai⁰．tuə¹¹ʔa²⁴ te²⁴ tɯ¹¹ te²⁴ ma²⁴ taŋ¹¹ toi³⁵ na³¹ pa:ŋ³¹ pa³⁵ ʔdeu²⁴，toi³⁵
了　乌鸦　那　带　他　来　到　对面　　山崖　一　对

pa:ŋ³¹ pa³⁵ te²⁴ jeu³³ tɕi⁵³ ɕon¹¹，tɕiə¹¹ te²⁴ ɕi³³ ha:i²⁴ ʔo³⁵ ɕoŋ³³ ka:m⁵³ ʔdeu²⁴．
山崖　那　喊　几　句　　那里　就　开　出　山洞　一

tuə¹¹ʔa²⁴ tɯ¹¹ pau³⁵ nuəŋ³¹ ho⁵³ te²⁴ hau⁵³ pai²⁴ ʔdaɯ²⁴ ka:m⁵³ te²⁴，ɕim²⁴
乌鸦　带　老弟　穷　那　进入　去　里面　　洞　那　看

pai²⁴ θi³⁵ mian³³，tɕiə¹¹ tɕiə¹¹ tu³³ tɯk³³ tɕim²⁴ ŋan¹¹．tuə¹¹ ʔa²⁴ nau¹¹：
去　四　面　　处　处　都　是　金　银　乌鸦　说

"ɕɯ:¹¹ ni³¹ muɯŋ¹¹ lap³⁵ ta²⁴，pan⁵³ θa:m²⁴ pai¹¹，kwa:t³⁵ sa:m²⁴ pai¹¹，ʔdai³¹
现在　你　闭　眼　抓　三　下　刮　三　下　得

θa:u³³ laɯ¹¹ ɕi³³ ʔau²⁴ θa:u³³ te²⁴，ʔdai³¹ leu³¹ ɕi³³ ʔo³⁵ ma²⁴ han²⁴ noi³³．"
多少　就　要　那么　多　　得　了　就　出来　快　点

pau³⁵ nuəŋ³¹ ho⁵³ ʔi³¹ ɕon¹¹ ha:u³⁵ tuə¹¹ʔa²⁴ nau¹¹ te²⁴，pan⁵³ θa:m²⁴ pai¹¹，
老弟　穷　听从　话　　乌鸦　说　那　抓　三　下

kwa:t³⁵ θa:m²⁴ pai¹¹，tɕaŋ²⁴ ðim²⁴ θoŋ²⁴ pa:i¹¹ tai³³ to³¹，ɕiən³⁵ ʔda:ŋ¹¹ ɕi³³ ʔo³⁵
刮　三　下　装　满　两　边　口袋　转身　就　出

ɕoŋ³³ ka:m⁵³ pai⁰，lɯŋ⁵³ ʔo³⁵ ma²⁴ ðo³³，tu²⁴ ka:m⁵³ "pɯm¹¹ lɯŋ¹¹"
山洞　了　才　出来　外　洞门　砰隆

pai¹¹ ʔdeu²⁴ ɕi³³ ʔɯp³⁵ man³³ pai⁰．
一　下　就　关　紧　了

　　　pau³⁵ nuəŋ³¹ ho⁵³ ta:u³⁵ ma²⁴ taŋ¹¹ ða:n¹¹，leu³¹ ða:n¹¹ tu³³ ɕɯ²⁴ ʔa:ŋ³⁵
　　　老弟　穷　回来　到　家　　全家　都　心　欢喜

ta¹¹ ða:i³¹，ɕɯ¹¹ ni³¹ mi¹¹ tan²⁴ kwa³⁵ ɕiəŋ²⁴ mi¹¹ θiu⁵³ ka:i³¹ kɯn²⁴，ʔo³⁵ ɕiəŋ³¹
非常　这时　不但　过年　不少　个　吃　年后

pai²⁴ te²⁴ hai¹¹ taŋ⁵³ ʔdan¹¹ ða:n¹¹ ŋwa¹¹ mo³⁵ ʔdeu²⁴ pai⁰．
去　他　还　立　幢　房子　瓦　新　一　了

　　　pi³¹ ta:i³³ ɕɯ²⁴ mau¹¹ te²⁴ jeu³⁵ ɕo³⁵ ta²⁴，ham¹¹ ɕo³⁵ ɕɯ²⁴ nu³³ nau¹¹，
　　　大哥　贪心　那　看　在　眼　恨　在　心　心里说

pau³⁵ nuəŋ⁵³ ho⁵³ ku²⁴ ni³¹ tau²⁴ ti³¹ pai²⁴ kuə³³ jiəŋ³³ ma¹¹ ʔdai³¹ ŋan¹¹ ɕen¹¹,
老弟 穷 我 这 到 底 去 做 什么 得 银钱
ku²⁴ ha³¹ pai²⁴ ham³⁵ pai¹¹ ðeu²⁴. nɯ³³ taŋ¹¹ ni³¹, li³¹ ŋɔn¹¹ ðeu²⁴, te²⁴ ɕi³³
我 要 去 问 一下 想 到 这 有 天 一 他就
kuə³³ na⁵³ na²⁴ ma²⁴ ham³⁵ pau³⁵ nuəŋ³¹ te²⁴ li³¹ ka:i³⁵ kɯn²⁴ mi¹¹ li³¹, li³¹
做 脸 厚 来 问 老弟 他 有 个 吃 没有 有
ka:i³⁵ tan³¹ mi¹¹ li¹¹. ma²⁴ laŋ²⁴, jou²⁴ ham³⁵ pau³⁵ nuəŋ³¹ te²⁴ pai²⁴ kuə³³
个 穿 没有 后来 又 问 老弟 他 去 做
jiəŋ³³ ma¹¹ ʔdai³¹ θa:u³³ ni³¹ la:i²⁴ ɕen¹¹, ha³¹ taŋ⁵³ ʔdan²⁴ ðaːn¹¹ mo³⁵.
什么 得 这么 多 钱 还 立 幢 房子 新
pau³⁵ nuəŋ³⁵ te²⁴ ɕɯ²⁴ θo³³, ɕi³³ jiəŋ³³ jiəŋ³³ tu³³ nau¹¹ hau⁵³ pau³⁵ pi³¹ te²⁴
老弟 他 心 直 就 样 样 都 说 给 老哥 他
kuə³³ leu³¹. pau³⁵ pi³¹ te²⁴ nɯ³³ nau¹¹, mɯŋ¹¹ ðo³¹ kau²⁴ jiəŋ³³ ni³¹ ʔdai³¹
全部 老哥 他 心 说 你 会 靠 这样 得
ŋan¹¹ ɕen¹¹, ku²⁴ je⁵³ kuə³³ ʔdai³¹, ku²⁴ ʔau²⁴ ʔdai³¹ ŋan¹¹ ɕen¹¹ la:i²⁴ to²⁴
银钱 我 也 做 得 我 要 得 银钱 多 多
mɯŋ¹¹, pan¹¹ ʔdi²⁴ to²⁴ mɯŋ¹¹. nɯ³³ jiəŋ³³ ni³¹, te²⁴ ŋɔn¹¹ laŋ²⁴ ɕi³³
你 富裕 多 你 想 这样 他 以后 就
tɕia⁵³ kuə³³ lum⁵³ pau³⁵ nuəŋ³¹ te²⁴ pai²⁴ fak³³ ko²⁴ fai³¹ la:u³¹ te²⁴. tuə¹¹ ʔa²⁴
假装 像 老弟 他 去 砍 棵 树 大 那 乌鸦
kɯn¹¹ ko²⁴ fai³¹ te²⁴ tɯ¹¹ te²⁴ pai²⁴ taŋ¹¹ ʔdau²⁴ ɕoŋ³³ ka:m⁵³ te²⁴. pi³¹ ta:i³³
上 棵 树 那 带 他 去 到 里面 山 洞 那 大哥
ɕɯ²⁴ mau¹¹ tɯ¹¹ li³¹ tɕi⁵³ ka²⁴ tai³³ la:u³¹ pai²⁴ ðiəŋ¹¹, te²⁴ mi¹¹ ɲiə²⁴
贪心 带 有 几 只 口袋 大 随后 他 不 听
ɕon¹¹ ha:u⁵³ tuə¹¹ ʔa²⁴ nau¹¹ te²⁴, ʔau²⁴ tɕim²⁴ ŋan¹¹ lap³³ pai²⁴ ʔdau²⁴ tai³³
话 乌鸦 说 那 要 金 银 塞 去 里面 口袋
te²⁴ mi¹¹ taŋ³¹, mi¹¹ θa:u³³ lau¹¹ na:n¹¹, tɕi⁵³ ʔdan²⁴ tai³³ te²⁴ tɯ¹¹ ma²⁴ te²⁴
那 不 停 不 多少 久 几 只 口袋 他 带 来 那
tu³³ tɕaŋ²⁴ ðim¹¹ leu³¹, pɯə²⁴ tu³³ pɯə²⁴ mi¹¹ ʔdai³¹. te²⁴ lɯŋ⁵³ tɕai¹¹ pja:i⁵³
都 装 满 全部 抬 都 抬 不 得 他 才 想 走
pai²⁴ ðo³³, ɕi³³ ðo³¹ ɲiə²⁴ "pɯm¹¹ luŋ¹¹" pai²⁴ ðeu²⁴, tu²⁴ ka:m⁵³ ɕi³³ ʔɯp³⁵
去 外 就 听见 砰隆 一下 洞门 就 关
leu³¹, pi³¹ ta:i³³ ɕɯ²⁴ mau¹¹ ɕi³³ teŋ³³ tɕaŋ²⁴ ʔju³⁵ ʔdau²⁴ ka:m⁵³ te²⁴, ʔo³⁵ ma²⁴
了 大哥 贪心 就 被 装 在 里面 洞 那 出来

mi¹¹ ʔdai³¹ pai⁰.
不　得　了

意译：

(5)

　　从前有一家兄弟两个，父母早死，兄弟两相依为命，后来各自都娶了媳妇，分家自己过日子。哥哥一向很霸道，又贪婪，经常欺负弟弟，分家的时候仗着自己是大哥，把大部分家产都霸占去了，所以家里面很富足。可是弟弟就惨了，分家时只得了一口破锅，一间破房和五分地。老婆孩子出门连件像样的衣服都没有。

　　这年快到腊月底了，家家户户都准备着给自家孩子买新衣服，舂糯米来打过年的粑粑，可弟弟家穷得连下锅的米都没有，更不用说给孩子买新衣服了。他家地边上长了一棵快要枯死的大树，他想，没有办法，只好把这棵树砍倒，劈成柴，拿到街上去卖了，换点米来吃吧。于是他便拿着斧头去砍那棵大树。

　　树上有一个乌鸦窝，一只乌鸦正在窝里面抱蛋。看见有人要砍这棵大树，乌鸦哭着说："你为什么要砍这棵大树？我的孩子们快要出生了，没有了大树，我的家就毁了。"穷弟弟把自己的苦衷向乌鸦诉说了一遍。乌鸦说："你别砍了，我带你到一个地方，那儿有无数的金银财宝，保证你这一辈子有享不尽的富贵。"

　　穷弟弟听了乌鸦的话，不再砍树了。乌鸦领着他来到一个崖壁前面，对着崖壁怪叫了几声，崖壁上马上就打开了一个大洞。乌鸦领着穷弟弟进到洞里去，向四面一看，到处堆满了金银财宝。乌鸦说："现在你闭上眼睛，抓三下，刮三下，能拿到多少就算多少，拿完了马上就走。"穷弟弟按照乌鸦的吩咐，抓三下，刮三下，装满了两边衣兜，转身就走出山洞，刚出来，洞门轰隆一下就关上了。

　　穷弟弟回到家，一家人心里非常高兴，这下不但过好了年，过年以后，他还起了一栋新瓦房。贪心的大哥看在眼里，恨在心头。

心想，这个穷光蛋到底是做什么一下就发财了，我得去问个究竟。于是，有一天，他厚着脸皮，嬉皮笑脸地假装向弟弟问寒问暖。最后问弟弟干了什么得那么多钱，把新房子都盖起来了。忠厚老实的弟弟把一切都告诉了大哥。大哥心想，你能靠这个发财，我也能，而且还要比你更富。

于是，第二天，他也学着弟弟的样子去砍那棵树。树上的乌鸦也把他带到那个山洞里去。贪心的大哥随身带了几只大口袋，不听乌鸦的告诫，拼命地往口袋里面装金银财宝，不一会儿，所带去的口袋全部装得满当当的，抬都抬不动。他刚想往外走，就听"轰隆"一声，岩洞的门关上了，贪心的大哥就这样被关在洞里，再也出不来了。

（6）

ɕeu³³ kon³⁵ li³¹ θoŋ²⁴ pi³¹ nuəŋ³¹, pi³¹ pan²⁴ ʔdi²⁴, nuəŋ³¹ pan¹¹ ho⁵³. pi³¹
从前　有　两　兄弟　兄　富有　　弟　贫穷　哥

te²⁴ mi¹¹ ðuun²³ nuəŋ³¹ te²⁴, ha³¹ taŋ¹¹ ɕiəŋ²⁴ pai⁰, nuəŋ³¹ te²⁴ pai²⁴ ðiəŋ¹¹ pi³¹
那　不　认　弟　他　要　到　年　了　弟　他　去　跟　哥

te²⁴ ɕiə³⁵ teu²³ hau³¹ ʔdeu²⁴ ma²⁴ kuə⁵³ ɕiəŋ²⁴, pi³¹ te²⁴ tu³³ mi¹¹ haui⁵³.
他　借　十斤　粮食　一　来　做　年饭　哥　他　都　不　给

nuəŋ³¹ te²⁴ mi¹¹ li³¹ pan²⁴ fa³¹, ɕi³³ nuɯ³³ pai²⁴ po²⁴ ʔau²⁴ fɯn¹¹ ma²⁴ ka:i²⁴
弟　他　没有　办法　就　想　去　山　要　柴　来　卖

kuə³³ ɕiəŋ²⁴.
作　年

te²⁴ pai²⁴ taŋ¹¹ tɕa:ŋ²⁴ po²⁴, na:i³⁵ la:i²⁴ ɕi³³ ðau⁵³ nin¹¹ pai⁰ ; li³¹ po¹¹
他　去　到　山里　累　多　就　打　瞌睡　了　有　群

tuə¹¹ kaŋ²⁴ tuə¹¹ liŋ¹¹ ʔdeu²⁴ kwa³⁵ ðɔn²⁴ nen³³ ðan²⁴, po¹¹ te²⁴ ka³³ tuŋ³¹
猿猴　　猴子　一　过　路　看　见　它们　自　互相

nau¹¹ : " po³³ ðau¹¹ ta:i²⁴ pai⁰ lo⁰ ! " ɕi³³ leu³¹ po¹¹ kaŋ²⁴ liŋ¹¹ ma²⁴ ða:m²⁴ te²⁴
说　父亲　我们　死　了　就　大家　猿猴　来　抬　他

teu¹¹. tuə¹¹ ʔjau³¹ tɕau³⁵ ʔjau³¹ tɕau⁵³, tuə¹¹ ðiu⁵³ tɕen²⁴ ðiu⁵³ tɕen²⁴, tuə¹¹
逃　只　抬　头　抬　头　只　拿　胳膊　拿　胳膊　只

kam²⁴ ka²⁴ kam²⁴ ka²⁴. te²⁴ tsuaŋ³³ kuə³³ pu³¹ mi¹¹ ðo²¹, ɕe²⁴ po¹¹ te²⁴ ða:m²⁴
拿　腿　拿　腿　他　装　做　人　不　知　让　他们　抬
pai²⁴ kwa³⁵ tɕi⁵³ pja:i²⁴ ta:t³⁵, kwa³⁵ tɕi⁵³ ŋa:ŋ³³. ða:m²⁴ pai²⁴ taŋ¹¹ ʔdaɯ²⁴
去　过　几　边　悬崖　过　几　山冈　抬　去　到　里面
ka:m⁵³ ʔdeɯ²⁴. po¹¹ kaŋ²⁴ liŋ¹¹ te²⁴ ɕi³³ ʔaɯ²⁴ tɕim²⁴ ŋan¹¹ haɯ⁵³ tuə¹¹ hat³⁵
山洞　一　群　猿猴　那　就　拿　金　银　给　竹鼠
ma²⁴ kuə³³ tɕiə³⁵. tuə¹¹ tai⁵³ je⁵³ li³¹, tuə¹¹ kuə³³ ma¹¹ je⁵³ li³¹, te²⁴ ʔbat³⁵
来　做　祭　只　哭　也　有　只　做　什么　也　有　他　忍
ðeɯ²⁴ mi¹¹ ʔdai³¹, ɕi³³ kəŋ²⁴ ŋa:ŋ³³ ðun³⁵ ma²⁴ pai⁰. leɯ¹¹ po¹¹ kaŋ²⁴ liŋ¹¹ ðan²⁴
笑　不　得　就　突然　起　来　了　全部　群　猿猴　见
te²⁴ ðun³⁵ ma²⁴ ɕi³³ θat³⁵ teɯ¹¹ leɯ³¹ pai⁰. te²⁴ ðan²⁴ pa:i³³ na⁵³ pa:i³³ laŋ²⁴ li³¹
他　起　来　就　跳　逃　全部　了　他　见　前面　后面　有
tɕim²⁴ ŋan¹¹ ðim²⁴ leɯ³¹, te²⁴ ɕi³³ tot³⁵ puə³³ ɕum³³ tɕim²⁴ ŋan¹¹ ma²⁴ ða:n¹¹
金　银　满　了　他　就　脱　衣　包　金　银　来　家
ʔjə³⁵, ðiu⁵³ lo³¹ pai²⁴ tɕan³³ ʔdai³¹ tɕi⁵³ ða:p³⁵ ma²⁴ ða:n¹¹, ta:ɯ⁵³ ɕo³⁵ tɕa:ŋ²⁴
过后　拿　箩筐　去　装　得　几　挑　来　家　倒　放　中间
ða:n¹¹ pan¹¹ məŋ⁵³ la:ɯ³¹ la:ɯ³¹. te²⁴ ɕi³³ naɯ¹¹ haɯ⁵³ lɯk³³ te²⁴ pai²⁴ ðiəŋ¹¹
屋　成　堆　大　大　他　就　说　给　儿子　他　去　跟
po³³ luŋ¹¹ ɕiə³⁵ ɕaŋ³³ la:ɯ³¹ ma²⁴ ɕaŋ³³ ŋan¹¹.
伯父　借　秤　大　来　称　银

lɯk³³ te²⁴ ɕi³³ pai²⁴ ðiəŋ¹¹ po³³ luŋ¹¹ naɯ¹¹, po³³ luŋ¹¹ ham³⁵ te²⁴:
儿子　他　就　去　跟　伯父　说　伯父　问　他
"muŋ¹¹ ɕiə³⁵ ɕaŋ³³ la:ɯ³¹ pai²⁴ kuə³³ ma¹¹ ?" lɯk³³ te²⁴ ha:n²⁴ naɯ¹¹: "ɕiə³⁵
你　借　秤　大　去　做　什么　儿子　他　答应　说　借
pai²⁴ ɕaŋ³³ ŋan¹¹." po³³ luŋ¹¹ te²⁴ ɕi³³ ðeɯ²⁴: "muŋ¹¹ li³¹ ma¹¹ ŋan¹¹ ɕaŋ³³
去　称　银　伯父　他　就　笑　你　有　什么　银　称
ho⁰, muŋ¹¹ ha³¹ kɯn²⁴ haɯ³¹ ɕi¹¹ ɕi³³ ʔaɯ²⁴ ʔdan²⁴ liəŋ³³ pai²⁴." ɕoi³¹ lɯk³³
啊　你　要　吃　糍粑　就　拿　个　些　去　个　儿子
te²⁴ ɕi³³ ta:ɯ³⁵ ma²⁴ ða:n¹¹ naɯ¹¹ haɯ⁵³ po³³ te²⁴: "po³³ luŋ¹¹ mi¹¹ haɯ⁵³
那　就　回　来　家　说　给　父亲　他　伯父　不　给
ɕaŋ³³." po³³ te²⁴ naɯ¹¹: "muŋ¹¹ ta:ɯ³⁵ pai²⁴ ʔaɯ²⁴ mo³⁵, kuə³³ laɯ¹¹ tu³³
秤　父亲　他　说　你　回　去　拿　又　怎么　都
ʔaɯ²⁴ ɕa:m²⁴ ɕaŋ³³ ma²⁴ ɕaŋ³³ ŋan¹¹ ta¹¹ ða:i³¹." lɯk³³ te²⁴ ta:ɯ³⁵ pai²⁴ naɯ¹¹:
要　求　秤　来　称　银　真正　儿子　他　回　去　说

"po³³ luŋ¹¹ mi¹¹ ɕiə³³ ðiəŋ¹¹ woi³⁵ pai²⁴ nen³³." po³³ luŋ¹¹ te²⁴ luɯŋ⁵³ ðiu⁵³ ɕaŋ³³
伯父 不 信 跟 我 去 看 伯父 他 才 拿 秤
ðiəŋ¹¹ laŋ²⁴ te²⁴ ma²⁴. taŋ¹¹ ða:n¹¹ te²⁴, ðan²⁴ li³¹ məŋ⁵³ tɕim¹¹ ŋan¹¹ la:u³¹
跟 后 他 来 到 家 他 见 有 堆 金 银 大
ʔdeu²⁴ ta¹¹ ða:i³¹, te²⁴ luɯŋ⁵³ tok³³ θat³⁵, ɕi³³ ham³⁵ nuəŋ³¹ te²⁴: "muɯŋ¹¹ pai²⁴
一 真的 他 才 醒悟 就 问 弟 他 你 去
tɕiə¹¹ laɯ¹¹ ʔdai³¹ sa:u³³ ni³¹ tɕim²⁴ ŋan¹¹?" nuəŋ³¹ te²⁴ ha:n²⁴ nau¹¹: "ku²⁴
哪里 得 这些 金 银 弟 他 答应 说: "我
ha³¹ pai²⁴ ʔau²⁴ fuɯn¹¹, pai²⁴ taŋ¹¹ tɕa:ŋ²⁴ʔdoŋ²⁴, na:i¹¹ la:i¹¹ ɕi³³ ðau⁵³ nin¹¹
要 去 要 柴 去 到 森林 累 多 就 打瞌睡
tɕiə¹¹ te²⁴, li³¹ po¹¹ kaŋ²⁴ liŋ¹¹ ʔdeu²⁴ kwa³⁵ ðən²⁴, ðan²⁴ ku²⁴ nin¹¹ tɕiə¹¹ te²⁴,
那里 有 群 猿猴 一 过 路 见 我 睡 那里
po¹¹ kaŋ¹¹ liŋ¹¹ ka³³ tuŋ³¹ nau¹¹: "po³³ ðau¹¹ ta:i²⁴ pai⁰ lo⁰, ma²⁴ ðau¹¹ ða:m²⁴
群 猿猴 自己相互 说 父亲我们 死 了 喽 来 我们 抬
pai²⁴ piəŋ⁵³." po¹¹ te²⁴ ma²⁴ ða:m²⁴ ku²⁴, ku²⁴ tsuan³³ kuə³³ pu³¹ ta:i²⁴, ɕe²⁴
去 超度 它们 来 抬 我 我 装 作 人 死 让
po¹¹ te²⁴ ða:m²⁴ ku²⁴ pai²⁴ taŋ¹¹ ʔdan²⁴ ka:m²⁴ ʔdeu²⁴, ðiu⁵³ tɕim¹¹ ŋan¹¹ ma²⁴
它们 抬 我 去 到 个 山洞 一 拿 金 银 来
pa:i¹¹ ku²⁴, θi³⁵ wi³⁵ hen¹¹ tu³³ li³¹ ðim²⁴ leu⁰. po¹¹ te²⁴ haɯ⁵³ tuə¹¹ hat³⁵ ma²⁴
摆 我 四周 边 上 都 有 满 了 他们 让 竹鼠 来
kuə³³ tɕiə³⁵, ku²⁴ ʔbat³⁵ ðeu²⁴ mi¹¹ ʔdai³¹, kəŋ³³ ŋa:ŋ³³ ðun³⁵ ma²⁴, po¹¹
做 祭 我 忍 笑 不 得 突然 起 来 群
kaŋ¹¹ liŋ¹¹ te²⁴ la:u²⁴, ɕi³³ le¹¹ teu¹¹ pai⁰, ku²⁴ ɕi³³ ðip³³ ka:i³⁵ tɕim¹¹ ŋan¹¹ te²⁴
猿猴 那 怕 就 跑 逃 了 我 就 收 个 金 银 那
ma²⁴ leu³¹, ɕi³³ ʔdai³¹ sa:u³³ ni³¹ la:i²⁴ le⁰." pi³¹ te²⁴ ɕi³³ ham³⁵ nuəŋ³¹ te²⁴:
来 全部 就 得 这些 多 了。" 哥 他 就 问 弟 他
"muɯŋ¹¹ ʔju³⁵ tɕiə¹¹ laɯ¹¹ nin¹¹, nau¹¹ haɯ⁵³ ku²⁴ ðo³¹ he³³." nuəŋ³¹ te²⁴
你 在 哪里 睡 说 给 我 知道 弟 他
nau¹¹: "ku²⁴ ʔju³⁵ tɕa:ŋ²⁴ʔdoŋ²⁴ kɯn¹¹ te²⁴ nin¹¹."
说: 我 在 森林 上边 睡。"
pi³¹ te²⁴ ŋən¹¹ laŋ²⁴ ɕi³³ ðiu⁵³ fa³³ ɕa³¹ pai²⁴ tɕa:ŋ²⁴ʔdoŋ²⁴ nin¹¹. tuə¹¹
哥 他 第二天 就 拿 柴刀 去 森林 睡 只
kaŋ²⁴ liŋ¹¹ kwa³⁵ ma²⁴ ðan²⁴ mo³⁵, ɕi³³ nau¹¹: "po³³ ðau¹¹ ta:i²⁴ pai⁰ lo⁰!"
猿猴 过 来 见 又 就 说 父亲我们 死 了 喽

po¹¹ kaŋ²⁴ liŋ¹¹ ta:u³⁵ ma²⁴ ðaːm²⁴ pai²⁴ taŋ¹¹ tɕaːŋ²⁴ ta:t³⁵ , te²⁴ tuŋ³¹ kan²⁴ ,
群　猿猴　回　来　抬　去　到　中间　悬崖　他 肚子 涨
ɕi³³ ŋai³¹ mi¹¹ ʔdai³¹ , ɕuəŋ³⁵ ʔo³⁵ ʔdan²⁴ ðat³⁵ ʔdeu²⁴ hoŋ¹¹ put³³ ɕo³⁵ . po¹¹
就　挨　不　得　　放　出　个　屁　一　响　拟声词 着 群
kaŋ²⁴ liŋ¹¹ nau¹¹ : "ʔo⁰ ! po³³ ðau¹¹ hau²⁴ pai⁰ lo⁰ !" leu³¹ po¹¹ kaŋ²⁴ ɕit³⁵ te²⁴
猿猴　说　啊　父亲　我们　臭　了　喽　全部 群 猴 扔 他
tai³⁵ tɕaːŋ²⁴ ta:t³⁵ ma²⁴ la⁵³ , ta:i²⁴ pai⁰ !
从　中间　悬崖　来　下　死　了

意译：

（6）

　　古时候，有两兄弟，哥哥富有，弟弟贫穷。那哥哥不认他弟弟，快到年底了，弟弟向哥哥借十斤米来过年，他哥哥都不给。弟弟没有办法，就想上山砍柴，换了钱用来过年。

　　他走到山上，太累就打瞌睡了。有一群猿猴过路看见，彼此互相说："咱们父亲死了喽！"全体猿猴就把他抬着走，有的抬脑袋，有的提胳膊，有的抓两腿。他装着不知道，让他们抬过了几道悬崖，翻过了几座山岗，抬到一个山洞里。那些猿猴就拿金银和竹鼠来祭奠，哭的也有，干什么的都有，他忍不住笑了，就猛地起来了。所有猿猴看见他起来后就全跑光了。他看见前面后面都堆满了金银，就脱下衣服包着金银回家了，然后，又提着箩筐去装了几挑回来，倒在堂屋里成了一大堆。他就叫他小孩去跟伯伯借大秤来称银子。

　　他的孩子去跟伯伯说，伯伯问他："你要借大秤去干什么？"小孩答应说："借去称银子。"他伯伯就笑着说："你有什么银子称呀！你想吃糍粑就拿几个去吧。"那小孩就回家来告诉他父亲说："伯伯不给秤。"他父亲说："你再去一次，无论如何都要把秤讨来称银子。"那小孩又去说："伯伯不相信就跟着我去看吧。"他伯父才提着秤跟着他来，走到他家，真看到一大堆金银，他大吃一惊，就问他弟弟:"你在哪里得到这么多金银?"他弟弟答道:"我要去砍柴,走到山林里,太累了,我就在那里睡着了,有一群猿猴路过,看见我在那里睡觉,猿猴们就自己互相说:'咱们的父亲死了喽!咱们抬去祭祀吧!'他们来抬我,我假装死人,让他们把我抬到一个山洞里去,他们提着金银来祭祀我,我忍不住笑了,猛然起来,那群猿猴害怕,就逃走了,我就把那些金银财宝都拿来了,就得这么多。"哥哥就问弟弟:"你在哪里睡,告诉我知道。"他弟弟说:"我是睡在上面山林里。"

他哥哥第二天就提着一把柴刀上山林里面睡觉,猿猴们路过又看见了,就说:"咱们父亲死了喽!"猿猴们就把他抬到悬崖边,他肚子发胀,忍不住,"砰"的一声放了一个屁,猿猴们就说:"啊!咱们的父亲早就腐烂了!"于是大家就把他从悬崖上扔下摔死了。

老变婆
ja³³ waːi¹¹
老 变 婆①

ku³⁵ ʔdu³¹ li⁴² ðaːn¹¹ wən¹¹ ʔdeu²⁴, li³¹ me³³ tem²⁴ soŋ²⁴ ɕoi³¹ luk³³,
从前 有 人家 一 有 母 和 二 个 儿
luk³³ ʔbuk³⁵ laːu³¹ ɕip³³ pi²⁴, luk³³ ʔbuk³⁵ ni³⁵ ha⁵³ pi²⁴. soŋ²⁴ luk³³ tu³³
女儿 大 十 岁 女儿 小 五 岁 二 儿 都
wɯn¹¹ lin⁵³ ɲiə²⁴ haːu³⁵. li³¹ ŋən¹¹ ʔdeu²⁴, me³³ te²⁴ ha³¹ pai²⁴ ðaːn¹¹ taːi³⁵,
人 聪明 听 话 有 天 一 母亲 她 要 去 外婆家
jin³³ wei²⁴ ðən²⁴ tɕai²⁴, ŋən¹¹ ʔdeu²⁴ taːu³⁵ ma²⁴ mi¹¹ ʔdai³¹, nau¹¹ ɕi³³ ðiəŋ¹¹
因为 路 远 天 一 回 来 不 得 于是 跟
θoŋ²⁴ luk²⁴ te²⁴ nau¹¹: "luk³³ kwaːi²⁴, me³³ li³¹ θiən³⁵ ha¹¹ pai²⁴ ðaːn¹¹ taːi³⁵
二 儿 她 说 乘儿 母亲 有 事情 要 去 外婆家
pai¹¹ ʔdeu²⁴, ðən²⁴ tɕai²⁴ taːu³⁵ ma²⁴ mi¹¹ ʔdai³¹, θu²⁴ ɕi³³ tau¹¹ ðaːn¹¹ ɕa⁵³
一下 路 远 回 来 不 得 你们 就 守 家 等
ku²⁴, tɕaːŋ²⁴ ham³³ ʔdi³³ laːu²⁴ ɕi³³ jeu³³ jaː³³ tɕe³⁵ ðaːn¹¹ kun¹¹ ma²⁴ paːn³¹ θu²⁴
我 晚上 害怕 就 叫 老婆婆 上边家 来 陪伴 你们
ham³³ ʔdeu²⁴ ʔdi³³ ma⁰?" θoŋ²⁴ luk³³ ʔbuk³⁵ tu³³ ʔi²⁴ me³³ nau¹¹.
夜 一 好 吗 二 女儿 都 听从 母亲 说
jiəŋ²⁴ ni³¹, me³³ te²⁴ ɕi³³ pai²⁴ ðaːn¹¹ taːi³⁵ pai⁰.
这样 母亲 那 就 去 外家 了

　　pu³¹ lau¹¹ ðo³¹, me³³ taŋ³⁵ haːu³⁵ hau⁵³ θoŋ²⁴ luk³³ te²⁴, tuk³³
谁 知道 母亲 嘱咐 话 给 二 儿 那 被
jaː³³ waːi¹¹ ʔdiə³¹ ʔju³⁵ laŋ²⁴ ðaːn¹¹ te²⁴ ðo³¹ ɲiə²⁴ pai⁰. jaː³³ waːi¹¹ ɕi³³ ɕap³⁵ ʔju³⁵
老变婆 藏 在 后边 房子 那 听见 了 老变婆 就 打算 在
tɕaːŋ²⁴ ham³³ ɕiəŋ³⁵ kuə³³ jaː³³ tɕe³⁵ ðaːn¹¹ kun¹¹ te²⁴ ma²⁴ kɯn²⁴ soŋ²⁴ luk³³
夜里 装扮成 老婆婆 上边家 那 来 吃 二 儿
ni³⁵ kwaːi²⁴ ni³¹.
小 乘 这

---

① "老变婆",布依族传说故事中一种假装成老太婆的吃人兽。

ʔbɯn²⁴ naːi³³ naːi³³ lap³⁵ pai⁰, θoŋ²⁴ pi³¹ nuəŋ³¹ kun²⁴ ɕau¹¹ ʔiə³⁵, ɕi³³
天 慢慢 黑 了 二 姊妹 吃 晚饭 过后 就
tem⁵³ taŋ²⁴ ʔju³⁵ hen¹¹ tau³³ pjo³⁵ fi¹¹, ɕɯ¹¹ ni³¹, θi³⁵ hen¹¹ ðaːn¹¹ pjak³³
点 灯 在 火塘边 烤火 这时 四边 房子 安静
ʔdam³¹ʔdam³¹, θoŋ²⁴ pi³¹ nuəŋ³¹ li³¹ nai³³ ʔdi²⁴ laːu²⁴, ɕi³³ ʔi²⁴ ɕon¹¹ me³³
情貌词 二 姊 每 有 一点 害怕 就 听从 话 母亲
taŋ³⁵ te²⁴, haːi²⁴ tu²⁴ laŋ²⁴, heu³³ ja³³ tɕe³⁵ ðaːn¹¹ kun¹¹ ma²⁴ tuŋ³¹ paːn³¹.
嘱咐 那 开 门 后 叫 老婆婆 上边家 来 陪伴
ja³³ waːi¹¹ ðo³¹ ȵiə³³ ɕi³³ haːn²⁴ nau¹¹: "ɕa⁵³ ku³⁵ʔdeu²⁴ ku²⁴ ɕi³³ ma²⁴." θoŋ²⁴
老变婆 听见 就 答应 说 等 一会儿 我 就 来 二
pi³¹ nuəŋ³¹ ðo³¹ ȵiə³³ hiŋ²⁴ haːn²⁴, ɕi³³ leu³¹ θam²⁴ ʔaːn³⁵, ɕi³³ ʔup³⁵ tu²⁴ taːu³⁵
姊妹 听见 声音 答应 就 全部 心 欢喜 就 关 门 回
pai²⁴ ʔdaɯ²⁴ ðaːn¹¹ pjo³⁵ fi¹¹ pai⁰.
去 里边 屋子 烤 火 了.

tɕhi²⁴ sɿ³¹, ja³³ ðaːn¹¹ kun¹¹ jin³³ wei²⁴ pi²⁴ niən¹¹ tɕe³⁵, ðiə¹¹ man³³
其实 婆婆 上边家 因为 年纪 老 耳朵 聋
mi¹¹ ðo³¹ ȵiə³³ θoŋ²⁴ pi³¹ nuəŋ³¹ te²⁴ heu³³, hiŋ²⁴ tɕiə¹¹ pan³³ haːn²⁴ te²⁴,
不 听见 二 姊妹 那 喊 声音 刚才 答应 那
mi¹¹ tuk³³ ja³³ tɕe³⁵ ðaːn¹¹ kun¹¹, tuk³³ ja³³ waːi¹¹ kan³¹ kun²⁴ wun¹¹ te²⁴.
不是 老婆婆 上边家 是 老变婆 掐 吃 人 那.
mi¹¹ li³¹ saːu³³ laːu¹¹ naːn¹¹, ja³³ waːi¹¹ ma²⁴ taŋ¹¹ pa³⁵ tu²⁴ laːu³¹, tu²⁴
没有 多少 久 老变婆 来 到 门口 大 门
ʔup³⁵ ɕo³⁵ fi³³ tɕon³³, te²⁴ ɕi³³ kɯ¹¹ʔdum³¹ tai³⁵ tɕe³³ tu²⁴ nen³³, ðan²⁴ θoŋ²⁴
关 着 未 闩 她 就 悄悄 从 门缝 看 看见 二
pi³¹ nuəŋ³¹ tem⁵³ taŋ²⁴ ʔju³⁵ hen¹¹ tau³³ pjo³⁵ fi¹¹, ja³³ waːi¹¹ laːu²⁴ θoŋ²⁴
姊妹 点 灯 在 火塘边 烤 火 老变婆 怕 二
pi³¹ nuəŋ³¹ ðo³¹ na⁵³ te²⁴, ɕi³³ lo³¹ nau¹¹: "θoŋ²⁴ ȵe¹¹ kwaːi²⁴ he⁰! ku²⁴
姊妹 认识 她 就 骗 说 二 孩子 乖 呀 我
pi²⁴ niən¹¹ tɕe³⁵ pai⁰, laːu²⁴ taŋ²⁴ liən⁵³ ta²⁴, θu²⁴ ɕi³³ ʔdap³⁵ taŋ²⁴ pai⁰
年纪 老 了 怕 灯 照 眼 你们 就 熄 灯 吧
naːi³³ naːi³³ ɕɯ²¹ ku²⁴ hau⁵³ pai²⁴ ðaːn¹¹." θoŋ²⁴ pi³¹ nuəŋ³¹ θin³⁵ te²⁴ taːi¹¹
慢慢 接 我 进 去 屋 二 姊妹 信 她 真
ðaːi¹¹, ɕi³³ ʔdap³⁵ taŋ²⁴ ʔjə³⁵ lɯŋ¹¹ ɕɯ³¹ ja³³ tɕe³⁵ ma²⁴ ðaːn¹¹. ja³³ waːi¹¹ pjaːi⁵³
正 就 熄 灯 过后 才 接 老婆婆 来 屋. 老变婆 走

ma²⁴ taŋ¹¹ hen¹¹ tau³³, lɯk³³ ʔbɯk³⁵ la:u³¹ jiən³³ taŋ³⁵ hau⁵³ te²⁴ naŋ³³, te²⁴
来　到　火塘边　　女儿　大　递　凳　给　她　坐　她

la:u²⁴ ðiəŋ²⁴ ɕon²⁴ ma²⁴ ðo³³, jou²⁴ lo³¹ nau²⁴: "ta:i³¹ ja³³ pan¹¹ pai¹¹, naŋ³³
怕　尾巴　漏　出来　又　骗　说　屁股　我　有　疮　坐

mi¹¹ ʔdai³¹ taŋ³⁵, θu²⁴ ða²⁴ ʔdan²⁴ ðai²⁴ ʔdeu²⁴ ma²⁴ hau⁵³ ku²⁴ naŋ³³."
不　得　凳子　你们　找　个　瓠子　一　来　给　我　坐

lɯk³³ ʔbɯk³⁵ la:u³¹ je⁵³ θin³⁵ ta¹¹ ðai¹¹, ɕi³³ ʔau²⁴ ʔdan²⁴ ðai²⁴ ʔdeu²⁴ ma²⁴
女儿　大　也　信　真正　就　拿　个　瓠子　一　来

hau⁵³ te²⁴ naŋ³³. θoŋ²⁴ pi³¹ nuəŋ³¹ ðau⁵³ nin¹¹ pai⁰, ɕi³³ tɕai¹¹ pai²⁴ nin¹¹,
给　她　坐　二　姊妹　犯困　了　就　想　去　睡

ja³³ wa:i¹¹ la:u²⁴ ho³¹ te²⁴ ðan²⁴ jiəŋ³³, jou²⁴ lo³¹ nau¹¹: "ja³³ pi²⁴ niən¹¹ tɕe³⁵
老变婆　怕　她们　见　样子　又　骗　说　我　年纪　老

pai⁰, nin¹¹ ɕau³¹ nin¹¹ mi¹¹ ʔdak³⁵, θu²⁴ pai²⁴ nin¹¹ kon³⁵, pu³¹ ʔdeu²⁴ nin¹¹
了　睡　早　睡　不　着　你们　去　睡　先　人　一　睡

tɕau⁵³ ʔdeu²⁴, ku³⁵ tem²⁴ ku²⁴ pai²⁴ ðiəŋ¹¹ nuəŋ³¹ ni³⁵ nin¹¹ tɕau³⁵ ʔdeu²⁴."
头　一　一会儿　再　我　去　跟　妹　小　睡　头　一

θoŋ²⁴ pi³¹ nuəŋ³¹ ɕi³³ ʔi²⁴ te²⁴, pai²⁴ nin¹¹ kon³⁵, mi¹¹ na:n¹¹ ɕi³³ nin¹¹ ʔdak³⁵
二　姊　妹　就　听从　她　去　睡　先　不　久　就　睡着

pai⁰. ja³³ wa:i¹¹ ðo³¹ ȵiə²⁴ θoŋ²⁴ pi³¹ nuəŋ³¹ te²⁴ nin¹¹ ʔdak³⁵ pai⁰, lɯŋ⁵³
了　老变婆　听见　二　姊妹　那　睡着　了　才

na:i³³ na:i³³ hun⁵³ ɕua:ŋ¹¹ pai²⁴ ðiəŋ¹¹ lɯk³³ ȵi³⁵ te²⁴ nin¹¹ tɕau⁵³ ʔdeu²⁴.
慢慢　上　床　去　跟　儿　小　那　睡　头　一

　　　taŋ¹¹ tɕa:ŋ²⁴ hun¹¹, θoŋ²⁴ pi³¹ nuəŋ³¹ ʔbɯk³⁵ nin¹¹ lau¹¹ pai⁰, ja³³ wa:i¹¹
　　　到　半夜　二　姊妹　女　睡熟　了　老变婆

ɕi³³ jun³³ ðeŋ²⁴ tɕot³⁵ ho¹¹ lɯk³³ ȵi³⁵ te²⁴, lɯk³³ ȵi³⁵ te²⁴ tu³³ tai⁵³ mi¹¹ ʔo³⁵
就　用　力气　箍　脖子　儿　小　那　儿　小　那　都　哭　不　出

hiŋ²⁴, ɕi³³ ta:i²⁴ ðiəŋ³¹ ɕɯ¹¹ pai⁰. ja³³ wa:i¹¹ ɕi³³ ʔdat³⁵ liət³³ te²⁴ kɯn²⁴ kon³⁵,
声音　就　死　立刻　了　老变婆　就　喝　血　她　吃　先

jəu²⁴ ʔjok³⁵ pɯɯt³⁵ tap³⁵ te²⁴ kɯn²⁴ leu³¹, kwa³⁵ laŋ²⁴ jou²⁴ kɯn²⁴ tin²⁴ fɯɯŋ¹¹
又　掏　肺　肝　她　吃　完　过后　又　吃　脚　手

te²⁴. ɕɯ¹¹ ni³¹, liət³³ lɯk³³ ȵi³⁵ te²⁴ tum³³ leu³¹ mok³³ ma:n²⁴ kɯn¹¹ ɕua:ŋ¹¹,
她　这时　血　儿　小　那　淹　完　被子　床单　上边　床

lɯk³³ ʔbɯk³⁵ la:u³¹ tɕap³³ tɕa:ŋ¹¹ non¹¹ ma²⁴, ðo³¹ ȵiə²⁴ kɯn¹¹ ɕua:ŋ¹¹ lup³⁵
女儿　大　突然　醒　来　发现　上面　床　湿

jum³³ jum³³, ɕi³³ ham³⁵ nau¹¹: "ja³³ he⁰! kɯn¹¹ ɕua:ŋ¹¹ kuə³³ ma¹¹ lup³⁵
情貌词　　就　问　　说　婆婆呀　上面　　怎么　湿

leu³¹ le⁰?" ja³³ wa:i³¹ lo³¹ nau¹¹: "nuəŋ³¹ mɯŋ¹¹ tau⁵³ ɳu³¹, ɕua:ŋ¹¹ ɕi³³
全部　了　老变婆　骗　说　　妹　你　撒　尿　床　就

tum³³ lup³⁵ la⁰!" lɯk³³ ʔbɯk³⁵ la:u³¹ jou²⁴ ðo³¹ ȵiə²⁴ hiŋ²⁴ kat³⁵ tɕɔt³³ tɕa:t³³,
淹　湿　啦　女儿　　大　又　听见　声音　啃　拟声词

te²⁴ jou²⁴ ham³⁵: "ja³³ he⁰! mɯŋ¹¹ kɯn²⁴ ja:ŋ¹¹ ma¹¹ le?" ja³³ wa:i¹¹ θam²⁴
她　又　问　　婆婆呀　你　吃　什么　嘞　老变婆　心

ðo³¹ lɯk²³ ʔbɯk³⁵ la:u³¹ je³¹ teu¹¹ mi¹¹ ʔdai³¹ pai⁰, ɕi³³ ta:m⁵³ la:u¹¹ nau¹¹
知道　女儿　大　也　逃　不　得　了　就　大胆　说

θo³³: "kɯn²⁴ tuə³³ ða:ŋ²⁴ ðaŋ³¹ ɕa:u⁵³, kɯn²⁴ tin²⁴ fɯŋ¹¹ nuəŋ³¹ ni³⁵, kɯn²⁴
直　吃　豆　煎　笋　炒　吃　手脚　妹　小　吃

leu³¹ ɕi³³ kɯn²⁴ mɯŋ¹¹!" lɯk³³ ʔbɯk³⁵ la:u³¹ ðo³¹ ȵiə²⁴, lɯŋ⁵³ ðo³¹ tɯk³³
完　就　吃　你　　女儿　大　听见　才　知道　是

ja³³ wa:i³¹, tok³⁵ θat³⁵ θan³⁵ leu³¹, ta¹¹ ʔiət³⁵ ka²⁴ puŋ¹¹ ðiəŋ²⁴ ja³³ wa:i¹¹
老变婆　惊吓　颤抖　非常　伸　腿　碰　尾巴　老变婆

pɯn²⁴ pu¹¹ pu¹¹, la:u³¹ ʔdai³¹ leu³¹ ʔda:ŋ²⁴ tem²⁴ heu⁵³ tu³³ θan³⁵ mi¹¹ taŋ³¹.
毛　茸茸　怕　得　全　身　和　牙齿　都　抖　不　停

te²⁴ ʔdiəp³⁵ taŋ¹¹ nuəŋ³¹ ni³⁵ ʔdi²⁴ tɕai¹¹ te²⁴ tɯk³³ ja³³ wa:i¹¹ tɯŋ³¹ ja³⁵ kɯn²⁴
她　想到　妹　小　可爱　那　被　老变婆　心狠　吃

pai⁰, jou²⁴ tɕet³⁵ θam²⁴, jou²⁴ ham¹¹ tɯŋ³¹, ɕi³³ nap³⁵ ɕɯ²⁴ ʔdiəp³⁵ jiəŋ³³ lau¹¹
了　又　痛心　又　恨　肚　就　决心　想　怎样

teu¹¹ pai²⁴ ðo³³ kon³⁵. lɯŋ³⁵ se³¹ fa³¹ ka⁵³ ta:i²⁴ ja³³ wa:i¹¹, wei²⁴ nuəŋ³¹ ni³⁵
逃　去　外　先　才　设法　杀　死　老变婆　为　妹　小

te²⁴ wa:n¹¹ ɕau¹¹, ɕi³³ nau¹¹: "ja³³ he⁰! ku²⁴ ha³¹ ʔo³⁵ ʔe³¹!" ja³³ wa:i²⁴ nau¹¹:
她　报仇　就　说　婆婆呀　我　要　拉　屎　老变婆　说

"ʔo³⁵ ʔe³¹ ɕi³³ ʔju³⁵ la⁵³ ɕua:ŋ¹¹ ʔo³⁵." lɯk³³ ʔbɯk³⁵ la:u³¹ nau¹¹: "ʔju³⁵ la⁵³
拉　屎　就　在　下边　床　拉　女儿　大　说　在　下边

ɕua:ŋ¹¹ ʔo³⁵ ʔe³¹ hau²⁴ la:i²⁴." ja³³ wa:i¹¹ nau¹¹: "ɕi³³ ʔju³⁵ hen¹¹ θau³⁵ ʔo³⁵."
床　拉　屎　臭　多　老变婆　说　就　在　边上　灶　拉

lɯk³³ ʔbɯk³⁵ la:u³¹ nau¹¹: "la:u²⁴ tɯk³³ peu²⁴ ɕiə³¹ θau³⁵." ja³³ wa:i¹¹ li³¹
女儿　大　说　怕　得罪　灶神　老老婆　有

nai³³ mi¹¹ nai³³ fan²⁴ pai⁰, ɕi³³ nau¹¹: "jiəŋ³³ te²⁴ mɯŋ¹¹ tɕai¹¹ pai²⁴
点　不　耐烦　了　就　说　那样　你　想　去

tɕiə¹¹ lau¹¹ ʔo³⁵ ni⁰ ?" luk³³ ʔbuk³⁵ laːu³¹ nau¹¹ : "pai²⁴ la⁵³ ðo³⁵ ðaːn¹¹ ʔo³⁵ ."
哪里　拉　呢　　女儿　大　说　　去　外边　房子　拉
ja³³ waːi¹¹ mi¹¹ li³¹ pan²⁴ fa³¹ pai⁰ , ɕi³³ nau¹¹ : "pai²⁴ pa⁰ , ʔo³⁵ ʔiə³⁵ taːu³⁵ ma²⁴
老变婆　没有　办法　了　就　说　去　吧　拉　完　回　来
han²⁴ nai³³ ." luk³³ ʔbuk³⁵ laːu³¹ haːu²⁴ hiŋ²⁴ ʔdeu²⁴ ɕi³³ θat³⁵ pai²⁴ ðo³³ pai⁰ .
快　些　女儿　大　说声音一　就　跳　去　外　了
te²⁴ pin²⁴ pai²⁴ kun¹¹ ko²⁴ ma³⁵ ʔdai²⁴ pa³⁵ tu²⁴ te²⁴ ʔdiə³¹ , nu³³ pan²⁴ fa³¹
她　爬　去　上边　科　柿子　门口　那　藏　想　办法
ma²⁴ ka⁵³ taːi²⁴ ja³³ waːi¹¹ .
来　杀　死　老变婆

　　ja³³ waːi¹¹ ɕa⁵³ leu³¹ naːn¹¹ mi¹¹ ðan²⁴ luk³³ ʔbuk³⁵ laːu³¹ taːu³⁵ ma²⁴ ,
　　老变婆　等　很　久　不　见　女儿　大　回　来
θam²⁴ han²⁴ pai⁰ . te²⁴ le¹¹ pai²⁴ laː⁵³ ðo³⁵ ðaːn¹¹ nen³³ je⁵³ nen³³ mi¹¹ ðan²⁴ ,
心　急　了　她　跑　去　外边　房子　看　也　看　不　见
ða²⁴ pai²⁴ ða²⁴ ma²⁴ , luŋ⁵³ ðan²⁴ te²⁴ ʔju³⁵ kun¹¹ ko²⁴ fai³¹ ma³⁵ ʔdai²⁴ .
找　去　找　来　才　见　她　在　上边　棵　树　柿子
ja³³ waːi¹¹ ɕi³³ heu³³ nau¹¹ : "tɕaŋ²⁴ hun¹¹ θaːm²⁴ tɕeŋ²⁴ , muŋ¹¹ pin²⁴ pai²⁴
老变婆　就　叫　说　　半夜　　三更　　你　爬　去
kun¹¹ te²⁴ kuə³³ ma¹¹ ? ðoŋ¹¹ laː⁵³ han²⁴ nai³³ ." luk³³ ʔbuk³⁵ laːu³¹ nau¹¹ :
上边　那　做　什么　下　下边　快　些　女儿　大　说
"ku²⁴ tuŋ³¹ ʔiə³⁵ pai⁰ , pin²⁴ ma²⁴ kun¹¹ ni³¹ ða²⁴ ma³⁵ ʔdai²⁴ kun²⁴ ."
我　肚子　饿　了　爬　来　上边　这　找　柿子　吃
ja³³ waːi¹¹ n̠iə²⁴ nau¹¹ li³¹ ma³⁵ ʔdai²⁴ , ðet⁵³ ʔdai³¹ ðam³¹ naːi¹¹ tu³³ lai²⁴ ʔo³⁵
老变婆　听　说　有　柿子　馋　得　口水　都　流　出
ma²⁴ , je⁵³ tɕai¹¹ pin²⁴ pai²⁴ kun¹¹ ko²⁴ fai³¹ te²⁴ kun²⁴ ma³⁵ ʔdai²⁴ .
来　也　想　爬　去　上边　棵　树　那　吃　柿子
jiəŋ³³ lau¹¹ je⁵³ pin²⁴ mi¹¹ pai²⁴ kun¹¹ , ɕi³³ heu³³ luk³³ ʔbuk³⁵ laːu³¹ ma²⁴ laː³¹
怎样　也　爬　不　去　上边　就　叫　女儿　大　来　下
te²⁴ , luk³³ ʔbuk³⁵ laːu³¹ nau¹¹ : "ku²⁴ son²⁴ muŋ¹¹ jiəŋ³³ pan²⁴ fa³¹ ʔdeu²⁴ ,
那　女儿　大　说　我　教　你　样　办法　一
ðaːn¹¹ ku²⁴ li³¹ ʔbuŋ³⁵ ju¹¹ tɕau³⁵ ʔdeu²⁴ , muŋ¹¹ pai²⁴ tu¹¹ ma²⁴ ðup³³ ɕo³⁵
家　我　有　筒　桐油　一　你　去　拿　来　抹　放
kok³⁵ ko²⁴ fai³¹ , ɕi³³ hen⁵³ ma²⁴ kun¹¹ ʔdai³¹ pai⁰ ." ja³³ waːi¹¹ θin³⁵
脚　棵　树　就　上　来　上边　得　了　老变婆　信

ta¹¹ ða:i³¹, ɕi³³ pai²⁴ ða²⁴ ʔdai²⁴ ju¹¹ tɕau³⁵ ma²⁴ ðup³³ ɕo³⁵ kok³⁵ ko²⁴ ʔdai²⁴
真的　　就　去　找　得　桐油　来　抹　放　脚　棵　柿子
te²⁴, pu³¹ lau¹¹ ðo³¹ ʔdiəŋ³⁵ ðup³³ ʔdiəŋ³⁵ ðau¹¹, ʔdiəŋ³⁵ pin²⁴ pai²⁴ kuɯn¹¹
那　　谁　　知道　　越　　抹　　越　　滑　　越　爬　去　上边
mi¹¹ ʔdai³¹, te²⁴ ɕi³³ ɕau³⁵ luɯk³³ ʔbuɯk³⁵ la:u³¹ ʔau²⁴ ma²⁴ ʔdai²⁴ hauɯ⁵³ te²⁴
不　得　　她　就　让　　女儿　大　　拿　柿子　　给　她
kuɯn²⁴. luɯk³³ ʔbuɯk³⁵ la:u³¹ nau¹¹: "la⁵³ tin²⁴ ɕua:ŋ¹¹ ku²⁴ li³¹ fa³³ lem²⁴
吃　　女　儿　大　　说　　下边　　脚　床　　我　有　把　梭镖
ʔdeu²⁴, muɯŋ¹¹ pai²⁴ ʔau²⁴ ma²⁴, ku²⁴ ɕaŋ³⁵ ma³⁵ ʔdai²⁴ jiən³³ hauɯ⁵³ muɯŋ¹¹
一　　你　去　拿　来　我　刺　　柿子　　递　给　你
kuɯn²⁴." ja³³ wa:i¹¹ pai²⁴ ða²⁴ ʔdai²⁴ fa³³ lem²⁴ ma²⁴, jiən³³ hauɯ⁵³
吃　　老变婆　　去　找　得　把　梭镖　来　递　给
luɯk³³ ʔbuɯk³⁵ la:u³¹, luɯk³³ ʔbuɯk³⁵ la:u³³¹ ɕaŋ³⁵ ʔdan²⁴ ma³⁵ ʔdai²⁴ ʔdeu²⁴
女儿　　大　　　女儿　　大　　刺　得　柿子　一
hauɯ⁵³ te²⁴ kuɯn²⁴, ham³⁵ te²⁴ ʔdi²⁴ kuɯn²⁴ mi¹¹, ha³¹ ʔau²⁴ mi¹¹ ʔau²⁴ pai⁰?
给　她　吃　　问　她　好　吃　不　还　要　不　要　了
ja³³ wa:i¹¹ hiŋ²⁴ ta:m²⁴ hiŋ²⁴ nau¹¹: "ʔdi²⁴ kuɯn²⁴, ʔdi²⁴ kuɯn²⁴, ha³¹ ʔau²⁴ ha³¹
老变婆　　音　接　音　　说　　好　吃　　好　吃　还　要　还
ʔau²⁴." luɯk³³ ʔbuɯk³⁵ la:u³¹ nau¹¹: "jiən³³ te²⁴ muɯŋ¹¹ ɕi³³ ʔa³¹ pa³⁵ lap³⁵ ta²⁴
要　　女儿　　大　　说　　那样　　你　就　张　嘴　闭　眼
ɕo³⁵, ku²⁴ tuɯ¹¹ ma³⁵ ʔdai²⁴ θo³³ θoŋ³⁵ pai²⁴ ɕoŋ³⁵ pa³⁵ muɯŋ¹¹." ja³³ wa:i¹¹
着　我　拿　柿子　　直　送　去　嘴巴　你　　老变婆
ðo³¹ n̥iə²⁴ ɕi³³ leu²¹ ʔa:ŋ³⁵, ɕi³³ ŋa³³ na⁵³ ɕo³⁵, ʔa⁵³ pa³⁵ lap³⁵ ta²⁴, ɕa⁵³ kuɯn²⁴
听见　　就　非常　高兴　就　仰　脸　着　张　嘴　闭　眼　等　吃
ma³⁵ ʔdai²⁴. luɯk³³ ʔbuɯk³⁵ la:u³¹ tuɯ¹¹ fa³³ lem²⁴ jou²⁴ hau⁵³ jou²⁴ θom²⁴ te²⁴
柿子　　女儿　　大　拿　梭镖　　又　锋利　又　尖　那
jaŋ¹¹ toi³⁵ θa:i²⁴ ho¹¹ ja³³ wa:i¹¹, juŋ³³ ðeŋ¹¹ ta¹¹ ɕaŋ³⁵, ka³⁵ ðo³¹ n̥iə²⁴ ja³³ wa:i¹¹
对准　　喉咙　　老变婆　　用力　　刺　只　听见　老变婆
ðai¹¹ heu²⁴ hiŋ²⁴ ʔdeu²⁴, lam³¹ pai²⁴ kuɯn¹¹ na:m³³, ɕa³⁵ je⁵³ mi¹¹ ɕa³⁵ pai⁰.
叫喊　声　一　倒　去　地上　　动　也　不　动　了
jiən³³ n̥i³¹, luɯk³³ ʔbuɯk³⁵ la:u³¹ kwa:i²⁴ ɕi³³ tuɯ¹¹ ja³³ wa:i¹¹ kuɯn²⁴ wuɯn¹¹ te²⁴
这样　　女儿　　大　乘　就　把　老变婆　吃　人　那
ka⁵³ ta:i²⁴ pai⁰.
杀　死　了

意译：

老变婆

　　从前有一家人，有母亲和两个女孩，大女孩 10 岁，小女孩四五岁，两个小孩都很伶俐、听话。有一天，母亲要到外婆家去，因为路远，当天不能回来，就跟两个女孩说："乖孩子，妈有事要到外婆家一趟，路远回来不了，你们就看家等我，晚上害怕就叫上房的奶奶来陪伴你们一个晚上，好吗？"两个女孩都听妈的话；这样，她母亲就到外婆家去了。

　　谁知道，母亲嘱咐两个女孩的话，被躲在屋后的老变婆听见了，老变婆就暗暗打主意，准备晚上装扮成上房的奶奶来吃掉两个天真活泼的小女孩。

　　天渐渐黑了，两姐妹吃完晚饭，就点灯坐在火塘边烤火。这时，四下静悄悄的，两姐妹有点害怕，就依照妈妈的嘱咐，打开后门，喊上房的奶奶来陪伴。老变婆听见就答应说："等一会儿我就来。"两姐妹听到答应声，非常高兴，就掩着门，又回到屋里烤火去了。

　　其实，上房的奶奶因为年老耳朵不好，没有听见两姐妹的喊声，刚才答应的，不是上房的老奶奶，而是那吃人成性的老变婆。

　　不一会，老变婆来到大门外，门掩着没有闩上，它偷偷从门缝里往里看，见到两姐妹点灯在火炉边烤火。老变婆恐怕两姐妹看出它的真面目，就欺骗说："两个小乖乖！奶奶年纪老了，害怕灯光晃眼睛，你们就把灯吹熄了，慢慢接我进屋去。"两姐妹信以为真，就把灯吹灭了，把"奶奶"接进屋里。老变婆走到火塘边，大女孩递着板凳给它坐，它恐怕露出尾巴，又欺哄说："奶奶屁股生脓包，坐不了凳子，你们找个甑子来给我坐。"大女孩也信以为真，就拿个甑子来给它坐。两姐妹瞌睡来了，就想去睡觉，老变婆还是害怕他们发觉，又欺骗说："奶奶年纪大了，早睡睡不着，你们先去睡，一人睡一头，等候我去和小妹妹睡一头。"两姐妹就依着它先去睡觉。不一会就睡着了。老变婆听到她两姐妹已经睡熟，才慢慢上床去跟小女孩睡在一头。

到半夜，当两姐妹睡得正香的时候，老变婆就使劲掐着小女孩的脖子，让她哭不出声来，就这样把她掐死了。老变婆先吸她的血，又掏出她的内脏吃光，然后又吃她的手脚。这时，小女孩的血湿透了床铺，大女孩突然惊醒过来，觉得床上湿漉漉的，就问说："奶奶呀，床上怎么湿漉漉的？"老变婆撒谎说："你妹妹撒尿，床上就湿了。"大女孩又听到嘎吱嘎吱的声音，她又问："奶奶呀，你在吃什么呢？"老变婆认为大女孩已经逃不脱了，就大胆地直说："吃炒豆煎笋，吃小妹手脚，吃完就吃你！"大女孩听后，才知道是老变婆，一伸腿碰着老变婆的尾巴，毛绒绒的，吓得全身发抖，牙齿打战。她想到天真活泼的小妹妹被凶残的老变婆吃掉了，又痛心，又气愤，尽量沉住气，想法逃脱危险，再设法杀掉老变婆，为小妹报仇。就说："奶奶呀，我要拉屎。"老变婆说："拉屎就在床脚拉。"大女孩说："在床脚拉太臭。"老变婆说："就在灶边拉。"大女孩说："怕得罪灶神。"老变婆又说："就到堂屋拉。"大女孩说："怕得罪祖宗。"老变婆有些不耐烦了，就说："那么你想到哪里去拉呢？"大女孩说："到屋檐下去拉。"老变婆没法了，就说："去吧，拉完了快回来。"大女孩回答一声就跑出去了。她爬到门前一棵柿子树上去躲避，想办法来杀死老变婆。

老变婆等了很久不见大女孩回来，着急了。它跑到屋檐脚去看也看不见，找来找去，才看到她在那棵柿子树上。老变婆就喊道："半夜三更，你爬上去干什么？快点下来。"大女孩说："我肚子饿了，爬上来找柿子吃。"老变婆听说有柿子，馋得口水淌起来，也想爬上树去吃柿子，但爬不上去，就叫大女孩来拉它。大女孩说："我教你一个办法，我家里有一筒桐油，你去拿来抹在树脚，就能爬上来了。"老变婆信以为真，就去找到桐油来抹在那柿子树脚，谁知越抹越滑，越爬不上去，它只好叫大女孩拿柿子给它吃。大女孩说："我床脚还有一把梭镖，你去拿来，我戳柿子递给你吃。"老变婆去找来了梭镖，递给大女孩，大女孩戳了个柿子给它吃，问它好不好吃，还要不要了？老变婆连声说："好吃好吃，还要还要。"大女孩说："那么你就张着嘴巴闭着眼，我把柿子直接送进你的嘴巴好了。"老变婆听了非常高兴，就仰着脸，张嘴闭眼，等着吃柿子。大女孩拿着锐利的梭镖，对准老变婆的喉咙，猛地用力一戳，只听见老变婆惨叫一声，躺在地上，动也不动了。这样，聪明的大女孩就把那吃人的老变婆杀死了。

阿三打井
pau³⁵ θaːm²⁴ tɯk³⁵ ʔbo³⁵
老三　　打　井

ɕeu³³ kon³⁵, ʔju³⁵ pjaːi²⁴ po²⁴ ʔdeu²⁴ li³¹ ðaːn¹¹ ʔdeu²⁴ θaːm²⁴ pi³¹ nuəŋ³¹,
从前　　在　顶山　一　有　家　一　三　　兄弟
po³³ me¹¹ kwa³⁵ ta²⁴ ɕau³¹, ka³³ li³¹ θaːm²⁴ pi³¹ nuəŋ³¹ ka³³ kuə³³ hoŋ²⁴ ma²⁴
父母　过世　早　只有　三　　兄弟　自　干活　来
ɕiən³¹ miŋ³³. θaːm²⁴ pi³¹ nuəŋ³¹ ni³¹ pi²⁴ niən¹¹ tu³³ li³¹ ni³⁵, pi³¹ laːu³¹
养　命　三　　兄弟　这　年纪　都 还 小　大哥
ɕip³⁵ ɕat¹¹ pi²⁴, pi³¹ ŋi³³ ɕip³³ ðok³⁵ pi²⁴, nuəŋ³¹ lun¹¹ lɯŋ⁵³ ʔdai³¹ ɕip³³ θi³⁵
十七　岁　二哥　十六　岁　　幺弟　才　得　十四
pi²⁴, nuəŋ³¹ lun¹¹ tɯk³⁵ ɕoi³¹ ta¹¹ θaːm²⁴, leu³¹ po¹¹ tu³³ heu³³ te²⁴ kuə³³
岁　幺弟　是　个　第三　大家 都　叫　他 做
pau³⁵ θaːm²⁴. θaːm²⁴ pi³¹ nuəŋ³¹ ʔdiən²⁴ ŋən¹¹ ho⁵³ taː¹¹ ðaːi¹¹, ka³³ kuə³³ ʔet³⁵
老三　三　　兄弟　日子　穷　非常　　自 做一点
hoŋ²⁴ meu¹¹ ʔdeu²⁴ ma²⁴ kwa³⁵ ŋən¹¹. ðaːn¹¹ mi¹¹ po³³ me³³, saːm²⁴
农活　一　来　过 日子　家　没有　父母　　三
pi³¹ nuəŋ⁵³ ni³¹ ʔdai³¹ ʔau²⁴ pu³¹ ʔdeu²⁴ ma²⁴ taːŋ²⁴ ðaːn¹¹, ʔau²⁴ pu³¹ lau¹¹
兄弟　这　得　要 人　一　来　当家　要 谁
ma²⁴ taːŋ²⁴ ni⁰? ʔdaɯ²⁴ ðaːn¹¹ ho⁵³ taː¹¹ ðaːi¹¹, pu³¹ lau¹¹ tu³³ mi¹¹ yan²⁴ ma²⁴
来 当　呢　里面　家　穷 非常　　谁　都 不 愿 来
taːŋ²⁴. ma²⁴ laŋ²⁴, ta⁵³ tɕon³⁵ saŋ³³ liaŋ³¹, θaːm²⁴ pi³¹ nuəŋ³¹ tuŋ³¹ taːm²⁴
当　　后来　大家　商量　　三　　兄弟　相互 接着
taːŋ²⁴, pi³¹ taːi³³ taːŋ²⁴ kon³⁵, pu³¹ ʔdeu²⁴ taːŋ²⁴ pi²⁴ ʔdeu²⁴.
当　　大哥　当　先　人　一　当　年　一
θoŋ²⁴ pi²⁴ ʔdu³¹ te³⁵, pi³¹ taːi³³ ðiəŋ¹¹ pi³¹ ŋi³³ taːŋ²⁴ ðaːn¹¹, ʔbɯn²⁴ ðeŋ³¹
两哥　前 那　大哥　和　二哥　当家　　天 旱
laːi²⁴, ʔdiən²⁴ ŋən¹¹ ʔja³⁵ kwa²⁴ taː¹¹ ðaːi³¹, θaːm²⁴ pi³¹ nuəŋ³¹ mi¹¹ ʔdai³¹ mi¹¹
多　日子　难　过　真正　三　　兄弟　不　得　不
pai²⁴ tɕaːŋ¹¹ po²⁴ ða²⁴ ma³⁵ je⁵³ ma²⁴ kun²⁴, jou²⁴ tɕhi¹¹ pi²⁴ taː¹¹ ŋi³³ ɕɯ¹¹
去　山里　找　果子　野　来　吃　尤其　年　第二　时

pi³¹ ŋi³³ taŋ²⁴ ðaːn¹¹ te²⁴, leu³¹ pi²⁴ fi³³ tau⁵³ tɕi⁵³ nat³³ wɯn²⁴, tɕaːŋ²⁴ po²⁴
二哥　当家　那　整　年　未　下　几　颗　雨　山里
ko²⁴ na²⁴ ko²⁴ fai³¹ tu³³ ðo¹¹ taːi²⁴ leu³¹, lɯk³³ ma³⁵ je⁵³ mi³¹ tam³¹ kɯn²⁴, pi²⁴
　草　树　都　枯　死　全部　　水果　也　不　够　吃　年
te²⁴ laːi²⁴ wɯn¹¹ ʔbat³⁵ ʔiə³⁵ taːi²⁴.
那　多　人　挨饿　死

　　pi²⁴ ta¹¹ θaːm²⁴ taŋ¹¹ pau³⁵ θaːm²⁴ ma²⁴ taːŋ²⁴ ðaːn¹¹ pai⁰. pau³⁵ θaːm²⁴
　年　第三　到　老三　来　当家　了　老三
ɕɯ¹¹ te²⁴ ʔdai³¹ ɕip³³ ɕat³⁵ pi²⁴ pai⁰, te²⁴ kan³¹ kuə³³ hoŋ²⁴, jou²⁴ li³¹ ðeŋ¹¹
那时　　得　十七　岁了　他　勤　干活　　又　有　力气
jiəŋ³³ ma¹¹ tu³³ ʔau²⁴ ɕo³⁵ ɕɯ⁴. te²⁴ θi³⁵ ɕɯ¹¹ tu³³ nɯ³³, kuə³³ jiəŋ³³ ni³¹ ŋɔn¹¹
什么　都　拿　放心　他　时时　都　想　做　这样　天
ŋɔn¹¹ pai²⁴ kɯn²⁴ lɯk³³ ma³⁵ kuə³³ taŋ⁵³ lau¹¹ ʔau²⁴ ʔdai³¹, ʔau²⁴ nɯ³³
天　去　吃　水果　做　怎么　要　得　要　想
pan²⁴ fa³¹ ma²⁴ ʔdam²⁴ nai³³ hau³¹ ʔdeu²⁴ ʔdiən²⁴ ŋɔn¹¹ lɯŋ⁵³ kwa³⁵ ʔdai³¹
办法　来　栽　点　粮食　一　日子　才　过　得
pai²⁴ la⁵³. te²⁴ nɯ³³ taŋ¹¹, po³³ me³³ ɕe²⁴ hau⁵³ θaːm²⁴ pi³¹ nuəŋ³¹ ðau¹¹ tɕi⁵³
去　下　他　想　到　父母　留给　三　兄弟　我们　几
ðai³³ ði³³ na¹¹, tsai²⁴ pai²⁴ haːi²⁴ θak³⁵ noi³³ ði³³ fɯa¹¹, ʔau²⁴ θaːu³³ ði³³ na¹¹
块　田地　再　去　开　少许　荒地　拿　些　田地
ni³¹ ma²⁴ ʔdam²⁴ hau³¹, ɕi³³ tam³¹ θaːm²⁴ pi³¹ nuəŋ³¹ kɯn²⁴ pai⁰. pan²⁴ fa³¹
这　来　种　粮食　就　够　三　兄弟　吃　了　办法
ni³¹ ʔdi²⁴ taːu³⁵ ʔdi²⁴, tam³¹ kuən⁵³ ʔdam²⁴ hau³¹ ʔau²⁴ li³¹ ðam³¹ ma²⁴ θɔn²⁴,
这　好　倒是　好　但是　种　粮食　要　有　水　来　浇灌
mi³¹ li³¹ ðam³¹ hau³¹ taŋ⁵³ lau³¹ ma⁵³ ʔdai³¹. tɕi⁵³ pi²⁴ te²⁴, tuə¹¹ lɯŋ¹¹ ka³³
没有　水　粮食　怎么　长　得　几　年　那　龙　只
ðo³¹ ʔdaːŋ²⁴ kau³⁵ ŋɔn¹¹ ŋɔn¹¹ nin¹¹, pi²⁴ pi²⁴ wɯn²⁴ ðam³¹ tu³³ noi³⁵,
知　自己　天　天　睡　年年　雨　水　都　少
ko²⁴ na²⁴ ko²⁴ fai³¹ tu³³ ðo¹¹ taːi²⁴ leu³¹, mi³¹ nau¹¹ hau³¹ meu¹¹ lo⁰.
　草　树　都　枯　死　了　不　说　庄稼　了
pau³⁵ θaːm²⁴ ta⁵³ θuən²⁴ pai²⁴ pa³³ ʔdan²⁴ ʔbo³⁵ ʔdeu²⁴, jiəŋ³³ ni³¹ wɯn¹¹
老三　打算　去　挖　口　井　一　这样　人
ʔbaːn³¹ jou²⁴ ʔdai³¹ ðam³¹ ma²⁴ θɔn²⁴ hau³¹ na³¹, jou²⁴ ʔdai³¹ ðam³¹ ma²⁴
寨子　又　得　水　来　浇灌　庄稼　又　得　水　来

kɯn²⁴.
吃

nau¹¹ taŋ¹¹ ɕi³³ kuə³³ taŋ¹¹, ŋon¹¹ ta¹¹ ɲi³³, pau³⁵ θaːm²⁴ ɕi³³ tɯ¹¹
说　到　就　做　到　　天　第二　　老三　就　带
pi³¹ taːi³³ ðiəŋ¹¹ pi³¹ ŋi³³ tɕiə¹¹ tɕiə¹¹ pai²⁴ ða²⁴ kok³⁵ ðam³¹, ʔju³⁵ kau²⁴ ði³³
大哥　和　二哥　到处　去　找　水源　　在　角落　地
ðaːn¹¹ ʔdaːŋ²⁴ kau³⁵ te²⁴, po¹¹ te²⁴ ðan²⁴ tɕiə¹¹ ʔdeu²⁴ naːm³³ ʔau²⁴
家　自己　那　他们　见　处　一　土壤　潮
ðum³³ ðum³³, pin³¹ tɕin³³ niən²⁴, po¹¹ te²⁴ ðo³¹ tɕiə¹¹ te²⁴ ji³¹ tin²⁴ ʔo³⁵ ðam³¹,
潮湿状　凭　经验　他们　知　那里　一定　出　水
po¹¹ te²⁴ ɕi²⁴ ʔju³⁵ tɕiə³¹ te²⁴ khai³³ sɿ⁵³ pa³³ ʔbo³⁵ ða²⁴ ðam³¹.
他们　就　在　那里　开始　挖　井　找　水

po¹¹ te²⁴ ŋon¹¹ taːm²⁴ ŋon¹¹ tu³³ pai²⁴ pa³³, pa³³ ʔdai³¹ θaːm²⁴ ŋon¹¹,
他们　天　连　天　都　去　挖　　挖　得　三　天
lɯŋ⁵³ pa³³ pai²⁴ θi³⁵ ha⁵³ ɕik³⁵ lak³⁵. ɕɯ¹¹ ni³¹, pa³³ ðan²⁴ ʔdak³⁵ ðin³¹ ʔdeu²⁴
才　挖　去　四　五　尺　深　这时　挖　见　块　石　一
jou²⁴ laːu³¹ jou²⁴ ðan¹¹. pau³⁵ θaːm²⁴ ʔau²⁴ tɕau⁵³ ʔja³⁵ pai²⁴ ʔdoi³⁵ te²⁴,
又　大　又　圆　　老三　拿　头　锄头　去　敲　它
pu³¹ lau¹¹ ðo³¹ ʔon³⁵ ʔdoi³⁵ ʔdak³⁵ ðin²⁴ te²⁴ ʔon³⁵ ma⁵³, ʔon³⁵ ma⁵³ ʔon³⁵
谁　知道　越　敲　块　石　那　越　涨　越　涨　越
θaŋ²⁴. ʔdak³⁵ ðin²⁴ te²⁴ ɕim²⁴ lum⁵³ ʔdak³⁵ tɕau⁵³ tuə¹¹ wɯn¹¹, li³¹
高　块　石　那　看　像　颗　头颅　人　有
ɕoŋ³¹ ʔdaŋ²⁴, luk³³ taː²⁴, jou²⁴ li³¹ ʔbau²⁴ ðiə¹¹. θaːm²⁴ pi³¹ nuəŋ³¹ te²⁴ tso³¹
鼻孔　　眼睛　又　有　耳朵　三　兄弟　那　被
he³¹ tok³⁵ θat³⁵ lo⁰. koŋ³³ ŋaːŋ³³ tai³⁵ ʔdau²⁴ kum¹¹ te²⁴ pin²⁴ ma²⁴ ðo³³ ɕi³³
吓　惊吓　了　赶忙　从　里面　坑　那　爬　来　外　就
le¹¹. kwa³⁵ ɕɯ¹¹ ʔdeu²⁴, po¹¹ te²⁴ jou²⁴ le¹¹ taːu³⁵ pai²⁴ ʔju³⁵ tɕiə¹¹ tɕai²⁴ te²⁴
跑　过　一会儿　他们　又　跑　回　去　在　处　远　那
ŋon¹¹, ɕɯ¹¹ ni³¹, ʔdak³⁵ ðin²⁴ te²⁴ laːu³¹ to²⁴ laːi²⁴ pai⁰, ɕa²⁴ mi¹¹ laːi³¹ tɯ³³
看　这时　块　石　那　大　多　多　了　差不多　都
kam³³ ðaːi³³ ði³³ te²⁴ leu³¹ lo⁰. pau³⁵ θaːm²⁴ nɯ³³ taŋ¹¹, pu³¹ tɕe³⁵ nau¹¹
盖　块　地　那　全部　了　老三　想到　　老人　说
kwa³⁵, pjaːi²⁴ po²⁴ ni³¹ li³¹ tɕep³⁵ ðin²⁴ ʔdeu²⁴, piən³⁵ pan²⁴ ɕiə³¹ leu⁰, wɯn¹¹
过　顶上　坡　这　有　块　石头　一　变　成　神　了　人

tɕaːŋ²⁴ pɯəŋ¹¹ heɯ³³ te²⁴ kuə³³ ðin²⁴ ɕiə³¹, pau³⁵ θaːm²⁴ ʔdiət³⁵ nau¹¹, ʔdak³⁵
地方　　叫　它　做　　神石　　老三　　想　说　块
ðin²⁴ ni³¹ kho⁵³ nɯn³¹ ɕi³¹ tuɯk³³ ðin²⁴ ɕiə³¹ pa⁰. θaːm²⁴ pi³¹ nuəŋ³¹ te²⁴ ta²⁴
石头　这　可能　就　是　　石头　神　吧　三　兄弟　那　眼
ðan²⁴ ʔdak³⁵ ðin²⁴ te²⁴ ʔon³⁵ ma⁵³ ʔon³⁵ laːu³¹, pu³¹ laɯ¹¹ tu³³ mi¹¹ ðo⁵³ he³³
见　块　石头　那　越　涨　越　大　　谁　都　不　知道
ʔau²⁴ taŋ⁵³ laɯ¹¹ kuə³³.
拿　怎么　做

　　tɕaːŋ²⁴ hɯɯn¹¹, pau³⁵ θaːm²⁴ pan¹¹ hɯɯn¹¹ puŋ¹¹ pau³⁵ tɕe³⁵ mum³³ haːu²⁴
　　半夜　　老三　　做梦　　遇　老头　胡子　白
ʔdeu²⁴, pau³⁵ tɕe³⁵ te²⁴ ðiəŋ¹¹ te²⁴ nau¹¹ : "po¹¹ θu²⁴ pa³³ ʔbo³⁵ pa³³ ʔo³⁵ 'ðin²⁴
一　老头　那　跟　他　说　：　你们　挖井　挖出　石
ɕiə³¹', ni³¹, θu²⁴ ʔau²⁴ liəm¹¹ liəm¹¹ ɕoi³³ te²⁴, mi¹¹ɕi³³ te²⁴ ha³¹ haːi³⁵
神　　这　你们　要　赶快　　处理　它　不然　它　要　害
wɯɯn¹¹. mɯɯn¹¹ ʔau²⁴ fa³³ na³⁵ pai²⁴ ɲiŋ⁵³ te²⁴, ɲiŋ¹¹ luk³³ ta²⁴ te²⁴ faːŋ²⁴ te²⁴
人　　你　拿　箭　去　射　它　射　眼睛　它　瞎　它
ɕi³³ taːi²⁴ pai⁰." pau³⁵ θaːm²⁴ non¹¹ ma²⁴, lɯɯŋ⁵³ ðo³¹ te²⁴ pan¹¹ hɯɯn¹¹,
就　死　了　　老三　醒　来　才　知道　他　做梦
mi¹¹ kwa³⁵ ɕɯɯ¹¹ ni³¹ ðo³¹ ʔau²⁴ kuə³³ jiəŋ³³ laɯ¹¹ pai²⁴ tui²⁴ fu²⁴ ʔdak³⁵ ðin²⁴
不过　　这时　知道　要　做　怎样　去　对付　块　石头
te²⁴ pai⁰! te²⁴ ðiəŋ¹¹ ɕɯ¹¹ ðun³⁵ ma²⁴, pai²⁴ kuə³³ koŋ²⁴ na³⁵.
那　了　他　急忙　起　来　去　做　弓箭

　　pau³⁵ θaːm²⁴ ʔau²⁴ ŋon¹¹ ʔdeu²⁴ ma²⁴ kuə³³ koŋ²⁴ na³⁵. hat²⁴ laŋ²⁴ ʔbun²⁴ tam³¹
　　老三　拿　天　一　来　做　弓　箭　早晨　后　天　刚
ðoŋ³³, pau³⁵ θaːm²⁴ ɕi³³ ðun³⁵ ma leu⁰, te²⁴ pai²⁴ taŋ³³ pjaːi²⁴ po⁰, tai³⁵ tɕiə¹¹ te²⁴
亮　　老三　就　起　来　了　他　去　到　顶上　坡　从　那里
ŋon¹¹ pai²⁴ ʔdaɯ²⁴ ði³³. ɕɯ¹¹ ni³¹ 'ðin²⁴ ɕiə³¹' taŋ⁵³ tɕau⁵³ ŋon¹¹ pai²⁴ θi³⁵ miən³³,
看　去　里面　地　这时　石　神　抬　头　看　去　四　面
pau³⁵ θaːm²⁴ ðan²⁴ luk³³ ta²⁴ te²⁴ laːu³¹ lum⁵³ ʔdan²⁴ θaːŋ³³, koŋ²⁴ ŋaːŋ³³ kɯ⁵³ pai²⁴
老三　见　眼睛　它　大　像　个　囤箩　急忙　躲　去
laŋ²⁴ ʔdak³⁵ ðin²⁴ ʔdeu²⁴, ʔau²⁴ koŋ²⁴ na³⁵ toi³⁵ pai²⁴ ɕo³⁵ luk³³ ta²⁴ te²⁴, ka³³
后　块　石　一　拿　弓　箭　对　去　朝　眼睛　它　只
ðo³¹ ɲiə²⁴ "suk²⁴" pai¹¹ ʔdeu²⁴, luk³³ ta²⁴ "ðin²⁴ ɕiə³¹" ɕi³³ te³⁵ leu⁰. pau³⁵ θaːm²⁴
听见　　嗖　一　下　眼睛　　石　神　　就　裂　了　老三

jou²⁴ ha:i³¹ pai²⁴ nam⁵³ mo³⁵, ha:i³¹ teŋ²⁴ ʔdak³⁵ tɕau²⁴ tuə¹¹ ɕiə³¹ te²⁴. "ðin²⁴ ɕiə³¹
又 打 去   根   新   打   中   颗   头   神   那   石   神
tɕet³⁵ ta¹¹ ðaːi¹¹, ʔju³⁵ ʔdau²⁴ ði³³ te²⁴ ðin³¹ pai²⁴ ðin²⁴ taːu³⁵. pau³⁵ θa:m²⁴ jou²⁴ ʔau²⁴
痛   真的   在   里面 地 那 滚   去   滚   回   老三   又   拿
nam⁵³ na³⁵ nam⁵³ ta:m²⁴ nam⁵³ niŋ¹¹ pai²⁴ ɕo³⁵ te²⁴, nam⁵³ nam⁵³ tu²⁴ ha:i³¹ teŋ²⁴
根   箭   根   连   根   射   去   朝   它   根   根   都   打   中
tɕiə¹¹ ʔau²⁴ miŋ³³. "ðin²⁴ ɕiə³¹" ɕi³³ jieŋ³³ ni³¹ teŋ²⁴ niŋ¹¹ ta:i²⁴ pai⁰. "ðin²⁴ ɕiə³¹" ta¹¹
处   要   命   石   神   就   这样   被   射   死   了   石   神   一
ta:i²⁴, ɕi³³ ɕin²⁴ piən³⁵ pan¹¹ ʔdak³⁵ ðin²⁴ la:u³¹ la:u³¹ ʔdeu²⁴, ha:i³⁵ mi¹¹ ʔdai³¹
死   就   真   变   成   块   石   大   大   一   害   不   得
tuə¹¹ wuun¹¹ pai⁰. jieŋ³¹ ni³¹, θa:m³⁵ pi³¹ nueŋ³¹ ɕi³³ jou²⁴ ta:u³⁵ pai²⁴ tuŋ³¹ ta:m²⁴ pa³³
人   了 这样   三   兄弟   就   又 回   去   接着   挖
ʔbo³⁵, fi³³ pa³³ ʔdai³¹ tiŋ¹¹ ŋon¹¹, tiə⁵³ ʔbo³⁵ te²⁴ ɕi³³ ʔo³⁵ ðam¹¹ ma²⁴ leu³¹, ðam³¹ ʔbo³⁵
井   未 挖 得 半   天   底 井   那 就 出   水   来 了   水   井
te²⁴ ɕam³¹ ta¹¹ ðaːi¹¹. pau³⁵ θa:m²⁴ po¹¹ te²⁴ ðieŋ¹¹ ɕuu¹¹ le¹¹ ta:u³⁵ pai²⁴ ʔdau²⁴ ʔba:m³¹
那 凉   非常   老三   他们 看 忙 跑   回 去   里面   寨子
nau¹¹ hau⁵³ wuun¹¹ ʔba:m³¹, wuun¹¹ ʔba:m³¹ pu³¹ pu³¹ ʔaːŋ³⁵ jaŋ¹¹ ʔaːŋ³⁵ jaŋ³³, tu³³
说   给   人   寨子   人   寨子 人   人   高 高 兴 兴   都
han³³ pau³⁵ θa:m²⁴ ðieŋ³¹ θoŋ²⁴ pau³⁵ pi³¹ te²⁴, paŋ²⁴ ʔdau²⁴ ʔba:m³¹ kuə³³ ka:i³⁵ θieŋ³⁵
称赞   老三   和   两 个   哥 那   帮   里面   寨子   做 个 事情
ʔdi²⁴ ʔdeu²⁴. tai³⁵ ɕuu¹¹ te²⁴ pai²⁴ na⁵³, wuun¹¹ ʔba:m³¹ ɕi³³ mi¹¹ θiu⁵³ ma¹¹ ðam³¹ kwn²⁴
好 一   从   那时 以后   人   寨子   就 不 少 什么 水   吃
pai⁰. po¹¹ te²⁴ ʔau²⁴ ðam³¹ ʔdau²⁴ ʔbo³⁵ pai²⁴ θon²⁴ hau³¹ na¹¹, ʔdien²⁴ ŋon¹¹ ɕi³³
了   他们   拿   水   里面   井   去   浇   水稻   日子   就
naːi³³ naːi³³ ʔdi²⁴ pai⁰.
慢慢   好 了

意译：

阿三打井

很久很久以前，在一座山顶上住着一家三兄弟，他们的父母早就去世了，只留下兄弟三人相依为命。这三兄弟年纪都还很小，大哥17岁，二哥16岁，三弟才14岁，因为他排行第三，所以大家都叫他"三三"。兄弟三人的日子过得很清贫，仅靠干点农活来维生。家里没有父母，但总得有个当家的，由于家穷，很难维持生活，因此这个家谁都不愿当。最后经过协商，决定三兄弟轮流着，从大哥开始，一人当一年。

头两年分别由大哥和二哥当家，由于天旱，生活难以维持，只得到山上采些野果来充饥，尤其是第二年二哥当家的时候，整年没下几滴雨，天干得山上的草木都枯死了不少，野果也不够吃，当年有很多人饿死。

第三年轮到三三当家了，三三这时已长到17岁，他人很勤快，又勇敢，爱动脑筋。他常常在想，总这样天天吃野果怎么行，得想点办法种粮食才能生存下去。他想，自家原来就有父母留下来的几亩地，再去开一点荒地，把这些地都种好了，就够弟兄三人吃了。办法倒是不错，但种庄稼光有地不行，还得有水来浇灌。那几年，龙王净顾自己睡大觉了，连年干旱少雨，草木都枯死了，何况庄稼呢。三三决定挖一口井，这样，既可以用水浇地，也可以解决人喝水的问题。

说干就干。第二天，三三便带着大哥和二哥到处去找水源。他们在自己家的地角发现有一块地很潮湿，凭经验，估计那个地方一定有水。于是，他们便开始在那个地方挖井找水。

他们挖呀挖，接连挖了三天，挖到四、五尺深的时候，碰到了一块又大又圆的岩石。三三用锄头去敲打它，谁知越敲那块石头越往上冒，而且越冒越高。那块石头就像人的脑壳一样，有鼻子、眼睛，还有耳朵。他们三兄弟都吓坏了，赶紧从坑里面爬出来就跑。过了一会儿，他们再跑回去离得远远地看，那块石头更大了，差不多把那块地都盖住了。三三突然想起老人们讲过，这山头上有一块成了"精"的石头，人们都叫它"石头怪"。心想，这大概就是那"石头怪"吧。他们兄弟三人眼睁睁地看着那块石头，谁也想不出办法来。

夜里，三三梦见一个白胡子老人对他说："你们挖出了'石头怪'，一定要赶紧把它治住，否则它要害人。你用箭去射它，射它的眼睛它就死了。"三三醒来，原来是一场梦，但他由此得到启发，马上着手去做弓箭。

　　三三用一天的时间做好了弓箭。第二天一大早，三三便起了床，他来到山顶上往地里面看。这时，"石头怪"正向四面张望，三三看见它的眼睛大得象囤箩一样，急忙躲到石头后面用弓箭瞄准它的眼睛，他"嗖"地一箭射去，把妖怪的眼睛射爆了。他又补上一箭，又射中了妖怪的脑壳。妖怪疼得满地翻滚。三三接连又朝妖怪射了几箭，箭箭都射中致命的地方，妖怪就这样被箭射死了。妖怪一死，就变成了一块真正的大石头，再也不能害人了。三三他们弟兄三人接着又往下挖，挖了不到半天的功夫，一股凉幽幽的清泉水从井底冒了出来。三三他们赶紧跑到村里去告诉乡亲们，乡亲们非常高兴，大家齐声称赞三三和他的两个哥哥为村里办了一件大好事。从此，人们不再愁没水喝了。他们用井里的水浇灌庄稼，日子过得渐渐好起来。

下 编

民间情歌翻译

赞声歌
wɯən²⁴ han³³ hiŋ²⁴
歌　　赞　　声

tak³⁵ tai³⁵ hoŋ¹¹ kɯn¹¹ zi³³ lɯɯ¹¹ tau⁵³
　蟋蟀　鸣叫　上　地　哪　来

　　　　　　　　　　　　　　　　蟋蟀叫声何处起？

tak³⁵ tɕin²⁴ hoŋ¹¹ kɯn¹¹ zaːn¹¹ lɯɯ¹¹ tau⁵³
　蚂蚱　鸣叫　上　石板　哪　来

　　　　　　　　　　　　　　　　蚂蚱叫声哪里来？

tak³⁵ ŋaːn³¹ hoŋ¹¹ pjaːi²⁴ pɯəŋ¹¹
　螳螂　鸣叫　末梢　地方

　　　　　　　　　　　　　　　　螳螂叫声在远处，

nuəŋ³¹ naːŋ¹¹ wɯən²⁴ tai³⁵ paːi³³
　妹　贵人　歌　从　方

　　　　　　　　　　　　　　　　情妹歌声远方传，

pi³¹ fi³³ saːi³³ zo³¹ ȵiə²⁴
　兄　未曾　听见

　　　　　　　　　　　　　　　　阿哥未曾得听清，

wɯən²⁴ tɕiə¹¹ lɯɯ¹¹ ma²⁴ mo³⁵
　歌　何处　来　新

　　　　　　　　　　　　　　　　哪里歌声又响起？

ʔdaɯ²⁴ tɕo³⁵ lɯɯ¹¹ zo³³ tɕo³⁵
　里　朝门　或　外　朝门

　　　　　　　　　　　　　　　　朝门里外都找了，

ʔdaɯ²⁴ ɕiəŋ¹¹ lɯɯ¹¹ zo³³ ɕiəŋ¹¹
　里　墙　或　外　墙

　　　　　　　　　　　　　　　　院墙里外都找遍，

hiŋ²⁴ ma¹¹ siən¹¹ ɕa¹¹ zau³³
声音　什么　颤微微　如此

　　　　　　　　　　　　　　　　谁的歌声颤微微，

ɕon¹¹ ma¹¹ tuə¹¹ ɕa¹¹ zau³³
话语什么悦耳 如此

         谁的话音如此美。

kai³⁵ kai²⁴ han²⁴ zoŋ³⁵ fa¹¹ lauɯ¹¹ tau⁵³
野鸡 鸣叫 笼 铁 哪 来

         野鸡鸣声起何处？

kai³⁵ ha¹¹ han²⁴ zoŋ³⁵ fai³¹ lauɯ¹¹ tau⁵³
竹鸡 鸣叫 笼 木 哪 来

         竹鸡啼声起何方？

hiŋ²⁴ ma¹¹ kɔŋ³⁵ lum⁵³ mɯə³¹
声音什么弯 像 钓竿

         谁的歌声像弹弦，

hiŋ²⁴ ma¹¹ tuə⁵³ lum⁵³ jiən¹¹
声音什么悦耳 像 二胡

         清脆婉转又高亢，

hiŋ²⁴ ma¹¹ ziən¹¹ lum⁵³ ɕa³³
声音什么震动 像 绳

         谁的歌声颤微微，

ɕon¹¹ tu²⁴ ta³³ ɕon¹¹ muɯŋ¹¹ mi¹¹ ʔdai³¹
话语 我 比 句 你 不 得

         悦耳动听我难比，

ɕon¹¹ muɯŋ¹¹ kai³¹ ɕon¹¹ ku²⁴ tok³⁵ tuŋ³⁵
话语 你 撬 句 我 落 凳

         妹的口才我不及，

ʔi³⁵ ʔau²⁴ ɕaŋ³³ ma²⁴ ɕaŋ³³
如 拿 称 来 称

         如若拿我跟妹比，

ɕon¹¹ muɯŋ¹¹ to²⁴ tɕi⁵³ teu³³
话语 你 多 几十斤

         情妹比我强十倍，

ɕon¹¹ ku²⁴ seu⁵³ tɕi⁵³ teu³³
话语 我 少 几十斤

         甘拜下风我不敌。

zok³³ ze³⁵ ʔbaːn³¹ laɯ¹¹ zai¹¹
竹鸡　　寨　哪　啼

竹鸡鸣声何处起？

kai³⁵ kai²⁴ ʔbaːn³¹ laɯ¹¹ ziən³³
野鸡　　寨　哪　喧闹

野鸡喧闹在何方？

kai³⁵ tiən³³ ʔbaːn³¹ laɯ¹¹ han²⁴
家鸡　　寨　哪　鸣

哪家鸡彻夜啼鸣？

hiŋ²⁴ tau⁵³ siən¹¹ siə³³ siə³³
声音　发出　动听　（状词）

声音悦耳又动听。

tot³⁵ pɯə³³ ɕu³¹ hiŋ²⁴ saːŋ²⁴
脱　衣服　接　声音　高

静心清嗓把歌接，

kaːŋ²⁴ kun¹¹ ɕu³¹ hiŋ²⁴ ʔun³⁵
撑开　裙　接　声音　嫩

张口来接妹歌声，

ɕu³¹ hiŋ²⁴ ʔun³⁵ mi¹¹ tiə²⁴，
接　声音　嫩　不　及

情哥愚笨接不住，

liə²⁴ hiŋ²⁴ nuəŋ³¹ tək³⁵ naːi³³
使　声音　妹　落　难

让妹空等无回音，

ɕu³¹ hiŋ²⁴ ʔun³⁵ mi¹¹ piən¹¹
接　声音　嫩　不　快

情哥嘴拙难开口，

liə²⁴ hiŋ²⁴ siən¹¹ tək³⁵ naːi³³
使　声音　悦耳　落　难

情妹歌声无人还。

paŋ¹¹ ŋi³³ si³⁵ pi³¹ pja³¹
布　二十四① 哥　稀

阿哥学艺不到家，

paŋ¹¹ ŋi³³ ha⁵³ pi³¹ ʔbaːŋ²⁴
布　二十五　哥　薄

阿哥技艺不如人，

ɕu³¹ hiŋ²⁴ saːŋ²⁴ mi¹¹ ȵaːŋ¹¹
接　声音　高　不　及

妹的歌声接不住，

liə²⁴ hiŋ²⁴ naːn¹¹ tək³⁵ naːn³³
使　声音　贵人　落　难

让妹柱把歌来唱。

nuəŋ³¹ to⁵³ zo³¹ ʔdam²⁴ hiŋ²⁴
妹　本来　会　栽　姜

情妹本来就灵巧，

ʔdam²⁴ hiŋ²⁴ tək³⁵ tiə³³ pɯn³³
栽　姜　落　沃土

能歌善唱名远扬，

pan¹¹ hiŋ²⁴ ʔun³⁵ hiŋ²⁴ siən¹¹
成　声音 动听 声音 悦耳

天生一副好嗓子，

hiŋ²⁴ ɕiən²⁴ ȵən¹¹ ʔdai³¹ me³³
声音　千年　得　母亲

天生一副好歌喉，

hiŋ²⁴ ziən¹¹ zɯ³¹ ʔdai³¹ me³³
声音　震动　韵　得　母亲

一代更比一代强。

po³³ pi³¹ to⁵³ mi³¹ zo³¹ ʔdam²⁴ hiŋ²⁴
父　哥 本来 不　会　栽　姜

哥的阿爸嘴笨拙，

---

① 是布依族家织布幅宽的一种，指以十二根纬线为一组穿过筘织成的布，是质量较差的布。

ʔdam²⁴ hiŋ²⁴ tɔk³⁵ tiə³³ za:u³¹
　栽　姜　落　丛　葛藤

pan¹¹ hiŋ²⁴ la:u³¹ hiŋ²⁴ tɕa:i²⁴
　成　音　大　声　粗

　　　　　　　　　　　半天不把话来讲，

　　　　　　　　　　　开口说话嗓音粗，

hiŋ²⁴ mi¹¹ la:i²⁴ ka:t³⁵ ton³³
　声音　不　多　断断续续

hiŋ²⁴ mi¹¹ poŋ³³ lum⁵³ sa:u³¹
　声音　没　奔放　像　竹竿

　　　　　　　　　　　话语不多还结巴，

　　　　　　　　　　　唱起歌来不奔放，

hiŋ²⁴ mi¹¹ sa:u⁵³ lum⁵³ jiən¹¹
　声音　不　清脆　像　二胡

hiŋ²⁴ mi¹¹ siən¹¹ lum⁵³ zuəŋ³³
　声音　不　柔和　像　妹

　　　　　　　　　　　不如琴弦清又脆。

　　　　　　　　　　　不如阿妹歌甜美，

ɕən¹¹ mi¹¹ zo³¹ lum⁵³ zuəŋ³³
　话语　不　知　像　妹

pi³¹ ɕi³¹ zok³³ zuə³⁵ ɕa:u³¹ son²⁴ ʔbin²⁴
　哥　是　戴帽雀　刚　学　飞

　　　　　　　　　　　断断续续难成章。

　　　　　　　　　　　哥我好比嫩阳雀，

ɕuŋ⁵³ ȵuŋ¹¹ ɕa:u³¹ son²⁴ pja:i⁵³
　雏　鸭　刚　学　走

pja:i⁵³ pa³⁵ na:m³³ mi¹¹ ziən¹¹
　走　地面　不　震

　　　　　　　　　　　哥我好比小雏鸭，

　　　　　　　　　　　羽毛未丰脚发软，

ʔbin²⁴ mi¹¹ kwa³⁵ hoŋ⁵³ lak³³
　飞　不　过　深　谷

　　　　　　　　　　　不敢展翅越山岭，

jak³³ mi¹¹ kwa³⁵ waŋ¹¹ jeu²⁴
涉　不　过　塘　绿

不敢举足涉险浪,

kaːŋ⁵³ pjeu²⁴ muɯŋ¹¹ luuk³³ ȵa³³
讲　得罪　你　别　生气

若有失言多包涵,

ɕən¹¹ pjeu²⁴ muɯŋ¹¹ luuk³³ ȵa³³
话　得罪　你　别　生气

话有得罪别多想。

pi³¹ ɕi³¹ kai³⁵ ton²⁴ ɕaːu²⁴ ʔdat³⁵ zu⁵³
哥　是　鸡　骟　刚　掐　冠

阿哥好比小雄鸡,

kai³⁵ pu³¹ ɕaːu³¹ son²⁴ han²⁴
鸡　公　刚　学　啼叫

整冠引颈学歌唱,

tɕet³⁵ lan¹¹ hiŋ²⁴ mi¹¹ poŋ³³
麒麟　声音　不　奔放

声音尖厉似麒麟,

hiŋ²⁴ mi¹¹ poŋ³³ lum⁵³ saːu³¹
声音　不　奔放　像　竹竿

不如竹笛清又甜,

hiŋ²⁴ mi¹¹ saːu⁵³ lum⁵³ jiən¹¹
声音　不　清晰　像　二胡

不及琴弦脆又亮,

hiŋ²⁴ mi¹¹ siən¹¹ lum⁵³ zuəŋ³³
声音　不　柔和　像　妹

不像阿妹音柔美,

ɕən¹¹ mi¹¹ zo³¹ lum⁵³ zuəŋ³³
话　不　知　像　妹

难比阿妹声音扬。

pi³¹ ɕi³¹ kai³⁵ pu³¹ ɕaːu³¹ son²⁴ han²⁴
哥　是　鸡　公　刚　学　啼鸣

哥似雄鸡学打鸣,

tɕet³⁵ lan¹¹ hiŋ²⁴ mi¹¹ poŋ³³
麒麟　声音　不　奔放

声音尖厉赛麒麟。

hiŋ²⁴ mi¹¹ poŋ³³ lum⁵³ saːu³¹
声音　不　奔放　像　竹竿

不如竹笛声清甜。

hiŋ²⁴ mi¹¹ saːu⁵³ lum⁵³ jiən¹¹
声音　不　脆　像　二胡

不及琴弦声脆响,

hiŋ²⁴ mi¹¹ siən¹¹ lum⁵³ zuəŋ³³
声音　不　柔和　像　妹

不像阿妹声柔美,

ɕon¹¹ mi¹¹ zo³¹ lum⁵³ zuəŋ³³
话语　不　知　像　妹

难比阿妹歌声扬。

soŋ²⁴ ko²⁴ fai³¹ ɕam³³ kɔk³⁵
两　棵　树　共　根

两棵同根树,

ŋok³³ kaːi³⁵ pjaːi²⁴ tuŋ³¹ ɕo³³
下垂　那　梢　一起　放

风吹梢难分,

nuəŋ³¹ jiə³³ lɯk³³ taːŋ³⁵ po³³ pɯən¹¹ tɕai²⁴
妹　也　儿　异　父　地方　远

妹是远方客,

pi³¹ jiə³³ lɯk³³ taːŋ³⁵ wai²⁴ pəɯŋ¹¹ fɯə³¹
哥　也　儿　异　姓　地方　别的

哥是异乡人,

paːi³⁵ kaːi³⁵ wɯə⁵³ kɯn¹¹ ʔbɯn²⁴
像　那　云　天上

好比天上云,

zum¹¹ tɯ¹¹ ma²⁴ siəŋ³³ wəi³³
风　带　来　相　会

随风来相会,

ʔa²⁴ tɯ¹¹ tau⁵³ siəŋ³³ wəi³³
乌鸦 带 来 相 会

逐雁才相逢。

zam³¹ ʔo³⁵ ʔbo³⁵ tɕa:ŋ²⁴ na¹¹
水 出 井 中间 田

水出田中井,

wa¹¹ zam³¹ pai²⁴ soŋ²⁴ pa:i³³
㞖 水 去 两 边

为苗两边分,

za:i³⁵ ʔdeu²⁴ pan¹¹ soŋ²⁴ siəŋ²⁴
滩 一 成 两 沟窖

一块分两垄

zan²⁴ tuə¹¹ luəŋ¹¹ ta³⁵ fɯət³³
见 龙 晒 翅膀

好似龙展翅,

ta³⁵ fɯət³³ ɕo³⁵ kɯn¹¹ zin²⁴
晒 翅膀 在 上 石

展翅立磐石,

ta³⁵ tin²⁴ ɕo³⁵ kɯn¹¹ za:n³¹
晒 脚 在 上 岩石

振翼岩石上,

nuəŋ³¹ jiə³³ luk³³ ta:ŋ³⁵ ʔba:n³¹ pɯəŋ¹¹ tɕai²⁴
妹 也 儿 另 寨 远 方

阿妹是远方客,

pi³¹ jiə³³ luk³³ ta:ŋ³⁵ wai²⁴ pɯəŋ¹¹ fɯə³¹
哥 也 儿 另 姓 他 方

阿哥也是异乡人,

pa:i³⁵ ka:i³⁵ wɯə⁵³ kɯn¹¹ ʔbɯn²⁴
像 那 云 上 天

好比天上云,

zum¹¹ tɯ¹¹ ma²⁴ siəŋ³³ wəi³³
风 带 来 相 会

随风来相聚,

ham³³ ne³¹ miŋ³³ ʔdi²⁴ waːn¹¹ miŋ³³ ʔdi²⁴
　今　晚　命　好　还　命　好

　　　　　　　　　　　　　　　今晚我俩运气好。

miŋ³³ ʔdi²⁴ zam³¹ ka³³ tɔk³⁵
　命　好　水　自　落

　　　　　　　　　　　　　　　好运水自流，

miŋ³³ ʔdi²⁴ lɔk³⁵ ka³³ pan³⁵
　命　好　水　车　自　转

　　　　　　　　　　　　　　　好运车自转，

lɔk³⁵ ka³³ pan³⁵ ʔau²⁴ zam³¹ pai²⁴ na¹¹
　水　车　自　转　要　水　去　田

　　　　　　　　　　　　　　　水车转水浇稻田，

lɔk³⁵ ka³³ pan³⁵ ʔau²⁴ zam³¹ pai²⁴ tam¹¹
　水　车　自　转　要　水　去　塘

　　　　　　　　　　　　　　　水车转水装池塘，

miŋ³³ ʔdi²⁴ zau¹¹ siəŋ³³ wəi³³
　命　好　我　相　会

　　　　　　　　　　　　　　　今晚有缘来相会，

miŋ³³ ʔdi²⁴ pi³¹ siəŋ³³ wəi³³
　命　好　哥　相　会

　　　　　　　　　　　　　　　得与妹相会。

miŋ³³ ʔdi²⁴ pi³¹
　命　好　哥

　　　　　　　　　　　　　　　哥好运，

miŋ³³ ho⁵³ mɯŋ¹¹
　命　穷　你

　　　　　　　　　　　　　　　你背时，

ma²⁴ ziəŋ¹¹ pi³¹ kwaːŋ³³ kun³⁵ ɕam³³ naŋ³³
　来　和　哥　光　棍　同　坐

　　　　　　　　　　　　　　　来与孤独哥同座，

mi¹¹ ziəŋ¹¹ tɕim²⁴ pɯən³⁵ laːŋ³³ ɕam³³ naŋ³³
　来　和　我　流　浪　同　坐

　　　　　　　　　　　　　　　来与浪荡子同座，

siəŋ³³ fuŋ³¹ tɔi³⁵ siəŋ³³ fuŋ³¹
相　逢　对　相　逢

　　　　　　　　　　　　　　　有缘来相会，

siəŋ³³ ɕun¹¹ tɔi³⁵ siəŋ³³ ɕun¹¹
相　顺　对　相　顺

　　　　　　　　　　　　　　　有缘来结交，

ʔbum²⁴ juŋ¹¹ zau¹¹ siəŋ³³ wəi³³
天　　允　我们　相　　会

　　　　　　　　　　　　　　　天赐此良机，

juŋ¹¹ hau⁵³ pi³¹ siəŋ³³ wəi³³
允　　给　哥　相　　会

　　　　　　　　　　　　　　　哥与妹相会。

ham³³ ne³¹ hau³¹ ziəŋ¹¹ zep³³ tuŋ³¹ kwaːu¹¹
今晚　　米　和　谷壳一起　搅和

　　　　　　　　　　　　　　　今晚犹如白米拌粗糠，

laːu¹¹ ziəŋ¹¹ ha⁵³ tuŋ³¹ ɕiən³⁵
猪油　和　牛油一起　炼

　　　　　　　　　　　　　　　猪油拌牛油，

tɕɯən³⁵ ziəŋ¹¹ ʔjaːŋ³¹ tuŋ³¹ ʔiŋ²⁴
剑　　和　大刀　相　靠

　　　　　　　　　　　　　　　刀与剑相倚，

tɕim²⁴ ziəŋ¹¹ ŋan¹¹ tuŋ³¹ ʔju³⁵
金　和　银　一起　在

　　　　　　　　　　　　　　　金与银共处，

ŋan¹¹ ziəŋ¹¹ tɕim²⁴ tuŋ³¹ ʔju³⁵
银　和　金　一起　在

　　　　　　　　　　　　　　　哥与妹共处。

　　　　　　　　　　　　　　　演唱：罗芝兰
　　　　　　　　　　　　　　　收集：黄荣昌
　　　　　　　　　　　　　　　翻译整理：黄荣昌　周国炎

问候歌
wɯən²⁴ tuŋ³¹ toŋ³¹
歌　相互问候

nuəŋ³¹ tai³⁵ pa:i²⁴ laɯ¹¹ ma²⁴
　妹　从　何方　来

　　　　　　　　　　　　　　　　妹自何方来？

koi³³ ma³¹ hɯn⁵³ ʔdɔi²⁴ ʔdiŋ²⁴
　骑　马　上　红土坡

　　　　　　　　　　　　　　　　飞马上山岭，

ɕiŋ²⁴ luə¹¹ hɯn⁵³ ʔdɔi²⁴ ʔdot³⁵
　牵　骡　上　地瓜坡

　　　　　　　　　　　　　　　　纵马跃山岗，

tot³⁵ ʔan²⁴ wɔi⁵³ tɕi³⁵ li¹¹
　脱　鞍　挂　枝　梨

　　　　　　　　　　　　　　　　卸鞍挂梨枝，

teu¹¹ sa:i²⁴ si²⁴ pa:n³³ ʔba³⁵
　条　带丝　斜挎　肩膀

　　　　　　　　　　　　　　　　肩搭花丝带，

pa³⁵ tɕen²⁴ pɯə³³ za:i¹¹ hoŋ²⁴
　口　衣袖　镶边绸

　　　　　　　　　　　　　　　　袖口镶绸缎，

soŋ²⁴ tuə¹¹ luəŋ¹¹ ɕam³³ tɕet³⁵
　两　条　龙　同　鳞

　　　　　　　　　　　　　　　　二龙戏玉珠，

ɕat³⁵ tuə¹¹ fuŋ³³ ɕam³³ tɕi¹¹
　七　只　凤凰　同　鳍

　　　　　　　　　　　　　　　　七凤攀花枝，

nuəŋ³¹ ɕi³³ luk³³ pu³¹ ʔdi²⁴ za:n¹¹ ŋwa³¹
　妹　是　儿　富人　瓦房

　　　　　　　　　　　　　　　　妹在富家瓦房住，

pi³¹ ɕi³¹ lɯk³³ pu³¹ ho⁵³ zaːn¹¹ ha¹¹
哥　是　儿　穷人　　茅屋

哥是穷人住茅屋，

laːu²⁴ ɕi³¹ ha²⁴ mi¹¹ ʔdai³¹ mɯŋ¹¹ naŋ³³
怕　 是　配　不　得　 你　 坐

恐怕难与你相配，

ha²⁴ mi¹¹ ʔdai³¹ nuəŋ³¹ naŋ³³
配　不　得　　你　　坐

难与情妹配成双。

nuəŋ³¹ tai³⁵ paːi³³ laɯ¹¹ ma²⁴
妹　　从　 何　方　来

妹从何方来？

ʔdat³⁵ no³³ lum⁵³ waːi³⁵ koŋ²⁴
色　肉　像　棉花　弹

肉色白如棉，

ʔboŋ²⁴ lum⁵³ nat³³ hau³¹ si²⁴
洁白　 像　 颗　米　花

洁白像米花，

nat³³ hau³¹ si²⁴ ʔboŋ²⁴ ku¹¹
颗　米　花　 爆　鼓起

米花白又圆，

ku²⁴ zan²⁴ mɯŋ¹¹ ʔboŋ²⁴ kɯ³³
我　见　你　　喜悦　涨

与你相逢心欢喜，

lun¹¹① zan²⁴ mɯŋ¹¹ ʔboŋ²⁴ kɯ³³
小的　见　 你　　喜悦　涨

与妹相见喜在心。

nuəŋ³¹ tai³⁵ paːi³³ laɯ¹¹ ma²⁴
妹　　从　 何　方　来

妹从何方来？

---

① lun², 意为"最小的"，如 lɯk⁸lun²，幺儿，唱情歌时，自述的一方常用 lun² 来指称自己以表示谦恭。

wa²⁴ tɕaːm³⁵ tɕau⁵³ kaʔ¹¹ laːn³³
花　装饰　头　　那样

　　　　　　　　　　　　　　　鲜花头上戴，

wa²⁴ waːi³⁵ lɯʔ¹¹ wa²⁴ ŋan¹¹
花　棉铃　或　　银花

　　　　　　　　　　　　　　　是棉铃还是银花？

ma²⁴ zau¹¹ pan²⁴ pu³¹ ȵaŋ³⁵
来　我们　分　人　朵

　　　　　　　　　　　　　　　见人分一枝，

ȵaŋ³⁵ nuəŋ³¹ sap³⁵ kɯn¹¹ tɕau⁵³ pai²⁴ kwaːn²⁴
朵　妹　　插　　头上　　去　丈夫

　　　　　　　　　　　　　　　妹戴一枝去见夫，

ȵaŋ³⁵ pi³¹ sap³⁵ pja³⁵ ɕaːn¹¹ pai²⁴ ju³¹
朵　哥　插　　晒台　　去　朋友

　　　　　　　　　　　　　　　哥拿一枝凉台去会友，

pu³¹ lɯʔ¹¹ pu³¹ mi¹¹ zan²⁴
谁　　人　　不　见

　　　　　　　　　　　　　　　谁人都能看见花，

li³¹ sam²⁴ tau⁵³ tuŋ³¹ ɕun¹¹
有　心　　来　共同　玩耍

　　　　　　　　　　　　　　　阿妹有心就来玩，

sam²⁴ li³¹ tau⁵³ tuŋ³¹ naŋ³³
心　　有　来　共同　坐

　　　　　　　　　　　　　　　阿妹有意过来坐。

nuəŋ³¹ tai³⁵ paːi³³ lɯʔ¹¹ ma²⁴
妹　　从　　何方　　来

　　　　　　　　　　　　　　　妹自何方来？

pi³³ sa²⁴ nep³⁵ la⁵³ liən⁵³
扇子　纸　别　下　伞

　　　　　　　　　　　　　　　伞下别纸扇，

so³³ saʔ¹¹ ʔiən³¹ zɔk³³ zau²⁴
直　　样子　　斑鸠

　　　　　　　　　　　　　　　身材多窈窕，

ça³¹ lau²⁴ laɯ¹¹ mit³³ zot³³
柴刀 剁 或 刀 剪

         妹是精心巧装扮？

mit³³ zot³³ laɯ¹¹ ka³³ pan¹¹
刀   剪 或 自 成

         还是天生有丽质？

tɯk³³ han³³ ta²⁴ soŋ²⁴ pi³¹
被   羡慕 眼 俩   哥

         人人都羡慕，

tɯk³³ ha²⁴ tuŋ³¹ soŋ²⁴ ku²⁴
被   搭配 腹   我   俩

         个个都赞扬。

nuəŋ³¹ tai³⁵ paːi³³ laɯ¹¹ ma²⁴
妹   从   方   哪   来

         妹从何方来？

wa²⁴ çaːm³⁵ tçau⁵³ ka¹¹ laːn¹¹
花   装饰   头   那   样

         鲜花头上戴，

wa²⁴ waːi³⁵ laɯ¹¹ wa²⁴ çau¹¹
花   棉   或   花   核桃

         是棉铃还是桃花？

tçen²⁴ pɯə³³ tau¹¹ ʔi³¹ ʔaːu³¹
衣   袖   柔软 （状词）

         飘飘若天仙，

nuəŋ³¹ çi³³ lɯk³³ pu³¹ laːu³¹ pa³⁵ kwaːi²⁴ ①
妹   是 儿 大人 嘴   伶俐

         妹生富家嘴乖巧，

zo³¹ naːi²⁴ çak³⁵ nai²⁴ çe³⁵
会   问   层   问   次

         说话有礼又有节，

---

① kwaːi¹：本文为聪明，唱情歌时常用来指称对方、意在赞扬对方聪明，有智慧。

zo³¹ na:i²⁴ ɕak³⁵ taŋ¹¹ me³³
会　问　层　到　母亲

先把母亲来问候，

zo³¹ na:i²⁴ ɕe³⁵ taŋ¹¹ ku²⁴
会　问　次　到　我

然后跟我道姓名，

su²⁴ kuə³³ wɯn¹¹ ma¹¹ ɕin³³
你们　作　人　啥　伶俐

阿妹聪明又伶俐。

nuəŋ³¹ tai³⁵ pa:i³³ lau¹¹ ma²⁴
妹　从　哪　方　来

妹从何方来？

wa:t³³ pi³³ sa²⁴ ka:n⁵³ non³³
搣　扇　纸　柄　粉红

手摇红纸扇，

son³³ lum⁵³ san⁵³ za:ŋ¹¹ fa:i¹¹
直　像　棵　笋　斑竹

身材苗条似竹笋，

za:ŋ¹¹ fa:i¹¹ tau⁵³ tɕa:ŋ²⁴ tiə³³
笋　斑竹　生　中　竹林

傲然挺拔丛林中，

kuə³³ lo³¹ liə³¹ lo³¹ liə³¹ tai³⁵ tɕai²⁴
做　耍姿　耍样　从　远

远看婀娜又多姿，

ta²⁴ ʔbai²⁴ pa¹¹ pu³¹ zo³³
眼睛　秀美　妻　外人

眉目清秀逗人爱，

ʔjeu²⁴ ha:n³⁵ mai³¹ pu³¹ zo³³
脖子　鹅　媳　外人

可惜已是他人妻。

nuəŋ³¹ tai³⁵ pa:i³³ lau¹¹ ma²⁴
妹　从　哪方　来

妹从何方来？

ɕom⁵³ kan²⁴ paŋ¹¹ ɕa¹¹ ɕi³³
戴　帕　布　样子

花帕头上包，

lum⁵³ kaːi³⁵ tɕi³⁵ ɕaːm¹¹ zom⁵³
像　那　枝　叶　兰靛

体态妖娆似兰靛，

pi³¹ pa³⁵ koŋ⁵³ lum⁵³ toŋ³¹
哥　嘴　笨　忘　招呼

阿哥嘴笨忘招呼，

ku²⁴ na⁵³ nom⁵³ lum¹¹ haːn²⁴
我　脸　薄　忘　回答

阿哥腼腆忘应答，

tɯk³³ su²⁴ laːn¹¹ pai²⁴ kon³⁵
是　你们　引　去　先

只好让您抢在先，

teŋ²⁴ nuəŋ³¹ laːn²⁴ pai²⁴ kon³⁵
是　妹　引　去　先

只好让妹抢在先，

lum¹¹ toŋ³¹ kwaːi²⁴ ɲa⁵³ pan³³
忘　招呼　妹　刚才

刚才忘跟妹寒暄，

lum¹¹ naːi²⁴ nuəŋ³¹ ɲa⁵³ pan³³
忘　问候　妹　刚才

忘把阿妹来问候。

nuəŋ³¹ tai³⁵ paːi³³ laɯ¹¹ ma²⁴
妹　从　何方　来

阿妹您从何方来？

kɔi³³ ma³¹ lum⁵³ ʔen³⁵ ʔbin²⁴
骑　马　像　燕　飞

快马如飞轻似燕，

ɕim²⁴ lum⁵³ pu³¹ ʔju³⁵ ʔdi²⁴
看　像　个　在　好

举止优雅又端庄，

tɔi²⁴ ziəŋ¹¹ pu³¹ ɕeu³³ kon³⁵ lum⁵³ ma²⁴
借故 和 个 从前 才 来

到此全为知心郎,

ma²⁴ mi¹¹ li³¹ ma¹¹ lau⁵³
来 没有 啥 酒

我无好酒来招待,

tau⁵³ mi¹¹ li³¹ ma¹¹ kɯn²⁴
来 没有 啥 吃

没有好菜给你尝,

pɯə¹¹ pɯə¹¹ ɕaːu⁵³ ʔban³⁵ tin²⁴ ɕɔi³¹ zuəŋ³³
白 白 扰 脚印 妹妹

白让阿妹跑一趟,

tau⁵³ jiə³³ mi¹¹ ma¹¹ ɕa¹¹
来 也 没 啥 茶

没有好茶来招待,

za¹¹ jiə³³ wa²⁴ mi¹¹ ma³⁵
我 也 花 没 果

也无瓜果给妹尝,

pi³¹ jiə³³ ʔja³⁵ fa¹¹ mi¹¹ ʔjan²⁴ teu¹¹
哥 也 害羞 没 烟 条

囊中羞涩真惭愧,

ʔdai³¹ pjeu²⁴ nuəŋ³¹ pɯəŋ¹¹ zo³³
得 得罪 妹 地方 外

远方阿妹请原谅,

ʔjən²⁴ haːp³³ mi¹¹ ʔjan²⁴ waːn²⁴
烟 盒 没 烟 香

没有好烟来招待,

tɕiən⁵³ maːn²⁴ nuəŋ³¹ pɯəŋ¹¹ zo³³
简慢① 妹 地方 外

怠慢阿妹莫怪郎。

---

① 汉语方言词,义为"怠慢"。

pa³⁵ taːm²⁴ pa³⁵ nau¹¹ nuəŋ³¹ tai³⁵ la⁵³ te²⁴ ma²⁴
　嘴　连　嘴　说　妹　从　下 边　来

　　　　　　　　　　　　　　　　阿妹说从下方来,

la⁵³ ho³⁵ ɕip³⁵ ŋi³³ la⁵³
　罗 斛① 十二 罗

　　　　　　　　　　　　　　　　下方罗斛十二罗,

nuəŋ³¹ tai³⁵ la⁵³ laɯ¹¹ ma²⁴
　妹　从　罗　哪　来

　　　　　　　　　　　　　　　　请问妹从哪罗来?

la⁵³ ta³⁵ laɯ¹¹ ʔdəŋ²⁴ pja¹¹
　罗朵② 或　　弄岜③

　　　　　　　　　　　　　　　　是罗朵还是弄岜?

na¹¹ zau³³ laɯ¹¹ la⁵³ ho³⁵
　纳闹④　或　罗斛

　　　　　　　　　　　　　　　　是纳闹还是罗斛?

la⁵³ ho³⁵ laɯ¹¹ la⁵³ ku¹¹
　罗斛　或　坡球⑤

　　　　　　　　　　　　　　　　是罗斛还是坡球?

nau¹¹ miŋ²⁴ ɕu²⁴ ʔdi²⁴ jeu³³
　说　名　州　好　叫

　　　　　　　　　　　　　　　　告诉地名好称呼,

nau¹¹ ɕo³³ pɯəŋ¹¹ ʔdi²⁴ jeu³³
　说　名　地方　好　叫

　　　　　　　　　　　　　　　　说出地方我好喊。

pa³⁵ taːm²⁴ pa³⁵ nau¹¹ nuəŋ³¹ tai³⁵ la⁵³ te²⁴ ma²⁴
　嘴　连　嘴　说　妹　从　下 边　来

　　　　　　　　　　　　　　　　阿妹说从下方来,

la⁵³ ʔbɯn²⁴ ɕip³³ ŋi³³ kwak³⁵
　天下　　十二　国

　　　　　　　　　　　　　　　　普天之下十二国,

―――――――
① la⁵³ ho³⁵,罗斛,地名,今罗甸县城。
②③④⑤ 均为罗甸县境内地名。

kwak³⁵ ʔbɯn²⁴ ɕip³³ ŋi³³ miən³³
国　天　十二　面

　　　　　　　　　　　天地之间十二方，

mɯŋ¹¹ tai³⁵ kwak³⁵ lauɯ¹¹ ma²⁴ mo⁰ nuəŋ³¹
你　从　国　哪　来　嘛　妹

　　　　　　　　　　　你是从哪国来？

tai³⁵ ka²⁴ lauɯ¹¹ tau⁵³ mo⁰ tuə¹¹ nuəŋ³¹ kwa:i²⁴
从　支　哪　来　嘛　个　妹　聪明

　　　　　　　　　　　请问妹从何方来？

soŋ²⁴ pja:i²⁴ kan²⁴ tuŋ³¹ hau⁵³
两　梢　帕　相　交叉

　　　　　　　　　　　我俩在此来相连，

si³⁵ ha²⁴ pɯə³³ tuŋ³¹ tɕai¹¹ sa¹¹ ʔjən³¹
四　衣衩　相　爱　那样

　　　　　　　　　　　头帕相缠永相贴，

pi³¹ ɕi³¹ ham³⁵ mɯŋ¹¹ nuəŋ³¹ pu³¹ lauɯ¹¹
哥　是　问　你　妹　谁

　　　　　　　　　　　哥想跟你讨名姓，

nau¹¹ hauɯ⁵³ ku²⁴ ʔdi²⁴ jeu³³
说　给　我　好　叫

　　　　　　　　　　　有个名字好称呼，

nau¹¹ hauɯ⁵³ pi³¹ ʔdi²⁴ jeu³³
说　给　哥　好　叫

　　　　　　　　　　　有个姓名哥好喊。

teŋ²⁴ ɕak³³ mi¹¹ teŋ²⁴ ɕe³⁵
是　时　不　是　时

　　　　　　　　　　　我俩巧相遇，

ɕap³⁵ puŋ¹¹ mi¹¹ ɕap³⁵ puŋ¹¹
遇　逢　不　遇　逢

　　　　　　　　　　　想会面时遇不着，

ɕap³⁵ puŋ¹¹ su²⁴ luəŋ³⁵① ʔun³¹
遇　逢　你　弄　　那边

　　　　　　　　　　　　　　相遇在村边，

ɕap³⁵ puŋ¹¹ nuəŋ³¹ pjaː i²⁴ paː n¹¹
遇　逢　妹　顶部　斜坡

　　　　　　　　　　　　　　相逢在道口，

ɕi¹¹ laː n²⁴ tɯ¹¹ hau³¹ suə³⁵
小孩子　　带　包饭

　　　　　　　　　　　　　　阿妹手拈竹挎篮，

hau³¹ suə³⁵ ɕo³⁵ tɕoi²⁴ waː ŋ²⁴
饭包　　放　　提篮

　　　　　　　　　　　　　　午饭搁篮中，

nuəŋ³¹ ɕi³¹ hɯn⁵³ si²⁴ luəŋ³⁵ pai²⁴ saː ŋ²⁴
妹　　就　上　沿　弄　　去　高

　　　　　　　　　　　　　　篮里装着糯米饭，

ɕiən¹¹ mi¹¹ waː ŋ²⁴ ziəŋ¹¹ pi³¹
嫌　　不　横走　　跟　哥

　　　　　　　　　　　　　　嫌哥穷困又搭理，

ɕa¹¹ mi¹¹ pjaː i⁵³ ziəŋ¹¹ ku²⁴
嫌　不　走　　跟　我

　　　　　　　　　　　　　　嫌我贫苦不搭腔。

me³³ mi¹¹ ʔun²⁴ kɯn²⁴ suə³⁵
母亲　不　指望　吃　包

　　　　　　　　　　　　　　阿妈不抢你的食？

me³³ mi¹¹ ʔun²⁴ kɯn²⁴ waː n⁵³
母亲　不　指望　吃　包

　　　　　　　　　　　　　　阿妈不吃你的饭？

to⁵³ mɯŋ¹¹ hɯn⁵³ leu³¹ ʔbaː n³¹ pai²⁴ saː ŋ²⁴
只　你　上　全　寨　去　高

　　　　　　　　　　　　　　但愿与你配成双，

---

① luəŋ⁵ 弄，大寨子的一个组成部分，如 luəŋ⁵ kɯn² 上半寨，luəŋ⁵ la³ 下半寨。

tɕai¹¹ mɯŋ¹¹ waːn²⁴ to²⁴ me³³
　想　　你　　香　　多　母亲

me³³ pi³¹ ho⁵³ mai³¹ ʔbɯk³⁵ hɯn⁵³ lai²⁴
　母亲　哥　穷　　妇女　　　嫁入

tɕai¹¹ haɯ⁵³ ta²⁴ ʔbai²⁴ soŋ¹¹ zaːn¹¹ me³³
　想　　给　眼睛　秀美　歇　　家　母

me³³ pi³¹ ho⁵³ lɯk³³ ʔbɯk³⁵ hɯn⁵³ zoŋ¹¹
　母　哥　穷　　女儿　　　上　　巢

tɕai¹¹ haɯ⁵³ su²⁴ pai²⁴ sɔŋ¹¹ zaːn¹¹ me³³
　想　　给　　你　去　歇　　家　母

teŋ²⁴ ɕak³⁵ mi¹¹ teŋ²⁴ ɕe³⁵
　是　　时　不　是　时

ɕap³⁵ puŋ¹¹ mi¹¹ ɕap³⁵ puŋ¹¹
　遇　逢　　不　遇　逢

ɕap³⁵ puŋ¹¹ su²⁴ luəŋ³⁵ ʔun³¹
　遇　逢　　你　弄　　那边

ɕap³⁵ puŋ¹¹ nuəŋ³¹ luəŋ³⁵ tɕaːŋ²⁴
　遇　逢　　妹　　弄　　中间

pi³¹ ɕi³¹ waːŋ²⁴ ma²⁴ zaːn¹¹
　哥　就　横走　　来　家

ma²⁴ tuŋ³¹ ʔaːn²⁴ ziəŋ¹¹ me³³
　来　共　商　　和　母

爱你胜过爱亲娘，

阿妈缺个好帮手，

想让阿妈伴身边，

想个儿媳常做伴，

让妹家中来作陪。

我俩巧相遇，

我俩巧相逢，

相遇在村边，

相逢在路口，

我急转回家，

回家告阿妈，

me³³ he⁰ me³³
　母　啊　母

　　　　　　　　　　　　　　　阿妈呀阿妈，

saːu²⁴ ku²⁴ taŋ¹¹ luəŋ³⁵ ʔun³¹
　情妹　我　到　弄　那边

　　　　　　　　　　　　　　　情妹到村边，

ju³¹ ku²⁴ taŋ¹¹ luəŋ³⁵ tɕaːŋ²⁴
　情人　我　到　　中院

　　　　　　　　　　　　　　　情妹到寨口，

ʔaːn²⁴ ma¹¹ ɕa⁵³ mɯə⁰ me³³
　准备　啥　等　嘛　母

　　　　　　　　　　　　　　　怎么招待她？

me³³ pi³¹ to⁵³ zo³¹ ʔdiəp³⁵
　母　哥　都　会　打算

　　　　　　　　　　　　　　　阿妈做事很周到，

me³³ pi³¹ to⁵³ zo³¹ tɕai¹¹
　母　哥　都　会　想

　　　　　　　　　　　　　　　阿妈考虑很周全，

ʔju³⁵ tin²⁴ lai²⁴ jiə³³ mɯəŋ³³
　在　脚　台阶　也　盼

　　　　　　　　　　　　　　　在檐下眺望，

ŋɔn¹¹ tu²⁴ ʔbɔŋ³¹ jiə³³ mɯəŋ³³
　看　门　窗　也　盼

　　　　　　　　　　　　　　　在窗前观望，

to⁵³ lɯk³³ tɕi³⁵ lɯk³³ ju³¹ ku²⁴ ma²⁴
　只　儿子 朋友　儿　情人　我　来

　　　　　　　　　　　　　　　只要情妹来到家，

pai²⁴ zaːn¹¹ kɯn¹¹ za²⁴ tɔi³¹
　去　家　上　找　碗

　　　　　　　　　　　　　　　我愿东家借柴米，

pai²⁴ zaːn¹¹ la⁵³ ɕiə³⁵ kaːi²⁴
　去　家　下　借　筒

　　　　　　　　　　　　　　　西家借油盐，

ʔiə²⁴ na⁵³ zaːi¹¹ lɯk³³ niəŋ³³
遮　　羞脸　　　小儿

　　　　　　　　　　　　　　　　只为撑门面，

ʔiə²⁴ zaːi¹¹ na⁵³ lɯk³³ niəŋ³³
遮　羞脸　　　　小儿

　　　　　　　　　　　　　　　　只为取悦你。

ʔi³⁵ pi³¹ zo³¹ mɯŋ¹¹ ma²⁴
如果 哥 知　 你　 来

　　　　　　　　　　　　　　　　如果知道你要来，

pai²⁴ luəŋ³⁵ kɯn¹¹ ɕu³¹ ma³¹
去　　弄　　上　接　马

　　　　　　　　　　　　　　　　到寨门为你牵马，

pai²⁴ luəŋ³⁵ la⁵³ ɕu³¹ ʔaːn²⁴
去　　弄　　下　接　鞍

　　　　　　　　　　　　　　　　到路口帮你卸鞍，

ʔju³⁵ tɕaːŋ²⁴ zaːn¹¹ ɕu³¹ tɕop³⁵
在　　 中　　 屋　 接　斗笠，

　　　　　　　　　　　　　　　　到家帮妹接斗笠，

ɕu³¹ tɕop³⁵ nuəŋ³¹ ma²⁴ wen²⁴
接　 斗笠　　 妹　 来　挂

　　　　　　　　　　　　　　　　接下斗笠墙上挂，

kam²⁴ tɕen²⁴ nuəŋ³¹ ma²⁴ naŋ³³
握　　 臂　　 妹　 来　 坐

　　　　　　　　　　　　　　　　手牵阿妹来坐下，

fɯŋ¹¹ ʔdeu²⁴ waːi³¹ ʔdan²⁴ taŋ³⁵
手　　 一　　 抄起　　 凳子

　　　　　　　　　　　　　　　　拉把凳子朝前递，

naŋ³³ lo⁰ nuəŋ³¹ pɯŋ¹¹ tɕai²⁴
坐　 啰　 妹　　远　 方

　　　　　　　　　　　　　　　　请坐下啰远方妹！

ta²⁴ ʔbai²⁴ paːn³¹ pi³¹ naŋ³³
眼睛　秀美　　陪　 哥　坐

　　　　　　　　　　　　　　　　请陪阿哥把话拉。

pi^{31} ɕi^{31} fɯŋ^{11} ʔdeu^{24} kam^{24} ʔdan^{24} pja:i^{53}
哥　就　手　　一　　拿　　　鼎罐

　　　　　　　　　　　　　　　　阿哥一手拎鼎罐，

fɯŋ^{11} ʔdeu^{24} wa:i^{31} ʔdan^{24} ʔbe^{35}
手　　一　　抄起　　瓢

　　　　　　　　　　　　　　　　另一只手把瓢拿，

pa:i^{53} te^{35} zam^{31} pa:ŋ^{31} ɕa:u^{11}
鼎罐　接　水　　旁边　　槽

　　　　　　　　　　　　　　　　水槽边上去打水，

zuŋ^{24} ŋa:i^{11} sa:u^{24} lo^{0} me^{33}
煮　早饭　情妹　啰　母亲

　　　　　　　　　　　　　　　　快给阿妹把饭煮啰妈！

zuŋ^{24} ziŋ^{11} mɯn^{24} ta^{24} ɕa:i^{31} lo^{0} me^{33}
煮　午饭　圆　　眼秋波　啰　母亲

　　　　　　　　　　　　　　　　阿妹午饭还未吃呢妈！

ʔi^{35}　pi^{31} zo^{31} mɯŋ^{11} ma^{24}
如果　哥　知　　你　　来

　　　　　　　　　　　　　　　　要是知道你要来，

jeu^{33} me^{33} kap^{33} kai^{35} ɕa^{53}
叫　　母　　捉　　鸡　等

　　　　　　　　　　　　　　　　不把公鸡放出去，

jeu^{33} me^{33} wa^{11} kai^{35} tɕaŋ^{24}
叫　　母　　抓　　鸡　关

　　　　　　　　　　　　　　　　阿妹来了把鸡杀，

ham^{33} ne^{31} tiəŋ^{24} ti^{35} nuəŋ^{31} ma^{24} taŋ^{11}
今晚　　正好　　妹　　来　到

　　　　　　　　　　　　　　　　今晚正值阿妹来，

ȵan^{24} kuə^{33} ȵan^{24} jiə^{33} kwa^{31} tu^{24} zoŋ^{35}
野猫　做　野猫　也　　窥　门　笼

　　　　　　　　　　　　　　　　可恨野猫逮鸡走，

zom^{33} kuə^{33} zom^{33} jiə^{33} kwa^{31} tu^{24} zau^{11}
老鹰　做　老鹰　也　　窥　门　窝

　　　　　　　　　　　　　　　　可恨老鹰叼鸡走，

za²⁴ tuə¹¹ ʔdeu²⁴ kuə³³ ɕau¹¹ muɯŋ¹¹ kaːn³³
找　只　一　做　晚饭　你　缺少

　　　　　　　　　　找鸡款待你也难，

zom³³ kuə³³ zom³³ jiə³³ kwa³¹ tɕaːŋ²⁴ kaːi²⁴
老鹰　做　老鹰　也　窥　中　街

　　　　　　　　　　可恨老鹰街中串，

za²⁴ tuə¹¹ ʔdeu²⁴ kuə³³ ŋaːi¹¹ muɯŋ¹¹ kaːn³³
找　只　一　做　早饭　你　缺少

　　　　　　　　　　找鸡招待你也难。

kai³⁵ ʔdaɯ²⁴ ʔbaːn³¹ taːi²⁴ tit³⁵
鸡　里　寨　死　瘟

　　　　　　　　　　全寨鸡都已瘟死，

pit³⁵ jiə³³ mi¹¹ ʔo³⁵ huɯ²⁴
鸭　也　不　出　场坝(集市)

　　　　　　　　　　集市不见鸭的影，

mu²⁴ ʔbaːn³¹ ne³¹ taːi²⁴ pa³³
猪　寨　这　死　疯

　　　　　　　　　　寨里猪也染瘟病，

kɯn²⁴ pjak³⁵ za³⁵ kuə³³ ŋaːi¹¹
吃　苦马菜　当　早饭

　　　　　　　　　　只好苦菜当早饭，

kɯn²⁴ sak³⁵ koŋ⁵³ soŋ²⁴ koŋ⁵³ zaːŋ¹¹ faːi¹¹
吃　个把　蒐　两　蒐　笋　斑竹，

　　　　　　　　　　两节竹笋来充饥，

kɯn²⁴ ŋaːi¹¹ ho⁵³ ziəŋ¹¹ pi³¹
吃　早饭　穷　和　哥

　　　　　　　　　　与哥共进忆苦饭，

kɯn²⁴ sak³⁵ koŋ⁵³ soŋ²⁴ koŋ⁵³ zaːŋ¹¹ pau¹¹
吃　个把　蒐　两　蒐　笋　苦竹

　　　　　　　　　　两蒐苦竹笋来招待你，

kɯn²⁴ ɕau¹¹ ho⁵³ ziəŋ¹¹ ku²⁴
吃　晚饭　穷　和　我

　　　　　　　　　　同我吃餐忆苦饭，

ʔi³⁵ nau¹¹ tək³⁵ tən¹¹ zi³³①
如果 落 地棚

要是住地边，

jiə³³ li³¹ sak³⁵ koŋ⁵³ pjak³⁵ pja¹¹ kɯn²⁴
也 有 个 把 蒬 东兰菜 吃

还可摘蒬东兰菜，

ʔi³⁵ nau¹¹ tək³⁵ tən¹¹ na¹¹
如果 落 田棚

要是住田角，

jiə³³ za²⁴ ʔdai³¹ sak³⁵ ɕa¹¹ pjak³⁵ wai³³
也 找 得 个 把 丛 拆耳根

还可拔垄折耳根，

taŋ¹¹ zaːn¹¹ pi³¹ mi¹¹ kaːi³⁵ ma¹¹ kɯn²⁴
到 家 哥 没 什么 吃

到哥家啥都没有，

pɯə¹¹ laːu³⁵ tin²⁴ mai³¹ zuəŋ³³
白 误 脚 位 妹

阿妹空欢喜一趟，

ʔban³⁵ tin²⁴ laːu³⁵ mai³¹ zuəŋ³³
脚印 误 位 妹

让阿妹白来一趟。

mi¹¹ ʔun²⁴ li³¹ kaːi³⁵ no³³ ɕaːŋ¹¹ ʔit³⁵
莫说 有 块 肉 两 一

哪怕有一两片肉也好，

kaːi³⁵ no³³ pit³⁵ ɕaːŋ¹¹ ŋi³³
块 鸭肉 两 二

哪怕有几块鸭肉也好，

mi¹¹ ʔun²⁴ li³¹ kaːi³⁵ no³³ si³⁵ ɕaːŋ¹¹
莫说 有 块肉 四 两

哪怕有几片鲜肉也好，

---

① 地棚：用于耕作间歇休息或种、收季节守护秧苗、粮食时暂住的简单草棚。

pa:n¹¹ pjak³⁵ jeu²⁴ jiə³³ pjoŋ³³
盘　　青菜　　也　一半，

　　　　　　　　　　　　　盘中青菜都不满，

tɕeu²⁴ pjak³⁵ ham¹¹ jiə³³ pjoŋ³³
杆　　苦菜　　也　一半

　　　　　　　　　　　　　碟中苦菜仅几根，

kɯn²⁴ pjak³⁵ za³⁵ kuə³³ ŋa:i¹¹
吃　苦马菜　当　早饭

　　　　　　　　　　　　　早饭吃的苦马菜，

kɯn²⁴ sak³⁵ koŋ⁵³ za:ŋ¹¹ fa:i¹¹
吃　个把苑　笋　斑竹，

　　　　　　　　　　　　　斑竹粗笋炒一盘，

mɯŋ¹¹ ma¹¹ na:i²⁴ za:ŋ¹¹ fa:i¹¹ kuə³³ no³³
你　啥　讲　笋　斑竹　当　肉

　　　　　　　　　　　　　你还说斑竹笋粗比肉细，

ta:i¹¹ za:ŋ¹¹ ŋo³¹ kuə³³ no³³
奉承　笋　芦竹　当　肉

　　　　　　　　　　　　　夸赞芦笋香似肉，

kɯn²⁴ pjak³⁵ za³⁵ kuə³³ ɕau¹¹
吃　苦马菜　当　晚饭

　　　　　　　　　　　　　芦笋虽硬比肉香，

kɯn²⁴ sak³⁵ koŋ⁵³ za:ŋ¹¹ pau¹¹
吃　个把苑　笋　苦竹

　　　　　　　　　　　　　苦竹山笋炒一碟，

luk³³ fɯə³¹ he⁰ ɕa:ŋ³³ nau¹¹
儿　别人　阿　会　讲

　　　　　　　　　　　　　阿妹生来嘴巴甜，

mɯŋ¹¹ ma¹¹ na:i²⁴ za:ŋ¹¹ pau¹¹ kuə³³ no³³
你　啥　说　笋　苦竹　当　肉

　　　　　　　　　　　　　你说苦竹笋比肉香百倍？

nau¹¹ za:ŋ¹¹ fa:i¹¹ kuə³³ no³³
说　笋　斑竹　当　肉

　　　　　　　　　　　　　好过百倍还要强，

ta:i¹¹ za:ŋ¹¹ ŋo³¹ kuə³³ no³³
奉承　笋　芦竹　当　肉

芦竹鲜笋比肉香。

ʔen³⁵ tai³⁵ lau¹¹ taŋ¹¹ ne³¹
燕　从　哪　到　这

燕从何处来到此？

tɕen²⁴ puɯə³³ ɕi⁵³ ɕa¹¹ zau³³
衣袖　　紫　那样，

衣袖飘飘若天仙，

tai³⁵ tam³⁵ lau¹¹ tai³⁵ sa:ŋ²⁴
从　低　或　从　高

经过高山或田野？

na:n¹¹ na:n¹¹ tau⁵³ siəŋ³³ wəi³³
久　久　来　相　会

久久不能来相会，

ʔen³⁵ tai³⁵ lau¹¹ taŋ¹¹ kon³⁵
燕　从　哪　到　先

燕子从何处先到？

ʔen³⁵ pu³¹ lau¹¹ ʔen³⁵ me³³
燕　雄　或　燕　雌

是雄燕呢是雌燕？

ʔen³⁵ tu³³ te³⁵ la⁵³ lau¹¹
燕　叽喳　下　楼

停在楼前叫喳喳，

ʔen³⁵ kɯn²⁴ ɕau¹¹ lau¹¹ fi³³
燕　吃　晚饭　没有

是否已把晚饭吃？

ʔen³⁵ tu³³ teŋ⁵³ la⁵³ wa:i²⁴
燕　蹦跳　下　河坝，

戏水玩乐河堤下，

ʔen³⁵ kɯn²⁴ ŋa:i¹¹ lau¹¹ fi³³
燕　吃　早饭　没有

是否已把早饭吃？

ʔi³⁵ nau¹¹ fi³³ kɯn²⁴ ŋaːi¹¹
　　如说　没　吃　早饭

　　　　　　　　　　　　　如果没有吃早饭，

nau¹¹ tɕɔŋ³⁵ laːn²⁴ paːi⁵³ ɕo³⁵
　　说　侄儿们　鼎罐　放

　　　　　　　　　　　　　让侄子们来把锅安，

ɕaːm²⁴ tɕɔŋ³⁵ ɕoi³¹ paːi⁵³ ɕo³⁵
　　请　小侄们　鼎罐　放

　　　　　　　　　　　　　让小侄们来把饭煮，

paːi⁵³ ɕo³⁵ lo⁰ tɕɔŋ³⁵ ɕoi³¹
　　鼎罐　放　啰　小侄们

　　　　　　　　　　　　　架锅吧孩子们，

toi³¹ ɕo³⁵ lo⁰ tɕɔŋ³⁵ laːn²⁴
　　碗　放　啰　侄儿们

　　　　　　　　　　　　　摆碗吧孩子们，

hau³¹ ŋaːi¹¹ kwaːi¹¹ tuŋ³¹ maːn³³
　　早饭　错过　肚　辣

　　　　　　　　　　　　　错过早饭腹内空，

kɯn²⁴ ŋaːi¹¹ kwaːi¹¹ tuŋ³¹ maːn³³
　　吃　早饭　迟　肚　辣

　　　　　　　　　　　　　误了早饭饥难熬。

wɯn¹¹ noi³⁵ lau¹¹ wɯn¹¹ laːi²⁴
　　人　少　或　人　多

　　　　　　　　　　　　　阿妹带来多少人？

wɯn¹¹ nɔi³⁵ zuŋ²⁴ ha⁵³ kaːi²⁴
　　人　少　煮　五　筒

　　　　　　　　　　　　　人少我煮五筒米，

wɯn¹¹ laːi²⁴ zuŋ²⁴ to⁵³ ŋi³³
　　人　多　煮　吊　二

　　　　　　　　　　　　　人多我煮十二筒，

zuŋ²⁴ to⁵³ si³⁵ to³ ha⁵³ mi¹¹ taŋ¹¹
　　煮　吊　四　吊　五　水　够

　　　　　　　　　　　　　煮十四五筒都不够，

zau¹¹ naːi³³ ʔjaŋ²⁴ zuŋ²⁴ mo³⁵
我们 慢 估计 煮 新

我们再来煮新的，

taŋ¹¹ mi¹¹ li³¹ ma¹¹ lau⁵³
到 没有 啥 酒

到家没酒来招待，

tau⁵³ mi¹¹ li³¹ ma¹¹ kɯn²⁴
来 没有 啥 吃

没有好菜端上桌，

pjak³⁵ ʔbu³⁵ kai³⁵ kɯn²⁴ leu³¹
家葱 鸡 吃 完

园里香葱鸡吃了，

pjak³⁵ tɕeu³¹ kai³⁵ kɯn²⁴ sin²⁴
野葱 鸡 吃 尽

地头野葱鸡啄光，

hau⁵³ kaːi³⁵ nuəŋ³¹ ta²⁴ mɯn²⁴ ʔɯ²⁴ ɕo³³
给 个 妹 眼睛 清秀 背 名

让妹背个空名声，

mɯn²⁴ ta²⁴ ɕaːi³¹ ʔɯ²⁴ ɕo³³
清秀 眼 秋波 背 名

背个空名来一遭。

pi³¹ ɕi³¹ pa³⁵ nau¹¹ ka⁵³ tuə¹¹ pit³⁵
哥 是 嘴 说 杀 只 鸭

阿哥嘴说杀只鸭，

ɕo³³ jiə³³ nau¹¹ ʔbit³⁵ kai³⁵
名 也 说 扭 鸡

阿哥嘴说宰只鸡，

pa³⁵ ɕi³¹ lai³³ tuə¹¹ mu²⁴
嘴 是 撵 只 猪

还说给妹杀头猪，

zu¹¹ mi¹¹ ʔdai³¹ tuəŋ³⁵ no³³
值 不 得 挂 肉

没有看见一块肉，

ʔdai³¹ ka:i³⁵ ʔdo³⁵ kai³⁵ ka:ŋ³¹ ɕo³⁵ ɕoŋ¹¹
得　块　骨　鸡　鱼刺　放　桌

　　　　　　　　　　　　　桌上摆了空骨架，

hoŋ¹¹ pan¹¹ tiən²⁴ liən³¹ ti³³
响　　成　　天　　连　　地

　　　　　　　　　　　　　喧喧嚷嚷闹翻天。

po³³ pi³¹ huk³⁵ tɯ¹¹ ɕa¹¹
父　哥　笨　拿　柴刀

　　　　　　　　　　　　　阿爸不是巧篾匠，

na³¹ pi³¹ huk³⁵ tɯ¹¹ wa:n²⁴
舅　哥　笨　拿　斧子

　　　　　　　　　　　　　阿舅木工不在行，

mi¹¹ zo³¹ sa:n²⁴ taŋ³⁵ tuk³⁵
不　会　编　凳　篾

　　　　　　　　　　　　　不会用竹来编凳，

mi¹¹ zo³¹ ʔut³⁵ taŋ³⁵ koŋ³⁵
不　会　打弯　椅子

　　　　　　　　　　　　　不会用木打椅子，

mi¹¹ zo³¹ ʔboŋ³⁵ taŋ³⁵ wa:i²⁴
不　会　凿　椅　藤

　　　　　　　　　　　　　藤编圈椅更不会，

na:i²⁴ hau⁵³ mɯŋ¹¹ naŋ³³ na:m³³
招呼　给　你　坐　地上

　　　　　　　　　　　　　阿妹只得地上坐，

na:i²⁴ hau⁵³ nuən³¹ naŋ³³ na:m³³
招呼　给　妹　坐　地上

　　　　　　　　　　　　　让你阿妹地上蹲。

演唱：罗芝兰
收集：黄荣昌
翻译整理：黄荣昌　周国炎

赞房屋歌
wɯən²⁴ han³³ zaːn¹¹
歌　　赞　　房子

zaːn¹¹ ɕip³³ sau²⁴ ku⁵³ sau²⁴
房子 十 柱 九 柱

　　　　　　　　　　　　　　房子多又多，

sau²⁴ lau¹¹ sau²⁴ fai³¹ zaːp³⁵
柱 哪 柱 金丝朗树

　　　　　　　　　　　　　　哪是金丝朗？

sau²⁴ tɕaːŋ²⁴ zaːn¹¹ fai³¹ zaːp³⁵
柱 中 堂屋 金丝朗树

　　　　　　　　　　　　　　中柱金丝朗，

kaːp³³ tɕaːŋ²⁴ zaːn¹¹ fai³¹ ȵe³³
压竿 中 堂屋 岩桑树

　　　　　　　　　　　　　　岩桑压中堂，

me³³ laːu³¹ me³³ su⁵³ zaːn¹¹
母 大 母 主人家

　　　　　　　　　　　　　　母是家中主，

pu³¹ lau¹¹ saːŋ²⁴ ɕi³³ me³³
个 哪 高 是 母

　　　　　　　　　　　　　　高尚者是母，

faːŋ¹¹ lau¹¹ laːu³¹ ɕi³³ me³³
位 哪 大 是 母

　　　　　　　　　　　　　　位尊者是母；

zaːn¹¹ ɕip³³ tɕon²⁴ ku⁵³ kaːp³³
房子 十 椽 九 压竿①

　　　　　　　　　　　　　　椽嵌瓦房中，

---

① 压竿：用茅草盖房时，要用竹竿或小木条一层一层地压紧，然后用篾条或藤条将竹竿或木条与茅草捆在一起，这根竹竿就称压竿或压条。

ka:p³³ lau¹¹ ka:p³³ fai³¹ ɲe³³
压竿　哪　压竿　岩桑树

         竿压在茅屋，

za:n¹¹ ɕip³³ fa³³ ku⁵³ me³³
房子　十　列　九　中柱

         房多柱亦多，

me³³ lau¹¹ me³³ su⁵³ za:n¹¹
母　哪　母　女主人

         哪位是母亲？

za:n¹¹ ha³¹ pa:ŋ¹¹ te²⁴ noi³³
家　要　问候　她　一些

         见母多问候，

ku²⁴ ha³¹ toŋ³¹ te²⁴ noi³³
我　要　打招呼　她　一些

         见母多请安。

za:n¹¹ po³³ ʔdi²⁴ wa:n¹¹ ʔdi²⁴
家　父　好　还　好

         父家好又好，

tok³³ tɕa:ŋ²⁴ tɕi¹¹ tuə¹¹ fuŋ³³
落　中间　脊染　凤凰

         凤凰落家中，

tok³⁵ tɕa:ŋ²⁴ kum¹¹ tuə¹¹ luəŋ¹¹
落　中间　窝　　龙

         座在龙穴中，

za:n¹¹ po³³ ʔju³⁵ tɕa:ŋ²⁴ puɯəŋ¹¹ ʔi³¹ ʔja:u³¹
家　父亲　在　中　地方　（状词）

         父家风水宝，

pa:ŋ³¹ pa³⁵ ɕa:u³¹ tiə³³ zum³³
山　野　造　　税源

         青山绿水造财源，

puɯn³³ la⁵³ ɕok³⁵ kai³¹ la:n¹¹
肥料　圈　顶栅栏

         耕畜成群猪满圈，

za:n¹¹ ʔau²⁴ ŋan¹¹ tap³³ fa²⁴
房　要　银　砌　墙

　　　　　　　　　　　　　金砖银马堆如山。

za:n¹¹ po³³ hau⁵³ kuə³³ sai³⁵
家　父　进　当　官

　　　　　　　　　　　　　主人受命做大官，

kuə³³ sai³⁵ kwa:n⁵³ tɕiə¹¹ lɯ¹¹
做　官　管　　哪　里

　　　　　　　　　　　　　辖区到哪里？

kuə³³ sai³⁵ kwa:n⁵³ ɕe³³ heŋ²⁴
当　官　管　　册　阳

　　　　　　　　　　　　　近的到册亨，

kuə³³ sai³⁵ kwa:n⁵³ na:n¹¹ miŋ¹¹
当　官　管　　南　宁

　　　　　　　　　　　　　远到南宁去，

pan¹¹ wɯn¹¹ kwa:i²⁴ wɯn¹¹ ɕin³³
成　人　聪明　人　伶俐

　　　　　　　　　　　　　主人善言辞。

koi³³ ma³¹ kua³⁵ tɕa:ŋ²⁴ ka:i²⁴
骑　马　过　中　街

　　　　　　　　　　　　　骑马过大街，

ma³¹ ʔa:n²⁴ tɕim²⁴ sie³³ siə³³
马　鞍　金　（状词）

　　　　　　　　　　　　　马背套金鞍，

ʔda:ŋ²⁴ po³³ lum⁵³ sai³⁵ zam³⁵
身　父　像　官　凌云①

　　　　　　　　　　　　　主人面威严。

ŋɔn¹¹ kɯn²⁴ pit³⁵ kɯn²⁴ kai³⁵
天　吃　鸭　吃　鸡

　　　　　　　　　　　　　美味佳肴天天有，

---

① 官，这里指泗城府的府官。布依族聚居的望谟一带18世纪初以前属泗城府管辖，府城在今广西凌云。

fɯ³¹ kɯn²⁴ pja²⁴ kɯn²⁴ no³³
顿　吃　鱼　吃　肉

       好酒好菜餐餐吃，

miŋ³³ po³³ miŋ³³ fai³¹ kən²⁴
命　父　命　梁山竹

       主人好命运，

wan²⁴ noi³⁵ ka³³ pan¹¹ laːi²⁴
种子　少　自　成　多

       种少收成多，

wan²⁴ po³³ wan²⁴ ʔoi³¹ moi³³
魂　父　魂　甜蔗

       主人好福相，

ʔdam²⁴ noi³⁵ ka³³ pan¹¹ ɕoŋ¹¹
栽　少　自　成　蔸

       栽少多收成。

ŋən¹¹ taŋ⁵³ huŋ²⁴ taŋ⁵³ ɕu¹¹ paːn³⁵ siən³⁵
天　穿　绸　穿　缎　办　事

       官衣身上穿，

tɕi⁵³ tɕau⁵³ sai³⁵ tai³⁵ la⁵³ ma²⁴ laːn¹¹
几　头　官　从　下　来　拦

       各官来参拜。

zaːn¹¹ pan¹¹ kwaːŋ²⁴ tɕi⁵³ ɕeu³³
家　成　少爷　几　代

       代代作大官，

teŋ²⁴ laːu³¹ jiə¹¹ tɕi⁵³ ɕeu³³
是　老爷　几　代

       威名四方传。

zaːn¹¹ po³³ ʔdi²⁴ waːn¹¹ ʔdi²⁴
家　父　好　还　好

       主家好又好，

soŋ²⁴ ko²⁴ li¹¹ ma²⁴ tau³¹
两　棵　梨树　来　撑

       梨树撑门面，

soŋ²⁴ ko²⁴ ŋau³¹ ma²⁴ ʔiŋ²⁴
两　棵　杉树　来　靠

　　　　　　　　　　　　　　　　杉树来作衬，

pu³¹ su⁵³① 　kua³⁵ jiə³³ ɕim²⁴
　官人　　过　也　看

　　　　　　　　　　　　　　　　官府路过也是看，

pu³¹ piŋ²⁴ kua³⁵ jiə³³ han³³
　军人　　过　也　赞

　　　　　　　　　　　　　　　　军人路过来称赞，

mak³³ ɕuəŋ³⁵ li³¹ tok³⁵ laŋ²⁴
墨　　放　　有　落　后

　　　　　　　　　　　　　　　　椽饰有先后，

ɕa³³ lan¹¹ li³¹ tok³⁵ lot³⁵
绳　搓　有　落　晚

　　　　　　　　　　　　　　　　椽饰有主次，

pa³⁵ tɕon²⁴ ʔut³⁵ kau²⁴ waːi¹¹
口　椽　　扳　角　水牛

　　　　　　　　　　　　　　　　弯弯水牛角，

pjaːi²⁴ tɕon²⁴ zaːi¹¹ ŋui³³ paːn⁵³
梢　　椽　　写　　花　纹

　　　　　　　　　　　　　　　　画在椽首尾。

wəi³⁵ ɕi³¹ haːm⁵³ pai²⁴ ʔdau²⁴ mi¹¹ kua³⁵
我　便　跨　去　里　没　过

　　　　　　　　　　　　　　　　醉于屋檐已忘却。

pja⁵³ sok³³ san³⁵ mi¹¹ niŋ²⁴
雷　公　抖动　没　震

　　　　　　　　　　　　　　　　下雨打雷震不动。

zaːn¹¹ po³³ ʔda²⁴ ɕoŋ¹¹ tɕim²⁴ kɯn²⁴ lau⁵³
房子　父　搭　桌　金　吃　酒

　　　　　　　　　　　　　　　　主家金桌摆酒席，

---

① 　puʰ suˀ 直译主人，这是指当官的人，有地位的人。

kɯn²⁴ lau⁵³ ɕo³⁵ ɕoŋ¹¹ taːi¹¹
　吃　酒　放　桌　台

kɯn²⁴ ŋaːi¹¹ ɕo³⁵ ɕoŋ¹¹ kui³³
　吃　早饭　放　桌　柜

　　　　　　　　　　　喝酒八仙桌，

　　　　　　　　　　　吃饭四方桌，

si³⁵ ɕui³³ si³⁵ haːp³³ ŋan¹¹
　四　角　四　盒　银

miː¹¹ li³¹ ʔdan²⁴ lau¹¹ ziə³⁵
没有　　个　哪　锡

　　　　　　　　　　　银器满桌摆，

　　　　　　　　　　　没有锡铸的，

mi¹¹ li³¹ ʔiə³⁵ lau¹¹ luaŋ¹¹
没有　一点点　　铜

taŋ¹¹ pɯəŋ¹¹ zeu¹¹ kaːp³⁵ po³³
　全　地方　传说　主人家

　　　　　　　　　　　没加一点铜，

　　　　　　　　　　　赞主家之名，

zeu¹¹ kaːp³⁵ po³³ pan¹¹ laːu³¹
　传　主人家　　成　大

zeu¹¹ kaːp³⁵ po³³ pan¹¹ miŋ¹¹
　传　主人家　　成　名

　　　　　　　　　　　扬主家之声，

　　　　　　　　　　　颂主家之望，

zeu¹¹ miŋ¹¹ koŋ²⁴ pai²⁴ zo³³
　传　功名　去　外

zeu¹¹ koŋ²⁴ kaːu⁵³ pai²⁴ zo³³
　传　功名　去　外

　　　　　　　　　　　功名传四面，

　　　　　　　　　　　声望扬八方。

zaːn¹¹ po³³ ʔdi²⁴ waːn¹¹ ʔdi²⁴
　房子　父　好　还　好

　　　　　　　　　　　主家好又好，

tok³⁵ tɕa:ŋ²⁴ tɕi¹¹ tuə¹¹ fuŋ³³
落　中间脊　　凤凰

凤凰落家中，

tok³⁵ tɕa:ŋ²⁴ kum³³ tuə¹¹ luəŋ¹¹
落　中间窝　　龙

座在龙穴中，

pɯən¹¹ laɯ¹¹ ma²⁴ jiə³³ han³³
地方　哪　来　也　赞

人们来称赞，

ka²⁴ laɯ¹¹ tau⁵³ jiə³³ han³³
哪里　　来　也　赞

赞声美名扬。

za:n¹¹ po³³ ʔdi²⁴ wa:n²⁴ ʔdi²⁴
房子　父　好　还　好

主家好又好，

san⁵³ sau²⁴ sa:m²⁴ pu³¹ ʔum³¹
根　柱　三　人　抱

根柱三人抱，

mɯn¹¹ sɯn¹¹ wen²⁴ pa³⁵ tu²⁴
门　神　挂　门口

门神门口挂，

tɕa:ŋ²⁴ za:n¹¹ wen²⁴ sa²⁴ toi³⁵
家　中　挂　对联

对联两边贴，

wəi³⁵ loŋ²⁴ li³⁵ ma²⁴ ɕun¹¹
我　偶尔　来　玩

我来主家串，

ʔdun²⁴ tu²⁴ puŋ¹¹ ka:p³⁵ ŋaɯ³³
站　板壁①　甲　如迷

靠着板壁看，

---

① 旧时指有地位有身份的人。

ŋon¹¹ tu²⁴ ʔbɔŋ³¹ kaːp³⁵ ŋaɯ³³
看　　窗口　　甲　　如迷

　　　　　　　　　　　　　站在窗口看。

zaːn¹¹ po³³ ʔdi²⁴ waːn¹¹ ʔdi²⁴
房子　父　好　还　好

　　　　　　　　　　　　　主家好又好，

ʔau²⁴ lo¹¹ pan¹¹ ma²⁴ ɕim²⁴
要　　锣盘　　来　　看

　　　　　　　　　　　　　罗盘定屋向，

ʔau²⁴ pa³⁵ tɕim²⁴ ma²⁴ tiə³⁵
要　　针尖　　来　　放

　　　　　　　　　　　　　指针寻方位，

lo¹¹ pan¹¹ tiə³⁵ kɯn¹¹ zin²⁴
罗盘　　放　　上　　石

　　　　　　　　　　　　　罗盘石上放，

pa³⁵ tɕim²⁴ saːŋ⁵³ ze³³ ze³³
针尖　　晃　　微微

　　　　　　　　　　　　　针尖晃又晃，

soŋ²⁴ pai¹¹ ŋap³³ toi³⁵ ɕɯ³³
两　　次　　叩　　对字

　　　　　　　　　　　　　再次字叩对，

saːm²⁴ pai¹¹ ŋap³³ toi³⁵ ɕɯ³³
三　　次　　叩　　对字

　　　　　　　　　　　　　三次字叩准。

ɕim²⁴ ten³³ zaːn¹¹ paːu³⁵ pəi³⁵
看　屋基　　宝贝

　　　　　　　　　　　　　屋基是个宝，

ʔo³⁵ pe³³ toi³⁵ soŋ²⁴ toi³⁵ koŋ²⁴ miŋ¹¹
出　些　对　两　对　功名

　　　　　　　　　　　　　功名少不了，

tɕaːŋ²⁴ zaːn¹¹ kaːp³⁵ ʔo³⁵ ʔin³⁵
中间　房子　甲　出　印

　　　　　　　　　　　　　堂中有人掌官印，

kau⁵³ wu⁵³ ɕo³⁵ tɕaːŋ²⁴ fɯŋ¹¹
考　武　放　中　手

考武定能中，

koŋ²⁴ miŋ¹¹ ɕo³⁵ na⁵³ pja³⁵
功名　放　额　头

功名握在手，

ʔa³¹ pa³⁵ fɯə³¹ ɕi³³ laːu²⁴
张嘴　别人　就　怕

张嘴谁都服，

ʔau²⁴ hau⁵³ mɯŋ¹¹ zip³³ zum³³
要　给　你　收　租

要给你收租，

ʔbaːn³¹ lau¹¹ ʔbaːn³¹ te²⁴ mi¹¹ soŋ³⁵ zum³³
寨　哪　寨　那　不　送　租

哪寨不交租？

kum³³ lau¹¹ kum³³ te²⁴ mi¹¹ soŋ³⁵ liaŋ¹¹
洼　哪　洼　那　不　送　粮

哪村不送粮？

pɯəŋ¹¹ lau¹¹ te²⁴ ʔdai³¹ ʔjeu³⁵
地方　哪　那　得　抗

哪洼敢抗租？

ʔjeu³⁵ noi³³ lau¹¹ ʔjeu³⁵ laːi²⁴
抗　少　或　抗　多

抗少亦抗多？

ʔjeu³⁵ noi³³ tɯ¹¹ pai²⁴ kaːi²⁴
抗　少　带　去　卖

抗少带去卖，

ʔjeu³⁵ laːi²⁴ tɯ¹¹ pai²⁴ ka⁵³
抗　多　带　去　杀

抗多就斩首。

ta³¹ po¹¹ te²⁴ pai²⁴ kaːu³⁵
如果　他们　去　告

若是去叫冤，

下编　民间情歌翻译　341

pe³³ nau¹¹ ka:u³⁵ sai³⁵ ʔjai³¹
　即使　告　官　布依

虽告布依官，

te²⁴ jiə³³ ʔdai³¹ tɯk³³ ʔda³⁵
　他　也　得　挨　骂

也得被挨骂，

pe³³ nau¹¹ ka:u³⁵ sai³⁵ ha³⁵
　即使　告　官　汉①

若是告汉官，

te²⁴ jiə³³ ʔdai³¹ tɯk³³ ti¹¹
　他　也　得　挨　打

也得被挨打，

za:n¹¹ po³³ ʔdi²⁴ tɕi⁵³ ɕeu³³
　房子　父　好　几　代

主家荣华世世享，

koŋ²⁴ miŋ¹¹ li³¹ tɕi⁵³ ɕeu³³
　功名　有　几　代

榜上功名代代传。

za:n¹¹ po³³ ʔdi²⁴ wa:n¹¹ ʔdi²⁴
　房子　父　好　还　好

主家好又好，

tok³⁵ tɕa:ŋ²⁴ tɕi¹¹ tuə¹¹ fuŋ³³
　落　中间　脊　凤凰

凤凰落家中，

tok³⁵ tɕa:ŋ²⁴ kum³³ tuə¹¹ luəŋ¹¹
　落　中间　窝　龙

座在龙穴中，

ʔju³⁵ tɕa:ŋ²⁴ ziəŋ²⁴ tuə¹¹ fuŋ³³
　在　中间　尾巴　凤凰

房基凤凰头，

———

① sai³⁵ ʔjai³¹ 相对，本文为汉官，这里指所有外来的官员。

poŋ³³ ma²⁴ tau³¹ hoŋ³⁵ tɕa:ŋ²⁴
　奔　来　撑　间　中间

中堂凤凰头，

ʔda:ŋ²⁴ luəŋ¹¹ tau³¹ hoŋ³⁵ ɕot³³
　身　　龙　　撑　间边上

龙身撑两边，

tɕi¹¹ lan¹¹ kot³⁵ tin²⁴ lai²⁴
　狮子　　抱　脚　梯

石狮座两边，

pai²⁴ pɯəŋ¹¹ li³¹ pu³¹ tɕeu³³
　去　地方　有　人　抬轿

出门坐轿有人抬，

li³¹ pu³¹ tɕeu³⁵ pa³⁵ ma³¹
　有　人　牵　嘴　马

骑马有人牵笼套，

li³¹ pu³¹ wa¹¹ piŋ¹¹ ɕa¹¹
　有　人　抓　瓶　茶

喝茶有人端上来，

li³¹ pu³¹ ʔda²⁴ loŋ¹¹ tɕa³⁵
　有　人　搭　笼　架

马鞍有人备。

peŋ¹¹ ɕa¹¹ li³¹ pu³¹ ziu⁵³
　壶　茶　有　人　提

茶水有人端，

li³¹ pu³¹ ziu⁵³ ɕeu³⁵ ʔiən²⁴
　有　人　提　杆　烟

烟杆有人递。

pai²⁴ pɯəŋ¹¹ li³¹ ma³¹ jɯ³³
　去　地方　有　马队　陪

外出有马队，

sa:m²⁴ po³³ luk³³ sa:m²⁴ ma³¹
　三　　父子　　三　马

父子三人三坐骑，

ha³⁵ po³³ lɯk³³ ha⁵³ ʔaːn²⁴
　五　　父子　　五　　鞍

　　　　　　　　　　　　　父子五人备五鞍，

taŋ³⁵ koŋ³⁵ pet³³ tɕaːŋ²⁴ zan¹¹
　椅子　　　摆　　堂屋

　　　　　　　　　　　　　椅子屋中摆，

laːŋ³¹ kaːn²⁴ tau³¹ si³⁵ ɕui³³
　栏杆　　　撑　四　角

　　　　　　　　　　　　　四周有护栏，

si³⁵ ɕui³³ si³⁵ wɯn¹¹ tɕiŋ¹¹
　四　角　四　人　　敬

　　　　　　　　　　　　　主家仆人守，

li³¹ koŋ²⁴ miŋ¹¹ tɕi⁵³ ɕeu³³
　有　功名　　几　代

　　　　　　　　　　　　　功名世世有，

koŋ²⁴ miŋ¹¹ li³¹ tɕi⁵³ ɕeu³³
　功名　　有　几　代

　　　　　　　　　　　　　功名代代传。

演唱：罗芝兰
收集：黄荣昌
翻译整理：黄荣昌　周国炎

美的颂歌
wɯən²⁴ ɕau³³ ʔdi²⁴
歌　　美丽

ta³³ ne³¹ ta³³ pɯəŋ¹¹ laɯ¹¹
河　这　河　方　哪

这是哪条河？

saɯ²⁴ taŋ¹¹ tiə⁵³ taŋ¹¹ ze³³
干净　到　底　到　沙

河水清又清。

mai³¹ ne³¹ mai³¹ pu³¹ laɯ¹¹
姑娘　这　姑娘　哪个

这是哪家女？

tan⁵³ tɕɔŋ³⁵ pɯə³³ zaːi¹¹ ze³³
穿　件　衣　花　纹

花衣穿在身，

me³³ ɕau³³ ʔdi²⁴ laɯ¹¹ ʔdai³¹
母　美丽　谁　得

哪位母亲生？

me³³ zo³¹ lai³¹ laɯ¹¹ ʔu²⁴
母　懂　礼　谁　生

哪位母亲养？

leu³¹ tɕaːŋ²⁴ ɕu²⁴ to⁵³ han³³
全　中　州　都　赞

全城老少夸，

ɕu²⁴ pɯəŋ¹¹ laːu³¹ to⁵³ han³³
州　地方　大　都　赞

全城大小赞。

ɕau³³ ʔdi²⁴ waːn¹¹ ɕau³³ ʔdi²⁴
美丽　还　美丽

美丽啊美丽！

ɕau³³ʔdi²⁴ tai³⁵ tiə³³ ʔet³⁵ lauɯ¹¹ tau⁵³
　美丽　从　丛 芭茅 哪　来

　　　　　　　　　　　　美丽芭茅哪儿来？

ɕau³³ʔdi²⁴ tai³⁵ wep³³ naːm³³ lauɯ¹¹ tau⁵³
　美丽　从　块　泥　哪　来

　　　　　　　　　　　　阿妹美丽哪儿来？

tai³⁵ tɕiə¹¹ naːm³³ zaːi¹¹ wa²⁴
　从　哪　泥　花纹

　　　　　　　　　　　　从那美的地方来，

paːi³⁵ tɕi¹¹ pja²⁴ tɕet³⁵ lan³¹
　如　鳍　鱼　鳞　密

　　　　　　　　　　　　衣服美丽如鱼鳞，

nuəŋ³¹ ha³¹ ŋam³¹ tai³⁵ tɕai²⁴
　妹　微笑　从　远

　　　　　　　　　　　　阿妹微笑远方来，

ta²⁴ʔbai²⁴ pa¹¹ pu³¹ zo³³
　秀　眉　妻　外人

　　　　　　　　　　　　阿妹眉清又目秀，

ʔjeu²⁴ haːn¹¹ mai³¹ pu³¹ zo³³
　长颈　媳妇　外人

　　　　　　　　　　　　腰身修长皮肤嫩。

ɕau²⁴ʔdi²⁴ waːn¹¹ ɕau³³ʔdi²⁴
　美丽　还　美丽

　　　　　　　　　　　　美丽啊美丽，

ɕau³³ʔdi²⁴ paːi³⁵ kaːi³⁵ ko²⁴ fai³¹ si²⁴ pja³⁵ taːt³⁵
　美丽　如　那　棵 吊竹　　悬崖

　　　　　　　　　　　　就像崖上那棵竹，

paːi³⁵ kaːi³⁵ ko²⁴ fai³¹ zaːp³⁵ pja³⁵ mau³¹
　如　那　棵　金丝朗　山　土丘

　　　　　　　　　　　　好似半山腰上那棵金丝树，

paːi³⁵ kaːi³⁵ ko²⁴ fai³¹ ŋau³¹ tɕaːŋ²⁴ paːn¹¹
　如　那　棵　杉树　中间　斜坡

　　　　　　　　　　　　好似山坡之立杉。

ta²⁴ ja:n¹¹ lum⁵³ tɕiəŋ³⁵ tɕim²⁴
眼 瞟 像 镜 金

一看到你眼前亮，

ɕim²⁴ lum⁵³ luuk³³ pu³¹ li³¹
看 像 儿 富家

看你像是富家女，

luuk³³ pu³¹ li³¹ ɕa:ŋ³³ ka:ŋ⁵³
儿 富家 擅长 讲

富家子女善言谈，

luuk³³ pu³¹ la:u³¹ ɕa:ŋ³³ zeu²⁴
儿 大 人 擅长 笑

大户人女儿很开朗，

zeu²⁴ lum⁵³ tuə¹¹ luən³¹ fuŋ³³
笑 像 只 鸾 凤

笑似鸾凤腾空跃。

nat³³ no³³ ʔun³⁵ lum⁵³ niə²⁴
肉 色 嫩 如 久

肤色白皙永不退，

na⁵³ pja³⁵ ɕi⁵³ ɕa¹¹ zau³³
额头 紫色 那 样

脸色粉嫩似桃花。

puɯn²⁴ ta²⁴ tam³⁵ ɕa¹¹ zau³³
眉 毛 矮 那 样

眉毛弯弯如月牙，

ta²⁴ soŋ²⁴ suɯn¹¹ tuɯk³³ han³³
眼 双 层 称 赞

眼皮双层被称赞，

puɯəŋ¹¹ ta²⁴ ɕi⁵³ tuɯk³³ han³³
眼皮 紫 被 称赞

粉嫩眼皮被夸奖，

tuɯk³³ han³³ ziəŋ¹¹ luuk³³ ta²⁴
被 赞 与 眼睛

称赞那双单凤眼，

tɯk³³ ha²⁴ ziəŋ¹¹ fu³⁵ ja:ŋ³³
 相配 与 服 饰

         美貌服饰相映衬，

tot³⁵ fu³⁵ ja:ŋ³³ mɯŋ¹¹ ɕe²⁴,
 脱 服饰 你 丢

         阿妹丢了身上衣，

ȵe¹¹ ta¹¹ kan³¹ kuə³³ zi³³
 妹 勤快 做 地

         勤快阿妹又做衣，

fu³⁵ ja:ŋ³³ li³¹ ʔju³⁵ ʔda:ŋ²⁴
 服饰 有 在 身(上)

         美的服饰穿在身，

pi³¹ kwa:ŋ²⁴ ka:ŋ⁵³ leu³¹ ɕau³³
 哥 少爷 讲 很 美

         哥赞衣美人更美，

ɕau³³ pa:i³⁵ mai²⁴ si²⁴ pet³³ tɕa:ŋ²⁴ ha:ŋ³³
 美 如 丝线 摆 中 街巷

         美似花线风中摆，

la:ŋ³¹ ka:n³³ pet³³ pa³⁵ ha²⁴
 栏干 摆 衣衩

         美如衣衩佛栏杆，

ta²⁴ pɯəŋ¹¹ ko³³ leu³¹ ɕau³³
 眼 眉 哥 很 美丽

         眉如墨画送秋波。

la:ŋ³¹ ka:n³³ pet³³ ɕa:u¹¹ kɯn¹¹
 栏干 摆 上方

         衣衩佛在栏杆上，

mai²⁴ si²⁴ suŋ¹¹ leu³¹ ɕau³³
 丝线 绒 很 美丽

         花线飘扬在风中，

lɯk³³ lun¹¹ fɯə³¹ leu³¹ ɕau³³
 幺儿 他人 很 美丽

         谁家姑娘这美丽。

ɕau³³ ʔdi²⁴ waːn¹¹ ɕau³³ ʔdi²⁴
美丽　　还　　美丽

　　　　　　　　　　　美丽啊美丽，

ɕau³³ ʔdi²⁴ pi¹¹ zoŋ²⁴ tɕoi⁵³,
美丽　张　叶　芭蕉

　　　　　　　　　　　美丽如似芭蕉叶，

ɕau³³ ʔdi²⁴ ʔoi³¹ hau³¹ tai³⁵
美丽　蔗　苞谷

　　　　　　　　　　　姿色如似蔗苞谷，

pa³⁵ mai³⁵ ʔoi³¹ hau³¹ hoŋ²⁴
嘴　淡红　蔗　红稗籽

　　　　　　　　　　　红粉小嘴如樱桃，

pa³⁵ ʔboŋ²⁴ pa¹¹ pu³¹ zo³³
和蔼　妻　外人

　　　　　　　　　　　阿妹和蔼又可亲，

ʔjeu³³ haːn¹¹ mai³¹ pu³¹ zo³³
颈　长　媳妇　外人

　　　　　　　　　　　阿妹颈长又白皙。

ɕau³³ ʔdi²⁴ waːn¹¹ ɕau³³ ʔdi²⁴
美丽　　还　　美丽

　　　　　　　　　　　美丽啊美丽，

ɕau³³ ʔdi²⁴ tuŋ³¹ pjak³⁵ tɕeu³¹
美丽　肚　野葱

　　　　　　　　　　　肤色白嫩如葱根，

zaːŋ³³ zeu³¹ sɯ¹¹ pan²⁴ zoŋ²⁴
服　饰　似　裹　叶

　　　　　　　　　　　衣服翠绿如枝叶，

ta²⁴ hom¹¹ sɯ¹¹ mit³³ kwet³⁵
眼　美　似　刀　雕刻

　　　　　　　　　　　眼睛深邃胜刀刻，

pa³⁵ zo³¹ let³⁵ ʔbaɯ²⁴ ʔdaːi³¹
嘴　会　快　叶　麻

　　　　　　　　　　　巧嘴利舌善言语，

pa³⁵ zo³¹ laːi³¹ ʔbaɯ²⁴ pjeu²⁴
嘴　会　绕　叶　刺兰竹

　　　　　　　　左右逢迎喜交际，

tin²⁴ fɯŋ¹¹ jeu²⁴ kwaːm²⁴ tɕai³⁵
足　手　白　　蛋壳

　　　　　　　　皮肤滑嫩又白皙，

pa³⁵ mai³⁵ sɯ¹¹ wa²⁴ taːu¹¹
嘴　红　似　桃花

　　　　　　　　红粉小口似桃花，

mai³⁵ taːu¹¹ hau²⁴ tɕaːŋ²⁴ tɕi³⁵
桃子　熟　中　枝

　　　　　　　　桃熟挂满枝，

tiəŋ³³ ti³⁵ pi³¹ ma²⁴ zan²⁴
正　好　哥　来　见

　　　　　　　　正是哥来时，

kaːi²⁴ na¹¹ ʔdam²⁴ to⁵³ zaːi³³
卖　田　栽　都　爬

　　　　　　　　不惜一切来采撷，

maːi³³ na¹¹ tɕa⁵³ to⁵³ ziəŋ¹¹
卖　田　秧　都　跟

　　　　　　　　倾家荡产也欢喜，

ɕau³³ ʔdi²⁴ waːn¹¹ ɕau³³ ʔdi²⁴
美丽　还　美丽．

　　　　　　　　美丽啊美丽。

ɕau³³ ʔdi²⁴ kwa³⁵ la⁵³ ʔbaːn³¹
美丽　过　寨脚

　　　　　　　　阿妹过寨边，

pan¹¹ juəŋ³¹ kwa³⁵ la⁵³ siən²⁴
成　样　过　园下

　　　　　　　　花衣拂果园，

sam²⁴ mɯən²⁴ pa¹¹ pu³¹ zo³³
娴雅　　妻　外人

　　　　　　　　雅致又娴静，

ʔjeu²⁴ haːn¹¹ mai³¹ pu³¹ zo³³
　颈　　长　姑娘　外人

　　　　　　　　　　　　　颈长又白皙，

ɕau³³ ʔdi²⁴ pɯə³³ pik³⁵ tɕam³¹
　美丽　衣服　深蓝

　　　　　　　　　　　　　深谷幽兰穿在身，

ʔa³¹ ȵam³¹ pɯə³³ pik³⁵ ʔbɯn²⁴
　浅　色　衣　蓝　天

　　　　　　　　　　　　　亦有天蓝与之配，

ta²⁴ mai²⁴ pa¹¹ pu³¹ zo³³
　秀　目　妻　外人

　　　　　　　　　　　　　阿妹眉清又目秀，

ʔjeu²⁴ haːn¹¹ mai³¹ pu³¹ zo³³
　颈　　长　妻　外人

　　　　　　　　　　　　　阿妹颈长又白皙。

ɕau³³ ʔdi²⁴ waːn¹¹ ɕau³³ ʔdi²⁴
　美丽　还　美丽

　　　　　　　　　　　　　美丽啊美丽！

ɕau³³ ʔdi²⁴ nat³³ hau³¹ ka³⁵
　美丽　颗　稻谷

　　　　　　　　　　　　　如花似玉赛稻谷，

sa¹¹ ʔja³⁵ sa¹¹ ʔiən³¹ nat³³ hau³¹ siən²⁴
　丑陋　心狠　颗　晚粳

　　　　　　　　　　　　　人黄珠黄如晚粳，

sam²⁴ mɯən²⁴ pa¹¹ pu³¹ zo³³
　娴雅　妻　外人

　　　　　　　　　　　　　阿妹雅致又娴静，

ʔjeu²⁴ haːn¹¹ mai³¹ pu³¹ zo³³
　颈　　长　姑娘　外人

　　　　　　　　　　　　　阿妹颈长又白皙。

ɕau³³ ʔdi²⁴ waːn¹¹ ɕau³³ ʔdi²⁴
　美丽　还　美丽

　　　　　　　　　　　　　美丽啊美丽！

ɕau³³ ʔdi²⁴ tuŋ³¹ pjak³⁵ za³⁵
美丽　肚　马苋菜

心灵美丽如雪莲，

sa¹¹ ʔja³⁵ sa¹¹ ʔiən³¹ tuŋ³¹ pjak³⁵ wai²⁴
丑陋　狠心　肚　野蒿菜

心灵丑陋似野蒿，

ta²⁴ mai²⁴ pa¹¹ pu³¹ zo³³
目秀　妻　外人，

阿妹眉清又目秀，

ʔjeu²⁴ ha:n¹¹ mai³¹ pu³¹ zo³³
颈　长　姑娘　外人

阿妹颈长又白皙。

演唱：罗芝兰
收集：黄荣昌
翻译整理：黄荣昌　周国炎

问姓名歌
wɯən²⁴ ham³⁵ wai²⁴ ham³⁵ ɕo³³
歌　问　姓　问　名

sui²⁴ zi⁵³ tuŋ³¹ sui²⁴ zi⁵³
　寻　沟　一起　寻　沟

　　　　　　　　　　　　　　阿哥问妹姓，

sui²⁴ luə³³ tuŋ³¹ sui²⁴ luə³³
　寻　山谷　一起　寻　山谷

　　　　　　　　　　　　　　阿妹问哥名，

sui²⁴ zi⁵³ ʔdai³¹ kɯn²⁴ pɯə³⁵
　寻　沟　得　吃　芋头

　　　　　　　　　　　　　　阿妹你贵姓，

sui²⁴ luə³³ kɯn²⁴ ʔbaɯ²⁴ pja¹¹
　寻　山谷　吃　　冬兰菜

　　　　　　　　　　　　　　阿哥你何名，

ɕa:m²⁴ nuəŋ³¹ za¹¹ ʔau²⁴ ɕo³³
　讨　　妹　我　要　名

　　　　　　　　　　　　　　阿妹你的名，

ɕa:m²⁴ pa¹¹ fɯə³¹ ʔau²⁴ ɕo³³
　讨　妻　别人　要　名

　　　　　　　　　　　　　　请你告诉我，

nau¹¹ ɕo³³ luŋ⁵³ ʔdi²⁴ zai¹¹
　讲　名　才　好　唤

　　　　　　　　　　　　　　有名好称呼，

nau¹¹ wai²⁴ luŋ⁵³ ʔdi²⁴ jeu³³
　讲　姓　才　好　喊

　　　　　　　　　　　　　　有姓好呼唤，

jeu³³ haɯ⁵³ fɯə³¹ zo³¹ ȵiə²⁴
　喊　　给　别人　听见

　　　　　　　　　　　　　　喊给别人听，

ku²⁴ pan¹¹ miŋ¹¹ pan¹¹ ɕo³³
我　成名　　成名

　　　　　　　　　　　　　我也有脸面。

ɕo³³ nuəŋ³¹ ɕo³³ ka:i³⁵ ma¹¹
名　妹　名　什么

　　　　　　　　　　　　　阿妹名什么？

tam¹¹ na¹¹ kɯn²⁴ ʔju³⁵ jiəŋ³³
塘　田　吃　那样

　　　　　　　　　　　　　莫把名当田，

kɯn²⁴ ʔju³⁵ jiəŋ³³ tam¹¹ na¹¹
吃　那样　塘　田

　　　　　　　　　　　　　当作田讲价，

tiən²⁴ haɯ⁵³ zau¹¹ zo³¹ he³³
提到　给　我们　知道

　　　　　　　　　　　　　把名告诉哥，

nau¹¹ haɯ⁵³ pi³¹ zo³¹ he³³
说　给　兄　知道

　　　　　　　　　　　　　说给哥知晓。

zo³¹ zau¹¹ ɕam³³ ɕo³³ pau³⁵
知　我　同　名　丈夫

　　　　　　　　　　　　　哥与妹的夫同名，

zo³¹ zau¹¹ ɕam³³ ɕo³³ ʔa:u²⁴
知　我　同　名　幺叔

　　　　　　　　　　　　　哥与小妹小叔同名，

mɯŋ¹¹ ɕi³¹ la:u²⁴ mi¹¹ ɕeu³³
你　就　怕　不　喊

　　　　　　　　　　　　　妹不敢喊我，

ziə²⁴ ɕi³¹ kuŋ¹¹ mi¹¹ ɕeu³³
你　就　没法　不　喊

　　　　　　　　　　　　　妹没法喊我，

nuəŋ³¹ ɕi³¹ ɕiən¹¹ mi¹¹ ɕeu³³
妹　就　嫌　不　喊

　　　　　　　　　　　　　阿妹嫌弃不喊我，

ɕo³³ nuəŋ³¹ ɕo³³ ka:i³⁵ ma¹¹
名　妹　名　什么
　　　　　　　　　　　阿妹名什么？

tam¹¹ na¹¹ kɯn²⁴ tɕi⁵³ tua³³
塘　田　吃　几　百斤
　　　　　　　　　　　莫把名看重，

kɯn²⁴ tɕi⁵³ tua³³ tam¹¹ na¹¹
吃　几　百斤　塘　田
　　　　　　　　　　　贵重不愿说，

tiən²⁴ haɯ⁵³ zau¹¹ zo³¹ he³³
讲　给　我们　知道
　　　　　　　　　　　把名告诉我，

nau¹¹ haɯ⁵³ pi³¹ zo³¹ he³³
说　给　兄　知道
　　　　　　　　　　　说给哥知道。

zo³¹ pu³¹ ʔdeu²⁴ to⁵³ ʔdai³¹
知道　位　一　都　得
　　　　　　　　　　　已知一位姓，

ɕo³³ mai³¹ ʔdeu²⁴ ʔbo³¹ fi³³
名　姑娘　一　没有
　　　　　　　　　　　不知另位名，

nau¹¹ ɕo³³ haɯ⁵³ pi³¹ zai¹¹
说　名　给　兄　唤
　　　　　　　　　　　说名给我喊，

nau¹¹ wai²⁴ haɯ⁵³ ku²⁴ jeu³³
说　姓　给　我　喊
　　　　　　　　　　　说姓给哥唤，

zo³⁵ pa³⁵ ʔeŋ²⁴ li³¹ ɕo³³
瓢　口　缸　有　名
　　　　　　　　　　　缸边瓢有名，

peŋ¹¹ tak²⁵ lau⁵³ li³¹ ɕo³³
壶　舀　酒　有　名
　　　　　　　　　　　酒瓶亦有名。

wɯəŋ¹¹ pja²⁴ lau¹¹ wɯəŋ¹¹ no³³
　　黄鱼　　或　　黄肉

黄鱼或黄肉？

wɯəŋ¹¹ pja²⁴ kaː ŋ⁵³ tɯk³³ ɕo³³
　　黄鱼　　讲　　知名

黄姓人人知，

wɯəŋ¹¹ no³³ kaː ŋ⁵³ ʔdi²⁴ ȵiə²⁴
　　黄肉　　讲　　好听

黄肉善言语，

ka⁵³ pɯə²⁴ lam³¹ taŋ¹¹ naŋ³³
　杀　我　跌　倒　坐

使我难回答，

wɯəŋ¹¹ pja²⁴ lau¹¹ wɯəŋ¹¹ no³³
　　黄鱼　　或　　黄肉

妹姓黄或王？

wɯəŋ¹¹ pja²⁴ kaː ŋ⁵³ tɯk³³ ɕo³³
　　黄鱼　　讲　　知名

黄姓人人知，

wɯəŋ¹¹ no³³ kaː ŋ⁵³ ʔdi²⁴ ȵiə²⁴
　　黄肉　　讲　　好听

王姓善言语，

ka⁵³ pɯə²⁴ lam³¹ taŋ¹¹ naŋ³³
　杀　我　跌　倒　坐

使我难回答。

taːu³⁵ ne³¹ hap³⁵ sa³⁵ ʔdai³¹ ʔin³⁵ pau²⁴
　次　这　捞鱼　得　印　螃蟹

打鱼得螃蟹，

tam⁵³ tua²⁴ ʔdai³¹ ʔin³⁵ ŋɯə³³
　捞鱼箕　得　玺　蛟龙

捞虾遇蛟龙，

pai²⁴ luə³³ ʔdai³¹ ʔin³⁵ faːn¹¹
　去　山谷　得　玺　黄麂

打猎得黄麂，

ta:u³⁵ ne³¹ ʔdai³¹ ɕo³³ na:ŋ¹¹
　次　这　得　名　小姐

　　　　　　　　　　　　哥知阿妹姓，

pai¹¹ ne³¹ ʔdai³¹ ɕo³³ su²⁴
　时　这　得　名　你们

　　　　　　　　　　　　我得阿妹名，

ku²⁴ pai²⁴ za:n¹¹ ʔa:ŋ³⁵ ɕo³³
　我　去　家　贺　名

　　　　　　　　　　　　回家去祝贺。

ʔdiəŋ³⁵ sa³⁵ ɕiəŋ³¹ mu²⁴ man²⁴
　春　碓　养　架子猪

　　　　　　　　　　　　要糠米喂猪，

tam²⁴ zam¹¹ ɕiəŋ³¹ mu²⁴ ʔda:ŋ³⁵
　春　糠　养　斑纹猪

　　　　　　　　　　　　猪吃细糠长得快，

ɕiəŋ³¹ mu²⁴ ʔda:ŋ³⁵ zau¹¹ pi¹¹
　养　斑纹猪　我们　肥

　　　　　　　　　　　　猪吃嫩糠肯长膘，

ŋɔn¹¹ lɯ¹¹ ʔdi²⁴ ʔa:ŋ³⁵ ɕo³³
　天　哪　好　贺　名

　　　　　　　　　　　　哪天是吉日。

hat³⁵ kuə³³ hat³⁵ li³¹ liən¹¹
　早　做　早　（状词）

　　　　　　　　　　　　一天天临近，

ʔdiən²⁴ kuə³³ ʔdiən²⁴ li³¹ lan³³
　月　做　月　（状词）

　　　　　　　　　　　　一月月来临，

tɕen³³ tɕen³³ taŋ¹¹ ŋɔn¹¹ ʔdi²⁴
　渐渐　到　吉日

　　　　　　　　　　　　渐渐到吉日，

ka⁵³ mu²⁴ pi¹¹ ʔa:ŋ³⁵ ɕo³³
　杀　猪　肥　贺　名

　　　　　　　　　　　　杀猪来庆贺，

ti¹¹ mu²⁴ laːu³¹ ʔaːŋ³⁵ ɕo³³
捶 猪 大   贺 名

宰猪来贺名。

mu²⁴ pa³⁵ si³⁵ ma²⁴ ka⁵³
猪 百 四 来 杀

猪要杀肥的，

ɕiə¹¹ pa³⁵ ha⁵³ ma²⁴ he³³
黄牛 百 五 来 剐

牛要宰大的，

zaːn¹¹ kɯn¹¹ jeu³³ me³³ pa⁵³
家   上   喊 伯 母

喊上家伯母，

zaːn¹¹ la⁵³ jeu³³ me³³ leu¹¹
家   下   喊 婶 母

喊下家婶娘。

po³³ ʔiŋ³⁵ me³³ taŋ¹¹ ɕai¹¹
父 与   母 到 齐

父母堂中坐，

zai¹¹ wɯn¹¹ laːi²⁴ ʔaːŋ³⁵ ɕo³³
唤   人   多   贺 名

众人同庆贺，

jeu³³ wɯn¹¹ ʔbaːn³¹ ʔaːŋ³⁵ ɕo³³
喊   人   寨   贺 名

全寨共贺名。

tɕoŋ³⁵ lɯk³³ laːn²⁴ ʔbaːn³¹ taːn¹¹
从   儿孙   寨 中

寨上小辈们，

tɕoŋ³⁵ lɯk³³ laːn²⁴ ʔbaːn³¹ ne³¹
众   儿孙   寨 这

寨里众小辈。

ɕu²⁴ kɯn¹¹ ɕiŋ⁵³ pa³⁵ ha⁵³
州 上   请 百 五

上州请百五，

ɕu²⁴ la⁵³ ɕiŋ⁵³ pa³⁵ saːm²⁴
州　下　请　百　三

下州请百三，

tɕaːŋ²⁴ ɕu²⁴ ɕiŋ⁵³ pa³⁵ ŋi³³
中　　州　请　百　二

城中请百二，

ɕiŋ⁵³ ʔdai³¹ si³⁵ ha⁵³ pa³⁵ pu³¹ wɯn¹¹
请　　得　　四　五　百　个　　人

请来四五百，

ma²⁴ ziəŋ¹¹ pi³¹ kwaːŋ³³ kun³⁵ ʔaːŋ³⁵ ɕo³³
来　和　哥　光棍　　贺名

来与哥同喜，

ma²⁴ ziəŋ¹¹ tɕim²⁴ pɯəŋ³⁵ laːŋ³³ ʔaːŋ³⁵ ɕo³³
来　和　我　　单身汉　　贺名

来与我同贺。

tɕoŋ³⁵ lɯk³³ laːn²⁴ ʔbaːn³¹ taːn¹¹
众　　儿孙　　　寨　中

寨上众小辈，

tɕoŋ³⁵ lɯk³³ laːn²⁴ ʔbaːn³¹ ne³¹
众　　儿孙　　　寨　这

寨里众小辈。

ɕoi³¹ tai³³ taŋ³⁵ tai³³ taŋ³⁵
个　　搬　凳　搬　凳

帮搬搬凳子，

ɕoi³¹ tai³³ ɕoŋ¹¹ tai³³ ɕoŋ¹¹
个　　搬　桌　搬　桌

帮抬抬桌子。

ma²⁴ ziəŋ¹¹ pi³¹ kwaːŋ³³ kun³⁵ ʔaːŋ³⁵ ɕo³³
来　和　哥　光棍　　贺名

来与哥同喜，

ma²⁴ ziəŋ¹¹ ku²⁴ pɯəŋ³⁵ laːŋ³³ ʔaːŋ³⁵ ɕo³³
来　和　我　单身汉　　　贺名

来与我同贺。

tɕɔŋ³⁵ luɯk³³ laːn²⁴ ʔbaːn³¹ taːn¹¹
众　儿孙　　寨中

寨中小辈们，

tɕɔŋ³⁵ luɯk³³ laːn²⁴ ʔbaːn³¹ ne³¹
众　儿孙　　寨这

寨里众小辈。

ɕɔi³¹ ʔdeu²⁴ pai²⁴ miən³¹ ku¹¹ ʔau²⁴ mak³³
个　一　去　珉谷①　要　墨

到珉谷买墨，

ɕɔi³¹ ʔdeu²⁴ pai²⁴ pa³⁵ sak³⁵ ʔau²⁴ sa²⁴
个　一　去　百色　　要　纸

去百色买纸。

tuɯ¹¹ ma²⁴ zaːi¹¹ ɕo³³ suɯ²⁴
拿　来　写　　书名

买墨来写名，

tuɯ¹¹ ma²⁴ zaːi¹¹ ɕo³³ sa²⁴
拿　来　写　　名字

买纸来写姓，

za²⁴ ɕiən²⁴ suɯn²⁴ ma²⁴ zaːi¹¹
找　先生　　　来　写

请先生来写，

zau¹¹ ma²⁴ ʔaːn²⁴ zaːi¹¹ ɕo³³
我们　来　打算　写　名

我们如何写。

ɕiən²⁴ suɯn²⁴ he ɕiən²⁴ suɯn²⁴
先生　　　啊　先生

先生啊先生！

laːu³¹ jiə¹¹ he laːu³¹ jiə¹¹
老爷　　啊　老爷

老爷啊老爷！

---

① 现贞丰县城所在地。

fuɯŋ¹¹ sɔi³¹ kam²⁴ pi¹¹ sa²⁴
左手　拿　页纸，

左手拿页纸，

fuɯŋ¹¹ kwa¹¹ kam²⁴ piən³⁵ mak³³
手　右　拿　毛笔

右手拿毛笔，

zak³³ zam³¹ ɕo³⁵ kɯun¹¹ sɯ²⁴
捞　水　放　书上

毛笔蘸好墨，

zak³³ zam³¹ ɕo³⁵ kɯun¹¹ sa²⁴
捞　水　放　纸上

蘸墨写名字。

kwa²⁴ wai²⁴ wɯəŋ¹¹ kwet³⁵ ŋui³³
登记　姓　黄　清晰

妹的姓氏写得明，

zaːi¹¹ ɕo³³ nuəŋ³¹ kwet³⁵ ŋui³³
写　名　妹　清晰

妹的名字写得清。

taːu³⁵ ne³¹ ʔdai³¹ ɕo³³ nuəŋ³¹
回　这　得　名　妹

这回得妹名，

taːu³⁵ ne³¹ ʔdai³¹ ɕo³³ naːŋ¹¹
回　这　得　名　小姐

这回知妹姓。

pi³¹ pai²⁴ pa³⁵ ʔdai³¹ zo²⁴
哥　去　坡　得　念

外出我常念，

ku²⁴ pai²⁴ po²⁴ ʔdai³¹ jeu³³
我　去　坡　得　喊

上山哥常喊，

jeu³³ haɯ⁵³ fɯə³¹ zo³¹ n̩iə²⁴
喊　给　别人　听见

喊给别人听，

ziə²⁴ pan¹¹ miŋ¹¹ to²⁴ nɔi³³
你　成　名　多　些

你就受称赞，

nuəŋ³¹ pan¹¹ laːu³¹ to²⁴ nɔi³³
妹　成　大　多　些

妹就受夸奖。

演唱：罗芝兰
收集：黄荣昌
翻译整理：黄荣昌　周国炎

放信物歌
wɯən²⁴ ɕuaŋ³⁵ sin³⁵
歌　　放　信　物

ɕo³³ mɯŋ¹¹ ku²⁴ jiə³³ ʔdai³¹
名　你　我　也　得

我已知你名，

ɕo³³ ku²⁴ mɯŋ¹¹ jiə³³ ʔdai³¹
名　我　你　也　得

你已知我名。

ʔi³⁵ nau¹¹ mai³¹ mi¹¹ ɕi¹¹
如说　姑娘　不　嫌

如若不嫌隙，

ʔi³⁵ nau¹¹ mai³¹ mi¹¹ ɕa¹¹
如说　姑娘　不　弃

若妹不嫌弃，

zau¹¹ ʔju³⁵ ne³¹ ɕuən³⁵ sin³⁵
我们　在　这　放　信物

我们在此换信物？

sin³⁵ pu³¹ ha³⁵ nuəŋ³¹ ɕu³¹ mi¹¹ ɕu³¹
信物　汉人　妹　接　不　接

汉人的信物你接吗？

sin³⁵ pu³¹ lu³¹ mɯŋ¹¹ ʔau²⁴ mi¹¹ ʔau²⁴
信物　卢姓　你　要　不　要

卢家的信物你可收？

ʔdan²⁴ ta:ŋ³⁵ pɯəŋ¹¹ mɯŋ¹¹ wa:n³³ mi¹¹ wa:n³³
个　各　方　你　换　不　换

他乡的钱你要不要，

ʔi³⁵ nau¹¹ sin³⁵ pu³¹ ha³⁵ mɯŋ¹¹ ɕu³¹
如说　信物　汉人　你　接

如果汉人的信物你接了，

sin³⁵ pu³¹ lu³¹ muɯŋ¹¹ ʔau²⁴
信物　卢姓　你　要

　　　　　　　　　　卢家的信物你要了，

ʔdan²⁴ taːŋ³⁵ pɯəŋ¹¹ muɯŋ¹¹ waːn³³
　个　各　方　你　换

　　　　　　　　　　他乡的钱你要了，

pi³¹ ɕi³¹ ɕaːŋ¹¹ ʔit³⁵ ŋan¹¹ siən⁵³ tɕi³⁵
哥　就　两　一　银　赠　友

　　　　　　　　　　哥就赠你一两银，

ɕaːŋ¹¹ si³⁵ ŋan¹¹ siən⁵³ saːu²⁴
两　四　银　赠　情妹

　　　　　　　　　　给妹一两的钱银，

ʔau²⁴ ɕo³⁵ fuɯŋ¹¹ mai³¹ zuŋ³³
要　放　手　情　妹

　　　　　　　　　　亲自交到你手中，

pɯŋ¹¹ ɕo³⁵ zuŋ⁵³ mai³¹ zuən³³
丢　放　怀　情　妹

　　　　　　　　　　直接放到妹手里。

ta³³ ne³¹ ta³³ pu³¹ lauɯ¹¹
河　这　河　哪　个

　　　　　　　　　　这条河是什么河？

jeu²⁴ suɯ¹¹ tɕau⁵³ pit³⁵ pu³¹
绿　似　头　鸭　公

　　　　　　　　　　河水深深不见底，

zau¹¹ set³⁵ pai²⁴ tuɯk³⁵ ɕam²⁴ mi¹¹ ɕam²⁴
我们　鱼钩　去　钓　沉　没　沉

　　　　　　　　　　拿根竹竿探一探？

sam²⁴ pai²⁴ jam¹¹ te²⁴ ʔdai³¹ mi¹¹ ʔdai³¹
心　去　诱　那　得　没　得

　　　　　　　　　　有无鱼儿来咬钩？

mai³¹ ne³¹ luɯk³³ taːn¹¹ lauɯ¹¹
姑娘　这　儿　寨　哪

　　　　　　　　　　这个姑娘哪寨的？

ma²⁴ zau¹¹ sin³⁵ pai²⁴ toŋ¹¹ te²⁴ ʔau²⁴ mi¹¹ ʔau²⁴
来 我们 信物 去 试 她 要 不 要

我来试探她的心，

ʔdau²⁴ pai²⁴ toŋ¹¹ te²⁴ liŋ³¹ mi¹¹ liŋ³¹
烟   去 试 她 领 不 领

看她是否领我情？

ʔi³⁵ te²⁴ liŋ³¹ sin³⁵ zau¹¹
如 她 领 信物 我们

如果她领我信物，

ʔi³⁵ te²⁴ ʔau²⁴ sin³⁵ ku²⁴
如 她 要 信物 我

如果喜欢我信物，

ɕaːŋ¹¹ ʔit³⁵ ŋan¹¹ siəŋ⁵³ tɕi³⁵
两   一   银   赠   朋友

先赠银子给女友，

ɕaːŋ¹¹ ŋi³³ ŋan¹¹ ɕo³⁵ ɕau²⁴
两   二 银   放 衣兜

两把银子送阿妹，

ʔau²⁴ ɕo³⁵ fɯŋ¹¹ mai³¹ zuəŋ³³
拿   放 手   姑娘

双手送到妹面前，

pɯŋ¹¹ ɕo³⁵ zuŋ⁵³ mai³¹ zuəŋ³³
丢   放 怀   姑娘

亲自放在妹怀里。

tɕop³⁵ ɕi⁵³ waːn³³ tɕop³⁵ ɕi⁵³
斗笠 紫 换   斗笠 紫

斗笠换斗笠，

pi⁵³ʔo³⁵ waːn³³ pi⁵³ʔo³⁵
谷穗   换   谷穗

谷穗换谷穗，

ɕo³⁵ fɯŋ¹¹ zau¹¹ ku³⁵ liən³³
放 我   手   些 时

情物在我手；

pi⁵³ luəŋ¹¹ wa:n³³ pi⁵³ luəŋ¹¹
哨　铜　　换　　哨铜

　　　　　　　　　　　　铜哨换铜哨。

leu³¹ pɯəŋ¹¹ fɯə³¹ ɕa:u³¹ wa:n³³
全　地方　人家　兴　　换

　　　　　　　　　　　　互换信物人间事，

wa:n³³ mi¹¹ tuɯk³³ wa:n³³ na:u³⁵
换　　不　是　　换　　永远

　　　　　　　　　　　　信物虽不是永久，

wa:n³³ mi¹¹ teŋ²⁴ wa:n³³ na:u³⁵
换　　不　是　　换　　永远

　　　　　　　　　　　　信物不算定终身，

su²⁴ pan¹¹ za:n¹¹ ɕi³¹ tuən³³
你们　成　家　　就　断

　　　　　　　　　　　　妹成家就断，

na:ŋ¹¹ pan¹¹ ʔeu³¹ ɕi³¹ tuən³³
小姐　成　　家　　就　断

　　　　　　　　　　　　心中没哥不强求。

kon³⁵ fi³³ ɕa:u³¹ ʔdo³⁵ ta:u¹¹
以前　未　兴　　花　　桃

　　　　　　　　　　　　以前没有绿颜色，

sa:u²⁴ ʔau²⁴ ma¹¹ pi³⁵ lok³³
情妹　要　　啥　当　绿色

　　　　　　　　　　　　情妹要啥当绿色？

kon³⁵ fi³³ ɕa:u³¹ sɯ²⁴ mok³³
以前　未　兴　　苏　木

　　　　　　　　　　　　以前没有红颜料，

nuəŋ³¹ ʔau²⁴ ma¹¹ kuə³³ ʔdiŋ²⁴
妹　　要　　啥　做　　红

　　　　　　　　　　　　阿妹要啥当红色？

kon³⁵ ʔbo³¹ fi³³ ɕa:u³¹ hiŋ²⁴
以前　还　未　兴　　姜

　　　　　　　　　　　　古时还未兴种植。

hiŋ^{24} la^{53} tiəm^{35} fi^{33} ma^{53}
  姜   老街   未   生

　　　　　　　　　　　　　人类还未有耕作，

kon^{35} fi^{33} mok^{35} ha:i^{53} ma^{24} ʔdam^{24} ka^{11}
 以前 未   填   海   来 种 荞子

　　　　　　　　　　　　　古时汪洋水一片。

na^{11} fi^{33} za^{24} zam^{31} ɕo^{35}
 田 未 找   水   放

　　　　　　　　　　　　　田未用水灌，

si^{35} ɕui^{33} zam^{31} fi^{33} ɕom^{11}
 四 周   水   未 汇合

　　　　　　　　　　　　　四周水未合，

zam^{31} fi^{33} ma^{24} so^{33} li^{33}
  水   未 来 渡口罾

　　　　　　　　　　　　　水未流进鱼罾，

pja^{24} fi^{33} tɯk^{35} so^{33} li^{33}
  鱼   未 落 渡口罾

　　　　　　　　　　　　　鱼未进鱼罾。

tɕiu^{35} zan^{24} ʔdoŋ^{24} fi^{33} toŋ^{31}
 亲家 见 亲家 未 打招呼

　　　　　　　　　　　　　那时还没有亲戚，

nuəŋ^{31} zan^{24} pi^{31} fi^{33} ka:ŋ^{53}
妹(弟) 见 兄(姐) 未 说话

　　　　　　　　　　　　　还没有兄妹之分。

lɯk^{33} ʔbɯk^{35} pja:i^{53} zən^{24} ha^{31} fi^{33} kwa:ŋ^{31}
 姑娘   走   路 还 未 挑逗

　　　　　　　　　　　　　姑娘没逗歌，

lɯk^{33} sa:i^{24} ɕai^{24} na^{11} zeŋ^{31} fi^{33} ka:ŋ^{53}
 男孩   犁   旱田 未 讲(话)

　　　　　　　　　　　　　男孩不答歌。

ɕeu^{33} ne^{31} luŋ^{53} mok^{35} ha:i^{53} ʔdam^{24} ka^{11}
 辈 这 才 填   海   种 荞子

　　　　　　　　　　　　　后来才填海，

下编　民间情歌翻译　367

na¹¹ luŋ⁵³ ʔau²⁴ zam³¹ ɕo³⁵
　田　才　用　水　放

引水灌良田。

zam³¹ si³⁵ ɕui³³ luŋ⁵³ ɕom¹¹
　水　四周　才　汇合

四周水汇合，

zam³¹ luŋ⁵³ ma²⁴ so³⁵ li³³
　水　才　来　渡口罾

水流进鱼罾，

pja²⁴ luŋ⁵³ tok³⁵ so³⁵ li³³
　鱼　才　落　渡口罾

鱼落进鱼罾，

tɕiu³⁵ zan²⁴ ʔdoŋ²⁴ luŋ⁵³ toŋ³¹
亲家　见　亲家　才　打招呼

后来才有了亲戚，

pi³¹　zan²⁴ nuəŋ³¹ luŋ⁵³ kaːŋ⁵³
兄(姐)　见　弟(妹)　才　讲话

区分兄弟和姐妹，

luɯk³³ ʔbɯk³⁵ pjaːi⁵³ zɔn²⁴ luŋ⁵³ ɕi³¹ kwaːŋ³¹
　姑娘　　走　路　才　是　逗引

姑娘会歌唱，

luɯk³³ saːi²⁴ ɕai²⁴ na¹¹ luŋ⁵³ kaːŋ⁵³ waːŋ³¹
　男孩　犁　田　才　讲　俏话

男孩来对答。

pu³¹ laɯ¹¹ ɕaːu³¹ tuə¹¹ pit³⁵ kɯn²⁴ zam³¹ la⁵³ waːi²⁴
　谁　兴　鸭子　吃　水　下　水坝

鸭子为啥要喝坝下水？

pu³¹ laɯ¹¹ ɕaːu³¹ tuə¹¹ waːi¹¹ kɯn²⁴ ɲiə⁵³ kok³⁵ lu³¹
　谁　兴　水牛　吃　草　脚　柳树

水牛为啥吃青草？

ju³¹ tɕi³⁵ ʔju³⁵ la⁵³ laɯ¹¹
　朋友　在　下　楼

朋友在楼脚，

za²⁴ kɯə¹¹ ɕam¹¹ laɯ¹¹ fi³³
找　处　玩　或　没有

　　　　　　　　　　　　　　是否有玩处？

ju³¹ tɕi³⁵ ʔju³⁵ la⁵³ wa:i²⁴
朋友　在　下　坝堤

　　　　　　　　　　　　　　朋友在堤坝，

zan²⁴ kɯə¹¹ ɕam¹¹ laɯ¹¹ fi³³
见　处　玩　或　没有

　　　　　　　　　　　　　　有玩伴没有？

ʔi³⁵ nau¹¹ fi³³ kɯə¹¹ ɕam¹¹
要是　未　处　玩

　　　　　　　　　　　　　　如果妹单身，

ma²⁴ zau¹¹ ʔdam²⁴ siən²⁴ tɕam³⁵
来　我们　栽　园　紫菜

　　　　　　　　　　　　　　一起来栽菜，

ma²⁴ zau¹¹ ʔdam²⁴ siən²⁴ wa²⁴
来　我们　栽　园　花

　　　　　　　　　　　　　　一起来种花，

ku²⁴ za²⁴ mɯŋ¹¹ tuŋ³¹ naŋ³³
我　找　你　同　坐

　　　　　　　　　　　　　　我俩来谈心。

siəm⁵³ mi¹¹ pu³¹ laɯ¹¹ ha³³
也许　不　准　霸占

　　　　　　　　　　　　　　也许没人与我争，

jiə³³ mi¹¹ ja³³ mi¹¹ paɯ³¹ pu³¹ laɯ¹¹
也　不　妻　不　媳妇　谁

　　　　　　　　　　　　　　你也不是他人妻，

taɯ¹¹ luŋ⁵³ tu²⁴ na:i³³ suən³⁵
守　才　我　慢　算

　　　　　　　　　　　　　　有人跟踪我讲理，

taɯ¹¹ luŋ⁵³ ku²⁴ na:i³³ suən³⁵
守　才　我　慢　算

　　　　　　　　　　　　　　以理据争哥不怕。

pu³¹ lɯ¹¹ ɕaːu³¹ pjak³⁵ kaːt³⁵ ʔdoŋ²⁴ kuə²⁴
　谁　兴　青菜　　溤盐

青菜泡酸谁发明？

pu³¹ lɯ¹¹ ɕaːu³¹ tuə¹¹ ɕiə¹¹ lo³³ naːm³³
　谁　兴　黄牛　拉　土

黄牛耕地谁兴的？

pu³¹ lɯ¹¹ ɕaːu³¹ faːn³³ wai²⁴ wɯn¹¹
　谁　兴　万　姓　人

万家姓氏谁创造？

pu³¹ lɯ¹¹ ɕaːu³¹ kuə³³ ku²⁴ tem²⁴ mɯŋ¹¹ tuŋ³¹ zan²⁴
　谁　兴　做　我　和　你　相　见

谁兴男女来相约？

zau¹¹ ɕaːu³¹ kuə³³ tem²⁴ nuəŋ³¹ tuŋ³¹ zan²⁴
我们　兴　做　和　妹　相　见

哥妹相约我们起。

tɕop³⁵ ɕi⁵³ waːn³³ tɕop³⁵ ɕi⁵³
斗笠　紫　换　斗笠　紫

紫色斗笠来交换，

pi⁵³ ʔo³⁵ waːn³³ pi⁵³ ʔo³⁵
　谷穗　换　谷穗

谷穗互换作信物，

tɕo²⁴ kuə³³ ɕam¹¹ ku³⁵ liəŋ³³
　谢　玩耍　些　别的

哥妹相见实难求，

pi⁵³ luəŋ¹¹ waːn³³ pi⁵³ luəŋ¹¹
　哨　铜　换　哨　铜

铜做哨子来交换。

taŋ¹¹ pɯən¹¹ fɯə³¹ ɕaːu³¹ waːn³³
全　地方　人们　兴　换

互换信物人间事，

waːn³³ mi¹¹ tɯk³³ waːn³³ naːu³⁵
换　不　是　换　永远

信物不是换终身，

ɕo³³ ne³¹ su²⁴ pan¹¹ zaːn¹¹ ɕi³¹ tuən³³
今后 你们 成 家 就 断

阿妹成家咱分手，

ɕo³³ ne³¹ nuəŋ³¹ pan³¹ ʔeu³¹ ɕi³¹ tuən³³
以后 妹 成 家 就 断

阿妹成家就断绝，

waːn³³ mi¹¹ tuk³³ waːn¹¹ niə²⁴
换 不 是 换 久

信物不算定终身，

ɕo³³ zɯ¹¹ su²⁴ pai²⁴ ziə²⁴ ɕi³¹ tuən³³
今后 你们 去 惯 就 断

妹去随夫就分手。

ʔi³⁵ nuəŋ³¹ tɕai¹¹ pai²⁴ ju³¹ waːn³³ fat³⁵
如 妹 想 去 友 换 腰带

阿妹交友换信物，

ʔi³⁵ nuəŋ³¹ tɕai¹¹ pai²⁴ ju³¹ waːn³³ saːi²⁴
如 妹 想 去 晚 换 腰带

阿妹玩耍物为证，

mi¹¹ haɯ⁵³ me³³ pa³⁵ laːi²⁴ zau¹¹ zo³¹
不 给 母 嘴 多 咱们 知道

别让咱妈知道了，

me³³ zo³¹ ɕi³³ mi¹¹ pan¹¹
母 知 就 不 成

阿妈知道准不成，

ʔan³¹ ɕi³¹ ʔdan²⁴ kuə³³ ɕuəm¹¹ zau¹¹ waːi³³
否则 个 玩耍 我们 坏

咱俩的事难成功，

mɯŋ¹¹ pai²⁴ ju³¹ zau¹¹ waːi³³
你 去 友 我们 坏

咱俩愿望难实现。

pu³¹ laɯ¹¹ ɕaːu³¹ kuə³³ saːu²⁴ ɕip³³ ɕa¹¹ wɯət³⁵ zi³³
谁 兴 做 情妹 十 柴刀 砍 地

谁兴一女诱十男？

pu³¹ lau¹¹ ɕaːu³¹ kuə³³ tɕi³⁵ ɕip³³ ɕa¹¹ wɯət³⁵ ʔdoŋ²⁴
　谁　　兴　做 朋友 十 柴刀　砍　林子

谁兴十男一女逗？

ɕaːu³¹ kuə³³ ɕip³³ ŋi³³ ja³³ pa³⁵ loŋ¹¹ ɕaːu³¹ zom⁵³
　兴　做　十 二 老妇 笼口　兴 兰靛

笼口十二老妇造蓝靛，

ɕaːu³¹ tan⁵³ fon³¹ lum⁵³ ʔa²⁴
　兴　穿(衣) 黑　像　乌鸦

穿衣好似黑乌鸦。

ɕip³³ ŋi³³ ja³³ la⁵³ pja²⁴ ɕaːu³¹ ju³¹
　十　二 老妇 岩脚　兴　友

岩脚十二老妇兴玩表，

ɕip³³ ŋi³³ ja³³ tɕaːŋ²⁴ ɕu²⁴ ɕaːu³¹ jai¹¹
　十　二 老妇　中　州　兴　玩

城中十二老妇兴谈情。

ɕaːu³¹ ju¹¹ ɕaːu³¹ zɔn²⁴ tɕai²⁴
　兴　友　兴　路　远

谈情说爱路上走，

ɕaːu³¹ ɕɔn¹¹ mai¹¹ pai²⁴ kon³⁵
　兴　句 热闹　去　先

说说笑笑并肩行

ɕaːu³¹ ɕo³⁵ pja³⁵ kaːm⁵³ ʔdiŋ²⁴
　兴　放　顶　岽　红

男女玩青山作证，

ɕaːu³¹ ɕo³⁵ tin²⁴ po²⁴ ɕiə³¹
　兴　放　脚　山　神

山神做主男女事，

ɕaːu³¹ la⁵³ siə⁵³ zaːn¹¹ to¹¹
　兴　檐下　家　店

男女交往店家见，

ɕaːu³¹ la⁵³ ho¹¹ pu³¹ sɯ³⁵
　兴　脖下　媒人

媒人中间来作证，

pu³¹ sɯ³⁵ pu³¹ saɯ⁵³ pɯə³⁵ liŋ¹¹ tɕaːŋ²⁴
　　媒人　待人　　抢　途中

媒人有时也作梗，

ʔaːn²⁴ ɕɔn¹¹ hau⁵³ sɔŋ²⁴ paːi³³
　设　句　给　双边

善编谎话骗双方，

pe³³ nau¹¹ pjaːŋ¹¹ ɕi³¹ pjaːŋ¹¹
　即使　谎　就　谎

说的假话也不管，

pe³³ nau¹¹ pja³¹ ɕi³¹ pja³¹
　即使　稀　就　稀

就算谎话也随它，

taŋ¹¹ to³³ na⁵³ luŋ⁵³ sui²⁴
　到　面前　才　弄清

两人见面就清楚，

ʔi²⁴ ɕɔn¹¹ fɯə³¹ ɕi³¹ waːi³³
　依　句　别人　会　坏

轻信谗言事难成，

tɕo¹¹ fɯə³¹ paːi⁵³ ɕi³¹ waːi³³
　被　别人　诓　就　坏

偏听偏信准上当。

kɯn¹¹ jiə³³ zeu¹¹ ta³³ ne³¹ li³¹ pja²⁴
　上　也　说　河　这　有　鱼

人说这条河有鱼，

la⁵³ jiə¹¹ zeu¹¹ na¹¹ ne³¹ li³¹ pɯn³³
　下　也　说　田　这　有　肥料

　　都说这块田肥沃

zeu¹¹ saːu²⁴ zum³³ li³¹ paŋ¹¹
　说　情　妹　有　布

传说阿妹有布匹，

zau¹¹ ɕuəŋ³⁵ sam²⁴ ma²⁴ waːn³³
　我　放　心　来　换

阿哥放心来交换，

pi³¹ ɕuəŋ³⁵ ta:m³⁵ ma²⁴ wa:n³³
哥　放　胆　来　换

阿哥大胆来交换，

ma²⁴ wa:n³³ taŋ¹¹ la⁵³ ɕa:n¹¹
来　换　到　下　晒台

来到妹家晒台下，

zan²⁴ nuəŋ³¹ na:ŋ¹¹ ta¹¹ wa:i³⁵
见　妹　小姐　纺　棉

见到阿妹在纺棉，

ta¹¹ wa:i³⁵ la⁵³ ŋau¹¹ taŋ²⁴
纺　棉　下　影　灯

阿妹纺纱灯影下，

zan²⁴ nuəŋ³¹ ta¹¹ wa:i³⁵ ŋɯ³³
看　妹　纺　棉　入迷

聚精会神不分心，

sa:u²⁴ ɕip³³ ɕat³⁵ jiən¹¹ zo³¹
情妹　十　七　原　知

阿妹十七装心事，

ʔba:u³⁵ ɕip³³ ku⁵³ jiən¹¹ kwa:i²⁴
情郎　十　九　原　聪明

阿哥十九通情理，

pi³¹ ɕi³¹ ha:i²⁴ ŋan¹¹ huɯt³⁵ ɕuəŋ³⁵ sin³⁵
哥　就　开　银　腰　放　信物

腰间取银作信物，

ʔau²⁴ pai²⁴ kwa:ŋ³¹ taŋ¹¹ me³³
拿　去　送　到　母亲

送到你阿妈手中，

ʔau²⁴ pai²⁴ toŋ³¹ taŋ¹¹ me³³
拿　去　问　到　母亲

让你阿妈亲眼见，

me³³ nuəŋ³¹ ʔju³⁵ tu²⁴ ta:ŋ³⁵ ɕuəŋ³⁵ mai²⁴
母亲　妹　在　窗口　　放　线

阿妈在窗下放线，

pai²⁴ tu²⁴ ɕaːn¹¹ ɕuəŋ³⁵ jiəŋ³³
　去　门　晒台　　放　东西

　　　　　　　　　　　　晒台门口放东西，

zaːn¹¹ tu²⁴ ʔboŋ³¹ ɕuəŋ³⁵ jiəŋ³³
　家　　门窗　　放　东西

　　　　　　　　　　　　窗台下面留东西，

ɕuəŋ³⁵ pai²⁴ jiəŋ³³ soŋ²⁴ jiəŋ³³ si²⁴ suəŋ¹¹
　放　　去　样　两　样　丝　绒

　　　　　　　　　　　　两件丝绒作信物，

ʔdaːŋ²⁴ tu²⁴ tuŋ³¹ ziəŋ¹¹ zuəŋ³³
　身　　我　激动　和　　妹

　　　　　　　　　　　　哥心荡漾难平静，

ʔdaːŋ²⁴ ku²⁴ kaːŋ³¹ ziəŋ¹¹ zuəŋ³³
　身　　我　僵　　和　　妹

　　　　　　　　　　　　激动之情难言表。

sin³⁵ pi³¹ pai²⁴ pi²⁴ tau²⁴
　信　哥　去　前年

　　　　　　　　　　　　阿哥信物前年送，

ʔdaːŋ²⁴ ku²⁴ pai²⁴ pi²⁴ kwa³⁵
　身　　我　去　去年

　　　　　　　　　　　　去年亲自走一趟。

pai²⁴ kaːi³⁵ ȵa³⁵ ʔdiən²⁴ ɕiəŋ²⁴
　去　那　季　正月

　　　　　　　　　　　　阿哥去时是正月，

ʔdiən²⁴ ɕiəŋ²⁴ waːn¹¹ ʔdiən²⁴ ɕiəŋ²⁴
　正月　　还　　正月

　　　　　　　　　　　　那时还是正月间，

ʔdiən²⁴ ɕiəŋ²⁴ nuəŋ³¹ kuə³³ ȵip³³ tɕa²⁴ zaːn¹¹
　正月　　妹　　做缝　　堂中

　　　　　　　　　　　　阿妹堂中缝衣物

pi³¹ ʔdai³¹ waːŋ²⁴ pai²⁴ jiən³³
　哥　得　走　去　递

　　　　　　　　　　　　阿哥亲自递给你，

kwaːŋ²⁴ ʔdai³¹ pjaːi⁵³ pai²⁴ jiən³³
少爷　　得　　走　　走　　递

ʔdai³¹ jiən³³ saːu³³ ʔdai³¹ liŋ³¹
得　　领　　像　　得　　领

ʔdai³¹ liŋ³¹ saːu³³ ʔdai³¹ ʔau²⁴
得　　领　　像　　得　　要

sam²⁴ mau¹¹ mɯən¹¹ sin³⁵ ko³³
心　　狠　　灭　　信物　我

kwaːi²⁴ ɕi³¹ kɯn²⁴ pu³¹ ka³¹
聪明　　就　　吃　　贩子

ja³¹ ɕi³¹ kɯn²⁴ pu³¹ hɯ²⁴
猾　　就　　吃　　商贩

mjaɯ⁵³ kɯn²⁴ ku²⁴ kwaːŋ³³ kun³⁵
别　　吃　　我　　光棍

mjaɯ⁵³ kɯn²⁴ pi³¹ kwaːŋ³³ kun³⁵
别　　吃　　哥　　光棍

sin³⁵ pi³¹ pai²⁴ pi²⁴ tau²⁴
信物　哥　去　　前年

ʔdau²⁴ ku²⁴ pai³¹ pi²⁴ kwa³⁵
物　　我　去　　去年

pai²⁴ kɯa⁵³ n̩a³⁵ ʔdiən²⁴ ŋi³³
去　　那　　季　二月

　　　　　　　　　阿哥亲手给阿妹，

　　　　　　　　　阿妹领情就认可，

　　　　　　　　　阿妹认可就领情，

　　　　　　　　　为啥心狠不承认

　　　　　　　　　妹若聪明骗商贩，

　　　　　　　　　心狠去骗街上人，

　　　　　　　　　莫要欺我光棍汉，

　　　　　　　　　莫要狠心骗我情。

　　　　　　　　　阿哥信物前年送，

　　　　　　　　　去年我也拿去了，

　　　　　　　　　去时正值二月里，

ʔdiən²⁴ ŋi³³ waːn¹¹ ʔdiən²⁴ ŋi³³
　二月　　还　　二月

那时正是二月间，

ʔdiən²⁴ ŋi³³ nuəŋ³¹ tuk³⁵ waːŋ⁵³ kɯn¹¹ zaːn¹¹
　二月　妹　播　小米　上　房子

阿妹屋后撒小米，

pi³¹ ʔdai³¹ waːŋ²⁴ pai²⁴ jiən³³
　哥　得　走　去　递

哥走过去亲手递，

kwaːŋ²⁴ ʔdai³¹ hɯn⁵³ pai²⁴ jiən³³
　少爷　得　去　上　递

我爬上去递给你，

ʔdai³¹ jiən³³ su²⁴ ʔdai³¹ liŋ³¹
　得　道　你们　得　领

阿妹领情就认可，

ʔdai³¹ jiən³³ nuəŋ³¹ ʔdai³¹ ʔau²⁴
　得　递　妹　得　要

阿妹认可就领情，

sam¹¹ mau¹¹ mɯən¹¹ sin³⁵ pi³¹
　心　狠　灭　信物　哥

为啥狠心不承认，

kwaːi²⁴ ɕi³¹ kɯn²⁴ pu³¹ ha³⁵ tɕaːŋ²⁴ tɕe³¹
　聪明　就　吃　汉人　　集市上

你若聪明住街上，

zo³¹ ɕi³¹ kɯn²⁴ pu³¹ ka³¹ tɕaːŋ²⁴ hɯ²⁴
　会　就　吃　商贩　　集市中

场上商人任你骗，

mjau⁵³ kɯn²⁴ ku²⁴ kwaːŋ³³ kɯn³⁵
　别不　吃　我　　光棍

莫要骗我光棍汉，

mjau⁵³ kɯn²⁴ pi³¹ kwaːŋ³³ kɯn³⁵
　别　吃　哥　　光棍

莫要狠心骗我情。

sin³⁵ pi³¹ pai²⁴ pi²⁴ tau²⁴
信物 哥 去　前年

阿哥信物前年捎，

ʔdau²⁴ ku²⁴ pai²⁴ pi²⁴ kwa³⁵
礼物 我 去　去年

礼物我已请人带，

pai²⁴ kɯə⁵³ na³⁵ ʔdiən²⁴ saːm²⁴
去　那　季　三月

去时正值三月间，

tɕa¹¹ te²⁴ tɕaːŋ²⁴ tok³⁵ waːi³⁵
那时　中　种　棉花

那时正好种棉花，

nuəŋ³¹ tok³⁵ waːi³⁵ kɯn¹¹ zaːn¹¹
妹　种　棉花　上房子

妹在屋后撒棉种，

pi³¹ ʔdai³¹ waːŋ²⁴ pai²⁴ jiən³³
哥　得　走　去　递

哥走过去亲手递，

ɕin²⁴ fɯŋ¹¹ pi³¹ ʔdai³¹ jiən³³
真　手　哥　得　递

亲手递到妹手中，

sin³⁵ pi³¹ suə³⁵ sa²⁴ haːu²⁴
信物 哥 包 白 纸

我的信物白纸包，

ʔdau²⁴ ku²⁴ paːu²⁴ sai¹¹ non³³
礼物 我 包 红色纸

我的礼物红纸裹，

ton³³ ʔdeu²⁴ hen⁵³
节　一　黄色

一节是黄的，

ton³³ ʔdeu²⁴ haːu²⁴
节　一　白色

一节是白的，

ɕo³⁵ fɯŋ¹¹ sa:u²⁴ pɯən¹¹ zo³³
放　手　情妹　外方

阿哥亲手给阿妹。

sin³⁵ pi³¹ tɕi³⁵ hau⁵³ pjok³³
信物 哥 寄　给　青鱼

阿哥信物青鱼带，

la:u²⁴ pjok³³ tɯ¹¹ pai²⁴ ka:m⁵³
怕　青鱼　带　去　岩洞

害怕带到岩洞中，

nɯ³³ ha³¹ tɕi³⁵ hau⁵³ ka:m²⁴
打算 要 寄　给 中间人

想让中间人带去，

la:u²⁴ ka:m²⁴ tɯ¹¹ pai²⁴ wa:ŋ³⁵
怕 中间人　带　去 无结果

又怕去后无回音，

nɯ³³ ha³¹ tɕi³⁵ hau⁵³ pu³¹ kwa³⁵ zɔn²⁴
打算 要 寄 给　人　过　路

想请过路人带去，

la:u²⁴ ɕi³¹ ɕɔn¹¹ mi¹¹ tɔŋ³¹ taŋ¹¹ zuən³³
怕　是　话　不　讲　到　妹

又怕不转告阿妹

tɕi³⁵ pu³¹ ʔdi²⁴ la:u²⁴ lo³¹
寄　好 人 怕 骗

托给好人怕被骗，

taŋ³⁵ pu³¹ ho⁵³ la:u²⁴ lum¹¹
嘱咐　穷人　怕　忘

托给穷人怕他忘，

na⁵³ ʔdai³¹ ɕo³⁵ tɕen²⁴ pɯə³³ pai²⁴ ɕun¹¹
不如　放　衣袖　去　游玩

只好亲自走一趟，

zan²⁴ na⁵³ nuən³¹ luŋ⁵³ jiən³³
见　面 妹　才　递

见了阿妹亲自交，

puŋ¹¹ na⁵³ nuəŋ³¹ luŋ⁵³ jiən³³
遇　面　妹　才　递

　　　　　　　　　　　　　　碰到阿妹妹直接递，

pa³⁵ toi³⁵ pa³⁵ luŋ⁵³ ɕin²⁴
嘴　对　嘴　才　真

　　　　　　　　　　　　　　亲口说了才是真，

fɯŋ¹¹ kam²⁴ fɯŋ¹¹ luŋ⁵³ pem³¹
手　　握　手　　才　放心

　　　　　　　　　　　　　　手握手情长意深，

pjak³⁵ teŋ¹¹ ɕeu²⁴ zam³¹ hen⁵³
苦菜　　掺　　水　　黄

　　　　　　　　　　　　　　好比黄连拌苦菜，

kɯn²⁴ luŋ⁵³ tɕen³¹ luŋ⁵³ nɯ³³
吃　才　哽　才　想

　　　　　　　　　　　　　　酸苦香甜永相连。

sin³⁵ pi³¹ pai²⁴ pi²⁴ tau²⁴
信物　我　去　前年

　　　　　　　　　　　　　　阿哥信物前年捎，

ʔdau²⁴ ku²⁴ pai²⁴ pi²⁴ kwa³⁵
礼物　我　去　去年

　　　　　　　　　　　　　　去年我已请人带，

pai²⁴ kɯə⁵³ ŋa³⁵ ʔdiən²⁴ si³⁵
去　那　季　四月

　　　　　　　　　　　　　　去时正值四月间，

ʔdiən²⁴ si³⁵ waːn¹¹ ʔdiən²⁴ si³⁵
四月　还　四月

　　　　　　　　　　　　　　正是四月的时候，

ʔdiən²⁴ si³⁵ nuəŋ³¹ tɯk³⁵ pɯn³³ ɕo³⁵ tam¹¹
四月　　妹　　打　秧青　放　塘

　　　　　　　　　　　　　　四月阿妹忙秧青，

ʔdiən²⁴ si³⁵ nuəŋ³¹ tɯk³⁵ pɯn³³ ɕo³⁵ na¹¹
四月　　妹　　打　秧青　放　田

　　　　　　　　　　　　　　妹割秧青去泡田，

zan²⁴ ʔdai³¹ waːŋ²⁴ pai²⁴ jiən³³
见　得　走去　递

阿哥亲自送给你，

kwaːŋ²⁴ ʔdai³¹ huɯn⁵³ pai²⁴ jiən³³
少爷　得　上　去　递

哥将信物交给你，

ʔdai³¹ jiən³³ su²⁴ ʔdai³¹ liŋ³¹
得　递　你们　得　领

阿妹领情就认可，

ʔdai³¹ jiən³³ nuəŋ³¹ ʔdai³¹ ʔau²⁴
得　递　妹　得　要

阿妹认可就领情，

sam²⁴ mau¹¹ muɯən¹¹ sin³⁵ pi³¹
心　狠　灭　信物　哥

狠心瞒阿哥信物，

kwaːi²⁴ ɕi³¹ kuɯn²⁴ pu³¹ ka³¹
聪明　就　吃　贩子

妹若聪明骗商贩，

ja³¹ ɕi³¹ kuɯn²⁴ pu³¹ huɯ²⁴
猾　就　吃　商贩

心狠去骗街上人，

mjauɯ⁵³ kuɯn²⁴ ku²⁴ kwaːŋ³³ kun³⁵
别　吃　我　光棍

莫要欺我光棍汉，

mjauɯ⁵³ kuɯn²⁴ pi³¹ kwaːŋ³³ kun³⁵
别　吃　哥　光棍

莫要狠心骗我情。

sin³⁵ pi³¹ pai²⁴ pi²⁴ tau²⁴
信物　哥　去　前年

阿哥信物前年捎，

ʔdau²⁴ ku²⁴ pai²⁴ pi²⁴ kwa³⁵
礼物　我　去　去年

礼物我已请人带。

pai²⁴ kɯə⁵³ ɲa³⁵ ʔdiən²⁴ ha⁵³
　去　那季　　五月

ʔdiən²⁴ ha⁵³ waːn¹¹ ʔdiən²⁴ ha⁵³
　五月　　还　　五月

nuəŋ³¹ ʔdam²⁴ na¹¹ toŋ³³ la⁵³
　妹　栽　秧　下坝

nuəŋ³¹ lok³⁵ tɕa⁵³ toŋ³³ kɯn¹¹
　妹　扯　秧　上坝

luən²⁴ ʔdai³¹ puŋ¹¹ pai²⁴ jiən³³
　我　得　遇　去　递

ku²⁴ ʔdai³¹ waːŋ²⁴ pai²⁴ jiən³³
　我　得　走　去　递

ʔdai³¹ jiən³³ su²⁴ ʔdai³¹ liŋ³¹
　得　递　你　得　领

ʔdai³¹ liŋ³¹ nuəŋ³¹ ʔdai³¹ ʔau²⁴
　领　得　妹　得　要

sam²⁴ mau¹¹ mɯən¹¹ sin³⁵ pi³¹
　心　狠　灭　信物哥

kwaːi²⁴ ɕi³¹ kɯn²⁴ pu³¹ ka³¹
　聪明　就　吃　贩子

ja³¹ ɕi³¹ kɯn²⁴ pu³¹ hɯ²⁴
　猾　就　吃　商贩

去时正值五月间，

正是五月的时候，

阿妹下坝去栽秧，

阿妹上坝扯秧忙，

阿哥亲自送给你，

我将信物交给你，

阿妹领情就认可，

阿妹认可就领情，

狠心瞒阿哥信物，

妹若聪明骗商贩，

心狠去骗街上人，

mjaɯ⁵³ kɯn²⁴ ku²⁴ kwaːŋ³³ kun³⁵
　别　吃　我　　光棍

莫要欺我光棍汉，

mjaɯ⁵³ kɯn²⁴ pi³¹ kwaːŋ³³ kun³⁵
　别　吃　哥　　光棍

莫要狠心骗我情。

sin³⁵ pi³¹ pai²⁴ pi²⁴ tau²⁴
信物　哥　去　前年

阿哥信物前年捎，

ʔdau²⁴ pi³¹ pai²⁴ pi²⁴ kwa³⁵
礼物　哥　去　去年

礼物我已请人带，

pai²⁴ kɯə⁵³ ȵa³⁵ ʔdiən²⁴ zok³⁵
去　那季　　　六月

去时正值六月间，

ʔdiən²⁴ zok³⁵ waːn¹¹ ʔdiən²⁴ zok³⁵
六月　　　还　　六月

正是六月的时候，

nuəŋ³¹ ʔdaːi²⁴ waːi³⁵ zi³³ zok³³ kɯn¹¹ zaːn¹¹
妹　　 薅　　棉花　熟地　屋后

阿妹屋后去锄草，

pi³¹ ʔdai³¹ hɯn⁵³ pai²⁴ jiən³³
哥　得　　上　去　递

阿哥上去递给你，

ku²⁴ ʔdai³¹ waːŋ²⁴ pai²⁴ jiən³³
我　得　　走　　去　递，

我将信物交给你，

ʔdai³¹ jiən³³ su²⁴ ʔdai³¹ liŋ³¹
得　递　　你　得　领

阿妹领情就认可，

ʔdai³¹ liŋ³¹ nuəŋ³¹ ʔdai³¹ ʔau²⁴
得　领　　妹　　得　要

阿妹认可就领情，

sam²⁴ mau¹¹ mɯən¹¹ sin³⁵ pi³¹
　心　狠　灭　信物　哥

狠心灭阿哥信物，

kwaːi²⁴ ɕi³¹ kɯn²⁴ pu³¹ ka³¹
　聪明　就　吃　贩子

妹若聪明骗商贩，

ja³¹ ɕi³¹ kɯn²⁴ pu³¹ hɯ²⁴
　猾　就　吃　商贩

心狠去骗街上人，

mjaɯ⁵³ kɯn²⁴ ku²⁴ kwaːŋ³³ kɯn³⁵
　别　吃　我　光棍

莫要欺我光棍汉，

mjaɯ⁵³ kɯn²⁴ pi³¹ kwaːŋ³³ kɯn³⁵
　别　吃　哥　光棍

莫要狠心骗我情。

ma³⁵ taːu¹¹ ʔju³⁵ jiəŋ³³ taːu¹¹
　挑子　在　样　桃子

别人摘桃我摘桃，

haːu²⁴ sa¹¹ ʔbup³⁵ la⁵³ tɕi³⁵
　白　腐烂　下　枝

桃子未熟虫已蛀，

ʔi³⁵ pi³¹ zo³¹ taːu¹¹ ham¹¹
　如　哥　知　桃子苦

我若知道桃子苦，

zaːi³¹ mi¹¹ ʔdam²⁴ mɯŋ¹¹ ma³⁵
　真的　不　栽　你　果树

怎会费心把它栽，

ʔi³⁵ zo³¹ nuəŋ³¹ tuŋ³¹ ʔja³⁵ sam²⁴ jeu²⁴
　如　知　妹　肚恶　心狠

我若早知妹心狠，

zaːi³¹ mi¹¹ tɕi⁵³ ɕon³¹ ʔdeu²⁴ tɕi⁵³ zui³³
　真　不　几　句　一　几　叙

不把真心交给你，

zaːi³¹ mi¹¹ ʔdeu²⁴ ɕɔn¹¹ kaːŋ⁵³ tɕi⁵³ zui³³
真　不　一　句　话　几　叙

不把实话跟你说。

sin³⁵ pi³¹ pai²⁴ pi²⁴ tau²⁴
信物　哥　去　前年

阿哥信物前年捎，

ʔdau²⁴ ku²⁴ pai²⁴ pi²⁴ kwa³⁵
礼物　我　去　去年

礼物我已请人带，

pai²⁴ kɯə⁵³ na³⁵ ʔdiən²⁴ ɕat³⁵
去　那季　　七月

去时正值七月间，

ʔdiən²⁴ ɕat³⁵ waːn¹¹ ʔdiən²⁴ ɕat³⁵
　七月　　还　　七月

正是七月的时候，

ʔdiən²⁴ ɕat³⁵ nuəŋ³¹ zat³³ wɯəŋ⁵³ pjaːi⁵³ paːn¹¹
　七月　　妹　剪　小米　　环山路

阿妹山间收小米，

pi³¹ ʔdai³¹ waːŋ²⁴ pai²⁴ jiən³³
哥　得　走　去　递

阿哥亲自送给你，

kwaːŋ²⁴ ʔdai³¹ hɯn⁵³ pai²⁴ jiən³³
少爷　得　上　去　递

阿哥上去递给你，

ʔdai³¹ jiən³³ su²⁴ ʔdai³¹ liŋ³¹
　得　递　你们　得　领

阿妹认可就领情，

ʔdai³¹ liŋ³¹ nuəŋ³¹ ʔdai³¹ ʔau²⁴
　得　领　妹　得　要

阿妹领情就认可，

pja⁵³ tɯk³⁵ tuə¹¹ tuŋ³¹ ʔja³⁵
雷　劈　牲畜　心狠

雷公专劈狠心者，

pja⁵³ tɯk³⁵ tuə¹¹ tuŋ³¹ pɯn²⁴
　雷　劈　牲畜　心狠

pan¹¹ ma¹¹ mɯən¹¹ sin³⁵ ku²⁴
　成啥　　灭　信物 我

ma³⁵ taːu¹¹ ʔju³⁵ jiəŋ³³ taːu¹¹
　桃子　在　样　桃子

haːu²⁴ sa¹¹ ʔbup³⁵ la⁵³ tɕi³⁵
　白　　腐烂　下　枝

pi³¹ mi¹¹ zo³¹ ŋui³³ taːu¹¹ waːn²⁴
　哥　不　知　桃仁　　香

lɯk³³ laːi¹¹ tɕaːŋ²⁴ taːu¹¹ mɯn³³
　其　实　　中　桃　粉

pa³⁵ mɯŋ¹¹ lɯn³³ ziəŋ¹¹ pi³¹ ʔdi²⁴ ʔdi²⁴
　嘴　你　叙　和　哥　好　好

mi¹¹ ȵi¹¹ saːu²⁴ tuŋ³¹ ʔja³⁵
　没　想　情妹　　狠毒

sin³⁵ pi³¹ pai²⁴ pi²⁴ tau²⁴
　信物　哥　去　前年

ʔdau²⁴ ku²⁴ pai²⁴ pi²⁴ kwa³⁵
　礼物　我　去　　去年

pai²⁴ kɯa⁵³ ȵa³⁵ ʔdiən²⁴ pet³⁵
　去　　那季　　　八月

雷劈专打无情人，

为何不认我信物？

别人栽桃我摘桃，

桃子未熟虫已蛀，

阿哥不知桃仁香，

其实是个烂桃子，

嘴上跟哥发了誓，

没想尽如此无情。

阿哥信物前年捎，

礼物我已请人带，

去时正值八月间，

下编　民间情歌翻译　385

ʔdiən²⁴ pet³⁵ waːn¹¹ ʔdiən²⁴ pet³⁵
　八月　　还　　八月

正是八月的时候，

ʔdiən²⁴ pet³⁵ nuəŋ³¹ taːn²⁴ na¹¹
　八月　　妹　　收割

八月阿妹忙收割，

za¹¹ ʔdai³¹ waːŋ²⁴ pai²⁴ jiən³³
我　得　走　去　递

我将信物交给你，

zau¹¹ ʔdai³¹ waːŋ²⁴ pai²⁴ jiən³³
我　得　走　去　递

阿哥亲自送给你，

ʔdai³¹ jiən³³ su²⁴ ʔdai³¹ liŋ³¹
得　递　你　得　领

阿妹领情就认可，

ʔdai³¹ liŋ³¹ nuəŋ³¹ ʔdai³¹ ʔau²⁴
得　领　妹　得　要

阿妹认可就领情。

pɯə³³ ɕi³¹ ja³³ laːi²⁴ liŋ³¹
衣　女子　多　领

女人衣服领子多，

hin⁵³ ɕi³¹ ja³³ laːi²⁴ hok³⁵
裙　女子　多　瓣

女人裙子褶瓣多，

hok³⁵ ʔdeu²⁴ ɕu³¹ pjak³⁵ ŋaːi³³
瓣　一　接　蒿菜

左右逢源心难定，

paːi³³ ʔdeu²⁴ ɕu³¹ pjak³⁵ ʔan²⁴
边　一　接　芹菜

心猿意马难决断，

zan²⁴ pu³¹ kɯn¹¹ jiə³³ waːn³³
见　人　上方　也　换

上方的人你收了，

puŋ¹¹ pu³¹ tiə⁵³ jiə³³ waːn³³
　遇　　人　下方　也　　换

　　　　　　　　　　　　　　下方的人你不拒。

pja⁵³ sik³⁵ tuə¹¹ tuŋ³¹ ʔja³⁵
　雷　　撕　　牲畜　　狠毒

　　　　　　　　　　　　　　你昧良心遭雷劈，

pja⁵³ pa³⁵ tuə¹¹ sam²⁴ ko¹¹
　雷　　劈　　你　　坏心

　　　　　　　　　　　　　　雷公专劈无情人。

ʔbo³¹ mi¹¹ kaːŋ⁵³ hau⁵³ ɕɯ²⁴ hau⁵³ ho¹¹ ziəŋ¹¹ pi³¹
　不是　　讲　　进入　心　进入　脖子　跟　哥

　　　　　　　　　　　　　　跟我讲时真心又真意，

ku²⁴ kɯn²⁴ ma³⁵ kɯn²⁴ man⁵³ pjaːi²⁴ fai³¹ jiə³³ tɕai¹¹
　我　　吃　果子　吃　李子　　树梢　　也　爱

　　　　　　　　　　　　　　你愿跟我摘吃山间的野果，

zau¹¹ kɯn²⁴ nai²⁴ pjaːi²⁴ kwaːu⁵³ jiə³³ ɕo³³
　我　　吃　　雪　　　山顶　　也　名

　　　　　　　　　　　　　　喝山顶的雪水你也情愿，

he³³ mɯŋ¹¹ ʔju³⁵ pa³⁵ ʔbo³⁵ pa³⁵ ɕiŋ⁵³ tiən²⁴ mi¹¹ tiən²⁴
　不知　你　　在　井边　　井旁　　念　　不　念

　　　　　　　　　　　　　　你在井边担水时想念阿哥吗？

pi³¹ ka³³ ʔju³⁵ zaːn¹¹ ka³³ kɯn²⁴ ʔjən²⁴ ka³³ tai⁵³
　哥　自　在　家　自　吃　烟　自　哭

　　　　　　　　　　　　　　哥在家中思念你而独自流泪，

sai⁵³ pi³¹ mjon³³ lum⁵³ tau¹¹
　肠子　哥　朽　　如　青苔

　　　　　　　　　　　　　　哥的苦衷向谁说，

nau¹¹ taŋ¹¹ saːu²⁴ mi¹¹ ɕiə³³
　说　到　情妹　不　信

　　　　　　　　　　　　　　说给阿妹不动心。

nau¹¹ taŋ¹¹ nuəŋ³¹ mi¹¹ ɕiə³³
　说　到　妹　不　信

　　　　　　　　　　　　　　阿妹听了不动情。

sin³⁵ pi³¹ pai²⁴ pi²⁴ tau²⁴
信物 哥 去 前年

           阿哥信物前年捎，

ʔdau²⁴ ku²⁴ pai²⁴ pi²⁴ kwa³⁵
礼物 我 去 去年

           礼物哥已请人带，

pai²⁴ kwə⁵³ n̠a³⁵ ʔdiən²⁴ ku⁵³
去 那季 九月

           去时正值九月间，

ʔdiən²⁴ ku⁵³ waːn¹¹ ʔdiən²⁴ ku⁵³
九月 还 九月

           正是九月的时候，

sin³⁵ pi³¹ sin³⁵ kaːi²⁴ tɕop³⁵ tɕe³¹ mau⁵³
信物 哥 信物 卖 斗笠 兔场

           那是兔场卖的斗篷，

sin³⁵ pi³¹ sin³⁵ kaːi²⁴ hau³¹ tɕe³¹ san²⁴
信物 哥 信物 卖 米 猴场

           那是猴场卖的大米，

pai²⁴ tiŋ²⁴ ŋan¹¹ ɕaːŋ¹¹ ŋi³³
去 定 银 两二

           花去定银一两二，

ʔi³⁵ nau¹¹ pai²⁴ si³⁵ ɕen¹¹
如说 去 四 钱

           如花定银一丁点，

peŋ¹¹ mi¹¹ zan²⁴ ɕi³¹ ʔiə³⁵
贵 不 见 也 算

           阿妹不见也就罢，

tɕim²⁴ mi¹¹ liŋ³¹ ɕi³¹ ʔiə³⁵
妹 不 领 也 算

           阿妹不领也是情，

kaːi³⁵ ne³¹ pai²⁴ ɕaːŋ²⁴ si³⁵ ʔiŋ³⁵ ɕaːŋ¹¹ ha⁵³
个 这 去 两 四 和 两 五

           那是一两四五银，

na^{53} mi^{11} zan^{24} ɕi^{31} tɕi^{33}
面　不　见　就　忌讳

怎能转脸就不认，

mi^{11} zan^{24} pi^{31} ɕi^{31} tɕi^{33}
不　见　哥　就　忌讳

哪能转脸不领情。

mɯŋ^{11} ɕi^{31} pa^{35} kɯn^{24} zam^{31} ʔbo^{35} lin^{11}
你　是　嘴　吃　水　　凌井

阿妹嘴喝井中水，

soŋ^{24} tin^{24} tiəp^{33} pa:ŋ^{31} ʔbo^{35}
两　脚　踩　边　井

两脚踏在井边沿，

pa^{35} ɕi^{31} ka:ŋ^{53} ziən^{11} ku^{24}
嘴　是　讲　和　我

嘴上说的跟我好，

sam^{24} mɯŋ^{11} ma:i^{53} pu^{31} zo^{33}
心　你　想　他人

心里喜欢是别人，

ɕɯ^{24} ho^{11} ma:i^{53} pu^{31} zo^{33}
心　喉　想　他人

心头装的是别人。

sin^{35} pi^{31} pai^{24} pi^{24} tau^{24}
信物　哥　云　前年

阿哥信物前年捎，

ʔdau^{24} ku^{24} pai^{24} pi^{24} kwa^{35}
礼物　我　去　去年

礼物哥已请人带，

pai^{24} kɯə^{53} ɲa^{35} ʔdiən^{24} ɕip^{33}
去　那季　十月

去时正值十月间，

ʔdiən^{24} ɕip^{33} wa:n^{11} ʔdiən^{24} ɕip^{33}
十月　还　十月

正是十月的时候，

ʔdiən²⁴ ɕip³³ zau¹¹ wa:n³³ tɕop³⁵
　十月　　咱　换　斗笠

十月我们换斗笠，

muɯŋ¹¹ ɕa¹¹ tɕop³⁵ pi³¹ mjon³³
　你　嫌　斗笠　哥　朽

妹嫌阿哥斗笠烂，

pi³¹ ɕiə¹¹ muɯŋ¹¹ wa:n³³ kɔn³³
　哥　邀　你　换　手镯

阿哥邀你换手镯，

muɯŋ¹¹ ɕa¹¹ kɔn³³ pi³¹ luəŋ¹¹
　你　嫌　手镯　哥　铜

妹嫌手镯是铜做，

muɯŋ¹¹ ɕa¹¹ kɔn³³ ziə³⁵ ta:ŋ³⁵ pɯən¹¹ mi¹¹ wa:n³³
　你　嫌　手镯　锡　各方　不　换

你嫌手镯异乡锡不换，

ɕa¹¹ sin³⁵ lauɯ¹¹ ɕa¹¹ wuɯn¹¹
　嫌　信物　或　嫌　人

不知嫌人或嫌物，

ɕa¹¹ sin³⁵ pi³¹ ɕi³¹ tim¹¹
　嫌　信物　哥　就　添

嫌弃信物好商量，

ɕa¹¹ wuɯn¹¹ pi³¹ ɕi³¹ ʔiə³⁵
　嫌　人　哥　就　算

如嫌人品哥就罢。

mi¹¹ kwa³⁵ ho⁵³ ka:i³⁵ ŋan¹¹ kuə³³ pa³⁵
　不　过　穷　那　银　做　百

不过少了银钱百来两，

mi¹¹ kwa³⁵ ho⁵³ ka:i³⁵ ŋan¹¹ kuə³³ ɕiən²⁴
　不　过　穷　那　银　做　千

不过缺了银子千把两，

ʔjen²⁴ ɕa:m²⁴ muɯŋ¹¹ mi¹¹ ka:n³³
　必　讨　你　不　缺

但求阿妹别嫌弃，

muɯ¹¹ ɕaːm²⁴ nuəŋ³¹ mi¹¹ kaːn³³
　你　讨　妹　不　缺

但愿阿妹不绝交。

mi¹¹ kwa³⁵ mai²⁴ si²⁴ leu³¹ kuə³³ teu³³
　不　过　丝线　完　做　十斤

不过丝线十来斤，

tɕim²⁴ seu³⁵ leu³¹ kuə³³ ɕaːŋ¹¹
　针绣花　完　做　两

绣花针儿两把重，

po³³ zaːn¹¹ ho⁵³ mi¹¹ zuəŋ³³
　当　家　穷　不　愁

无悔日后家贫寒，

taːŋ²⁴ zaːn¹¹ zoi³¹ mi¹¹ zuəŋ³³
　当　家　烂　不　愁

乞丐生活也情愿。

sin³⁵ pi³¹ pai²⁴ pi²⁴ tau²⁴
　信物　哥　有　年

阿哥信物前年捎，

ʔdau²⁴ ku²⁴ pai²⁴ pi²⁴ kwa³⁵
　我礼物　去　去年

礼物哥已请人带，

pai²⁴ kɯə⁵³ na³⁵ ʔdiən²⁴ ʔit³⁵
　去　那季　十一月

那时正值十一月，

ku³⁵ te²⁴ pi³¹ li³¹ ɕoŋ²⁴ ŋan¹¹ zai³³
　那时　哥　有　贷　碎银

有些碎银在身边，

ku³⁵ te²⁴ ku²⁴ li³¹ tai³³ ŋan¹¹ liəŋ¹¹
　那时　我　有　袋　银粮

那是卖粮得的款，

muɯ¹¹ ziəŋ¹¹ ku²⁴ tuŋ³¹ le³³
　你　和　我　共　选

我俩一起随心选，

nuəŋ³¹ ziəŋ¹¹ pi³¹ tuŋ³¹ le³³
妹　和　哥　共　选

我俩一起尽情选，

le³³ man¹¹ ʔdu³¹ te²⁴ ʔbau²⁴
选　个　前　它　轻

选头一个嫌它轻，

mɯŋ¹¹ ɕi³¹ ʔau²⁴ soŋ²⁴ man¹¹ tuŋ³¹ toi³³
你　就　要　两　个　共　伴

你就两块一起要，

kwaːi²⁴ ɕi³¹ kɯn²⁴ pu³¹ ka³¹
聪明　就　吃　贩子

妹若聪明骗商贩，

ja³¹ ɕi³¹ kɯn²⁴ pu³¹ hɯ²⁴
猾　就　吃　商贩

心狠去骗街上人，

mjaɯ⁵³ kɯn²⁴ ku²⁴ kwaːŋ³³ kun³⁵
别　吃　我　光棍

莫要欺我光棍汉，

mjaɯ⁵³ kɯn²⁴ pi³¹ kwaːŋ³³ kun³⁵
别　吃　哥　光棍

莫要狠心骗我情。

pja⁵³ sik³⁵ mɯŋ¹¹ tuŋ³¹ ʔja³⁵
雷　撕　你　狠心

你昧良心遭雷劈，

pja⁵³ pa³⁵ tuə¹¹ tuŋ³¹ pɯn²⁴
雷　劈　牲畜　狠心

雷公专劈黑心人，

ɕiə¹¹ kuə³³ mo³⁵ zaːn¹¹ ʔdeu²⁴ mi¹¹ ɕu³¹
邀　做　堆　家　一　不　愿

想结连理妹不愿，

ɕiə¹¹ pai²⁴ ju³¹ mi¹¹ pai²⁴
邀　去　玩耍　不　去

邀去玩耍妹不肯，

下编　民间情歌翻译

pai²⁴ ɕaːu³¹ zaːn¹¹ ɕi³¹ ʔaːŋ³⁵
　去　兴　家　就　高兴

说到成家妹高兴，

ʔdan²⁴ ɕaːu³¹ ʔeu³¹ ɕi³¹ ʔaːŋ³⁵
　个　兴　家　就　高兴

谈起成家妹心欢。

sam²⁴ ɕi¹¹ ja³³ sam²⁴ kuŋ³¹
　心　女子　心　弯

世上数你心眼多，

tuŋ³¹ ɕi¹¹ ja³³ tuŋ³¹ ʔja³⁵
　肚　女子　心　狠

心口不一意难决，

ka³³ pai²⁴ ja³¹ ka³³ mɯŋ¹¹
　自　去　玩　自　你

阿妹独自去开心，

zoŋ³³ ʔdiən²⁴ paːn³¹ pi³¹ naŋ³³
　月亮　　伴　哥　坐

唯有明月伴我身。

sin³⁵ pi³¹ pai²⁴ pi²⁴ tau²⁴
信物 我 去 　前年

阿哥信物前年捎，

ʔdau²⁴ ku²⁴ pai²⁴ pi²⁴ kwa³⁵
礼物 我 去 　去年

礼物哥已请人带，

pai²⁴ kɯə⁵³ na³⁵ ʔdiən²⁴ laːp³³
　去　　那季　　腊月

去时正值腊月间，

ʔdiən²⁴ laːp³³ ɕi³¹ tok³⁵ nai²⁴
　腊月　　就　下雪

寒冬腊月下大雪，

sin³⁵ pi³¹ lai²⁴ ta³³ nuəŋ³¹ ɕi³¹ ʔdam²⁴
信物 哥 冲 河水 妹 　就 　潜

哥的信物冲到河里妹去捡，

tok³⁵ tam¹¹ saːu²⁴ ɕi³¹ leu³³
落　塘　情妹　就　游

落到塘里妹去捞，

leu³³ ʔau²⁴ sin³⁵ pi³¹ ma²⁴
游　要　信物　哥　来

捞起阿哥信物来，

pja²⁴ ʔdau²⁴ zam³¹ tɯ¹¹ son³³
鱼　里　水　　作证

水中鱼儿能作证，

leu³³ ʔau²⁴ sin³³ pi³¹ ma²⁴
游　要　信物　哥　来

阿哥信物捞回来，

ʔa²⁴ kɯn¹¹ tɕau⁵³ tɯ¹¹ son³³
乌鸦　头上　　作证

头上乌鸦来作证。

sin³⁵ pi³¹ mɯŋ¹¹ jiə³³ ʔdai³¹
信物　哥　你　也　得

妹已收下哥信物，

sin³⁵ mɯŋ¹¹ pi³¹ jiə³³ ʔdai³¹
信物　你　哥　也　得

哥也收下妹信物，

ʔi³⁵ nau¹¹ mai³¹ mi¹¹ ɕi¹¹
说　如　姑娘　不　嫌

阿妹如若不嫌弃，

ʔi³⁵ nau¹¹ mai³¹ mi¹¹ ɕa¹¹
如说　姑娘　不　弃

姑娘如果不嫌哥，

zau¹¹ ʔju³⁵ ne³¹ kaːŋ⁵³ kwa³⁵
咱们　在　这　讲　过

我俩在先应有言，

po³³ mɯŋ⁵³ ʔja³⁵ zo³¹ ʔdi²⁴
父　你　凶　会　好

阿爸再凶会心软，

mi¹¹ ɕe²⁴ mau⁵³ tɕiŋ³⁵ ɕi¹¹ pai²⁴ naŋ³³
不 丢 卯 和 辰 生 坐

                          别忘卯辰日相会，

ɕi¹¹ tɕiŋ³⁵ mau⁵³ pai²⁴ naŋ³³
辰 和 卯 去 坐

                          辰卯两日要相会。

pe³³ nau¹¹ taŋ³⁵ jiə³³ pai²⁴
即使 捎信 也 去

                          接到口信就要去，

pe³³ mi¹¹ taŋ³⁵ jiə³³ pai²⁴
既 不 捎信 也 去

                          没有口信也相会，

zɔn²⁴ tɕai²⁴ mi¹¹ ɕa⁵³ taŋ³⁵
路 远 不 等 转告

                          路远不等捎口信。

pu³¹ kwa³⁵ zɔn²⁴ zam³⁵ te²⁴ jiə³³ nau¹¹
位 过 路 荒 他 也 说

                          去向路人探口信，

ju³¹ zau¹¹ ʔdi²⁴ lau¹¹ ʔju³⁵
情妹 我 好 怎样

                          远方阿妹怎么样？

si³⁵ suəŋ¹¹ kan⁵³ lau¹¹ ʔju³⁵？
丝绒 健 怎样

                          阿妹一切可安好？

                    演唱：罗芝兰
                    收集：黄荣昌
                  翻译整理：黄荣昌　周国炎

相约歌
wɯən²⁴ taŋ³⁵
歌　相约

saːu²⁴ taŋ³⁵ pi³¹ pai²⁴ ɕun¹¹
情妹 邀约 哥 去 玩

         阿妹邀约去相会，

mɯŋ¹¹ taŋ³⁵ ku²⁴ pai²⁴ naŋ³³
　你　邀约 我　去　坐

         邀约阿哥去相会，

taŋ³⁵ pi³¹ pai²⁴ ʔdiən²⁴ ɕiəŋ²⁴
邀约 哥　去　　正月

         相会定在正月间，

ʔdiən²⁴ ɕiəŋ²⁴ waːn¹¹ ʔdiən²⁴ ɕiəŋ²⁴
　正月　　还　　正月

         定在正月来相会，

ʔdiən²⁴ ɕiəŋ²⁴ ku²⁴ suə³³ faŋ³¹
　正月　　我　包　粽粑

         正月阿哥实在忙，

ʔdiən²⁴ ɕiəŋ²⁴ pi³¹ naŋ⁵³ ziŋ¹¹
　正月　　哥　蒸　午饭

         阿哥一人忙家务，

tiŋ³³ kuə³³ hau³¹ mi¹¹ ɕeu²⁴
肯定　做　饭　不　浑

         锅灶边上忙不停，

nen²⁴ paːi¹¹ faːŋ¹¹ pau³⁵ ja³³
记住 摆放　鬼　祖宗

         厅堂摆酒祭先祖，

ʔaːn²⁴ paːi¹¹ faːŋ¹¹ pau³⁵ ja³³
安排 摆放　鬼　祖宗

         敬供祖宗不能忘。

mi¹¹ nau¹¹ saːu²⁴ ka³³ zo³¹
不　说　情妹　自　知

这事阿妹你知道，

mi¹¹ ɕuə³¹ nuəŋ³¹ ka³³ zan²⁴
不　叙　妹　自　见

这事阿妹你晓得，

mi¹¹ pan¹¹ pai²⁴ lo⁰ zuəŋ³³
不　成　去　啰　妹

正月无法去赴约，

pai²⁴ mi¹¹ pan¹¹ lo⁰ zuəŋ³³
去　不　成　啰　妹

这次不能去赴约，

tɕai¹¹ ɕi³¹ ɕa⁵³ ʔdiən²⁴ mo³⁵
想　就　等　月　新

阿妹有心等下月，

ɕo³³ ɕi³¹ ɕa⁵³ ʔdiən²⁴ laŋ²⁴
接着　就　等　月　后

下月我们再相会，

luŋ⁵³ zo³¹ sam²⁴ mɯŋ¹¹ so³³
才　知　心　你　直

阿哥才知妹的心，

luŋ⁵³ zo³¹ tuŋ³¹ mɯŋ¹¹ so³³
才　知　肚　你　直

知妹爱哥心真诚。

saːu²⁴ taŋ³⁵ pi³¹ pai²⁴ ɕun¹¹
情妹　邀约　哥　去　玩

阿妹约我去相会，

mɯŋ¹¹ taŋ³⁵ ku²⁴ pai²⁴ naŋ³³
你　邀约　我　去　坐

邀约阿哥去相会，

taŋ³⁵ pi³¹ pai²⁴ ʔdiən²⁴ ŋi³³
邀约　哥　去　　二月

相会定在二月间，

ʔdiən²⁴ ŋi³³ waːn¹¹ ʔdiən²⁴ ŋi³³
　二月　　还　　二月

定在二月来相逢，

ʔdiən²⁴ ŋi³³ pi³¹ zim¹¹ pjaːu¹¹ ɕo³⁵ zi³³
　二月　哥　收拾　饭豆　放　地

二月阿哥忙备耕，

ʔdiən²⁴ ŋi³³ pi³¹ zim¹¹ pi³³ ɕo³⁵ siən²⁴
　二月　哥　收拾　米豆　放　园子

阿哥二月忙下种，

ʔdiən²⁴ te²⁴ pi³¹ mi³¹ waːŋ³⁵
　月　那　哥　没　空

农耕时节无空闲，

ʔbo³¹ mi¹¹ waːŋ³⁵ pai²⁴ ju³¹ ʔdiən²⁴ te²⁴
　没有　空闲　去　玩耍　月　那

没有闲暇去玩耍，

ɕe²⁴ pa¹¹ fɯə³¹ paːn³¹ me³³
　留　妻　别人　陪　母亲

岂能留妻陪伴娘，

luɯk³³ lun¹¹ fɯə³¹ paːn³¹ me³³
　幺儿　　别人　陪　母亲

独让娇儿陪阿妈。

tɕai¹¹ ɕi³¹ ɕa⁵³ ʔdiən²⁴ mo³⁵
　想　就　等　月　新

阿妹有心等下月，

ɕo³³ ɕi³¹ ɕa⁵³ ʔdiən²⁴ łaŋ²⁴
　接着　就　等　月　后

下月我们再相会，

luŋ⁵³ zo³¹ sam²⁴ mɯŋ¹¹ so³³
　才　知　心　你　直

阿哥才知妹的爱，

luŋ⁵³ zo³¹ tuŋ²⁴ mɯŋ¹¹ so³³
　才　知　肚　你　直

知妹爱哥心很诚。

sa:u²⁴ taŋ³⁵ pi³¹ pai²⁴ ɕun¹¹
情妹 邀约 哥 去 玩

阿妹约我去相会，

mɯŋ¹¹ taŋ³⁵ ku²⁴ pai²⁴ naŋ³³
你 邀约 我 去 坐

邀约阿哥去相会，

taŋ³⁵ pi³¹ pai²⁴ ʔdiən²⁴ sa:m²⁴
邀约 哥 去 三月

相会定在三月间，

ʔdiən²⁴ sa:m²⁴ wa:n¹¹ ʔdiən²⁴ sa:m²⁴
三月 还 三月

定在三月来相会，

lɔk³⁵ tam³⁵ pi³¹ pan¹¹ ʔa:n²⁴
水车 矮 哥 成 打算

哥的水车要修理，

lɔk³⁵ sa:ŋ²⁴ ku²⁴ pan¹¹ to³⁵
水车 高 我 成 安装

哥的水车要安装，

to³⁵ ʔau²⁴ zam³¹ pai²⁴ tam¹¹
安装 要 水 去 塘

水车车水放池塘，

to³⁵ ʔau²⁴ zam³¹ ma²⁴ na¹¹
安装 要 水 来 田

水车转水到田间，

ta¹¹ ʔau²⁴ zam³¹ ʔa:n³⁵ toŋ³³
抽 要 水 淹田 坝

田坝都要灌满水。

lɔŋ³³ te²⁴ tu²⁴ za²⁴ ɕeu³¹
时段 那 我 找 犁绳，

那时我正忙备耕，

lɔŋ³³ te²⁴ pi³¹ za²⁴ kau²⁴
时段 那 哥 找 藤，

春耕时节哥正忙，

hau³¹ ɕau¹¹ tɔk³⁵ la⁵³ kai³⁵
晚饭　落　下　鸡（叫）

鸡鸣才得吃晚饭，

ȵa³⁵ zai³⁵ pi³¹ hoŋ²⁴ han²⁴
农忙　哥　活路　忙，

春来阿哥农活紧，

miː¹¹ pan¹¹ pai²⁴ lo⁰ zuəŋ³³
不　成　去　啰妹，

难与阿妹来相会，

pai²⁴ mi¹¹ pan¹¹ lo⁰ zuəŋ³³
去　不　成　啰妹，

赴妹约会难成行，

tɕai¹¹ ɕi³¹ ɕa⁵³ ʔdiən²⁴ mo³⁵
想　就　等　月　新

阿妹有心等下月，

ɕo³³ ɕi³¹ ɕa⁵³ ʔdiən²⁴ laŋ²⁴
接着　就　等　月　后

等到下月再相会，

luŋ⁵³ zo³¹ sam²⁴ mɯŋ¹¹ so³³
才　知　心　你　直

阿哥才知妹的心，

luŋ⁵³ zo³¹ tuŋ³¹ mɯŋ¹¹ so³³
才　知　肚　你　直

知妹爱哥心真诚。

saːu²⁴ taŋ³⁵ pi³¹ pai²⁴ ɕun¹¹
情妹　邀约　哥　去　玩

阿妹约哥去相会，

mɯŋ¹¹ taŋ³⁵ ku²⁴ pai²⁴ naŋ³³
你　邀约　我　去　坐

邀约阿哥去相会，

ziə²⁴ taŋ³⁵ pi³¹ pai²⁴ naŋ³³
你　邀约　哥　去　坐

妹你约哥来谈心，

taŋ³⁵ pi³¹ pai²⁴ ʔdiən²⁴ si³⁵
邀约 哥 去 四月

相会定在四月间，

ʔdiən²⁴ si³⁵ waːn¹¹ ʔdiən²⁴ si³⁵
四月 还 四月

约好四月来相会，

ʔdiən²⁴ si³⁵ pi³¹ tɯk³³ pɯn³³ ɕo³⁵ tam¹¹
四月 哥 打 秧青 放 塘

四月满山野草青，

ʔdiən²⁴ si³⁵ pi³¹ tɯk³⁵ pɯn³³ ɕo³⁵ na¹¹
四月 哥 打 秧青 放 田

割草放田当施肥，

tɕa⁵³ li³¹ ŋa¹¹ ʔdaɯ²⁴ tam³³
秧苗 有 芽 里 田

田里秧苗已发芽，

hat³⁵ ham³³ pi³¹ pan¹¹ hɔk³⁵ waːi¹¹ seŋ²⁴
早 晚 哥 成 驯 牛 犊

早晚驯牛忙不停，

tɕen²⁴ li³¹ wəi⁵³ ɕa³³ pɯ³³
臂 有 挂 牛索

胳膊挽着牵牛索，

fɯŋ¹¹ li³¹ ze³¹ ɕa³³ pɯ³³
手 有 牵 牛索

牛鼻套子手上拎，

nɯ³³ mi¹¹ nau¹¹ ɕi³¹ saːu²⁴ ka³³ zo³¹
想 不 说 就 情妹 自 知

农活阿妹是好手，

mi¹¹ ɕuə³¹ ju³¹ ka³³ zan²⁴
不 叙 情妹 自 见

阿哥不说妹自明，

mi¹¹ pan¹¹ pai²⁴ lo⁰ zuəŋ³³
不 成 去 啰 妹

难与阿妹来相会，

pai²⁴ mi¹¹ pan¹¹ lo⁰ zuəŋ³³
  去   不   成 啰 妹

         赴妹约会难成行，

tɕai¹¹ ɕi³¹ ɕa⁵³ ʔdiən²⁴ mo³⁵
  想   就   等   月   新

         阿妹有心等下月，

ɕo³³ ɕi³¹ ɕa⁵³ ʔdiən²⁴ laŋ²⁴
接着 就 等   月   后

         等到下月再相会，

luŋ⁵³ zo³¹ sam²⁴ mɯŋ¹¹ so³³
  才   知   心   你   直

         阿哥才知妹的心，

luŋ⁵³ zo³¹ tuŋ³¹ mɯŋ¹¹ so³³
  才   知   肚   你   直

         知妹爱哥心真诚。

saːu²⁴ taŋ³⁵ pi³¹ pai²⁴ ɕun¹¹
情妹 邀约 哥   去   玩

         阿妹约哥去相会，

mɯŋ¹¹ taŋ³⁵ ku²⁴ pai²⁴ naŋ³³
  你   邀约 我   去   坐

         邀约阿哥去相会，

ziə²⁴ taŋ³⁵ pi³¹ pai²⁴ naŋ³³
  你 邀约 哥   去   坐

         妹你约哥去谈心，

taŋ³⁵ pi³¹ pai²⁴ ʔdiən²⁴ ha⁵³
邀约 哥   去   五月

         相会定在五月间，

ʔdiən²⁴ ha⁵³ waːn¹¹ ʔdiən²⁴ ha⁵³
  五月   还   五月

         约好五月来相会，

tɔŋ³³ kɯn¹¹ fɯə³¹ jeu²⁴ tɕa⁵³
  上坝   别人   青   秧苗，

         上坝田中苗已青，

tɔŋ³³ la⁵³ jiə³³ jeɯ²⁴ ʔdaːi²⁴
　下坝　也　青　薅

下坝身苗已薅成，

na¹¹ pi³¹ kwaːi²⁴ fi³³ zai³⁵
　田　哥　聪明　未　犁

哥的秧田没有犁，

pjəm²⁴ kai³³ li³¹ ta¹¹ tu¹¹
　浮漂　　还　牵连

野草艾蒿盘根错，

pjak³⁵ fu¹¹ li³¹ ta¹¹ taːŋ³³
　浮　萍　还　牵藤

浮萍水藻牵着藤，

li³¹ ta¹¹ taːŋ³³ pai²⁴ tɕai²⁴
　有　牵滕　去　远

青藤长出好几里，

na¹¹ ɕai²⁴ tɕau⁵³ fi³³ ma³³
　田　犁　头道　未　耙

秧田等着犁头耙，

wa³⁵ pɯə³³ pi³¹ paːn⁵³ paŋ¹¹
　裤　衣服　哥　沾　泥浆，

哥的衣裤粘薄泥，

ŋɔn¹¹ ŋɔn¹¹ hoŋ²⁴ jiə³³ ziən³³
　天　天　农活　也　繁忙，

天天忙着田里转，

pi³¹ kuə³³ piən³³ mi¹¹ pan¹¹
　哥　做　快　不　成，

恨不一人变两人，

tɕa⁵³ ʔdaɯ²⁴ han¹¹ jiə³³ tɕe³⁵
　秧苗　里　田埂　也　老

田中秧苗日渐老，

po³³ mi¹¹ me³³ laɯ¹¹ ʔdam²⁴
　父　没　母　哪　栽

单靠父母岂能行，

mi¹¹ nau¹¹ saːu²⁴ ka³³ zo³¹
不　说　情妹　自　知

        阿妹当家是好手，

mi¹¹ ɕuə³¹ ju³¹ ka³³ zan²⁴
不　叙　情妹　自　见

        哥我不说你自明，

ɕaːu⁵³ sam²⁴ zau¹¹ pu³¹ to³³
扰　心　我们　个　一

        忧心不过我一人，

ɕaːu⁵³ sam²⁴ pi³¹ pu³¹ to³³
扰　心　哥　个　一

        忧愁不过哥一人，

pe³³ nau¹¹ tɕe³⁵ ɕi³¹ tɕe³⁵ ʔdaɯ²⁴ tɕa⁵³
即使　老　就　老　里　秧田

        田中秧苗随它老，

to⁵³ ʔdai³¹ na⁵³ tuŋ³¹ zan²⁴
只　得　脸　相　见

        但得与妹来相逢，

na¹¹ mi¹¹ ʔdam²⁴ ɕi³¹ ʔiə³⁵
田　不　栽　也　罢

        秧苗不栽也作罢，

waŋ²⁴ mi¹¹ tem⁵³ ɕi³¹ ʔiə³⁵
红稗　不　点　也　罢

        红稗不撒也作罢。

saːu²⁴ taŋ³⁵ pi³¹ pai²⁴ ɕun¹¹
情妹　邀约　哥　去　玩

        阿妹约我去相会，

ziə²⁴ taŋ³⁵ lun¹¹ pai²⁴ naŋ³³
你　邀约　我　去　坐

        邀约阿哥去相会，

mɯŋ¹¹ taŋ³⁵ pi³¹ pai²⁴ naŋ³³
你　邀约　哥　去　坐

        妹你约哥去谈心，

taŋ³⁵ pi³¹ pai²⁴ ʔdiən²⁴ zɔk³⁵
邀约 哥 去　 六月

相会定在六月间，

ʔdiən²⁴ zɔk³⁵ waːn¹¹ ʔdiən²⁴ zɔk³⁵
　六月　 还　 六月

定在六月来相会，

waːi³⁵ zi³³ zɔk³³ pan¹¹ lɔŋ¹¹
棉花 熟地 成 除草

地里棉花该除草，

ŋən¹¹ lauɯ¹¹ pi³¹ ɕi³¹ waːŋ³⁵
天　 哪　 哥 就 空闲

阿哥何日有空闲，

ʔbo³¹ mi¹¹ waːŋ³⁵ pai²⁴ ɕun¹¹
　没有　 空　去　玩

没有闲暇去玩耍，

ɕe²⁴ saːu²⁴ lun¹¹ paːn³¹ me³³
留 情妹 小 陪　母亲

丢下情妹陪阿妈，

ɕe²⁴ saːu²⁴ ju³¹ paːn³¹ me³³
留 情妹 朋友 陪 母亲

陪着阿妈把哥等，

zam³¹ so³⁵ ta³³ pan¹¹ nai¹¹
水　 渡口 成 淤泥，

渡口淤泥已集积，

zam³¹ so³⁵ nai¹¹ pan¹¹ zaːi³⁵
水　 渡口 淤泥 成 河滩

淤泥集积成沙滩，

pi³¹ tɔk³⁵ naːi³⁵ pai²⁴ ɕun¹¹
哥　疲劳　去　玩

阿哥久不连阿妹，

mɯŋ¹¹ jiə³³ maŋ³¹ pi³¹ tuən³³
你　也 以为 哥 断绝

让妹以为情已断。

tuən³³ ɕi³¹ tuən³³ kaːi³⁵ fat³³
断绝 就 断绝 个 腰带

要断断的是腰带，

tuən³³ ɕi³¹ tuən³³ kaːi³⁵ kan²⁴
断绝 就 断绝 个 帕子

要断断的是头巾，

ʔdan²⁴ kuə³³ ɕam¹¹ mi¹¹ tuən³³
个 玩耍 不 断绝

哥妹情谊岂能断，

mɯn¹¹ pai²⁴ ju³¹ mi¹¹ tuən³³，
事情 去 朋友 不 断，

哥妹友情岂能断，

pi³¹ ha³¹ pai²⁴ ham³³ sat³⁵
哥 想 去 晚 戌日

戌日哥去见阿妹，

ham³³ sat³⁵ te²⁴ wɯn²⁴ tau⁵³
晚 戌 那 雨 下

可恨连绵雨不停，

pi³¹ ha³¹ pai²⁴ ham³³ mau⁵³
哥 想 去 晚 卯日

卯日哥想去见妹，

ham³³ mau⁵³ te²⁴ lap³⁵ jeu²⁴
晚 卯 那 漆黑

天黑路险难成行，

pan¹¹ pjeu²⁴ nuəŋ³¹ pɯəŋ³¹ zo³³
成 得罪 妹 方 外

让妹成天空等候，

tɕai¹¹ ɕi³¹ ɕa⁵³ ʔdiən²⁴ mo³⁵
想 就 等 月 新

阿妹有心等下月，

ɕo³³ ɕi³¹ ɕa⁵³ ʔdiən²⁴ laŋ²⁴
接着 就 等 月 后

等到下月再相会，

luŋ⁵³ zo³¹ sam²⁴ mɯŋ¹¹ so³³
才　知　心　你　直

阿哥才知你的心，

luŋ⁵³ zo³¹ tuŋ³¹ mɯŋ¹¹ so³³
才　知　肚　你　直

知妹爱哥心很诚。

sa:u²⁴ taŋ³⁵ pi³¹ pai²⁴ ɕun¹¹
情妹　邀约　哥　去　玩

阿妹约哥去相会，

ziə²⁴ taŋ³⁵ lun¹¹ pai²⁴ naŋ³³
你　邀约　我　去　坐

邀约阿哥去相会，

mɯŋ¹¹ taŋ³⁵ pi³¹ pai²⁴ naŋ³³
你　邀约　哥　去　坐

妹约阿哥去谈心，

taŋ³⁵ pi³¹ pai²⁴ ʔdiən²⁴ ɕat³⁵
邀约　哥　去　　七月

相会定在七月间，

ʔdiən²⁴ ɕat³⁵ wa:n¹¹ ʔdiən²⁴ ɕat³⁵
七月　　还　　七月

定好七月来相会，

ʔdiən²⁴ ɕat³⁵ lap³⁵ mo³⁵ hɯn⁵³ tɕi¹¹ tɕu²⁴
七月　　雾　　上　（状词）

七月雾气罩山野，

nu²⁴ kat³⁵ hau³¹ na¹¹ toŋ³³
耗子　嘴　稻谷　田坝

田中老鼠毁稻谷，

loŋ³³ ne³¹ pi³¹ liəm¹¹ kon¹¹ han¹¹ la⁵³
时段　这　哥　镰刀　割　田埂　下

阿哥忙着除杂草，

ɕa³¹ pai²⁴ ɕua⁵³ han¹¹ kɯn¹¹
柴刀　去　砍　田埂　上

杂草除尽鼠难藏，

mi¹¹ nau¹¹ muɯŋ¹¹ ka³³ zo³¹
不　说　你　自　知

阿妹眼明心自知，

mi¹¹ ɕuə³¹ ju³¹ ka³³ zan²⁴
不　叙　情妹 自 见

哥我不说你自明，

mi¹¹ pan¹¹ pai²⁴ luŋ⁵³ zuəŋ³³
不　成　去　才　盼

心急如焚妹怎见，

pai²⁴ mi¹¹ pan¹¹ luŋ⁵³ zuəŋ³³
去　不　成　才　愁

不能会友哥心忧，

zam³¹ so³⁵ ta³³ pan¹¹ nai¹¹
水　渡口　成　淤泥

渡口淤泥已集积，

zam³¹ so³⁵ nai¹¹ pan¹¹ zaːi³⁵
水　渡口 淤泥　成　河滩

淤泥集积成沙滩，

pi¹¹ tɔk³⁵ naːi³⁵ pai²⁴ ɕun¹¹
哥　懒得　　去　玩

阿哥久不与妹连，

muɯŋ¹¹ ȵa³⁵ maŋ³¹ pi³¹ tuən³³
你　以为　哥　断绝

以为阿哥情谊断，

tuən³³ ɕi³¹ tuən³³ kaːi³⁵ fat³³ nuəŋ³¹ haɯ⁵³
断绝　就 断绝　那　腰带　妹　给

要断断的是腰带，

tuən³³ ɕi³¹ tuən³³ kaːi³⁵ kan²⁴
断绝　就 断绝　那　帕子

要断断的是头巾，

ʔdan²⁴ kuə³³ ɕam¹¹ mi¹¹ tuən³³
个　　玩耍　不　断绝，

哥妹情谊岂能断，

muɯn¹¹ pai²⁴ ju³¹ mi¹¹ tuən³³
事情　去　朋友　不　断绝

　　　　　　　　　　　　　　哥妹友情岂能绝。

sa:u²⁴ taŋ³⁵ pi³¹ pai²⁴ ɕun¹¹
阿妹 邀约 哥　去　玩

　　　　　　　　　　　　　　阿妹约哥去相会，

ziə²⁴ taŋ³⁵ lun¹¹ pai²⁴ naŋ³³
你　邀约　我　去　坐

　　　　　　　　　　　　　　邀约阿哥去相会，

muɯŋ¹¹ taŋ³⁵ pi³¹ pai²⁴ naŋ³³
你　邀约　哥　去　坐

　　　　　　　　　　　　　　妹约阿哥去谈心，

taŋ³⁵ pi³¹ pai²⁴ ʔdiən²⁴ pet³⁵
邀约　哥　去　　八月

　　　　　　　　　　　　　　相会定在八月间，

ʔdiən²⁴ pet³⁵ wa:n¹¹ ʔdiən²⁴ pet³⁵
八月　　　还　　　八月

　　　　　　　　　　　　　　定在八月来相会，

fa³³ zep³⁵ pa³⁵ ŋa:m¹¹ fuɯŋ¹¹
剪谷刀　卡　手指丫　手

　　　　　　　　　　　　　　八月田中稻谷黄，

mi¹¹ nau¹¹ muɯŋ¹¹ ka³³ zo³¹
不　说　你　自　知

　　　　　　　　　　　　　　阿妹农活是里手，

mi¹¹ ɕuə³¹ muɯŋ¹¹ ka³³ zan²⁴
不　叙　你　自　见

　　　　　　　　　　　　　　可我不说你自明，

mi¹¹ pan¹¹ pai²⁴ luŋ⁵³ zuəŋ³³
不　成　去　才　愁

　　　　　　　　　　　　　　不能相会哥心忧，

pai²⁴ mi¹¹ pan¹¹ luŋ⁵³ zuəŋ³³
去　不　成　才　愁

　　　　　　　　　　　　　　不能见面哥忧愁，

pi³¹ ɕi³¹ lap³⁵ ham³³ pjaːi⁵³ ʔdiən³¹ ʔdu²⁴
哥　就　黑　夜　走　　经常

阿哥摸黑赶夜路，

mi¹¹ laːu²⁴ kuk³⁵ kɯn²⁴ mu²⁴
不　怕　老虎　吃　猪

不怕猛虎把路拦，

mi¹¹ laːu²⁴ ho³⁵ ʔdop³⁵ zin²⁴
不　怕　膝盖　碰　石头

路途艰险哥不惧，

tɕim²⁴ sin³³ hoː⁵³ ziəŋ¹¹ zuəŋ³³
我　辛苦　跟　妹

只为能与情妹连，

sam²⁴ ɕi¹¹ ja³³ sam²⁴ laːu³¹
心　女子　心　大

阿妹魅力真是大，

ŋaːu³¹ pu³¹ saːi²⁴ pjaːi⁵³ lap³⁵
拗　男孩　走　黑

让我摸黑走夜路，

tiəp³³ tɕiː⁵³ mo³³ faːŋ¹¹ siəŋ²⁴
踩　几　坟　恶　鬼

乱岗坟茔哥不怕，

tiəp³³ tɯ¹¹ ziəŋ²⁴ kuk³⁵ viu³⁵
踩　着　尾　豹子

豺狼虎豹又何妨，

kuk³⁵ viu³⁵ si³⁵ tin²⁴ haːu²⁴
豹子　四　脚　白

龙潭虎穴哥也闯，

nau¹¹ taŋ¹¹ saːu²⁴ mi¹¹ ɕiə³³
说　到　情妹　不　信

说来阿妹你不信，

tiən²⁴ taŋ¹¹ ju³¹ mi¹¹ ɕiə³³
念　到　情妹　不　信

说了阿妹全不信，

kuk³⁵ viu³⁵ zo³¹ tuə¹¹ wɯn¹¹
　　豹子　还是　　人
　　　　　　　　　　　　　　　　山中豹子性凶猛，

zaːi³¹ le³³ taːi²⁴ la⁵³ fɯŋ¹¹ mai³¹ zuəŋ³³
　真　嘞　死　下　手　　姑娘
　　　　　　　　　　　　　　　　阿哥为妹命堪忧，

taːi²⁴ tɕaːŋ²⁴ zuŋ⁵³ mai³¹ zuəŋ³³
　死　　怀中　　　姑娘
　　　　　　　　　　　　　　　　为阿妹阿哥命难保。

saːu²⁴ taŋ³⁵ pi³¹ pai²⁴ ɕun¹¹
情妹 邀约 哥　去　玩
　　　　　　　　　　　　　　　　阿妹约哥去相会，

ziə²⁴ taŋ³⁵ lun¹¹ pai²⁴ naŋ³³
你　邀约 我　去　坐
　　　　　　　　　　　　　　　　邀约阿哥去相会，

mɯŋ¹¹ taŋ³⁵ pi³¹ pai²⁴ naŋ³³
你　邀约 哥　去　坐
　　　　　　　　　　　　　　　　妹约阿哥去谈心，

taŋ³⁵ pi³¹ pai²⁴ ʔdiən²⁴ ku⁵³
邀约　哥　去　　九月
　　　　　　　　　　　　　　　　定在九月来相会，

ʔdiən²⁴ ku⁵³ waːn¹¹ ʔdiən²⁴ ku⁵³
　九月　　　还　　九月
　　　　　　　　　　　　　　　　相会定在九月间，

ʔdiən²⁴ ku⁵³ pi³¹ li³¹ lɔi³³ tuk³⁵ nam²⁴
　九月　　哥 有 剔　苦竹篾
　　　　　　　　　　　　　　　　九月哥要削篾条，

tɕɔt³⁵ hau³¹ taːn²⁴ na¹¹ tɔŋ³³
　捆　谷　剪　田　坝
　　　　　　　　　　　　　　　　田间稻谷等哥捆，

lɔŋ³³ ne³¹ mi¹¹ nau¹¹ saːu²⁴ ka³³ zo³¹
时段　这　不　说　情妹　自　知
　　　　　　　　　　　　　　　　这事阿妹你知道，

mi¹¹ ɕuə³¹ ju³¹ ka³³ zan²⁴
不 叙 情 妹 自 见

不讲阿妹心自明。

mi¹¹ pan¹¹ pai²⁴ luŋ⁵³ zuəŋ³³
不 成 去 了 愁

不能相会哥发愁，

pai²⁴ mi¹¹ pan¹¹ luŋ⁵³ zuəŋ³³
去 不 成 才 愁

不能相见心忧愁，

pi³¹ ɕi³¹ lap³⁵ ham³³ pjaːi⁵³ ʔdi³¹ ʔdiəŋ⁵³
哥 就 黑 夜 走 （状词），

哥我夜夜摸黑路，

pjaːi⁵³ la⁵³ siə⁵³ tin²⁴ ɕiəŋ¹¹
走 下 檐 脚 墙

顺着墙脚往前行，

pi³¹ ɕi³¹ mi¹¹ tɯk³³ pu³¹ pjaːi⁵³ zum³³
哥 就 不 是 个 走 征税

阿哥不是催租人，

pi³¹ jiə³³ mi¹¹ tɯk³³ pu³¹ pjaːi⁵³ liəŋ¹¹
哥 也 不 是 个 走 催粮

阿哥不是催粮人，

ʔdiəp³⁵ taŋ¹¹ ɕɔn¹¹ kaːŋ⁵³ liəŋ²⁴ saːu²⁴ taŋ³⁵
想 起 话语 别的 情妹 邀约

想起阿妹捎信来，

tuŋ³¹ naŋ³³ tɕiŋ³⁵ tuŋ³¹ nau¹¹
一起 坐 和 一起 说

邀约相会把心谈，

taːu³⁵ tuŋ³¹ zan²⁴ tɕi⁵³ ham³³
转 相 见 几 晚

一起畅谈几通宵，

zau¹¹ tuŋ³¹ ɕuə³¹ tɕi⁵³ ham³³
我们一起 叙 几 晚

心中话儿尽倾诉。

saːu²⁴ taŋ³⁵ pi³¹ pai²⁴ ɕun¹¹
情妹 邀约 哥 去 玩

            阿妹约哥去相会，

ziə²⁴ taŋ³⁵ lun¹¹ pai²⁴ naŋ³³
你 邀约 我 去 坐

            邀约阿哥去相会，

mɯŋ¹¹ taŋ³⁵ pi³¹ pai²⁴ naŋ³³
你 邀约 哥 去 坐

            说给阿哥去相会，

taŋ³⁵ pi³¹ pai²⁴ ʔdiən²⁴ ɕip³³
邀约 哥 去 十月

            相会定在十月间，

ʔdiən²⁴ ɕip³³ waːn¹¹ ʔdiən²⁴ ɕip³³
十月 还 十月

            定在十月来相会，

ʔdiən²⁴ ɕip³³ pi³¹ li³¹ kwai³³ ŋan¹¹ liəŋ¹¹
十月 哥 有 催 银 粮

            阿哥十月要催粮，

ʔdiən²⁴ ɕip³³ pi³¹ li³¹ zip³³ ŋan¹¹ zai³³
十月 哥 有 收 银 碎

            十月阿哥要催款，

mi¹¹ nau¹¹ saːu²⁴ ka³³ zo³¹
不 说 情妹 自 知

            不说阿妹你自知，

mi¹¹ ɕuə³¹ ju³¹ ka³³ zan²⁴
不 叙 情妹 自 见

            不讲阿妹你自明，

mi¹¹ pan¹¹ pai²⁴ luŋ⁵³ zuəŋ³³
不 成 去 才 愁

            不能见面哥心乱，

pai²⁴ mi¹¹ pan¹¹ luŋ⁵³ zuəŋ³³
去 不 成 才 愁

            相会不了哥忧愁，

下编 民间情歌翻译   413

pi³¹ ha³¹ pai²⁴ ham³³ sat³⁵
哥 想 去 晚 戌日

心想戌日去相会，

paːi³³ kɯn¹¹ jiə³³ ʔjap³⁵ pja⁵³
上方 也 扯闪电

那晚闪电又雷鸣，

pi³¹ ha³¹ pai²⁴ ham³³ sa³¹
哥 想 去 晚 午日

改在午日去相会，

paːi³³ la⁵³ jiə³³ lap³³ fɯəm³¹
下方 也 昏暗

那晚地暗又天昏，

nuəŋ³¹ ma³¹ ɕe²⁴ pi³¹ tai⁵³ pa¹¹ lin¹¹
妹 啥 丢 哥 哭 忧伤

阿妹让哥伤透心，

ɕɯ¹¹ ne³¹ tak³⁵ jiə³³ ziən³³ ʔdaɯ²⁴ na¹¹
时 这 蚂蚱 也 鸣 里 田

田里蚂蚱"唧唧"叫，

tuə¹¹ ma²⁴ zau³⁵ ʔdaɯ²⁴ ʔbaːn³¹
狗 叫 里 寨

寨上狗儿叫"汪汪"，

ju³¹ wəi³⁵ paːn³¹ me³³ nin¹¹
情妹 我 陪 母 睡

情妹陪娘已入睡，

lun¹¹ pi³¹ paːn³¹ me³³ tɕe³⁵
妹 哥 陪 母 老

阿妹陪娘进梦乡，

mɯŋ¹¹ jiə³³ ɕe²⁴ ham³³ ʔdeu²⁴ mi¹¹ ʔdai³¹
你 也 丢 晚 一 不 得

阿妹夜夜伴阿妈，

ȵiə³³ pi³¹ tai³⁵ tɕai²⁴ to⁵³ li³¹ tau⁵³
况且 哥 从 远 都 有 来

远方阿哥来相会，

haːu³⁵ nau¹¹ saːu²⁴ ʔju³⁵ tɕaɯ⁵³ mi¹¹ ʔo³⁵
话　说　情妹　在　近　不　出

近处阿妹不见面，

lɯk³³ to³³ fɯə³¹ ma¹¹ peŋ¹¹
独儿　别人　啥　贵

独生女儿身娇贵。

zeŋ¹¹ tɯ¹¹ luən²⁴ ma²⁴ ɕuən³³
力气　带　我　来　游

阿哥伤神为相会。

saːu²⁴ taŋ³⁵ pi³¹ pai²⁴ ɕun¹¹
情妹　邀约　哥　去　玩

阿妹约哥去相会，

ziə²⁴ taŋ³⁵ lun¹¹ pai²⁴ naŋ³³
你　邀约　我　去　坐

邀约阿哥去相会，

mɯŋ¹¹ taŋ³⁵ pi³¹ pai²⁴ naŋ³³
你　邀约　哥　去　坐

阿妹约哥去谈心，

taŋ³⁵ pi³¹ pai²⁴ ʔdiən²⁴ ʔit³⁵
邀约　哥　去　　月冬

相会定在冬月间，

ʔdiən²⁴ ʔit³⁵ waːn¹¹ ʔdiən²⁴ ʔit³⁵
　冬月　还　冬月

定在冬月来相会，

pi³¹ ɕi³¹ ɕa³¹ tin⁵³ to³⁵ taːm²⁴ zai¹¹
哥是柴刀短　安　柄　长

冬月漫山覆枯草，

nɯ³³ ha³¹ pai²⁴ waːt³⁵ zi³³
想　打算　去　砍　地

阿哥开荒辟田地，

mi¹¹ nau¹¹ saːu²⁴ ka³³ zo³¹
不　说　情妹　自　知

这事阿妹你知道，

mi¹¹ ɕuə³¹ ju³¹ ka³³ zan²⁴
不　叙　情妹　自　见

这事阿妹你晓得，

mi¹¹ pan¹¹ pai²⁴ luŋ⁵³ zuəŋ³³
不　成　去　才　愁

不能相会哥心忧，

pai²⁴ mi¹¹ pan¹¹ luŋ⁵³ zuəŋ³³
去　不　成　才　愁

不能见面哥忧愁，

tɕai¹¹ ɕi³¹ ɕa⁵³ ʔdiən²⁴ mo³⁵
想　就　等　月　新

阿妹有心等下月，

ɕo³³ ɕi³¹ ɕa⁵³ ʔdiən²⁴ laŋ²⁴
接着　就　等　月　后

我们下月再相会，

luŋ⁵³ zo³¹ sam²⁴ mɯŋ¹¹ so³³
才　知　心　你　直

阿哥才知妹的心，

luŋ⁵³ zo³¹ tuŋ³¹ mɯŋ¹¹ so³³
才　知　肚　你　直

阿妹爱哥心真诚，

pi³¹ ɕi³¹ kɯn²⁴ hau³¹ tɕai¹¹ taŋ¹¹ pjak³⁵
哥　是　吃　饭　想　到　菜

阿哥端碗想到菜，

tɔi³⁵ tɕet³⁵ tɕai¹¹ taŋ¹¹ ŋaːi³³
打　火镰　想　到　艾蒿

打着火镰想艾蒿，

ʔbaːi³⁵ ʔja³⁵ ʔbaːi³⁵ ɕa³¹ tɕai¹¹ taŋ¹¹ zeu¹¹
打　锄头　打　柴刀　想　到　炭

制作刀锄不离炭，

ɕɔn¹¹ zeu²⁴ tɕai¹¹ taŋ¹¹ zuəŋ³³
笑话　想　到　妹

谈笑不忘想阿妹，

pe³³ mɯŋ¹¹ ʔau²⁴ ɕip³³ pu³¹ ma²⁴ ta³³
虽然 你 要 十 个 来 比

十个不能比妹好，

ʔau²⁴ pa³⁵ pu³¹ ma²⁴ ʔiŋ²⁴
要 百 个 来 靠

百个不比阿妹强，

ɕim²⁴ mi¹¹ lum⁵³ mai³¹ zuəŋ³³
看 不像 姑娘 妹

阿妹人才无人及。

sa:u²⁴ taŋ³⁵ pi³¹ pai²⁴ ɕun¹¹
情妹 邀约 哥 去 玩

阿妹约哥去相会，

ziə²⁴ taŋ³⁵ lun¹¹ pai²⁴ naŋ³³
你 邀约 我 去 坐

邀约阿哥去相会，

mɯŋ¹¹ taŋ³⁵ pi³¹ pai²⁴ naŋ³³
你 邀约 哥 去 坐

阿妹约哥去谈心，

taŋ³⁵ pi³¹ pai²⁴ ʔdiən²⁴ la:p³³
邀约 哥 去 腊月

相会定在腊月间，

ʔdiən²⁴ la:p³³ wa:n¹¹ ʔdiən²⁴ la:p³³
腊月 还 腊月

定在腊月来相会，

ʔdiən²⁴ la:p³³ pi³¹ ka:u²⁴ sa¹¹
腊月 哥 撑 竹筏

阿哥腊月忙下河，

tɯk³⁵ pja²⁴ ʔau²⁴ kuə³³ ɕiən²⁴
打 鱼 要 做 节日

捕鱼捞虾过新年，

ʔdiən²⁴ te²⁴ pi³¹ mi¹¹ wa:ŋ³⁵
月 那 哥 不 空

腊月阿哥没空闲，

ʔbo³¹ mi¹¹ waːŋ³⁵ ʔdiən²⁴ te²⁴
　没　不　空　　月　　那

難与阿妹来相会,

ɕe²⁴ saːu²⁴ lun¹¹ paːn³¹ me³³
　丢　情妹　我　陪　母亲

岂能留妻陪伴娘,

ɕe²⁴ ju³¹ kwaːi²⁴ paːn³¹ me³³
　丢　情妹　聪明　陪　母亲

独让娇儿陪阿妈,

tɕai¹¹ ɕi³¹ ɕa⁵³ ʔdiən²⁴ mo³⁵
　想　就　等　月　　新

阿妹有心等下月,

ɕo³³ ɕi³¹ ɕa⁵³ ʔdiən²⁴ laŋ²⁴
　接着　就　等　月　　后

我们下月再相会,

luŋ⁵³ zo³¹ sam²⁴ mɯŋ¹¹ so³³
　才　知　心　你　　直

阿哥才知妹的心,

luŋ⁵³ zo³¹ tuŋ³¹ mɯŋ¹¹ so³³
　才　知　肚　你　　直

阿妹爱哥心真诚,

ham³³ ɕo³³ suː²⁴ pa¹¹ ŋɯ¹¹
　明晚　你　　做梦

阿妹夜夜梦中想,

ham³³ zɯ¹¹ suː²⁴ pa¹¹ mɯəŋ³³
　后晚　你　　做梦

夜夜阿妹梦中盼,

mɯəŋ³³ zoŋ²⁴ faŋ³¹ ʔo³⁵ hɯ²⁴
　盼　　粽粑叶　出　场坝,

盼得年关到眼前,

ŋən¹¹ te²⁴ suː²⁴ luŋ⁵³ mɯəŋ³³
　天　那　你　才　盼

盼得新年行将至。

pi³¹ ɕi³¹ ɕo²⁴ ʔit³⁵ li³¹ paːi¹¹ po³³
哥 是 初一 还 摆放① 父

ɕo²⁴ ŋi³³ li³¹ paːi¹¹ faŋ¹¹
初二 还 摆放 鬼

ɕo²⁴ saːm²⁴ li³¹ paːi¹¹ ɕiə³¹
初三 还 摆放 灶神，

ɕo²⁴ si³⁵ ɕo²⁴ ha⁵³ pi³¹ ɕi³¹ tiən²⁴
初四 初五 哥 就 念

ɕo²⁴ si³⁵ ɕo²⁴ ha⁵³ pi³¹ luŋ⁵³ taŋ¹¹
初四 初五 哥 才 到

ɕuŋ³⁵ sa²⁴ hoŋ¹¹ luŋ⁵³ mɯən³³
鞭炮 响 才 盼

liŋ³⁵ haɯ⁵³ pai²⁴ haɯ⁵³ pai²⁴
定 给 去 给 去

ŋɔn¹¹ sat³⁵ pi³¹ pai²⁴ hau⁵³ pjaːi²⁴ juəŋ¹¹
日 戌 哥 去 赶 边阳②

ŋɔn¹¹ san²⁴ pi³¹ ɕi³¹ hau⁵³ pa³⁵ hau⁵³
日 申 哥 就 赶 百口③

zaːn¹¹ nuən³¹ li³¹ tɕi⁵³ ʔaːu²⁴
家 妹 有 几 叔

阿哥初一供祖先，

初二阿哥敬鬼神，

阿哥初三请灶神，

初四初五哥出门，

初四初五到妹家，

鞭炮声声传佳音。

非让阿哥去妹家，

戌日阿哥赶边阳，

阿哥申日赶百口，

---

① 指摆放供品祭奠去世的父亲。
② 地名，在今罗甸县境内。
③ 地名，在今册亨县境内。

za:n¹¹ sa:u²⁴ li³¹ tɕi⁵³ pau³⁵
家　情妹　有　几　老人

阿妹叔叔有几个？

li³¹ tɕi⁵³ pau³⁵ kɯn²⁴ ka:u²⁴
有　几　老人　吃　糕

家中老人有几位？

li³¹ tɕi⁵³ ʔa:u²⁴ kɯn²⁴ piŋ⁵³
有　几　叔　吃　饼

想吃糕点有几个？

tiəŋ¹¹ piŋ⁵³ ʔau²⁴ tɕi⁵³ pa:u²⁴
糖　饼　要　几　包

想吃糖果多少人？

tiəŋ¹¹ ka:u²⁴ ʔau²⁴ tɕi⁵³ pa:n⁵³
糖　糕　要　几　坨

糕点要买多少包？

ʔau²⁴ tɕi⁵³ pa:n⁵³ paŋ¹¹ tuən²⁴
要　几　匹　布　缎子

糖果要买多少块？

luən²⁴ ɕi³¹ nau¹¹ haɯ⁵³ ku²⁴ zo³¹ he³³
你　就　说　给　我　知道

绸缎要买多少匹？

mɯŋ¹¹ ɕi³¹ nau¹¹ haɯ⁵³ ku²⁴ zo³¹ he³³
你　就　说　给　我　知道

请你告诉我为好，

liŋ³⁵ haɯ⁵³ pai²⁴ haɯ⁵³ pai²⁴
定　给　去　给　去

阿妹说给哥知道。

ɕa⁵³ pi³¹ pai²⁴ tɕe³¹ sat³⁵ ka:i²⁴ wa:i³⁵
等　哥　去　场　戌日　卖　棉花

非让阿哥到妹家，

戌日阿哥卖棉花，

ɕa⁵³ pi³¹ pai²⁴ tɕe³¹ ʔaːi³⁵ kaːi²⁴ ʔiən²⁴
等　哥　去　场　雅长①　卖　烟

阿哥雅长卖烟草，

tɕe³¹ ɕi⁵³ jiəŋ²⁴ ʔau²⁴ miən³³
场　蔗香②　要　面条

蔗香集上买面条，

ɕiən³³ pa³⁵ pu³⁵ ʔau²⁴ piŋ⁵³ pai²⁴ nuəŋ³¹
转　店铺　要　饼子　去　妹

买回点心送阿妹，

piŋ⁵³ pa³⁵ pu³⁵ pai²⁴ saːu²⁴
饼　店铺　去　情妹

买得糕点到妹家，

kaːu²⁴ miən³¹ ku¹¹ pai²⁴ me³³
糕　珉谷③　去　母亲

珉谷糕点给阿妈，

tɯ¹¹ pai²⁴ haɯ⁵³ me³³ tɕe³⁵
带　去　给　母亲　老

带上糕点送阿妈，

tɯ¹¹ pai²⁴ haɯ⁵³ me³³ tɕai²⁴
带　去　给　母亲　老

送给阿妈来品尝，

kwaːi²⁴ luŋ⁵³ ʔdai³¹ pai²⁴ naŋ³³
我　才　得　去　坐

阿哥才得进妹家。

liŋ³⁵ haɯ⁵³ pai²⁴ haɯ⁵³ pai²⁴
定　给　去　给　去

非让阿哥到妹家，

pai²⁴ zaːn¹¹ lo⁰ soŋ²⁴ laːu³¹ wəi³³ tɕi³⁵
去　家　啰　两　位　朋友

---

① 地名，在广西乐业县。
② 地名，在望谟县南部。
③ 地名，今贞丰县城。

tɕi³⁵ ku²⁴ ɕiə¹¹ pai²⁴ liəŋ²⁴ 友　我　约　去　另外	两位朋友先回家！
ʔjan²⁴ tiəŋ¹¹ ɕo³⁵ tai³³ liən³³ 烟　糖　放　褡裢	阿哥有约要出行，
pi³¹ jiə³³ nɯ³³ ha³¹ tai³⁵ zɔn²⁴ la:u³¹ 哥　也　想　要　经　路　大	糖果装放褡裢袋，
nɯ³³ ha³¹ ŋɑ:u³¹ zɔn²⁴ huŋ²⁴ 想　要　走　路　大	阿哥迈步上大路，
na⁵³ʔdai³¹ tai³⁵ zɔn²⁴ tɕi³⁵ zɔn²⁴ kuŋ³¹ pai²⁴ za:n¹¹ 最好　走　路岔　　路弯　去　家	阿哥有心走大路，
pa:n¹¹ zɔn²⁴ hɔŋ⁵³ pai²⁴ me³³ 爬　路　弯　去　母亲	小路弯弯到妹家，
tin²⁴ ta¹¹ ʔjak³⁵ hau⁵³ ɕuən³³ 脚　一跨　上　石梯	为见阿妈走近路，
tin²⁴ ta¹¹ ʔjak³⁵ hau⁵³ za:n¹¹ 脚　一跨　进入　家	阿哥跨上石台阶，
me³³ nuəŋ³¹ ʔdi²⁴ laɯ¹¹ ʔju³⁵ 母亲　妹　好　　怎样	阿哥抬脚进家门，
si²⁴ suŋ¹¹ kan⁵³ laɯ¹¹ ʔju³⁵ 妹妹　健　　怎样	进门先问妈可好？
tiəp³³ pen⁵³ la:u²⁴ pen⁵³ kɔŋ¹¹ 踩　板　怕　板　响	又问阿妹我怎样？

tiəp³³ ɕoŋ¹¹ laːu²⁴ ɕoŋ¹¹ ʔdiən³⁵
踩　桌　怕　桌　翘起

ziəŋ³³ tin²⁴ jiə³³ laɯ²⁴ koŋ²⁴
轻　脚　也　怕　倒

pen⁵³ hoŋ¹¹ laːu¹¹ me³³ ʔda³⁵
板　响　怕　母亲　骂

me³³ zau¹¹ naŋ³³ laɯ¹¹ nin¹¹
母亲我们　坐　或　睡

naŋ³³ ɕi³¹ tɯ¹¹ me³³ ʔdun²⁴
坐　就　带　母亲　站

nin¹¹ ɕi³¹ tɯ¹¹ me³³ zun³⁵
睡　就　带　母亲　起

tɯ¹¹ me³³ zun³⁵ kɯn²⁴ ʔom³¹
带　母亲　起　吃　稀粥

tɯ¹¹ me³³ zun³³ kɯn²⁴ ɕa¹¹
带　母亲　起　吃　茶

soŋ²⁴ zau¹¹ ʔdun²⁴ soŋ²⁴ paːi³³
两　我们　站　两　边

tɯ¹¹ me³³ zun³³ kɯn²⁴ ʔaːi²⁴
带　母亲　起　吃　甜酒

nin¹¹ laːi²⁴ tɕau⁵³ tɯ¹¹ tiə³³
睡　多　头　昏沉

踏上楼板怕声响，

踩在桌子怕桌翘，

轻手轻脚怕摔倒，

弄出声响阿妈骂，

不知阿妈睡或醒？

睡醒就扶阿妈起，

唤起阿妈来同坐，

请来阿妈喝口粥，

阿妈请来喝口茶，

我俩阿妈身旁立，

扶起阿妈吃甜酒，

wəi³³ jiə³³ ma³⁵ puk³³ ɕun⁵³ ma³⁵ paːŋ¹¹ 我　也　橙子　当　野生柚子	阿妈睡多易生病，
kaːm²⁴ su⁵³ ɕun⁵³ kaːm²⁴ sai³⁵ 黄果　主人　当　黄果　官家	阿哥心中苦难言，
ʔbaːu³⁵ kək³⁵ nɔi³⁵ ɕen¹¹ ʔjan²⁴ 情郎　本钱　少　钱　烟	打肿脸来充胖子，
ʔɔi³¹ mi¹¹ tiəŋ¹¹ taŋ¹¹ me³³ 甘蔗　没　糖　到　母亲	阿哥家贫无分文，
tiəŋ¹¹ mi¹¹ ʔɔi³¹ taŋ¹¹ me³³ 糖　没　甘蔗　到　母亲	没有好礼来相送，
pai²⁴ pu³¹ kɯn¹¹ pan¹¹ na⁵³ 去　个　上　有　脸面	送给阿妈做人情，
pai²⁴ pu³¹ la⁵³ ʔdai³¹ tiəŋ¹¹ 去　个　下　得　糖	阿妹结交好人家，
ma²⁴ ziəŋ¹¹ pi³¹ taŋ⁵³ wɯəŋ²⁴ 来　跟　哥　穿　补丁	交得礼品送阿妈，
ʔjan²⁴ mi¹¹ tiəŋ¹¹ taŋ¹¹ me³³ 烟　没　糖　到　母亲	来与阿哥相交结。
ʔɔi³¹ mi¹¹ tiəŋ¹¹ taŋ¹¹ me³³ 甘蔗　没　糖　到　母亲	空着两手看阿妈，
taŋ¹¹ ɕi³¹ ka⁵³ tuə¹¹ pit³⁵ 到　就　杀　鸭子	两手空空望阿妈，

taŋ¹¹ ɕi³¹ ʔbit³⁵ tuə¹¹ kai³⁵
　到　就　扭　　鸡

taŋ¹¹ ɕi³¹ lai³³ tuə¹¹ mu²⁴
　到　就　撵　　猪

su²⁴ ma³⁵ zim¹¹ ʔja³⁵ kwai³³
　你　必须　收拾　难　打理

taŋ¹¹ ɕi³¹ siən²⁴ ʔbu³⁵ muɯŋ¹¹ jiə³³ leu³¹
　到　就　园　葱　你　也　完

taŋ¹¹ ɕi³¹ siən²⁴ pjak³⁵ tɕeu³¹ muɯŋ¹¹ zun³³
　到　就　园　韭菜　　你　光溜溜

leu³¹ pai¹¹ tin²⁴ pai¹¹ fuɯŋ¹¹ pi³¹ saːu³³
　完　次　脚　次　手　哥　全尽

taŋ¹¹ ɕi³¹ ma²⁴ waːi³³ lau⁵³
　到　就　来　破费　酒

taŋ¹¹ ɕi³¹ ma²⁴ waːi³³ ɕa¹¹
　来　就　来　破费　茶

ma²⁴ waːi³³ ɕa¹¹ ziən¹¹ ʔbaːi³⁵
　来　破费　茶　跟　酒肉

ma²⁴ waːi³³ ʔba²⁴ ziən¹¹ ʔbaːi³⁵
　来　破费　粑粑　跟　酒肉

waːi³³ mu²⁴ si³⁵ kai³⁵ ton²⁴
　破费　猪肉　四　鸡　骟

阿妹殷勤待阿哥，

杀鸡宰鸭来招待，

家中猪仔撵出圈，

难为阿妹来招待，

园中香葱都拔尽，

园中蔬菜全摘完，

忙前忙后为阿哥，

阿哥来了有好酒，

茶水端到阿哥手，

酒肉烟茶来招待，

粑粑酒肉样样有，

ʔbon²⁴ lau⁵³ jam¹¹ lau⁵³ ja³³
撬开 陈酒　好酒

lau⁵³ ja³³ ɕo³⁵ ʔdan²⁴ ka³⁵
好酒　放 个 罈

tɕaŋ²⁴ lau⁵³ liəŋ²⁴ ɕa⁵³ pi³¹
装　酒 别的 等 哥

ʔi³⁵ nau¹¹ pi³¹ ʔju³⁵ tɕaɯ⁵³
如说　哥 在　近

ʔi³⁵ nau¹¹ pi³¹ ʔju³⁵ zaːn¹¹
如说　哥 在　家

sak³⁵ kɯn¹¹ fɯn¹¹ ma²⁴ taŋ¹¹
个把 捆　柴　来 到

sak³⁵ ʔbu³¹ zam³¹ ma²⁴ kɯn²⁴
个把 葫芦 水　来 吃

kaːi³⁵ ne³¹ pi³¹ ʔju³⁵ tɕai²⁴
这个　哥 在　远

tɕai²⁴ kwa³⁵ hoŋ¹¹ ziəŋ¹¹ ta³³
远　过 潭 和　河

kwa³⁵ ɕip³³ hoŋ⁵³ ku⁵³ paːn¹¹
过　十 谷　九　山坡

pai²⁴ kwa³⁵ ŋaːm¹¹ kwa³⁵ tɕem³³
去 过　山坳 过　峡谷

饭菜丰盛多齐全，

陈酒甜酒端上前，

好酒藏在小罈子，

专心专意等哥来。

如果阿哥住寨中，

如果阿哥家中住，

柴草能帮阿妹扛，

挑水来给阿妹吃，

可惜哥是远方客，

此去涉水又过潭，

要过十谷九个弯，

pu^{31} nen^{33} pu^{31} mi^{11} zan^{24}
个　看　个　不　见

pan^{11} lum^{11} ʔan^{24} mai^{31} zuəŋ^{33}
成　忘　恩　姑娘　妹

kɯn^{24} lum^{11} sin^{31} mai^{31} zuəŋ^{33}
吃　忘　情　姑娘　妹

pu^{31} lau^{11} tam^{53} zo^{35} hoŋ^{11} zi^{31} zuəŋ^{35}
谁　　织布　响　叽里

naːŋ^{11} lau^{11} tam^{53} zo^{35} hoŋ^{11} zi^{31} zuəŋ^{31}
小姐　哪　织布　响　叽里

zo^{35} me^{35} lau^{11} zo^{35} naːŋ^{11}
布　母亲　或　布　小姐

zo^{35} me^{33} pi^{31} ɕi^{31} ɕaːm^{24}
布　母亲　哥　就　讨要

zo^{35} naːŋ^{11} pi^{31} ɕi^{31} ham^{35}
布　小姐　哥　就　问

ham^{35} ʔdai^{31} saːm^{24} hɯp^{33} kuə^{33} ʔuat^{35} na^{53}
问　得　三　拃　做　脸帕

ha^{53} səm^{24} kuə^{33} tɕɔŋ^{35} pɯə^{33}
五　庹　做　件　衣服

ŋɔn^{11} ɕo^{33} pi^{31} ha^{31} tan^{53} pai^{24} tɕe^{31}
明天　哥　想　穿　去　赶场

行过山路穿峡谷，

前后足迹不见人，

阿哥辜负阿妹心

阿哥却忘阿妹情。

哪位织布"吱吱"响？

哪位妹子织布忙？

阿妹为谁来织布？

阿妈的布哥讨要，

阿妹的布哥问求，

问得三拃作脸帕，

要得五庹做衣裳，

ŋɔn¹¹ ɕo³³ pi³¹ ha³¹ tan⁵³ pai²⁴ huɯ²⁴
　明天　哥　想　穿　去　赶场

ŋɔn¹¹ zɯ¹¹ tan⁵³ pai²⁴ zam³⁵
　后天　　穿　去　凌云

tan⁵³ pai²⁴ zam³⁵ pai²⁴ ŋa:n³¹ jiə¹¹ nen¹¹
　穿　去　凌云　去　白安① 盖　蚊虫

haɯ⁵³ peŋ¹¹ pja:i⁵³ pan¹¹ jiəŋ³³
　给　我　走　成　样

haɯ⁵³ tu²⁴ pai²⁴ pan¹¹ jiəŋ³³
　给　我　去　成　样

pan¹¹ jiəŋ³³ kɯ³³ pu³¹ ʔba:n³¹
　成　样　更比　寨人

pan¹¹ jiəŋ³³ kɯ³³ wɯn¹¹ la:i²⁴
　成　样　更比　众人

kwa:i²⁴ lum⁵³ wɯn¹¹ pa:n³¹ sa:u³³
　聪明　像　人　伙伴

soŋ²⁴ tuə¹¹ zok³³ kai³⁵ kai²⁴
　两　只　鸟　野鸡

ʔbin²⁴ pai²⁴ zai¹¹ ʔa:n³⁵ puŋ³³
　飞　去　唤　处　约会

缝件新衣阿哥穿，

穿着新衣去赶集，

凌云访友也穿它，

蚊虫叮咬离阿哥，

穿着新衣模样俏，

阿哥体面又潇洒，

寨人无人比得上，

相貌出色赛众人，

年轻小伙都不及。

两只野鸡山上飞，

引颈啾啾约相会，

---

① 地名，具体方位不详。

ʔaːn³⁵ puŋ³³ tɯ¹¹ si²⁴ kwaːu²⁴
处 约会 带 蜘蛛网

相会勿忘带信物，

tɕiən³³ paŋ¹¹ haːu²⁴ sak³⁵ si³³
匹 布 白 （状词）

布匹白净人人爱，

tɕiən³³ paŋ¹¹ si³⁵ sik³⁵ hoŋ²⁴
匹 布 四 个 活路

漂布需要四天工，

ɕau¹¹ paŋ¹¹ soŋ²⁴ ɕaːŋ¹¹ ka³³
半匹布 二 两 价

精工细作价钱高，

ɕau¹¹ paŋ¹¹ saːm²⁴ ɕaːŋ¹¹ ka³³
半匹布 三 两 价

半匹布卖二三两。

kwa³⁵ ta³³ te²⁴ pai²⁴ ʔun³¹
过 河 那 去 那边

阿哥渡河到妹家，

puŋ¹¹ nuəŋ³¹ naːŋ¹¹ tam⁵³ zo³⁵
遇 妹 小姐 织布

阿妹织布活计忙，

zo³⁵ me³³ lau¹¹ zo³⁵ naːŋ¹¹
布 母亲 或 布 小姐

阿妹为谁来织布？

zo³⁵ me³³ pi³¹ ɕi³¹ ɕaːm²⁴
布 母亲 哥 就 讨要

阿妈的布哥讨要，

zo³⁵ naːŋ¹¹ tu²⁴ ɕi³¹ ham³⁵
布 小姐 我 就 问

阿妹的布哥问求，

ham³⁵ ɕi³¹ ʔdai³¹ ɕau¹¹ ʔdeu²⁴ kuə³³ pɯə³³
问 就 得 半匹 一 做 衣服

向妹要得半匹布，

pɯə³⁵ kuə³³ tau³¹ ziəŋ¹¹ kun¹¹
裁　做　衣排子 和　裙

量身剪裁做衣服，

pai¹¹ fɯŋ¹¹ ʔdi²⁴ ȵip³³ ti³³
手艺　　好　缝　密

阿妹灵巧手艺好，

ȵip³³ ka:i³⁵ tin²⁴ te²⁴ ti³³
缝　那　脚　它　密

针脚细密缝得牢，

ȵip³³ ka:i³⁵ ɕui⁵³ te²⁴ ti³³
缝　那　角　它　密

衣衩缝得严又密，

mai²⁴ si²⁴ teu³¹ man³³ man³³
丝线　绞　牢牢

一针一线平又整，

ȵip³³ ka:i³⁵ ɕui⁵³ te²⁴ lan¹¹
缝　那　角　它　牢密

衣角边衩细细做，

mai²⁴ paŋ¹¹ ka:u⁵³ man³³ man³³
棉线　缠　牢牢

棉线牢牢锁衣边，

ŋɔn¹¹ ɕo³³ pi³¹ ɕi³¹ tan⁵³ pai²⁴ tɕe³¹
明天　哥　要　穿　去　集市

阿哥赶集穿新衣，

ŋɔn¹¹ ɕo³³ pi³¹ ha³¹ tan⁵³ pai²⁴ hɯ²⁴
明天　哥　想　穿　去　集市

穿着新衣去逛街，

ŋɔn¹¹ zɯ¹¹ tan⁵³ pai²⁴ ha³⁵
后天　穿　去　汉人

日后穿去异乡玩，

kwa³⁵ pa³⁵ ta³³ na:m¹¹ miŋ¹¹
过　口　河　南宁

过了南宁渡邕江，

zam³¹ tum³³ ɕiəŋ¹¹ mi¹¹ ziə³³
水　淹　墙　不　换

taːi²⁴ ʔiə³⁵ pi³¹ mi¹¹ kaːi²⁴
死　饿　哥　不　卖

taːi²⁴ jiə³³ tɯ¹¹ pai²⁴ ʔdi³¹
死　也　带　去　跟随

li³¹ jiə³³ tɯ¹¹ pai²⁴ ziəŋ¹¹
活　也　带　去　跟后

tɯ¹¹ pai²⁴ wen²⁴ ti³³ mo³³
带　去　挂　坟　墓

pu³¹ laɯ¹¹ kwa³⁵ jiə³³ sua³¹
谁　过　也　作揖

pu³¹ laɯ¹¹ kwa³¹ jiə³³ naːi²⁴
谁　过　也　问候

luŋ⁵³ ɕi³¹ zo³¹ ju³¹ kwaːi²⁴ siəŋ⁵³ pɯə³³
才　是　知　情妹　聪明　赠　衣服

zeu¹¹ pa¹¹ fɯə³¹ siəŋ⁵³ pɯə³³
知　妻　别人　赠　衣服

to³⁵ ɕaːu³¹ zoŋ¹¹ kun¹¹ zin²⁴
马蜂　筑　窝　上　石

tin¹¹ kuə³³ zoŋ¹¹ paːŋ³¹ zam³¹
黄蜂　做　窝　边　水

洪水淹来哥不换，

腹中饥饿哥不卖，

生生死死穿着它，

死死生生相跟随，

带到坟上作魂幡，

人人看了都作揖，

过路行人都下拜，

才知阿妹赠信物，

阿妹赠衣人人知，

马蜂筑窝石旮上，

黄蜂窝筑在水边，

fɯət³³ te²⁴ tɕam³¹ pa¹¹ jɯ¹¹
　翅膀　它　深色　那样

黄蜂翅膀颜色深，

jam³¹ jɯ¹¹ ʔbin²⁴ kwa³⁵ za:j³⁵
　瞬间　　飞　过　河滩

瞬间飞过小河滩，

fat³³ ʔjap³⁵ ʔda:ŋ²⁴ mi¹¹ sa:m⁵³
　翅膀　颤　身　不　沾

展翅低飞不沾水，

pi³¹ ma¹¹ ka:ŋ⁵³ ɕo³⁵ nuəŋ³¹ mi¹¹ ha:n²⁴
　哥　啥　讲　给　妹　不　应

阿哥问妹不应答，

mɯŋ¹¹ la:u²⁴ ɕam²⁴ taŋ¹¹ jiəŋ³³
　你　怕　讨　东西

生怕阿哥要信物，

taŋ¹¹ jiəŋ³³ mi¹¹ la:u²⁴ ʔau²⁴
　东西　不　怕　要

阿妹信物手中握，

sam²⁴ mu¹¹ mi¹¹ la:u²⁴ tɕa:p³⁵
　心　狠　不　怕　抢

无情不怕哥来抢，

mi¹¹ la:u²⁴ tɕap³⁵ tɕa:ŋ²⁴ fɯŋ¹¹
　不　怕　抢　中间　手

手中信物不怕抢，

mɯŋ¹¹ ka³³ haɯ⁵³ pan¹¹ ɕo³³
　你　自　给　成　名

亲手赠送情意深，

nuəŋ³¹ ka³³ siəŋ⁵³ pan¹¹ ɕo³³
　妹　自　送　成　名

阿妹赠送心意明。

pi³¹ jie³³ mi¹¹ ʔun²⁴ ʔdai³¹ ka:j³⁵ mo³⁵
　哥　也　不　指望　得　个　新

阿哥不敢多奢望，

mi¹¹ʔun²⁴ to³⁵ kaːi³⁵ na²⁴
不 指望 缝 个 厚

to⁵³ muɯ¹¹ ʔbɯt³⁵ ʔbaɯ²⁴ ha¹¹ ʔdeu²⁴ haɯ⁵³
只 你 摘 叶 茅草 一 给

ʔdai³¹ kuə³³ zɔn²⁴ pu³¹ tɕaɯ⁵³ tau⁵³ jiəŋ³³
得 做 路 个 近 来 样

pai²⁴ ju³¹ mi¹¹ siəŋ⁵³ maːt³³
去 玩 不 赠 袜

pai²⁴ ju³¹ mi¹¹ siəŋ⁵³ haːi¹¹
去 玩 不 赠 鞋

tuə¹¹ ɕiə¹¹ waːn³³ tuə¹¹ waːi¹¹
黄牛 换 水牛

san³³ pu³¹ kai³⁵ tɔi³⁵ ɕɯ³¹
像 公鸡 兑 买

ɕo³³ pai²⁴ ju³¹ ʔja³⁵ ȵiə²⁴
名 去 玩 难听

pɯə²⁴ mi¹¹ ʔdai³¹ ma¹¹ ɕuən³³
我 不 得 啥 赚

pjak³⁵ san⁵³ tau⁵³ ziə¹¹ ʔbaŋ³⁵
蕨苔 生长 嫩叶

pi³¹ ɕi¹¹ taŋ³⁵ haɯ⁵³ mɯɯ¹¹ kuə³³ maːt³³
哥 就 邀约 给 你 做 袜子

阿哥不盼得宝贝，

阿妹赠草都珍贵，

如似邻里常来往，

往来没有信物赠，

相约玩耍没信物，

互换信物情意深，

不像集市来买卖，

情意浅薄得骂名，

阿哥不图得好处。

春来枝叶冒新芽，

请为阿哥缝双袜，

taŋ³⁵ haɯ⁵³ nuəŋ³¹ kuə³³ ha:i¹¹
邀约 给 妹 做 鞋

请为阿哥做新鞋，

ɕa⁵³ ka:i³⁵ meu¹¹ pjak³⁵ san⁵³ ne³¹ tɕai²⁴
等 那 季 蕨苔菜 这 过

阿哥等得春已过，

ha:i¹¹ mi¹¹ zan²⁴ taŋ¹¹ pi³¹
鞋 不 见 到 哥

不见新鞋送阿哥，

kan²⁴ mi¹¹ zan²⁴ taŋ¹¹ ku²⁴
头帕 不 见 到 我

不见阿妹送头帕，

sa:ŋ²⁴ mi¹¹ kwa³⁵ ko²⁴ ka:u⁵³
高 不 过 香樟树

最高不过香樟树，

la:u³¹ mi¹¹ kwa³⁵ ko²⁴ ʔjiən²⁴
大 不 过 棵 烟叶

最小不过烟叶杆，

ziən¹¹ mi¹¹ kwa³⁵ mɯə³¹ set³⁵
颤 不 过 鱼漂

鱼儿咬钩浮漂颤，

tɕet³³ mi¹¹ kwa³⁵ mai³¹ te²⁴
吝啬 不 过 姑娘 那

阿妹吝啬无人及，

ɕa:m²⁴ pen³⁵ ze¹¹ ʔdeu²⁴ ka:n³³
讨 碎布条 一 缺

不见阿妹赠信物，

mi¹¹ ɕi³¹ sin³⁵ pi³¹ ta:u³⁵ haɯ⁵³ pi³¹
不是 信物 哥 还 给 哥

阿哥信物请退回，

sin³⁵ kwa:ŋ²⁴ ta:u³⁵ haɯ⁵³ kwa:ŋ²⁴
信物 少爷 还 给 少爷

退回信物给阿哥，

pi³¹ pai²⁴ ɕaːm²⁴ pau³¹ zo³³
哥　去　讨　　外人

kwaːŋ²⁴ pai²⁴ zaːŋ⁵³ pu³¹ zo³³
少爷　去　和　　外人

阿哥另去换信物，

重新与人换信物。

waːi³⁵ tai³⁵ lauɯ¹¹ ma²⁴ ta¹¹
棉花　从　哪　来　纺

waːi³⁵ ka²⁴ lauɯ¹¹ ma²⁴ ɕaːu³³
棉花　从　哪　来　拉

纺线棉花何处来？

何处得来纺棉花？

tɕeu²⁴ tuŋ³¹ saːu³³ tɕeu²⁴ pjɔm²⁴
根　　相似　　根　　发

tɕiən³³ paŋ¹¹ ʔbɔŋ²⁴ lum⁵³ tun³³
匹　　布　　洁白　像　通草

ʔun³⁵ lum⁵³ tɕiən³³ hoŋ²⁴ ɕu¹¹
软　　像　　匹　　绸缎

ju¹¹ lum⁵³ kaːu⁵³ zoŋ³³ ɕeu³³
柔　像　　镜子　明　亮

ɕe³³ ɕo³⁵ zam³¹ mi¹¹ lai²⁴
泡　放　水　不　流

ŋɔn¹¹ tɕeu²⁴ mai²⁴ saːu³³ ŋauɯ³³
看　根　线　情妹　入迷

ɕim²⁴ tɕeu²⁴ ʔdai³¹ saːu²⁴ ŋauɯ³³
看　根　麻　情妹　入迷

棉线细如头发丝，

织出布匹洁如纸，

柔软光滑像绸缎，

白如皓月当空照，

放在河里不漂流，

阿妹织布惹人迷，

丝丝线线惹人爱，

ʔi³⁵ saːu²⁴ tɕai¹¹ hau⁵³ pi³¹
要是 情妹 想 给 哥

阿妹若是赠阿哥，

pi³¹ mi¹¹ tiə³⁵ ɕo³⁵ saːŋ²⁴
哥 不 搁 放 高

阿哥好好来收藏，

ʔi³⁵ nuəŋ³¹ tɕai¹¹ hau⁵³ kwaːŋ²⁴
要 妹 想 给 少爷

阿妹要是送给哥，

kwaːŋ²⁴ mi¹¹ tiə³⁵ ɕo³⁵ tam³⁵
少爷 不 搁 放 低

阿哥不敢随意搁，

tiə³⁵ ɕo³⁵ tam³⁵ laːu²⁴ mɔŋ²⁴
搁 放 低 怕 灰尘

随意摆放怕沾灰，

ɕo³⁵ kɯn¹¹ ɕoŋ¹¹ laːu²⁴ ʔdaːn³¹
放 上 桌 怕 垢

搁在桌上沾油垢，

na⁵³ ʔdai³¹ paːn³¹ ɕo³⁵ la⁵³ tɕau⁵³ nin¹¹
最好 伴 放 下 枕头

搁在枕下长相伴，

tɕaːŋ²⁴ hɯn¹¹ tu²⁴ haːi²⁴ nen³³
半夜 我 开 看

深更半夜哥打开，

tɕaːŋ²⁴ hɯn¹¹ pi³¹ haːi²⁴ nen³³
半夜 哥 开 看

夜深人静哥来看，

nen³³ kuə³³ ʔiŋ³¹ tuə¹¹ siən²⁴
看 做 样子 神仙

当作神仙来敬拜，

kuə³³ hi²⁴ ȵan²⁴ mai³¹ zuaŋ³³
做 纪念 姑娘 情妹

心想阿妹作留念，

kuə³³ ȵan²⁴ tɕi¹¹ mai³¹ zuəŋ³³
　做　　永记　姑娘　情妹

永世惦记阿妹情，

zɔi³¹ mi¹¹ haɯ⁵³ kuə³³ haːi¹¹
　烂　不　给　做　鞋

布烂不许乱裁剪，

mjaːi¹¹ mi¹¹ haɯ⁵³ ʔɔt³⁵ ɕoŋ³³
　破损　不　给　塞　洞

布破不让做补丁，

na⁵³ ʔdai³¹ ɕuəŋ³⁵ te²⁴ kuə³³ mɯŋ¹¹ taŋ²⁴
　最好　留　它　做　　灯芯

留着布片作灯芯，

ȵa³⁵ zeŋ¹¹ paŋ¹¹ sin³³ ho⁵³ mai³¹ zuəŋ³³
　幸许　布　辛苦　姑娘　情妹

阿妹辛苦纺得布。

tan⁵³ pik³⁵ tɕo²⁴ mɯŋ¹¹ son³¹
　穿　兰色　谢　你　套穿

阿哥衣服妹剪裁，

tan⁵³ fon³¹ tɕo²⁴ mɯŋ¹¹ kwaːu¹¹
　穿　青色　谢　你　　搅

亲手缝衣送阿哥，

tan⁵³ haːu²⁴ tɕo²⁴ mɯŋ¹¹ ɕiəŋ³⁵
　穿　白　谢　你　打扮

阿妹巧手来装扮，

tɕo²⁴ ju³¹ ɕiəŋ³⁵ luŋ⁵³ haːu²⁴
　谢　情妹　打扮　才　白

服饰是妹精心置，

tɕo²⁴ saːu²⁴ ɕiəŋ³⁵ luŋ⁵³ ɕau³³
　谢　情妹　打扮　才　白

阿哥装扮多出众，

pjaːi⁵³ ham³³ mi¹¹ za²⁴ fi¹¹
　走　夜　不　找　火

夜行不用点火把，

tɕo²⁴ paŋ¹¹ ʔdi²⁴ muɯŋ¹¹ zoŋ³³
谢　布　好　你　亮

身上服饰自照亮，

pjaːi⁵³ lap³⁵ mi¹¹ za²⁴ taŋ²⁴
走　黑　不　找　灯

摸黑走路不用灯，

tɕo²⁴ paŋ¹¹ tɕim²⁴ paŋ¹¹ ŋan¹¹ saːu²⁴ zoŋ³³
谢　布　金　布　银　情妹　亮

如金似银布照亮。

pi³¹ jiə³³ han³³ ʔbau²⁴ kan²⁴ fɯə¹¹ tɕet³⁵ muɯŋ¹¹ laŋ³³
哥　也　羡慕　张　头　巾　箔　密　你　宽

最爱阿妹包头帕，

kwet³⁵ lum⁵³ tɕau⁵³ tuə¹¹ waːu¹¹
清晰　像　头　　蝙蝠

图案精美纹理明，

paŋ¹¹ haːu²⁴ mai²⁴ tiə⁵³ lɔŋ³¹
布　白　线　底　竹箱

根根纱线来编织，

tau³⁵ tam⁵³ pai²⁴
梭　穿　去

穿梭引线忙不停，

mai²⁴ tam⁵³ taːu³⁵
线　穿　回

丝丝线线来回穿，

tam⁵³ ʔbau²⁴ kan²⁴ siəŋ⁵³ ʔbaːu³⁵
织　张　帕子　赠　情郎

织张头帕送阿哥，

laːu³⁵ pai²⁴ tɕi³³ ŋon¹¹ hoŋ²⁴
误　去　几　天　活路

阿妹误了几天工，

ɕom²⁴ pai²⁴ tɕi³³ ŋon¹¹ zi³³
赊　去　几　天　地

丢下地里活不做，

laːu³⁵ zam³¹ me³³ jiə³³ ʔda³⁵
误　水　母亲　也　骂

laːu³⁵ sa³⁵ me³³ jiə³³ nau¹¹
误　舂碓　母亲　也　说

na⁵³ mi¹¹ ʔau²⁴ ɕi³¹ ʔiə³⁵
宁可　不　要　也　罢

zau¹¹ mi¹¹ ɕu³¹ ɕi³¹ ʔiə³⁵
我们　不　接　也　算

耽误挑水阿妈骂，

不舂谷米阿妈说，

阿哥不愿接信物，

信物哥不接也罢。

演唱：罗芝兰
收集：黄荣昌
翻译整理：黄荣昌　周国炎

连心歌
ʔdiəp³⁵ ha³¹ pen¹¹ ɕi³¹ pen¹¹
想 要 绕 就 绕

kau²⁴ kaːt³⁵ pen¹¹ siəm⁵³ pen¹¹
青藤 绕 就 绕

         青藤绕葛藤，

kau²⁴ zen¹¹ jeu³¹ siəm⁵³ jeu³¹
葛藤 缠 就 缠

         葛藤缠青藤，

jeu³¹ ɕi³¹ jeu³¹ kɔn³⁵ ʔduk³⁵
缠 就 缠 木桩 朽

         青藤缠在朽木桩，

ʔbaːu³⁵ huk³⁵ paŋ³³ saːu²⁴ kɯəŋ³¹
情哥 憨 搭伴 情妹 巧

         憨哥遇到聪明妹，

fi³³ taŋ¹¹ ɕiəŋ²⁴ jiə³³ jiən³³ siəŋ⁵³ maːt³³
未 到 节庆 也 递 赠 袜

         未过年就赠双袜，

fi³³ taŋ¹¹ laːp³³ jiə³³ jiən³³ siəŋ⁵³ laŋ¹¹
未 到 腊月 也 递 赠 绑腿

         腊月没到送绑腿，

ku³³ maːt³³ soŋ²⁴ som²⁴ paŋ¹¹
双 袜 两 庹① 布

         一副绑腿要两掰，

fu³⁵ laŋ¹¹ soŋ²⁴ som²⁴ paːn³⁵
付 绑腿 两 庹 半

         绑腿要两掰半，

---

① 庹，两臂伸展开来的长度，方言读作 phai⁵¹。

muɯŋ¹¹ ʔaːn³⁵ siəŋ⁵³ hauɯ⁵³ pi³¹ mi¹¹ tɕo²⁴
你　打算　赠　给　哥　不　谢

心想阿哥接物不谢你，

ɕuəŋ³⁵ ɕo³⁵ zaːn¹¹ ɕi⁵³ hauɯ⁵³ pu³¹ mo³⁵
放　在　家　就　给　个　新

留在家里送他人？

te²⁴ luŋ⁵³ kan³¹ kuə³³ zi³³ ɕiəŋ³¹ naːŋ¹¹
他　才　勤　做　地　养　小姐

他不顾家养阿妹，

pi³¹ teŋ²⁴ pu³¹ ɕun¹¹ zaːn¹¹
哥　是　个　玩　家

阿哥借故来串门，

naːn¹¹ naːn¹¹ tau⁵³ taŋ¹¹ taːu³⁵
久　久　来　到　次

难有机会到阿妹家，

ʔbaːu³⁵ teŋ²⁴ pu³¹ ɕun¹¹ kɯn²⁴
情郎　是　个　玩　吃

阿哥借故来添桌，

tɕim²⁴ pai²⁴ taŋ¹¹ luŋ⁵³ jiən³³
我　去　到　才　递

说是我到你才给，

pi³¹ pai²⁴ taŋ¹¹ luŋ⁵³ jiən³³
哥　去　到　才　递

阿哥来了给信物。

kau²⁴ kaːt³⁵ pen¹¹ siəm⁵³ pen¹¹
青藤　爬　就　爬

青藤缠葛藤，

kau²⁴ zen¹¹ jeu³¹ siəm⁵³ jeu³¹
葛藤　缠　就　缠

葛藤缠青藤，

jeu³¹ ɕi³¹ jeu³¹ kən³¹ ʔduk³⁵
缠　就　缠　木桩　朽

青藤缠在朽木桩，

ʔba:u³⁵ huk³⁵ paŋ³³ sa:u²⁴ kɯəŋ³¹
情哥　憨　搭拌　情妹　　巧

憨哥遇到聪明妹，

ʔdiən²⁴ ʔdeu²⁴ siəŋ⁵³ tɕi⁵³ to³³
月　　一　　赠　儿　次

一月送几次鞋袜，

siəŋ⁵³ fat³³ fo³³ jeu³¹ ʔda:ŋ²⁴
赠　　飘带　　缠　身

飘带扎腰都要送，

ta:ŋ³⁵ meu¹¹ pa¹¹ pi³¹ ko³³
当　　年　　妻　哥　哥

阿哥当作伴留，

tɕi⁵³ jiəŋ³³ tɕi⁵³ haɯ⁵³ ɕai¹¹
几　　样　　几　给　全

信物赠送都齐全，

tɕi⁵³ jiəŋ³³ tɕi⁵³ ʔdai³¹ leu³¹
几　　样　　几　得　尽

阿哥应得都得到。

pi³¹ ha³¹ ta:u³⁵ pai²⁴ ʔeu³¹
哥　想　转　　回　家

阿哥准备要回家，

pi³¹ ha³¹ ta:u³⁵ pai²⁴ za:n¹¹
哥　想　转　　回　家

阿哥准备要回家，

na:ŋ¹¹ tɕai¹¹ ku²⁴ ɕi³¹ soŋ³⁵
小姐　　想　我　就　送

阿妹不如送一程，

su²⁴ tɕai¹¹ pi³¹ ɕi³¹ soŋ³⁵
你　想　　哥　就　送

你想阿哥陪伴走，

soŋ³⁵ pi³¹ soŋ³⁵ kwa³⁵ ʔba:n³¹
送　哥　送　过　寨

你陪阿哥过寨上，

pa:n³¹ pi³¹ pa:n³¹ kwa³⁵ lo³³
　陪　哥　陪　过　山谷

　　　　　　　　　　　你送阿哥到寨边，

ɕo³³ ɕi³¹ pa:n³¹ pai²⁴ zi³³
　名　是　陪　去　地

　　　　　　　　　　　说是到地里干活，

ɕo³³ ɕi³¹ pa:n³¹ pai²⁴ na¹¹
　名　是　陪　去　田

　　　　　　　　　　　说是到田头劳动，

na:ŋ¹¹ li³¹ sam²⁴ ɕi³¹ soŋ³⁵ ʔo³⁵ ʔba:n³¹
小姐　有　心　就　送　出　寨

　　　　　　　　　　　阿妹你有心就送，

pa:n³¹ pi³¹ ʔo³⁵ zo³³ za:n¹¹
　阿　哥　出　外　家

　　　　　　　　　　　你陪阿哥出家门，

ʔan³¹ puŋ¹¹ fɯə³¹ ɕi³¹ lɯn³³
以免　遇　别人　就　议论

　　　　　　　　　　　以防别人来取笑，

puŋ¹¹ wɯn¹¹ la:i²⁴ ɕi³¹ lɯn³³
　遇　众人　就　议论

　　　　　　　　　　　人们遇到就乱说。

pi³¹ mi¹¹ pai²⁴ ɕi³¹ zam³¹ na¹¹ ʔbok³⁵
哥　不　去　就　田　水　浅

　　　　　　　　　　　阿哥家没人放田水，

pai²⁴ jiə³³ tok³⁵ ɕɯ²⁴ nuəŋ³³
　去　也　心疼　　妹

　　　　　　　　　　　要回去心系阿妹情，

la:u²⁴ nau¹¹ pa³⁵ ʔda:ŋ²⁴ kuə³³ soŋ²⁴ fɯaŋ³³
怕　说　劈　身　做　两　半

　　　　　　　　　　　只好把我分成两半，

fɯaŋ³³ ʔdeu²⁴ ʔju³⁵ ziəŋ¹¹ nuəŋ³¹
　半　一　在　和　妹

　　　　　　　　　　　留一半陪伴阿妹，

fɯəŋ³¹ ʔdeu²⁴ ʔju³⁵ ziəŋ¹¹ naːŋ¹¹
半　一　在　和　小姐

这一半与阿妹作伴，

sin³¹ ʔdeu²⁴ kwaːŋ²⁴ pai²⁴ me³³
角　一　少爷　去　母亲

带这半去见阿妈。

ʔdaːŋ²⁴ ʔdeu²⁴ sin³¹ pai²⁴ me³³
身　一　角　去　母亲

带这半去见阿妈。

ʔju³⁵ laŋ²⁴ so³³ ʔju³⁵ laŋ²⁴
在　后　直　在　后

阿妹在家要安心，

mjau⁵³ kuə³³ jaŋ²⁴ kuə³³ jaːu³⁵
不要　做　玩　做　耍

阿妹别心神不宁，

mjau⁵³ tɕi³³ tɕaːu³⁵ waːn³³ kan²⁴
不要　忘记　换　头帕

如忘违换信物，

ɕo³³ ne³¹ pi³¹ ma²⁴ zan²⁴ ɕi³¹ ȵa³³
今　后　哥　来　见　就　生气

今后相见就难开口，

faːn²⁴ laŋ²⁴ taŋ¹¹ ɕi³¹ ȵa³³
次　后　到　就　生气

咱们相见口难开。

ʔju³⁵ laŋ²⁴ so³³ ʔju³⁵ laŋ²⁴
在　后　直　在　后

阿妹在家要安心，

tuŋ³¹ ʔiə³⁵ mi¹¹ hau⁵³ kɯn²⁴ soŋ²⁴ ɕau¹¹
肚　饿　不　给　吃　两　晚饭

你的心不要贪婪，

sam²⁴ mau¹¹ mi¹¹ hau⁵³ tɯ¹¹ fu¹¹ laːŋ³³
心　贪　不　要　带　咒语

妹贪心别念咒语，

ʔbaːn³¹ kwaːŋ³⁵ mi¹¹ lɯk³³ ɕun¹¹
寨　　宽　　不要　　玩
　　　　　　　　　　　　　　　任何时候别乱玩，

juŋ¹¹ sam²⁴ mɯən²⁴ ɕa⁵³ pi³¹
留　心　　安　　等　哥
　　　　　　　　　　　　　　　阿妹安心等阿哥，

sam²⁴ mɯən²⁴ nuəŋ³¹ ɕa⁵³ pi³¹
心　　安　　妹　　等　哥
　　　　　　　　　　　　　　　阿妹定等阿哥来，

pi³¹ mi¹¹ pai²⁴ jiə³³ zam³¹ na¹¹ ʔbok³⁵
哥　不　去　也　水　田　浅
　　　　　　　　　　　　　　　阿哥家没人放水田。

mi¹¹ pai²⁴ lok³⁵ ta³³ la⁵³ zam³¹ taŋ³¹
不　去　水车　河　下　水　停
　　　　　　　　　　　　　　　阿哥不去水车停，

mi¹¹ pai²⁴ na¹¹ ta³³ la⁵³ zam³¹ te³⁵
不　去　田　河　下　水　裂
　　　　　　　　　　　　　　　阿哥不去田干裂，

he³⁵ tɕiŋ³⁵ liə³¹ taŋ¹¹ zaːn¹¹
客　和　客　到　家
　　　　　　　　　　　　　　　阿哥常有客来家，

na⁵³ ʔdai³¹ naːn¹¹ naːn¹¹ ma²⁴ ɕo³³ zuəŋ³³
最好　　久　久　来　面　妹
　　　　　　　　　　　　　　　今后有空来妹家，

naːn¹¹ naːn¹¹ tau⁵³ ɕo³³ zuəŋ³³
久　久　来　面　妹
　　　　　　　　　　　　　　　有机会与阿妹再相会，

pi³¹ jiə³³ ka³³ ɕom⁵³ tɕop³⁵ ka³³ pai²⁴
哥　也　自　戴　斗笠　自　去
　　　　　　　　　　　　　　　阿哥自戴斗笠独人行，

zɔn²⁴ tɕai²⁴ wɯn³³ lau¹¹ mɯəŋ³³
路　远　谁　盼
　　　　　　　　　　　　　　　出门何人盼我归？

zon²⁴ tɕai²⁴ pu³¹ lɯu¹¹ mɯəŋ³³
路 远 谁 盼

何人盼我回家来？

演唱：罗芝兰
收集：黄荣昌
翻译整理：黄荣昌　周国炎

相思歌
wɯən²⁴ lam³¹ laːn³³
歌　　　相思

pi³¹ jiə³³ ka³³ ʔju³⁵ ka³³ lu¹¹ laŋ³¹
哥　也　自　在　自　痴呆

阿奇在家心缭乱，

ka³³ taŋ³¹ ka³³ lu¹¹ li¹¹
自　停　自　呆傻

独自在家心仿徨，

ham³³ mau⁵³ tɕiŋ³⁵ ham³³ ɕi¹¹
晚　卯　和　晚　辰

卯和辰那两晚上，

ŋui¹¹ taŋ¹¹ saːu²⁴ ɕi³¹ le¹¹
想　到　情妹　就　跑

人在家中心难宁

ŋui¹¹ taŋ¹¹ nuəŋ³¹ ɕi³¹ le¹¹
想　到　妹　就　跑

惦记阿妹在他乡。

pi³¹ ɕi³¹ lam³¹ laːn³³ ʔdiəp³⁵ taŋ¹¹ mɯŋ¹¹
哥　就　瞬间　想　到　你

想起阿妹心恍惚，

pɯŋ¹¹ ɕe²⁴ toi³¹ hau³¹ taːm³³
用　丢　碗　饭　泡汤

手中汤碗掉地上，

toi³¹ hau³¹ ʔaːn³⁵ tɕaːŋ²⁴ ɕoŋ¹¹
碗　饭　淹　中　桌

饭菜撒满一大桌，

koŋ¹¹ tuŋ³¹ ʔin²⁴ na⁵³ me³³
哼　肚　疼　面前　母

阿妈面前把病装，

me³³ mi¹¹ zo³¹ ɲa³⁵ maŋ³¹ faːŋ¹¹ to¹¹
母亲 不 知 以为   鬼 捉弄

阿妈不知实情以为中了邪，

tot³⁵ tɕoŋ³⁵ puɯ³³ la⁵³ ho¹¹ pai²⁴ ʔjaŋ³¹
 脱 件 衣 下 颈 去 卜算

拿件内衣请人去卜卦，

ta¹¹ ʔit³⁵ ɕo³⁵ ten³³ ti³³
 第一 放 墓地

首先看的是坟地，

ta¹¹ ɲi³³ ɕo³⁵ ten³³ zaːn¹¹
 第二 放 宅基

接着看的宅基地，

ta¹¹ saːm²⁴ ɕo³⁵ pau³⁵ ja³³
 第三   放 祖宗

后来又看祖宗牌。

ta¹¹ si³⁵ ta¹¹ ha⁵³ ɕo³⁵ tuə³⁵ ju¹¹ ta²⁴ ʔbai²⁴
 第四 第五 放 情妹 秀目

最后提到阿妹名，

mai²⁴ ʔju³⁵ tɕaːŋ²⁴ fɯŋ¹¹ san¹¹ siə³³ siə³³
 线 在 中间 手 抖 微微

手中吊线颤巍巍。

me³³ kuə³³ ʔjaŋ³¹ ma²⁴ taŋ¹¹
母亲 卜算 来 到

阿妈请人卦后，

po³³ ham³⁵ ʔdai³¹ faːŋ¹¹ ma¹¹
 父 问 得 鬼 啥

阿爸询问中的什么邪？

me³³ ɕi³¹ haːn²⁴ jiən³³ ne³¹
母亲 就 答 这样

娘对阿爸这样说：

ʔi³⁵ nau¹¹ tuə¹¹ faŋ¹¹ to¹¹
 如说 只 鬼 捉弄

如果真的中了邪，

fɯŋ¹¹ kam²⁴ jiəŋ²⁴ pai²⁴ taːu³³
手　拿　香　去　喊

         手中拿香去喊魂，

kaːi³⁵ ne³¹ wɯn¹¹ to¹¹ wɯn¹¹
个　这　人　捉弄　人

         这是被人来捉弄，

tɕiŋ¹¹ ɕeu³⁵ ʔiən²⁴ pai²⁴ taːu³³
请　支　烟　去　喊

         需要点支烟去请，

taːu³³ mɯŋ¹¹ ɕo³⁵ kok³⁵ zu³³ haːŋ³¹ ʔbaːn³¹
喊　你　放　根　梓树　脚　寨

         在村前梓木树脚把你喊，

taːu³³ nuəŋ³¹ ɕo³⁵ kok³⁵ waːn⁵³ tin²⁴ siən²⁴
喊　妹　放　根　榕树　脚　园

         在菜园榕树脚下把妹喊，

ma²⁴ kɯn²⁴ ʔiən²⁴ lo⁰ zuəŋ³³
来　吃　烟　EP①　妹

         喊声阿妹来抽烟，

tɕau⁵³ tɕet³⁵ haɯ⁵³ pi³¹ ʔdi²⁴
头　痛　给　哥　好

         让哥头痛赶紧好，

lu¹¹ li¹¹ haɯ⁵³ pi³¹ saːn³⁵
呆傻　给　哥　散

         让哥神志早清醒，

nat³³ haːn³³ haɯ⁵³ pi³¹ ɕam²⁴
颗　汗　给　哥　沉

         让哥汗水赶快消，

kuə³³ san³³ ne³¹ ta²⁴ zan²⁴ ɕi³¹ ʔiə³⁵
做　这些　眼见　就　算

         做到这步就行了，

---

① EP，Exclairnation Particle 的缩略形式，即感叹词。

ziəŋ¹¹ pu³¹ ʔbaːn³¹ ɕi³¹ ʔiə³⁵
跟 人 寨 就 罢

寨人知道就算了。

lam³¹ laːn³³ ʔdiəp³⁵ taŋ¹¹ mɯŋ¹¹
瞬 间 想 到 你

每当阿哥想起你，

ʔau²⁴ fɯn¹¹ lam³¹ tiə³³ wɯə³³
要 柴 倒 林 青杠

砍柴倒在青杠林，

fam³¹ fɯə³³ lam³¹ tiə³³ sum²⁴
突然 倒 林 化香树

跌在化香树脚下，

ʔdun²⁴ laːŋ³¹ kaːn²⁴ ma²⁴ zaːn¹¹ mi¹¹ ʔdai³¹
站 栏杆 来 家 不 得

扶着栏杆进屋难，

tɕau⁵³ ɕiəm³⁵ tiə³⁵ soi¹¹ mi¹¹ ʔdai³¹
头 想 搁 枕头 不 得

头痛不敢沾枕头，

soŋ²⁴ fɯŋ¹¹ kwa²⁴ mok³³ hom³⁵ mi¹¹ ʔdai³¹
两 手 拉 棉被 盖 不 得

双手无力拉被盖，

pan¹¹ seŋ²⁴ kaːp³⁵ pan¹¹ fu¹¹
成 痫疾 并 成 累

全身发抖像筛糠，

ham⁵³ tɯ¹¹ ta²⁴ ʔo³⁵ liə³⁵
倒 连 眼 冒 火星

两眼一直冒金星，

paːi³⁵ kaːi³⁵ ɕiə³⁵ paːŋ³¹ zi⁵³ taːi²⁴ tuŋ¹¹
像 个 野芭蕉 边 沟 死 节

好像沟边枯萎的野芭蕉，

zum¹¹ faːt³³ pai²⁴ ʔeu³¹ taːu³⁵
风 刮 去 刮 来

随风飘去又飘来，

pa:i³⁵ ka:i³⁵ ɕa:u³⁵ zam³¹ kɯn¹¹ fi¹¹
　像　个　锅　水　上　火

　　　　　　　　　　好像火上滚开的热水，

ŋui¹¹ mɯŋ¹¹ la:i²⁴ jiə³³ zuəŋ³³
　想　你　多　也　愁

　　　　　　　　　　心中想你柔肠断，

pa:i³⁵ ka:i³⁵ ɕa:u³⁵ zam³¹ kɯn¹¹ tɕiəŋ¹¹
　像　个　锅　水　上　三脚

　　　　　　　　　　好像锅桩上边滚开的水，

ziəŋ¹¹ mɯŋ¹¹ la:i²⁴ jiə³³ zuəŋ³³
　跟　你　多　也　愁

　　　　　　　　　　心中惦你食不安，

ziəŋ¹¹ kwa:i²⁴ ʔja³¹ jiə³³ zuəŋ³³
　跟　聪明　傻　也　愁

　　　　　　　　　　心中念你夜难眠。

lam³¹ la:n³³ ʔdiəp³⁵ taŋ¹¹ mɯŋ¹¹
　瞬间　　想　到　你

　　　　　　　　　　每当阿哥想起你，

hau²¹ ɕo³⁵ pa³⁵ pan¹¹ ʔba²⁴
　饭　放　嘴　成　粑粑

　　　　　　　　　　饭到口中难下咽，

pja²⁴ ɕo³⁵ pa:n¹¹ pan¹¹ ʔdo³⁵
　鱼　放　盘　成　骨

　　　　　　　　　　盘中鱼儿无香味，

tɯ³³ ɕo³⁵ ʔbo³⁵ pan¹¹ wa²⁴ liəŋ¹¹ lu¹¹
　筷子　放　筒　成　花　相思

　　　　　　　　　　筷子变成相思草，

ʔdun³¹ nat³³ hau³¹ pan¹¹ tɕi⁵³ ka:i³⁵ jiəŋ³³
　吞　颗　饭　成　几　个　样

　　　　　　　　　　饭在口中变几味，

jiəŋ³³ ʔdeu²⁴ ʔdun³¹ mi¹¹ zoŋ¹¹
　一样　吞　不　下

　　　　　　　　　　好比筷子在口中，

ʔdun³¹ mi¹¹ toŋ²⁴ ka²⁴ tɯ³³
　吞　不　了　筷子

喉咙穿破吞不下，

ʔdun³¹ naːi¹¹ hɯ³⁵ ha³¹ taːi²⁴
　吞　口水　干　要　死

咽口水嗓子也痛，

hau³¹ taːm³³ tiən¹¹ jiə³³ pjo³⁵
　饭　泡　糖水　也　喷

糖水泡饭也吐出，

no³³ kai³⁵ ɕaːu⁵³ hau²⁴ ʔɯən²⁴
　肉　鸡　炒　熏　臭

炒鸡肉也吃不香，

nau¹¹ taŋ¹¹ luən²⁴ ʔdi²⁴ noi³³
　说　到　你　好　些

只有想起阿妹你，

tiən²⁴ taŋ¹¹ nuəŋ³¹ ʔdi²⁴ noi³³
　念　到　妹　好　些

哥的心中才欢畅。

lam³¹ laːn³³ ʔdiəp³⁵ taŋ¹¹ nuəŋ³¹
　瞬间　　想　到　妹

每当阿哥想起你，

soŋ²⁴ tin²⁴ tiəp³³ waːi³⁵ koŋ²⁴ mi¹¹ waːi³¹
　两　脚　踩　棉花　弹　不　抓

棉花也把哥拌倒，

haːm⁵³ san⁵³ ȵu¹¹ mi¹¹ kwa³⁵
　跨　根　谷草　不　过

一根谷草都难越，

waːi⁵³ so³⁵ ta³³ jiə³³ fu¹¹
　涉　渡口　河　也　浮

涉水过河都要漂，

zu¹¹ ʔban³⁵ tin²⁴ ha³¹ kaːŋ³³
　扶　脚跟　　不　了

手扶膝盖站不稳，

zu¹¹ tin²⁴ pjaːi⁵³ ha³¹ kaːŋ³³
扶　脚　走　不　了

迈步走路更艰难。

laːm³¹ laːn³³ ʔdiəp³⁵ taŋ¹¹ muɯŋ¹¹
瞬间　　想　到　你

每当阿哥想起你，

soŋ²⁴ tin²⁴ tiəp³³ ko²⁴ muŋ¹¹ mi¹¹ lam³¹
两　脚　踩　棵　野芋　不　倒

双脚踩野芋不倒，

soŋ²⁴ tin²⁴ tiəp³³ ʔboŋ³¹ zam³¹ mi¹¹ siən¹¹
两　脚　踩　格子　水　不　波纹

脚踏水幽不起波，

tiəp³³ tɕit³⁵ hau³¹ mi¹¹ lon³⁵
踩　把　谷　不　落

踩着稻谷谷不落。

ʔdaːŋ²⁴ pi³¹ tom³⁵ tɕam³¹ tɕu²⁴
身体　哥　垮　很　快

人说病来如山倒，

ham¹¹ ʔdaːŋ²⁴ pi³¹ ka³³ tom³⁵
恨　身　哥　自　垮

我看这话不夸张，

tom³⁵ sɯ¹¹ wɯn¹¹ ta¹¹ saːu³¹
垮　像　雨　抽　竹竿

阿哥病来就像下的竹竿雨，

laːu³¹ sɯn³³ wɯn²⁴ si³⁵ ŋuət³³
大　像　雨　四月

猛如四月下的雨，

wɯn²⁴ si³⁵ ŋuət³³ tok³⁵ pja³¹
雨　四月　落　疏

四月雨水尚有稀疏时，

wɯn²⁴ ha⁵³ ŋuət³³ tok³⁵ ʔbaːŋ²⁴
雨　五月　落　稀疏

五月雨水也稀少，

zam³¹ ta²⁴ waːŋ²⁴ tok³⁵ tɯ³³
泪水　横　落　筷子

阿哥泪水好比筷子掉，

pi³¹ ɕi³¹ nɯ³³ taŋ¹¹ ziə²⁴
哥　就　想　到　你

每当阿哥想到你，

zam³¹ tɕa³⁵ ɲiə²⁴ tɕa³⁵ ɕaːi³³
水　冲　江　冲　洋

泪水就像山洪汇大江，

paːi³³ kɯn¹¹ tɕa³⁵ toŋ³³ kai³¹
上边　冲　东街①

上边冲垮东街房，

paːi³³ la⁵³ tɕa³⁵ mau³¹ zin²⁴
下边　冲　老屯②

下边淹没老屯寨，

tɕa³⁵ kaːi³⁵ mau³¹ tiŋ⁵³ tɕim²⁴ kuə³³ piəŋ³³
冲　那　丘　鼎　金　做　平

金鼎山上全淹没，

zam³¹ pai²⁴ liən³³ waŋ¹¹ zau¹¹
水　去　淹　潭　枫香

枫香潭水掀巨浪，

zam³¹ pai²⁴ ʔau²⁴ tiə³³ tum³³
水　去　要　丛　草莓

河岸野莓全被淹，

tum³³ fai³¹ ʔdok³⁵ ho³³ laːi²⁴
淹　苦竹　节　多

苦竹林也全淹没，

tum³³ fai³¹ faːi¹¹ ho³³ ʔdaːu³¹
淹　斑竹　节　长

斑竹林也剩不多剩，

---

① 地名，在望谟县城附近。
② 地名，在望谟县境内。

tum³³ lo:k³⁵ la:u³¹ pu³¹ ka:i²⁴
　淹　水车　大　干　田

干田水车全冲毁，

ʔdai³¹ lok³⁵ sa:ŋ²⁴ pu³¹ ɕe³³
　得　水车　高　　屯水

屯上水车也被淹，

ʔa:n³⁵ lok³⁵ la:u³¹ pu³¹ ɕe³³
　漫　水车　大　　屯上

水淹屯上大水车。

lam³¹ la:n³³ ʔdiəp³⁵ taŋ¹¹ mɯŋ¹¹
　瞬间　　　想　到　你

每当阿哥想起你，

soŋ²⁴ tin²⁴ tiəp³³ ko²⁴ muŋ¹¹ mi¹¹ lam³¹
　两　脚　踩　棵　野芋　不　倒

脚踩野芋它不倒，

tiəp³³ tɕit³⁵ hau³¹ siən²⁴ te²⁴ mi¹¹ lon³⁵
　踩　把　粳稻　　它　不　落

踩着粳稻谷不落，

po³³ me³³ zu¹¹ jiə³³ tom³⁵
　父　母　扶　也　垮

父母扶着也要倒，

pi³¹ nuəŋ³¹ tɯ¹¹ jiə³³ la:u²⁴
　亲戚　　带　也　怕

亲戚不敢来挨边，

pau³⁵ sʔa:u²⁴ tɯ¹¹ pen⁵³ ku¹¹
　叔伯　　带　棺材

族人准备打棺材，

tɯ¹¹ pen⁵³ ku³³ zɔŋ¹¹ lau¹¹
　带　棺材　　走下　楼

棺材板子抬下楼，

ta¹¹ pen⁵³ ku³³ zɔŋ¹¹ ɕai¹¹
　抽　棺材　　走下　齐

全都抬到楼底下，

pi³¹ ɕi³¹ ʔdiəp³⁵ taŋ¹¹ nuəŋ³¹ ta²⁴ ʔbai²⁴ luŋ⁵³ taːu³⁵
哥 就 想 到 妹 秀目 才 转

阿哥心里想阿妹,

pi³¹ luŋ⁵³ ɕin³³ taːu³⁵ ma²⁴
哥 才 醒 转 来

哥想阿妹神智清,

mi¹¹ ʔdai³¹ fai³¹ jiə¹¹ ta²⁴ pja³³ zuəŋ³³
不是 木 遮 眼 别 妹

还想跟妹说句话,

mi¹¹ ʔdai³¹ sa²⁴ jiə¹¹ na⁵³ pja³³ zuəŋ³³
不 得 纸 遮 脸 别 妹

还想跟妹道个别。

lam³¹ laːn³³ ʔdiəp³⁵ taŋ¹¹ mɯŋ¹¹
瞬间 想 到 你

每当阿哥想起你,

ʔau²⁴ fɯn¹¹ lam³¹ tiə³³ wɯə³³
要 柴 倒 林 青杠

砍柴倒在青杠林,

fam³¹ fɯə³³ lam³¹ tiə³³ sum²⁴
突然 倒 林 化香树

跌在化香树脚下,

ham¹¹ kaːi³³ ɲi³³ pi¹¹ fuŋ²⁴ ma²⁴ zam³³
恨 那 枝 叶子 来 遮

只恨树枝遮住眼,

tɕa⁵³ ham³³ ɕiəm³⁵ kaːŋ⁵³ tam³⁵ mi¹¹ ʔdai³¹
晚上 想 讲 低 不 得

夜里有话不能说,

tɕa⁵³ hat³⁵ ɕiəm³⁵ kaːŋ⁵³ saːŋ²⁴ mi¹¹ ʔdai³¹
早上 想 讲 高 不 得

白天想说难开口,

saːu²⁴ ʔju³⁵ kɯn¹¹ lau¹¹ kwa³¹
情妹 在 楼上 探听

阿妹上楼来探听,

下编　民间情歌翻译　457

pi³¹ ka³³ ʔwa³¹ laːu³¹ li³³
哥　有　傻　私方

　　　　　　　　　　　阿哥心里直发急，

pi³¹ kan³³ hi³⁵ taŋ¹¹ soŋ¹¹
哥　忧心　　着急

　　　　　　　　　　　阿哥心里很担忧，

ŋɔn¹¹ lau¹¹ ʔdai³¹ hap³³ wəi³³
天　哪　得　　相会

　　　　　　　　　　　哪天才能得想会？

ŋɔn¹¹ lau¹¹ hap³³ wəi³³ ma²⁴ puŋ¹¹ nuəŋ³¹
天　哪　相会　　来　遇　妹

　　　　　　　　　　　哪天才与妹相逢？

ŋɔn¹¹ lau¹¹ hap³³ wəi³³ ma²⁴ puŋ¹¹ naːŋ¹¹
天　哪　相　会　来　遇　小姐

　　　　　　　　　　　与妹相逢永不会？

ɕaːu³¹ zaːn¹¹ kɯn²⁴ mi¹¹ zuəŋ³³
造　家　吃　不　愁

　　　　　　　　　　　无忧无虑在一起，

tɕim²⁴ ɕaːu³¹ ʔeu³¹ mi¹¹ zuəŋ³³
金　造　房　不　愁

　　　　　　　　　　　建家安身永不愁。

lam³¹ laːn³³ ʔdiəp³⁵ taŋ¹¹ mɯŋ¹¹
瞬间　　想　到　你

　　　　　　　　　　　每当阿哥想到你，

hau³¹ ɕo³⁵ pa³⁵ pan¹¹ ʔba²⁴
饭　放　嘴　成　粑粑

　　　　　　　　　　　端起饭碗难下咽，

pja²⁴ ɕo³⁵ paːn¹¹ pan¹¹ mɯn³¹
鱼　放　盘　成　蛀虫

　　　　　　　　　　　盘中鱼儿没香味，

hau³¹ ɕo³⁵ tuŋ³¹ pan¹¹ nai¹¹
饭　放　肚　成　泥沙

　　　　　　　　　　　吃饭好比吞泥沙，

tɕai¹¹ muɯŋ¹¹ laːi²⁴ faːn³³ piŋ³³
想 你 多 犯 病

为你卧病不能起，

tɕai¹¹ luk³³ fɯə³¹ faːn³³ sam²⁴
想 儿 别人 乱 心

想你心烦又意乱，

tai⁵³ miŋ³³ won²⁴ tɕi⁵³ ham³³
哭 命 魂 几 晚

彻夜难眠长声叹，

nan²⁴ miŋ³³ pi³¹ tɕi⁵³ ham³³
怨 命 哥 几 晚

叹我命运何多舛，

pi³¹ kɯn²⁴ ma³⁵ kɯn²⁴ man⁵³ jiə³³ tɕai¹¹
哥 吃 果子 吃 李子 也 想

手拿鲜果将你想，

pi³¹ kɯn²⁴ nai²⁴ pjaːi²⁴ kwaːu⁵³ jiə³³ ɕo³³
哥 吃 雪 山 顶 也 名

口含白雪把你念，

nuəŋ³¹ ʔju³⁵ pa³⁵ ʔbo³⁵ ʔau²⁴ zam³¹ tiən²⁴ mi¹¹ tiən²⁴
妹 在 口 井 要 水 念 不 念

阿妹井边打水可想我？

pi³¹ ʔju³⁵ zaːn¹¹ ka³³ paːu²⁴ ʔjan²⁴ ka³³ tai⁵³
哥 在 家 自 包 烟 自 哭

哥在家中独自抽烟解闷愁，

sai⁵³ pi³¹ mjon³³ lum⁵³ tau¹¹
肠 哥 粉 像 青苔

阿哥日夜想妹柔肠断，

tɕi⁵³ ham³³ pi³¹ ʔbat³⁵ ɕau¹¹
几 晚 哥 饿 晚饭

接连几天茶不想来饭不思。

nau¹¹ taŋ¹¹ saːu²⁴ mi¹¹ ɕiə³³
说 到 情妹 不 信

说来阿妹你不信，

nau¹¹ taŋ¹¹ nuəŋ³¹ mi¹¹ ɕiə³³
说　到　妹　不　信

讲来情妹不当真。

lam³¹ laːn³³ ʔdiəp³⁵ taŋ¹¹ mɯŋ¹¹
瞬间　　想　到　你

每当阿哥想起你，

kɯn²⁴ hau³¹ lum¹¹ hom³¹ pa³⁵
吃　饭　忘　漱　口

吃饭心神不安宁，

waːi⁵³ ta³³ lum¹¹ ziu⁵³ haːi¹¹
趟　河　忘　提　鞋

过河忘了把鞋脱，

tɕai¹¹ ju³¹ kwaːi²⁴ kɯ³³ me³³
想　情妹　聪明　胜过　母亲

想妹胜过想母亲，

tɕai¹¹ lɯk³³ fɯə³¹ kɯ³³ me³³
想　儿　别人　胜过　母亲

爱妹胜过爱亲娘，

me³³ to⁵³ li³¹ tok³⁵ laŋ²⁴
母亲　还有　落　后

母子之情先放下，

tɕai¹¹ mɯŋ¹¹ fan²⁴ ʔdeu²⁴ kɯ³³
想　你　分　一　胜过

阿哥恋妹心更切，

tɕai¹¹ saːu²⁴ sin³¹ ʔdeu²⁴ kɯ³³
想　情妹　角　一　胜过

阿哥思妹情更深。

lam³¹ laːn³³ ʔdiəp³⁵ taŋ¹¹ mɯŋ¹¹
瞬间　　想　到　你

每当阿哥想起你，

fam³¹ fum¹¹ lam³¹ tiə³³ wɯə³³
突然　倒　林　青杠

突然倒在青杠林，

fam³¹ fuɯə³³ lam³¹ tiə³³ ha¹¹
　忽然　　倒　丛　茅草

忽然跌在茅草地，

pan¹¹ ma¹¹ ka⁵³ ta:i²⁴ ka:n³³
　为　啥　杀　　正在

为何害得我好苦，

pi³¹ jiə³³ nɯ³³ kuə³³ zi³⁵ la⁵³ pja²⁴
　哥　也　想　种　地　下　崖

哥想崖下来开荒，

la:u²⁴ kɯə⁵³ zok³³ zua²⁴ zoŋ¹¹ ma²⁴ sua:i³⁵
　怕　那　锦鸡　下　来　刨

又怕锦鸡乱刨食，

na⁵³ pai²⁴ ju³¹ pɯəŋ¹¹ tɕai²⁴
　只　去　玩　　远方

不如远方去寻友，

pai¹¹ pai²⁴ zoi³¹ ku³³ ha:i³¹
　时　去　烂　双　鞋

去时鞋子烂一对，

pai¹¹ ma²⁴ mja:i¹¹ ku³³ ma:t³³
　时　来　破损　双　袜

回来袜子破一双，

zoi³¹ tɕi⁵³ ta:p³³ ha:i¹¹ sa:n¹¹
　烂　几　打　　鞋草

草鞋穿烂好几打，

naŋ³³ fa:n²⁴ lau¹¹ jiə³³ ka:n³³
　坐　次　哪　也　不能

难得与妹坐一次，

zoi³¹ tɕi⁵³ ku³³ ha:i¹¹ n̠u¹¹
　烂　几　双　　鞋草

草鞋穿破好几双，

mi¹¹ ʔdai³¹ su²⁴ ziəŋ¹¹ naŋ³³
　不　得　你　和　坐

难得跟妹见一回，

mi¹¹ ʔdai³¹ nuəŋ³¹ haːp³⁵ wəi³³
不　得　妹　　相会

　　　　　　　　　　　　我与阿妹难相会。
演唱：罗芝兰
收集：黄荣昌
翻译整理：黄荣昌　周国炎

恋情歌
wɯən²⁴ lap³⁵ ham³³
歌　　黑夜

lap³⁵ ham³³ pi³¹ pai²⁴ ɕun¹¹
黑夜　哥　去　游玩

　　　　　　　　　　　　　　阿哥每晚去玩耍，

lap³⁵ huɲ¹¹ tu²⁴ pai²⁴ naŋ³³
黑夜　我　去　坐

　　　　　　　　　　　　　　每晚都出去坐耍，

pai²⁴ naŋ³³ taŋ¹¹ zek³⁵ zaːn¹¹
去　坐　到　旁边　房子

　　　　　　　　　　　　　　走到妹家旁边坐，

zan²⁴ nuəŋ³¹ naŋ³³ ta¹¹ waːi³⁵
见　妹　坐　纺棉花

　　　　　　　　　　　　　　看见阿妹纺棉纱，

mɯŋ¹¹ ma¹¹ ze³³ waːi³⁵ taːm²⁴ ze³³ waːi³⁵ mi¹¹ nin¹¹
你　啥　根　棉花　接　根　棉花　不　睡

　　　　　　　　　　　　　　阿妹纺纱为何不觉困？

ɕeu³³ fɯn¹¹ taːm²⁴ ɕeu³³ fɯn¹¹ mi¹¹ ɕot³³
根　柴　接　根　柴　不　断

　　　　　　　　　　　　　　越纺越觉有精神，

mɯŋ¹¹ laːu²⁴ paŋ¹¹ ɕo³⁵ siəŋ²⁴ mi¹¹ zoŋ³¹
你　怕　布　放　箱　不　冒

　　　　　　　　　　　　　　你怕箱子里的布未满？

mɯŋ¹¹ laːu²⁴ paŋ¹¹ ɕo³⁵ loŋ³¹ mi¹¹ zim²⁴
你　怕　布　放　箱笼　不　满

　　　　　　　　　　　　　　你怕布匹不满箱？

han³³ haɯ⁵³ pi³¹ zo³¹ ʔbin²⁴
赞　给　哥　会　飞

　　　　　　　　　　　　　　如果阿哥长翅飞，

han³³ haɯ⁵³ tɕim²⁴ zo³¹ piən³⁵
　赞　　给　　哥　会　变

        如果哥懂变身术，

piən³⁵ pan¹¹ waːu⁵³ ziəŋ¹¹ nu²⁴
　变　成　松　鼠　和　家鼠

        变成一只野松鼠，

ʔdon³¹ tin²⁴ tu²⁴ pai²⁴ ɕo³³
　穿　　脚　门　前　　住

        从门缝钻进去与妹会面，

piən³⁵ pan¹¹ waːu⁵³ ziəŋ¹¹ juəŋ¹¹
　变　成　松　鼠　和　羊

        变成松鼠或山羊，

ʔdon³¹ tin²⁴ ɕiəŋ¹¹ pai²⁴ ɕo³³
　穿　　脚　墙　前　往

        翻过山墙去会面。

lap³⁵ ham³³ pi³¹ pai²⁴ ɕun¹¹
　夜　　晚　哥　去　玩

        阿哥每晚去玩耍，

lap³⁵ hɯn¹¹ tu²⁴ pai²⁴ naŋ³³
　黑夜　我　去　坐

        阿哥每晚去坐耍。

kwai³³ taŋ¹¹ tu²⁴ tɕo³⁵ kɯn¹¹
　游　　到　朝门　上

        逛到上边朝门看，

zaːn¹¹ muŋ¹¹ hap³⁵ tɕo³⁵ kɯn¹¹
　家　　你　关　朝门　上

        你家已把朝门关，

ɕun¹¹ taŋ¹¹ tu²⁴ tɕo³⁵ la⁵³
　玩　　到　朝门　下

        游到下边朝门看，

zaːn¹¹ muŋ¹¹ hap³⁵ tɕo³⁵ la⁵³
　家　　你　关　朝门　下

        下边朝门也关了，

pi³¹ ɕi³¹ saːm²⁴ ɕip³³ tuɯk³⁵ hauɯ⁵³ mot³³
哥　就　三　　十　　打　　给　　蚂蚁

阿哥三十两银雇蚂蚁，

zok³⁵ ɕip³³ tuɯk³⁵ hauɯ⁵³ nu²⁴
六　　十　　打　　给　　鼠

六十两银请老鼠，

mot³³ pai²⁴ kai³¹ hen³⁵ tu²⁴
蚂蚁　去　撬　门　闩

蚂蚁去把门闩啃，

nu²⁴ pai²⁴ kai³¹ huɯn³⁵ pjaːu⁵³
鼠　去　撬　门　闩

老鼠去把门闩撬，

ɕoŋ³³ san³³ tɕen²⁴ jiə³³ ʔdon³¹
洞　根　手臂　也　穿

啃穿一个小洞有胳膊粗，

ɕoŋ³³ san³³ ka²⁴ jiə³³ ʔdon³¹
洞　条　腿　也　穿

咬通一个小洞有大腿粗，

ʔdon³¹ la⁵³ huɯn³⁵ tu²⁴ pai²⁴ ʔdauɯ²⁴
穿　下　门　闩　去　里

从门闩下穿进去，

pan¹¹ muɯn¹¹ lauɯ¹¹ mi¹¹ ŋaːi³³
成　事情　啥　不　论

不管发生什么事，

laːu²⁴ kwa³⁵ jam⁵³ teu¹¹ miŋ³³
也　过　舍　条命

最多不过丢条命，

jam⁵³ ɕi³¹ jam⁵³ pom³³ pi³¹
舍　就　舍　份　哥

舍命阿哥也愿意，

hit³⁵ ɕi³¹ hit³⁵ pom³³ kwaːŋ²⁴
教训　就　教训　份　少爷

我命不丢是教训。

ɕiəŋ¹¹ ɕiŋ¹¹ ɕip³³ ŋi³³ som²⁴ to⁵³ zaːi³³
　　城墙　　十二　　庱　都　爬

城墙再长我也走，

ʔjaːŋ³¹ ta¹¹ haːi³³ la⁵³ ho¹¹ li³¹ ju³¹
　　大刀　　搁　　脖子　　有情妹

刀架脖子阿妹护，

ʔdan²⁴ wə i³³ tɕi³³ tɕiŋ³⁵ wəi³³ ju¹¹ mi¹¹ kuŋ¹¹
　　个　　朋友　　和　　女友　　没事

阿妹相随就安全，

mɯən¹¹ pja³³ saːu²⁴ ɕi³¹ tɕi³³
　　这事　　离　　情妹　是　讳

离了情妹就不行，

ʔdan²⁴ pja³³ ju³¹ ɕi³¹ tɕi³³
　　个　　离　情妹　是　讳

誓死不与妹分开。

lap³⁵ ham³³ pi³¹ pai²⁴ ɕun¹¹
　　夜晚　　哥　去　玩

阿哥每晚去玩耍，

lap³⁵ hɯn¹¹ tu²⁴ pai²⁴ kwai³³
　　黑夜　　我　去　串

阿哥夜里去串寨，

pai²⁴ kwai³³ taŋ¹¹ zek³⁵ zaːn¹¹
　　去　串　到　　屋檐

串到妹家屋檐下，

puŋ¹¹ zaːn¹¹ nuəŋ³¹ kan²⁴ liə⁵³ jieŋ¹¹ na³⁵
　　遇　家　　妹　　安　吊钩　和　箭

妹家机关重重设，

ɕak³³ laːi³⁵ miŋ³³ pi³¹ ʔdi²⁴
　　幸好　　命　哥　好

幸亏阿哥命运好，

te²⁴ luŋ⁵³ teŋ²⁴ ko²⁴ li¹¹ ɕam³¹ ɕua³³
　　它　才　射中　梨树　　哗啦

暗箭没有伤着身。

ʔi³⁵ nau¹¹ miŋ³³ pi³¹ ʔja³⁵
　如果　命　哥　凶

如果阿哥运气差，

zaːi³¹ le³³ teŋ²⁴ na⁵³ pja³⁵ kam³¹ kaːn¹¹
　真　的　射中　额头　　正　好

头中暗箭命呜呼，

taːi²⁴ la⁵³ zaːn¹¹ mai³¹ zuəŋ³³
　死　下　家　　情妹

死在妹家门槛脚，

taːi²⁴ la⁵³ siə⁵³ mai³¹ zuəŋ³³
　死　檐　下　　情妹

命丧妹家屋檐下，

taːi²⁴ ziəŋ¹¹ luɯk³³ pu³¹ li³¹
　死　和　儿　富家

为追阿妹丧了命，

taːi²⁴ pan¹¹ miŋ¹¹ pan¹¹ ɕo³³
　死　成名　　成誉

阿哥情愿也心甘，

siə³⁵ pi³¹ taːi²⁴ lum⁵³ miə²⁴ lum⁵³ zaːi³³
　要　哥　死　像　　熊　像　野猪

如果像野兽死去，

no³³ məi²⁴ li³¹ tuɯk³³ maːi³³
　肉　熊　有　好　卖

野兽死了肉能卖，

zaːi³³ to⁵³ li³¹ ɕuŋ³⁵ ȵiŋ¹¹
　野猪　都　有　枪　打

阿哥死不值分文。

taːu³⁵ ne³¹ taːi²⁴ la⁵³ fuɯŋ¹¹ mai³¹ zuəŋ³³
　这回　　死　手下　　情妹

如今有幸死在妹的手，

tuŋ¹¹ tɕaːŋ²⁴ zuŋ⁵³ mai³¹ zuəŋ³³
　僵　中间　怀　　情妹

阿哥虽死而无憾。

han³³ haɯ⁵³ pi³¹ zo³¹ ʔbin²⁴
赞　给　哥　会　飞

要是阿哥能飞翔，

na³³ haɯ⁵³ tɕim²⁴ zo³¹ piən³⁵
赞　给　哥　会　变

若是哥有变身术，

piən³⁵ pan¹¹ teu¹¹ fat³³ jeu³¹
变　成　根　带　缠

变成腰带绕妹身，

jeu³¹ ʔdaɯ²⁴ ʔdaːŋ²⁴ saːm²⁴ pok³⁵
缠　身上　　三　转

紧紧缠在妹身上，

ʔdot³⁵ kaːi³⁵ hi¹¹ ziən¹¹ haːn³³
吸　那　污垢　和　汗水

吸尽污垢和汗水。

piən³⁵ pan¹¹ lɯk³³ n̥e¹¹ ʔdiŋ²⁴
变　成　婴儿　　红

变成初生小婴儿，

tɯ¹¹ pai²⁴ nin¹¹ weŋ³³ zuŋ⁵³
带　去　睡　怀里

静静躺在妹怀中，

haɯ⁵³ saːu²⁴ ʔum³¹ pai²⁴ nin¹¹
给　情妹　抱　去　睡

安详睡在妹怀里，

lum³⁵ mɯŋ¹¹ haːi³¹ laɯ¹¹ meu³³
看　你　打　或　诓

看妹怎样把我诓。

lap³⁵ ham³³ pi³¹ pai²⁴ ɕun¹¹
夜　晚　哥　去　玩

阿哥每晚去玩耍，

lap³⁵ hɯn¹¹ tu²⁴ pai²⁴ kwai³³
黑夜　我　去　串

阿哥每晚去串寨，

pai^{24} naŋ^{33} taŋ^{11} zek^{35} zaːn^{11}
去　坐　到　屋檐

去坐妹家屋檐下，

puŋ^{11} zaːn^{11} mɯŋ^{11} ɕap^{35} zaːn^{11} lau^{53}
遇　家　你　计划　家　酒

碰到妹家正筹划，

ɕap^{35} lau^{53} tɕiŋ^{35} ɕap^{35} tɯŋ^{31}
备　酒　和　备　棍

筹划美酒或木棍？

ɕap^{35} lau^{53} pi^{31} ɕi^{31} ʔwit^{35}
备　酒　哥　就　让

筹划美酒我就进，

ɕap^{35} tɯŋ^{31} pi^{31} ɕi^{31} ʔwaːi^{35}
备　棍　哥　就　避

筹划棍棒哥就躲。

to^{53} saːu^{24} ɕuəŋ^{35} sam^{24} nak^{35}
只　情妹　放　心　重

只要阿妹恋着我，

to^{53} nuəŋ^{31} ɕuəŋ^{35} sam^{24} tɕai^{11}
只　妹　放　心　想

只要妹心想着哥，

tin^{24} lai^{24} seu^{53} ma^{11} ɕoŋ^{33}
脚　石梯　少　啥　洞

台阶上边没有洞，

ʔboŋ^{35} tɕiə^{11} lauɯ^{11} jiə^{33} pai^{24}
凿　哪里　也　去

凿个小洞就能进。

lam^{31} ho^{11} sai^{24} mi^{11} nɯ^{33}
到　喉管　不　想

小命丢了我不悔，

taːi^{24} ho^{11} hau^{31} mi^{11} nɯ^{33}
死　食管　不　想

送了性命哥心甘。

han³³ haɯ⁵³ pi³¹ zo³¹ ʔbin²⁴
　赞　给　哥　会　飞

han³³ haɯ⁵³ tɕim²⁴ zo³¹ piən³⁵
　赞　给　我　会　变

piən³⁵ pan¹¹ teu¹¹ ɕa³³ tɕop³⁵
　变　成　条　绳　斗笠

ʔdot³⁵ kaːi³⁵ hi¹¹ ziəŋ¹¹ haːn³³
　吸　那　污垢　和　汗水

paːn³³ pan¹¹ teu¹¹ jiən¹¹ kɔŋ²⁴
　爬　成　条　　沙虫

loŋ²⁴ haɯ⁵³ ko¹¹ mai³¹ zuəŋ³³
　错　给　这　　姑娘

lap³⁵ ham³³ pi³¹ pai²⁴ ɕun¹¹
　夜晚　哥　去　玩

lap³⁵ hɯn¹¹ tu²⁴ pai²⁴ kwai³³
　黑夜　我　去　串

pai²⁴ naŋ³³ taŋ¹¹ zek³⁵ zaːn¹¹
　去　坐　到　　屋檐

zo³¹ n̠iə²⁴ mɯŋ¹¹ ɕau³⁵ te²⁴ pai²⁴ ʔun³¹
　听见　你　支　他　去　那边

te²⁴ ɕau³⁵ mɯŋ¹¹ pai²⁴ ʔun³¹
　他　支　你　去　那边

要是阿哥会飞翔，

要是哥懂变身术，

变成一根斗笠绳，

吸净污垢和汗水，

变成沙虫爬在身，

为妹愿错爱一生。

每晚阿哥去玩耍，

每晚阿哥去串寨，

去坐妹家屋檐脚，

忽听你与人交谈，

别人正与你交心。

pi³¹ ʔjam³¹ ʔjun²⁴ tok³⁵ ɕɯ²⁴
哥　立即　难　过

当时阿哥心透凉，

tu²⁴ ɕi³¹ ʔdai³¹ wɔn²⁴ taːu³⁵
我　就　得　魂　回

当时我就掉了魂，

taːu³⁵ ma²⁴ zaːn¹¹ pai²⁴ wɔn²⁴
回　来　家　去　魂

晃晃悠悠回到家，

ʔan³¹ zau¹¹ ɕɔm²⁴ teu¹¹ miŋ³³
以免我　舍　条　命

索性捡回一条命，

ʔan³¹ zau¹¹ leu³¹ teu¹¹ miŋ³³
以免我　了　条　命

差点丢了命一条。

han³³ haɯ⁵³ pi³¹ zo³¹ ʔbin²⁴
赞　给　哥 会 飞

要是阿哥能飞翔，

han³³ haɯ⁵³ tɕim²⁴ zo³¹ pin³⁵
赞　给　我　会

要是哥懂变身术，

piən³⁵ pan¹¹ teu¹¹ haːn¹¹ zam³¹
变　成　扁　担　水

哥愿变一根扁担，

zaːi³¹ le³³ kuə³³ haːn¹¹ ȵam³¹ tɕaːŋ²⁴ ʔba³⁵
正好　做　扁担　砣　中间　肩

每天搭在妹的肩，

piən³⁵ pan¹¹ ʔja³⁵ ziən¹¹ tɕiŋ²⁴
变　成　锄头　和　镐锄

哥愿变镐锄一把，

zaːi³¹ le³³ ʔdun²⁴ ziəŋ¹¹ muŋ¹¹ kuə³³ zi³³
正好　站　和　你　做　地

每天下地紧相随，

ʔdun²⁴ ziəŋ¹¹ nuəŋ³¹ kuə³³ zi³³
　站　　和　　妹　　做　地

　　　　　　　　　　　　　让妹天天握手中。

lap³⁵ ham³³ pi³¹ pai²⁴ ɕun¹¹
　夜晚　　哥　去　玩

　　　　　　　　　　　　　每晚阿哥去玩耍，

lap³⁵ hɯn¹¹ tu²⁴ pai²⁴ kwai³³
　黑夜　　我　去　串

　　　　　　　　　　　　　阿哥每晚去串寨，

pai²⁴ kwai³³ taŋ¹¹ zek³⁵ za:n¹¹
　去　　串　　到　　屋檐

　　　　　　　　　　　　　来到阿妹屋檐下，

ma²⁴ za:n¹¹ nuəŋ³¹ jiə³³ zau³⁵
　狗　　家　　妹　　也　叫

　　　　　　　　　　　　　妹家狗儿汪汪叫，

ma²⁴ zau³⁵ pi³¹ tɯ¹¹ taŋ³¹
　狗　　叫　哥　打　停

　　　　　　　　　　　　　听见叫声哥停步，

nuəŋ³¹ lu¹¹ laŋ³¹ tem⁵³ taŋ²⁴
　妹　　慌　忙　　点　灯

　　　　　　　　　　　　　妹在屋里把灯点，

ʔjan²⁴ pan¹¹ pi³¹ zo³¹ ʔbau³⁵
　猜　　成　哥　是　否

　　　　　　　　　　　　　莫非阿哥来到了？

pi³¹ ʔai²⁴ nuəŋ³¹ ha³¹ ha:n²⁴
　哥　咳　　妹　　想　应

　　　　　　　　　　　　　阿哥咳嗽妹想应，

za:n¹¹ mɯŋ¹¹ mi¹¹ hau⁵³ ha:u³⁵
　家　　你　　不　给　话

　　　　　　　　　　　　　无奈阿妈不让你答话，

za:n¹¹ mɯŋ¹¹ kam²⁴ tin²⁴ pɯə³³ sak³³ sau³¹
　家　　你　　拿　　下　摆　衣　　拉扯

　　　　　　　　　　　　　拽着衣角不让妹出门，

ʔjau³¹ ʔdan²⁴ taŋ³⁵ taŋ¹¹ fɯŋ¹¹
抬　　凳子　　到　　手

手拿凳子把门挡，

pi³¹ ɕi³¹ kuŋ¹¹ pai²⁴ ɕo³³
哥　就　无法　前　往

阿哥只好转回身。

han³³ hauɯ³ pi³¹ zo³¹ ʔbin²⁴
赞　给　哥　会　飞

要是阿哥会飞翔，

han³³ hauɯ⁵³ tɕim²⁴ zo³¹ piən³⁵
赞　给　我　会　变

要是哥懂变身术，

piən³⁵ pan¹¹ ʔbo³⁵ zam³¹ ɕi⁵³
变　成　井　水　紫色

变作山间清泉水，

piən³⁵ pan¹¹ zi⁵³ zam³¹ ʔjam²⁴
变　成　沟　水　泉

变成小溪潺潺流，

tɯ¹¹ pai²⁴ ɕam²⁴ tin²⁴ zi³³
带　去　渗　脚　地

流到妹家地边上，

hauɯ⁵³ ju³¹ tɕi³⁵ ju³¹ ȵaːu³¹ pai²⁴ kɯn²⁴
给　女友　情妹　去　吃

阿妹喝了山泉水，

zaːi³¹ le³³ ʔdun²⁴ ta⁵³ ɕuə³¹ ziəŋ¹¹ zuən³³
正好　站　摆谈　和　妹

泉水叮咚如交谈。

lap³⁵ ham³³ pi³¹ pai²⁴ ɕun¹¹
夜晚　哥　去　玩

阿哥每晚出去耍，

lap³⁵ hɯn¹¹ tu²⁴ pai²⁴ kwai³³
黑夜　我　去　串

每晚阿哥去串寨，

pai²⁴ kwai³³ taŋ¹¹ zek³⁵ zaːn¹¹
　去　　串　　到　　屋　檐

走到妹家屋檐下，

ham¹¹ tuə¹¹ ma²⁴ zau³⁵ kak³⁵
　恨　　　狗　　叫　急

该死小狗叫不停，

tin²⁴ fi³³ ʔjak³⁵ ɕi³¹ zau³⁵
　脚　未　起　就　叫

脚步未起它就叫，

zau³⁵ kuə³³ san³¹ ta¹¹ tiə³³
　叫　　做　紧　那样

叫声凶恶面狰狞，

ma²⁴ hau⁵³ puɯ²⁴ tɯk³³ ʔda³⁵
　狗　　给　我　　挨骂

妹家把我当成贼，

pi³¹ tam³¹ kwa³⁵ la⁵³ zaːn¹¹
　哥　只　过　下　家

阿哥只路过坎下。

ʔi³⁵ me³³ naːŋ¹¹ zo³¹ ʔdiəp³⁵
　若 母亲 小姐　会　想

若你阿妈想周全，

ʔi³⁵ me³³ nuəŋ³¹ zo³¹ tɕai¹¹
　若 母亲　妹　会　想

若你阿妈想周到，

zai¹¹ tu²⁴ teŋ²⁴ koi¹¹ me³³
　唤　我　是　女婿 母亲

叫声女婿快进来。

me³³ saːu²⁴ mi¹¹ zo³¹ ʔdiəp³⁵
　母亲 情妹　不　会　想

怎奈阿妈不会想，

me³³ nuəŋ³¹ mi¹¹ zo³¹ tɕai¹¹
　母亲　妹　不　会　想

阿妈思量不周全，

taŋ¹¹ la⁵³ lai²⁴ jiən³⁵ ʔda³⁵
到　下　石梯　就　骂

台阶下边开口骂,

taŋ¹¹ zo³³ siə⁵³ jiən³⁵ ʔda³⁵
到　院外　　就　骂

院外她就开口说,

ʔda³⁵ nau¹¹ tuə¹¹ lauɯ¹¹ te²⁴
骂　说　　哪　只　他

骂道"那是啥东西？"

pi³¹ ɕi³¹ ɕe²⁴ ɕiən²⁴ ɕun¹¹ mi¹¹ ʔjam³⁵
哥　就　丢　时　　玩　不　探

阿哥一听心头凉,

lun¹¹ ɕi³¹ ɕe²⁴ fa:n²⁴ pja:i⁵³ mi¹¹ ʔjam³⁵
我　就　丢　次　　走　　不　探

听到骂声心发冷。

lap³⁵ ham³³ pi³¹ pai²⁴ ɕun¹¹
夜晚　　哥　去　玩

阿哥每晚出去耍,

lap³⁵ huɯn¹¹ tu²⁴ pai²⁴ kwai³³
黑夜　　我　　去　串

每晚阿哥去串寨,

tin²⁴ ta¹¹ ʔjak³⁵ huɯn⁵³ ɕuən³³
脚　一　抬　　上　　石梯

抬脚上了石台阶,

tin²⁴ ta¹¹ ʔjak³⁵ huɯn⁵³ za:n¹¹
脚　一　抬　　上　　家

抬脚进了妹家门。

za:n¹¹ ɕip³³ sa:t³⁵ ku⁵³ sa:t³⁵
家　　十　　席　　九　席

家有八九人,

saːt³⁵ pu³¹ lɯ¹¹ mi¹¹ ziŋ³¹ mo⁰ me³³
席　哪个　不　滚　MP①母亲

哪位不在家？

zaːn¹¹ ɕip³³ ʔbin³¹ ku⁵³ paːu²⁴
家　十　凉席　九　枕

家有姊妹八九个，

saːu²⁴ lun¹¹ pai²⁴ lɯ¹¹ me³³
情妹　去　哪　母亲

情妹她去哪里了？

me³³ nuəŋ³¹ kwaːi²⁴ waːn¹¹ kwaːi²⁴
母亲　妹　乖　还　乖

阿妈聪明很会说，

haːn²⁴ ɕɔn¹¹ haːu³⁵ jiəŋ³³ ne³¹
答　话语　这样

阿妈这样对我说：

me³³ ho⁵³ me³³ ɕi³¹ kaːi²⁴ lo⁰ lɯk³³
母　穿　母　就　卖　EP　儿

我的家贫卖儿女，

kaːi²⁴ te²⁴ tɯk³³ zaːn¹¹ fɯə³¹
卖　她　是　家　别人

把她卖给别人家。

pa⁵³ tɕiŋ³⁵ kuə³¹ ma²⁴ zai¹¹
嫂　和　姑　来　唤

她家姑嫂来接去，

ʔdai³¹ te²⁴ pai²⁴ tok³⁵ wɯəŋ⁵³ zi³³ waːi³⁵
得　她　去　种　小米　地　棉花

去种小米和棉花。

pai²⁴ ʔdai³¹ to³³ hop³⁵ pjeu⁵³ ɕip³³ saːm²⁴
去　得　对场　丑日　十三天②

算来已走十三天，

---

① MP，Modal Particle 的缩略形式，即语气词。
② 按十二地支计时方法计算，一个周期结束正好是 13 天。

pai²⁴ naːn¹¹ faːn²⁴ mi¹¹ taːu³⁵
去　久　次　不　回

长久住下她不回，

pai²⁴ faːn²⁴ pau³¹ mi¹¹ taːu³⁵
去　次　媳妇　不　回

去坐家了不回转。

haːu³⁵ nau¹¹ su²⁴ pai²⁴ ju³¹ waːn³³ fat³³
话　说　他们　相　玩　换　腰带

听说你们换了腰带做信物，

haːu³⁵ nau¹¹ su²⁴ pai²⁴ ju³¹ waːn³³ kan²⁴
话　说　你们　相　玩　换　帕子

听说你们换了头帕做信物，

tian²⁴ laːi²⁴ zau¹¹ ʔdai³¹ sai³³
讲　多　我们　得　官司

说多了会吃官司；

haːu³⁵ nau¹¹ su²⁴ pai²⁴ ju³¹ waːn³³ ʔjan²⁴
话　说　你们　去　玩　换　烟

听说你们换了烟叶做信物，

tiən²⁴ laːi²⁴ zo³¹ ʔdai³¹ sai³³
讲　多　会　得　官司

讲多了要吃官司。

me³³ ɕiən²⁴ tup³⁵ faːn³³ ʔum³¹
母亲　千　包　万　抱

当妈千辛又万苦，

me³³ ɕiən²⁴ lum³¹ faːn³³ ʔɯ²⁴
母亲　千　抱　万　背

当娘吃苦又受累，

tɯ¹¹ leu³¹ hin⁵³ leu³¹ pɯə³³
带　完　裙　完　衣

衣服烂了多少件，

pɯə³⁵ leu³¹ ʔbuk³⁵ leu³¹ ʔda²⁴
烂　完　襁褓　完　背带

背带烂了多少床。

muɯn³³ ne³¹ laːu³¹ ɕam³¹ ɕa²⁴
　这时　　大　　突然

如今长大成人了，

lap³⁵ ta²⁴ teu¹¹ ɕe²⁴ me³³
　闭　眼　逃去　丢　母亲

撇下爹妈去逍遥。

lap³⁵ ham³³ pi³¹ pai²⁴ ɕun¹¹
　夜晚　　哥　去　玩

阿哥每晚出去耍，

lap³⁵ hɯn¹¹ tu²⁴ pai²⁴ kwai³³
　黑夜　　我　去　串

每晚阿哥去串寨，

pai²⁴ kwai³³ taŋ¹¹ zek³⁵ zaːn¹¹
　去　串　　到　　屋檐

走到妹家屋檐下，

tin²⁴ ta¹¹ ʔjak³⁵ hɯn⁵³ ɕuən³³
　脚　一抬　　上　　石棉

抬脚上了石台阶，

tin²⁴ ta¹¹ ʔjak³⁵ hɯn⁵³ zaːn¹¹
　脚　一抬　　上　　家

抬脚进了妹家门。

pi²⁴ kwa³⁵ wəi³⁵ ma²⁴ taŋ¹¹
　去年　　我　来　到

去年我曾来到此，

saːu²⁴ li³¹ ɕun¹¹ zaːn¹¹ me³³
　情妹　还　玩　　家　母亲

阿妹还在家玩耍，

pi²⁴ ne³¹ wəi³³ ma²⁴ taŋ¹¹
　今年　　我　来　到

今年等我再来时，

saːu²⁴ pai²⁴ lau¹¹ mɯə⁰ me³³
　情妹　去　哪　嘛　母亲

阿妹哪儿去了呢？

me³³ nuəŋ³¹ kwaːi²⁴ waːn¹¹ kwaːi²⁴
母亲 妹 乖 还 乖

阿妈聪明开口说，

haːi²⁴ ɕon¹¹ ʔdeu²⁴ jiəŋ³³ ne³¹
开 句 一 这样

阿妈开口这样讲，

ten³³ naŋ³³ luŋ⁵³ li³¹ zau⁵³
座位 还在 热

她的座位还发热，

ʔi³⁵ ma²⁴ ɕau³¹ zaːi³¹ puŋ¹¹
若 来 早 真 遇

早来一会能见她，

lun¹¹ ɕau³¹ pai²⁴ ȵiə⁵³ pan³³
幺 刚 去 刚才

她刚离开没多久，

te²⁴ ɕau³¹ pjaːi⁵³ ȵiə⁵³ pan³³
她 刚 走 刚才

刚才她还在这儿。

taŋ³⁵ nau¹¹ pai²⁴ soŋ²⁴ ŋon¹¹ saːm²⁴ ŋon¹¹ ɕi³¹ taːu³⁵
转告 说 去 两 天 三 天 就 回

说是离家三两天就回，

ma¹¹ ɕi³¹ pai²⁴ kuə³³ naːu³⁵ ha¹¹ juə¹¹
啥 就 去 做 永远 那样

怎么一去不见影。

soŋ³⁵ ŋaːi¹¹ na¹¹ zaːn¹¹ fɯə³¹
送 早饭 田 家 别人

可能帮人送早饭下田，

pai²⁴ ʔwa³¹ liə³¹ ʔwa³¹ liə³³
去 憨（状词） 傻（状词）

在那儿傻住不想家，

pai²⁴ mi¹¹ ʔbɯə³⁵ mi¹¹ niŋ²⁴
去 不 寂寞 不 蠕

到了夫家不寂寞，

tɕim²⁴ ɕaːu³¹ zaːn¹¹ kon³⁵ pi³¹
　你　造　家　先　哥

在哥前面把家当，

muɯŋ¹¹ ɕaːu³¹ ʔeu³¹ kon³⁵ tu²⁴
　你　造　屋　先　我

在我前面先立业。

pi³¹ kuə³³ zi³³ kok³⁵ zau²⁴
　哥　做　地　脚　枫香树

阿哥地里去干活，

ȵiə²⁴ wuɯn¹¹ nau¹¹ kwa³⁵ lo³³
　听　人　说　过　路

听见路人把话讲，

nau¹¹ ju³¹ to³³ tɕiŋ³⁵ ju³¹ ȵaːu³¹ pai²⁴ kwaːn²⁴
　说　情妹　一　和　情妹　闹　去　丈夫

说是阿妹已坐家，

pi³¹ ɕi³¹ paːt³⁵ ɕe²⁴ waːn²⁴ ziəŋ¹¹ ɕa³¹
　哥　就　甩　掉　斧头　和　柴刀

哥用斧头猛劈柴，

sua³¹ si³⁵ vi³⁵ ʔan²⁴ ȵiən¹¹
　作揖　四周　恩　怨

哥向四方来作揖，

tuə¹¹ siən²⁴ he⁰ ten³³ ti³³
　神仙　啊　祖坟

求了祖宗求神仙，

pi³¹ ɕi³¹ tuə¹¹ ju³¹ to³³
　哥　就　情妹　一

我心只有妹一个，

pi³¹ li³¹ muɯn³⁵ ju³¹ ʔdeu²⁴
　哥　有　情妹　一

情妹是我唯一意中人，

ma¹¹ ɕi³¹ teu¹¹ pai²⁴ kwaːn²⁴ mi¹¹ taŋ³⁵
　啥　就　逃去　丈夫　不　转告

为啥去坐家也不告诉我，

mi¹¹ ʔun²⁴ taŋ³⁵ hauɯ⁵³ pi³¹
不　但　转告　给　哥

莫说亲自告诉我，

mi¹¹ ʔun²⁴ taŋ³⁵ hauɯ⁵³ ku²⁴
不　但　告诉　给　我

莫说告诉我本人，

to⁵³ muɯŋ¹¹ taŋ³⁵ hauɯ⁵³ saːu¹¹ tu¹¹ ʔdaɯ²⁴ ʔbaːn³¹
只要　你　转告　给　情妹　里面　寨子

只要让寨上的人转告我一声，

taŋ³⁵ kaːi³⁵ pu³¹ tuŋ³¹ paːn³¹ zek³⁵ zaːn¹¹
转告　个　人　相　陪伴　旁边　家

让身边人转告我一句。

nuəŋ³¹ ka³³ waːŋ²⁴ pai²⁴ taŋ³⁵
妹　自　横　去　转告

情妹自己对我讲，

saːu²⁴ ka³³ huɯn⁵³ pai²⁴ taŋ³⁵
情妹　自　上　去　转告

阿妹亲自对我说，

mi¹¹ ʔun²⁴ taŋ³⁵ ɕon¹¹ ʔdi²⁴
不　但　转告　句　好

不求得你一句舒心话，

to⁵³ muɯŋ¹¹ taŋ³⁵ ɕon¹¹ ʔja³⁵
只　你　转告　句　凶

哪怕对我骂一声，

ɕaːu³¹ ʔeu³¹ lo⁰ ʔbaːu³⁵ paːn¹¹
造　家　EP　情郎　馋

眼馋了吧我的傻阿哥！

ɕaːu³¹ zaːn¹¹ lo⁰ ʔbaːu³⁵ ɕot³³
造　家　EP　情郎　末

我跟别人成家了！

to⁵³ muɯŋ¹¹ taŋ³⁵ son²⁴ ɕon¹¹ saːm²⁴ ɕon¹¹ ɕo³⁵ lan²⁴
只　你　转告　两　句　三　句　放话

ɕo³⁵ sam²⁴ pi³¹ seu⁵³ zuəŋ³³
放　心　哥　少　愁

只要得你留下几句话，

哥这辈子心也安。

演唱：罗芝兰
收集：黄荣昌
翻译整理：黄荣昌　周国炎

安家歌
wɯən²⁴ pai²⁴ kwaːn²⁴
歌　去　夫

me³³ nuəŋ³¹ ɕau³⁵ haɯ⁵³ nuəŋ³¹ pai²⁴ kwaːn²⁴
母亲　妹　催促　给　妹　去　丈夫

　　　　　　　　　　　　阿妈催妹去夫家，

ɕau³⁵ pai²⁴ faːn²⁴ lap³³ faːn²⁴
催促　去　番　连　番

　　　　　　　　　　　　催了一次又一次，

ɕau³⁵ pai²⁴ faːn²⁴ taˑ¹¹ ʔit³⁵
催促　去　番　第一

　　　　　　　　　　　　阿妈催妹第一次，

saːu²⁴ tok³⁵ tɕik³⁵ ziəŋ¹¹ naːi³⁵
情妹　落　懒　和　累

　　　　　　　　　　　　阿妹整天懒洋洋，

nuəŋ³¹ ɕe²⁴ waːi³⁵ mi¹¹ ta¹¹
妹　丢　棉花　不　纺

　　　　　　　　　　　　丢下棉纱不想纺，

ɕe²⁴ lɯk³³ zai¹¹ mi¹¹ la³⁵
丢　纱锭　不　桄

　　　　　　　　　　　　丢下纱锭不想桄，

kuə³³ ʔja³⁵ teu¹¹ pai²⁴ nin¹¹
生气　跑　去　睡

　　　　　　　　　　　　赌气跑进屋里去，

me³³ mi¹¹ zo³¹ nuəŋ³¹ pan¹¹ tuŋ³¹ ʔin²⁴
母亲　不　知　妹　成　肚　疼

　　　　　　　　　　　　阿妈认为妹得病，

me³³ ʔau²⁴ hiŋ²⁴ pai²⁴ zup³³
母亲　要　姜　去　擦

　　　　　　　　　　　　连忙拿姜去刮擦，

zup³³ tɕau⁵³ pai²⁴ taŋ¹¹ tin²⁴
　擦　头　去　到　脚

用姜从头擦到脚，

ma⁵³ pai³⁵ lun¹¹ sa:u²⁴ me³³
　长　了　幺　情妹　母亲

女儿病了妈心伤。

lap³⁵ ta²⁴ pai²⁴ lo⁰ tɕi³⁵
　闭　眼　去　EP朋友

阿妹阿妹你去吧！

ɕa:ŋ³³ ʔi³⁵ pai²⁴ lo⁰ mɯn²⁴
　安心　去　EP 你①

快去夫家把家当！

ɕa:u³¹ za:n¹¹ kɯn²⁴ kon³⁵ pi³¹
　造　家　吃　先　哥

成家立业在哥前，

tɕim²⁴ ɕa:u³¹ ʔeu³¹ kon³⁵ ku²⁴
　你② 造　屋　先　我

在我之前把家当。

n̠a³⁵ zeŋ¹¹ su²⁴ pan¹¹ ku³³
时候年青你们　成　双

趁着年青早立业，

n̠a³⁵ zeŋ¹¹ nuəŋ³¹ pan¹¹ ku³³
这候年青妹　成　双

趁着年青早成双。

ɕa:ŋ³³ ʔi³⁵ pai²⁴ lo⁰ peŋ¹¹
　安心　去　EP 妹

阿妹阿妹你走吧！

ʔa:n²⁴ zeŋ¹¹ pja:i⁵³ lo⁰ zuəŋ³³
　趁　年青　走　EP 妹

安心走吧小情嬢！

----

① mɯn²⁴ 原义为"眉清目秀"，这里用作男主人公对其爱慕之人的美称。
② tɕim²⁴ 原义为"金"，这里用作男主人公对其爱慕之人的美称。

ɕa³¹ nau¹¹ nuəŋ³¹ mi¹¹ pai²⁴
如果 妹 不 去

妹若执拗不肯去，

pau³⁵ suən³⁵ ɕu¹¹ ʔau²⁴ paɯ³¹
公 算 时 要 媳妇

家公择日来接你，

ja³³ naŋ⁵³ lau⁵³ ʔau²⁴ mɯŋ¹¹
婆 蒸 酒 要 你

家婆酿酒来接你。

pa⁵³ luŋ¹¹ pja:i⁵³ ʔja³⁵ zau³³
大嫂 走 难 些

到时哥嫂也难容。

pu³¹ ʔdi²⁴ ziəŋ¹¹ pu³¹ ʔdi²⁴ mi¹¹ tɯŋ⁵³ laɯ¹¹ zau³³
好人 和 好人 不 怎么 些

门当户对又怎样？

pu³¹ ɕau³³ ziəŋ¹¹ pu³¹ ɕau³³ mi¹¹ tɯŋ⁵³ laɯ¹¹ ɕai¹¹
美人 和 美人 不 怎么 齐

郎才女貌又如何？

na⁵³ sa:u²⁴ ʔut³⁵ sa:i²⁴ ho¹¹ pai²⁴ zuŋ³¹
最好 情妹 转 喉管 去 养育

不如安心当家去，

pa:i³⁵ pu³¹ ʔum³¹ zin²⁴ ta³³
好像 抱 石 河

就当摸石头过河。

ka³³ kuə³³ ʔja³⁵ ka³³ ʔdi²⁴
自 生气 自 好

自己生气自己消，

la:i²⁴ pi²⁴ ho¹¹ ɕi³¹ zui³³
多 年 脖 就 回转

天长日久心气畅，

ka³³ kuə³³ ʔja³⁵ ka³³ lum¹¹
自 生气 自 忘

自己赌气自己息，

laːi²⁴ pi²⁴ mɯŋ¹¹ ɕi³¹ ʔaːi³⁵
多年　你　就　凋谢

　　　　　　　　　　　　天长日久全遗忘。

me³³ nuəŋ³¹ ɕəu³⁵ həɯ⁵³ nuəŋ³¹ pai²⁴ kwəːn²⁴
母亲　妹　催促　给　妹　去　丈夫

　　　　　　　　　　　　阿妈催妹去夫家，

ɕau³⁵ pai²⁴ faːn²⁴ lap³³ faːn²⁴
催促　去　番　连　番

　　　　　　　　　　　　催了一次又一次，

ɕau³⁵ pai²⁴ faːn²⁴ ta¹¹ ŋi³³
催促　去　番　第二

　　　　　　　　　　　　阿妈催妹第二次，

paːi³⁵ kaːi³⁵ fi¹¹ zem⁵³ po²⁴
好像　火　烧　坡

　　　　　　　　　　　　急得就像火烧坡，

paːi³⁵ kaːi³⁵ fi¹¹ zem⁵³ pa³⁵
好像　火　烧　山

　　　　　　　　　　　　急得就像火烧山，

fi¹¹ zem⁵³ po²⁴ ɕi³¹ toŋ⁵³ taŋ¹¹ ta³³
火　烧　坡　就　亮　到　河

　　　　　　　　　　　　山野火光映河水

fi¹¹ zem⁵³ pa³⁵ ɕi³¹ toŋ⁵³ taŋ¹¹ ʔbɯn²⁴
火　烧　山　就　亮　到　天

　　　　　　　　　　　　山林火光冲云霄，

ɕau³⁵ həɯ⁵³ nuəŋ³¹ pai²⁴ ɕaːu³¹ zaːn¹¹ kɯn²⁴
催促　给　妹　去　造　家　吃

　　　　　　　　　　　　催促阿妹安家去。

ɕɯː²⁴ ku²⁴ tɕai¹¹ mɯŋ¹¹ ʔju³⁵
心　我　想　你　在

　　　　　　　　　　　　阿哥心中想挽留，

ɕau³⁵ həɯ⁵³ nuəŋ³¹ pai²⁴ ɕaːu³¹ ʔeu³¹ kɯn²⁴
催促　给　妹　去　造　屋　吃

　　　　　　　　　　　　催促阿妹立业去，

ɕɯ²⁴ tɕai¹¹ laːn¹¹ mɯŋ¹¹ naŋ³³
　心　想　拦　你　坐

我心不愿又如何？

ɕɯ²⁴ tɕai¹¹ ton⁵³ mɯŋ¹¹ naŋ³³
　心　想　截　你　坐

心想阻拦没胆量。

me³³ nuəŋ³¹ ɕau³⁵ pa³³ pai²⁴
母亲　妹　催促　慢　去

阿妈心急你不急，

ɕa⁵³ tuŋ³¹ toi³³ pan¹¹ zaːu³⁵
　等　同　伴　成　惯

你说要等同伴们，

ɕa⁵³ tuŋ³¹ ɕaːu³¹ pan¹¹ fɯə¹¹
　等　同　造　成　箱

一起纺纱又织布，

ɕa⁵³ tuŋ³¹ toi³³ pan¹¹ zɔn²⁴
　等　同　伴　成　路

有说有笑结伴行，

ʔdaːŋ²⁴ ʔdoi²⁴ ɕa⁵³ ʔbaːu³⁵ zuəŋ³³
　身　空　等　情郎　哥

心中惦记情郎哥。

me³³ nuəŋ³¹ ɕau³⁵ haɯ⁵³ nuəŋ³¹ pai²⁴ kwaːn²⁴
母亲　妹　催促　给　妹　去　丈夫

阿妈催妹去夫家，

ɕau³⁵ pai²⁴ faːn²⁴ lap³³ faːn²⁴
催促　去　番　连　番

催了一次又一次，

ɕau³⁵ pai²⁴ faːn²⁴ ta¹¹ saːm²⁴
催促　去　番　第三

阿妈催妹第三次，

ʔju³⁵ pja³⁵ ɕaːn¹¹ zoi²⁴ tɕau⁵³
　在　晒　台　梳　头

阿妹梳头晒台边，

zam³¹ ta²⁴ tau⁵³ kuə³³ toi³³
眼泪　流　成　双

默默无言泪双流，

zam³¹ ta²⁴ zoi²⁴ pai²⁴ tɕai²⁴
眼泪　撒　去　远

泪挂脸庞心远去，

pai²⁴ poi¹¹ nin⁵³ po³³ me³³
去　还　债　父母

了却父母心头债，

ɕaːŋ³³ ʔi³⁵ pai²⁴ faːn²⁴ ne³¹
安心　去　番　这

这次你就安心去，

faːn²⁴ laŋ²⁴ pi³¹ pai²⁴ ti³⁵
番　后　哥　去　替

家中有事哥去帮，

pi³¹ pai²⁴ ti³⁵ zaːp³⁵ zam³¹
哥　去　替　挑　水

阿哥替你去挑水，

pi³¹ pai²⁴ ti³⁵ zaːp³⁵ leu²⁴
哥　去　替　挑　柴

阿哥替你去挑柴，

ʔdeu²⁴ nin¹¹ nuəŋ³¹ ka³³ nɯ³³
觉　睡　妹　自　想

阿妹垫枕自商量。

nuəŋ³¹ nau¹¹ ʔbo³¹ mi¹¹ pai²⁴
妹　说　想　不　去

阿妹借故不想走，

po³³ ziu⁵³ tɕop³⁵ ɕo³⁵ tɕau⁵³
父亲　拿　斗笠　放　头

阿爸替你斗笠头上戴，

me³³ naŋ⁵³ hau³¹ ɕo³⁵ fɯŋ¹¹
母亲　蒸　饭　放　手

阿妈给你饭盒塞手中。

muɯŋ¹¹ pan¹¹ pai²⁴ taŋ¹¹ zuəŋ³³
你　成　去　到　愁

su²⁴ pan¹¹ pjaːi⁵³ taŋ¹¹ zuəŋ³³
你们 成　走　到　愁

nuəŋ³¹ nau¹¹ ɕiən¹¹ mi¹¹ pai²⁴
妹　说　嫌　不　去

zo³¹ muɯŋ¹¹ ɕian¹¹ kwaːn²⁴ təi¹¹
知　你　嫌　夫　矮小

ɕo³³ ne³¹ kwaːn²⁴ muɯŋ¹¹ laːu³¹ tuŋ³¹ tɕai¹¹
今后 丈夫　你　大　相　爱

ɕo³³ ne³¹ kwaːn²⁴ tai¹¹ ɕiən¹¹ taːŋ³⁵ saːu¹¹
今后　夫　矮小　嫌　别外　年龄段

laːu²⁴ muɯŋ¹¹ laːu³⁵ meu¹¹ ʔeu³¹ ɕe²⁴ ʔjai²⁴
怕　你　误　妙　龄　丢　弃

fuɯə³¹ ɕi³¹ za²⁴ pa¹¹ mo³⁵
别人 就　找　妻　新

ɕo³³ ne³¹ muɯŋ¹¹ ha³¹ pai²⁴ ta¹¹ zaːi³¹
今后　你　将　去　真　的

kwaːn²⁴ mi¹¹ nak³⁵ mi¹¹ maːi⁵³
丈夫　不　理　不　爱

tɕaːu⁵³ mi¹¹ mai¹¹ jiə³³ zuəŋ³³
丈夫　不　想　也　愁

阿妹这次必须走，

心不想走意难留。

阿妹不去有缘由，

你嫌丈夫身材矮。

今后长大会爱你，

他也嫌你不同龄，

怕你误了他一生，

他就另外寻新妇。

到你真正当家去，

对你不理又不睬，

感情不和心难受，

kwaːn²⁴ mi¹¹ maːi⁵³ jiə³³ zuəŋ³³
　丈夫　不　爱　也　愁

　　　　　　　　　　　　　　丈夫不爱心发愁。

pe³³ mɯŋ¹¹ taːu³⁵ ma²⁴ laŋ²⁴
　虽　你　回　来　后

　　　　　　　　　　　　　　即使会到娘家来，

po³³ me³³ hɯ³⁵ mi¹¹ kaːŋ⁵³
　父母　干　不　讲

　　　　　　　　　　　　　　父母给你脸色看，

pi³¹ nuəŋ³¹ mɯŋ¹¹ jiə³³ ɕaŋ¹¹
　兄弟　　你　也　厌恶

　　　　　　　　　　　　　　叔伯弟兄讨厌你，

ŋɔn¹¹ te²⁴ mɯŋ¹¹ na⁵³ mi¹¹ laŋ¹¹ ɕi³¹ zuəŋ³³
　天　那　你　前　不　后　就　愁

　　　　　　　　　　　　　　那时阿妹里外不是人，

laŋ²⁴ mi¹¹ na⁵³ ɕi³¹ zuəŋ³³
　后　不　前　就　愁

　　　　　　　　　　　　　　那时阿妹进退都为难。

pe³³ nuəŋ³¹ ha³¹ taːu³⁵ pai²⁴
　虽　妹　想　回　去

　　　　　　　　　　　　　　阿妹回到婆家去，

kwaːn²⁴ mɯŋ¹¹ zan²⁴ mɯŋ¹¹ pan¹¹ pu³¹ he³⁵
　丈夫　你　见　你　成　客人

　　　　　　　　　　　　　　丈夫待你如宾客，

ɕɔn¹¹ kaːŋ⁵³ tɕe³⁵ ʔdaɯ²⁴ tuŋ³¹
　话语　老　里　肚

　　　　　　　　　　　　　　对你不说知心话，

ɕɔn¹¹ kaːŋ⁵³ tɕen³¹ ʔdaɯ²⁴ ɕɯ²⁴
　话语　哽　里　心

　　　　　　　　　　　　　　千言万语装在心。

pan¹¹ ɕɔn¹¹ ku²⁴ mi¹¹ zuəŋ³³
　成　句　我　不　愁

　　　　　　　　　　　　　　风言风语我不怕，

teŋ²⁴ ɕɔn¹¹ pi³¹ mi¹¹ zuəŋ³³
　是　句　哥　不　愁

冷嘲热讽哥能担。

kon³⁵ muɯŋ¹¹ sin³⁵ ɕɔn¹¹ pi³¹ ɕi³¹ ʔdi²⁴
　先　你　信　句　哥　就　好

先前妹若听哥劝，

teŋ²⁴ fuɯə³¹ to¹¹ ɕi³¹ wa:i³³
　是　别人　弄　就　坏

哪会遭人毁前程，

tɕo¹¹ fuɯə³¹ pa:i⁵³ ɕi³¹ wa:i³³
　被　别人　诓　就　坏

被人欺骗误一生。

kwa:n²⁴ fuɯə³¹ lo³¹ muɯŋ¹¹ la:u³⁵
　丈夫　别人　哄　你　误

别人丈夫骗你把你误，

ʔba:u³⁵ muɯŋ¹¹ lo³¹ muɯŋ¹¹ ʔba:n²⁴
　情郎　你　哄　你　为难

你的情郎诓你也糟糕，

la:u²⁴ hi³⁵ nuəŋ³¹ pan¹¹ za:n¹¹
　怕　唯一　妹　成　家

怕只怕的妹成家，

haɯ⁵³ muɯŋ¹¹ ʔba:n²⁴ lum⁵³ pi³¹ puɯəŋ¹¹ zo³³
　给　你　糟糕　像　哥　外乡

哥妹从此陌路人。

pi³¹ sam²⁴ so³³ ɕi³¹ nau¹¹
　哥　心　直　就　说

阿哥心直把话说，

pu³¹ sam²⁴ kau¹¹ mi¹¹ lɯn³³
　人　心　弯　不　论

若有心计他不讲。

pi³¹ sam²⁴ so³³ luŋ⁵³ ta:n³⁵
　哥　心　直　才　说

心直口快我才说，

ʔau²⁴ nuəŋ³¹ ɕun⁵³ la⁵³ ʔdaːŋ²⁴ luŋ⁵³ lɯn³³
拿　妹　当　身上肉　才　论

把你当成心上人才讲，

ʔau²⁴ mɯŋ¹¹ taːŋ³⁵ pi³¹ nuəŋ³¹ luŋ⁵³ lɯn³³
拿　你　当　兄弟　才　论

把你当成亲兄妹才讲。

me³³ nuəŋ³¹ ɕau³⁵ haɯ⁵³ nuəŋ³¹ pai²⁴ kwaːn²⁴
母亲　妹　催促　给　妹　去　丈夫

阿妈催妹去夫家，

ɕau³⁵ pai²⁴ faːn²⁴ lap³³ faːn²⁴
催促　去　番　连　番

催了一次又一次，

ɕau³⁵ pai²⁴ faːn²⁴ taⁱⁱ si³⁵
催促　去　番　第四

阿妈催妹第四次。

kan³³ hi³⁵ hau³¹ mi¹¹ kɯn²⁴
忧心　饭　不　吃

茶不思来饭不想，

tau³¹ tɕem⁵³ zam³¹ ta²⁴ lai²⁴
托　腮　眼泪　流

眼泪唰唰往下淌，

pai²⁴ kaːi³⁵ tɕiə¹¹ mi¹¹ ten³³
去　个　处　没　床

他家上无片瓦，下无榻，

ɕo³³ ne³¹ tok³⁵ toŋ³⁵ laɯ¹¹ jeu³³ ʔbɯn²⁴
今后　落　坝　哪　叫　天

今后日子咋过法？

tin²⁴ ɕam³³ ɕuk³⁵ ɕam³³ ɕe³⁵
脚　踩　夯　踩　踢

阿妹有苦无处诉。

ʔi³⁵ me³³ nuəŋ³¹ ma²⁴ zan²⁴
如　母亲　妹　来　见

如若阿妈知道了，

ɕaŋ³³ ŋan¹¹ ta:u³⁵ hau⁵³ fɯə³¹
称　银　还　给　别人

        收的聘礼退人家，

me³³ nuəŋ³¹ mi¹¹ ma²⁴ zan²⁴
母亲　妹　不　来　见

        无奈阿妈全不知，

sa:u²⁴ ka³³ ham¹¹ ka³³ ʔiə³⁵
情妹　自　眼　自　罢

        阿妹只得把那苦水全咽下；

ʔi³⁵ po³³ zo³¹ ȵiə²⁴ hiŋ²⁴
如父　听见　音

        如若阿爸听见妹在哭，

tɕim²⁴ fɯə³¹ ta:u³⁵ hau⁵³ fɯə³¹
金子　别人　还　给　别人

        金银彩礼退人家，

ʔi³⁵ po³³ zo³¹ ȵiə³³ jwa:i¹¹
如父亲　听见　这事

        如若阿爸知道这件事，

wa:i¹¹ fɯə³¹ ta:u³⁵ hau⁵³ fɯə³¹
水牛　别人　还　给　别人

        牵来的水牛退人家，

po³³ mi¹¹ zo³¹ ȵiə²⁴ hiŋ²⁴
父亲　不　听见　音

        只是阿爸没听见，

tɕim²⁴ po³³ ɕo³⁵ tiə⁵³ loŋ³¹
金　父亲　放　底　箱

        彩礼藏在箱地下；

po³³ mi¹¹ zo³¹ ȵiə²⁴ jwa:i¹¹
父样　不　听见　这件

        阿爸不知道实情，

wa:i¹¹ fɯə³¹ ka³³ kun²⁴ no³³
水牛　别人　自　吃　肉

        牵来水牛已宰杀。

nuəŋ³¹ nau¹¹ ʔbo³¹ mi¹¹ pai²⁴
妹　说　想　不　去

阿妹推脱不想去，

po³³ zan²⁴ li³¹ luŋ⁵³ hau⁵³
父亲　见　有　才　给

阿爸贪钱把你嫁，

me³³ zan²⁴ ʔdi²⁴ luŋ⁵³ kaːi²⁴
母亲　见　好　才　卖

阿妈图财把你嫁，

mɯŋ¹¹ nau¹¹ laːn³¹ te²⁴ kwaːi²⁴ lo⁰ po³³
你　说　小伙子 那　聪明　EP父亲

你说那后生很聪明嘞爸！

mɯŋ¹¹ nau¹¹ faːŋ¹¹ te²⁴ kan³¹ lo⁰ po³³
你　说　小伙子 那　勤　EP父亲

你说后生很勤快嘞爸！

kan³¹ ɕi³¹ ʔdai³¹ kuə³³ zi³³
勤　就　得　做　地

勤勤恳恳有地种，

kan³¹ ɕi³¹ ʔdai³¹ kuə³³ na¹¹
勤　就　得　做　田

勤勤恳恳有田耕，

pa¹¹ pu³¹ te²⁴ mi¹¹ zuəŋ³³
妻　人　那　不　愁

给他做妻我不忧，

pu³¹ te²⁴ jaŋ¹¹ jiən²⁴ jiə³³ mi¹¹ ʔdot³⁵
人　那　洋烟① 也　不　抽

那个后生人品好，

fu¹¹ juŋ¹¹ te²⁴ mi¹¹ kɯn²⁴
芙蓉② 他　不　吃

鸦片洋烟他不沾，

---

① 洋烟，即鸦片烟，也称大烟。
② 芙蓉，鸦片的代名词。

ŋaːi¹¹ pan¹¹ nuəŋ³¹ ta²⁴ mɯn²⁴ pai²⁴ zi³³
早饭 成 妹 眼睛 清秀 去 地

吃完早饭阿妹就下地，

ŋaːi¹¹ pan¹¹ pɯn²⁴ ta²⁴ ɕuai³¹ pai²⁴ zi³³
早饭 成 睫毛① 清秀 去 地

吃完早饭情妹就下田。

me³³ nuəŋ³¹ ɕau³⁵ hau⁵³ nuaŋ³¹ pai²⁴ kwaːn²⁴
母亲 妹 催促 给 妹 去 丈夫

阿妈催妹去夫家，

ɕau³⁵ pai²⁴ faːn²⁴ lap³³ faːn²⁴
催促 去 番 连 番

催了一次又一次，

ɕau³⁵ pai²⁴ faːn²⁴ ta¹¹ ha⁵³
催促 去 番 第五

阿妈催妹第五次。

ɕaːi¹¹ ja³³ paːi³⁵ san⁵³ saːu³¹
女子 像 根 晒衣竿

女人好似晾衣竿，

kuə³³ ʔi³¹ ʔjaːu³¹ naːn¹¹ po³³
做 妖娆 为难 父亲

阿爸面前来撒娇，

paːi³⁵ kaːi³⁵ zo³⁵ tam⁵³ liə²⁴
好 像 布 织 剩

就像织布机上剩的纱，

tɕaŋ³¹ tɕaŋ²⁴ fɯə³¹ zok³³ taːŋ³³
卡 关 筘 筐 弹

卡在筘上不能织，

ka¹¹ tɕaŋ²⁴ nau³¹ zok³³ taːn³³
卡关 绉 框 架

卡住棕框不能动，

---

① 布依族情歌中常常用眼、眉清秀来形容姑娘的漂亮。

ta:n³³ pai²⁴ na⁵³ ka¹¹ paŋ¹¹
弹　去　前　卡　布

往前移动有布挡，

ta:n³³ ta:u³⁵ laŋ²⁴ ka¹¹ na³⁵
弹　转　后　卡　纱轴

往后转动有纱轴。

pa:i³⁵ ka:i³⁵ ha³⁵ tɕa:ŋ²⁴ fu⁵³ koi³³ ma³¹ mi¹¹ ʔa:n²⁴
好　像　汉人　中　府　骑　马　没　鞍

就像官人马背无鞍鞯，

pan¹¹ za:n¹¹ sa:u²⁴ mi¹¹ fuk³³
成　家　情妹　不服

左右摇摆难坐稳，

li³¹ lɯk³³ sam²⁴ mi¹¹ tiŋ³³
有　儿　心　不　定

前后摇晃难坐定。

tin²⁴ taŋ³⁵ ma³¹ mi¹¹ ɕai¹¹
脚　蹬　马　不　全

鞍鞯脚蹬未配全，

ʔa²⁴ zai¹¹ tuŋ³¹ li³¹ naŋ³³
乌鸦　叫　相　有　坐

乌鸦叫唤心发慌。

lap³⁵ ta²⁴ pai²⁴ lo⁰ tɕi³⁵
闭　眼　去　EP朋友

我的阿妹你去吧！

ɕa:ŋ³³ ʔi³⁵ pai²⁴ lo⁰ mɯn²⁴
安心　去　EP　妹

情妹你安心走吧！

ɕa:u³¹ za:n¹¹ kɯn²⁴ kon³⁵ pi³¹
造　家　吃　先　哥

成家立业在哥前，

ɕa:ŋ³³ ʔi³⁵ pja:i⁵³ lo⁰ peŋ¹¹
安心　走　EP　妹

情妹你安心走吧！

ʔaːn²⁴ zeŋ¹¹ pai²⁴ lo⁰ zuəŋ³³
趁着 年青 去 EP 妹

         趁着年青去安家，

pai²⁴ pan¹¹ me³³ pan¹¹ mai³¹ ɕi³¹ ʔdi²⁴
去 成 母 成 媳 就 好

         生儿育女为人母，

laːi²⁴ pi²⁴ muɯ¹¹ ɕi³¹ ʔaːi³⁵
多 年 你 就 散

         往日情思自会消。

me³³ nuəŋ³¹ ɕau³⁵ hau⁵³ nuəŋ³¹ pai²⁴ kwaːn²⁴
母亲 妹 催促 给 妹 去 丈夫

         阿妈催妹去夫家，

ɕau³⁵ pai²⁴ faːn²⁴ lap³³ faːn²⁴
催促 去 番 连 番

         催了一次又一次，

ɕau³⁵ pai²⁴ faːn²⁴ ta¹¹ zok³⁵
催促 去 番 第六

         阿妈催妹第六次。

ziu⁵³ tɕop³⁵ taŋ¹¹ ʔun³¹ ta³³
拿 斗笠 到 河对岸

         头戴斗笠到河边，

haːn³³ jiə³³ ɕi³¹ hau⁵³ na⁵³
汗 流 细 进入 脸

         汗水流满面，

haːn³³ jiə³³ ɕa⁵³ hau⁵³ ʔdaːŋ²⁴
汗 流 稀 进入 身

         汗水湿全身，

nuəŋ³¹ ʔdai³¹ kwaːn²⁴ mi¹¹ lum⁵³ kwaːn²⁴
妹 得 丈夫 不 像 丈夫

         阿妹嫁夫不如意，

haːi³³ pai²⁴ zaːn¹¹ haːi³³ ʔbau³⁵
想 去 家 想 忧郁

         满心忧愁神不定，

mi¹¹ pai²⁴ po³³ nuəŋ³¹ soŋ³⁵ nuəŋ³¹ pai²⁴
不　去　父亲　妹　送　妹　去

不去阿爸送妹去。

soŋ³⁵ taŋ¹¹ kok³⁵ ko²⁴ ʔdai²⁴ haːŋ³¹ ʔbaːn³¹
送　到　脚　柿子树　脚　寨

送到寨口柿子树，

soŋ³⁵ taŋ¹¹ kok³⁵ ko²⁴ waːn⁵³ haŋ⁵³ siən²⁴
送　到　脚　榕树　木桩　园

送到寨边榕树脚，

nuəŋ³¹ ɕi³¹ liəm¹¹ liəm¹¹ nau¹¹ hau⁵³ po³³
妹　就　悄　悄　说　给　父亲

阿妹悄悄对爸说：

kwaːn²⁴ wəi³⁵ lau¹¹ mi¹¹ po³³
丈夫　我　怎样　不　父

我的夫君人如何？

hau⁵³ wəi³⁵ tai³⁵ lau¹¹ ʔbau³⁵
给　我　哭　或　不

让我哭也难来笑也难。

po³³ ɕi³¹ nau¹¹ ɕon¹¹ haːu³⁵
父　就　说　句　话

阿爸这样对她说，

haːi²⁴ ɕon¹¹ ʔdeu²⁴ jiəŋ³³ ne³¹
开　句　一　这样

阿爸这样对她讲：

ma³⁵ ɕam³³ ɲi³⁵ taːŋ³⁵ ɲuə⁵³ lo⁰ luk³³
果子　同　枝　另　桠　EP　儿

女儿啊，果子根同枝不同，

luk³³ fɯə³¹ ko⁵³ lum⁵³ mɯŋ¹¹
儿　别人　都　像　你

做人儿女都一样，

ɕe²⁴ ta²⁴ mun²⁴ mɯŋ¹¹ le³³
丢　目　清　你　选

一表人才你命好，

pɯn²⁴ ta²⁴ ɕa:i³¹ mɯŋ¹¹ le³³
睫毛　秀　你　选

眉清目秀你走运。

lap³⁵ ta²⁴ pai²⁴ loº tɕi³⁵
闭　眼　去　EP朋友

闭着眼睛去吧妹！

ɕa:ŋ³³ ʔi³⁵ pai²⁴ loº mɯn²⁴
安心　去　EP　妹

安安心心去吧妹！

pai²⁴ ɕa:u³¹ za:n¹¹ kon³⁵ pi³¹
去　造　家　先　哥

成家立业在哥前，

mi¹¹ pai²⁴ ŋan¹¹ tim¹¹ ʔit³⁵ fɯə³¹ ma⁵³
不　去　银　添　一　别人　涨

你若不去彩礼利息就要涨，

ŋan¹¹ tim¹¹ ha⁵³ fɯə³¹ li³³
银　添　五　别人　利

别人聘礼利钱要增加，

tim¹¹ ŋi³³ pan¹¹ tim¹¹ sa:m²⁴
添　二　成　添　三

二成就要变三成，

nak³⁵ ɕo³⁵ ʔda:ŋ²⁴ mai³¹ zuəŋ³³
重　放　身　这　姑娘

阿妹债务背一身，

tim¹¹ ŋi³³ pan¹¹ tim¹¹ sa:m²⁴
添　二　成　添　三

二成就要变三成，

ŋan¹¹ za:n¹¹ ʔja:ŋ²⁴ ma⁵³ piən³³
银　家　央①　涨　快

布央家的利息涨得快，

---

① ʔja:ŋ¹ 布依族互称的一种，分布在贞丰、册享、望谟一带。被称为"布央"，分布地区多有带"央"、"秧"、"洋"等字的地名。

ŋan¹¹ zaːn¹¹ jaːu³¹ ma⁵³ piən³³
银　家　瑶人①　涨　快

　　　　　　　　　　瑶人家的利息涨得猛。

zam³¹ tɕuəŋ³³ ɕak³⁵ ɕi³¹ hoŋ¹¹
水　跳　坎　就　响

　　　　　　　　　　流水过滩有响声，

mu²⁴ tɕaŋ²⁴ soŋ¹¹ ɕi³¹ ɕa³⁵
猪　装　笼　就　乱动

　　　　　　　　　　猪崽装笼它乱叫，

nuəŋ³¹ ma¹¹ ʔdai³¹ kwaːn²⁴ ʔja³⁵ mi¹¹ tiŋ²⁴
妹　哈　得　丈夫　凶　不　闹

　　　　　　　　　　妹的夫君心里凶狠嘴不说，

tɕim¹¹ fa¹¹ tɕam³¹ taŋ¹¹ ɕeu³³
钳　铁　夹　到　辈

　　　　　　　　　　痛苦煎熬一辈子。

saːm²⁴ ŋuət³³ hiŋ²⁴ tau⁵³ tɕi³⁵
三月　姜　生　枝

　　　　　　　　　　三月生姜要发芽，

si³⁵ ŋuət³³ hiŋ²⁴ tau⁵³ ʔbaɯ²⁴
四月　姜　生　叶

　　　　　　　　　　四月升降要出叶，

saːu²⁴ pai²⁴ laɯ¹¹ ʔdai³¹ ʔo³⁵
情妹　去　哪　得　出

　　　　　　　　　　阿妹如何得出走？

me³³ nuəŋ³¹ ɕau³⁵ haɯ⁵³ nuəŋ³¹ pai²⁴ kwaːn²⁴
母亲　妹　催促　给　妹　去　丈夫

　　　　　　　　　　阿妈催妹去夫家，

ɕau³⁵ pai²⁴ faːn²⁴ lap³³ faːn²⁴
催促　去　番　连　番

　　　　　　　　　　催了一次又一次，

---

① jaːu⁴，布依族对瑶族的称谓。

ɕau³⁵ pai²⁴ fa:n²⁴ ta¹¹ ɕat³⁵
催促 去 番 第七

　　　　　　　　阿妈催妹第七次。

taŋ¹¹ kok³³ tɕet³⁵ ɕi³¹ no³¹
到 脚 树名 就 拖延

　　　　　　　　来到村边树脚就磨蹭，

taŋ¹¹ kok³⁵ ŋo³¹ ɕi³¹ naŋ³³
到 脚 芦竹 就 坐

　　　　　　　　来到芦苇丛边坐着不想走，

fɯŋ¹¹ kam²⁴ tam³³ jiə³³ mja:i¹¹
手 拿 箩筐 也 破损

　　　　　　　　背篓被你手磨光，

fɯŋ¹¹ kam²⁴ sa:i²⁴ jiə³³ mjom³³
手 拿 带子 也 朽烂

　　　　　　　　带子被你手搓烂，

joŋ³⁵ pɯə³³ kɔn³⁵ taŋ¹¹ tin²⁴
件 衣服 断 到 脚

　　　　　　　　穿的衣服烂到襟，

tɕoŋ³⁵ hin⁵³ kɔn³⁵ taŋ¹¹ ʔjeu²⁴
件 裙 断 到 颈

　　　　　　　　穿的裙子破到领，

zeu¹¹ za:n¹¹ ʔja:ŋ²⁴ kɯn²⁴ zi³³
传说 家 央 吃 地

　　　　　　　　听说布央人家收地租，

zeu¹¹ za:n¹¹ ja:u³¹ kɯn²⁴ zi³³
传说 家 瑶 吃 地

　　　　　　　　听说瑶族人家收地租，

po³³ za:n¹¹ sa:m²⁴ tua³³ wan²⁴ mi¹¹ haɯ⁵³
父亲 家 三 百斤 种子 不 给

　　　　　　　　家有千顷良田阿爸不愿意，

haɯ⁵³ za:n¹¹ ɕat³⁵ ka:i²⁴ wan²⁴ haɯ³¹ ʔbɔŋ³⁵
给 家 七 筒 种子 养子

　　　　　　　　嫁了一个开荒种地人，

tɕoŋ³⁵ pɯə³³ kən³⁵ taŋ¹¹ liŋ³¹
件　衣服　断　到　缠

衣服烂得剩衣缠，

tɕoŋ³⁵ hin⁵³ kən³⁵ taŋ¹¹ ʔjeu²⁴
件　裙　断　到　颈

只剩衣领挂在肩，

zeu²⁴ zaːn¹¹ ʔjaːŋ²⁴ kɯn²⁴ zi³³
笑　家　央　吃　地

嘲笑布央人家收地租。

po³³ saːu²⁴ jiə³³ kɯn²⁴ na¹¹ lok³⁵ ʔi³¹ ʔjaːu³¹
父亲　情妹　也　吃　田　水车　情貌词

阿妹在家中好良田，

kɯn²⁴ na¹¹ laːu³¹ taːm²⁴ ɕaːu¹¹
吃　田　大　接　具槽

大田大坝乐悠悠，

kaːi²⁴ saːu²⁴ pai²⁴ kɯn²⁴ zi³³
卖　情妹　去　吃　地

把妹嫁到穷人家，

kaːi²⁴ tɕi³⁵ pai²⁴ taɯ¹¹ liŋ¹¹
卖　朋友　去　守　猴子

去跟山猴共块地，

lam³¹ kɯn¹¹ zin²⁴ hu³⁵ ɕua³³
跌　上　石头　喊叫①

整天山岩上边把猴赶，

hu³⁵ ɕua³³ pa³⁵ pan¹¹ zo²⁴
喊叫　嘴　成　疮

口干舌燥嘴起泡，

taːi²⁴ zo¹¹ ziəŋ¹¹ kaŋ²⁴ to³³
死　干　和　猴子

忍饥挨饿瘦如猴。

────────

① hu³⁵ɕua³³，拟声词，民间驱赶鸟、猴子等动物的时喊叫声。

ham¹¹ ka:i³⁵ po³³ tuŋ³¹ ʔja³⁵
恨　个　父亲　心狠

可恨阿爸心太狠，

ham¹¹ ka:i³⁵ pi³¹ tuŋ³¹ pɯn²⁴
恨　个　兄长　心恨

可恨阿哥心歹毒，

kɯn²⁴ ɕau¹¹ leu³¹ kɯət³³ ɕaŋ³³
吃　晚饭　了　扛　称

吃罢晚饭去找秤，

kɯət³³ ɕaŋ³³ pai²⁴ luəŋ³⁵ kɯn¹¹①
扛　称　去　上院

扛着大秤到上院，

ka:i²⁴ lun¹¹ la⁵³ tɕeu¹¹ lo³³
卖　幺妹　下　凉亭

凉亭里面谈价钱，

kɯət³³ ɕaŋ³³ taŋ¹¹ luəŋ³⁵ tɕa:ŋ²⁴
扛　称　到　中院

扛着大秤到中院，

ka:i²⁴ na:ŋ¹¹ la⁵³ tɕeu¹¹ lo³³
卖　小姐　下　凉亭

谈好价钱要把阿妹嫁。

po³³ nuəŋ³¹ ka:i²⁴ ɕo³⁵ tɕit³⁵ hau³¹ na¹¹ pi²⁴ kwa³⁵
父亲　妹　卖　放　把　谷田　去年

只为还清阿爸去年借的两斗米，

po³³ nuəŋ³¹ ka:i²⁴ ɕo³⁵ tɕit³⁵ hau³¹ ka³⁵ pi²⁴ tau²⁴
父亲　妹　卖　放　把　稻谷　前年

只为偿还前年阿爸借的两斗谷。

ʔau²⁴ nuəŋ³¹ ti⁵³ ni⁵³ na:ŋ³³
要　妹　顶　债　山界

要拿阿妹去抵债，

---

① luəŋ³⁵，寨子的一部分，有些地区按方位分别称为"上院"、"中院"、"下院"等。

taːŋ³⁵ mɯŋ¹¹ ɕo³⁵ ɕen¹¹ fɯə³¹
当　你　放　钱　别人

　　　　　　　　　　　　　　嫁了阿妹来还债，

mi¹¹ kuən⁵³ saːu²⁴ li³¹ niəŋ³³
不　管　情妹还　小

　　　　　　　　　　　　　　哪管阿妹年纪小，

kuən⁵³ ma¹¹ nuəŋ³¹ li³¹ niəŋ³³
管　什么　妹　还　小

　　　　　　　　　　　　　　哪管阿妹未长成。

me³³ nuəŋ³¹ ɕau³⁵ haɯ⁵³ nuəŋ³¹ pai²⁴ kwaːn²⁴
母亲　妹　催促　给　妹　去　丈夫

　　　　　　　　　　　　　　阿妈催妹去夫家，

ɕau³⁵ pai²⁴ faːn²⁴ lap³³ faːn²⁴
催促　去　番　连　番

　　　　　　　　　　　　　　催了一次又一次，

ɕau³⁵ pai²⁴ faːn²⁴ ta¹¹ pet³⁵
催促　去　番　第　八

　　　　　　　　　　　　　　阿妈催妹第八次。

taŋ¹¹ kok³⁵ ʔet³⁵ ɕi³¹ no³¹
到　脚　茅草　就　拖延

　　　　　　　　　　　　　　走到茅草丛边尽磨蹭，

taŋ¹¹ kok³⁵ ŋo³¹ ɕi³¹ taːu³⁵
到　脚　芦苇　就　返回

　　　　　　　　　　　　　　走到芦苇丛边就返回。

taːu³⁵ ma²⁴ tɕaŋ²⁴ zaːn¹¹ po³³
回　来　关　家　父亲

　　　　　　　　　　　　　　回来躲在家中不出门，

tɕaŋ²⁴ zaːn¹¹ po³³ laːu²⁴ naːn¹¹
关　家　父亲　怕　久

　　　　　　　　　　　　　　躲在家中怕长久，

taŋ¹¹ zaːn¹¹ kwaːn²⁴ laːu²⁴ ʔda³⁵
到　家　丈夫　怕　骂

　　　　　　　　　　　　　　想去夫家又怕骂。

ʔdiəŋ³⁵ sa³⁵ pan¹¹ hau³¹ saːn²⁴
舂　碓　成　　大米

阿妹拿谷去舂米，

ja³³ tɯ¹¹ kaːi²⁴ ma²⁴ zaːu²⁴
婆婆　拿　米筒　来　量

婆婆拿米筒来量，

saːu²⁴ tɯ¹¹ ʔdən³¹ ɕa⁵³ hau³³
情妹　拿　簸箕　　等候

阿妹拿簸箕等候。

ɕa⁵³ hau³³ ja³³ mi¹¹ fuk³³
等候　　婆婆 不　服

阿妹殷勤她不认，

teu¹¹ pai²⁴ zuk³³ tai⁵³ lum³³
逃　去　卧室　哭　泣

自回房间去哭泣，

tai⁵³ lum³³ ʔut³⁵ zam³¹ ta²⁴
哭　泣　　擦　泪　水

哭泣过后擦干泪，

za²⁴ ʔbaŋ³⁵ pai²⁴ ʔau²⁴ zam³¹
找　竹筒　　去　要　水

找副竹筒去挑水，

pai²⁴ tuk³³ lam³¹ tɕaːŋ²⁴ zɔn²⁴
去　跌倒　　中　　路

中途不慎摔一跤，

ko⁵³ si¹¹ tuk³³ tɕiəŋ³⁵ wa²⁴ muŋ¹¹ waːi³³
可惜　把　　朵　　花　坏

可惜摔坏了如花似玉的你。

ko⁵³ si¹¹ taːm²⁴ ko⁵³ si¹¹ lo⁰ nuəŋ³¹
可惜　接　可惜　啰　妹

阿妹啊真可惜你，

ko⁵³ si¹¹ toi³⁵ zok³³ zau²⁴
可惜　对　斑鸠

肌肤丰盈像斑鸠，

下编　民间情歌翻译　505

ko⁵³ si¹¹　ka²⁴　zok³³ ziə³³
可惜　　腿　　秧鸡

体态苗条像秧鸡，

ka³³ ʔbin²⁴　siə⁵³　ti¹¹ tin¹¹
自　飞　　檐下　　不停

上下翻飞不停歇。

saːu²⁴　lam³¹ lin¹¹　na⁵³　huɯ³⁵
情妹　　忽然　　　脸　　干

阿妹忽然就赌气，

huɯ³⁵　ɕe²⁴　zo³⁵　mi¹¹　tam⁵³
干　　　丢　　布　　不　　织

气得丢下布不织，

huɯ³⁵　ɕe²⁴　zam³¹　mi¹¹　ʔau²⁴
干　　　丢　　水　　　不　　要

气的水也不想挑，

zo³⁵　mi¹¹　tam⁵³ zo³⁵　n̠a²⁴
布　　不　　织　布　　乱

久不织布纱线乱，

na¹¹　lot³⁵　ʔdam²⁴　taːi²⁴　n̠an³³
田　　晚　　栽　　　死　　蚜虫

稻田栽晚受虫灾，

lot³⁵　tam⁵³　laːu³⁵　ɕeu³³　wun¹¹
晚　　织　　误　　辈　　人

不会纺织误一生。

pan¹¹　na⁵³　muŋ¹¹　lo⁰ me³³
成　　脸　　你　　EP母亲

阿妈啊，你有面子了，

lot³⁵　fɯə³¹　tam⁵³ zo³⁵　tau³³
晚　　别人　　织布　　灰

别人织的灰色布，

lot³⁵　fɯə³¹　tam⁵³ zo³⁵　fon³¹
晚　　别人　　织布　　黑

人家织的青色布，

lut³⁵ muɯŋ¹¹ ʔdon³¹ zo³⁵ ha:u²⁴
线筒　你　穿过　布　白

你只学会织白布。

ko⁵³ si¹¹ lot³⁵ meu¹¹ tuk³⁵ fai³¹ pja:u²⁴
可惜　晚　季　篾　芒竹

可惜芒竹误了季，

lot³⁵ meu¹¹ sa:u²⁴ ɕip³³ ha⁵³
晚　季　情妹　十五

误了阿妹十五是妙龄。

tuə¹¹ ma³¹ lot³⁵ fu³⁵ ʔa:n²⁴
马匹　晚　副　鞍

骏马没了好鞍鞴，

sa:u²⁴ la:u³⁵ za:n¹¹ lɯə⁰ me³³
情妹　误　家　EP　母亲

阿妹错过当家时，

lot³⁵ tuə¹¹ kwa:n²⁴ tɕau³⁵ ho³⁵
晚　丈夫　　膝盖

阿妹错过好郎君，

lot³⁵ tuə¹¹ tɕa:u⁵³ ho³³ fɯŋ¹¹
晚　丈夫　骨节　手

阿妹错过好夫君。

ʔju³⁵ ʔdoi²⁴ muɯŋ¹¹ ma¹¹ ʔa:ŋ³⁵
在　空　你　啥　欢

孤身一人又何欢？

ʔju³⁵ tu²⁴ ta:ŋ³⁵ zuən³⁵ ʔwa³¹
在　窗口　忧　傻

心情惆怅窗前站，

pa:i³⁵ ʔa²⁴ fak³³ zoŋ¹¹ piu³⁵
像　乌鸦　孵　窝　空

好似乌鸦栖空巢，

fak³³ zoŋ¹¹ piu³⁵ son¹¹ ʔbau²⁴
孵　窝　空　胚　轻

鸦栖空巢巢越冷，

pɯə¹¹ laːi²⁴ mi¹¹ ʔdai³¹ ʔo³⁵
徒 然 多 不 得 出

      徒费心机也枉然。

paːi³⁵ kaːi³⁵ zo³⁵ tam⁵³ liə²⁴
好 像 布 织 剩

      就像织布机上剩的纱,

tɕaŋ³¹ tɕaŋ²⁴ fɯə³¹ zok³³ taːn³³
卡 关 筘 筐 弹

      卡在筘上不能织,

ka¹¹ tɕaŋ²⁴ nau³¹ zok³³ taːn³³
卡关 综 框 架

      卡住棕框不能动,

taːn³³ pai²⁴ na⁵³ ka¹¹ paŋ¹¹
弹 去 前 卡 布

      往前移动有布挡,

taːn³³ taːu³⁵ laŋ²⁴ ka¹¹ na³⁵
弹 转 后 卡 纱轴

      往后转动有纱轴。

paːi³⁵ tuə¹¹ na³³ pjaːi⁵³ zɔn²⁴
像 水 獭 走 路

      好似水獭在赶路,

tɕi⁵³ ʔdoŋ²⁴ lau¹¹ tɕi⁵³ tai³⁵
几 林子 哪 几 经过

      哪里有林往哪钻。

saːu²⁴ taːŋ²⁴ zaːn¹¹ ti³⁵ po³³
情妹 当 家 替 父亲

      妹替阿爸来当家,

tam⁵³ zo³⁵ hau⁵³ nuəŋ³¹ lun¹¹
织 布 给 幺妹

      给你小妹来织布,

ʔau²⁴ fun¹¹ hau⁵³ pi³¹ taːi³³
要 柴 给 大哥

      帮你兄长挑柴草,

ta¹¹ wa:i³⁵ haɯ⁵³ pau³⁵ ʔa:u²⁴
纺　棉花　给　叔伯兄弟

给你阿叔阿伯纺棉纱。

nuəŋ³¹ tɕau²⁴ ha:u²⁴ za:n¹¹ po³³
妹　头　白　家　父亲

阿妹独守闺房到终老，

sa:u²⁴ kam²⁴ tɯŋ¹¹ za:n¹¹ po³³
情妹　握　棍　家　父亲

守着爹妈度晚年。

ɕo³³ ne³¹ tɕe³⁵
日后　老

世人终有年迈时，

ɕo³³ ne³¹ tɕai²⁴
日后　衰

凡人终有衰老日！

na⁵³ pja³⁵ zeu³⁵ neŋ¹¹ ʔa:i²⁴
额头　皱　蚊子　虫

额上皱纹生虫蛋，

tɕe³⁵ ka²⁴ za:i¹¹ neŋ¹¹ ze³³
老　腿　花斑　蚊　虫

腿上长出老年斑，

pu³¹ lau¹¹ teŋ²⁴ me³³ mɯŋ¹¹ jiə³³ mi¹¹ ɕu³¹
谁　是　母亲　你　也　不　接

谁是阿妈你不识，

jeu³³ kuə³³ ju³¹ jiə³³ mi¹¹ li³¹ pu³¹ lau¹¹ ɕa:m²⁴
喊　做　情妹　也　没有　谁　求

提你当年无人知，

zai¹¹ tuə¹¹ mai³¹ tiŋ²⁴ kwa:n²⁴ na:u³⁵ ɕeu³³
喊　姑娘　离　丈夫　永远　辈

都说阿妹弃夫君，

zai¹¹ tuə¹¹ sa:u²⁴ ma:n³¹ tɕau⁵³ na:u³⁵ ɕeu³³
喊　情妹　蛮　丈夫　永远　辈

只知阿妹抛郎君。

me³³ nuəŋ³¹ ɕau³⁵ haɯ⁵³ nuəŋ³¹ pai²⁴ kwaːn²⁴
母亲　妹　催促　给　　妹　去　丈夫

阿妈催妹去夫家，

ɕau³⁵ pai²⁴ faːn²⁴ lap³³ faːn²⁴
催促　去　番　连　番

催了一次又一次，

ɕau³⁵ pai²⁴ faːn²⁴ ta¹¹ku⁵³
催促　去　番　　第九

阿妈催妹第九次。

ju³¹ ʔau²⁴ zam³¹ paːŋ³¹ ʔbo³⁵
情妹　要　水　　边　　井

阿妹井边去打水，

pi³¹ ʔju³⁵ zo³³ zo³¹fa¹¹
哥　在　外　看清

阿哥远处看得清，

tɕa²⁴ nau¹¹ za¹¹ kuə³³ ʔja³⁵
以为　　我　作　恶

以为是我在调唆，

ham¹¹ pi³¹nuəŋ³¹ ɕo³⁵ kok³⁵
恨　　亲戚　　　放　根

怨恨亲戚从跟起，

ham¹¹ pu³¹ tok³⁵ sɯ²⁴miŋ³³
恨　　个　写　　八字

要恨就把算命先生恨，

tok³⁵ sɯ²⁴miŋ³³ tuŋ³¹ teŋ²⁴
写　　八字　　　相互　抵触

写的八字命相克，

nuəŋ³¹ ɕi³¹ ɕeŋ²⁴ mi¹¹ kwa³⁵
妹　　是　争　　不　过

阿妹力争拗不过，

ɕeŋ²⁴ mi¹¹ kwa³⁵ ɕi³¹ pai²⁴
争　　不　过　　就　去

只得听从父母命。

ham¹¹ kuɯə⁵³ me³³ saːu²⁴ pjak³⁵ fi³³ lit³⁵ mjaːŋ¹¹ lit³⁵
恨　　那　　母亲　情妹　菜　　未　摘　忙　　摘

只怨阿妈青菜还嫩就去摘，

mjaːŋ¹¹ mjaːŋ¹¹ lit³⁵ ma²⁴ ɕaːu⁵³
忙　　　忙　　摘　来　炒

摘来青菜下锅炒。

lɯk³³ fi³³ laːu³¹ mjaːŋ¹¹ kaːi²⁴
儿　　未　大　　忙　　卖

女儿还小急着嫁，

mjaːŋ¹¹ mjaːŋ¹¹ kaːi²⁴ kɯn²⁴ ka³³
忙　　　忙　　　卖　　吃　价

忙着嫁女换金钱，

mjaːŋ¹¹ mjaːŋ¹¹ ha³⁵ kɯn²⁴ ɕen¹¹
忙　　　忙　　嫁　吃　　钱

忙嫁女儿收彩礼，

mi¹¹ kuən⁵³ saːu²⁴ li³¹ niəŋ³³
不　　管　　情妹　还　小

不管阿妹年纪小，

kuən⁵³ ma¹¹ nuəŋ³¹ li³¹ niəŋ³³
管　　什么　妹　　还　小

哪管情妹未成人。

ko⁵³ si¹¹ saːu²⁴ pi³¹ pet³³ ɕaːu³⁵ to⁵³ fi³³ zo³¹
可惜　　情妹　哥　架　　锅　　都　未　会

只惜阿妹架锅生火都不会，

ju³¹ pi³¹ pet³³ mo⁵³ to⁵³ fi³³ pan¹¹
情妹　哥　架　小罐　都　未　成

炒菜做饭全不知。

ma¹¹ ɕi³¹ paːi²⁴ tɯk³³ ɕaŋ¹¹ pau³⁵ ja³³
哈　是　去　　讨嫌　　　公　婆

为何去受公婆气？

tɯk³³ ʔda³⁵ kuə³¹ tɕiŋ³⁵ ʔaːu²⁴
挨骂　　姑子　　和　叔子

为何去遭夫家弟妹骂？

sa:u²⁴ ɕiən²⁴ tai⁵³ fa:n³³ na:n³³
情妹　千　哭　万　难

千般苦难心头去，

zɔn²⁴ tai⁵³ te²⁴ mi¹¹ suən³⁵
路　哭　他　不　算

万般哀愁藏心间，

zɔn²⁴ na:n³³ te²⁴ mi¹¹ nau¹¹
路　苦难　他　不　说

受苦受难也不说。

ham¹¹ kɯə⁵³ me³³ mɯŋ¹¹ ka:i²⁴ mɯŋ¹¹ haɯ⁵³
恨　那　母亲　你　卖　你　给

只恨阿妈早嫁你，

li³¹ ni³⁵ fa³³ tai³⁵ pa:i³³ kɯn¹¹ tɕau⁵³
还　小　剃刀　搁　头　上

年纪小小就嫁人，

haɯ⁵³ kɯə³³ paɯ³¹ za:n¹¹ te²⁴
给　当　媳妇　家　他

嫁你别人当媳妇，

ɕe²⁴ me³³ mɯŋ¹¹ ka³³ ʔju³⁵
丢　母亲　你　自　在

丢下阿妈一个人，

ɕe²⁴ me³³ nuəŋ³¹ ka³³ ʔju³⁵
丢　母亲　妹　自　在

留下阿妈一个人，

me³³ nuəŋ³¹ ɕau³⁵ haɯ⁵³ nuəŋ³¹ pai²⁴ kwa:n²⁴
母亲　妹　催促　给　妹　去　丈夫

阿妈催妹去夫家，

ɕau³⁵ pai²⁴ fa:n²⁴ lap³³ fa:n²⁴
催促　去　番　连　番

催了一次又一次，

ɕau³⁵ pai²⁴ fa:n²⁴ ta¹¹ ɕip³³
催促　去　番　第十

阿妈催妹第十次。

ko⁵³ si¹¹ pen³⁵ ze¹¹ hoŋ²⁴
可惜　块　布　绸

只惜那块绸子布，

ma¹¹ ɕi¹¹ tɯ¹¹ pai²⁴ wɯəŋ²⁴ tai³³ la³³
啥　是　带　去　补　麻袋

为何拿补烂麻袋？

ko⁵³ si¹¹ lɯk³³ ɕi¹¹ ja³³ pa³⁵ kwaːi²⁴
可惜　儿　女人　嘴　巧

可惜一个乖乖女，

ma³¹ ɕi³¹ kaːi²⁴ pai²⁴ tiə⁵³ mi¹¹ za³³
啥　是　卖　去　底　不　根

为何嫁去穷人家？

po³³ saːu²⁴ to⁵³ ʔdai³¹ ɕen¹¹ taŋ¹¹ pa³⁵
父亲　情妹　只　得　钱　到　嘴

阿爸已拿别人钱，

po³³ nuəŋ³¹ to⁵³ ʔdai³¹ ɕen¹¹ taŋ¹¹ fɯɯ¹¹
父亲　妹　只　得　钱　到　手

阿爸钱已拿到手，

liŋ¹¹ ʔdaɯ²⁴ ʔdoŋ²⁴ jiə³³ jiən³³
猴　里　森林　也　递

不管嫁给什么人，

kaŋ²⁴ paːŋ³¹ zi⁵³ jiə³³ jiən³³
猴子　边　沟　也　递

哪管对方何许人。

me³³ nuəŋ³¹ ɕau³⁵ haɯ⁵³ nuəŋ³¹ pai²⁴ kwaːn²⁴
母亲　妹　催促　给　妹　去　丈夫

阿妈催妹去夫家，

ɕau³⁵ pai²⁴ faːn²⁴ lap³³ faːn²⁴
催促　去　番　连　番

催了一次又一次，

ɕau³⁵ pai²⁴ faːn²⁴ ʔit³⁵ ɕip³³
催促　去　番　十一

阿妈催妹十一次。

ko⁵³ si¹¹ ʔdaːŋ²⁴ ziap³⁵ saːŋ²⁴
可惜　顶　　蚊帐　　高

可惜那床好蚊帐，

ma¹¹ ɕi³¹ tɯ¹¹ pai²⁴ kaŋ²⁴ zaːn¹¹ tam³⁵
啥　是　带　去　撑　　房　矮

为啥撑在茅草房？

ko⁵³ si¹¹ tuə¹¹ ju³¹ tan⁵³ hin⁵³ tɕam³⁵ ʔdi²⁴ zi¹¹
可惜　情妹　穿　裙　　紫色　　认真

只惜阿妹身穿紫色裙，

ma¹¹ ɕi³¹ ʔjau²⁴ la⁵³ hi¹¹ pu³¹ luə³³
为　啥　蹲　下　火塘　乡下人

为啥蹲在乡下火塘边？

paːi¹¹ hau³¹ fɯ³¹ pu³¹ luə³³
摆　　饭　　餐　乡下人

一日三餐难填饱。

ham¹¹ hɯə⁵³ me³³ saːu²⁴ kaːi²⁴ saːu²⁴ kwaŋ³¹
恨　那　母亲　情妹　卖　情妹　愁

只恨阿妈错把情妹嫁，

po³³ nuəŋ³¹ kaːi²⁴ nuəŋ³¹ loŋ²⁴
父亲　妹　　卖　　妹　　错

只恨阿爸错把阿妹许。

paːi³⁵ pu³¹ noŋ¹¹ kaːi²⁴ waːi³⁵
像　　侬人①　卖　棉花

好似侬人卖棉花，

paːi³⁵ pu³¹ su⁵³ pu³¹ sai³⁵ kaːi²⁴ zaːn¹¹
像　　主人　　官人　　卖　房子

就像财主官家卖瓦房，

kaːi²⁴ naːŋ¹¹ tai⁵³ lum⁵³ pi³¹
卖　小姐　　哭　像　哥

错嫁阿妹哥伤心，

---

① pu³¹ noŋ¹¹，布依族地域性称谓之一，指居住在盘江上游的布依人。

pa:i³⁵ pu³¹ su⁵³ pu³¹ sai³⁵ ka:i²⁴ le²⁴
像　主人　官人　卖　山界

好像财主官人卖山界，

ka:i²⁴ mɯŋ¹¹ tai⁵³ lum⁵³ ku²⁴
卖　你　哭　像　我

错嫁你我更心伤。

me³³ nuəŋ³¹ ɕau³⁵ hau⁵³ nuəŋ³¹ pai²⁴ kwa:n²⁴
母亲　妹　催促　给　妹　去　丈夫

阿妈催妹去夫家，

ɕau³⁵ pai²⁴ fa:n²⁴ lap³³ fa:n²⁴
催促　去　番　连　番

催了一次又一次，

ɕau³⁵ pai²⁴ fa:n²⁴ ɕip³³ ŋi³³
催促　去　番　十二

阿妈催妹十二次，

ko⁵³ si¹¹ toi³⁵ luɯk³³ lu³¹ pan¹¹ ʔdan²⁴
可惜　双　布纽扣　成　个

可惜布扣已打好，

tɕi⁵³ si¹¹ pan¹¹ tɕa:u⁵³ ja³³
将要　成　夫妻

我们将要成夫妻，

ʔi³⁵ ʔi²⁴ pa³⁵ mɯŋ¹¹ nuəŋ³¹
要　依　嘴　你　妹

当初家里听从你，

ʔi³⁵ ʔi²⁴ pa³⁵ mɯŋ¹¹ na:ŋ¹¹
要　依　嘴　你　小姐

当时若依阿妹说，

za:i³¹ le³³ ʔdi²⁴ kuə³³ pau³¹ pu³¹ kwa:ŋ²⁴
真的　好　当　媳妇　少爷

必是富家新媳妇，

ʔdi²⁴ ta:ŋ²⁴ za:n¹¹ pu³¹ su⁵³ pu³¹ sai³⁵
好　当　家　财主　官人

去给财主官爷去管家。

ham¹¹ kɯə⁵³ me³³ saːu²⁴ li³¹ pjak³⁵ mi¹¹ zo³¹ fuk³³
恨　那　母亲　情妹　有　菜　不　会　腌

　　　　　　　　　　　　　只恨阿妈有菜不会腌，

ham¹¹ kɯə⁵³ me³³ nuəŋ³¹ li³¹ lɯk³³ mi¹¹ zo³¹ kaːi²⁴
恨　那　母亲　妹　有　儿女　不会　卖

　　　　　　　　　　　　　只恨阿妈母亲有女不会嫁，

po³³ saːu²⁴ nau¹¹ tɕoi²⁴ zoi³¹ ʔot³⁵ ɕoŋ³³ zo³³
父亲　情妹　说　背篓　旧　塞　洞　漏

　　　　　　　　　　　　　阿爸说的背筕旧了塞漏洞，

me³³ nuəŋ³¹ nau¹¹ zo³⁵ zo³³ ʔot³⁵ ɕoŋ³³ waːi²⁴
母亲　妹　说　瓢　漏　塞　洞　水坝

　　　　　　　　　　　　　阿妈说的水瓢漏了塞水坝，

taːu³⁵ ne³¹ li³¹ n̻iə³³ ɕaːi²⁴ tuə¹¹ me³³
这次　活着　不　孝　　母亲

　　　　　　　　　　　　　这回活着不赡养，

taːi²⁴ n̻iə³³ tai⁵³ tuə¹¹ me³³
死　不　哭　母亲

　　　　　　　　　　　　　死了不戴孝披麻。

　　　　　　　　演唱：罗芝兰
　　　　　　　　收集：黄荣昌
　　　　　　　　翻译整理：黄荣昌　周国炎

闹婚歌

wɯən²⁴ ȵaːu³¹
歌　　吵闹

pi²⁴ kwa³⁵ tɯk³³ sai³⁵ ʔjai³¹
去年　　是　官　布依

去年碰上布依官，

ɕiə¹¹ mai³¹ tiŋ²⁴ mi¹¹ tiŋ²⁴
邀　姑娘　离　不　离

叫你离婚你不离，

pi³¹ ne³¹ tɯk³³ sai³⁵ ha³⁵
今年　　是　官　汉人

今年汉人做了官，

tɯk³³ pu³¹ na³³ pu³¹ jaːu³¹ sai³⁵ siŋ²⁴
是　布那①　布瑶②　官　抢

布那布瑶也来争，

tɕim²⁴ luŋ⁵³ ɕi³¹ nau¹¹ teŋ⁵³
你　才　是　说　顶

你才想起离婚事，

zeŋ⁵³ mi¹¹ ʔdai³¹ ɕi³¹ tɕu²⁴
拗　不　得　就　求

拗不过了你就求，

ku²⁴ jeu³³ mai³¹ zuən³³ ʔeu³¹
我　叫　姑娘　忧　愁

我喊阿妹忧愁人，

zeŋ⁵³ mi¹¹ ʔdai³¹ ɕi³¹ so²⁴
拗　不　得　就　输

执拗不过就认输，

---

① 布依族区域性互称之一，通常为居住在上游的布依族对下游本民族同胞的称呼。
② 布依族对瑶族的称呼。

ku²⁴ jeu³³ wɯn⁵³ mai³¹ ziəŋ¹¹
我　叫　人　姑娘　愁

我叫阿妹忧伤人。

na⁵³ nuəŋ³¹ taŋ¹¹ pa³³ tiŋ²⁴
劝　妹　稍　等　离

我劝阿妹且莫慌，

na⁵³ tɕim²⁴ taŋ³¹ pa³³ ʔo³⁵
劝　你　稍　等　离

劝你阿妹莫要急，

taŋ³¹ pa³³ to³⁵ ɕaːu³⁵ luəŋ¹¹
稍　等　捅　锅　铜

你别硬着性子讲，

taŋ³¹ pa³³ wɯən²⁴ ɕaːu³⁵ pa³⁵
稍　等　补　铁　锅

你别硬着头皮闹。

tɕi³⁵ ma³⁵ ŋaːn³¹ taŋ¹¹ ko²⁴
枝　龙眼　到　棵

龙眼好吃树难攀，

saːu²⁴ tɕot³⁵ ho¹¹ taŋ¹¹ naŋ³³
情妹　勒脖　到　坐

阿妹气得落下来，

ʔiŋ²⁴ taŋ³⁵ zam³¹ ta²⁴ tau⁵³
靠　凳　泪眼　来

坐在椅子眼泪流，

kot³⁵ tɕau⁵³ zam³¹ ta²⁴ ɕu³⁵
抱　头　泪眼　流

低头泪水漱漱淌，

paːi³⁵ sɯ¹¹ zam³¹ ta³³ so³⁵
如像　河水　渡口

泪如滩头水奔流，

paːi³⁵ sɯ¹¹ lau⁵³ ʔo³⁵ peŋ¹¹
像似　酒　出　瓶

泪如酒从瓶口喷，

muŋ¹¹ jiə³³ ɕeŋ²⁴ ʔau²⁴ wuɯn¹¹ pa:n³¹ sa:u³³ mi¹¹ʔdai³¹
你　也　争　要　人　同　龄　不得

你想嫁个同龄人，

ɕeŋ³⁵ ʔau²⁴ wuɯn¹¹ pa:n³¹ sa:u³³ mi¹¹ʔdai³¹
争　要　人　同　龄　不得

我看此梦难得圆。

pu³¹ laɯ¹¹ pan¹¹ lum⁵³ mai³¹
谁　成　像　姑娘

没有哪个像阿妹，

pu³¹ laɯ¹¹ pan¹¹ lum⁵³ muŋ¹¹
谁　成　像　你

没有谁人像你样。

kɯn¹¹ jiə³³ zeu¹¹ nau¹¹ po³³ nuəŋ³¹ kwa:i²⁴
上　也　传　说　父亲　妹　聪明

上方说你爸能言，

la⁵³ jiə³³ zeu¹¹ nau¹¹ po³³ nuəŋ³¹ kwa:i²⁴
下　也　传　说　父亲　妹　聪明

下方说你爸善辩，

siə³⁵ muŋ¹¹ ʔju³⁵ tɕa:ŋ²⁴ ka:i²⁴
甩　你　在　街上

怎么让你在街上卖菜？

siə³⁵ muŋ¹¹ ʔju³⁵ pa³⁵ sau³⁵ sən³³ fi¹¹
甩　你　在　灶口　抟火

为何让你在灶前抟火？

ʔda:ŋ²⁴ zim²⁴ hi¹¹ zim²⁴ ha:n³³
身　满垢　满汗

全身汗垢臭难闻，

ɕiən²⁴ ku⁵³ na:n³³ muŋ¹¹ zo³¹
千　九　苦难　你　知

受苦受难你知道，

fa:n³³ ku⁵³ ho³³ muŋ¹¹ zan²⁴
万　九　穷　你　见

千穷万穷你晓得，

za³⁵	ʔdan²⁴	fɯə³¹	jiə³³	ʔbɯə³⁵	给人洗刷也无聊，
洗	碗筷	别人	也	寂寞	

pan¹¹	kaːi³⁵	ma¹¹	ɕi³¹	ȵaːu³¹
成	什么	是	吵闹

为啥原因要起闹？

ɕaːu³¹	tɯŋ⁵³	lau¹¹	ɕi³¹	ȵa³³
造	怎样	是	赌气

什么原因要赌气？

kwaːn²⁴	mi¹¹	ʔdi²⁴	ɕi³¹	ȵaːu³¹
丈夫	不	好	是	闹

丈夫不好就起闹！

tɕaːu⁵³	mi¹¹	pan¹¹	ɕi³¹	ȵa³³
丈夫	不	成	是	赌气

丈夫无能就赌气！

su⁵³	mau³¹	zin³¹	mi¹¹	ha³³
主人	屯上①		不	干涉

屯上财主不干预，

wɯn¹¹	wɯəŋ¹¹	mu³¹	mi¹¹	ha³³
人	王母②		不	干涉

县城的人不阻拦，

tiŋ²⁴	kwaːn²⁴	pan¹¹	ma¹¹	ho⁵³
离	丈夫	成	啥	穷

为啥离婚这么难？

pu³¹	zo³¹	tiŋ²⁴	ɕi³¹	ȵaːi³³
个	会	离	是	快

会讲的人离得快。

tɕau⁵³	ŋɔn¹¹	ʔo³⁵	ɕi³¹	tiŋ²⁴
太阳		出	就	离

阿妹早起就去讲，

---

① 地名，在望谟县境内。
② 地名，今望谟县县城。

ɕɯ¹¹ ziŋ¹¹ ʔdiŋ²⁴ ɕi³¹ ʔo³⁵
晌午时　红　　就　出

到了午时就能离，

tɕaːŋ²⁴ ɕɯ¹¹ sa⁵³ ɕi³¹ ʔo³⁵
中　　时　午　就　出

正午时分就能离。

tiŋ²⁴ kwaːn²⁴ mi¹¹ tiŋ²⁴ ɕau³¹
离　丈夫　　不　离　早

想要离婚早准备，

mun¹¹ ne³¹ hau³¹ to³⁵ ɕoŋ¹¹
现在　　　谷　发　兜

这时秧苗已发兜，

mun³³ ne³¹ zoŋ²⁴ to³⁵ za³³
现在　　　叶　发　根

现在树根已长叶，

fɯə³¹ ʔdai³¹ ka³³ ma²⁴ kaːu²⁴
别人　得　　价　来　聘

人家已送嫁妆钱，

saːu²⁴ luŋ⁵³ ɕuə³¹ ha³¹ ʔo³⁵
情妹　才　　讲　　想　出

现在阿妹才想离？

tiŋ²⁴ mi¹¹ ʔo³⁵ zaːn¹¹ ʔjaːŋ²⁴
离　不　出　家　布央

想离离不掉布央家，

tɕaːŋ²⁴ mi¹¹ kwa³⁵ zaːn¹¹ na³³
犟　　不　过　　家　布那

再犟犟不过布那家，

tiŋ²⁴ zaːn¹¹ maːn¹¹ pan¹¹ sai³³
离　家　　布曼①　有　官司

与布曼家离婚就得打官司，

---

① 布曼，布依族区域性互称之一，主要指分布在望谟一带的布依族。

tiŋ²⁴ zaːn¹¹ jaːu³¹ pan¹¹ sai³³
　离　　家　　瑶人　　成　　官司

与瑶族人离婚要打官司。

paːi³⁵ kaːi³⁵ zok³³ tɕim³³ kui³⁵ ʔdau²⁴ ʔdoŋ²⁴
　好像　　鸟　　阳雀鸟　　里　　林子

好像林中阳雀鸟，

paːi³⁵ kaːi³⁵ ȵa²⁴ tap³³ toŋ¹¹ zi³³ lau³⁵
　好像　　草　　节节草　　地　荒

好像荒地里的节节草，

mjaɯ⁵³ kaːi³⁵ pu³¹ li³¹ pau³⁵ ja³³ nau¹¹ mi¹¹ ɕiən¹¹
　别　　那　个　有　公婆　说　不　嫌

不要让有公婆的人说闲话，

haːu³⁵ ma¹¹ nau¹¹ nuəŋ³¹ pu³¹ to³³ ka³³ ʔju³⁵ liəŋ²⁴
　话　啥　说　妹　人　一　自　在　另

说什么阿妹一人想独居，

pai²⁴ laɯ¹¹ ɕiən¹¹ mɯə⁰ zuəŋ³³
　去　　哪　　嫌　　嘛　妹

阿妹如何才是好？

pɯəŋ¹¹ laɯ¹¹ tuə⁵³ mɯə⁰ zuəŋ³³
　方　　哪　　幸福　　EP　　妹

阿妹何方寻幸福？

ʔi³⁵ nau¹¹ nuəŋ³¹ ha³¹ tiŋ²⁴
　如说　　妹　　想　　离

如果阿妹想要离，

ʔi³⁵ nau¹¹ tɕim²⁴ ha³¹ tem³³
　如说　　你　　想　　垫

如果阿妹想要走，

ma²⁴ pɯə²⁴ nau¹¹ mɯŋ¹¹ nen³³
　来　　我　　说　　你　　看

让我仔细跟你说，

ma²⁴ zau¹¹ ɕuə³¹ mɯŋ¹¹ nen³³
　来　　我们　　叙　　你　　看

让我仔细跟你讲。

ku³⁵ po³³ nuəŋ³¹ ha³¹ ka:i²⁴
时 父亲 妹 将 卖

阿爸将要嫁你时，

pu³¹ kɯn²⁴ za:p³⁵ kɯn²⁴ hon⁵³ jiə³³ mja:ŋ¹¹
个 吃 挑 吃 半挑 也 忙

三亲六戚都来帮，

pu³¹ kɯn²⁴ ɕen¹¹ kɯn²⁴ ɕa:ŋ²⁴ jiə³³ li³¹
个 吃 钱① 吃 两 也 有

邻里乡亲也来看，

pu³¹ kɯn²⁴ fan²⁴ jiə³³ ʔdaŋ³⁵
个 吃 分 也 狠

更有帮腔说话人。

mɯn³³ ne³¹ sa:u²⁴ ʔo³⁵ ʔbak³⁵
现在 情妹 出现 事态

阿妹现在要闹婚，

pu³¹ lau¹¹ jak³³ mɯŋ¹¹ ʔo³⁵
谁 捞 你 出

有谁愿意来帮你？

pe³³ mɯŋ¹¹ ʔo³⁵ san³³ lau¹¹ pan¹¹ ɕon¹¹ la:ŋ³⁵
即使 你 出 多少 成 句 空

你送多少银没用，

pe³³ mɯŋ¹¹ suən³⁵ tɯŋ⁵³ lau¹¹ jiə³³ mi¹¹ pan¹¹
即使 你 算 怎样 也 不 成

怎样计划也不行，

hot³⁵ la:i²⁴ leu³¹ soi⁵³ kən³³
说 多 完 耳环 手镯

耳环手镯全赔了，

leu³¹ soi⁵³ kən³³ ju³¹ kwa:i²⁴
全部 耳环 手镯 情妹

全部首饰都赔光，

---

① 钱，汉语借词，一指钱币，一用作重量单位。这里用作后者，与"两"对应。

leu³¹ mat³³ haːi¹¹ muŋ¹¹ kwai³³
全部　袜　鞋　你　辛劳

　　　　　　　　　　　　　　　鞋子袜子全搭上，

me³³ kwai³³ hau⁵³ nuəŋ³¹ mi¹¹ tɕi⁵³ laːi²⁴
母亲　辛苦　给　妹　没　多少

　　　　　　　　　　　　　　　多少嫁妆都搭上，

me³³ siə³⁵ nuəŋ³¹ tɯ¹¹ pai²⁴ kaːi²⁴ pai¹¹ to³³
母亲　叫　妹　带　去　卖　一起

　　　　　　　　　　　　　　　嫁妆全部都卖掉，

siə³⁵ kwaːi²⁴ tɯ¹¹ pai²⁴ maːi³³ pai¹¹ to³³
叫　你　带　去　卖　一起

　　　　　　　　　　　　　　　家当全部都卖光。

ʔi³⁵ ju³¹ ȵaːu³¹ ha³¹ tiŋ²⁴
如　情妹　吵闹　想　离

　　　　　　　　　　　　　　　阿妹如果非要离，

ʔi³⁵ ju³¹ tɕim²⁴ ha³¹ tem³³
如　情妹　想　垫

　　　　　　　　　　　　　　　如果阿妹非要走，

ma²⁴ pi³¹ taːn³⁵ hau⁵³ muŋ¹¹ kaːi⁵³ ȵiə²⁴
来　哥　讲述　给　你　听　着

　　　　　　　　　　　　　　　细听阿哥跟你说，

ma²⁴ pɯə²⁴ nau¹¹ muŋ¹¹ nen³³
来　我　说　你　看

　　　　　　　　　　　　　　　细听阿哥跟你讲。

sam³⁵ kɯə⁵³ ŋɔn¹¹ pan¹¹ lau⁵³
些　那　天　成　酒

　　　　　　　　　　　　　　　阿妹办酒那些天，

sam³⁵ kɯə⁵³ ŋɔn¹¹ pan¹¹ ɕa¹¹
些　那　天　成　茶

　　　　　　　　　　　　　　　阿妹结婚那时候，

za²⁴ ʔaːu²⁴ lau¹¹ jiə³³ waːŋ³⁵
找　叔　哪　也　空

　　　　　　　　　　　　　　　找到哪家都来帮，

tu²⁴ ta:ŋ³⁵ zim²⁴ po³³ luŋ¹¹
门　窗　满　伯　父　　　　　　　　　叔伯兄弟坐满屋，

pjaŋ³³ kɯn¹¹ zim²⁴ po³³ me³³
上　方　满　父　母　　　　　　　　　三老四少挤满院。

muɯn¹¹ ne³¹ sa:u²⁴ pan¹¹ ʔbak³⁵
现在　情妹　有　事态　　　　　　　　如今阿妹出了事，

muɯn³³ ne³¹ sa:u²⁴ pan¹¹ ta:u⁵³
现在　情妹　有　事情　　　　　　　　现在阿妹有事情，

pu³¹ lɯɯ¹¹ ʔju³⁵ la⁵³ lai²⁴ jiə³³ ɕuə³¹
谁　在　台阶　也　叙　　　　　　　处处有人在议论，

pu³¹ la⁵³ siə⁵³ jiə³³ nau¹¹
个　屋檐下　也　说　　　　　　　　时时有人说闲话，

tem³⁵ ɕon¹¹ ka:ŋ⁵³ mai³¹ nuəŋ³¹
接着　句　讲　阿妹　　　　　　　　随时探听阿妹事，

mi¹¹ ɕi³¹ nuəŋ³¹ ka³³ ɕan³³
要不　妹　自　坚持　　　　　　　　阿妹自己要坚持，

mi¹¹ ɕi³¹ peŋ¹¹ ka³³ ɕan³³
要不　妹　自　坚持　　　　　　　　阿妹要以理去争，

ɕan³³ mi¹¹ kwa³⁵ ɕi⁵³ pai²⁴
坚持　不过　就　去　　　　　　　　争不过就回婆家，

ta²⁴ ʔbai²⁴ sem³¹ za:n¹¹ na³³
眼睛　清秀　挤　家　布那　　　　　　暂时回到婆家住。

ʔi³⁵ ju³¹ ȵaːu³¹ ha³¹ tiŋ²⁴
如　情妹　吵闹　想　离

阿妹若是想离婚，

ʔi³⁵ ju³¹ tɕim²⁴ ha³¹ tem³³
如　情妹　　想　　垫

若果阿妹想出走，

zak³³ zem³¹ nau¹¹ hau³³ ku²⁴
悄悄地　　说　　给　我

你就悄悄告诉我，

su²⁴ mi¹¹ zo³¹ ku²⁴ tɕaːu³⁵
你们　不　知　我　教

我教给你个办法，

taːu³⁵ ne³¹ nuəŋ³¹ ma²⁴ taŋ¹¹
次　这　妹　来　到

阿妹这次回娘家，

faːn²⁴ laŋ²⁴ muɯŋ¹¹ pai²⁴ naːu³⁵
番　后　你　去　久

你回婆家去长住。

fuɯə³¹ kuə³³ sak³³ so³⁵ kuɯn¹¹
别人　洗衣物　渡口　上

别人上游洗衣服，

muɯŋ¹¹ ʔau²⁴ zam³¹ so³⁵ la⁵³
你　担　水　渡口　下

你在下游把水担，

fuɯə³¹ za³⁵ na⁵³ ɕo³⁵ puɯn¹¹
别人　洗　脸　放　盆

别人用盆来洗脸，

muɯŋ¹¹ za³⁵ tin²⁴ ɕo³⁵ ŋom³³
你　洗　脚　放　大碗

你拿大碗当脚盆，

fuɯə³¹ zun³⁵ zom³³ kuə³³ hoŋ²⁴
别人　起　早　干　活

人家早起去干活，

nuəŋ³¹ nin¹¹ ʔdoŋ²⁴ na⁵³ ja³³
妹　　睡懒　面前　婆

你就天天睡懒觉，

fɯə³¹ zun³⁵ zom³³ kɯn²⁴ ŋa:i¹¹
别人　起　　早　　吃　早饭

人家早起吃早饭，

mɯŋ¹¹ nin¹¹ kwa:i¹¹ na⁵³ ja³³
你　　睡懒　　面前　婆

你睡大觉懒起床。

ʔi³⁵ ju³¹ ȵa:u³¹ ha³¹ tiŋ²⁴
如　情妹　吵闹　想　离

阿妹若是想离婚，

ʔi³⁵ ju³¹ tɕim²⁴ ha³¹ tem³³
如　情妹　想　　垫

若是阿妹想出走，

zak³³ zem³¹ nau¹¹ hau⁵³ ku²⁴
悄悄地　　说　　给　我

私下悄悄告诉我，

su²⁴ mi¹¹ zo³¹ ku²⁴ tɕa:u³⁵
你们　不　知　我　教

你若不懂我教你，

ta:u³⁵ ne³¹ nuəŋ³¹ ma²⁴ taŋ¹¹
次　这　妹　　来　到

阿妹这次回娘家，

fa:n²⁴ laŋ²⁴ mɯŋ¹¹ pai²⁴ na:u³⁵
番　　后　　你　　去　久

你回婆家去长住，

hau³¹ soŋ²⁴ som³¹ sa:m²⁴ som³¹ ɕi³¹ ha:u²⁴
米　两　春　三　　春　就　白

大米越舂越白净，

sa:u²⁴ ɕi³¹ zuŋ²⁴ taŋ¹¹ zep³⁵ taŋ¹¹ ka³⁵
情妹　就　煮　连同　谷壳　连同　谷子

阿妹糠谷一起煮，

pau³⁵ tɕiŋ³⁵ ja³³ ʔdoi²⁴ ŋaːi¹¹
公　和　婆　空　早饭

公婆早饭吃不成。

zaːn¹¹ ʔjai³¹ zaːi¹¹ sɯ²⁴ ɕuən³⁵
家　布依　写　书　放

婆家就会写休书，

pu³¹ luəŋ³⁵ pu³¹ ʔbaːn³¹ zaːi¹¹ sɯ²⁴ ɕe²⁴
人　里弄　人　寨　写　书　丢

全寨联名写状纸。

ŋɔn¹¹ te²⁴ mɯŋ¹¹ ʔdai³¹ ʔo³⁵
天　那　你　得　出

那样你就得离了。

ʔi³⁵ ju³¹ naːu³¹ ha³¹ tiŋ²⁴
如　情妹　吵闹　想　离

阿妹若是想离婚，

ʔi³⁵ ju³¹ tɕim²⁴ ha³¹ tem³³
如　情妹　想　垫

若果阿妹想出走，

zak³³ zem³¹ nau¹¹ hau⁵³ ku²⁴
悄悄地　说　给　我

你就悄悄告诉我，

su²⁴ mi¹¹ zo³¹ ku²⁴ tɕaːu³⁵
你们　不　知　我　教

你不会做我教你。

taːu³⁵ ne³¹ nuəŋ³¹ ma²⁴ taŋ¹¹
次　这　妹　来　到

阿妹这次来娘家，

faːn²⁴ laŋ²⁴ mɯŋ¹¹ pai²⁴ naːu³⁵
番　后　你　去　久

你回婆家去长住，

ʔdiəŋ³⁵ sa³⁵ nuəŋ³¹ tɯ¹¹ tin²⁴
春　碓　妹　带　脚

阿妹春碓不用力，

zau⁵³ nin¹¹ ʔiŋ²⁴ ka¹¹ toi³³
瞌　睡　靠　碓　桠

装作瞌睡靠碓桠，

zaːp³⁵ zam³¹ poi³³ sau²⁴ tɕaːŋ²⁴
挑　水　碰　柱　中

挑水有意碰柱子，

ʔjai³¹ ɕa¹¹ paːm¹¹ ɕuəŋ³⁵ piən³³
布依　嫌　不懂礼　放　快

婆家说不贤惠就休了你，

ʔjaːŋ²⁴ ɕa¹¹ ʔwa³¹ ɕuəŋ³⁵ piən³³
布央　嫌　傻　放　快

说你不知礼就休了你。

ʔi³⁵ ju³¹ ȵaːu³¹ ha³¹ tiŋ²⁴
如　情妹　吵闹　想　离

阿妹若是想离婚，

ʔi³⁵ ju³¹ tɕim²⁴ ha³¹ tem³³
如　情妹　想　垫

如果阿妹想出走，

zak³³ zem³¹ nau¹¹ hau⁵³ ku²⁴
悄悄地　说　给　我

你就悄悄告诉我，

su²⁴ mi¹¹ zo³¹ ku²⁴ tɕaːu³⁵
你们　不　知　我　教

你若不懂我来教。

taːu³⁵ ne³¹ muŋ¹¹ ma²⁴ taŋ¹¹
次　这　你　来　到

这次阿妹回娘家，

faːn²⁴ laŋ²⁴ muŋ¹¹ pai²⁴ naːu³⁵
番　后　你　去　久

你回婆家去长住，

taːu³⁵ taŋ¹¹ wa³⁵ saːt³⁵ kuə³¹
回　到　巴掌　搊　姑子

抬手就把小姑打，

下编　民间情歌翻译　529

ʔdot³⁵　ta¹¹ suə³³　tuə¹¹ ʔaːu²⁴
指节弯①　打　　小叔子

举手就把小叔捶。

ŋɔn¹¹　te²⁴　saːu²⁴　ʔdai³¹　ʔo³⁵
天　　那　情妹　得　　出

那样情妹准能离，

ŋɔn¹¹　te²⁴　nuəŋ³¹　ʔdai³¹　ʔo³⁵
天　　那　妹　　　得　　出

那样阿妹能出走。

tiŋ²⁴　kwaːn²⁴　pan¹¹　ma¹¹　ho⁵³
离　　丈夫　　成　　啥　　难

离婚怎么这么难？

pu³¹　zo³¹　tiŋ²⁴　ɕi³¹　piən³³
个　　会　　离　　是　　快

会离的人他就快，

ʔdiəŋ³⁵　sa³⁵　saːu²⁴　teu²⁴　ʔdoŋ³¹
春　　　碓　情妹　甩　　簸箕

情妹春谷簸箕飞，

ʔəu²⁴　zam³¹　nuəŋ³¹　teu³³　ʔbaŋ³⁵
要　　水　　妹　　　甩　　竹筒

挑水竹筒"会走路"，

taŋ³⁵　ta¹¹ taːt³⁵　tɕaŋ²⁴　zaːn¹¹
凳　　摆　　　　中间　　屋子

凳子摆在堂中坐，

ʔjai³¹　ɕa¹¹　paːm¹¹　ɕuəŋ³⁵　piən³³
布依　嫌　不懂礼　放　　　快

婆家说你不懂礼数把你休，

ʔjaːŋ²⁴　ɕa³¹　ʔwa³¹　ɕuəŋ³⁵　piən³³
布央　　嫌　　傻　　放　　　快

婆家说你傻就休得快。

---

① 将手指头弯曲起来用以打人。指关节弯曲部分布依语称为 ʔdot³⁵。

tiŋ^{24} kwa:n^{24} pan^{11} ma^{11} ho^{53}
离　丈夫　成　啥　难

离婚怎么这么难？

pu^{31} zo^{31} tiŋ^{24} ɕi^{31} ŋa:i^{33}
个　会　离　就　容易

会离的人就容易，

lo^{31} kwa:n^{24} pai^{24} ʔda:i^{24} wa:i^{35}
哄　丈夫　去　薅　棉花

你诓夫去薅棉花，

tɯk^{33} ko^{24} wa:i^{35} te^{24} pe^{11}
把　株　秧苗　那　斜

有意把秧苗弄歪，

ze^{11} ta:m^{24} tɕiŋ^{24} kuən^{53} zan^{33}
捏　把　镐锄　乱　薅

手握锄把四处捣，

taŋ^{35} paŋ^{24} fai^{31} kuən^{53} zan^{33}
棍　子　木　乱　打

手拿棍子四处打，

ko^{24} wa:i^{35} te^{24} mi^{11} pe^{11}
株　秧苗　那　不　斜

如果这样苗不歪，

mɯŋ^{11} ɕi^{31} lo^{31} te^{24} pai^{24} kɯn^{24} tum^{33}
你　就　诓　他　去　吃　野草莓

你骗他去吃草莓，

tum^{33} ɕo^{35} pa^{35} ɕi^{31} wa:n^{24}
草莓　放　嘴　就　甜

草莓含到嘴就甜。

mai^{31} tiŋ^{24} kwa:n^{24} ɕi^{31} ʔo^{35}
姑娘　离　丈夫　得　出

阿妹嫌夫离成婚，

sa:u^{24} ma:n^{31} tɕa:u^{53} ɕi^{31} ʔo^{35}
情妹　粗野　丈夫　得　出

妹若要猾能出走。

pan¹¹ tɯŋ⁵³ laɯ¹¹ ɕi³¹ ɲa:u³¹
成　　哪样　　就　　吵闹

ɕa:u³¹ tɯŋ⁵³ laɯ¹¹ ɕi³¹ ɲa³³
造　　哪样　　就　　气

ʔdiəp³⁵ mi¹¹ ʔdi²⁴ ɕi³¹ ɲa:u³¹
想　　不　　好　　就　　闹婚

tɕi¹¹ mi¹¹ ʔdai³¹ ɕi³¹ ɲa³³
值　　不　　得　　就　　气

lɯk³³ sak³⁵ ɲa:u³¹ pa:i¹¹ sa²⁴
骰子　　　闹　　　牌　　纸

ʔa:i²⁴ tɕa:ŋ²⁴ ɕa¹¹ ɲa:u³¹ pa:n³³
糟　　中间　　茶　　闹　　搅拌

ta:n³³ pɯn²⁴ ma³¹ ɲa:u³¹ jiən¹¹
弹　　毛　　马　　闹　　胡琴

sa:n²⁴ fɯən¹¹ ɕi³¹ ɲa:u³¹ ɕa³³
编　　草帘　　就　　闹　　绳

zam³¹ ta³³ ɲa:u³¹ kaŋ²⁴ ka³⁵
河　　水　　闹　　镡　　罐

su⁵³ tɕa:ŋ²⁴ pɯən¹¹ ɲa:u³¹ sai³³
主　　中间　　地方　　闹　　官司

pjak³⁵ wai³³ ɲa:u³¹ pjak³⁵ ʔan²⁴
折耳根　　闹　　芹菜

阿妹为啥要闹婚？

阿妹为啥要怄气？

感情不和就闹婚，

心情不好就生气，

骰子扰得纸牌乱，

酒药拌糟糟发酵，

马尾作弦二胡响，

草帘需用绳子绞，

洗涮镡子水就晃，

地方官府怕官司，

折耳根拌野香菜，

ʔdan²⁴ tɯk³⁵ ɕen¹¹ ȵa:u³¹ pi³¹
个　　赌徒　　闹　哥

阿哥遇到赌钱汉，

mɯn¹¹ pai²⁴ ju³¹ ȵa:u³¹ ku²⁴
那事　去　玩　闹　我

玩耍戏弄我的心，

ȵa:u³¹ me³³ mi¹¹ ʔau²⁴ tam¹¹
吵闹　母亲　不　要　塘

母子争吵不为塘，

ȵa:u³¹ po³³ mi¹¹ ʔau²⁴ na¹¹
吵闹　父亲　不　要　田

父子争吵不为田，

ȵa:u³¹ ʔau²⁴ pu³¹ tuŋ³¹ ha²⁴ lum⁵³ zuəŋ³³
吵闹　要　个　相　配　像　妹

只为寻个妻子像阿妹，

ȵa:u³¹ ʔau²⁴ pa¹¹ ɕau³³ ʔdi²⁴ lum⁵³ zuəŋ³³
吵闹　要　妻　美丽　像　妹

只为讨个像阿妹一样的好妻子。

pan¹¹ tɯŋ⁵³ laɯ¹¹ ɕi³¹ ȵa:u³¹
成　哪样　就　闹

阿妹为啥闹离婚？

ɕa:u³¹ tɯŋ⁵³ laɯ¹¹ ɕi³¹ ȵa³³
造　哪样　就　气

阿妹为啥要怄气？

ʔdiəp³⁵ mi¹¹ ʔdi²⁴ ɕi³¹ ȵa:u³¹
想　不　好　就　闹婚

感情不和就闹婚，

tɕi¹¹ mi¹¹ ʔdai³¹ ɕi³¹ ȵa³³
值　不　得　就　气

心情不好就生气。

ʔen³⁵ kuə³³ zoŋ¹¹ ta:t³⁵ pja²⁴
燕子　做　窝　岩崖

燕子做窝在半岩，

ʔa²⁴ kuə³³ zoŋ¹¹ ʔen³⁵ waːi³³
乌鸦　做　窝　燕子　坏

        乌鸦专门来毁坏，

ʔen³³ tok³⁵ naːi³⁵ ɕaːu³¹ ʔeu³¹
燕子　懒得　造　家

        燕子没心再重做，

ʔen³⁵ tok³⁵ naːi³⁵ ɕaːu³¹ zaːn¹¹
燕子　懒得　造　家

        燕子无心在做窝。

lot³⁵ ʔeu³¹ pai²⁴ ɕo³³ paːn¹¹
迟　家　去　名　环

        耽误一年又一年，

lot³⁵ zaːn¹¹ pai²⁴ ɕo³³ taːŋ³⁵
迟　家　去　名　栏

        耽搁一季又一季，

po³³ me³³ suən³⁵ ʔdiən²⁴ ŋi³³ mi¹¹ ʔdi²⁴
父亲　算　二月　不　好

        父母算定二月不吉利，

pi²⁴ taːm²⁴ pi²⁴ ha³¹ ȵaːu³¹
年　接　年　想　吵闹

        阿妹婚后年年闹，

ʔdan²⁴ paːi³³ ȵaːu³¹ za³⁵ zum¹¹
风箱　闹　阵　风

        风箱吹出阵阵风，

wɯə⁵³ kɯn¹¹ ʔbɯn²⁴ ȵaːu³¹ ʔdaːt³⁵
云　天　上　闹　太阳

        像天上浮云遮太阳，

ʔdaːt³⁵ pai²⁴ ȵaːu³¹ ʔdoŋ²⁴ pau¹¹
太阳　去　闹　林　苦竹

        太阳专照苦竹林，

nok³³ zau¹¹ tau⁵³ paːŋ³¹ ta³³
芦苇　生　边　河

        芦苇生在河岸边，

na³³ ʔdaɯ²⁴ zam³¹ ȵa:u³¹ pja²⁴
水 獭 里 水 闹 鱼

河中水獭扰鱼儿，

ʔa²⁴ kɯn¹¹ tɕau⁵³ ȵa:u³¹ kai³⁵
乌鸦 头上 闹 鸡

乌鸦扰鸡不安宁，

sai³⁵ tɕa:ŋ²⁴ fu⁵³ ȵa:u³¹ ʔda:i³¹
官 中州 闹 麻

州府老爷怕官司，

pja²⁴ tɕa:i⁵³ ȵa:u³¹ tiə⁵³ woŋ¹¹
鲇鱼 闹 底 潭

鲇鱼搅浑潭中水，

taŋ¹¹ pɯən¹¹ la⁵³ ȵa:u³¹ sai³³
整个 地方 下 闹 状

天下到处有官司。

pan¹¹ tɯŋ⁵³ laɯ¹¹ ɕi³¹ ȵa:u³¹
成 哪样 就 闹

阿妹为啥闹离婚？

ɕa:u³¹ tɯŋ⁵³ laɯ¹¹ ɕi³¹ ȵa³³
造 哪样 就 气

阿妹为啥要怄气？

ʔdiəp³⁵ mi¹¹ ʔdi²⁴ ɕi³¹ ȵa:u³¹
想 不 好 就 闹婚

感情不和就闹婚，

tɕi¹¹ mi¹¹ ʔdai³¹ ɕi³¹ ȵa³³
值 不 得 就 气

心情不好就生气。

ʔdiəŋ³⁵ sa³⁵ ȵa:u³¹ pai¹¹ tin²⁴
春碓 闹 一 脚

春碓专跟脚较劲，

kɯn²⁴ ziŋ¹¹ ȵa:u³¹ ku³³ tɯ³³
吃 午饭 闹 双 筷

吃饭没有筷不行，

下编　民间情歌翻译

ku³³ tɯ³³ sɯ³⁵ ɕon¹¹ ka:ŋ⁵³
双　筷　盼　句　讲

手拿筷子盼句话，

zam³¹ pa³⁵ ta:ŋ³¹ ȵa:u³¹ na¹¹
水　口　水口　闹　田

缺口放水搅浑田，

ha¹¹ ʔdaɯ²⁴ po²⁴ ȵa:u³¹ tiə³³
茅草　里面　坡　闹　丛

山坡茅草想连片，

ɕiə³³ pa:ŋ³¹ zi⁵³ ȵa:u³¹ pi²⁴
野蕉　边　沟　闹　芯

沟边野蕉想连芯，

li¹¹ pja:i²⁴ ko²⁴ ȵa:u³¹ tɕi³⁵
梨子　树梢　闹　枝

树梢梨子压弯枝，

pi³¹ ŋi³³ si³⁵ ŋi³³ ha⁵³ ȵa:u³¹ za:n¹¹
哥　二十四　二十五　闹　家

哥盼成家正当年。

ta:u³⁵ ne³¹ zau³¹ ȵa:u³¹ me³³
回　这　我们　闹　母亲

这次我和阿妈闹，

mi¹¹ ȵa:u³¹ po³³ ʔau²⁴ tam¹¹ kɯn²⁴ pja²⁴
不　闹　父亲　要　池塘　吃　鱼

不与阿爸争池塘养鱼，

mi¹¹ ȵa:u³¹ me³³ ʔau²⁴ na¹¹ wa:i²⁴ ta³³
不　闹　母亲　要　田　坝　河

不与阿妈争要好田地，

ȵa:u³¹ ʔau²⁴ ma³⁵ li¹¹ tiəŋ¹¹
闹　要　梨子　糖

只为得到甜梨子，

ȵa:u³¹ ʔau²⁴ ju³¹ kwa:i²⁴ ma²⁴ ɕam³³ ɕeu³³
闹　要　情妹　来　共　一　生

为与阿妹共一生，

ta:i²⁴ ha¹¹ ziəŋ¹¹ ju³¹ ɲa:u³¹ ɕam³³ ɕeu³³
死　要　和　　情妹　共　一生

死活跟妹这辈子。

pan¹¹ tɯŋ⁵³ lauɯ¹¹ ɕi³¹ ɲa:u³¹
成　哪样　就　闹

阿妹为啥闹离婚？

ɕa:u³¹ tɯŋ⁵³ lauɯ¹¹ ɕi³¹ ɲa³³
造　哪样　就　气

阿妹为啥要怄气？

ʔdiəp³⁵ mi¹¹ ʔdi²⁴ ɕi³¹ ɲa:u³¹
想　不　好　就　闹婚

感情不和就闹婚，

tɕi¹¹ mi¹¹ ʔdai³¹ ɕi³¹ ɲa³³
值　不　得　就　气

心情不好就生气。

tɕiən¹¹ sa:m²⁴ ka²⁴ ɲa:u³¹ lin³¹
锅庄　三　腿　闹　舌

三脚锅庄须支杆，

hin⁵³ ɕat³⁵ hok³⁵ ɲa:u³¹ tɕeu²⁴
裙　七　瓣　闹　根线

裙子七瓣要线穿，

pi³¹ ʔda:ŋ²⁴ ʔdeu²⁴ ɲa:u³¹ me³³
哥　身　一　闹　母亲

孤身阿哥闹父母，

ɲa:u³¹ po³³ mi¹¹ ʔau²⁴ tam¹¹
闹　父亲　不　要　塘

不与阿爸争水塘，

ɲa:u³¹ me³³ mi¹¹ ʔau²⁴ na¹¹
闹　母亲　不　要　田

不跟阿妈争稻田，

ɲa:u³¹ ʔau²⁴ pu³¹ tuŋ³¹ ha²⁴ lum⁵³ zuən³³
吵闹　要　个　相　配　像　妹

只为寻个妻子像阿妹，

ȵa:u³¹ ʔau²⁴ pa¹¹ tɕi¹¹ʔdai³¹ lum⁵³ zuəŋ³³
吵闹　要妻　值得　像　妹

只为讨个像阿妹一样的好妻子。

pan¹¹ tɯŋ⁵³ lau¹¹ ɕi³¹ ȵa:u³¹
成　哪样　就　闹

阿妹为啥闹离婚？

ɕa:u³¹ tɯŋ⁵³ lau¹¹ ɕi³¹ ȵa³³
造　哪样　就　气

阿妹为啥要怄气？

ʔdiəp³⁵ mi¹¹ ʔdi²⁴ ɕi³¹ ȵa:u³¹
想　不　好　就　闹婚

感情不和就闹婚，

tɕi¹¹ mi¹¹ ʔdai³¹ ɕi³¹ ȵa³³
值　不　得　就　气

心情不好就生气。

kɔn³³ ɕo³⁵ tɕen²⁴ ȵa:u³¹ tɕen²⁴
手镯　放　手腕　闹　腕

手戴镯子手发痒，

liət³³ tok³⁵ tuŋ³¹ ȵa:u³¹ ʔdaŋ²⁴
血　落　肚　闹　身

肚内出血身体伤，

ɕen¹¹ ɕo³⁵ hɯət³⁵ ȵa:u³¹ hɯət³⁵
钱　放　腰　闹　腰

钱放腰间腰难受，

lok³⁵ sa:ŋ²⁴ ȵa:u³¹ zam³¹ ɕu³⁵
水车　高　用　水急

水落高处水流急，

zam³¹ kweu⁵³ lu³³ ȵa:u³¹ zuə¹¹
水　漩　涡　闹　船

漩涡搅乱船难走，

lut³⁵ tɕa:ŋ²⁴ fɯə¹¹ ȵa:u³¹ tau³⁵
纱筒　中间　筘　闹　梭

筘间纱筒搅乱梭

paŋ¹¹ tau³³ ȵa:u³¹ paŋ¹¹ piu²⁴
布　灰　闹　布　单

灰布白布难协调。

pi³¹ ʔda:ŋ²⁴ ʔdeu²⁴ ȵa:u³¹ me³³
哥　身　一　闹　母亲

孤身阿哥闹父母,

ȵa:u³¹ po³³ mi¹¹ ʔau²⁴ tam¹¹
闹　父亲　不　要　塘

不与阿爸争水塘,

ȵa:u³¹ me³³ mi¹¹ ʔau²⁴ na¹¹
闹　母亲　不　要　田

不跟阿妈争稻田,

ȵa:u³¹ ʔau²⁴ pu³¹ tuŋ³¹ ha²⁴ lum⁵³ zuəŋ³³
吵闹　要　个　相　配　像　妹

只为寻个妻子像阿妹,

ȵa:u³¹ ʔau²⁴ pa¹¹ tɕi¹¹ ʔdai³¹ lum⁵³ zuəŋ³³
吵闹　要　妻　值得　像　妹

只为讨个像阿妹一样的好妻子。

za:n¹¹ ʔjai³¹ tɕaŋ²⁴
家　布依　关

婆家把你关,

za:n¹¹ ʔja:ŋ¹¹ tɕa:ŋ³⁵
家　布央　罚

婆家把你罚,

tɕa:ŋ³⁵ ɕo³⁵ la⁵³ lau¹¹ liən¹¹
罚　放　楼　下　帘

关妹关在楼阁下,

tɕaŋ²⁴ ɕo³⁵ la⁵³ lau¹¹ la:ŋ³³
关　放　楼　下　宽

关在楼脚惩罚你,

tɕaŋ²⁴ ɕiən²⁴ ȵan¹¹ fa:n³³ si³⁵
关　千　年　万　四

关你百年又千载,

tɕaŋ²⁴ faːn³³ ŋi³³ pan¹¹ na⁵³
关　万　二　成　脸

关你百年有名声，

tɕaŋ²⁴ faːn³³ ha⁵³ pan¹¹ ta²⁴
关　万　五　成　眼

关你千载名远扬。

nuəŋ³¹ ɕi³¹ tɕaːu⁵³ mi¹¹ ha²⁴ waːi³³ ɕaːŋ³³
妹　是　丈夫　不　配　坏　名声

阿妹有名只因夫君不匹配，

pi³¹ ɕi³¹ paˈ¹¹ mi¹¹ tau⁵³ waːi³³ ɕaːŋ³³
哥　是　妻　不　来　坏　名声

阿哥得名只因妻室不相称，

paːi³⁵ kaːi³⁵ pu³¹ ʔut³⁵ ka²⁴ zai¹¹ zeu³¹
好像　个　扳　纱钎　螺纹

就像硬把纱钎拧成螺，

paːi³⁵ kaːi³⁵ pu³¹ kweu⁵³ ka²⁴ zai¹¹ ko¹¹
好像　个　扭　纱钎　弯

就像硬把纱钎绕成圈。

tin²⁴ pjom²⁴ ko¹¹ fuət³³ pi³³
脚　干瘦　翅　蜻蜓

阿妹操心人消瘦，

nuəŋ³¹ jiə³³ kan³³ hi³⁵ ziəŋ¹¹ tuə¹¹ tɕaːu⁵³
妹　也　担心　和　丈夫

夫妻不和妹担忧，

faːn³³ naːu³¹ ziəŋ¹¹ tuə¹¹ kwaːn²⁴
万　忧　和　丈夫

与夫不和忧心事，

laːu³⁵ zaːn¹¹ ziəŋ¹¹ tuə¹¹ ʔbaːu³⁵
误　家　和　情郎

由无情郎一辈人。

wɯn²⁴ tau⁵³ mon³⁵ fi¹¹ fum¹¹
雨　下　细　蒙蒙

细雨纷飞雾蒙蒙，

zam³¹ tɕaːŋ²⁴ zɔn²⁴ pan¹¹ tiŋ³³
水　中间　路　成　凼

路上积水成了凼，

zo³¹ tai³⁵ miŋ³³ mɯŋ¹¹ tau⁵³
知　认　命　你　来

看来阿妹命注定，

zo³¹ tai³⁵ miŋ³³ pi³¹ ma²⁴
知　认　命　哥　来

上天注定哥的命，

tɕau⁵³ ɕam³³ soi¹¹ li³¹ zot³³
头　共　枕　有　脱

共枕情人梦难圆，

kot³⁵ ju³¹ tɕi³⁵ mi¹¹ ɕe²⁴
抱　女友　不　丢

眼看阿妹远离去，

ʔbe²⁴ fɯŋ¹¹ tai⁵³ jeu³³ miŋ³³
张　手　哭　呼　命

两手空空呼天命。

zaːn¹¹ ʔjai³¹ tɕaŋ²⁴
家　布依　关

婆家把你关，

zaːn¹¹ ʔjaːŋ²⁴ tɕaːŋ³⁵
家　布央　罚

婆家把你罚，

tɕaːŋ³⁵ ɕo³⁵ laː⁵³ lau¹¹ laːn¹¹
罚　放　楼　下　栏

关放楼脚惩罚你，

tɕaŋ²⁴ ɕo³⁵ ka³¹ fai³¹ zak³³
关　放　枷　漆树

漆树枷锁套在身，

tɕen³⁵ fai³¹ poi²⁴ kuə³³ laːn¹¹
心　岩青杠　做　栅栏

岩青杠来作栅栏。

mai³¹ tiŋ²⁴ kwaːn²⁴ mi¹¹ ʔo³⁵
姑娘 离 丈夫 不 出

saːu²⁴ maːn³¹ tɕaːu⁵³ mi¹¹ ʔo³⁵
情妹 赖 丈夫 不 出

阿妹不能离夫走，

阿妹离婚事难成。

kɯn¹¹ ʔbɯn²⁴ ʔdaːu²⁴ ʔdi³⁵ poŋ³³ sa¹¹ laːn¹¹
上天 星星 闪 那样

kau²⁴ taːn²⁴ laːm³¹ sa¹¹ pa³⁵
首乌 藤网 表 山岩

天上星星在闪烁，

岩壁首乌牵成网。

pi³¹ jiə³³ tɯk³³ sa³³ pa³⁵ sa³³ lin³¹ fɯə³¹ ʔdoi²⁴
哥 也 是 刷牙 洗舌 别人 空

mi¹¹ ʔdai³¹ kuŋ³³ ʔdan²⁴ soi¹¹ lau¹¹ zoi³¹
不 得 共 个 枕头 哪 烂

mi¹¹ ʔdai³¹ kuŋ³³ ʔdan²⁴ toi³¹ lau¹¹ kɯn²⁴
不 得 共 碗 哪 吃

阿哥空落人非议，

未能与你共枕眠，

没有同桌吃过饭。

tɕim²⁴ tɯk³³ nau¹¹ tɕa¹¹ tɕɯ³³
你 被 说 利害

zau¹¹ tɯk³³ man⁵³ tɕa¹¹ tɕɯ³³
我 被 说 利害

阿妹被人指这骂，

哥也被人说闲言。

pu³¹ sɯ³⁵ hɯn⁵³ ji¹¹ jau¹¹
媒人 上 经常

tɯk³³ nau¹¹ zaːn¹¹ mɯŋ¹¹ laːŋ³⁵
被 说 家 你 空

媒人连连来到家，

你家凭空来指责，

pau³⁵ tɕiŋ³⁵ ja³³ mi¹¹ ʔdai³¹ kuə³³ pau³¹ jiə³³ ʔdaŋ²⁴
公　　和　　婆　不　　得　　做　　媳妇　　也　　叫

　　　　　　　　　　　　　　　阿妹公婆骂我拐走他媳妇，

laːi³⁵ nau¹¹ pi³¹ pai²⁴ ju³¹ waːn³³ fat³³
枉　　说　　哥　去　　玩　　换　　腰带

　　　　　　　　　　　　　妄说阿哥用腰带做定情物，

laːi³⁵ nau¹¹ pi³¹ pai²⁴ ju³¹ waːn³³ kan²⁴
枉　　说　　哥　去　　玩　　换　　头帕

　　　　　　　　　　　　　妄说阿哥用头帕做定情物。

mi¹¹ zan²⁴ na⁵³ jiə³³ ham³⁵
不见　　　面　　也　　问

　　　　　　　　　　　　　　　　　走到哪就问到哪，

ham³⁵ zaːn¹¹ pai²⁴ ɕo³³ zaːn¹¹
问　　　家　　去　　前　　家

　　　　　　　　　　　　　　　　到哪家就问那家。

nau¹¹ saːu²⁴ ɕau³¹ zaːn¹¹ kɯn²⁴ mi¹¹ waːŋ³⁵
说　　情妹　造　　家　　吃　　不　空

　　　　　　　　　　　　　　就说阿妹成家没空闲，

nuəŋ³¹ mi¹¹ waːŋ³⁵ taːu³⁵ laŋ²⁴
妹　　不　　空　　回　　后

　　　　　　　　　　　　　　　　　没有闲暇回娘家，

lum¹¹ ʔan²⁴ pi³¹ nuəŋ³¹ ŋaːi³³
忘　恩　　亲戚　　　　快

　　　　　　　　　　　　　　　　　亲友恩情都淡薄，

pjak³⁵ kaːt³⁵ ŋaːt³³ la⁵³ li¹¹
青菜　　发芽　　下　梨

　　　　　　　　　　　　　　　　梨树下边菜籽已发芽，

mi¹¹ si²⁴ ŋaːt³³ la⁵³ liəŋ⁵³
绒花　　芽　　下　　伞

　　　　　　　　　　　　　　　　红伞花边丝绒飘，

kwaːn²⁴ ɕiəŋ³¹ jiə³³ ʔbo³¹ mi¹¹
丈夫　　养　　　也　　没有

　　　　　　　　　　　　　　　　　文雅夫君难寻找，

li³¹ kwaːn²⁴ ti¹¹ kwaːn²⁴ ʔdoi³⁵
有　丈夫　打　丈夫　捶

          暴躁男人到处是，

li³¹ kwaːn²⁴ tɕaŋ²⁴ kwaːn²⁴ tɕaːŋ³⁵
有　丈夫　关　丈夫　罚

          要关要罚随他便，

ʔon³⁵ tɕaŋ²⁴ nuən³¹ ʔon³⁵ ʔaːŋ³⁵
越　关　妹　越　欢

          越关阿妹越高兴，

ʔon³⁵ tɕaːŋ³⁵ nuən³¹ ʔon³⁵ ʔboŋ²⁴
越　罚　妹　越　悦

          越罚阿妹越喜欢。

ɕo³³ ne³¹ zaːn¹¹ ʔjai³¹ ɕom²⁴ lau⁵³ no³³
今后　家　布依　损失　酒　肉

          越关阿妹婆家越亏理，

ɕo³³ ne³¹ zaːn¹¹ ʔjaːŋ²⁴ ɕom²⁴ lau⁵³ no³³
今后　家　布央　损失　酒　肉

          越罚妹的婆家越理亏。

fɯə³¹ mi¹¹ zo³¹ pai²⁴ ju³¹ tuŋ³¹ ɕam³³ taːn³¹
别人　不　知　去　情人　相互　共　村子

          别人不知情人同个村，

laːi³⁵ nau¹¹ taːn²⁴ na¹¹ tuŋ³¹ ɕam³³ ʔbo³⁵
以为　收　田　共同　块

          认为种田共一丘，

lɯk³³ laːi¹¹ hau³¹ ɕam³³ ʔbo³⁵ taːŋ³⁵ taːn²⁴
其实　稻谷　共　块　各　收

          其实收粮不进同一仓，

ɕaːn¹¹ taːŋ³⁵ ʔdan²⁴ ɕeu³⁵ miən³³
晒台　各　个　照　面

          晒台相连日同照，

pu³¹ nen³³ pu³¹ mi¹¹ zan²⁴
个　看　个　不见

          我两相见用无期。

ɕɔn¹¹ ka:ŋ⁵³ tok³⁵ tai³⁵ ʔbɯn²⁴ tai³⁵ ʔdan²⁴ ma²⁴ laŋ²⁴
句　讲　落　从　天　从　地　来　后
　　　　　　　　　　　　　　流言飞语铺天盖地来，

ɕɔn¹¹ ka:ŋ⁵³ tok³⁵ tai³⁵ ʔa:i³⁵ tai³⁵ ŋa:n³¹ ma²⁴ tɕa²⁴
句　讲　落　从　雅长　从　百安　来　柱
　　　　　　　　　　　　　　雅长百安到处都在传，

za¹¹ ɕi³¹ ɕen²⁴ mi¹¹ kwa³⁵
我　是　推　不　过
　　　　　　　　　　　　　　你我纵有千张嘴也难争辩。

pja⁵³ pa³⁵ pu³¹ luəŋ³⁵ kɯn¹¹
雷　劈　个　　上院
　　　　　　　　　　　　　　雷劈上院嚼舌人，

tɕa:n²⁴ nau¹¹ ku²⁴ ziəŋ¹¹ mɯŋ¹¹ ɕam³³ naŋ³³
以为　　我　和　你　同　坐
　　　　　　　　　　　　　　妄说你我常相会，

pja⁵³ pa³⁵ pu³¹ luəŋ³⁵ tɕa:ŋ²⁴
雷　劈　个　　中院
　　　　　　　　　　　　　　雷轰中院烂舌人，

tɕa:n²⁴ nau¹¹ kwa:ŋ²⁴ ziəŋ¹¹ mɯŋ¹¹ ɕam³³ naŋ³³
以为　　少爷　和　你　同　坐
　　　　　　　　　　　　　　妄言本少爷与妹同行。

　　　　　　　　　　　　　演唱：罗芝兰
　　　　　　　　　　　　　收集：黄荣昌
　　　　　　　　　　　　　翻译整理：黄荣昌　周国炎

思亲歌

ɯɯən²⁴ tuŋ³¹ ʔau²⁴
歌　　相聚　　娶

ku³⁵ fɯə³¹ tɯk³⁵ sau²⁴ kam³¹
时　别人　打　桩　矮

　　　　　　　　　　　人家认亲时，

pi³¹ jiə³³ tɯk³⁵ sau²⁴ kam³¹
哥　也　打　柱　矮

　　　　　　　　　　　阿哥也想去认亲，

ku³⁵ fɯə³¹ zam⁵³ sau²⁴ ɕuən³³
时　别人　砍　柱　余

　　　　　　　　　　　人家要接亲，

pi³¹ tuŋ³¹ zam⁵³ sau²⁴ ɕuən³³
哥　同　砍　柱　余

　　　　　　　　　　　阿哥也想去接亲，

ku³⁵ fɯə³¹ suən³⁵ ʔau²⁴ nuəŋ³¹
时　别人　算　要　妹

　　　　　　　　　　　人家打算娶阿妹，

ku³⁵ fɯə³¹ suən³⁵ ʔau²⁴ naːŋ¹¹
时　别人　算　要　小姐

　　　　　　　　　　　想把阿妹娶进家。

kwaːŋ²⁴ hau⁵³ tɕe³¹ la⁵³ ho³⁵
少爷　赶集　罗斛①

　　　　　　　　　　　我到罗斛去赶集，

pi³¹ ʔo³⁵ tɕe³¹ zo³¹ ȵiə²⁴
哥　出　集　听见

　　　　　　　　　　　阿哥在集上得知，

---

① 地名，今罗甸县城。

pɯə²⁴ ta:i²⁴ kam¹¹ za:n¹¹ tiən³³
我　　气死　　　店家

当场气死在店家。

pi³¹ pai²⁴ tɕe³¹ ma²⁴ taŋ¹¹
哥　去　集　来　到

阿哥赶集回到家，

me³³ muɯŋ¹¹ pe³⁵ paŋ¹¹ fon³¹ kuə³³ mok³³
母亲　你　翻　布　黑　做　被子

阿妈忙着做嫁妆

pe³⁵ paŋ¹¹ lok³³ kuə³³ soi¹¹
翻　布　蓝　做　枕头

忙着制嫁妆，

ku³⁵ te²⁴ koi¹¹ ma²⁴ na:i²⁴ pa:i³³ zo³³
时　那　女婿　来　拜　　堂屋

新郎到时拜中堂，

kwa:n²⁴ kwa:i²⁴ sa³¹ pa:i³³ zo³³
丈夫　你　作揖　堂屋

你夫给亲友作揖，

pi³¹ jiə³³ nɯ³³ ʔau²⁴ tɕau⁵³ kai³⁵ ton²⁴ pai²⁴ pi³⁵
哥　也　想　要　头　鸡　骗　去　供

阿哥想拿只鸡摆，

nɯ³³ ʔau²⁴ tɕau⁵³ mu²⁴ si³⁵ pai²⁴ pa:i¹¹
想　要　头　小猪　去　摆放

想抬猪头去供，

tam³¹ ɕi³¹ tɕa:u⁵³ muɯŋ¹¹ na:i²⁴ kon³⁵ pi³¹
只　可惜　丈夫　你　拜　先　哥

可惜你夫抢在前，

kwa:n²⁴ kwa:i²⁴ sa³¹ kon³⁵ ku²⁴
丈夫　你　作揖　先　我

你夫比我先作揖，

ku²⁴ kuə³³ wuun¹¹ la:u³⁵ ɕeu³³
我　做　人　误　辈子

贻误了我一辈子，

pi³¹ ɕaːu³¹ zaːn¹¹ laːu³⁵ ɕeu³³
哥　造　家　误　辈子

　　　　　　　　　　　　阿哥失去心上人。

kɯn¹¹ jiə¹¹ ɕa³⁵ laːi²⁴ pja²⁴
上　也　游动　多　鱼

　　　　　　　　　　　　河中鱼儿多又多，

pi³¹ saːn²⁴ ŋa¹¹ fi³³ ʔdai³¹
哥　编　齿　未　得

　　　　　　　　　　　　可惜鱼罾①未编好，

la⁵³ jiə³³ tai³³ laːi²⁴ nuəŋ³¹ ʔiŋ³⁵ naːŋ¹¹
下　也　哭　多　妹　和　小姐

　　　　　　　　　　　　天下阿妹处处有，

kwaːŋ²⁴ ɕap³³ ɕen¹¹ fi³³ piən³³
少爷　筹　钱　未　快

　　　　　　　　　　　　只有阿哥未筹钱，

ɕa⁵³ pi³¹ kaːi²⁴ na¹¹ zi⁵³
等　哥　卖　田　沟

　　　　　　　　　　　　等哥卖了沟头田，

pai²⁴ zaːn¹¹ ti⁵³ na¹¹ luə³³
去　家　抵押　骆田②

　　　　　　　　　　　　把田产抵押，

na¹¹ luə³³ ʔdai³¹ ɕip³³ saːm²⁴
骆田　得　十三

　　　　　　　　　　　　卖田得了十三两，

na¹¹ saːŋ²⁴ ʔdai³¹ ɕip³³ ŋi³³
田　高　得　十二

　　　　　　　　　　　　旱田卖得十二两银，

ɕip³³ ʔdeu²⁴ ɕo³⁵ ka³³ nuəŋ³¹
十　一　放　价　妹

　　　　　　　　　　　　十两银作阿妹的嫁妆，

---

① 口大尾小的一种捕鱼工具。
② 山谷里的田。

fɯəŋ³¹ ʔdeu²⁴ ɕo³⁵ ka²⁴ na:ŋ¹¹
半　一　放　价　小姐

阿妹嫁妆要一半，

sa:m²⁴ ɕa:ŋ¹¹ kuə³³ lau⁵³ no³³
三　两　作　酒　肉

三两银子备酒肉，

lau⁵³ no³³ ɕi³¹ ɕi¹¹ pi³¹
酒　肉　就　由　哥

阿哥亲自办酒席，

lau⁵³ no³³ ɕi³¹ ɕi¹¹ ku²⁴
酒　肉　就　由　我

酒席亲自由我办，

mu²⁴ juəŋ¹¹ ɕi³¹ po³³ me³³
猪　羊　由　父　母

大的聘礼归父母，

pit³⁵ pu³¹ lau¹¹ kuə³³ ʔi³¹ wak³⁵ la⁵³ so³⁵
鸭　谁　作　游荡　下　渡口

谁家姑娘在渡口戏水？

pit³⁵ pu³¹ lau¹¹ kuə³³ ʔi³¹ʔo³⁵ la⁵³ wa:i²⁴
鸭　谁　作　追逐　下　拦水坝

谁家女儿在坝下玩耍？

pit³⁵ kɯn²⁴ ŋa:i¹¹ la¹¹ fi³³
鸭　吃　早饭　没有？

不知吃了饭没有？

ʔi³⁵ nau¹¹ fi³³ kɯn²⁴ ŋa:i¹¹
如果　未　吃　早饭

如果没有吃早饭，

pi³¹ ɕi³¹ fa:i¹¹ hau³¹ ka³⁵
哥　就　捧　谷子

阿哥我就多做些。

pu³¹ lau¹¹ kuə³³ sa¹¹ʔja³⁵ pjaŋ³³ kɯn¹¹
谁　做　娇态　平坝　上

谁在上边婀娜姿？

下编　民间情歌翻译　549

taːi²⁴ lo⁰ muɯŋ¹¹ pan¹¹ zaːn¹¹ laɯ¹¹ fi³³
死　EP　你　成　家　没有

不知你成家没有？

saːu²⁴ pan¹¹ ʔeu³¹ laɯ¹¹ fi³³
情妹　成　家　没有

不知妹成家没有？

ʔi³⁵ nau¹¹ fi³³ pan¹¹ ʔeu³¹
如果　未　成　家

如果阿妹未出嫁，

ʔi³⁵ nau¹¹ fi³³ pan¹¹ zaːn¹¹
如果　未　成　家

如果阿妹未成家，

pi³¹ pai²⁴ zaːn¹¹ ɕiŋ⁵³ sɯ³⁵
哥　去　家　请　媒

阿哥请人去说媒。

sɯ³⁵ pai²⁴ to³³ taˑ¹¹ ʔit³⁵
媒　去　次　第一

媒人去了第一次，

po³³ nuəŋ³¹ kwa³⁵ pai²⁴ zi³³
父亲　妹　过　去　地

阿爸下地不在家，

sɯ³⁵ pai²⁴ to³³ taˑ¹¹ ŋi³³
媒人　去　次　第二

媒人去了第二次，

pi³¹ muɯŋ¹¹ kwa³⁵ pai²⁴ na¹¹
哥　你　过　去　田

你哥下田不在家，

sɯ³⁵ pai²⁴ to³³ taˑ¹¹ saːm²⁴
媒人　去　次　第三

媒人去了第三次，

po³³ ʔiŋ³⁵ pi³¹ ʔju³⁵ zaːn¹¹
父亲　和　哥　在　家

阿爸和哥都在屋。

po³³ mi¹¹ ɕu³¹ muɯŋ¹¹ ɕu³¹
父　不接　　你　　接

你爸不接礼物你接下，

pi³¹ mi¹¹ haːn²⁴ muɯŋ¹¹ haːn²⁴
哥　不　答应　　你　答应

哥不答应你答应，

haɯ⁵³ zaːn¹¹ ne³¹ lo⁰ po³³
给　　家　　这　EP　父

就答应这家啰阿爸，

to⁵³ ʔdai³¹ nuəŋ³¹ kuə³³ pa¹¹
只要　得　　妹　　做　　妻

只要能得妹为妻，

tam¹¹ na¹¹ ʔbok³⁵ ɕi³¹ ʔbok³⁵
塘　　田　　浅　　就　浅

卖掉田产也值得，

ɕok³⁵ waːi¹¹ leu³¹ ɕi³¹ leu³¹
圈　　牛　　完　　就　完

牲畜卖光也情愿，

to⁵³ ʔdai³¹ zaːu³⁵ pai²⁴ wəi⁵³ piŋ³³ ʔeu³¹
只要　得　　耙　　去　　挂　　沿　　仓

只要土仓能栖息，

to⁵³ ʔdai³¹ ɕeu³¹ pai²⁴ wen²⁴ pjaːi²⁴ fa²⁴
只要　得　　犁绳　去　　挂　　稍　　篱笆

有栋茅屋能安身，

ʔdai³¹ muɯŋ¹¹ ma²⁴ saɯ⁵³ me³³
得　　　你　　来　侍候　　母亲

盼你来侍候母亲，

ʔdai³¹ nuəŋ³¹ kwai³³ tɕi³¹ tɕak³⁵ la⁵³ ziəŋ³³
得　　妹　　料理　　勤快　　火塘边

娶来阿妹好当家，

kwai³³ tɕi³¹ tɕik³³ paːi³³ ʔdaɯ²⁴
料理　勤快　　　里面

娶得阿妹来管家。

saɯ⁵³ ɕa¹¹ saɯ⁵³ haɯ⁵³ me³³
侍候　茶　侍候　给　母亲

沏杯凉茶给阿妈，

to⁵³ ʔdai³¹ nuəŋ³¹ kuə³⁵ pa¹¹
只要　得　妹　做　妻

只要能得妹做妻，

na¹¹ mi¹¹ haɯ⁵³ mɯŋ¹¹ ʔdam²⁴
田　不　给　你　栽

田里的活你不用做，

zak³⁵ sam²⁴ ma²⁴ kuə³³ ɕa:i¹¹
专　心　来　做　裁缝

一心一意管好家，

ŋa:i¹¹ pan¹¹ kɯn²⁴ pi³¹ jeu³³
午饭　成　吃　哥　喊

午饭煮好喊你吃，

jeu³³ haɯ⁵³ nuəŋ³¹ ma²⁴ ŋa:i¹¹
喊　给　妹　来　早饭

喊阿妹来吃早饭，

ŋa:i¹¹ laɯ¹¹ tu²⁴ mi¹¹ wa:ŋ³⁵
早饭　后　我　不　空闲

吃了早饭我有事，

kɯn²⁴ laɯ¹¹ suən³⁵ hau⁵³ tɕe³¹
吃　后　打算　赶集

吃了早饭要赶集，

kɯn²⁴ laɯ¹¹ suən³⁵ hau⁵³ hɯ²⁴
吃　后　打算　赶圩

吃了早饭去赶圩。

tɯ¹¹ ma²⁴ ɕiəŋ³¹ mai³¹ zuəŋ³³
带　来　养　阿妹

挣钱回家好养家。

to⁵³ ʔdai³¹ nuəŋ³¹ kuə¹¹ pa¹¹
只要　得　妹　做　妻

若能娶得妹为妻，

ma²⁴ mi¹¹ haɯ⁵³ kuə³³ zi³³
来 不 给 做 地

不让你下地干活，

zok³³ zau²⁴ zo³¹ ʔdaːi³¹ zi³³
斑鸠 会 薅 地

除草会有人帮忙，

ja³³ wi³³ zo³¹ ʔdaːi²⁴ siən²⁴
云雀 会 薅 园

园里杂草有人除。

zau¹¹ mi¹¹ ʔdiən²⁴ tuŋ³¹ ʔda³⁵
我们 不 月 相互 骂

互敬互爱不争执。

nuəŋ³¹ ʔda³⁵ ku²⁴ jiə³³ ʔdam³¹
妹 骂 我 也 沉默

阿妹说我不吱声，

ku²⁴ ʔda³⁵ muɯŋ³¹ jiə³³ ʔdam³¹
我 骂 你 也 沉默

我说阿妹也沉默。

soŋ²⁴ zau¹¹ zeu³¹ ʔa³¹ ȵam³¹ tuŋ³¹ ɕo³³
两 我们 笑 微微 相 向

我两相对笑微微。

muɯŋ¹¹ ʔda³⁵ ku²⁴ jiə³³ haːn²⁴
你 骂 我 也 应

你骂我也应，

nuəŋ³¹ ʔda³⁵ pi³¹ jiə³³ haːn²⁴
妹 骂 哥 也 答

妹骂哥也答，

kaːi³⁵ ne³¹ zaːn³¹ zau¹¹ waːi³³
个 这 家 我们 坏

这样家庭要破裂，

muɯŋ¹¹ ʔda³⁵ ku²⁴ ɕi³¹ pai²⁴ zaːn¹¹ kɯn¹¹ pan¹¹ ɕa³¹
你 骂 我 就 去 家 上 磨 柴刀

你说我就去上边家磨刀，

ku²⁴ ʔda³⁵ mɯŋ¹¹ ɕi³¹ pai²⁴ za:n¹¹ la⁵³ la³⁵ wa:i³⁵
我　骂　你　就　去　家　下　桄　纱线

我讲你就去下家桄纱线，

ɕa⁵³ ho¹¹ ʔa:i³⁵ ta:u³⁵ ma²⁴
等　气消　　回来

等气消了才回来，

pu³¹ laɯ¹¹ zo³¹ soŋ²⁴ zau¹¹ tuŋ³¹ ʔda³⁵
谁　知　两　我们　相互　骂

谁知我们吵过架？

tɕau⁵³ ja³³ fɯə³¹ tuŋ³¹ ti¹¹
夫妻　别人　相互　打

别人夫妻常打斗，

zau¹¹ tem⁵³ fi¹¹ pai²⁴ nen³³
我们　点　火　去　看

我们点火把去看，

tɕau⁵³ ja³³ fɯə³¹ tuŋ³¹ ʔdaŋ³¹
夫妻　别人　相互　吵

别人夫妻常吵架，

zau¹¹ tem³³ taŋ²⁴ pai²⁴ nen³³
我们　点　灯　去　看

我们点灯前去看，

zau¹¹ pai²⁴ nen³³ ta:u³⁵ ma²⁴
我们　去　看　转　来

我们劝架回到家，

soŋ²⁴ zau¹¹ zeu²⁴ tuŋ³¹ ɕo³³
两　我们　笑　相　向

我两相向会心笑。

soŋ²⁴ zau¹¹ ka:ŋ⁵³ tuŋ³¹ ɕo³³
两　我们　讲　相　向

我两谈论人家事。

to⁵³ ʔdai³¹ nuəŋ³¹ kuə³³ pa¹¹
只要　得　妹　做　妻

若能娶得妹做妻，

nuəŋ³¹ pai²⁴ tɕe³¹ mi¹¹ ma²⁴
妹　去　街　不　来

阿妹赶集不回家，

tem⁵³ taŋ²⁴ sa²⁴ pai²⁴ nen³³
点　灯　纸　去　看

打着灯笼前去接，

tem⁵³ taŋ²⁴ loŋ¹¹ pai²⁴ nen³³
点　灯笼　去　看

打着灯笼去照妹。

muɯŋ¹¹ taŋ¹¹ tɕau⁵³ tɕeu¹¹ zin³³
你　到　头　桥　石

阿妹来到石桥上，

me³³ ʔdiŋ²⁴ taŋ¹¹ lau¹¹ fi³³
妈　红①　到　或　未

孩子他妈到了没？

me³³ ȵe¹¹ taŋ¹¹ lau¹¹ fi³³
妈　婴儿　到　或　未

孩子他娘到了没？

to⁵³ zau¹¹ ʔdai³¹ tuŋ³¹ ʔau²⁴
只要 我们 得　相　娶

只要我们成夫妻，

tɕau²⁴ kuə³³ pau³⁵ ɕaːŋ³³ ɕo⁵³
活着　做　个　祖宗（？）

我两定要共白头，

pe³³ zau¹¹ ho⁵³ tuə¹¹ lɯk³³
即使 我们 缺　孩子

即使我们没子女，

pe³³ zau¹¹ ho⁵³ tuə¹¹ ɕiŋ²⁴
即使 我们 少　子女

就算我们无后代，

---

① 这里指小孩

pu³¹ ʔiŋ²⁴ pu³¹ kuə³³ man³³
个　靠　个　做　牢

心心相印永相随，

pu³¹ paŋ³³ pu³¹ kuə³³ zeŋ¹¹
个　依靠　个　做　力

互帮互助永不弃。

mi¹¹ haɯ⁵³ peŋ¹¹ tai⁵³ lum³³
不　给　你　哭　伤心

不让阿妹流眼泪，

mi¹¹ haɯ⁵³ nuəŋ³¹ tai⁵³ lum³³
不　给　你　哭　伤心

不让阿妹你伤心。

to⁵³ ʔdai³¹ nuəŋ³¹ kuə³³ pa¹¹
只要　得　妹　做　妻子

只要能娶妹为妻，

ma²⁴ mi¹¹ haɯ⁵³ kuə³³ zi³³
来　不　给　做　地

地头活路不用你，

pai²⁴ zi³³ mi¹¹ haɯ¹¹ nuəŋ³¹ tɯ¹¹ fɯn¹¹
去　地　不　给　妹　带　柴

不让阿妹去砍柴，

ʔan³¹ kaːi³⁵ pjom²⁴ ɕuŋ⁵³ n̥uŋ¹¹
免得　个　头发　蓬乱

免得黑发被扯乱。

pai²⁴ zi³³ mi¹¹ haɯ⁵³ nuəŋ³¹ tɯ¹¹ leu²⁴
去　地　不　让　妹　带　草

不让阿妹去扛草，

ʔan³¹ kaːi³⁵ ʔeu²⁴ haːn¹¹ ɕi⁵³ muŋ¹¹ waːi³³
免得　个　颈　长　紫　你　坏

免得毁坏你容颜。

to⁵³ ʔdai³¹ nuəŋ³¹ kuə³³ pa¹¹
只要　得　妹　做　妻子

只要能娶妹做妻，

na¹¹ mi¹¹ li³¹ kɯn²⁴ zi³³
田　没有　吃　地

没有水田去开荒，

mi¹¹ li³¹ zi³³ kɯn¹¹ siən²⁴
没有　地　吃　园子

没有荒地种菜园，

soŋ²⁴ zau¹¹ kaːi²⁴ zeŋ¹¹ ʔdiən²⁴ mi¹¹ zuəŋ³³
两　我们　卖　力气　月　不　愁

卖力吃饭也不愁。

to⁵³ ʔdai³¹ nuəŋ³¹ kuə³³ pa¹¹
只要　得　妹　做　妻

只要能娶妹为妻，

na¹¹ mi¹¹ li³¹ kɯn²⁴ zi³³
田　没有　吃　地

没有水田去垦荒，

fɯəŋ³¹ ʔdeu²⁴ ɕo³⁵ lɯk³³ pi³³
半　一　放　米豆

一半用来种米豆，

ɕui⁵³ zi³³ ɕo³⁵ lɯk³³ pjaːu¹¹
角　地　放　饭豆

地角用来撒饭豆。

zau¹¹ tɕai¹¹ kɯn²⁴ hau³¹ haːu²⁴
我们　想　吃　白米

如果想要吃白米，

ʔau²⁴ lɯk³³ pjaːu¹¹ pai²⁴ waːn³³
拿　饭豆　去　换

我们就拿饭豆还，

tɯ¹¹ lɯk³³ pi³³ pai²⁴ waːn³³
带　米豆　去　换

就把米豆拿去换。

to⁵³ ʔdai³¹ nuəŋ³¹ kuə³³ pa¹¹
只要　得　妹　做　妻

只要娶得妹为妻，

mi:¹¹ ʔun²⁴ nin¹¹ soi¹¹ wa²⁴ mok³³ we³³
莫说　睡　枕　花　被子　绣

                              不图龙凤被盖花枕头，

nin¹¹ ɕa¹¹ ze³⁵ ɕa¹¹ ŋo³¹ to⁵³ ɕam²⁴
睡　丛　苦竹　丛　芦苇　都　安稳

                              睡在竹林草丛也安稳，

zam³¹ fu¹¹ pjom²⁴ jiə³³ ŋɯ³³
水　沾　头发　也　睡着

                              露水湿头也能睡，

pjom²⁴ kweu³³ ho¹¹ jiə³³ ŋɯ³³
头发　缠　脖子　也　睡着

                              头发缠颈睡得香。

pi³¹ liŋ³⁵ ʔau²⁴ liŋ³⁵ ʔau²⁴ ɕi³¹ ʔdai³¹
哥　硬　娶　硬　娶　就　得

                              阿哥百般努力终实现，

pi³¹ liŋ³⁵ kai³¹ liŋ³⁵ kai³¹ ʔdai³¹ mɯŋ¹¹
哥　硬　撬　硬　撬　得　你

                              阿哥千般辛劳没白费，

ta:u³⁵ ne³¹ ɕa:u³¹ za:n¹¹ kɯn²⁴
回　这　造　家　吃

                              如愿以偿建家业，

pi³¹ mi¹¹ ʔun²⁴ ɕo³⁵ me³³
哥　不　怨　向　母亲

                              哥不埋怨你阿妈，

tɕim²⁴ mi¹¹ tai⁵³ ɕo³⁵ me³³
你　不　哭　向　母亲

                              妹也不埋怨阿妈。

                          演唱：罗芝兰
                          收集：黄荣昌
                          翻译整理：黄荣昌　周国炎

告状歌

wɯən²⁴ kaːu³⁵ ɕuaːŋ³³
歌　　　告状

tok³⁵　pjak³³　kuə³³　ma¹¹　mi¹¹　pan¹¹　ma¹¹
干　脆　做　啥　不　成　啥

咱俩做啥都不成，

ma²⁴　zau¹¹　fok³³　ʔbaɯ²⁴　ha¹¹　kuə³³　ma³⁵ piŋ⁵³
来　咱们　春　叶　茅草　做　药酒

不如采野草来配药酒，

teu¹¹　hiŋ⁵³　ziəŋ¹¹　pi³¹　pai²⁴　ʔdaɯ²⁴　ɕu²⁴
丢　裙　和　哥　去　里　州

妹同阿哥进城去，

pai²⁴　miən³¹　ku¹¹　kaːu³⁵　ɕuaːŋ³³
去　珉谷①　告　状

去到珉谷把状告，

pe³³　mi¹¹　pai²⁴　taːu³⁵　ne³¹
即使　不　去　次　这

虽然这次去不了，

jiə³³　ɕi³¹　li³¹　faːn²⁴　mo³⁵
也　是　有　番　新

下次肯定能成行。

ɕo³³　ne³¹　ha³⁵　tɕaːŋ²⁴　səŋ⁵³　tɕaːŋ²⁴　fu⁵³　ʔo³⁵ ɕaːi²⁴
今后　汉人　中间　省　中间　府　出差

今后省府派官差，

ʔau²⁴　ŋan¹¹　laːi²⁴　ŋan¹¹　taːi³³
要　银　多　银　大

告状银子要得多，

---

① 地名，今贞丰县城。

waːi³³ pi³¹ nuəŋ³¹ pau³⁵ ʔaːu²⁴
　破费　亲戚　　叔伯

　　　　　　　　　　　　三亲六戚要破费。

ŋɔn¹¹ te²⁴ saːu²⁴ ʔdai³¹ ʔja³⁵
　天　那　情妹　得　凶

　　　　　　　　　　　　那时阿妹被指责，

ha³⁵ ɕeu³³ ʔdu³¹ mi¹¹ ʔdi²⁴
汉人　从前　　不　好

　　　　　　　　　　　　以前汉官心不好，

mai²⁴ si²⁴ kuə³³ fo³³ maːu³³
　线　丝　做　　纱帽

　　　　　　　　　　　　丝线纱帽头上戴，

ɕaːu³³ ɕen¹¹ ŋan¹¹ fɯə³¹ luən²⁴
　拉　银　钱　人家　灭

　　　　　　　　　　　　弄得别人倾家又荡产，

fɯə³¹ ɕi³¹ nam²⁴ taŋ¹¹ pi³¹
别人　就　怨恨　到　哥

　　　　　　　　　　　　别人转而怨阿哥，

fɯə³¹ nan²⁴ nuəŋ³¹ taŋ¹¹ ku²⁴
别人　怨　妹　　到　我

　　　　　　　　　　　　怨恨阿妹连带我。

ha³⁵ ɕeu³³ ʔdu³¹ tuŋ³¹ ʔja³⁵
汉人　从前　　肚　坏

　　　　　　　　　　　　以前官府心狠毒，

ŋan¹¹ tiŋ²⁴ ʔau²⁴ pa³⁵ ŋi³³
　银　锭　要　百　二

　　　　　　　　　　　　告状银锭要百二，

pi³¹ ɕi³¹ kaːu³⁵ leu³¹ zi³³
　哥　就　告　完　地

　　　　　　　　　　　　为了告状阿哥把地卖，

pi³¹ ɕi³¹ kaːu³⁵ leu³¹ na¹¹
　哥　就　告　完　田

　　　　　　　　　　　　为了告状阿哥卖田产，

zau¹¹ ɕi³¹ ka:u³⁵ leu³¹ tɕa³³ ta:ŋ³⁵
咱　就　告　完　家当

为告状我倾家又荡产，

wa:i³³ taŋ¹¹ pa:ŋ³³ pau³⁵ ʔa:u²⁴
坏　整　一伙　叔伯

族中叔伯也连累，

ŋɔn¹¹ te²⁴ sa:u²⁴ ʔdai³¹ ʔja³⁵
天　那　情妹　得　凶

那时阿妹结冤仇，

pi³¹ pan¹¹ za:n¹¹ ziəŋ¹¹ pau³⁵ ziəŋ¹¹ ʔa:u²⁴
哥　成　家　和　父辈　和　叔父

阿哥成家靠叔伯，

sa:u²⁴ ɕi³¹ ɕuə³¹ ziəŋ¹¹ po³³ ziəŋ¹¹ me³³
情妹　就　讲　和　父亲　和　母亲

妹跟父母讲缘由。

ʔbe³⁵ tiə⁵³ lɔŋ³¹ ʔau²⁴ paŋ¹¹
开　箱　底　要　布

打开箱子取布匹，

taŋ¹¹ tɕa:ŋ²⁴ zɔn²⁴ ha³¹ juŋ³³
到　中　途　想　用

途中变卖作盘缠，

pɯə³³ pik³⁵ sa:u²⁴ ma²⁴ son³¹
衣　蓝色　情妹　来　套穿

蓝色衣服穿在里，

pɯə³³ fon³¹ nuəŋ³¹ ma²⁴ ʔbai²⁴
黑色　衣　妹　来　披

黑色外衣披在身，

ma²⁴ zau¹¹ pai³¹ taŋ³⁵ me³³
来　我们　去　告别　母亲

咱们去跟妈告别。

me³³ he⁰ me³³
母亲　EP　母亲

阿妈呀阿妈！

wəi³⁵ ʔdai³¹ ŋi³³ si³⁵ ha⁵³ pi²⁴ wuɯn¹¹
我　得　二十　四　五　岁　人

ʔdun²⁴ tɕiə¹¹ lau¹¹ jie³³ zuɯŋ³³
站　哪里　也　忧愁

女儿今年二十几，

无时无刻不心焦，

ʔdai²⁴ ŋi³³ si³⁵ ŋi³³ ha⁵³ teu¹¹ pi²⁴
得　二十　四　二十　五　年龄

zau¹¹ mi¹¹ ʔi²⁴ lo⁰ me³³
我们　不　依　EP　母亲

女儿今年二十多，

我不再听妈安排。

pɯə³³ pik³⁵ saːu²⁴ ma²⁴ son³¹
衣服　蓝色　情妹　来　穿

pɯə³³ fon³¹ nuəŋ³¹ ma²⁴ ʔbai²⁴
衣服　黑色　妹　来　披

蓝色衣服套在里，

青色外衣披在身，

ma²⁴ zau¹¹ pai²⁴ taŋ³⁵ po³³
来　我们　去　告别　父亲

po³³ he⁰ po³³
父亲　EP　父亲

我们去跟爸道别。

阿爸呀阿爸！

ham³³ ɕo³³ ha³¹ ʔo³⁵ tu²⁴
明晚　将　出　门

tok³⁵ tɕaːŋ²⁴ ɕu²⁴ wɯəŋ¹¹ mu³¹ ham³³ ɕo³³
落　中间　城　王母①　明晚

明晚将要出远门，

明晚就住王母城，

---

① 地名，今望谟县县城。

ʔo³⁵ tɕiə¹¹ ne³¹ pai²⁴ saːŋ²⁴
出　这里　去　高

离开这里往上走，

taŋ¹¹ tɕaːŋ²⁴ ŋaːm¹¹ pa³⁵ le³³
到　中间　垭口　巴勒①

巴勒垭口去歇脚。

pu³¹ ɕe³³ waːn¹¹ pu³¹ ɕe³³
坉人　还　坉人

坉上还是坉上人，

le³³ taŋ¹¹ la⁵³ mau³¹ zin²⁴
选　到　下　峁②　石

选寨选到大山下，

ɕim²⁴ lum⁵³ pɯŋ¹¹ pu³¹ ha³⁵
看　似　地方　汉人

一看就像汉人地。

ta³³ ɕip³³ ko¹¹ ku⁵³ ko¹¹ ma²⁴ tau³¹
河　十　湾　九　湾　来　撑

河水十拐九湾家门过，

po²⁴ ɕip³³ mau³¹ ku⁵³ mau³¹ ȵeu²⁴ luaŋ¹¹
坡　十　峁　九　峁　颈　龙

十岗九岭像龙头，

si³⁵ wi³⁵ taːt³⁵ pja²⁴ zon³¹ ma²⁴ ɕom¹¹
四　周　悬　崖　剃　来　拢

周围悬崖绝壁似城墙，

pan¹¹ po²⁴ hom¹¹ toŋ³³ kwaːŋ³⁵
成　连　峰　坝　宽

大坝四周峰连峰，

po³³ saːm²⁴ kwaːŋ³⁵ si³⁵ ʔaːn³¹
坡　三　宽　四　仰

峰峰相连延四方，

---

① 小地名，具体方位不清。
② 峁，布依语 mau³¹ 的音译，即"山丘"、"山包"。

ʔbaːn³¹ saːm²⁴ kwaːŋ³⁵ si³⁵ kaːi²⁴
寨　　三　　宽　　四　　街

　　　　　　　　　　　　街巷相通寨相依，

pai²⁴ tɕe³¹ mau⁵³ tɕau⁵³ tiəm³⁵
去　　卯场　　小街①

　　　　　　　　　　　　卯日去赶小街集，

ʔi³⁵ nau¹¹ tɕe³¹ kaːi²⁴ sɯ²⁴
若是　　集　　卖　　书

　　　　　　　　　　　　若是集上卖笔墨，

ʔi³⁵ nau¹¹ tɕe³¹ kaːi²⁴ sa²⁴
若是　　集　　卖　　纸

　　　　　　　　　　　　若是集上卖纸张，

zau¹¹ pai²⁴ za²⁴ jiə¹¹ ŋi³³
咱们　去　找　二老爷

　　　　　　　　　　　　我们去找二老爷，

jiə¹¹ si³⁵ he⁰ jiə¹¹ saːm²⁴
老爷四　EP　老爷三

　　　　　　　　　　　　三老爷啊四老爷！

paːŋ²⁴ soŋ²⁴ ɕoi³¹ zaːi¹¹ ɕuaːŋ³³
帮　　两　　小孩　　写状文

　　　　　　　　　　　　请帮我俩写状文。

zaːi³¹ pan¹¹ ʔbaɯ²⁴ ʔdeu²⁴ ʔdu³¹
写　　成　　张　　一　　先

　　　　　　　　　　　　首先写好头张状，

soŋ²⁴ fɯŋ¹¹ ɕu³¹ ma²⁴ kam²⁴
两　　手　　接　　来　　拿

　　　　　　　　　　　　双手接过放胸前，

zaːi¹¹ ʔbaɯ²⁴ laŋ²⁴ te²⁴ mo³⁵
写　　张　　后　　那　　新

　　　　　　　　　　　　接着写好第二张，

---

① 小地名，在望谟县境内。

za:i¹¹ ʔbaɯ²⁴ so³⁵ taŋ¹¹ fɯŋ¹¹
写　　张　　状文　到　　手

状文写好握在手。

pi³¹ ɕi³¹ hɯn⁵³ ja¹¹ mɯn³³ pai²⁴ ka:u³⁵
哥　就　　上　　衙门　　去　告

阿哥走上衙门去告状，

ɕo³⁵ ʔbaɯ²⁴ ɕua:ŋ³³ ta¹¹ ʔit³⁵
放　　张　　　状　　第一

阿哥呈上头张状，

ʔbaɯ²⁴ ne³¹ ɕo³⁵ ʔip³⁵ ʔja³¹ pa:i³³ kɯn¹¹
这　　张　　放　雅里①　　　上边

这张呈给雅里亭，

luŋ¹¹ kuə³³ luŋ¹¹ jiə¹¹ sua³¹
舅父　做　舅父　也　作揖

娘家舅爷和阿舅，

na³¹ kuə³³ na³¹ jiə³³ ʔa:ŋ³⁵
舅舅　做　舅舅　也　欢喜

个个拍手又作揖。

pa:i³³ pi³¹ nuəŋ³¹ po¹¹ tu²⁴
边　　亲戚　　我们

我家叔伯弟兄们，

pu³¹ li³¹ mu²⁴ pa:ŋ²⁴ mu²⁴
个　有　猪　帮　猪

有钱出钱人人帮，

haɯ⁵³ ku²⁴ zoŋ¹¹ lau⁵³ no³³
给　　我　下　　酒　肉

我要操办一桌席，

kuə³³ haɯ⁵³ po³³ haɯ⁵³ pi³¹ fɯə³¹ kɯn²⁴
做　　给　　父　给　　兄　别人　吃

宴请她家父兄和亲戚，

---

① 地名，在望谟县境内，ʔip³¹，今渡邑，ʔja³¹，今广西乐业县雅亭村。

下编　民间情歌翻译　　565

ŋɔn¹¹ lauɯ¹¹ ju³¹ ʔdai³¹ ʔo³⁵
　天　　哪　　妹　　得　　出

阿妹官司何日了？

ŋɔn¹¹ lauɯ¹¹ nuaŋ³¹ ʔdai³¹ ʔo³⁵
　天　　哪　　妹　　得　　出

阿妹案子何日结？

kuə³³ jieŋ³³ lauɯ¹¹ mi¹¹ sauɯ²⁴
　做　　哪样　　不　　清

告状缘由没说清？

zauɯ¹¹ zoŋ¹¹ ʔbauɯ²⁴ ʔdeuɯ²⁴ mo³⁵
　我　　下　　张　　一　　新

我们重新递一张，

ɕo³⁵ ʔbauɯ²⁴ ɕuaŋ³³ ta¹¹ ŋi³³
　放　　张　　状　　第　　二

重新呈上第二状，

ʔbauɯ²⁴ ne³¹ ɕo³⁵ pau³⁵ su⁵³ ɕe³³ zin²⁴
　张　　这　　放　　土　司　　石屯①

呈交石坉的土司。

tɕim²⁴ ŋan¹¹ po³³ zauɯ¹¹ li³¹
　金　　银　　父　　我们　　有

钱财家中有，

pi³¹ nuaŋ³¹ zauɯ¹¹ jiə³³ laːi²⁴
　兄弟　　我　　也　　多

叔伯弟兄也很多，

haːi²⁴ ŋan¹¹ haːu²⁴ ma²⁴ ɕaŋ³³
　开　　银　　白　　来　　秤

拿出白银来过秤，

ɕaŋ³³ ŋan¹¹ ɕo³⁵ tiə⁵³ loŋ³¹
　称　　银　　放　　底　　柜

称好银子放柜底，

---

① 石屯，地名，在望谟县境内。

ɕaŋ³³ ŋan¹¹ ɕo³⁵ tiə⁵³ siəŋ²⁴
称　银　放　底　箱

称好银子放箱里，

tɯ¹¹ pai²⁴ ziəŋ¹¹ kaːu³⁵ ɕuaːŋ³³
带　去　跟　告　状

带上银子去告状。

kuə³³ jiəŋ³³ laɯ¹¹ mi¹¹ saɯ²⁴
做　哪样　　不　清

告状缘由没说清？

zaɯ¹¹ zoŋ¹¹ ʔbaɯ²⁴ ʔdeɯ²⁴ mo³⁵
我　下　张　一　新

我们重新递一张。

ɕo³⁵ ʔbaɯ²⁴ ɕuaːŋ³³ taˈ¹¹ saːm²⁴
放　张　状　第三

呈上诉状第三张，

ʔbaɯ²⁴ ne³¹ ɕo³⁵ tɕaːŋ²⁴ ʔbaːn³¹ ɕɯ⁵³jiən²⁴
张　这　放　中间　寨　蔗香①

此状呈给蔗香亭，

ɕo³⁵ saːm²⁴ tiəŋ¹¹ ʔoi³¹ moi³³
放　三　亭　蔗　甜

呈给三亭主事人，

pu³¹ li³¹ noi³³ paːŋ²⁴ noi³³
个　有　少　帮　少

人们家贫的少帮，

pu³¹ li³¹ laːi²⁴ paːŋ²⁴ laːi²⁴
个　有　多　帮　多

大家有多的多给。

pu³¹ kwaːi²⁴ ɕi³¹ paːŋ²⁴ pa³⁵
聪　明　就　帮　嘴

能说会道帮个腔，

---

① 蔗香，地名，在望谟县南部。

ʔdiəp³⁵ tɕiŋ³⁵ zo³¹ pa:ŋ²⁴ ɕon¹¹
思　　和　　知　　帮　　句

深谋远虑就献策。

haɯ⁵³ zau¹¹ zoŋ¹¹ lau⁵³ no³³
给　　我　　下　　酒　　肉

我要操办一桌席，

kuə³³ haɯ⁵³ po³³ tɕiŋ³⁵ pi³¹ fɯə³¹ kɯn²⁴
做　　给　　父　　给　　兄　　别人　　吃

宴请她家父兄和亲戚，

wan¹¹ ʔau²⁴ ju³¹ mi¹¹ tuən³³
想　　要　　妹　　不　　可

非要娶阿妹不可，

ʔau²⁴ tuə¹¹ nuəŋ³¹ ta²⁴ mɯn²⁴ mi¹¹ tuən³³
要　　情妹　　凤眼　　不　　可

不得阿妹誓不休。

kuə³³ jiəŋ³³ laɯ¹¹ mi¹¹ saɯ²⁴
做　　哪样　　不　　清

告状缘由没说清？

zau¹¹ zoŋ¹¹ ʔbaɯ²⁴ ʔdeu²⁴ mo³⁵
我　　下　　张　　一　　新

我们重新递一张。

ɕo³⁵ ʔbaɯ²⁴ ɕua:ŋ³³ ta¹¹ si³⁵
放　　张　　状　　第　　四

呈上诉状第四张，

ʔbaɯ²⁴ ne³¹ ɕo³⁵ tɕa:ŋ²⁴ ka:ŋ²⁴ la⁵³ ja:m¹¹
张　　这　　放　　中间　　街　　乐园①

此状贴在乐园大街上，

sam³⁵ wəi³³ tɕi³⁵ ʔdaɯ²⁴ ʔba:n³¹
那　　朋友　　里　　寨

左邻右舍众乡亲，

---

① 乐园，地名，在望谟县西部。

ɕam³³ tuŋ³¹ pa:n³¹ zek³⁵ za:n¹¹
一起　陪　伴　檐　下

　　　　　　　　　　　　　三老四少兄弟们，

pu³¹ li³¹ ɕen¹¹ pa:ŋ²⁴ ɕen¹¹
个　有　钱①　帮　钱

　　　　　　　　　　　　　家有银钱多资助，

pu³¹ li³¹ ɕa:ŋ¹¹ pa:ŋ²⁴ ɕa:ŋ¹¹
个　有　两　帮　两

　　　　　　　　　　　　　帮多帮少都是情，

ha:i²⁴ ɕen¹¹ hau³¹ za:n¹¹ tiən³³
开　钱　饭　店　家

　　　　　　　　　　　　　水钱饭钱和店钱，

ha:n²⁴ ɕen¹¹ zam³¹ za:n¹¹ tiən³³
开　钱　水　店　家

　　　　　　　　　　　　　样样都还赊着账。

pu³¹ li³¹ fan²⁴ pa:ŋ²⁴ fan²⁴
个　有　分　帮　分

　　　　　　　　　　　　　帮多帮少都是缘，

ɕo³⁵ ɕen¹¹ taŋ²⁴ tɕa⁵³ ham³³
放　钱　灯　晚上

　　　　　　　　　　　　　店家灯油钱未付，

ɕo³⁵ taŋ²⁴ ju¹¹ tɕa⁵³ ham³³
放　灯　油　晚上

　　　　　　　　　　　　　赊着灯钱和油钱。

kuə³³ jiəŋ³³ lɯ¹¹ mi¹¹ saɯ²⁴
做　哪样　不　清

　　　　　　　　　　　　　告状缘由没说清？

zau¹¹ zoŋ¹¹ ʔbaɯ²⁴ ʔdeɯ²⁴ mo³⁵
我　下　张　一　新

　　　　　　　　　　　　　我们重新递一张。

---

① 钱，这里指计量货币的单位，比"两"小。

ɕo³⁵ ʔbaɯ²⁴ ɕuaːŋ³³ ta¹¹ ha⁵³
　放　　张　　　状　　　第　五　　　　　　　呈上诉状第五张，

ʔbaɯ²⁴ ne³¹ ɕo³⁵ tɕaːŋ²⁴ kaːŋ²⁴ wɯəŋ¹¹ mu³¹
　张　　这　 放　 中间　 街上　　王母　　　此状贴在望谟大街上，

kaːu³⁵ ʔau²⁴ ju³¹ wəi³⁵ ma²⁴
　告　　要　 情　 妹　 我　来　　　　　　　此状只为要回我阿妹，

kaːu³⁵ ʔau²⁴ pa¹¹ wəi³⁵ taːu³⁵
　告　　要　 妻　 我　 回　　　　　　　　　此状只为要回我的妻，

li³¹ ni³⁵ pi³¹ ɕi³¹ huk³⁵ pai²⁴ paːŋ⁵³
从　 小　 哥　 就　 红糖　 去　 招呼　　　　我和阿妹小时定了亲，

li³¹ ni³⁵ pi³¹ ɕi³¹ naːŋ³¹ pai²⁴ ʔin²⁴
有　 小　 哥　 就　 酒　　 去　 靠　　　　　我和阿妹从小就相许，

ku³⁵ te²⁴ ju³¹ tin²⁴ ʔdin²⁴ li³¹ niəŋ³³
时　 那　 妹　 脚　 赤　　 还　 小　　　　　那时阿妹年纪小，

saːu²⁴ ten³³ tai⁵³ li³¹ niəŋ³³
　妹　　 床　 哭　 还　 小　　　　　　　　还在床上哭嗷嗷。

kuə³³ jiəŋ³³ laɯ¹¹ mi¹¹ saɯ²⁴
　做　　 哪样　 不　　 清　　　　　　　　告状缘由没说清？

zau¹¹ zoŋ¹¹ ʔbaɯ²⁴ ʔdeu²⁴ mo³⁵
　我　 下　　张　　 一　　新　　　　　　　我们重新递一张。

ɕo³⁵ ʔbaɯ²⁴ ɕuaːŋ³³ ta¹¹ zok³⁵
　放　　张　　　状　　　第　六　　　　　　　呈上诉状第六张，

ʔbaɯ²⁴ ne³¹ ɕo³⁵ pau³⁵ ɕoŋ⁵³ pja³⁵ʔdoi²⁴
张　这　放　保统　　坪上①

　　　　　　　　　　　　此状呈给坪上的保统,

toi²⁴ taŋ¹¹ ho¹¹ ta³¹kuən²⁴
推　到　何　大观

　　　　　　　　　　　　状子交到何大观手中,

ho¹¹ ta³¹kuən²⁴ to⁵³ ʔdi²⁴
何　大观　都　好

　　　　　　　　　　　　何大观为人很好,

po³³ hi³¹piŋ¹¹ to⁵³ so³³
父　玉平　都　直

　　　　　　　　　　　　玉平之父人耿直。

ho¹¹ ta³¹kuən²⁴ to⁵³ haːn²⁴
何　大观　都　应

　　　　　　　　　　　　何大观答应接状,

su⁵³ zaːn¹¹ taːn¹¹ to⁵³ ɕu³¹
主　家　谭　都　接

　　　　　　　　　　　　谭家土目案在手,

tɯ¹¹ haɯ⁵³ sai³⁵ wɯəŋ¹¹mu³¹ paːi⁵³taːŋ¹¹
带　给　官　王母　　摆堂

　　　　　　　　　　　　带给王母土官升堂断。

naːŋ¹¹ tuŋ³¹ ʔau²⁴ na⁵³ sai³⁵
小姐　相　要　面前　官

　　　　　　　　　　　　阿妹堂前要说清,

ʔau²⁴ tuŋ³¹ ʔdai³¹ na⁵³ sai³⁵
要　相　得　面前　官

　　　　　　　　　　　　老爷面前说清楚;

tuŋ³¹ ʔja³⁵ mi³¹ kwa³⁵ pau³⁵ pau³⁵ɕoŋ⁵³ paːŋ³¹ tam¹¹
心　恶　不　过　老者　保统　　边　塘

　　　　　　　　　　　　塘边保统人心狠,

---

① 坪上,地名,在望谟境内。

tuŋ³¹ ʔja³⁵ mi¹¹ kwa³⁵ pau³⁵ pa:ŋ³¹ na¹¹
心　恶　不　过　老者　边　田

田边老头心歹毒，

ʔa³¹ pa³⁵ ha³¹ kɯn²⁴ ɕen¹¹
张　嘴　想　吃　钱

张口就把钱来要，

ʔa³¹ pa³⁵ ha³¹ kɯn²⁴ ɕa:ŋ¹¹
张　嘴　想　吃　两

张口就把价码开，

mi¹¹ kuən⁵³ sa:u²⁴ li³¹ niəŋ³³
不　管　情妹　还　小

哪管情妹人还小。

kuə³³ jiəŋ³³ lau¹¹ mi¹¹ sau²⁴
做　哪样　不　清

告状缘由没说清？

zau¹¹ zoŋ¹¹ ʔbau²⁴ ʔdeu²⁴ mo³⁵
我　下　张　一　新

我们重新递一张。

ɕo³⁵ ʔbau²⁴ ɕua:ŋ³³ ta¹¹ ɕat³⁵
放　张　状　第七

呈上诉状第七张，

ʔbau²⁴ ne³¹ ɕo³⁵ pau³⁵ su⁵³ mau³¹ zin²⁴
张　这　放　财主　石屯

此状呈给石屯的土司，

ɕo³⁵ tɕim²⁴ jiə¹¹ kɯn¹¹ ɕe³³
放　金　爷　上　屯

此状呈给屯上的金爷。

soŋ²⁴ zau¹¹ hun⁵³ tu²⁴ li¹¹
两　我们　上　朝门

我俩经由朝门进，

ʔdi²⁴ zi¹¹ hun⁵³ tu²⁴ kan³³
真是　上　门　陡

朝门石阶陡又陡，

hɯn⁵³ kan³³ mi¹¹ pai²⁴ saːŋ²⁴
爬　陡　不　去　高
好在不到最高处，

zau¹¹ waːŋ²⁴ pai²⁴ zaːn¹¹ su⁵³ kaːŋ⁵³ sai³³
我们　横向　去　家　主　讲　理
分路走进土目家讲理。

ɕaːŋ³³ʔi³⁵ hɯn⁵³ pai²⁴ saːŋ²⁴ lo⁰ nuən³¹
安心　　爬　去　高　EP　妹
安心爬到最高处啰妹，

su⁵³ ʔju³⁵ kɯn¹¹ ɕi³¹ ʔaːŋ³⁵ taŋ¹¹ pja⁵³
主人　在　上　就　高兴　到　雷
堂上土目很高兴，

kaːp³⁵ ʔju³⁵ la⁵³ ɕi³¹ ʔaːŋ³⁵ taŋ¹¹ ŋɯə³³
甲人　在　下　就　高兴　到　蛟龙
堂下甲兵乐开怀，

kuə³³ tɕi¹¹ tɕu³⁵ la⁵³ teŋ²⁴
做　商量　下　院坝
咱们事先要讲好，

hau⁵³ mɯŋ¹¹ ɕuə³¹ ʔju³⁵ jiən³³
给　你　讲　怎样
告状缘由要讲清，

kuə³³ tɕi¹¹ tɕu³⁵ la⁵³ lau¹¹
做　商量　下　楼
我们楼下细商量，

ʔju³⁵ʔdi²⁴ zau¹¹ pai²⁴ kui³³
如何　咱　去　跪
计划怎样去应付。

pu³¹ su⁵³ ham³⁵ ɕi³¹ haːn²⁴ nuən³¹ no⁰
主人　问　就　回答　妹　MP
土司有问你就答，

mɯŋ¹¹ tiŋ²⁴ kwaːn²⁴ ɕi³¹ ʔo³⁵
你　离婚　丈夫　就　出
你与丈夫能离成，

下编　民间情歌翻译　573

nuəŋ³¹ maːu³¹ tɕaːu⁵³ ɕi³¹ ʔo³⁵
　妹　　斥辩　丈夫　就　出

pu³¹ su⁵³ tam³¹ teŋ⁵³ haːn²⁴
　主人　　突然　　回答

你的婚姻能断清。

mi¹¹ sua³⁵ ʔeu³¹ zaːn¹¹ su²⁴ soŋ²⁴ ɕoi³¹
　不　拆　家庭　　你们　两　位

土司突然开言讲：

zau¹¹ ɕi³¹ ɕiə¹¹ ju³¹ taːu³⁵ ma²⁴ ʔeu³¹
我们　就　约　情妹　转　来　屋

不拆散你夫妻俩。

zau¹¹ ɕi³¹ ɕiə¹¹ ju³¹ taːu³⁵ ma²⁴ zaːn¹¹
　我　就　约　情妹　转　来　家

我只得叫阿妹转，

haːi²⁴ ɕen¹¹ hau³¹ zaːn¹¹ tiən³³
　开　钱　饭　家　店

我把阿妹喊回家，

haːi²⁴ ɕen¹¹ zam³¹ zaːn¹¹ tiən³³
　开　钱　水　家　店

付了店家伙食钱，

mi¹¹ kwa³⁵ leu³¹ soŋ²⁴ pa³⁵ saːm²⁴ pa³⁵ ɕen¹¹ haːŋ²⁴
　不　过　完　两　百　三　百　钱　钢

店家水钱不能少。

ɕɯ³¹ hau³¹ ɕuk³³ kɯn²⁴ ŋaːi³³
　买　饭　熟　吃　方便

不过两三百大洋，

mi¹¹ kwa³⁵ leu³¹ soŋ²⁴ pa³⁵ saːm²⁴ pa³⁵ ɕen¹¹ luəŋ¹¹
　不　过　完　两　百　三　百　钱　铜

买点熟食来打发，

kam¹¹ fɯəŋ¹¹ sɯ¹¹ mok³³ ɕa³³
　把　谷草　如　被　垫

不过两三百吊钱，

稻草盖身当棉被，

ça³³ mi¹¹ ʔdai³¹ nin¹¹ ʔdi²⁴
垫　不　得　睡　好
这样哪能睡好觉。

tɕi¹¹ mi¹¹ ʔdai³¹ ȵak³³ ȵau³⁵
值　不　得　气愤
心里越想越气愤，

ʔi³⁵ nau¹¹ pan¹¹ zaːn¹¹ kau³⁵
如说　成　家　自
要是这在自己家，

ʔi³⁵ nau¹¹ pan¹¹ zaːn¹¹ ku²⁴
如说　成　家　我
如果这在我的家，

paːi³⁵ pu³¹ ʔju³⁵ koŋ³³ mu²⁴ zoŋ³⁵ kai³⁵
好像　在　圈　猪　笼　鸡
猪圈鸡笼比它强。

paːi³⁵ kaːi³⁵ sai³⁵ wɯəŋ¹¹ mu³¹ sai³⁵ kun²⁴
好像　官　王母　官兵
王母城官是汉官，

su⁵³ mau³¹ zin²⁴ su⁵³ ʔja³⁵
主人　石屯　主人　凶
石屯土司很可怕，

te²⁴ mi¹¹ liəŋ³³ hau⁵³ nuəŋ³¹ tiŋ²⁴ kwaːn²⁴
他　不　会　给　妹　离　丈夫
阿妹离婚他不办，

zau¹¹ pai²⁴ tɕaːŋ²⁴ miən³¹ ku⁴¹ kaːu³⁵ ɕuaːŋ³³
我们　去　中间　珉谷　告状
我们只好上珉谷，

zau¹¹ pai²⁴ ɕu²⁴ pɯəŋ¹¹ laːu³¹ kaːu³⁵ ɕuaːŋ³³
我们　去　城　地方　大　告状
地方大了事好办。

kuə³³ jiən³³ lauɯ¹¹ mi¹¹ sauɯ²⁴
做　哪样　不　清
告状缘由没说清？

zau¹¹ zoŋ¹¹ ʔbaɯ²⁴ ʔdeu²⁴ mo³⁵
我　下　张　一　新

我们重新递一张。

ɕo³⁵ ʔbaɯ²⁴ ɕuaːŋ³³ ta¹¹ pet³⁵
放　张　状　第八

呈上诉状第八张，

ʔbaɯ²⁴ ne³¹ ɕo³⁵ pau³⁵ sai³⁵ la⁵³ ho³⁵
张　这　放　官老爷　罗斛

此状呈给罗斛县太爷。

ɕo³⁵ pi³³ luŋ³¹ soŋ²⁴ luŋ³¹ ɕa³³ fa¹¹
放　一　套　俩　套　绳　铁

面前摆着铁链子，

ta¹¹ ma²⁴ haːn²⁴ lum⁵³ waːi³⁵
来　答应　像　棉花

吓得阿妹说话声音软如棉。

tok³⁵ naːi³⁵ mi¹¹ mo° nuəŋ³¹
累　不　EP　妹

累了吗？阿妹！

tok³⁵ naːi³⁵ mi¹¹ mo° naːŋ¹¹
累　不　EP　小姐

累了吗？情妹！

mi¹¹ kwa³⁵ noi³⁵ ɕi³¹ taŋ¹¹ tɕaːŋ²⁴ kaːi²⁴
不过　一点　就　到　街上

再有一会儿就到街上，

laːi²⁴ ɕi³¹ taŋ¹¹ la⁵³ ho³⁵
多　就　到　罗斛

再多不过到罗斛，

la⁵³ ho³⁵ pi³¹ mi¹¹ kuŋ¹¹
罗斛　哥　不　窘迫

到了罗斛就好办，

ja¹¹ mɯn¹¹ ku²⁴ mi¹¹ hi³⁵
衙门　我　不　发愁

到了罗斛不用愁。

kan³³ hi³⁵ ha:n³³ pi³¹ tok³⁵ ki³¹ kaŋ¹¹
发愁　汗　哥　落　嘀嗒响

　　　　　　　　　　　　汗水嘀嗒往下淌，

ʔau²⁴ kan²⁴ muɯŋ¹¹ ʔuət³⁵ ha:n³³
要　帕子　你　抹　汗

　　　　　　　　　　　　妹用头帕帮我擦。

pi³¹ teŋ²⁴ wuɯn¹¹ luk³³ sa:i²⁴ ɕi³¹ kui³³ pa:i³³ na⁵³
哥　是　人　男儿　就　跪　前面

　　　　　　　　　　　　哥是男子汉就跪前面，

nuəŋ³¹ teŋ²⁴ wuɯn¹¹ luk³³ ʔbɯk³⁵ ɕi³¹ kui³³ pa:i³³ laŋ²⁴
妹　是　人　女　孩　就　跪　后面

　　　　　　　　　　　　妹是女子跪后边，

ɕɔn¹¹ mi¹¹ taŋ¹¹ muɯŋ¹¹ sa:t³³
句　不　到　你　补充

　　　　　　　　　　　　话说不到你来补，

ɕɔn¹¹ pi³¹ ka:t³⁵ muɯŋ¹¹ tim¹¹
句　哥　断　你　添

　　　　　　　　　　　　话有脱节你来添。

mi¹¹ haɯ⁵³ ɕen¹¹ zau¹¹ pa:i³³
不　给　钱　我　赔

　　　　　　　　　　　　不能花了冤枉钱。

pa:i³³ ɕi³¹ pa:i³³ ɕen¹¹ ʔjai³¹
赔　就　赔　钱　布依

　　　　　　　　　　　　赔钱让你婆家赔，

pa:i³³ ɕi³¹ pa:i³³ ɕen¹¹ ʔja:ŋ²⁴
赔　就　赔　钱　布央

　　　　　　　　　　　　赔钱让你夫家赔，

ɕen¹¹ ʔja:ŋ²⁴ mi¹¹ haɯ⁵³ pa:i³³
钱　小爷　不　给　赔

　　　　　　　　　　　　我们的钱不能赔。

kuə³³ jiəŋ³³ laɯ¹¹ mi¹¹ saɯ²⁴
做　哪样　不　清

　　　　　　　　　　　　告状缘由没说清？

下编　民间情歌翻译　577

zaɯ¹¹ zoŋ¹¹ ʔbaɯ²⁴ ʔdeu²⁴ mo³⁵
我　下　张　一　新

        我们重新递一张。

ɕo³⁵ ʔbaɯ²⁴ ɕuaːŋ³³ ta¹¹ ku⁵³
放　张　状　第九

        呈上诉状第九张，

ʔbaɯ²⁴ ne³¹ ɕo³⁵ pau³⁵ su⁵³ la⁵³ pa³³
这　张　放　土司　乐坝①

        此状呈给乐坝的土司，

su⁵³ la⁵³ pa³³ kɯn²⁴ ŋaːi¹¹
土司　乐坝　吃　早饭

        土司正在吃早饭，

paːi¹¹ ɕip³³ pit³⁵ ku⁵³ kai³⁵
摆　十　鸭　九　鸡

        桌上摆满鸡鸭肉，

sai³⁵ wɯəŋ¹¹ mu³¹ kɯn²⁴ ziŋ¹¹
官　王母　吃　午饭

        王母老爷也在场，

maːu³³ ʔdiŋ²⁴ paːi¹¹ soŋ²⁴ fa³³
帽　红　排　俩　边

        乌纱帽儿摆成行。

ɕi¹¹ ja³³ ʔwa³¹ maːi⁵³ ʔwa³¹
女子　傻　就　傻

        乡下女人不识礼，

mi¹¹ zo³¹ na⁵³ pu³¹ ha³⁵
不　认识　汉人

        不知官人在眼前，

ʔa³¹ pa³⁵ waŋ¹¹ pa¹¹ tan³¹
张　嘴　王　八　蛋

        张口就把人来骂。

----

① 乐坝，地名，在望谟县石屯镇。

mai³¹ tiŋ²⁴ kwaːn²⁴ mi¹¹ ʔo³⁵
姑娘 离 丈夫 不 出

姑娘离婚离不掉，

saːu²⁴ tiŋ²⁴ tɕaːu⁵³ mi¹¹ ʔo³⁵
阿妹 离 丈夫 不 出

情妹闹婚已多年。

ha³¹ jak³³ liŋ³⁵ ha³¹ ɕu³¹
想 捞 非 想 接

阿哥心想娶阿妹，

hau⁵³ pi³¹ ɕu³¹ lau¹¹ ɕuəŋ³⁵
给 哥 接 或 放

翻来覆去没主见，

ha³¹ ɕuəŋ³⁵ jiə³³ ju³¹ za¹¹
想 放 也 我 情妹

心想分别又难舍，

ha³¹ ʔau²⁴ jiə³³ pa¹¹ fuɯə³¹
想 要 也 他 妻

想娶回家名不正。

juə³³ ku²⁴ ʔdoi²⁴ ma¹¹ zau³³
哄 我 空 啥 样

莫非妹是在骗我？

ȵoi¹¹ ku²⁴ tai⁵³ ma¹¹ zau³³
戏弄 我 哭 啥 样

莫非情妹戏弄我？

kuə³³ jiəŋ³³ lau¹¹ mi¹¹ sau²⁴
做 哪样 不 清

告状缘由没说清？

zau¹¹ ha³¹ pai²⁴ tɕə¹¹ mo³⁵
我们 想 去 处 新

我们想要换地方。

ɕɯ¹¹ ȵan¹¹ zun³⁵ zuŋ²⁴ hau³¹
时 寅 起 煮 饭

凌晨起床把饭煮，

ɕɯ¹¹ mau⁵³ ha³¹ ʔo³⁵ tu²⁴
　时　卯　将　出　门
　　　　　　　　　　　　　　　天麻麻亮就出门。

pu³¹ li³¹ ma³¹ ɕi³³ ma²⁴ zaːŋ⁵³ ma³¹
　个　有　马　就　来　备　马
　　　　　　　　　　　　　　　有马的人来备马，

pu³¹ li³¹ luə¹¹ ɕi³³ ma²⁴ zaːŋ⁵³ luə¹¹
　个　有　骡　就　来　备　骡
　　　　　　　　　　　　　　　有骡的人来备骡，

zaːŋ⁵³ ma³¹ ʔdi²⁴ pai²⁴ kon³⁵
　备　马　好　去　先
　　　　　　　　　　　　　　　马备好的走在前，

tɕi¹¹ ma³¹ laːu³¹ pai²⁴ kon³⁵
　鞍　马　大　去　先
　　　　　　　　　　　　　　　大骡快马走在先，

pi³¹ ha³¹ ʔjon³⁵ ʔju³⁵ laŋ²⁴
　哥　想　留　在　后
　　　　　　　　　　　　　　　阿哥有事随后走，

naːi²⁴ zaːn¹¹ to¹¹ ʔet³⁵ liəŋ³³
　招呼　店家　一会儿
　　　　　　　　　　　　　　　想给店家道个别，

ɕaːu⁵³ lau¹¹ pai²⁴ lo⁰ me³³
　打扰　那　去　EP 母亲
　　　　　　　　　　　　　　　打扰你了主人家，

me³³ nau¹¹ mi¹¹ ɕaːu⁵³ ma¹¹ lo⁰ lɯk³³
　母亲　说　没　打扰　啥　EP 儿
　　　　　　　　　　　　　　　主妇说声没关系。

mi¹¹ ɕaːu⁵³ ma¹¹ mo⁰ me³³
　不　打扰　啥　EP 母亲
　　　　　　　　　　　　　　　怎说没打扰你家？

ɕaːu⁵³ pe³³ ʔbe³⁵ soŋ²⁴ ʔbe³⁵ zam³¹ kun²⁴
　打扰　些　瓢　两　瓢　水　吃
　　　　　　　　　　　　　　　缸中清水任我用，

ɕaːu⁵³ fɯn¹¹ leu²⁴ pu³¹ tɕe³⁵
打扰　柴　草　老人

楼上柴草随我烧，

pjak³⁵ ʔdaɯ²⁴ siən²⁴ kɯn²⁴ leu³¹
菜　里　园　吃　完

园中青菜吃光了，

hau³¹ ʔdaɯ²⁴ ʔeu³¹ jiə³³ zun³³
谷　里　仓　也　尽

仓里粮食吃完了。

ɕo³³ ne³¹ po³³ wəi³⁵ tɕe³⁵
日后　父　我　老

日后阿爹年老了，

ɕo³³ ne³¹ me³³ wəi³⁵ tɕai²⁴
日后　母　我　老

以后阿妈年老了，

ma²⁴ kui³³ na⁵³ liəŋ¹¹ paːi¹¹
来　跪　前　灵　牌

来给两老敬碗酒，

ma²⁴ naːi²⁴ na⁵³ liəŋ¹¹ wəi³³
来　拜　前　灵　位

来给两老供碗饭。

kui³³ wit³⁵ na⁵³ pai²⁴ kɯn¹¹
跪　仰　脸　去　上

在您灵前磕个头，

lun¹¹ ɕaːu³¹ zaːn¹¹ luŋ⁵³ ɕe³³
少爷　造　家　才　吉利

求你保佑我发家。

kui³³ wit³⁵ na⁵³ pai²⁴ saːŋ²⁴
跪　仰　脸　去　高

在您灵前烧炷香，

kwaːŋ²⁴ ɕaːu³¹ zaːn¹¹ luŋ⁵³ ɕe³³
少爷　造　家　才　发达

求你保佑我发达。

ɕɯ¹¹ ȵan¹¹ zun³⁵ zuŋ²⁴ hau³¹
时　寅　起　煮　饭

凌晨起床来煮饭，

ɕɯ¹¹ mau⁵³ ha³¹ ʔo³⁵ tu²⁴
时　卯　将　出　门

天麻麻亮就上路，

ɕɯ¹¹ ɕi¹¹ hɯn⁵³ ʔdoi²⁴ ku³⁵
时　辰　上　九里坡①

天亮就爬九里坡，

sam³⁵ so³⁵ zɔn²⁴ pai²⁴ zi³³
那些　条　路　去　地

那是下地干活的路，

sam³⁵ so³⁵ zɔn²⁴ pai²⁴ na¹¹
那些　条　路　去　田

那是下田干活的路，

za¹¹ mi¹¹ laːu²⁴ ʔdoi²⁴ ku³⁵
我　不　怕　九里坡

我不惧怕九里坡。

kaːi³⁵ ne³¹ kaːu³⁵ ʔau²⁴ ju³¹
个　这　告　要　妹

告状为的娶阿妹，

kaːi³⁵ ne³¹ kaːu³⁵ ʔau²⁴ pa¹¹
个　这　告　要　妻

告状为娶妹为妻；

za¹¹ mi¹¹ laːu²⁴ ʔdoi²⁴ ku³⁵
我　不　怕　九里坡

爬座九里坡算啥，

kuə³³ sak³⁵ pu³¹ soŋ²⁴ pu³⁵ ɕam¹¹ zeu²⁴
做　个　把　段　两　段　玩　笑

讲上笑话一两段，

---

① 九里坡,小地名,具体方位不清。

zeu²⁴ saːm²⁴ ɕɔn¹¹ kwa³⁵ naːŋ³³
笑　　三　　句　　过　　岗

说说笑笑过山岗，

paːi³³ so³⁵ ziŋ³¹ kɯn²⁴ ziŋ¹¹
边　　松林寨①　吃　　午饭

正值晌午到松林，

taŋ¹¹ tin²⁴ ʔdoi²⁴ ma³¹ jaːu³³
到　　坡　　脚　　马　　滑

来到坡脚马打滑。

tɕen³³ tɕen³³ tok³⁵ kwaːu⁵³ tɕiə²⁴
渐　　渐　　落　　松林　　岗

渐渐来到松林岗，

liə¹¹ la⁵³jaːm³¹ saːm²⁴ loŋ³³
离　　乐元　　三段　　路

离乐元有十五里。

ʔdi²⁴ ʔju³⁵ mi¹¹ kwa³⁵ pɯən¹¹ laː⁵³jaːm³¹
好　　在　　不　　过　　地方　　乐元

乐元是个好地方，

po²⁴ saːm²⁴ kwaːŋ³⁵ si³⁵ ʔaːn³¹
坡　　三　　宽　　四　　仰

四面青山映山寨，

ʔbaːn³¹ saːm²⁴ kwaːŋ³⁵ si³⁵ kaːi²⁴
寨　　三　　宽　　四　　街

三街四路贯其中。

haːi²⁴ tɕe³¹ sat³⁵ la⁵³ tiəm³⁵
开　　场　　戌　　老街

戌日赶集在老街，

tai³⁵ tɕiə¹¹ne³¹ pai²⁴ kɯn¹¹
以　　这里　　去　　上

经由老街往前走，

---

① 松林寨，小地名，在望谟县城与乐元之间。

下编　民间情歌翻译

taŋ¹¹ ɕe³³ tuŋ²⁴ haːm⁵³ to³³
到　　者洞①　　摆　　渡

来到者洞要渡船。

pu³¹ pa³⁵ luə³³ ʔju³⁵ saːŋ²⁴
个　　坝乐　　在　　高

坝乐处在半山腰，

pu³¹ ʔdoŋ²⁴ jaːŋ¹¹ ʔju³⁵ mau³¹
个　　弄羊②　　在　　崩

弄羊住在山岗上，

fɯn¹¹ zuŋ²⁴ hau³¹ ʔbo³¹ mi¹¹
柴　　煮　　饭　　没有

想要煮饭没柴火，

ɕen¹¹ fi¹¹ ʔau²⁴ laːi²⁴ taːi³³
钱　　火　　要　　多　　非常

柴火倒比油盐贵，

fɯ³¹ hau³¹ pet³⁵ ɕaːŋ¹¹ ɕen¹¹
顿　　饭　　八　　两　　钱

顿饭烧去八两银，

ma¹¹ hen¹¹ saːu²⁴ kwa³⁵ lo³³
贪　　便宜　　情妹　　路　　过

敲诈阿妹过路人。

tai³⁵ tɕiə¹¹ ne³¹ pai²⁴ saːŋ²⁴
经　　这里　　去　　高

经由这里往上走，

ɕi¹¹ laːn²⁴ tai⁵³ tuŋ³¹ ʔiə³⁵
小孩　　哭　　肚　　饿

小孩饥饿嗷嗷叫，

sak³⁵ ho³³ ʔoi³¹ kuan⁵³ tɕien¹¹
个　　把　　节　　蔗　　尽　　送

送节甘蔗给他吃，

---

① 者洞，小地名，具体方位不清。
② 弄羊，地名，在贞丰境内。

sak³⁵ ʔdan²⁴ tiaŋ²⁴ kuən⁵³ jiən³³
个 把 个 瓜 尽 递

吃个黄瓜不算啥。

ɕoi³¹ ʔdeu²⁴ ʔdai³¹ jiən³³ ʔdeu²⁴
个 一 得 样 一

孩子一人吃一样，

zeu²⁴ pan¹¹ tɕi⁵³ kaːi³⁵ jiən³³
笑 成 多 个 样

破涕为笑孩子气，

tɕen³³ taŋ¹¹ muɯn³³ ɕɯ¹¹ ziŋ¹¹
渐 到 时间 晌午

渐渐到了晌午时，

zan²⁴ tu²⁴ ɕiŋ¹¹ pu³⁵ sai³⁵
见 门 城 官府

官府城门看得清。

ɕi¹¹ ja³³ ʔwa³¹ maːi⁵³ ʔwa³¹
女子 傻 爱 傻

乡下女人见识短，

mi¹¹ zo³¹ na⁵³ ɕiən¹¹ ɕiŋ¹¹
不 认得 墙 城

不知城墙是何物，

tɕaːn²⁴ maŋ³¹ zin²⁴ pat³³ ta³⁵
以为 石 砌 坎

以为是个石坎子。

pu³¹ ha³⁵ pu³¹ nu³¹ ʔju³⁵ tɕaːŋ²⁴ kaːi²⁴
汉人 乞丐 在 中间 街

街上各色各样人，

ȵiə⁵³ maŋ³¹ fɯə³¹ ka⁵³ ɕiə¹¹ waːi¹¹ kɯn²⁴
认为 别人 杀 黄水 牛牛 吃

以为杀牛宰马在过节。

lam³¹ let³⁵ hau⁵³ tu²⁴ ɕiŋ¹¹
迅速 进入 门 城

转眼之间进了城，

pai²⁴ tok³⁵ zaːn¹¹ ho¹¹ nai⁵³
　去　落　家　何　奶

先到何奶家住下，

ʔiət³⁵ naːi³⁵ leu³¹ kɯn¹¹ ɕa¹¹
　歇　累　了　喝　茶

边休息来边喝茶，

zau¹¹ pai²⁴ za²⁴ laːu³¹ jiə¹¹
我们　去　找　老爷

然后去找老爷家。

pai²⁴ taŋ¹¹ zaːn¹¹ jiə¹¹ ŋi³³
　去　到　家　爷二

一晃来到二爷家，

jiə¹¹ ŋi³³ he⁰ jiə¹¹ saːm²⁴
老爷　二　啊　老爷三

二老爷呀三老爷！

paːŋ²⁴ soŋ²⁴ ɕoi³¹ zaːi¹¹ ɕuaːŋ³³
　帮　两　个　写　状子

请帮我俩写状子。

mak³³ ɕi⁵³ tau⁵³ zaːi¹¹ miŋ¹¹
　墨　紫　来　写　名

状名要用紫色墨，

mak³³ ʔdiŋ²⁴ tau⁵³ zaːi¹¹ ɕuaːŋ³³
　墨　红　来　写　状

红色墨水写状文，

ju³¹ ɕi³¹ ʔju³⁵ tu²⁴ taːŋ³⁵ tɕen³¹ ɕim²⁴
　妹　就　在　窗户　那边　看

阿妹窗外偷眼看。

mak³³ ʔdiŋ²⁴ zeu³¹ mak³³ non³³
　墨　红　混和　墨　淡红

深红浅红两色墨，

ju³¹ ɕi³¹ ʔju³⁵ tu²⁴ taːŋ³⁵ tɕen³¹ kon¹¹
　妹　就　在　窗户　那边　瞧

阿妹窗外偷眼瞧。

pi³¹ ɕi³¹ huɯn⁵³ ja¹¹muɯn²⁴ pai²⁴ ka:u³⁵
哥　就　上　　衙门　　去　告

阿哥独自上衙门。

huɯn⁵³ ja¹¹muɯn²⁴ ta¹¹ʔit³⁵
上　　衙门　　　第一

阿哥头次上衙门，

puɯn²⁴ pit³⁵ puɯn²⁴ kai³⁵ sa:ŋ²⁴ tau³¹ʔi³⁵
毛　鸭　毛　鸡　高　撑腋

鸡毛鸭毛堆齐胸，

ʔba:n³¹ te²⁴ zi³³ mi¹¹ na¹¹
寨　那　地　不　田

这里无地又无田，

ɕa³³ fa¹¹ tau⁵³ ha:i³³ ʔba³⁵
铁　索　来　搭　肩

铁索搭肩等着你，

ha³⁵ puɯən¹¹ la:u³¹ ʔan³⁵ kwa:i²⁴
汉人　地方　大　就是　聪明

这里汉人会谋算，

ŋa:i¹¹ ta:ŋ²⁴ ɕa:i²⁴ pu³¹sai³⁵
早饭　当　着　官府

饭后官府来当差，

hau³¹ lauɯ¹¹ kwai³³ ja¹¹muɯn²⁴
饭　后　串　衙门

衙门等候当差夫，

ʔdun²⁴ tu²⁴ lau¹¹ ɕiŋ⁵³ sai³³
站　楼门　请　案

门前传呼告状人。

huɯn⁵³ ja¹¹muɯn²⁴ ta¹¹ŋi³³
上　　衙门　　　第二

阿哥二次进衙门，

si³⁵ ɕui³³ zim²⁴ ɕoŋ¹¹ suɯ²⁴
四　角　满　桌　书

四个角落四张桌，

si³⁵ ɕui³³ zim²⁴ ɕoŋ¹¹ sa²⁴
　四　　角　　满　　桌　　纸

　　　　　　　　　　　　　　　　桌上摆着纸和墨，

lau¹¹ wa²⁴ tau³¹ na⁵³ pja³⁵
　花楼　　　撑　　额头

　　　　　　　　　　　　　　　　抬头看见绣花楼。

ha³⁵ pɯəŋ¹¹ la:u³¹ ʔan³⁵ kwa:i²⁴
汉人　地方　大　就是　聪明

　　　　　　　　　　　　　　　　这里汉人会谋算，

ŋa:i¹¹ ta:ŋ²⁴ ɕa:i²⁴ pu³¹ sai³⁵
早饭　当　　着　　官府

　　　　　　　　　　　　　　　　饭后官府来当差，

hau³¹ lau¹¹ kwai³³ ja¹¹ mɯn²⁴
饭　后　串　　衙门

　　　　　　　　　　　　　　　　衙门等候当差夫，

ʔdun²⁴ tu²⁴ lau¹¹ ɕiŋ⁵³ sai³³
　站　楼门　　请　案

　　　　　　　　　　　　　　　　门前传呼告状人。

hɯn⁵³ ja¹¹ mɯn²⁴ ta¹¹ sa:m²⁴
　上　　衙门　　第三

　　　　　　　　　　　　　　　　阿哥三次上衙门，

ja¹¹ mɯn²⁴ sa:m²⁴ som²⁴ ta⁵³
　衙门　　三　　庹①　宽

　　　　　　　　　　　　　　　　衙门里面高又大，

ja¹¹ mɯn²⁴ ha⁵³ som²⁴ kwa:ŋ³⁵
　衙门　　五　　庹　　宽

　　　　　　　　　　　　　　　　衙门里面宽又长。

la⁵³ ta:ŋ³⁵ zim²⁴ pjaŋ³³ teŋ²⁴
　窗下　　满　　院　　坝

　　　　　　　　　　　　　　　　门窗边上站满人，

―――――――――
① 庹，两臂伸展开来的长度，当地汉语方言为 phai⁵¹。

zim²⁴ ka:i³⁵ wuin¹¹ ka:u³⁵ ɕua:ŋ³³
满　个　人　　告状

全部都是告状的。

ka:p³⁵ ziəŋ¹¹ ka:p³⁵ kuə³³ poŋ⁵³
甲人　和　甲人　做　堆

代诉人一起交谈，

ɕoŋ⁵³ ziəŋ¹¹ ɕoŋ⁵³ kuə³³ mu³⁵
保统　和　保统　做　堆

统领们相互磋商，

pɯə³³ fon³¹ zeu³¹ pɯə³³ ʔdiŋ²⁴
衣　黑　混　衣　红

服饰颜色样样有，

ɕoŋ⁵³ piŋ²⁴ na:i²⁴ ɕoŋ⁵³ piŋ²⁴ naŋ³³ taŋ³⁵
统　兵　招呼　统　兵　坐　凳

统兵相互打招呼，

pu³¹ kam²⁴ pu³¹ kɯn²⁴ ɕa¹¹
个　劝　个　吃　茶

边聊天来边喝茶。

soŋ²⁴ za¹¹ ʔdun²⁴ soŋ²⁴ ʔi³⁵
两　我们　站　两　腋

我们两个两边站，

pi³¹ ɕi³¹ soŋ²⁴ ho³⁵ kui³³ pu³¹ ɕa:i²⁴
哥　就　两　膝　跪　个　差

阿哥双膝跪差人，

soŋ²⁴ fɯŋ¹¹ ha:i²⁴ ʔbau²⁴ ɕua:ŋ³³
两　手　开　张　状

双手举起呈诉状。

sai³⁵ ʔju³⁵ kɯn¹¹ ham³⁵ pja³¹
官　在　上　问　稀

官在堂上问得少，

ɕa:i²⁴ ʔju³⁵ la⁵³ ham³⁵ ti³³
差夫　在　下　问　密

堂下差人紧逼问，

zo³¹ mɯŋ¹¹ pan¹¹ sai³³ zi³³
　知　你　成　案　土地

你告状是为了地？

zo³¹ mɯŋ¹¹ pan¹¹ sai³³ na¹¹
　知　你　成　案　田

还是为了争田产？

pan¹¹ ka:i³⁵ ma¹¹ pan¹¹ sai³³
　成　　什么　　成　案

究竟为何把状告？

zo³¹ laɯ¹¹ sai³³ zak³³ ɕiə¹¹
　或是　案　偷　黄牛

你告别人偷黄牛？

zo³¹ laɯ¹¹ sai³³ zak³³ wa:i¹¹
　或是　案　偷　水牛

你家水牛被盗了？

zo³¹ kuə³³ ʔda:i²⁴ pan¹¹ sai³³
　会　做　私生　成　案

还是私通犯了案？

zo³¹ pit³⁵ kai³⁵ mɯŋ¹¹ ɕom²⁴
　知　鸡　鸭　你　丢

要么丢了鸡和鸭？

lɔŋ²⁴ ka:i³⁵ ma¹¹ pan¹¹ sai³³
　错　　什么　成　案

你打官司何缘由？

pu³¹ sai³⁵ ka:ŋ⁵³ fi³³ leu³¹ mja:ŋ¹¹ ha:n²⁴
　官人　讲　未　完　急　答

阿哥没等老爷问完话就答。

wəi³⁵ mi¹¹ kuə³³ sai³³ zi³³
　我　不　做　案　地

我打官司不为地，

wəi³⁵ mi¹¹ kuə³³ sai³³ na¹¹
　我　不　做　案　田

我来告状不为田，

ka:u³⁵ ʔau²⁴ pa¹¹ la:u³¹ li³³
告　要　妻　私方

只为娶妻这件事。

mi¹¹ tɯk³³ sai³³ zak³³ ɕiə¹¹
不　是　案　偷　黄牛

我家黄牛没被偷，

mi¹¹ tɯk³³ sai³³ zak³³ wa:i¹¹
不　是　案　偷　水牛

我家水牛没被盗，

mi¹¹ tɯk³³ sai³³ pan¹¹ ʔda:i²⁴
不　是　案　成　私生

也不是与人私通生了情，

pit³⁵ kai³⁵ wəi³³ mi¹¹ ɕom²⁴
鸡　鸭　我　不　丢

更不是丢了鸡和鸭，

ləŋ²⁴ ka:i³⁵ ma¹¹ mi¹¹ noi³³
错　什么　不　少

什么错误也没犯。

ɕo³⁵ ʔbaɯ²⁴ ɕua:ŋ³³ ta¹¹ ɕip³³
放　张　状　第十

呈上诉状第十张，

po³³ nuəŋ³¹ ho⁵³ tuə¹¹ pit³⁵ kɯn²⁴ tɕai³⁵
妹　父　缺少　鸭子　吃　蛋

只因阿妹家贫寒，

ho⁵³ tuə¹¹ kai³⁵ kɯn²⁴ no³³
缺少　鸡　吃　肉

只因阿妹家穷苦，

ho⁵³ tuə¹¹ wa:i¹¹ zai³⁵ na:m³³
缺少　水牛　耕　土

没有耕牛来犁地，

ka:i²⁴ ju³¹ tɕim²⁴ li³¹ niəŋ³³
卖　情妹　还　小

阿妹还小就出嫁，

ka:i²⁴ li³¹ ni³⁵ li³¹ ʔdiŋ²⁴
卖　还　幼　还　小

情妹年幼就嫁人。

nuəŋ³¹ ma²⁴ tiŋ²⁴ na⁵³ sai³⁵
妹　来　离　前　官府

阿妹想求官府判离婚，

sa:u²⁴ ma²⁴ tem⁵³ na⁵³ sai³⁵
情妹　来　离　前　官府

情妹来轻官府做决断。

za:n¹¹ pi³¹ li³¹ ɕiŋ⁵³ su²⁴
家　哥　有　请　字

我家请人算了命，

tu²⁴ kwa³⁵ ŋan¹¹ ɕen¹¹ ɕu³¹
我　过　银　钱　买

八字相合下聘礼，

kwa³⁵ fɯŋ¹¹ pu³¹ tɕiŋ⁵³ tɕa:ŋ²⁴
过　手　个　中间

当中有人来作证，

kwa³⁵ pu³¹ sɯ³⁵ pu³¹ moi¹¹
过　媒人　　媒人

媒人去了三四回，

mi¹¹ teŋ¹¹ pa¹¹ ʔdai³¹ ʔdoi²⁴ ʔdai³¹ la:ŋ³⁵
不　是　妻　得　空　得　白

她是我明媒正娶合法妻。

ʔi³⁵ nau¹¹ pa¹¹ ʔdai³¹ ʔdoi²⁴
如说　妻　得　空

如若不是正当妻，

ɕa³³ ta:m²⁴ loi¹¹ ma²⁴ ɕuk³³
索　把　槌　来　捆

绳索加身我不悔，

luŋ⁵³ ɕet³⁵ ɕiə¹¹ wəi³⁵ ʔdiəŋ³¹
锁　七　钥匙　我　挂

链锁挂身我也认，

ɕa³³ ɕet³⁵ wɯəŋ³¹ wəi³⁵ tɯ¹¹
索 七 掰 我 带

五花大绑我也领。

ju³¹ ku²⁴ mi¹¹ haɯ⁵³ ʔi³⁵
情妹 我 不 给 担心

ju³¹ tɕi³⁵ mi¹¹ haɯ⁵³ laːu²⁴
情妹 不 给 怕

阿妹别为我担心,

saːu²⁴ mi¹¹ san³⁵ mi¹¹ se⁵³
情妹 不 颤 不 抖

我的阿妹别害怕,

sai³⁵ han³⁵ ɕi³¹ li³¹ pi³¹
官人 问 就 有 哥

不必受怕又担惊,

sai³⁵ ham³⁵ ɕi³¹ li³¹ pi³¹
官人 问 就 有 我

官府询问阿哥答,

mi¹¹ haɯ⁵³ su²⁴ waːŋ³³ sin³³
不 给 你 慌 心

官府逼问有我挡,

mi¹¹ haɯ⁵³ nuəŋ³¹ waːŋ³³ sin³³
不 给 妹 慌 心

你不要惊慌失措,

kuə³³ jiəŋ³³ laɯ¹¹ mi¹¹ saɯ²⁴
做 哪样 不 清

阿妹别失措惊慌。

zau¹¹ zoŋ¹¹ ʔbaɯ²⁴ ʔdeu²⁴ mo³⁵
我 下 张 一 新

告状缘由没说清?

ɕo³⁵ ʔbaɯ²⁴ ɕuaːŋ³³ ɕip³³ʔit³⁵
放 张 状 十一

我们重新递一张。

呈上诉状十一张,

ʔbaɯ²⁴ ne³¹ ʔbaɯ²⁴ zaːn¹¹ ʔjai³¹
张　这　张　家　布依

这张是你婆家的，

ʔbaɯ²⁴ ne³¹ ʔbaɯ²⁴ zaːn¹¹ ʔjaːŋ²⁴
张　这　张　家　布央

这张是你婆家呈，

zaːn¹¹ kwaːn²⁴ nuəŋ³¹ ɕo³⁵ ɕuaːŋ³³
家　丈夫　妹　放　状

是你夫家呈的状，

nau¹¹ no³³ mu²⁴ wəi³⁵ leu³¹ ɕip³³ tuə⁵³ ku⁵³ tuə⁵³
说　肉　猪　我　完　十　只　九　只

状说杀了肥猪十几口，

ɕiə″ wəi³⁵ leu³¹ ɕip³³ tɕau⁵³ ku⁵³ tɕau⁵³
黄牛　我　完　十　头　九　头

宰了黄牛十几头，

lau⁵³ wəi³⁵ leu³¹ ɕip³³ kaːŋ²⁴ ku⁵³ kaːŋ²⁴
酒　我　完　十　缸　九　缸

美酒喝了八九缸，

leu³¹ saːm²⁴ ɕip³³ ŋan¹¹ lau⁵³ no³³
完　三十　银　酒　肉

银子花去三十两，

mi¹¹ kwa³⁵ wəi³⁵ ɕe²⁴ pa¹¹
不　过　我　丢　妻

妻子我可以不要，

za¹¹ mi¹¹ ɕe²⁴ ŋan¹¹ ka³³
我　不　丢　银　价

钱财一定要追回，

ŋan¹¹ ka³³ ʔan³³ ʔau²⁴ taːu³⁵
银　价　定　要　回

聘礼你得归还我，

za¹¹ ɕe²⁴ pa¹¹ ɕi³¹ ʔiə³⁵
我　丢　妻　就　罢

妻子我休了就行，

za¹¹ ɕe²⁴ mai³¹ ɕi³¹ ʔiə³⁵
我　丢　媳妇　就　罢

媳妇我不要罢了。

mu²⁴ mɯŋ¹¹ leu³¹ ɕip³³ tuə¹¹ ku⁵³ tuə¹¹
猪　你　完　十　只　九　只

你说你家肥猪杀了十几口，

ɕiə¹¹ mɯŋ¹¹ leu³¹ ɕip³³ tɕau⁵³ ku⁵³ tɕau⁵³
黄牛　你　完　十　头　九　头

黄牛宰了十几头，

lau⁵³ mɯŋ¹¹ leu³¹ ɕip³³ kaːŋ²⁴ ku⁵³ kaːŋ²⁴
酒　你　完　十　缸　九　缸

美酒喝了八九缸，

saːm²⁴ ɕip³³ ŋan¹¹ lau⁵³ no³³
三　十　银　酒　肉

银子花了三十两。

ŋan¹¹ ka³³ jiə³³ haɯ⁵³ leu³¹
银　价　也　给　完

财礼我们退还你，

ŋan¹¹ ka³³ jiə³³ haɯ⁵³ ɕai¹¹
银　价　也　给　齐

聘礼我们也退清。

laːi²⁴ teŋ¹¹ pu³¹ tɕaːp³⁵ ja³³
枉　是　个　抢　妻

诬赖我去抢人妻，

laːi²⁴ tɕaːp³⁵ ja³³ ʔbo³¹ mi¹¹
枉　抢　妻　没有

这个事实有没有？

tɕi¹¹ mi¹¹ ʔdai³¹ luŋ⁵³ kaːu³⁵
值　不　得　才　告

想起冤枉才告状，

ma²⁴ kaːu³⁵ taŋ¹¹ su²⁴ pu³¹ laːu³¹
来　告　到　你　大人

才来找到大人您，

ɕaːu⁵³ ʔdaɯ²⁴ sam²⁴ ʔdaɯ²⁴ tuŋ³¹ sai³⁵ ta³³
　扰　　里　　心　　里　　肚　　大　　官

麻烦大人多费心。

kuə³³ jiəŋ³³ laɯ¹¹ mi¹¹ saɯ²⁴
　做　　哪样　　不　　清

告状缘由没说清？

zau¹¹ zoŋ¹¹ ʔbaɯ²⁴ ʔdeɯ²⁴ mo³⁵
　我　　下　　张　　一　　新

我们重新递一张。

ɕo³⁵ ʔbaɯ²⁴ ɕuaːŋ³³ ɕip³³ ŋi³³
　放　　张　　状　　十　　二

呈上诉状十二张，

pi³¹ ɕi³³ soŋ²⁴ ho³⁵ kui³³ pu³¹ ɕaːi²⁴
　哥　　就　　两　　膝　　跪　　差夫

阿哥双膝跪下求差人，

haːi²⁴ ɕa³³ fa¹¹ wəi³⁵ ʔo³⁵
　开　　索　　铁　　我　　出

求他给我打开铁锁链，

ta¹¹ ɕa³³ ʔdaːi³¹ wəi³⁵ ʔo³⁵
　抽　　索　　麻　　我　　出

求他帮我松绑绳。

po³³ ʔju³⁵ laŋ²⁴ jiə³³ ʔaːŋ³⁵
　父　　在　　后　　也　　高兴

阿爸看见很高兴，

taːŋ³⁵ pai²⁴ tɕi⁵³ toŋ³³ tam¹¹
　当　　去　　几　　坝　　塘

为打官司当了几口塘，

taːŋ³⁵ pai²⁴ tɕi⁵³ toŋ³³ na¹¹
　当　　去　　几　　坝　　田

为打官司当了几坝田，

wəi³⁵ jiə³³ tɯ¹¹ ɕa³³ fa¹¹ ho¹¹ maːn³³
　我　　也　　带　　索　　铁　　脖　　刺痛

身上留下铁索印，

tok³⁵ naːn³³ ʔdai³¹ ɕip³³ laːi²⁴ teu¹¹ ŋɔn¹¹
落难　　得　十　多　条　天

受苦受难十几天，

zoŋ¹¹ pai²⁴ ɕip³³ tɕi⁵³ ʔbau²⁴ ɕuaːŋ³³
下　去　十几　张　状

递了诉状十几张，

ɕak³³ laːi³⁵ paːŋ³³ pi³¹ nuəŋ³¹ zau¹¹ laːi²⁴
幸亏　伙　亲戚　我们　多

多亏亲戚朋友们，

mi¹¹ zaːi¹¹ taːi²⁴ na⁵³ pen⁵³ pu³¹ sai³⁵
也　许　死　前　板　官人

不然死在官司上。

taːu³⁵ ne³¹ pi³¹ ʔdai³¹ nuəŋ³¹ pa³⁵ mai³⁵ ɕaːu³¹ zaːn¹¹
次　这　哥　得　妹　嘴　红　造　家

现在如愿娶到你，

zau¹¹ mi¹¹ ʔun²⁴ tɯk³⁵ me³³
我们　没　怨　唠叨　母亲

阿妈面前没怨言，

pi³¹ mi¹¹ tai⁵³ tɯk³⁵ me³³
哥　没　哭　唠叨　母亲

再也不会怨阿妈。

演唱：罗芝兰
收集：黄荣昌
翻译整理：黄荣昌　周国炎

逃婚歌
wɯən²⁴ teu¹¹
歌　　逃婚

pjak³⁵ ka:t³⁵ tau⁵³ zi³³ zen³³
　青菜　　生　地　苦楝

　　　　　　　　　　　　　　青菜长在苦楝地，

pjak³⁵ teŋ¹¹ tau⁵³ zi³³ lau³⁵
　苦菜　　生　地　丢荒

　　　　　　　　　　　　　　苦菜长在荒地里，

kwa:n²⁴ kau²⁴ kwa:n²⁴ ʔdu³¹ nuəŋ³¹ ha³¹ ʔau²⁴
　丈夫　旧　丈夫　前　妹　想　要

　　　　　　　　　　　　　　阿妹还在想前夫，

hau⁵³ zau¹¹ teu¹¹ lau¹¹ ta:i²⁴ ʔdi²⁴ kɯ³³
　给　我们　逃　或　死　好　胜过

　　　　　　　　　　　　　　是逃是死难抉择，

ta:i²⁴ lau¹¹ tai⁵³ ʔdi²⁴ kɯ³³
　死　或　哭　好　胜过

　　　　　　　　　　　　　　是死是哭难决断，

kau²⁴ ka:t³⁵ ta¹¹ kau²⁴ ȵuəŋ²⁴
　葛藤　牵　大血藤

　　　　　　　　　　　　　　葛藤牵着大血藤，

teŋ²⁴ luəŋ¹¹ ta¹¹ teŋ²⁴ ziə³⁵
　铜钉　牵　锡钉

　　　　　　　　　　　　　　新情难舍恋旧情，

ta³¹ muŋ¹¹ ʔiə³⁵ ka:i³⁵ tɕop³⁵ mi¹¹ sa:n²⁴
　赌　你　罢　那　斗笠　不　编

　　　　　　　　　　　　　　你可愿意放弃手中活？

ta³¹ muŋ¹¹ ʔiə³⁵ ka:i³⁵ za:n¹¹ mi¹¹ ɕa:u³¹
　赌　你　罢　那　家　不　造

　　　　　　　　　　　　　　你可愿意放弃这个家？

ʔiə³⁵ kaːi³⁵ tɕaːu⁵³ mi¹¹ ʔu²⁴
舍　那　丈夫　不　生

抛弃现在的夫君，

mu²⁴ la⁵³ ɕok³⁵ mi¹¹ kaːn³⁵
猪　下　楼　不　干涉

舍弃创下的家业，

ta³¹ muɯŋ¹¹ lap³⁵ ham³³ suən³⁵ ʔdan²⁴ teu¹¹ ziəŋ¹¹ pi³¹
赌　你　黑夜　算　个　逃　和　哥

趁着夜色跟哥一起去私奔，

ta³¹ muɯŋ¹¹ lap³⁵ ham³³ suən³⁵ ʔdan²⁴ teu¹¹ ziəŋ¹¹ ku²⁴
赌　你　黑夜　算　个　逃　和　我

趁着黑夜跟哥一起逃出去。

ʔi³⁵ nau¹¹ saːu²⁴ tiŋ²⁴ ɕu³¹
如果　情妹　一定　愿意

如果阿妹你愿意，

ʔi³⁵ nau¹¹ ju³¹ tiŋ²⁴ teu¹¹
如果　情妹　一定　逃

如果阿妹愿出逃，

ma²⁴ zau¹¹ ka⁵³ kai³⁵ kɯn²⁴ liət³³ ʔdip³⁵
来　我们　杀　鸡　吃　生血

咱们杀只鸡来喝生血，

ka⁵³ pit³⁵ kɯn¹¹ ko¹¹ ɕan³³
杀　鸭　吃　合同

杀只鸭来定盟约，

ka⁵³ haːn³⁵ kɯn¹¹ ko¹¹ ɕi¹¹
杀　鹅　吃　合席

杀只鹅来立誓言。

taːi²⁴ si¹¹ kaːŋ⁵³ ho¹¹ sin³³
大家　讲　合　心

我两立誓共条心，

pu³¹ zim¹¹ pin³⁵ zim¹¹ pin³⁵
个　收拾　簪子　收拾　簪子

行李细软收拾好，

pu³¹ zim¹¹ pai³³ zim¹¹ pai³³
个　收拾　笼子　收拾　笼子

衣服首饰装行囊，

ta²⁴ ʔbai²⁴ zim¹¹ soi⁵³ kɔn³³
眼睛　清秀　收拾　耳环　手镯

耳环手镯戴在身，

kɔn³³ ɕo³⁵ tɕen²⁴ pan¹¹ zoi³¹
手镯　放　臂　成　串

腕上手镯亮晃晃，

soi⁵³ ɕo³⁵ ziə¹¹ pan¹¹ tuəŋ³⁵
耳环　放　耳朵　成　挂

耳环成串响叮当。

taŋ³⁵ pu³¹ luəŋ³⁵ pu³¹ ʔbaːn³¹ zau¹¹ ɕai¹¹
捎信　人　院　人　寨　我们　全

通报三老和四少，

tɕi⁵³ me³³ ʔjai³¹ tɕi⁵³ taŋ³⁵
几　母亲　布依　几　捎信

阿婆阿奶都来到，

ɕo³³ ne³¹ zau¹¹ lap³⁵ ta²⁴ mi¹¹ʔdai³¹ tuŋ³¹ naŋ³³
今后　我们　闭眼　不得　一起　坐

今后我们难同坐，

lap³⁵ ham³³ zau¹¹ mi¹¹ʔdai³¹ tuŋ³¹ zan²⁴
黑夜　我们　不得　共　见

早晚想见面也难，

ma²⁴ zau¹¹ taŋ³⁵ ɕon¹¹ laŋ²⁴ hau⁵³ me³³
来　我们　嘱咐　句　后　给　母亲

我们要给阿妈留个话，

nau¹¹ ɕon¹¹ leu³¹ hau⁵³ me³³
说　句　了　给　母亲

要跟阿妈交个心，

tɕi⁵³ si¹¹ me³³ ɕiən²⁴ tuk³⁵ faːn³³ ʔum³¹
只惜　母亲　千　包　万　抱

阿妈十月怀胎生下我，

me³³ faːn³³ ʔum³¹ ɕiən²⁴ ʔɯ¹¹
母亲 万 抱 千 背

千辛万苦养成人，

tɯ¹¹ leu³¹ jin⁵³ leu³¹ pɯə³³
带 完 裙 完 衣服

衣裙穿烂多少件，

pɯə³⁵ leu³¹ ʔbuk³⁵ leu³¹ ʔda²⁴
湿 完 襁褓 完 背带

襁褓背带烂几条，

mɯn³³ ne³¹ wəi³⁵ jiə³³ laːu³¹ ɕam³¹ ɕa³³
现在 我 也 大 突然

突然现在长大了，

wəi³⁵ jiə³³ lap³⁵ ta²⁴ teu¹¹ ɕe²⁴ me³³
我 也 闭 眼 逃 丢 母亲

离开阿妈要远行。

ʔi³⁵ nau¹¹ saːu²⁴ tiŋ²⁴ ɕu³¹
如果 情妹 一定 愿意

如果阿妹你愿意，

ʔi³⁵ nau¹¹ ju³¹ tiŋ²⁴ teu¹¹
如果 情妹 一定 逃

如果阿妹愿出逃，

ma²⁴ zau¹¹ tɕa⁵³ ham³³ ɕaːt³⁵ ɕa³³ ʔjaːŋ³¹
来 我们 夜晚 搓 大绳

我们连夜搓大绳，

tɕa⁵³ ham³³ zaːŋ⁵³ ʔda²⁴ zaːp³⁵
夜晚 备 搭 挑

连夜捆扎好行装，

tem³⁵ pa³⁵ kai³⁵ zuŋ²⁴ ŋaːi¹¹
待 鸡 嘴 煮 早饭

雄鸡一叫备早饭，

ʔan³¹ zau¹¹ ʔo³⁵ tu²⁴ kwaːi¹¹ pjaːi⁵³ pau³³
以免 我们 出 门 晚 走 快

出门晚了赶路忙，

pjaːi⁵³ zɔn²⁴ pau³³ liːˡˡ laːnˡˡ
走　路　急　匆匆

zaːnˡˡ maːnˡˡ tɕaːp³⁵ ʔau²⁴ taːu³⁵
家　布蛮　抢　要　回

zaːnˡˡ ʔjaːŋ²⁴ ton⁵³ ʔau²⁴ taːu³⁵
家　布央　拦　要　回

nauˡˡ panˡˡ haːu³⁵ ʔdai³¹ pjeu²⁴
说　成　话　得　得罪

leu²⁴ lauˡˡ tem⁵³ miˡˡ zoŋ³³
亮篙　哪　点　不　亮

tem⁵³ miˡˡ zoŋ³³ taˡˡ tiə³⁵
点　不　亮　搁下

luŋ⁵³ liə²⁴ ʔjai³¹ ʔau²⁴ taːu³⁵
才　剩　布依　要　回

ʔi³⁵ nauˡˡ tem⁵³ ɕi³¹ zoŋ³³ lum⁵³ ɕuk³⁵
如果　点　就　亮　像　烛

ʔi³⁵ nauˡˡ tem⁵³ ɕi³¹ zoŋ³³ lum⁵³ taŋ²⁴
如果　点　就　亮　似　灯

ʔjai³¹ naːnˡˡ zan²⁴ ʔau²⁴ taːu³⁵
布依　难　见　要　回

ʔjaːŋ²⁴ naːnˡˡ zan²⁴ ʔau²⁴ taːu³⁵
布央　难　见　要　回

急急匆匆上了路，

夫家半道把你抢，

婆家半路把你拦。

不是大话来赌气，

哪有亮篙点不亮？

亮篙不亮扔掉它，

剩下让你婆家捡。

点上亮篙亮如烛，

亮篙点上照如灯，

夫家阴谋难得逞，

要想拦阻万不能。

ʔi³⁵ nau¹¹ sa:u²⁴ tiŋ²⁴ ɕu³¹
如果　情妹　一定　愿意

         如果阿妹你愿意，

ʔi³⁵ nau¹¹ ju³¹ tiŋ²⁴ teu¹¹
如果　情妹　一定　逃

         如果阿妹愿出逃，

ma²⁴ zau¹¹ pai²⁴ ʔdoŋ²⁴ ɲeu¹¹ tɯk³⁵ kai³⁵
来　我们　去　后龙山　打　鸡卦

         咱们后龙山去卜鸡卦，

ʔdo³⁵ kai³⁵ ʔdai³¹ ka:i³⁵ ma¹¹
鸡骨　　得　　什么

         卜卦得了什么卦，

ʔdo³⁵ kai³⁵ ʔdai³¹ kai³⁵ fa:n³¹
鸡骨　　得　　异卦①

         卜卦得的是异卦，

ʔdai³¹ si³⁵ ma:n⁵³ kai³⁵ zuŋ¹¹
得　四　孔　　保鸡

         得的四孔保障卦，

tɕa:ŋ²⁴ fɯŋ¹¹ ʔdai³¹ kai³⁵ kuən³³
中间　手　　得　　灾凶鸡

         手中握住灾凶卦，

kai³⁵ seu²⁴ tɯ¹¹ ʔo³⁵ ʔba:n³¹
遭遭鸡　带　出　寨

         遭遭卦要离开家，

kai³⁵ sa:m⁵³ tɯ¹¹ ʔo³⁵ luəŋ³⁵
荤鸡　　带　出　院

         要是荤卦不吉利，

kai³⁵ kuəŋ³³ tɯ¹¹ pai²⁴ tɕai²⁴
灾凶鸡　带　去　远

         卜得凶卦逃远方，

---

① 布依族民间占卜习俗，下文的保鸡、灾凶鸡、遭遭鸡、荤鸡等均为"鸡骨卦"术语。

haɯ⁵³ zau¹¹ pai²⁴ hat³⁵ ɕo³³
给　我们　去　明早

明早我们就出发。

zam³¹ tum³³ ko³⁵ li³¹ lin¹¹
水　淹　石墩　淌过

河中石墩水漫过，

pai²⁴ tɕaːŋ²⁴ hɯn¹¹ pja³³ me³³
去　夜间　别　母亲

告别阿妈连夜行，

tɕaːŋ²⁴ hɯn¹¹ pai²⁴ pja³³ me³³
半夜　去　别　母亲

夜深人静离别去，

tem⁵³ taŋ²⁴ ɕuk³⁵ kwa³⁵ ʔdoŋ²⁴
点　灯烛　过　山林

打起灯火穿山林，

tem⁵³ taŋ²⁴ loŋ¹¹ kwa³⁵ zuŋ³³
点　灯笼　过　山谷

灯笼照亮过峡谷，

pum³³ pa³¹ hɯn⁵³ ʔdoi²⁴ ʔe²⁴
摸黑　爬　坡　夜

摸黑翻过夜郎坡，

teu¹¹ ɕe²⁴ pi³¹ ziəŋ¹¹ po³³
逃　丢　哥　和　父亲

撇下阿哥和阿爸。

ʔi³⁵ nau¹¹ saːu²⁴ tiŋ²⁴ ɕu³¹
如果　情妹　一定　愿意

如果阿妹你愿意，

ʔi³⁵ nau¹¹ ju³¹ tiŋ²⁴ teu¹¹
如果　情妹　一定　逃

如果阿妹愿出逃，

ma²⁴ zau²⁴ ka⁵³ kai³⁵ seu²⁴ ʔau²⁴ ʔdo³⁵
来　我们　杀　鸡　祭　要　骨

咱们杀鸡看骨卦，

ʔdo³⁵ kai³⁵ ʔdai³¹ faːn³¹ saːm⁵³ tɕiŋ³⁵ faːn³¹ seu²⁴
鸡骨　　得　　遭遭卦　　和　　荤卦

卜得遭遭和荤卦，

hau⁵³ zau¹¹ teu¹¹ ham³³ ɕo³³
给　我们　逃　　明晚

明晚我们就得逃。

tuŋ³¹ toi³³ huɯn⁵³ ʔdoi²⁴ pau¹¹
相伴　　爬　坡　苦竹

两人穿过苦竹林，

tuŋ³¹ toi³³ huɯn⁵³ ʔdoi²⁴ faːi¹¹
相伴　　爬　坡　斑竹

咱们爬上斑竹坡。

nuəŋ³¹ ma¹¹ tɕen³³ pai²⁴ pjaːi²⁴ tuŋ³¹ ʔbau³⁵
妹　　咋　渐　去　　梢　　心　事

阿妹为何边走一边想心事？

tuŋ³¹ ʔbau³⁵ kuə³³ ma¹¹ nuəŋ³¹
心　　事　　做　啥　妹

有何心事难放下？

tuŋ³¹ ʔbau³⁵ kuə³³ ma¹¹ naːŋ¹¹
心　　事　　做　啥　小姐

有何心事让妹忧？

laːu²⁴ muɯŋ¹¹ ʔdiəp³⁵ kwaːn²⁴ ɕi³¹ taːu³⁵
怕　　你　　想到　　丈夫　就　回

如果还念旧夫君就回，

ʔdiəp³⁵ taŋ¹¹ ʔbaːu³⁵ ɕi³¹ ma²⁴ ta¹¹ zaːi³¹
想　到　情郎　就　来　真正

心里有阿哥就快跟上，

pjaːi⁵³ ta¹¹ zaːi³¹ ziəŋ¹¹ pi³¹
走　认真　　和　哥

真心实意跟哥走，

ŋɯə³³ li³¹ ku²⁴ hau⁵³ tɕe³¹
还有　我　赶场

赶集我能做生意，

ŋɯə³³ li³¹ pi³¹ hau⁵³ hɯ²⁴
　　还有　　哥　　赶圩

ŋɯə³³ li³¹ tu²⁴ hau⁵³ ha³⁵
　　还有　　我　　赶　汉人

kwa³⁵ saːm²⁴ fu⁵³ si³⁵ ɕiən³¹
　　过　　三　府　四　县

pjaːi⁵³ zoŋ³³ ʔdiən²⁴ ʔdaːu²⁴ ʔdi³⁵
　　走　　　月亮　　　星星

pjaːi⁵³ ʔdaːu²⁴ ʔdi³⁵ zoŋ³⁵ ʔdiən²⁴
　　走　　　星星　　　月亮

tɕi⁵³ pɯəŋ¹¹ tu²⁴ tɕi⁵³ kwa³⁵
　几　地方　我　几　过

tɕi⁵³ ta³³ tu²⁴ tɕi⁵³ haːm⁵³
　几　河　我　几　跨

haːm⁵³ ta³³ pai²⁴ pu³¹nan²⁴ pu³¹ʔjau³⁵
　跨　　河　去　百安　　　幼坪①

pu³¹nan²⁴ te²⁴ pɯəŋ¹¹ kau³⁵
　百安　　是　地方　　老

pu³¹ʔjau³⁵ te²⁴ pɯəŋ¹¹ zau¹¹
　幼坪　　　是　地方　我们

赶圩我能做买卖，

汉人集市我去赶。

走过三州又四县，

星星月亮伴咱行，

披星戴月咱赶路，

不知过了多少州，

不知趟了多少河，

渡河到百安幼坪。

百安就是我老家，

幼坪就是我家乡。

————————

① 地名,均在广西乐业县境内。

ɕau¹¹ paŋ¹¹ kaːi²⁴ teu³³ ŋi³³
半匹　布　卖　吊二

半匹布卖一吊二，

kaːi²⁴ teu³³ si³⁵ teu¹¹ ha⁵³ ɕen¹¹ luəŋ¹¹
卖　　吊四　吊五　　铜钱

卖得铜钱吊四五，

pɯəŋ¹¹ pan¹¹ kaːi²⁴ ziəŋ¹¹ tiəm³⁵
地方　成　街　和　店铺

这里大街连小巷，

pɯəŋ¹¹ pan¹¹ tiəm³⁵ ziəŋ¹¹ kaːi²⁴
地方　成　街　和　街

商号林立很繁华。

tɕi⁵³ kɯə⁵³ pu³¹ ha³¹ taːi²⁴ ha³¹ taːu³⁵
几　处　人　要　死　要　回

到这里起死回生，

kaːŋ⁵³ kɯə⁵³ ʔbaːu³⁵ saːu²⁴ teu¹¹
讲　处　情郎　情妹　逃

这里是世外桃源，

zeu¹¹ ɕi⁵³jiəŋ²⁴ pai²⁴ kon³⁵
传　蔗香　去　先

人说蔗香有人去，

zeu¹¹ wɯəŋ¹¹mu³¹ pai²⁴ kon³⁵
传　王母　去　先

王母街上有人去，

ɕi⁵³jiəŋ²⁴ pai²⁴ tɕi⁵³ pu³¹
蔗香　去　几　个

蔗香去了人几个，

wɯəŋ¹¹mu³¹ pai²⁴ tɕi⁵³ laːi²⁴
王母　去　许多

王母去了很多人。

ɕe²⁴ kɯə⁵³ kaːi²⁴ la⁵³tiəm³⁵ mi¹¹ hau⁵³
丢　处　街　老街①　不　赶

---

① 地名，在望谟县石屯镇。

ɕe²⁴ tɕi⁵³ ɕiən²⁴ tɕi⁵³ faːn³³ tam¹¹ na¹¹
丢　几千　几万　塘　田

ɕe²⁴ tuə¹¹ pan¹¹ la³⁵ le²⁴
丢　牲口　成　乱窜

ɕe²⁴ po³³ ziəŋ¹¹ me³³ tɕau⁵³ haːu²⁴
丢　父　和　母　白　头

ziəŋ¹¹ saːu²⁴ teu¹¹ mi¹¹ zuəŋ³³
和　情妹　逃　不　挂念

pai²⁴ mi¹¹ zuəŋ³³ kaːi³⁵ ma¹¹
去　不　挂念　什么

laːu²⁴ zuəŋ³³ kaːi³⁵ zi³³ lau³⁵
怕　挂念　个　荒地

lau³⁵ jiə³³ lau³⁵ zi³³ ha¹¹
荒地　也　荒　地　茅草

ʔi³⁵ nau¹¹ pi³¹ zuəŋ³³ ʔeu³¹
如果　哥　挂念　谷仓

ʔeu³¹ jiə³³ ʔeu³¹ fai³¹ saːn²⁴
谷仓　也　谷仓　棕竹树

ʔi³⁵ nau¹¹ pi³¹ zuəŋ³³ zaːn¹¹
如果　哥　挂念　家

zaːn¹¹ jiə³³ zaːn¹¹ fai³¹ ŋaːi³³
房子　也　房子　艾蒿树

丢下老街集不赶，

丢下千顷万亩田，

丢下牲口没人管，

丢下白发老双亲，

一心一意跟妹走，

身后诸事懒挂牵。

心里挂念生荒地，

杂草丛生遮禾苗，

阿哥心里挂粮仓，

粮仓倒是棕竹房，

阿哥心里挂房子，

ŋɔn¹¹ ʔdeu²⁴ wa:i³³ tɕi⁵³ ʔdan²⁴
天　一　坏　几　个

　　　　　　　　　　　　　　　家中房子已破败，

teu¹¹ pai²⁴ nan²⁴ mi¹¹ zuəŋ³³
逃　去　百安　不　愁

　　　　　　　　　　　　　　　一天倒能坏几幢，

pai²⁴ nan²⁴ la⁵³ mi¹¹ zuəŋ³³
去　百安　下　不　愁

　　　　　　　　　　　　　　　逃到百安啥不想，

tɕuəŋ³³ sɯ¹¹ zam³¹ tɕuəŋ³³ hoŋ¹¹
跳　似　水　跳　潭

　　　　　　　　　　　　　　　到下百安就宽心，

pai²⁴ soŋ¹¹ ʔdoi²⁴ kui³⁵ la³³
去　歇　坡　皈乐①

　　　　　　　　　　　　　　　心中有事脚步紧，

pai²⁴ tok³⁵ ta³³ pu³¹ ka:n²⁴
去　落　河　干田②

　　　　　　　　　　　　　　　赶到皈乐去休息，

fa:n²⁴ ne³¹ zau¹¹ pai²⁴ na:u³⁵
番　这　我们　去　永远

　　　　　　　　　　　　　　　到了干田就住下，

ta:u³⁵ ne³¹ zau¹¹ pai²⁴ ȵiə²⁴
回　这　我们　去　安心

　　　　　　　　　　　　　　　这次离家不回头，

pai²⁴ ziə²⁴ za:n¹¹ pɯən¹¹ zo³³
去　惯　家　外地

　　　　　　　　　　　　　　　此次出门要安心，

pai²⁴ ziə²⁴ na⁵³ pɯən¹¹ zo³³
去　惯　脸　外地

　　　　　　　　　　　　　　　他乡当成自己家，

---

① 皈乐，地名，在望谟县境内，具体方位不详。
② 干田，地名，在望谟县境内，具体方位不详。

ta:u³⁵ ne³¹ zau¹¹ pai²⁴ lum¹¹ 次 这 我们 去 忘	认异乡人作亲人，
pai²⁴ kuə³³ wɯn¹¹ pɯəŋ¹¹ zo³³ 去 做 人 外地	忘掉过去一切事， 彻底变成异乡人。
kui³⁵ la³³ wa:n²⁴ kui³⁵ la³³ 皈乐 还 皈乐	
kui³⁵ la³³ ʔju³⁵ tɕa:ŋ²⁴ mau³¹ po²⁴ sa:ŋ²⁴ 皈乐 在 中间 山丘 高坡	皈乐还是皈乐样， 皈乐位于高山顶，
tɕi⁵³ pɯəŋ¹¹ ʔja:ŋ²⁴ tɕi⁵³ kweŋ³⁵ 几 地方 布央 几 开阔	
kweŋ³⁵ la⁵³ ʔba:n³¹ pu³¹ nan²⁴ 开阔 下 寨 百安	布央地方很宽阔， 下边就是百安寨，
ja:n¹¹ zan²⁴ zam³¹ kweu⁵³ lu³³ 瞭 见 水 漩涡	
zam³¹ kweu⁵³ lu³³ tɕi¹¹ tɕu²⁴ 水 漩涡 水急漩状	江中水流看得清， 水流湍急漩涡大。
su²⁴ tɯk³³ wɯn¹¹ lɯk³³ ʔbɯk³⁵ kan³³ hi³⁵ 你 是 人 女孩 忧心	阿妹见状心着急，
kan³³ hi³⁵ ma¹¹ mɯə⁰ nuəŋ³¹ 忧心 啥 EP 妹	阿妹不用太担心，
kan³³ hi³⁵ ma¹¹ mɯə⁰ na:ŋ¹¹ 忧心 啥 EP 小姐	

li³¹ pu³¹ kwaːŋ²⁴ kuə³³ man³³
有　　少爷　　　做　　稳

　　　　　　　　　　　　　　　情妹不用太着急？

lap³³ ham³⁵ ʔau²⁴ soŋ²⁴ pu³¹ saːm²⁴ pu³¹ kaːu²⁴
黑夜　　要　　两　个　　三　个　　划

　　　　　　　　　　　　　　　一切将会很顺利，

mi¹¹ laːu²⁴ zam³¹ kweu⁵³ lu³³
不　怕　　水　　漩涡

　　　　　　　　　　　　　　　晚上摆渡多请人，

pi³¹ pai²⁴ ham³⁵ to³³ kɯn¹¹
哥　去　　问　　渡口　上

　　　　　　　　　　　　　　　漩涡再大又何愁。

to³³ kɯn¹¹ ʔau²⁴ ɕaːŋ¹¹ ha⁵³
渡口　上　　要　　两　五

　　　　　　　　　　　　　　　阿哥到上游渡口去打听，

pi³¹ pai²⁴ ham³⁵ to³³ la⁵³
哥　去　　问　　渡口　下

　　　　　　　　　　　　　　　摆渡要价一两五，

to³³ la⁵³ ʔau²⁴ ɕaːŋ¹¹ ŋi³³
渡口　下　要　　两　二

　　　　　　　　　　　　　　　阿哥到下游渡口去问价，

tiəŋ³³ ti³⁵ tok³⁵ la⁵³ ʔdaːŋ²⁴
正好　落　　下面　　身体

　　　　　　　　　　　　　　　下游只要一两二，

ɕim²⁴ ɕi⁵³ soŋ²⁴ saːm²⁴ ɕen¹¹ jiə³³ kwa³⁵
看来　两　　　三　　钱　　也　过

　　　　　　　　　　　　　　　无论如何都得过，

zaːi¹¹ kuə³³ n̪a³⁵ zam³¹ han²⁴
叫　　做　　季　水　　急

　　　　　　　　　　　　　　　一两三钱也值得，

pai²⁴ pu³¹ nan²⁴ ʔau²⁴ teu³³
去　　百　安　　要　一吊

　　　　　　　　　　　　　　　现在正值涨水季。

下编　民间情歌翻译　611

　　　　　　　　　　　　　　　　　　到百安要米一秤①

pai²⁴ naːn²⁴ la⁵³ ʔau²⁴ ku⁵³ kan²⁴
　去　百安　下　要　九　斤

　　　　　　　　　　　　　　　　　　下百安要米九斤。

zam³¹ han²⁴ tɯ¹¹ n̠a³⁵ zau³³
　水　急　带　难　受

　　　　　　　　　　　　　　　　　　水急滩险难摆渡，

tiən³³ ti³⁵ pu³¹ na⁵³ kau³⁵ lum¹¹ zau¹¹
　正好　个　面熟　忘　我

　　　　　　　　　　　　　　　　　　熟人也装不认识，

tu²⁴ zo³¹ tɕau¹¹ seu⁵³ noi³³
　我　会　求　少　些

　　　　　　　　　　　　　　　　　　多说好话他少收。

kwa³⁵ pai²⁴ paːi³³ ʔun³¹ n̠iə²⁴
　过　去　边　对面　江

　　　　　　　　　　　　　　　　　　很快渡到江对岸，

jaːn¹¹ zan²⁴ ʔbaːn³¹ pu³¹ ʔjau³⁵
　瞟　见　寨　幼坪

　　　　　　　　　　　　　　　　　　一眼看到幼坪寨，

ma²⁴ zau³⁵ zo³¹ n̠iə²⁴ hiŋ²⁴
　狗　叫　听见　声

　　　　　　　　　　　　　　　　　　听见寨上狗叫声，

ɕun²⁴ pai²⁴ la⁵³ zan²⁴ toŋ³³
　顺　去　下　见　坝子

　　　　　　　　　　　　　　　　　　沿江往下是坝子，

kwa³⁵ soŋ²⁴ ləŋ²⁴ saːm²⁴ ləŋ³⁵ zɔn²⁴ paːn¹¹
　过　两　段　三　段　盘山路

　　　　　　　　　　　　　　　　　　翻过几段盘山路，

---

① teu³³"十斤"，kan²⁴"斤"都是重量单位，原文未交代用"十斤"什么东西抵摆渡的钱，但不可能是银子。

su^{24} pu^{31} ma:n^{11} pan^{11} ka^{33}
你们　布曼①　　成　价

　　　　　　　　　　　　　　　布曼住的好地方，

kwa^{35} pa^{35} ta^{33} hoŋ^{11} jeu^{24}
过　　河　口　　潭　青

　　　　　　　　　　　　　　　渡过河口是深潭

ʔdan^{24} tɕeu^{11} kat^{35} tɕau^{53} za:i^{35}
座　　桥　　横　头　　滩

　　　　　　　　　　　　　　　一座桥横跨滩头，

za:i^{33} tɕau^{53} koŋ^{53} tɕeu^{11} zin^{24}
爬　　头　　孔　　桥　　石

　　　　　　　　　　　　　　　爬过一座石拱桥，

ju^{31} tɕim^{24} tai^{53} ʔda:ŋ^{24} kon^{35}
情妹　哭　　身　　先

　　　　　　　　　　　　　　　阿妹又是泪涟涟。

zam^{31} mok^{33} mon^{35} si^{11} sin^{11}
水　　飞溅　　　蒙蒙

　　　　　　　　　　　　　　　桥下水珠四处溅，

zam^{31} mok^{33} mon^{35} si^{11} sa^{11}
水　　飞溅　　　蒙蒙

　　　　　　　　　　　　　　　雾气蒙蒙水珠飞，

zau^{11} kam^{24} tɕen^{24} pai^{24} za:i^{33}
我们　握　　臂　　去　　爬

　　　　　　　　　　　　　　　手挽着手走过去，

soŋ^{24} pa:i^{33} soŋ^{24} pan^{11} zɔn^{24}
两　　边　　两　　成　　路

　　　　　　　　　　　　　　　桥的两侧过行人。

ŋɔn^{11} ŋɔn^{11} li^{31} pu^{31} kwa^{35}
天　　天　　有　人　　过

　　　　　　　　　　　　　　　这里天天有人走，

---

① pu^{31}ma:n^{11}，布依族地域性互称的一种，分布在望谟一带。

下编 民间情歌翻译　　613

jiə³³ li³¹ ha³⁵ ɕiŋ²⁴ ma³¹
也　有　汉人　牵　马

也有汉人牵马过，

jiə³³ li³¹ ka³¹ ɕiŋ²⁴ waːi¹¹
也　有　贩子　牵　水牛

也有商贩赶牛行，

ju³¹ ma¹¹ laːu²⁴ ta²⁴ zaːi¹¹ mi¹¹ ʔjaːm³⁵
友　咋　怕　眼　花　不　跨

阿妹为啥眼花不敢跨？

laːu²⁴ zaːi¹¹ teu³⁵ mi¹¹ ʔjaːm³⁵
怕　花　跌　不　跨

是怕眼花会跌倒？

suən³⁵ kaːi³⁵ ma¹¹ pu³¹ teu¹¹
算　什么　人　逃

你算什么逃难人？

muɯŋ¹¹ laːu²⁴ tɕeu¹¹ ne³¹ ʔja³⁵
你　怕　桥　这　凶

你怕这桥不吉利？

to³³ ʔbaːn³¹ ne³¹ pan¹¹ siəŋ²⁴
渡口　寨　这　有　水怪

还是害怕河里有水怪？

ju³¹ sam²⁴ muɯən²⁴ ʔdiəp³⁵ ti³³
友　心　雅　考虑　密

阿妹心中勿多虑，

tuə¹¹ luən²⁴ leu³¹ ʔdiəp³⁵ ti³³
个　死　全　考虑　密

情妹莫要有疑心，

paːi³⁵ pu³¹ pin²⁴ fai³¹ laːu³¹
好像　爬　树　大

走路就像爬大树。

kaːi³⁵ ne³¹ ŋaːu³¹ tuŋ³¹ ʔau²⁴
个　这　争　相　要

这是我俩终身事，

zaːn¹¹ ha³¹ pai²⁴ jiə³³ piu³⁵
家　　想　　去　　也　　没

想家你也没法回，

ha³¹ pai²⁴ zaːn¹¹ jiə³³ piu³⁵
想　　去　　家　　也　　没

回去你也没个家，

ʔi³⁵ nau¹¹ ʔjam³⁵ me³³ tɕe³⁵
如果　探望　　老母

若是去探望保妈，

ʔi³⁵ nau¹¹ ʔjam³⁵ me³³ ʔjai²⁴
如果　探望　　保妈

若是去拜访保妈，

zaːn¹¹ mi¹¹ tɕai²⁴ san³³ ne³¹
家　　不　　远　　如此

她家不会这么远。

pi³¹ mi¹¹ ziəŋ³¹ nuəŋ³¹ saːu²⁴ teu¹¹
哥　不　　跟　　情妹　　逃

哥不与妹去私奔，

zeu¹¹ nau¹¹ nan²⁴ ʔdi²⁴ ʔju³⁵
传　说　百安　　好在

都说百安好去处，

zeu¹¹ nan²⁴ la⁵³ ʔdi²⁴ ʔju³⁵
传　下百安　　好在

都说下百安是好地方。

pu³¹ nan²⁴ waːn¹¹ pu³¹ nan²⁴
百安　　还　　百安

百安就是百安样，

pu³¹ nan²⁴ ɕom⁵³ kan²⁴ tau³³
百安　　包　帕　灰色

这里人包灰头巾，

pu³¹ ʔjau³⁵ waːn¹¹ pu³¹ ʔjau³⁵
幼坪　　还　　幼坪

幼坪还是幼坪样，

pu³¹ ʔjau³⁵ ɕom⁵³ kan²⁴ za:i¹¹
　幼坪　　包　　帕　　花纹

那里的人包花帕。

ka:i³⁵ te²⁴ ja:i¹¹ luŋ⁵³ na³¹ po³³me³³
　个　　那　影子　舅父　舅舅　父母

那是娘舅和叔伯的装束，

ʔju³⁵ kɯə¹¹ ne³¹ ɕa:u³¹ ʔeu³¹
　在　　这里　　造　谷仓

我们就在此住下，

ʔju³⁵ kɯə¹¹ ne³¹ ɕa:u³¹ za:n¹¹
　在　　这里　　造　家

咱们就在此安家，

luŋ⁵³ pai²⁴ wa:n¹¹ po³³me³³
　才　去　　还　　父母

日后再报父母恩。

na:i³³ suən³⁵ na:i³⁵ pan¹¹ ʔeu³¹
　慢　　算　　慢　　成家

一点一滴勤积累，

na:i³³ suən³⁵ na:i³³ pan¹¹ za:n¹¹
　慢　　算　　慢　　成家

一分一厘来积攒，

wa:n¹¹ pan¹¹ kɯn²⁴ ŋən¹¹ liəŋ³³
　还　成　　吃　　天　　些

幸福生活会来到，

kwa:ŋ²⁴ pan¹¹ tan⁵³ ŋən¹¹ liəŋ³³
　少爷　成　　穿　　天　　些

甜蜜日子在前边。

演唱：罗芝兰
收集：黄荣昌
翻译整理：黄荣昌　周国炎

探病歌
wɯən²⁴ kau⁵³ tɕet³⁵
歌　　探望　痛

pi³¹ kuə³³ zi³³ kok³⁵ zau²⁴
哥　做　地　脚　枫香树

哥在地里把活干，

ʔjau²⁴ ȵiə²⁴ nau¹¹ kwa³⁵ lo³³
蹲　　听说　　过路

忽听路人把话传，

nau¹¹ ju³¹ tɕim²⁴ pan¹¹ tɕet³⁵
说　情妹　　有　痛

说是阿妹得了病。

tɕet³⁵ laːi²⁴ lau¹¹ tɕet³⁵ noi³³
痛　　多　或　痛　　少

不知病重还是轻？

tɕet³⁵ noi³³ pi³¹ zaːŋ⁵³ haːi¹¹
痛　　少　哥　备　　鞋

病轻阿哥走路去，

tɕet³⁵ laːi²⁴ pi³¹ zaːŋ⁵³ ma³¹
痛　　多　哥　备　　马

病重哥就把马骑。

zaːŋ⁵³ ma³¹ kap³⁵ zaːŋ⁵³ san¹¹
备　　马　连　备　　鞍

阿哥低头去备马，

ɕom⁵³ kan²⁴ paŋ¹¹ jiə³³ zot³⁵
戴　头巾　布　也　滑落

头上帕子滑落地，

koi³³ ma³¹ lot³³ fu³⁵ ʔaːn²⁴
骑马　落　副　鞍

慌得马鞍也忘了，

la:u²⁴ lot³⁵ taŋ¹¹ za:n¹¹ nuəŋ³¹ mi¹¹ noi³³
怕　迟　到　家　妹　不　少

焦心晚到阿妹家。

ha:m⁵³ so³⁵ ta³⁵ lap³⁵ ta³³
跨　渡口　连河

涉过一道道渡口，

ha:m⁵³ so³⁵ ta³³ ta¹¹ ʔit³⁵
跨　渡口　第一

涉过渡口第一道，

wit³⁵ ku³³ ha:i¹¹ kuə³³ ʔjaŋ³¹
甩　对鞋　做　卜卦

抛双鞋来打个卦，

ka²⁴ ʔdeu²⁴ hom⁵³ ka²⁴ ʔdeu²⁴ ha:i²⁴
只　一　卧　只　一　开

一只阴来一只阳，

ju³¹ kwa:i²⁴ kan⁵³ laɯ¹¹ fi³³
情妹　健康　没有

妹的病情好了吗？

ha:m⁵³ so³⁵ ta³³ ta¹¹ ŋi³³
跨　渡口　第二

涉过渡口第二道，

si³⁵ man¹¹ ɕen¹¹ kuə³³ ʔjaŋ³¹
四　元　钱　做　卜卦

四块铜钱来卜卦，

soŋ²⁴ man¹¹ ma³³ soŋ²⁴ man¹¹ ma¹¹
两　元　正　两　元　反

一正一反各两个，

ju³¹ za¹¹ ʔdi²⁴ laɯ¹¹ fi³³
妹　我　好　没有

情妹病情可好转？

ha:m⁵³ so³⁵ ta³³ lap³⁵ ta³³
跨　渡口　连河

涉过渡口一道道，

ha:m⁵³ so³⁵ ta³³ ta¹¹ sa:m²⁴
跨　　渡口　　第三

涉过渡口第三道，

ta³³ ne³¹ li³¹ neŋ¹¹ ŋa:m¹¹
河　这　有　　虾虫①

这里虾虫多又大，

ka:m¹¹ ʔdai³¹ tɕau⁵³ pja²⁴ ka³⁵
含　　得　　头　塘角鱼

一口能吃塘角鱼，

ta³³ ne³¹ ɕu³¹ ʔo³⁵ ʔja³⁵
河　这　常　出　凶

路途凶险哥不怕，

ju³¹ ku²⁴ ʔdi²⁴ lɯ¹¹ fi³³
妹　我　好　　没有

心中只把情妹念，

si²⁴ suŋ¹¹ kan⁵³ lɯ¹¹ fi³³
妹子　　健康　没有

但愿飞到妹身边。

ha:m⁵³ so³⁵ ta³³ lap³⁵ ta³³
跨　　渡口　　连　河

涉过渡口一道道，

ha:m⁵³ so³⁵ ta³³ ta¹¹ si³⁵
跨　　渡口　　第四

涉过渡口第四道，

zok³⁵ tɕet³⁵ li³³ zo³¹ zeu²⁴
鸟　　吉利　　会　笑

吉利鸟儿叫唧唧，

zok³⁵ ɕeu²⁴ zo³¹ ta¹¹ wa:i³⁵
鸟　画眉　会　　纺纱

画眉鸟儿叫喳喳，

---

① 虾虫常年生活在河水中石头下，像蜈蚣一样，又称水蜈蚣，有5厘米长，能食用。

下编　民间情歌翻译　　619

soŋ²⁴ tuə¹¹ zaːi³³ soŋ²⁴ ko²⁴
　两　　只　　爬　两　　棵

　　　　　　　　　　　　　　　两边树上各一只，

paːi³³ kaːi³⁵ zok³⁵ saːn²⁴ ho¹¹ tɯ¹¹ waːŋ³³
　好像　　　鸟　　花雀　　带　网

　　　　　　　　　　　　　　　好像情人来对唱。

pi³¹ mi¹¹ waːŋ³⁵ kuə³³ ɕam¹¹
　哥　不　空闲　　玩耍

　　　　　　　　　　　　　　　阿哥无心来观赏，

ŋam¹¹ pai²⁴ kau⁵³ ju³¹ ŋi³³
一心　去　探望　情人

　　　　　　　　　　　　　　　一心早到妹身旁。

haːm⁵³ so³⁵ ta³³ lap³⁵ ta³³
　跨　　渡口　　连河

　　　　　　　　　　　　　　　涉过渡口一道道，

haːm⁵³ so³⁵ ta³³ ta¹¹ ha⁵³
　跨　　渡口　　第五

　　　　　　　　　　　　　　　涉过渡口第五道，

ma³¹ zan²⁴ ɲiə⁵³ mi¹¹ kɯn²⁴
　马　见　　草　　不　吃

　　　　　　　　　　　　　　　马见嫩草不留恋，

fat³⁵ ʔdaɯ²⁴ ʔdaːŋ²⁴ ka³³ zui³³
带子　里面　　身上　自　松散

　　　　　　　　　　　　　　　饿得腰带已松开。

pe³³ nau¹¹ zui³³ ɕi³¹ zui³³ la⁵³ fat³⁵
即使　　松　　就　松　下　带

　　　　　　　　　　　　　　　腰带要松让它松，

pe³³ nau¹¹ zui³³ ɕi³¹ zui³³ la⁵³ kan²⁴
即使　　松　　就　松　下　巾

　　　　　　　　　　　　　　　头巾要落让它落，

han²⁴ pai²⁴ kau⁵³ ju³¹ ŋi³³
　急　　去　探望　情人

　　　　　　　　　　　　　　　一心只把情人看。

ha:m⁵³ so³⁵ ta³³ lap³⁵ ta³³
跨　　渡口　　连河

涉过渡口一道道，

ha:m⁵³ so³⁵ ta³³ ta¹¹ zok³⁵
跨　　渡口　　第六

涉过渡口第六道。

lok³⁵ zan²⁴ zam³¹ mi¹¹ pan³⁵
水车　见　　水　不　转

河边水车不打转，

zam³¹ mi¹¹ pan³⁵ ma²⁴ tam¹¹
水　　不　转　来　塘

水车不转秧田干，

zam³¹ mi¹¹ pan³⁵ ma²⁴ na¹¹
水　　不　转　来　田

水不进田秧苗干。

ju³¹ za¹¹ ʔdi²⁴ lauɯ¹¹ fi³³
情人　我　好　　没有

阿哥无心顾田水，

si²⁴ suŋ¹¹ kan⁵³ lauɯ¹¹ fi³³
妹子　健康　　没有

心中只把情妹念。

ha:m⁵³ so³⁵ ta³³ lap³⁵ ta³³
跨　　渡口　　连河

涉过渡口一道道，

ha:m⁵³ so³⁵ ta³³ ta¹¹ ɕat³⁵
跨　　渡口　　第七

涉过渡口第七道，

ʔbauɯ²⁴ tɕet³⁵ lɔn³⁵ si²⁴ si¹¹
秧青树叶　　落　飘飘

山上树叶青幽幽，

wa²⁴ li¹¹ ʔa:ŋ²⁴ ʔun³¹ ta³³
梨花　盛开　河对岸

两岸梨花齐争艳，

pu³¹ ʔdeu²⁴ kwa³⁵ jiə³³ ɕam¹¹
个　一　过　也　欣赏

soŋ²⁴ pu³¹ kwa³⁵ jiə³³ ɕam¹¹
两　人　过　也　欣赏

ka³⁵ pi³¹ kwa³⁵ mi¹¹ ɕam¹¹
只　哥　过　不　欣赏

ŋam¹¹ pai²⁴ kau⁵³ ju³¹ ŋi³³
一心　去　探望　情人

haːm⁵³ so³⁵ ta³³ lap³⁵ ta³³
跨　渡口　连河

haːm⁵³ so³⁵ ta³³ ta¹¹ pet³⁵
跨　渡口　第八

puŋ¹¹ soŋ²⁴ pu³¹ tɯk³⁵ set³⁵ tɕau⁵³ hoŋ¹¹
逢　两　人　钓鱼　头　潭

puŋ¹¹ soŋ²⁴ toŋ¹¹ jum¹¹ saŋ²⁴ tɕau⁵³ zaːi³⁵
逢　两　朋友　捞网　头　沙滩

pi³¹ pai²⁴ ham³⁵ soŋ²⁴ pu³¹
哥　去　问　两　人

pi³¹ pai²⁴ ham³⁵ soŋ²⁴ faːŋ¹¹
哥　去　问　两　小伙

ju³¹ naːŋ¹¹ ʔdi²⁴ lau¹¹ fi³³
情人　好　没有

路上行人驻足观，

无不把此美景叹，

唯有阿哥赶路急，

及早赶到妹身边。

涉过渡口一道道，

涉过渡口第八道。

两人潭头来垂钓，

两人滩上晒渔网，

阿哥心急前去问，

阿哥急忙前去访，

阿妹病情可好转？

si²⁴ suŋ¹¹ kan⁵³ lɯɯ¹¹ fi³³
情妹　健康　没有

　　　　　　　　　　　阿妹如今可健康？

ha:m⁵³ so³⁵ ta³³ lap³⁵ ta³³
跨　　渡口　　连河

　　　　　　　　　　　涉过渡口一道道，

ha:m⁵³ so³⁵ ta³³ ta¹¹ ku⁵³
跨　　渡口　　第九

　　　　　　　　　　　涉过渡口第九道，

puŋ¹¹ soŋ²⁴ pu³¹ tɯk³⁵ tau³⁵
逢　　两　人　　打猎

　　　　　　　　　　　碰到两人在打猎，

pi³¹ pai²⁴ ham³⁵ soŋ²⁴ pu³¹
阿哥　去　问　　两　人

　　　　　　　　　　　阿哥前去问端详，

ju³¹ na:ŋ¹¹ ʔdi²⁴ lɯɯ¹¹ fi³³
情人　　　好　　没有

　　　　　　　　　　　阿妹病情可好转？

si²⁴ suŋ¹¹ kan⁵³ lɯɯ¹¹ fi³³
情妹　健康　没有

　　　　　　　　　　　阿妹如今可健康？

ha:m⁵³ so³⁵ ta³³ lap³⁵ ta³³
跨　　渡口　　连河

　　　　　　　　　　　涉过渡口一道道，

ha:m⁵³ so³⁵ ta³³ ta¹¹ ɕip³⁵
跨　　渡口　　第十

　　　　　　　　　　　涉过渡口第十道，

wit³⁵ ɕa³³ ma³¹ pai²⁴ toŋ³³
扔　　马缰　　去　木桩

　　　　　　　　　　　马缰扔去套木桩，

ɕa³³ ma³¹ tuəŋ³³ si¹¹ si¹¹
马缰　　垂　　（状词）

　　　　　　　　　　　没有心思把它绑，

ju³¹ wəi³⁵ ʔdi²⁴ lau¹¹ fi³³
朋友 我 好 没有

si²⁴ suŋ¹¹ kan⁵³ lau¹¹ fi³³
情人 康复 没有

　　　　　　　　　　　　一心只把情妹惦，

　　　　　　　　　　　　心里只把妹来想。

ha:m⁵³ so³⁵ ta³³ lap³⁵ ta³³
跨 渡口 连河

ha:m⁵³ so³⁵ ta³³ ɕip³⁵ ʔit³⁵
跨 渡口 十一

　　　　　　　　　　　　涉过渡口一道道，

　　　　　　　　　　　　涉过渡口十一道，

pit³⁵ zan²⁴ zam³¹ mi¹¹ ʔa:ŋ³⁵
鸭 见 水 不 高兴

ha:n³⁵ zan²⁴ zam³¹ mi¹¹ ʔi²⁴
鹅 见 水 不 依

　　　　　　　　　　　　鸭儿见水心不欢，

　　　　　　　　　　　　鹅儿见水不依恋。

si²⁴ suŋ¹¹ ʔdi²⁴ lau¹¹ fi³³
情妹 好 没有

ju³¹ tɕim²⁴ kan⁵³ lau¹¹ fi³³
情人 健康 没有

　　　　　　　　　　　　哥心只把妹来想，

　　　　　　　　　　　　但愿情妹早安康。

ha:m⁵³ so³⁵ ta³³ lap³⁵ ta³³
跨 渡口 连河

ha:m⁵³ so³⁵ ta³³ ɕip³⁵ ŋi³³
跨 渡口 十二

　　　　　　　　　　　　涉过渡口一道道，

　　　　　　　　　　　　涉过渡口十二道。

ziəp³⁵ si³⁵ ɕui³³ li³¹ ka:ŋ²⁴
蚊帐 四 角 还 撑

　　　　　　　　　　　　蚊帐还在撑着呢，

ma:n²⁴ za:i¹¹ ʔjai⁵³ li³¹ pi³⁵
床单　花色　浅　还　铺

床单还在铺着呢，

mok³⁵ si³⁵ ɕui³³ li³¹ nin¹¹
被子　四　角　还　睡

被子还在盖着呢，

juŋ¹¹ ʔda:ŋ²⁴ ɕa⁵³ kwa:ŋ³³ kun²⁴
撑着　身体　等　光棍

强打精神等情郎。

tɕet³⁵ tɕau⁵³ lau¹¹ tɕet³⁵ tin²⁴
痛　头　或　痛　脚

阿妹哪里不舒服？

tɕet³⁵ la:i²⁴ lau¹¹ tɕet³⁵ noi³³
痛　多　或　痛　少

病情是轻还是重？

tɕet³⁵ noi³³ pi³¹ ɕi³¹ ta:i¹¹
痛　少　哥　就　抬

病轻哥就扶着你，

tɕet³⁵ la:i²⁴ pi³¹ ɕi³¹ tau³¹
痛　多　哥　就　支撑

病重靠在哥身上。

toi³¹ hau³¹ taŋ⁵³ tɕau⁵³ nin¹¹
碗　饭　放　头　睡

饭碗放在枕头边，

mi¹¹ kɯn²⁴ lun¹¹ pai²⁴ kam³³
不　吃　哥　去　劝

一口一口哥喂你，

pɯə³³ nuəŋ³¹ wəi⁵³ pa:ŋ³¹ fa²⁴
衣服　妹　挂　边　篱笆

衣服挂在篱笆上，

pi³¹ ha³¹ za²⁴ pai²⁴ zuəm³¹
哥　要　找　去　（火）燎

哥要拿去用火燎，

za¹¹ ha³¹ pja:i⁵³ pai²⁴ zuəm³¹
哥　要　走　　去　(火)燎

哥要给你拿去烧。

ɕeŋ⁵³ zun³⁵ ma²⁴ kɯn²⁴ ʔom³¹
挣扎　起　来　吃　米汤

挣扎起来喝口水，

ɕeŋ⁵³ zun³⁵ ma²⁴ kɯn²⁴ ʔa:i²⁴
挣扎　起　来　吃　甜酒

挣扎起来喝口汤。

nin¹¹ la:i²⁴ tɕau⁵³ tɯ¹¹ tiə³³
睡　　多　　头　　昏沉

人睡多了头会晕。

hi³⁵ mɯŋ¹¹ ta:i²⁴ ɕe²⁴ za¹¹
担心　你　　死　　丢　我

担心阿妹离我去，

mi¹¹ɕi³¹ la:u²⁴ mɯŋ¹¹ pai²⁴ ɕe²⁴ pi³¹
不然　　怕　　你　　去　丢　哥

担心情妹离开哥。

mɯŋ¹¹ ta:i²⁴ ku²⁴ tuŋ³¹ ta:i²⁴
你　　死　　我　同　　死

阿妹若死我同死，

ɕa:i²⁴ na:m³³ ʔdiŋ²⁴ kuə³³ pen⁵³
和　　土　　红　　做　棺材

红土做棺埋一起，

ɕa:i²⁴ na:m³³ hen⁵³ kuə³³ mo³³
和　　土　　黄　　做　墓

黄土垒坟埋一起。

mo³³ soŋ²⁴ pu³¹ kuə³³ ʔdeu²⁴
墓　　两　　人　做　　一

两人合葬在一坟，

zeu²⁴ ʔa³¹ n̩am³¹ tuŋ³¹ ɕo³³
笑　　微微　　相　　对

九泉含笑续前缘。

muŋ¹¹ ta:i²⁴ ku²⁴ tuŋ³¹ ta:i²⁴
你　死　我　同　死

要死我们就同死，

muŋ¹¹ li³¹ ku²⁴ tuŋ³¹ tɕau²⁴
你　活　我　同　活

要生我们就同生，

luk³⁵ la:i¹¹ nuəŋ³¹ sam²⁴ ʔbau²⁴ pai²⁴ kon³⁵
可是　　妹　　心　轻　去　先

可是妹却先我一步走。

nuəŋ³¹ jiə³³ ɕe⁵³ ʔdai³¹ ta:i²⁴
妹　　也　舍得　　死

阿妹既然忍心离我去，

kwa:i²⁴ jiə³³ ɕe⁵³ ʔdai³¹ piəŋ⁵³
我　　也　舍得　　超度

我也舍得超度你亡灵。

pi³¹ ɕi³¹ pai²⁴ pa³⁵ pu³⁵ ʔau²⁴ ɕuk³⁵
哥　就　去　铺子　　要　烛

阿哥上街去买烛，

pai²⁴ pa³⁵ pu³⁵ ʔau²⁴ jiəŋ²⁴
去　铺子　　要　香

阿哥上街去买香。

pu³¹ pa³⁵ pu³⁵ ham³⁵ pi³¹
人　铺子　　问　哥

街上逢人都问我，

pu³¹ pa³⁵ pu³⁵ ham³⁵ kwa:ŋ²⁴
人　铺子　　问　少爷

街上的人都问哥。

po³³ me³³ muŋ¹¹ jiə³³ li³¹
父　母　你　也　在

你的父母还健在，

pi³¹ nuəŋ³¹ muŋ¹¹ jiə³³ ɕai¹¹
兄弟　　你　也　齐

兄弟姐妹都齐全，

ju³¹ ŋi³³ wəi³⁵ laːu³⁵ zaːn¹¹
女友　我　误　家

naːŋ¹¹ siən²⁴ nɯ³¹ pja³³ pi³¹
小姐　仙女　离别　哥

ju³¹ tɕi³⁵ wəi³⁵ laːu³⁵ kɯn²⁴
情妹　我　误　吃

ju³¹ ta²⁴ mɯn²⁴ pja³³ pi³¹
情人　眼　圆　离别　哥

pɯn²⁴ ta²⁴ ɕaːi³¹ pja³³ ku²⁴
睫毛　清　离别　我

nuən³¹ jiə³³ ɕe⁵³ ʔdai³¹ taːi²⁴
妹　也　舍得　死

kwaːi²⁴ jiə³³ ɕe⁵³ ʔdai³¹ piəŋ⁵³
我　也　舍得　超度

ʔjo²⁴ ha⁵³ toŋ³³ haɯ⁵³ mɯŋ¹¹
竖　五　柱　给　你

ɕiŋ⁵³ wɯn¹¹ tɯ¹¹ toŋ³³ kaːu³³
请　人　带　幡竿

ɕiŋ⁵³ pu³¹ taːu³³ kaːi⁵³ kuən²⁴
请　道士　操办　关

ʔau²⁴ kuə³³ pwən²⁴ kuə³³ pom³³
拿　做　半　做　份

我的情人离我去，

情妹狠心离别哥，

阿妹已离开人世，

狠心阿妹离开我，

阿妹已离我而去。

阿妹既然忍心离弃我，

我也舍得为她来超度。

为你立起幡五柱，

为你立起幡五根，

请道士来为开关，

道场办得很体面。

nuəŋ³¹ jiə³³ ɕe⁵³ ʔdai³¹ ta:i²⁴
妹　也　舍得　死

阿妹既然忍心离弃我，

pi³¹ ɕi³¹ ɕa:i²⁴ soŋ²⁴ wɯn¹¹ ɕɯ³¹ ʔoi³¹
哥　就　差　二　人　买　甘蔗

哥就差两人去买甘蔗

ɕa:i²⁴ soŋ²⁴ ɕoi³¹ ɕɯ³¹ tuə³³
差　两　小伙　买　豆

差两人去买黄豆，

soŋ²⁴ ɕoi³¹ pɯə³³ pjak³⁵ ɕa:i²⁴
两　小伙　办　菜　斋

让两人去备斋菜，

pa:i¹¹ si³⁵ ɕak³⁵ liən¹¹ tau¹¹
摆放　四　层　灵堂

灵堂前面来祭奠，

ʔda:ŋ²⁴ zau¹¹ pai²⁴ saɯ⁵³ ja:u³⁵
身体　我们　去　持　孝

阿哥为你来守灵。

zup³⁵ tɕau⁵³ pai²⁴ taŋ¹¹ tin²⁴
抚摸　头　去　到　脚

为你从头揉到脚，

tai⁵³ ɕuəŋ³⁵ hiŋ²⁴ lum⁵³ me³³
哭　放声　像　母

哭声好似丧亲娘。

nuəŋ³¹ jiə³³ ɕe⁵³ ʔdai³¹ ta:i²⁴
妹　也　舍得　死

阿妹既然忍心离弃我，

kwa:i²⁴ jiə³³ ɕe⁵³ ʔdai³¹ ja:u³⁵
我　也　舍得　带孝

我也情愿为你来戴孝。

kɯn²⁴ zam³¹ ta³³ la:u²⁴ ha:u⁵³ tuə¹¹ pja²⁴
吃　水　河　怕　腥味　鱼

喝河水怕有鱼腥味，

kɯn²⁴ zam³¹ na¹¹ laːu²⁴ haːu¹¹ tuə¹¹ kwe⁵³
吃　水　田　怕　腥味　青蛙

　　　　　　　　　　　　　喝田中水怕有青蛙

na¹¹ʔdai³¹ taŋ⁵³ haːi²⁴ kɯn²⁴ zam³¹ zaːi¹¹
不如　　仰身　　吃　　露水

　　　　　　　　　　　　　不如仰面接雨露，

waːn¹¹ ʔan²⁴ ȵiən¹¹ li³¹ niəŋ³³
报　　恩情　　情妹

　　　　　　　　　　　　　以报情妹知遇恩。

　　　　　　　　罗芝兰　演唱
　　　　　　　　黄荣昌　收集
　　　　　　　　黄荣昌　周国炎　翻译整理

后　　记

　　《布依语长篇话语材料集》的编辑工作始于 2005 年 9 月，2006 年 5 月书稿成型，并作为一项成果，通过了国家教育部组织的中央民族大学 "211" 二期建设成效验收。但从那以后就被束之高阁，一直没有过问。原以为这本书就此告一段落。2008 年 11 月中旬，中央民族大学 "211" 三期建设开始实施，本项目总负责人张定京教授告知，长篇话语材料要继续搞下去，并力争尽早出成果。这对于我来说无疑是天大的喜讯。于是，长期遭到冷落的文件夹又重新被点开，紧张而又烦琐的编辑、校对工作又重新开始。原书稿只有"民间故事翻译"和"民间情歌翻译"两个部分，作为供语言研究使用的话语材料，缺乏日常生活中的自然话语，不能不说是一种遗憾。正好手边有黄镇邦 2008 年 10 月田野调查的一些录音材料，加上 2005 年暑期我在贵州省望谟县调查时收集到的一些民间故事，把这些材料整理出来，作为本书的一个部分是没有问题的，而且应该说是最有价值的一部分。在对这些材料进行记音翻译的过程中，黄镇邦做了不少工作。作为来自布依语标准音点望谟县的布依族，他不仅熟练掌握自己的母语，而且对布依族文化有比较深入的了解，独立完成了其中 5 段话语材料的翻译以及全部自然话语部分的校对工作。编者之一黄荣昌同志是望谟县民委原副主任，长期从事布依族民间文学资料的收集整理工作，尤其擅长布依族民歌的翻译。《布依族十二部主歌》是他多年劳动的心血，书稿早已成型，但苦于找不到出版经费，一直压在箱底。听说可以作为布依语长篇话语材料的一部分，他毫不犹豫地奉献出来。收入本资料集时在国际音标、直译、意译等方面都作了一定的调整。

　　在本书资料的收集过程中，得到了贵州省黔西南州政府、州民宗局、望谟县委县政府、望谟县民宗局等单位的大力支持，黔西南州原副州长罗用能同志利用下乡调研的机会，亲自陪同我到望谟县，并对我的工作给予了极大的关注。望谟县民宗局的全体成员在生活上给予了无微不至的关心，尤其是黄荣昌同志，不仅毫无保留地奉献出了多年劳动的成果，在我作田野调查期间，还全程陪同，协助调查，在此谨表示衷心的感谢。特别应该感谢的是发音合作者黄永站老人，尽管他的劳动成果没有能完全收进这本资料集，但他精彩的讲述，他那种无私奉献、不计回报的高尚品质，令我无比感动。

周国炎

2009 年 1 月 20 日